中华人民共和国
税收基本法律法规
一本通

BASIC TAX LAWS AND REGULATIONS
OF THE PEOPLE'S REPUBLIC OF CHINA

翟继光 项国 ◎ 主编

图书在版编目（CIP）数据

中华人民共和国税收基本法律法规一本通 / 翟继光，项国主编. -- 上海：立信会计出版社，2023.3
ISBN 978-7-5429-6995-8

Ⅰ.①中… Ⅱ.①翟…②项… Ⅲ.①税法—汇编—中国 Ⅳ.① D922.220.9

中国国家版本馆 CIP 数据核字（2023）第 038755 号

责任编辑　蔡伟莉

中华人民共和国税收基本法律法规一本通
ZHONGHUARENMINGONGHEGUO SHUISHOU JIBEN FALV FAGUI YIBENTONG

出版发行	立信会计出版社			
地　　址	上海市中山西路 2230 号	邮政编码	200235	
电　　话	（021）64411389	传　　真	（021）64411325	
网　　址	www.lixinaph.com	电子邮箱	lxaph@sh163.net	
网上书店	www.shlx.net	电　　话	（021）64411071	
经　　销	各地新华书店			

印　　刷	北京鑫海金澳胶印有限公司
开　　本	787 毫米 × 1092 毫米　1/16
印　　张	32.75
字　　数	831 千字
版　　次	2023 年 3 月第 1 版
印　　次	2023 年 3 月第 1 次
书　　号	ISBN 978-7-5429-6995-8/D
定　　价	88.00 元

如有印订差错，请与本社联系调换

前 言

中国税法内容庞杂，变化速度快，对于税法初学者或者初步接触者而言，很难在短时间内了解数量众多的税法。为帮助广大税法初学者和广大企事业单位纳税人了解最基本的税法，我们编写了《中华人民共和国税收基本法律法规一本通》。

本书以现行有效的税收法律、法规和规章为基础，精选最核心、最基础、最重要的部分汇编而成。本书收录法律法规的标准如下：

第一，我国现行征收的十八个税种的征收依据，其中十二个税种实现了税收法定，其征收依据为法律，六个税种的征收依据为国务院的行政法规；

第二，十八个税种法的实施条例或者实施细则，其中包括国务院制定的行政法规和财政部、国家税务总局制定的部门规章；

第三，十八个税种中比较重要的规章，有的税种并未制定实施条例或者实施细则，而是通过财政部、国家税务总局制定的部门规章来对一些重要问题作出规定，本书也收录了这些重要的规章；

第四，在税收程序法部分，本书收录了税收征收管理法、行政处罚法和行政复议法以及相关实施细则或者重要规章。

本书分为五编，第一编为所得税法律制度，包括三个部分，分别为：企业所得税制度、个人所得税制度和烟叶税制度。第二编为货物与劳务税法律制度，包括四个部分，分别为：增值税制度、消费税制度、城市维护建设税制度和车辆购置税制度。第三编为财产税法律制度，包括七个部分，分别为：车船税制度、房产税制度、城镇土地使用税制度、契税制度、土地增值税制度、耕地占用税制度和资源税制度。第四编为行为税法律制度，包括两个部分，分别为：环境保护税制度和印花税制度。第五编为进出口税收法律制度，包括两个部分，分别为：船舶吨税制度和关税制度。第六编为税收程序法律制度，包括三个部分，分别为：税收征收管理制度、行政处罚制度和行政复议制度。

为方便读者查找相关文件,本书目录中增加了法律、法规和规章的发布日期,如果有修改,则为最后一次修改的日期。本书收录的税收法律、法规和规章,有效期截至 2022 年 11 月 3 日。需要说明的是,本书收录的部分税收法律、法规和规章被后续发布的税收规章作了修改或者调整,为保持税收法律、法规和规章的原貌,本书仍按原文进行收录。

作　者

2022 年 12 月

目 录

第一编 所得税法律制度

第一部分 企业所得税制度 ··· 3

中华人民共和国企业所得税法（2018年12月29日） ··· 3

中华人民共和国企业所得税法实施条例（2019年4月23日） ································· 9

国家税务总局关于印发《企业所得税核定征收办法（试行）》的通知
（2008年3月6日） ·· 23

国家税务总局关于印发《非居民企业所得税核定征收管理办法》的通知
（2018年6月15日） ·· 26

国家税务总局关于发布《企业所得税税前扣除凭证管理办法》的公告
（2018年6月6日） ·· 29

财政部 税务总局关于延长高新技术企业和科技型中小企业亏损结转年限的通知
（2018年7月11日） ·· 31

财政部 税务总局关于广告费和业务宣传费支出税前扣除有关事项的公告
（2020年11月27日） ·· 32

财政部 国家税务总局 科技部关于完善研究开发费用税前加计扣除政策的通知
（2015年11月2日） ·· 32

财政部 税务总局 科技部关于企业委托境外研究开发费用税前加计扣除有关政策
问题的通知（2018年6月25日） ··· 35

财政部 税务总局关于进一步完善研发费用税前加计扣除政策的公告
（2021年3月31日） ·· 36

财政部 税务总局 科技部关于进一步提高科技型中小企业研发费用税前加计扣除
比例的公告（2022年3月23日） ··· 37

财政部 税务总局 国家发展改革委关于延续西部大开发企业所得税政策的公告
（2020年4月23日） ·· 37

财政部 税务总局 发展改革委 工业和信息化部关于促进集成电路产业和软件产业
高质量发展企业所得税政策的公告（2020年12月11日） ······································· 38

财政部　税务总局　民政部关于生产和装配伤残人员专门用品企业免征企业所得税的
公告（2021年4月2日） ······ 40

财政部　税务总局关于延续境外机构投资境内债券市场企业所得税、增值税政策的
公告（2021年11月22日） ······ 40

财政部　税务总局关于基础设施领域不动产投资信托基金（REITs）试点税收政策的
公告（2022年1月26日） ······ 41

国家税务总局关于进一步完善固定资产加速折旧企业所得税政策有关问题的公告
（2015年9月25日） ······ 41

财政部　税务总局关于中小微企业设备器具所得税税前扣除有关政策的公告
（2022年3月2日） ······ 43

财政部　税务总局关于实施小微企业和个体工商户所得税优惠政策的公告
（2021年4月2日） ······ 43

财政部　税务总局关于进一步实施小微企业所得税优惠政策的公告
（2022年3月14日） ······ 44

国家税务总局关于小型微利企业所得税优惠政策征管问题的公告
（2022年3月22日） ······ 44

财政部　税务总局　科技部关于加大支持科技创新税前扣除力度的公告
（2022年9月22日） ······ 45

财政部　税务总局关于企业投入基础研究税收优惠政策的公告
（2022年9月30日） ······ 46

第二部分　个人所得税制度 ······ 48

中华人民共和国个人所得税法（2018年8月31日） ······ 48

中华人民共和国个人所得税法实施条例（2018年12月18日） ······ 52

国务院关于印发个人所得税专项附加扣除暂行办法的通知（2018年12月13日） ··· 57

国务院关于设立3岁以下婴幼儿照护个人所得税专项附加扣除的通知
（2022年3月19日） ······ 61

国家税务总局关于全面实施新个人所得税法若干征管衔接问题的公告
（2018年12月19日） ······ 61

国家税务总局关于修订发布《个人所得税专项附加扣除操作办法（试行）》的公告
（2022年3月25日） ······ 67

财政部　税务总局关于个人取得有关收入适用个人所得税应税所得项目的公告
（2019年6月13日） ······ 71

国家税务总局关于发布《个人所得税扣缴申报管理办法（试行）》的公告
（2018年12月21日） ······ 73

目 录

国家税务总局关于完善调整部分纳税人个人所得税预扣预缴方法的公告
（2020年7月28日） ··· 76

国家税务总局关于进一步简便优化部分纳税人个人所得税预扣预缴方法的公告
（2020年12月4日） ··· 77

国家税务总局　文化部关于印发《演出市场个人所得税征收管理暂行办法》的通知
（2018年6月15日） ··· 78

国家税务总局关于印发《广告市场个人所得税征收管理暂行办法》的通知
（2018年6月15日） ··· 80

国家税务总局关于印发《机动出租车驾驶员个人所得税征收管理暂行办法》的通知
（2018年6月15日） ··· 81

国家税务总局关于印发《建筑安装业个人所得税征收管理暂行办法》的通知
（2018年6月15日） ··· 83

个体工商户个人所得税计税办法（2018年6月15日） ···························· 84

个体工商户建账管理暂行办法（2018年6月15日） ······························ 88

个体工商户税收定期定额征收管理办法（2018年6月15日） ·················· 90

财政部　税务总局关于公益慈善事业捐赠个人所得税政策的公告
（2019年12月30日） ·· 93

财政部　税务总局关于权益性投资经营所得个人所得税征收管理的公告
（2021年12月30日） ·· 95

财政部　税务总局关于延续实施全年一次性奖金等个人所得税优惠政策的公告
（2021年12月31日） ·· 96

财政部　税务总局关于延续实施外籍个人津补贴等有关个人所得税优惠政策的公告
（2021年12月31日） ·· 96

国家税务总局关于印发《境外所得个人所得税征收管理暂行办法》的通知
（2018年6月15日） ··· 97

财政部　税务总局关于非居民个人和无住所居民个人有关个人所得税政策的公告
（2019年3月14日） ··· 99

财政部　税务总局关于境外所得有关个人所得税政策的公告（2020年1月17日） ··· 105

财政部　税务总局　证监会关于交易型开放式基金纳入内地与香港股票市场交易
互联互通机制后适用税收政策问题的公告（2022年6月30日） ·············· 108

财政部　税务总局关于法律援助补贴有关税收政策的公告（2022年8月5日） ······ 108

财政部　税务总局关于支持居民换购住房有关个人所得税政策的公告
（2022年9月30日） ·· 109

国家税务总局关于支持居民换购住房个人所得税政策有关征管事项的公告
（2022年9月30日） ·· 110

财政部　税务总局关于个人养老金有关个人所得税政策的公告
　　　（2022年11月3日）……………………………………………………………111

第三部分　烟叶税制度……………………………………………………………113
　　中华人民共和国烟叶税法（2017年12月27日）……………………………113
　　财政部　国家税务总局关于明确烟叶税计税依据的通知（2018年6月29日）……113

第二编　货物与劳务税法律制度

第一部分　增值税制度………………………………………………………………117
　　中华人民共和国增值税暂行条例（2017年11月19日）……………………117
　　全国人民代表大会常务委员会关于外商投资企业和外国企业适用增值税、消费税、
　　　营业税等税收暂行条例的决定（1993年12月19日）……………………120
　　国务院关于外商投资企业和外国企业适用增值税、消费税、营业税等税收暂行条例
　　　有关问题的通知（1994年2月22日）………………………………………121
　　中华人民共和国增值税暂行条例实施细则（2011年10月28日）……………122
　　财政部　国家税务总局关于全面推开营业税改征增值税试点的通知
　　　（2016年3月23日）…………………………………………………………127
　　增值税一般纳税人登记管理办法（2017年12月29日）……………………162
　　国家税务总局关于在新办纳税人中实行增值税专用发票电子化有关事项的公告
　　　（2020年12月20日）…………………………………………………………165
　　财政部关于印发《增值税会计处理规定》的通知（2016年12月3日）……166
　　财政部　税务总局关于明确国有农用地出租等增值税政策的公告
　　　（2020年1月20日）…………………………………………………………172
　　财政部　税务总局关于二手车经销有关增值税政策的公告（2020年4月8日）……173
　　财政部　税务总局关于明确无偿转让股票等增值税政策的公告
　　　（2020年9月29日）…………………………………………………………173
　　财政部　税务总局关于继续执行边销茶增值税政策的公告（2021年2月19日）……174
　　财政部　税务总局关于延续宣传文化增值税优惠政策的公告
　　　（2021年3月22日）…………………………………………………………174
　　财政部　税务总局关于出口货物保险增值税政策的公告（2021年12月22日）……177
　　财政部　税务总局关于完善资源综合利用增值税政策的公告
　　　（2021年12月30日）…………………………………………………………177
　　财政部　税务总局关于对增值税小规模纳税人免征增值税的公告
　　　（2022年3月24日）…………………………………………………………180

财政部　税务总局关于快递收派服务免征增值税政策的公告（2022年4月29日）……180

财政部　税务总局关于扩大全额退还增值税留抵税额政策行业范围的公告
（2022年6月7日）……………………………………………………………………181

国家税务总局关于扩大全额退还增值税留抵税额政策行业范围有关征管事项的公告
（2022年6月7日）……………………………………………………………………182

财政部　税务总局关于银行业金融机构、金融资产管理公司不良债权以物抵债有关
税收政策的公告（2022年9月30日）………………………………………………182

第二部分　消费税制度……………………………………………………………………184

中华人民共和国消费税暂行条例（2008年11月5日）………………………………184

中华人民共和国消费税暂行条例实施细则（2008年12月15日）…………………187

财政部　国家税务总局关于对电池 涂料征收消费税的通知（2015年1月26日）…190

财政部　国家税务总局关于调整卷烟消费税的通知（2015年5月7日）……………192

国家税务总局关于白酒消费税最低计税价格核定问题的公告（2015年5月19日）…192

财政部　国家税务总局关于调整化妆品消费税政策的通知（2016年9月30日）……193

国家税务总局关于高档化妆品消费税征收管理事项的公告（2016年10月19日）…193

财政部　国家税务总局关于对超豪华小汽车加征消费税有关事项的通知
（2016年11月30日）…………………………………………………………………194

国家税务总局关于卷烟消费税计税价格核定管理有关问题的公告
（2017年8月29日）…………………………………………………………………195

财政部　国家税务总局关于延长对废矿物油再生油品免征消费税政策实施期限的
通知（2018年12月7日）……………………………………………………………196

财政部　海关总署　税务总局关于对部分成品油征收进口环节消费税的公告
（2021年5月12日）…………………………………………………………………196

国家税务总局关于增值税、消费税与附加税费申报表整合有关事项的公告
（2021年7月9日）……………………………………………………………………197

财政部　海关总署　税务总局关于对电子烟征收消费税的公告
（2022年10月2日）…………………………………………………………………199

国家税务总局关于电子烟消费税征收管理有关事项的公告（2022年10月25日）…200

第三部分　城市维护建设税制度…………………………………………………………201

中华人民共和国城市维护建设税法（2020年8月11日）……………………………201

财政部　税务总局关于继续执行的城市维护建设税优惠政策的公告
（2021年8月24日）…………………………………………………………………202

财政部　税务总局关于城市维护建设税计税依据确定办法等事项的公告
（2021年8月24日）…………………………………………………………………203

国家税务总局关于城市维护建设税征收管理有关事项的公告（2021年8月31日）…203

第四部分　车辆购置税制度 …205

中华人民共和国车辆购置税法（2018年12月29日）…205

财政部　税务总局关于车辆购置税有关具体政策的公告（2019年5月23日）…206

财政部　税务总局　工业和信息化部关于新能源汽车免征车辆购置税有关政策的公告（2020年4月16日）…207

财政部　税务总局　工业和信息化部关于设有固定装置的非运输专用作业车辆免征车辆购置税有关政策的公告（2020年7月1日）…208

财政部　税务总局关于减征部分乘用车车辆购置税的公告（2022年5月31日）…209

财政部　税务总局　工业和信息化部关于延续新能源汽车免征车辆购置税政策的公告（2022年9月18日）…209

第三编　财产税法律制度

第一部分　车船税制度 …213

中华人民共和国车船税法（2019年4月23日）…213

财政部　税务总局　工业和信息化部　交通运输部关于节能新能源车船享受车船税优惠政策的通知（2018年7月10日）…215

第二部分　房产税制度 …217

中华人民共和国房产税暂行条例（2011年1月8日）…217

全国人民代表大会常务委员会关于授权国务院在部分地区开展房地产税改革试点工作的决定（2021年10月23日）…218

财政部　国家税务总局关于房产税若干具体问题的解释和暂行规定（1986年9月25日）…218

财政部　国家税务总局关于具备房屋功能的地下建筑征收房产税的通知（2005年12月23日）…221

财政部　国家税务总局关于房产税　城镇土地使用税有关问题的通知（2008年12月18日）…221

财政部　国家税务总局关于房产税　城镇土地使用税有关问题的通知（2009年11月22日）…222

财政部　国家税务总局关于营改增后契税　房产税　土地增值税　个人所得税计税依据问题的通知（2016年4月25日）…223

第三部分　城镇土地使用税制度 …224

中华人民共和国城镇土地使用税暂行条例（2019年3月2日）…224

国家税务局关于印发《关于土地使用税若干具体问题的解释和暂行规定》的
通知（1988年10月24日）·········225

财政部　国家税务总局关于企业范围内荒山　林地　湖泊等占地城镇土地使用税
有关政策的通知（2014年1月20日）·········227

财政部　国家税务总局关于承租集体土地城镇土地使用税有关政策的通知
（2017年3月31日）·········228

财政部　税务总局关于继续实施物流企业大宗商品仓储设施用地城镇土地使用税
优惠政策的公告（2020年3月13日）·········228

第四部分　契税制度·········230

中华人民共和国契税法（2020年8月11日）·········230

财政部　税务总局关于贯彻实施契税法若干事项执行口径的公告
（2021年6月30日）·········232

国家税务总局关于契税纳税服务与征收管理若干事项的公告
（2021年8月26日）·········234

财政部　税务总局关于继续执行企业事业单位改制重组有关契税政策的公告
（2021年4月26日）·········236

第五部分　土地增值税制度·········238

中华人民共和国土地增值税暂行条例（2011年1月8日）·········238

中华人民共和国土地增值税暂行条例实施细则（1995年1月27日）·········239

国家税务总局关于印发《土地增值税清算管理规程》的通知（2009年5月12日）···242

国家税务总局关于土地增值税清算有关问题的通知（2010年5月19日）·········247

国家税务总局关于营改增后土地增值税若干征管规定的公告
（2016年11月10日）·········248

财政部　税务总局关于继续实施企业改制重组有关土地增值税政策的公告
（2021年5月31日）·········250

第六部分　耕地占用税制度·········251

中华人民共和国耕地占用税法（2018年12月29日）·········251

财政部　税务总局　自然资源部　农业农村部　生态环境部关于发布《中华人民
共和国耕地占用税法实施办法》的公告（2019年8月29日）·········253

国家税务总局关于耕地占用税征收管理有关事项的公告（2019年8月30日）·········255

第七部分　资源税制度·········258

中华人民共和国资源税法（2019年8月26日）·········258

财政部　税务总局关于继续执行的资源税优惠政策的公告（2020年6月24日）···261

财政部　税务总局关于资源税有关问题执行口径的公告（2020年6月28日）······262

财政部　税务总局关于进一步实施小微企业"六税两费"减免政策的公告
（2022年3月1日）……263

第四编　行为税法律制度

第一部分　环境保护税制度……266
中华人民共和国环境保护税法（2018年10月26日）……266
中华人民共和国环境保护税法实施条例（2017年12月25日）……273
国务院关于环境保护税收入归属问题的通知（2017年12月22日）……276
财政部　税务总局　生态环境部关于明确环境保护税应税污染物适用等有关问题的
　通知（2018年10月25日）……277
生态环境部　财政部　税务总局关于发布计算环境保护税应税污染物排放量的排污
　系数和物料衡算方法的公告（2021年4月28日）……278

第二部分　印花税制度……280
中华人民共和国印花税法（2021年6月10日）……280
财政部　税务总局关于北京证券交易所税收政策适用问题的公告
　（2021年11月14日）……283
财政部　税务总局关于印花税若干事项政策执行口径的公告
　（2022年6月12日）……283
财政部　税务总局关于印花税法实施后有关优惠政策衔接问题的公告
　（2022年6月27日）……285
国家税务总局关于实施《中华人民共和国印花税法》等有关事项的公告
　（2022年6月28日）……286

第五编　进出口税收法律制度

第一部分　船舶吨税制度……290
中华人民共和国船舶吨税法（2018年10月26日）……290
海关总署关于《中华人民共和国船舶吨税法》实施有关事项的公告
　（2018年6月26日）……292
第二部分　关税制度……294
中华人民共和国海关法（2021年4月29日）……294
中华人民共和国进出口关税条例（2017年3月1日）……305
中华人民共和国海关税收保全和强制措施暂行办法（2009年8月19日）……313

工业和信息化部等部门关于印发《重大技术装备进口税收政策管理办法实施细则》
　　的通知（2020年7月24日）……………………………………………………………315
财政部　海关总署　税务总局关于支持集成电路产业和软件产业发展进口税收政策
　　的通知（2021年3月16日）……………………………………………………………319
国家税务总局关于优化整合出口退税信息系统　更好服务纳税人有关事项的公告
　　（2021年6月3日）………………………………………………………………………321
科技部　财政部　海关总署　税务总局关于印发《科研院所等科研机构免税进口
　　科学研究、科技开发和教学用品管理细则》的通知（2021年9月30日）…………324
国务院关税税则委员会关于发布《中华人民共和国进出口税则（2022）》的公告
　　（2021年12月30日）……………………………………………………………………328
财政部　海关总署　税务总局关于调整海南自由贸易港自用生产设备"零关税"
　　政策的通知（2022年2月11日）………………………………………………………328
国务院关税税则委员会关于调整煤炭进口关税的公告（2022年4月26日）…………329

第六编　税收程序法律制度

第一部分　税收征收管理制度…………………………………………………………………332
　中华人民共和国税收征收管理法（2015年4月24日）……………………………………332
　中华人民共和国税收征收管理法实施细则（2016年2月6日）…………………………342
　中华人民共和国发票管理办法（2019年3月2日）………………………………………353
　中华人民共和国发票管理办法实施细则（2019年7月24日）……………………………358
　网络发票管理办法（2018年6月15日）……………………………………………………361
　税收票证管理办法（2019年7月24日）……………………………………………………362
　税务登记管理办法（2019年7月24日）……………………………………………………370
　国家税务总局　邮电部关于印发《邮寄纳税申报办法》的通知
　　（2018年6月15日）………………………………………………………………………375
　纳税担保试行办法（2005年5月24日）……………………………………………………376
　税务稽查案件办理程序规定（2021年7月12日）…………………………………………386
　国家税务总局关于发布《纳税信用管理办法（试行）》的公告（2014年7月4日）…395
　国家税务总局关于纳税信用管理有关事项的公告（2020年9月13日）…………………399
　国家税务总局关于纳税信用评价与修复有关事项的公告（2021年11月15日）………401
　税收违法行为检举管理办法（2019年11月26日）………………………………………402
　检举纳税人税收违法行为奖励暂行办法（2017年1月13日）……………………………407
　欠税公告办法（试行）（2018年6月15日）………………………………………………410

税务违法案件公告办法（2018年6月15日）………………………………… 412
　　重大税收违法失信主体信息公布管理办法（2021年12月31日）…………… 413
　　税收执法督察规则（2018年6月15日）…………………………………… 417
　　一般反避税管理办法（试行）（2014年12月2日）………………………… 422
　　税收会计制度（2018年6月15日）………………………………………… 425
　　中共中央办公厅　国务院办公厅印发《关于进一步深化税收征管改革的意见》
　　　（2021年3月24日）……………………………………………………… 438
　　国家税务总局关于全面实行税务行政许可事项清单管理的公告
　　　（2022年9月28日）……………………………………………………… 442

第二部分　行政处罚制度……………………………………………………… 445
　　中华人民共和国行政处罚法（2021年1月22日）………………………… 445
　　国家税务总局关于印发《税务行政处罚听证程序实施办法（试行）》《税务案件
　　　调查取证与处罚决定分开制度实施办法（试行）》的通知（1996年9月28日）… 454
　　国家税务总局关于推行税收执法权力清单制度的指导意见（2014年12月31日）… 457
　　国家税务总局关于发布第一批税务行政处罚权力清单的公告（2015年2月16日）… 459
　　国家税务总局关于发布《税务行政处罚裁量权行使规则》的公告
　　　（2016年11月30日）…………………………………………………… 461
　　国家税务总局关于发布《税务行政处罚"首违不罚"事项清单》的公告
　　　（2021年3月31日）……………………………………………………… 464
　　国家税务总局关于发布《第二批税务行政处罚"首违不罚"事项清单》的公告
　　　（2021年12月30日）…………………………………………………… 465

第三部分　行政复议制度……………………………………………………… 467
　　中华人民共和国行政复议法（2017年9月1日）………………………… 467
　　中华人民共和国行政复议法实施条例（2007年5月29日）……………… 473
　　税务行政复议规则（2018年6月15日）…………………………………… 480
　　中华人民共和国海关行政复议办法（2014年3月13日）………………… 492
　　国务院办公厅关于国务院行政复议案件处理程序若干问题的通知
　　　（2001年5月14日）……………………………………………………… 509

第一编
所得税法律制度

第一部分 企业所得税制度

中华人民共和国企业所得税法

（2007年3月16日第十届全国人民代表大会第五次会议通过 根据2017年2月24日第十二届全国人民代表大会常务委员会第二十六次会议《关于修改〈中华人民共和国企业所得税法〉的决定》第一次修正 根据2018年12月29日第十三届全国人民代表大会常务委员会第七次会议《关于修改〈中华人民共和国电力法〉等四部法律的决定》第二次修正）

目 录

第一章 总则
第二章 应纳税所得额
第三章 应纳税额
第四章 税收优惠
第五章 源泉扣缴
第六章 特别纳税调整
第七章 征收管理
第八章 附则

第一章 总 则

第一条 在中华人民共和国境内，企业和其他取得收入的组织（以下统称企业）为企业所得税的纳税人，依照本法的规定缴纳企业所得税。

个人独资企业、合伙企业不适用本法。

第二条 企业分为居民企业和非居民企业。

本法所称居民企业，是指依法在中国境内成立，或者依照外国（地区）法律成立但实际管理机构在中国境内的企业。

本法所称非居民企业，是指依照外国（地区）法律成立且实际管理机构不在中国境内，但在中国境内设立机构、场所的，或者在中国境内未设立机构、场所，但有来源于中国境内所得的企业。

第三条 居民企业应当就其来源于中国境内、境外的所得缴纳企业所得税。

非居民企业在中国境内设立机构、场所的，应当就其所设机构、场所取得的来源于中国境内的所得，以及发生在中国境外但与其所设机构、场所有实际联系的所得，缴纳企业所得税。

非居民企业在中国境内未设立机构、场所的，或者虽设立机构、场所但取得的所得与其所设机构、场所没有实际联系的，应当就其来源于中国境内的所得缴纳企业所得税。

第四条 企业所得税的税率为25%。

非居民企业取得本法第三条第三款规定的所得，适用税率为20%。

第二章 应纳税所得额

第五条 企业每一纳税年度的收入总额，减除不征税收入、免税收入、各项扣除以及允许弥补的以前年度亏损后的余额，为应纳税所得额。

第六条 企业以货币形式和非货币形式从各种来源取得的收入，为收入总额。包括：

（一）销售货物收入；

（二）提供劳务收入；

（三）转让财产收入；

（四）股息、红利等权益性投资收益；

（五）利息收入；

（六）租金收入；

（七）特许权使用费收入；

（八）接受捐赠收入；

（九）其他收入。

第七条 收入总额中的下列收入为不征税收入：

（一）财政拨款；

（二）依法收取并纳入财政管理的行政事业性收费、政府性基金；

（三）国务院规定的其他不征税收入。

第八条 企业实际发生的与取得收入有关的、合理的支出，包括成本、费用、税金、损失和其他支出，准予在计算应纳税所得额时扣除。

第九条 企业发生的公益性捐赠支出，在年度利润总额12%以内的部分，准予在计算应纳税所得额时扣除；超过年度利润总额12%的部分，准予结转以后三年内在计算应纳税所得额时扣除。

第十条 在计算应纳税所得额时，下列支出不得扣除：

（一）向投资者支付的股息、红利等权益性投资收益款项；

（二）企业所得税税款；

（三）税收滞纳金；

（四）罚金、罚款和被没收财物的损失；

（五）本法第九条规定以外的捐赠支出；

（六）赞助支出；

（七）未经核定的准备金支出；

（八）与取得收入无关的其他支出。

第十一条 在计算应纳税所得额时，企业按照规定计算的固定资产折旧，准予扣除。

下列固定资产不得计算折旧扣除：

（一）房屋、建筑物以外未投入使用的固定资产；

（二）以经营租赁方式租入的固定资产；

（三）以融资租赁方式租出的固定资产；

（四）已足额提取折旧仍继续使用的固定资产；

（五）与经营活动无关的固定资产；

（六）单独估价作为固定资产入账的土地；

（七）其他不得计算折旧扣除的固定资产。

第十二条　在计算应纳税所得额时，企业按照规定计算的无形资产摊销费用，准予扣除。

下列无形资产不得计算摊销费用扣除：

（一）自行开发的支出已在计算应纳税所得额时扣除的无形资产；

（二）自创商誉；

（三）与经营活动无关的无形资产；

（四）其他不得计算摊销费用扣除的无形资产。

第十三条　在计算应纳税所得额时，企业发生的下列支出作为长期待摊费用，按照规定摊销的，准予扣除：

（一）已足额提取折旧的固定资产的改建支出；

（二）租入固定资产的改建支出；

（三）固定资产的大修理支出；

（四）其他应当作为长期待摊费用的支出。

第十四条　企业对外投资期间，投资资产的成本在计算应纳税所得额时不得扣除。

第十五条　企业使用或者销售存货，按照规定计算的存货成本，准予在计算应纳税所得额时扣除。

第十六条　企业转让资产，该项资产的净值，准予在计算应纳税所得额时扣除。

第十七条　企业在汇总计算缴纳企业所得税时，其境外营业机构的亏损不得抵减境内营业机构的盈利。

第十八条　企业纳税年度发生的亏损，准予向以后年度结转，用以后年度的所得弥补，但结转年限最长不得超过五年。

第十九条　非居民企业取得本法第三条第三款规定的所得，按照下列方法计算其应纳税所得额：

（一）股息、红利等权益性投资收益和利息、租金、特许权使用费所得，以收入全额为应纳税所得额；

（二）转让财产所得，以收入全额减除财产净值后的余额为应纳税所得额；

（三）其他所得，参照前两项规定的方法计算应纳税所得额。

第二十条　本章规定的收入、扣除的具体范围、标准和资产的税务处理的具体办法，由国务院财政、税务主管部门规定。

第二十一条　在计算应纳税所得额时，企业财务、会计处理办法与税收法律、行政法规的规定不一致的，应当依照税收法律、行政法规的规定计算。

第三章　应纳税额

第二十二条　企业的应纳税所得额乘以适用税率，减除依照本法关于税收优惠的规定减免和抵免的税额后的余额，为应纳税额。

第二十三条　企业取得的下列所得已在境外缴纳的所得税税额，可以从其当期应纳税额中抵免，抵免限额为该项所得依照本法规定计算的应纳税额；超过抵免限额的部分，可以在以后五个年度内，用每年度抵免限额抵免当年应抵税额后的余额进行抵补：

（一）居民企业来源于中国境外的应税所得；

（二）非居民企业在中国境内设立机构、场所，取得发生在中国境外但与该机构、场所有实际联系的应税所得。

第二十四条　居民企业从其直接或者间接控制的外国企业分得的来源于中国境外的股息、红利等权益性投资收益，外国企业在境外实际缴纳的所得税税额中属于该项所得负担的部分，可以作为该居民企业的可抵免境外所得税税额，在本法第二十三条规定的抵免限额内抵免。

第四章　税收优惠

第二十五条　国家对重点扶持和鼓励发展的产业和项目，给予企业所得税优惠。

第二十六条　企业的下列收入为免税收入：

（一）国债利息收入；

（二）符合条件的居民企业之间的股息、红利等权益性投资收益；

（三）在中国境内设立机构、场所的非居民企业从居民企业取得与该机构、场所有实际联系的股息、红利等权益性投资收益；

（四）符合条件的非营利组织的收入。

第二十七条　企业的下列所得，可以免征、减征企业所得税：

（一）从事农、林、牧、渔业项目的所得；

（二）从事国家重点扶持的公共基础设施项目投资经营的所得；

（三）从事符合条件的环境保护、节能节水项目的所得；

（四）符合条件的技术转让所得；

（五）本法第三条第三款规定的所得。

第二十八条　符合条件的小型微利企业，减按20%的税率征收企业所得税。

国家需要重点扶持的高新技术企业，减按15%的税率征收企业所得税。

第二十九条　民族自治地方的自治机关对本民族自治地方的企业应缴纳的企业所得税中属于地方分享的部分，可以决定减征或者免征。自治州、自治县决定减征或者免征的，须报省、自治区、直辖市人民政府批准。

第三十条　企业的下列支出，可以在计算应纳税所得额时加计扣除：

（一）开发新技术、新产品、新工艺发生的研究开发费用；

（二）安置残疾人员及国家鼓励安置的其他就业人员所支付的工资。

第三十一条　创业投资企业从事国家需要重点扶持和鼓励的创业投资，可以按投资额的一定比例抵扣应纳税所得额。

第三十二条　企业的固定资产由于技术进步等原因，确需加速折旧的，可以缩短折旧年限或者采取加速折旧的方法。

第三十三条　企业综合利用资源，生产符合国家产业政策规定的产品所取得的收入，可以在计算应纳税所得额时减计收入。

第三十四条　企业购置用于环境保护、节能节水、安全生产等专用设备的投资额，可以按一定比例实行税额抵免。

第三十五条　本法规定的税收优惠的具体办法，由国务院规定。

第三十六条　根据国民经济和社会发展的需要，或者由于突发事件等原因对企业经营活动产生重大影响的，国务院可以制定企业所得税专项优惠政策，报全国人民代表大会常务委员会备案。

第五章　源泉扣缴

第三十七条　对非居民企业取得本法第三条第三款规定的所得应缴纳的所得税，实行源泉扣缴，以支付人为扣缴义务人。税款由扣缴义务人在每次支付或者到期应支付时，从支付或者到期应支付的款项中扣缴。

第三十八条　对非居民企业在中国境内取得工程作业和劳务所得应缴纳的所得税，税务机关可以指定工程价款或者劳务费的支付人为扣缴义务人。

第三十九条　依照本法第三十七条、第三十八条规定应当扣缴的所得税，扣缴义务人未依法扣缴或者无法履行扣缴义务的，由纳税人在所得发生地缴纳。纳税人未依法缴纳的，税务机关可以从该纳税人在中国境内其他收入项目的支付人应付的款项中，追缴该纳税人的应纳税款。

第四十条　扣缴义务人每次代扣的税款，应当自代扣之日起七日内缴入国库，并向所在地的税务机关报送扣缴企业所得税报告表。

第六章　特别纳税调整

第四十一条　企业与其关联方之间的业务往来，不符合独立交易原则而减少企业或者其关联方应纳税收入或者所得额的，税务机关有权按照合理方法调整。

企业与其关联方共同开发、受让无形资产，或者共同提供、接受劳务发生的成本，在计算应纳税所得额时应当按照独立交易原则进行分摊。

第四十二条　企业可以向税务机关提出与其关联方之间业务往来的定价原则和计算方法，税务机关与企业协商、确认后，达成预约定价安排。

第四十三条　企业向税务机关报送年度企业所得税纳税申报表时，应当就其与关联方之间的业务往来，附送年度关联业务往来报告表。

税务机关在进行关联业务调查时，企业及其关联方，以及与关联业务调查有关的其他企业，应当按照规定提供相关资料。

第四十四条　企业不提供与其关联方之间业务往来资料，或者提供虚假、不完整资料，未能真实反映其关联业务往来情况的，税务机关有权依法核定其应纳税所得额。

第四十五条　由居民企业，或者由居民企业和中国居民控制的设立在实际税负明显低于本法第四条第一款规定税率水平的国家（地区）的企业，并非由于合理的经营需要而对利润不作分配或者减少分配的，上述利润中应归属于该居民企业的部分，应当计入该居民企业的当期收入。

第四十六条　企业从其关联方接受的债权性投资与权益性投资的比例超过规定标准而发生的利息支出，不得在计算应纳税所得额时扣除。

第四十七条　企业实施其他不具有合理商业目的的安排而减少其应纳税收入或者所得额的，税务机关有权按照合理方法调整。

第四十八条　税务机关依照本章规定作出纳税调整，需要补征税款的，应当补征税款，并按照国务院规定加收利息。

第七章　征收管理

第四十九条　企业所得税的征收管理除本法规定外，依照《中华人民共和国税收征收管理法》的规定执行。

第五十条 除税收法律、行政法规另有规定外，居民企业以企业登记注册地为纳税地点；但登记注册地在境外的，以实际管理机构所在地为纳税地点。

居民企业在中国境内设立不具有法人资格的营业机构的，应当汇总计算并缴纳企业所得税。

第五十一条 非居民企业取得本法第三条第二款规定的所得，以机构、场所所在地为纳税地点。非居民企业在中国境内设立两个或者两个以上机构、场所，符合国务院税务主管部门规定条件的，可以选择由其主要机构、场所汇总缴纳企业所得税。

非居民企业取得本法第三条第三款规定的所得，以扣缴义务人所在地为纳税地点。

第五十二条 除国务院另有规定外，企业之间不得合并缴纳企业所得税。

第五十三条 企业所得税按纳税年度计算。纳税年度自公历1月1日起至12月31日止。

企业在一个纳税年度中间开业，或者终止经营活动，使该纳税年度的实际经营期不足十二个月的，应当以其实际经营期为一个纳税年度。

企业依法清算时，应当以清算期间作为一个纳税年度。

第五十四条 企业所得税分月或者分季预缴。

企业应当自月份或者季度终了之日起十五日内，向税务机关报送预缴企业所得税纳税申报表，预缴税款。

企业应当自年度终了之日起五个月内，向税务机关报送年度企业所得税纳税申报表，并汇算清缴，结清应缴应退税款。

企业在报送企业所得税纳税申报表时，应当按照规定附送财务会计报告和其他有关资料。

第五十五条 企业在年度中间终止经营活动的，应当自实际经营终止之日起六十日内，向税务机关办理当期企业所得税汇算清缴。

企业应当在办理注销登记前，就其清算所得向税务机关申报并依法缴纳企业所得税。

第五十六条 依照本法缴纳的企业所得税，以人民币计算。所得以人民币以外的货币计算的，应当折合成人民币计算并缴纳税款。

第八章　附　　则

第五十七条 本法公布前已经批准设立的企业，依照当时的税收法律、行政法规规定，享受低税率优惠的，按照国务院规定，可以在本法施行后五年内，逐步过渡到本法规定的税率；享受定期减免税优惠的，按照国务院规定，可以在本法施行后继续享受到期满为止，但因未获利而尚未享受优惠的，优惠期限从本法施行年度起计算。

法律设置的发展对外经济合作和技术交流的特定地区内，以及国务院已规定执行上述地区特殊政策的地区内新设立的国家需要重点扶持的高新技术企业，可以享受过渡性税收优惠，具体办法由国务院规定。

国家已确定的其他鼓励类企业，可以按照国务院规定享受减免税优惠。

第五十八条 中华人民共和国政府同外国政府订立的有关税收的协定与本法有不同规定的，依照协定的规定办理。

第五十九条 国务院根据本法制定实施条例。

第六十条 本法自2008年1月1日起施行。1991年4月9日第七届全国人民代表大会第四次会议通过的《中华人民共和国外商投资企业和外国企业所得税法》和1993年12月13日国务院发布的《中华人民共和国企业所得税暂行条例》同时废止。

中华人民共和国企业所得税法实施条例

（2007年11月28日中华人民共和国国务院第197次常务会议通过　根据2019年4月23日中华人民共和国国务院令第714号修订）

第一章　总　　则

第一条　根据《中华人民共和国企业所得税法》（以下简称企业所得税法）的规定，制定本条例。

第二条　企业所得税法第一条所称个人独资企业、合伙企业，是指依照中国法律、行政法规成立的个人独资企业、合伙企业。

第三条　企业所得税法第二条所称依法在中国境内成立的企业，包括依照中国法律、行政法规在中国境内成立的企业、事业单位、社会团体以及其他取得收入的组织。

企业所得税法第二条所称依照外国（地区）法律成立的企业，包括依照外国（地区）法律成立的企业和其他取得收入的组织。

第四条　企业所得税法第二条所称实际管理机构，是指对企业的生产经营、人员、账务、财产等实施实质性全面管理和控制的机构。

第五条　企业所得税法第二条第三款所称机构、场所，是指在中国境内从事生产经营活动的机构、场所，包括：

（一）管理机构、营业机构、办事机构；

（二）工厂、农场、开采自然资源的场所；

（三）提供劳务的场所；

（四）从事建筑、安装、装配、修理、勘探等工程作业的场所；

（五）其他从事生产经营活动的机构、场所。

非居民企业委托营业代理人在中国境内从事生产经营活动的，包括委托单位或者个人经常代其签订合同，或者储存、交付货物等，该营业代理人视为非居民企业在中国境内设立的机构、场所。

第六条　企业所得税法第三条所称所得，包括销售货物所得、提供劳务所得、转让财产所得、股息红利等权益性投资所得、利息所得、租金所得、特许权使用费所得、接受捐赠所得和其他所得。

第七条　企业所得税法第三条所称来源于中国境内、境外的所得，按照以下原则确定：

（一）销售货物所得，按照交易活动发生地确定；

（二）提供劳务所得，按照劳务发生地确定；

（三）转让财产所得，不动产转让所得按照不动产所在地确定，动产转让所得按照转让动产的企业或者机构、场所所在地确定，权益性投资资产转让所得按照被投资企业所在地确定；

（四）股息、红利等权益性投资所得，按照分配所得的企业所在地确定；

（五）利息所得、租金所得、特许权使用费所得，按照负担、支付所得的企业或者机构、场所所在地确定，或者按照负担、支付所得的个人的住所地确定；

（六）其他所得，由国务院财政、税务主管部门确定。

第八条 企业所得税法第三条所称实际联系，是指非居民企业在中国境内设立的机构、场所拥有据以取得所得的股权、债权，以及拥有、管理、控制据以取得所得的财产等。

第二章 应纳税所得额

第一节 一般规定

第九条 企业应纳税所得额的计算，以权责发生制为原则，属于当期的收入和费用，不论款项是否收付，均作为当期的收入和费用；不属于当期的收入和费用，即使款项已经在当期收付，均不作为当期的收入和费用。本条例和国务院财政、税务主管部门另有规定的除外。

第十条 企业所得税法第五条所称亏损，是指企业依照企业所得税法和本条例的规定将每一纳税年度的收入总额减除不征税收入、免税收入和各项扣除后小于零的数额。

第十一条 企业所得税法第五十五条所称清算所得，是指企业的全部资产可变现价值或者交易价格减除资产净值、清算费用以及相关税费等后的余额。

投资方企业从被清算企业分得的剩余资产，其中相当于从被清算企业累计未分配利润和累计盈余公积中应当分得的部分，应当确认为股息所得；剩余资产减除上述股息所得后的余额，超过或者低于投资成本的部分，应当确认为投资资产转让所得或者损失。

第二节 收入

第十二条 企业所得税法第六条所称企业取得收入的货币形式，包括现金、存款、应收账款、应收票据、准备持有至到期的债券投资以及债务的豁免等。

企业所得税法第六条所称企业取得收入的非货币形式，包括固定资产、生物资产、无形资产、股权投资、存货、不准备持有至到期的债券投资、劳务以及有关权益等。

第十三条 企业所得税法第六条所称企业以非货币形式取得的收入，应当按照公允价值确定收入额。

前款所称公允价值，是指按照市场价格确定的价值。

第十四条 企业所得税法第六条第（一）项所称销售货物收入，是指企业销售商品、产品、原材料、包装物、低值易耗品以及其他存货取得的收入。

第十五条 企业所得税法第六条第（二）项所称提供劳务收入，是指企业从事建筑安装、修理修配、交通运输、仓储租赁、金融保险、邮电通信、咨询经纪、文化体育、科学研究、技术服务、教育培训、餐饮住宿、中介代理、卫生保健、社区服务、旅游、娱乐、加工以及其他劳务服务活动取得的收入。

第十六条 企业所得税法第六条第（三）项所称转让财产收入，是指企业转让固定资产、生物资产、无形资产、股权、债权等财产取得的收入。

第十七条 企业所得税法第六条第（四）项所称股息、红利等权益性投资收益，是指企业因权益性投资从被投资方取得的收入。

股息、红利等权益性投资收益，除国务院财政、税务主管部门另有规定外，按照被投资方作出利润分配决定的日期确认收入的实现。

第十八条 企业所得税法第六条第（五）项所称利息收入，是指企业将资金提供他人使用但不构成权益性投资，或者因他人占用本企业资金取得的收入，包括存款利息、贷款利息、债券利息、欠款利息等收入。

利息收入，按照合同约定的债务人应付利息的日期确认收入的实现。

第十九条 企业所得税法第六条第（六）项所称租金收入，是指企业提供固定资产、包装物或者其他有形资产的使用权取得的收入。

租金收入，按照合同约定的承租人应付租金的日期确认收入的实现。

第二十条 企业所得税法第六条第（七）项所称特许权使用费收入，是指企业提供专利权、非专利技术、商标权、著作权以及其他特许权的使用权取得的收入。

特许权使用费收入，按照合同约定的特许权使用人应付特许权使用费的日期确认收入的实现。

第二十一条 企业所得税法第六条第（八）项所称接受捐赠收入，是指企业接受的来自其他企业、组织或者个人无偿给予的货币性资产、非货币性资产。

接受捐赠收入，按照实际收到捐赠资产的日期确认收入的实现。

第二十二条 企业所得税法第六条第（九）项所称其他收入，是指企业取得的除企业所得税法第六条第（一）项至第（八）项规定的收入外的其他收入，包括企业资产溢余收入、逾期未退包装物押金收入、确实无法偿付的应付款项、已作坏账损失处理后又收回的应收款项、债务重组收入、补贴收入、违约金收入、汇兑收益等。

第二十三条 企业的下列生产经营业务可以分期确认收入的实现：

（一）以分期收款方式销售货物的，按照合同约定的收款日期确认收入的实现；

（二）企业受托加工制造大型机械设备、船舶、飞机，以及从事建筑、安装、装配工程业务或者提供其他劳务等，持续时间超过 12 个月的，按照纳税年度内完工进度或者完成的工作量确认收入的实现。

第二十四条 采取产品分成方式取得收入的，按照企业分得产品的日期确认收入的实现，其收入额按照产品的公允价值确定。

第二十五条 企业发生非货币性资产交换，以及将货物、财产、劳务用于捐赠、偿债、赞助、集资、广告、样品、职工福利或者利润分配等用途的，应当视同销售货物、转让财产或者提供劳务，但国务院财政、税务主管部门另有规定的除外。

第二十六条 企业所得税法第七条第（一）项所称财政拨款，是指各级人民政府对纳入预算管理的事业单位、社会团体等组织拨付的财政资金，但国务院和国务院财政、税务主管部门另有规定的除外。

企业所得税法第七条第（二）项所称行政事业性收费，是指依照法律法规等有关规定，按照国务院规定程序批准，在实施社会公共管理，以及在向公民、法人或者其他组织提供特定公共服务过程中，向特定对象收取并纳入财政管理的费用。

企业所得税法第七条第（二）项所称政府性基金，是指企业依照法律、行政法规等有关规定，代政府收取的具有专项用途的财政资金。

企业所得税法第七条第（三）项所称国务院规定的其他不征税收入，是指企业取得的，由国务院财政、税务主管部门规定专项用途并经国务院批准的财政性资金。

第三节　扣除

第二十七条 企业所得税法第八条所称有关的支出，是指与取得收入直接相关的支出。

企业所得税法第八条所称合理的支出，是指符合生产经营活动常规，应当计入当期损益或者有关资产成本的必要和正常的支出。

第二十八条 企业发生的支出应当区分收益性支出和资本性支出。收益性支出在发生当期直接扣除；资本性支出应当分期扣除或者计入有关资产成本，不得在发生当期直接扣除。

企业的不征税收入用于支出所形成的费用或者财产，不得扣除或者计算对应的折旧、摊销扣除。

除企业所得税法和本条例另有规定外，企业实际发生的成本、费用、税金、损失和其他支出，不得重复扣除。

第二十九条 企业所得税法第八条所称成本，是指企业在生产经营活动中发生的销售成本、销货成本、业务支出以及其他耗费。

第三十条 企业所得税法第八条所称费用，是指企业在生产经营活动中发生的销售费用、管理费用和财务费用，已经计入成本的有关费用除外。

第三十一条 企业所得税法第八条所称税金，是指企业发生的除企业所得税和允许抵扣的增值税以外的各项税金及其附加。

第三十二条 企业所得税法第八条所称损失，是指企业在生产经营活动中发生的固定资产和存货的盘亏、毁损、报废损失，转让财产损失，呆账损失，坏账损失，自然灾害等不可抗力因素造成的损失以及其他损失。

企业发生的损失，减除责任人赔偿和保险赔款后的余额，依照国务院财政、税务主管部门的规定扣除。

企业已经作为损失处理的资产，在以后纳税年度又全部收回或者部分收回时，应当计入当期收入。

第三十三条 企业所得税法第八条所称其他支出，是指除成本、费用、税金、损失外，企业在生产经营活动中发生的与生产经营活动有关的、合理的支出。

第三十四条 企业发生的合理的工资薪金支出，准予扣除。

前款所称工资薪金，是指企业每一纳税年度支付给在本企业任职或者受雇的员工的所有现金形式或者非现金形式的劳动报酬，包括基本工资、奖金、津贴、补贴、年终加薪、加班工资，以及与员工任职或者受雇有关的其他支出。

第三十五条 企业依照国务院有关主管部门或者省级人民政府规定的范围和标准为职工缴纳的基本养老保险费、基本医疗保险费、失业保险费、工伤保险费、生育保险费等基本社会保险费和住房公积金，准予扣除。

企业为投资者或者职工支付的补充养老保险费、补充医疗保险费，在国务院财政、税务主管部门规定的范围和标准内，准予扣除。

第三十六条 除企业依照国家有关规定为特殊工种职工支付的人身安全保险费和国务院财政、税务主管部门规定可以扣除的其他商业保险费外，企业为投资者或者职工支付的商业保险费，不得扣除。

第三十七条 企业在生产经营活动中发生的合理的不需要资本化的借款费用，准予扣除。

企业为购置、建造固定资产、无形资产和经过 12 个月以上的建造才能达到预定可销售状态的存货发生借款的，在有关资产购置、建造期间发生的合理的借款费用，应当作为资本性支出计入有关资产的成本，并依照本条例的规定扣除。

第三十八条 企业在生产经营活动中发生的下列利息支出，准予扣除：

（一）非金融企业向金融企业借款的利息支出、金融企业的各项存款利息支出和同业拆借利息支出、企业经批准发行债券的利息支出；

（二）非金融企业向非金融企业借款的利息支出，不超过按照金融企业同期同类贷款利率计算的数额的部分。

第三十九条 企业在货币交易中，以及纳税年度终了时将人民币以外的货币性资产、负债按照期末即期人民币汇率中间价折算为人民币时产生的汇兑损失，除已经计入有关资产成本以及与向所有者进行利润分配相关的部分外，准予扣除。

第四十条 企业发生的职工福利费支出，不超过工资薪金总额14%的部分，准予扣除。

第四十一条 企业拨缴的工会经费，不超过工资薪金总额2%的部分，准予扣除。

第四十二条 除国务院财政、税务主管部门另有规定外，企业发生的职工教育经费支出，不超过工资薪金总额2.5%的部分，准予扣除；超过部分，准予在以后纳税年度结转扣除。

第四十三条 企业发生的与生产经营活动有关的业务招待费支出，按照发生额的60%扣除，但最高不得超过当年销售（营业）收入的5‰。

第四十四条 企业发生的符合条件的广告费和业务宣传费支出，除国务院财政、税务主管部门另有规定外，不超过当年销售（营业）收入15%的部分，准予扣除；超过部分，准予在以后纳税年度结转扣除。

第四十五条 企业依照法律、行政法规有关规定提取的用于环境保护、生态恢复等方面的专项资金，准予扣除。上述专项资金提取后改变用途的，不得扣除。

第四十六条 企业参加财产保险，按照规定缴纳的保险费，准予扣除。

第四十七条 企业根据生产经营活动的需要租入固定资产支付的租赁费，按照以下方法扣除：

（一）以经营租赁方式租入固定资产发生的租赁费支出，按照租赁期限均匀扣除；

（二）以融资租赁方式租入固定资产发生的租赁费支出，按照规定构成融资租入固定资产价值的部分应当提取折旧费用，分期扣除。

第四十八条 企业发生的合理的劳动保护支出，准予扣除。

第四十九条 企业之间支付的管理费、企业内营业机构之间支付的租金和特许权使用费，以及非银行企业内营业机构之间支付的利息，不得扣除。

第五十条 非居民企业在中国境内设立的机构、场所，就其中国境外总机构发生的与该机构、场所生产经营有关的费用，能够提供总机构出具的费用汇集范围、定额、分配依据和方法等证明文件，并合理分摊的，准予扣除。

第五十一条 企业所得税法第九条所称公益性捐赠，是指企业通过公益性社会组织或者县级以上人民政府及其部门，用于符合法律规定的慈善活动、公益事业的捐赠。

第五十二条 本条例第五十一条所称公益性社会组织，是指同时符合下列条件的慈善组织以及其他社会组织：

（一）依法登记，具有法人资格；

（二）以发展公益事业为宗旨，且不以营利为目的；

（三）全部资产及其增值为该法人所有；

（四）收益和营运结余主要用于符合该法人设立目的的事业；

（五）终止后的剩余财产不归属任何个人或者营利组织；

（六）不经营与其设立目的无关的业务；

（七）有健全的财务会计制度；

（八）捐赠者不以任何形式参与该法人财产的分配；

（九）国务院财政、税务主管部门会同国务院民政部门等登记管理部门规定的其他条件。

第五十三条 企业当年发生以及以前年度结转的公益性捐赠支出，不超过年度利润总额 12% 的部分，准予扣除。

年度利润总额，是指企业依照国家统一会计制度的规定计算的年度会计利润。

第五十四条 企业所得税法第十条第（六）项所称赞助支出，是指企业发生的与生产经营活动无关的各种非广告性质支出。

第五十五条 企业所得税法第十条第（七）项所称未经核定的准备金支出，是指不符合国务院财政、税务主管部门规定的各项资产减值准备、风险准备等准备金支出。

第四节 资产的税务处理

第五十六条 企业的各项资产，包括固定资产、生物资产、无形资产、长期待摊费用、投资资产、存货等，以历史成本为计税基础。

前款所称历史成本，是指企业取得该项资产时实际发生的支出。

企业持有各项资产期间资产增值或者减值，除国务院财政、税务主管部门规定可以确认损益外，不得调整该资产的计税基础。

第五十七条 企业所得税法第十一条所称固定资产，是指企业为生产产品、提供劳务、出租或者经营管理而持有的、使用时间超过 12 个月的非货币性资产，包括房屋、建筑物、机器、机械、运输工具以及其他与生产经营活动有关的设备、器具、工具等。

第五十八条 固定资产按照以下方法确定计税基础：

（一）外购的固定资产，以购买价款和支付的相关税费以及直接归属于使该资产达到预定用途发生的其他支出为计税基础；

（二）自行建造的固定资产，以竣工结算前发生的支出为计税基础；

（三）融资租入的固定资产，以租赁合同约定的付款总额和承租人在签订租赁合同过程中发生的相关费用为计税基础，租赁合同未约定付款总额的，以该资产的公允价值和承租人在签订租赁合同过程中发生的相关费用为计税基础；

（四）盘盈的固定资产，以同类固定资产的重置完全价值为计税基础；

（五）通过捐赠、投资、非货币性资产交换、债务重组等方式取得的固定资产，以该资产的公允价值和支付的相关税费为计税基础；

（六）改建的固定资产，除企业所得税法第十三条第（一）项和第（二）项规定的支出外，以改建过程中发生的改建支出增加计税基础。

第五十九条 固定资产按照直线法计算的折旧，准予扣除。

企业应当自固定资产投入使用月份的次月起计算折旧；停止使用的固定资产，应当自停止使用月份的次月起停止计算折旧。

企业应当根据固定资产的性质和使用情况，合理确定固定资产的预计净残值。固定资产的预计净残值一经确定，不得变更。

第六十条 除国务院财政、税务主管部门另有规定外，固定资产计算折旧的最低年限如下：

（一）房屋、建筑物，为 20 年；

（二）飞机、火车、轮船、机器、机械和其他生产设备，为 10 年；

（三）与生产经营活动有关的器具、工具、家具等，为 5 年；

（四）飞机、火车、轮船以外的运输工具，为 4 年；

（五）电子设备，为 3 年。

第六十一条 从事开采石油、天然气等矿产资源的企业，在开始商业性生产前发生的费用和有关固定资产的折耗、折旧方法，由国务院财政、税务主管部门另行规定。

第六十二条 生产性生物资产按照以下方法确定计税基础：

（一）外购的生产性生物资产，以购买价款和支付的相关税费为计税基础；

（二）通过捐赠、投资、非货币性资产交换、债务重组等方式取得的生产性生物资产，以该资产的公允价值和支付的相关税费为计税基础。

前款所称生产性生物资产，是指企业为生产农产品、提供劳务或者出租等而持有的生物资产，包括经济林、薪炭林、产畜和役畜等。

第六十三条 生产性生物资产按照直线法计算的折旧，准予扣除。

企业应当自生产性生物资产投入使用月份的次月起计算折旧；停止使用的生产性生物资产，应当自停止使用月份的次月起停止计算折旧。

企业应当根据生产性生物资产的性质和使用情况，合理确定生产性生物资产的预计净残值。生产性生物资产的预计净残值一经确定，不得变更。

第六十四条 生产性生物资产计算折旧的最低年限如下：

（一）林木类生产性生物资产，为 10 年；

（二）畜类生产性生物资产，为 3 年。

第六十五条 企业所得税法第十二条所称无形资产，是指企业为生产产品、提供劳务、出租或者经营管理而持有的、没有实物形态的非货币性长期资产，包括专利权、商标权、著作权、土地使用权、非专利技术、商誉等。

第六十六条 无形资产按照以下方法确定计税基础：

（一）外购的无形资产，以购买价款和支付的相关税费以及直接归属于使该资产达到预定用途发生的其他支出为计税基础；

（二）自行开发的无形资产，以开发过程中该资产符合资本化条件后至达到预定用途前发生的支出为计税基础；

（三）通过捐赠、投资、非货币性资产交换、债务重组等方式取得的无形资产，以该资产的公允价值和支付的相关税费为计税基础。

第六十七条 无形资产按照直线法计算的摊销费用，准予扣除。

无形资产的摊销年限不得低于 10 年。

作为投资或者受让的无形资产，有关法律规定或者合同约定了使用年限的，可以按照规定或者约定的使用年限分期摊销。

外购商誉的支出，在企业整体转让或者清算时，准予扣除。

第六十八条 企业所得税法第十三条第（一）项和第（二）项所称固定资产的改建支出，是指改变房屋或者建筑物结构、延长使用年限等发生的支出。

企业所得税法第十三条第（一）项规定的支出，按照固定资产预计尚可使用年限分期摊销；第（二）项规定的支出，按照合同约定的剩余租赁期限分期摊销。

改建的固定资产延长使用年限的，除企业所得税法第十三条第（一）项和第（二）项规定外，应当适当延长折旧年限。

第六十九条 企业所得税法第十三条第（三）项所称固定资产的大修理支出，是指同时符合下列条件的支出：

（一）修理支出达到取得固定资产时的计税基础 50% 以上；

（二）修理后固定资产的使用年限延长 2 年以上。

企业所得税法第十三条第（三）项规定的支出，按照固定资产尚可使用年限分期摊销。

第七十条 企业所得税法第十三条第（四）项所称其他应当作为长期待摊费用的支出，自支出发生月份的次月起，分期摊销，摊销年限不得低于3年。

第七十一条 企业所得税法第十四条所称投资资产，是指企业对外进行权益性投资和债权性投资形成的资产。

企业在转让或者处置投资资产时，投资资产的成本，准予扣除。

投资资产按照以下方法确定成本：

（一）通过支付现金方式取得的投资资产，以购买价款为成本；

（二）通过支付现金以外的方式取得的投资资产，以该资产的公允价值和支付的相关税费为成本。

第七十二条 企业所得税法第十五条所称存货，是指企业持有以备出售的产品或者商品、处在生产过程中的在产品、在生产或者提供劳务过程中耗用的材料和物料等。

存货按照以下方法确定成本：

（一）通过支付现金方式取得的存货，以购买价款和支付的相关税费为成本；

（二）通过支付现金以外的方式取得的存货，以该存货的公允价值和支付的相关税费为成本；

（三）生产性生物资产收获的农产品，以产出或者采收过程中发生的材料费、人工费和分摊的间接费用等必要支出为成本。

第七十三条 企业使用或者销售的存货的成本计算方法，可以在先进先出法、加权平均法、个别计价法中选用一种。计价方法一经选用，不得随意变更。

第七十四条 企业所得税法第十六条所称资产的净值和第十九条所称财产净值，是指有关资产、财产的计税基础减除已经按照规定扣除的折旧、折耗、摊销、准备金等后的余额。

第七十五条 除国务院财政、税务主管部门另有规定外，企业在重组过程中，应当在交易发生时确认有关资产的转让所得或者损失，相关资产应当按照交易价格重新确定计税基础。

第三章 应纳税额

第七十六条 企业所得税法第二十二条规定的应纳税额的计算公式为：

应纳税额＝应纳税所得额×适用税率－减免税额－抵免税额

公式中的减免税额和抵免税额，是指依照企业所得税法和国务院的税收优惠规定减征、免征和抵免的应纳税额。

第七十七条 企业所得税法第二十三条所称已在境外缴纳的所得税税额，是指企业来源于中国境外的所得依照中国境外税收法律以及相关规定应当缴纳并已经实际缴纳的企业所得税性质的税款。

第七十八条 企业所得税法第二十三条所称抵免限额，是指企业来源于中国境外的所得，依照企业所得税法和本条例的规定计算的应纳税额。除国务院财政、税务主管部门另有规定外，该抵免限额应当分国（地区）不分项计算，计算公式如下：

抵免限额＝中国境内、境外所得依照企业所得税法和本条例的规定计算的应纳税总额×来源于某国（地区）的应纳税所得额÷中国境内、境外应纳税所得总额

第七十九条 企业所得税法第二十三条所称5个年度，是指从企业取得的来源于中国境外的所得，已经在中国境外缴纳的企业所得税性质的税额超过抵免限额的当年的次年起连续5个纳税年度。

第八十条 企业所得税法第二十四条所称直接控制，是指居民企业直接持有外国企业

20%以上股份。

企业所得税法第二十四条所称间接控制，是指居民企业以间接持股方式持有外国企业20%以上股份，具体认定办法由国务院财政、税务主管部门另行制定。

第八十一条　企业依照企业所得税法第二十三条、第二十四条的规定抵免企业所得税税额时，应当提供中国境外税务机关出具的税款所属年度的有关纳税凭证。

第四章　税收优惠

第八十二条　企业所得税法第二十六条第（一）项所称国债利息收入，是指企业持有国务院财政部门发行的国债取得的利息收入。

第八十三条　企业所得税法第二十六条第（二）项所称符合条件的居民企业之间的股息、红利等权益性投资收益，是指居民企业直接投资于其他居民企业取得的投资收益。企业所得税法第二十六条第（二）项和第（三）项所称股息、红利等权益性投资收益，不包括连续持有居民企业公开发行并上市流通的股票不足12个月取得的投资收益。

第八十四条　企业所得税法第二十六条第（四）项所称符合条件的非营利组织，是指同时符合下列条件的组织：

（一）依法履行非营利组织登记手续；

（二）从事公益性或者非营利性活动；

（三）取得的收入除用于与该组织有关的、合理的支出外，全部用于登记核定或者章程规定的公益性或者非营利性事业；

（四）财产及其孳息不用于分配；

（五）按照登记核定或者章程规定，该组织注销后的剩余财产用于公益性或者非营利性目的，或者由登记管理机关转赠给与该组织性质、宗旨相同的组织，并向社会公告；

（六）投入人对投入该组织的财产不保留或者享有任何财产权利；

（七）工作人员工资福利开支控制在规定的比例内，不变相分配该组织的财产。

前款规定的非营利组织的认定管理办法由国务院财政、税务主管部门会同国务院有关部门制定。

第八十五条　企业所得税法第二十六条第（四）项所称符合条件的非营利组织的收入，不包括非营利组织从事营利性活动取得的收入，但国务院财政、税务主管部门另有规定的除外。

第八十六条　企业所得税法第二十七条第（一）项规定的企业从事农、林、牧、渔业项目的所得，可以免征、减征企业所得税，是指：

（一）企业从事下列项目的所得，免征企业所得税：

1. 蔬菜、谷物、薯类、油料、豆类、棉花、麻类、糖料、水果、坚果的种植；

2. 农作物新品种的选育；

3. 中药材的种植；

4. 林木的培育和种植；

5. 牲畜、家禽的饲养；

6. 林产品的采集；

7. 灌溉、农产品初加工、兽医、农技推广、农机作业和维修等农、林、牧、渔服业项目；

8. 远洋捕捞。

（二）企业从事下列项目的所得，减半征收企业所得税：

1. 花卉、茶以及其他饮料作物和香料作物的种植；
2. 海水养殖、内陆养殖。

企业从事国家限制和禁止发展的项目，不得享受本条规定的企业所得税优惠。

第八十七条 企业所得税法第二十七条第（二）项所称国家重点扶持的公共基础设施项目，是指《公共基础设施项目企业所得税优惠目录》规定的港口码头、机场、铁路、公路、城市公共交通、电力、水利等项目。

企业从事前款规定的国家重点扶持的公共基础设施项目的投资经营的所得，自项目取得第一笔生产经营收入所属纳税年度起，第一年至第三年免征企业所得税，第四年至第六年减半征收企业所得税。

企业承包经营、承包建设和内部自建自用本条规定的项目，不得享受本条规定的企业所得税优惠。

第八十八条 企业所得税法第二十七条第（三）项所称符合条件的环境保护、节能节水项目，包括公共污水处理、公共垃圾处理、沼气综合开发利用、节能减排技术改造、海水淡化等。项目的具体条件和范围由国务院财政、税务主管部门商国务院有关部门制订，报国务院批准后公布施行。

企业从事前款规定的符合条件的环境保护、节能节水项目的所得，自项目取得第一笔生产经营收入所属纳税年度起，第一年至第三年免征企业所得税，第四年至第六年减半征收企业所得税。

第八十九条 依照本条例第八十七条和第八十八条规定享受减免税优惠的项目，在减免税期限内转让的，受让方自受让之日起，可以在剩余期限内享受规定的减免税优惠；减免税期限届满后转让的，受让方不得就该项目重复享受减免税优惠。

第九十条 企业所得税法第二十七条第（四）项所称符合条件的技术转让所得免征、减征企业所得税，是指一个纳税年度内，居民企业技术转让所得不超过500万元的部分，免征企业所得税；超过500万元的部分，减半征收企业所得税。

第九十一条 非居民企业取得企业所得税法第二十七条第（五）项规定的所得，减按10%的税率征收企业所得税。

下列所得可以免征企业所得税：

（一）外国政府向中国政府提供贷款取得的利息所得；

（二）国际金融组织向中国政府和居民企业提供优惠贷款取得的利息所得；

（三）经国务院批准的其他所得。

第九十二条 企业所得税法第二十八条第一款所称符合条件的小型微利企业，是指从事国家非限制和禁止行业，并符合下列条件的企业：

（一）工业企业，年度应纳税所得额不超过30万元，从业人数不超过100人，资产总额不超过3 000万元；

（二）其他企业，年度应纳税所得额不超过30万元，从业人数不超过80人，资产总额不超过1 000万元。

第九十三条 企业所得税法第二十八条第二款所称国家需要重点扶持的高新技术企业，是指拥有核心自主知识产权，并同时符合下列条件的企业：

（一）产品（服务）属于《国家重点支持的高新技术领域》规定的范围；

（二）研究开发费用占销售收入的比例不低于规定比例；

（三）高新技术产品（服务）收入占企业总收入的比例不低于规定比例；

（四）科技人员占企业职工总数的比例不低于规定比例；

（五）高新技术企业认定管理办法规定的其他条件。

《国家重点支持的高新技术领域》和高新技术企业认定管理办法由国务院科技、财政、税务主管部门商国务院有关部门制订，报国务院批准后公布施行。

第九十四条 企业所得税法第二十九条所称民族自治地方，是指依照《中华人民共和国民族区域自治法》的规定，实行民族区域自治的自治区、自治州、自治县。

对民族自治地方内国家限制和禁止行业的企业，不得减征或者免征企业所得税。

第九十五条 企业所得税法第三十条第（一）项所称研究开发费用的加计扣除，是指企业为开发新技术、新产品、新工艺发生的研究开发费用，未形成无形资产计入当期损益的，在按照规定据实扣除的基础上，按照研究开发费用的 50% 加计扣除；形成无形资产的，按照无形资产成本的 150% 摊销。

第九十六条 企业所得税法第三十条第（二）项所称企业安置残疾人员所支付的工资的加计扣除，是指企业安置残疾人员的，在按照支付给残疾职工工资据实扣除的基础上，按照支付给残疾职工工资的 100% 加计扣除。残疾人员的范围适用《中华人民共和国残疾人保障法》的有关规定。

企业所得税法第三十条第（二）项所称企业安置国家鼓励安置的其他就业人员所支付的工资的加计扣除办法，由国务院另行规定。

第九十七条 企业所得税法第三十一条所称抵扣应纳税所得额，是指创业投资企业采取股权投资方式投资于未上市的中小高新技术企业 2 年以上的，可以按照其投资额的 70% 在股权持有满 2 年的当年抵扣该创业投资企业的应纳税所得额；当年不足抵扣的，可以在以后纳税年度结转抵扣。

第九十八条 企业所得税法第三十二条所称可以采取缩短折旧年限或者采取加速折旧的方法的固定资产，包括：

（一）由于技术进步，产品更新换代较快的固定资产；

（二）常年处于强震动、高腐蚀状态的固定资产。

采取缩短折旧年限方法的，最低折旧年限不得低于本条例第六十条规定折旧年限的 60%；采取加速折旧方法的，可以采取双倍余额递减法或者年数总和法。

第九十九条 企业所得税法第三十三条所称减计收入，是指企业以《资源综合利用企业所得税优惠目录》规定的资源作为主要原材料，生产国家非限制和禁止并符合国家和行业相关标准的产品取得的收入，减按 90% 计入收入总额。

前款所称原材料占生产产品材料的比例不得低于《资源综合利用企业所得税优惠目录》规定的标准。

第一百条 企业所得税法第三十四条所称税额抵免，是指企业购置并实际使用《环境保护专用设备企业所得税优惠目录》《节能节水专用设备企业所得税优惠目录》和《安全生产专用设备企业所得税优惠目录》规定的环境保护、节能节水、安全生产等专用设备的，该专用设备的投资额的 10% 可以从企业当年的应纳税额中抵免；当年不足抵免的，可以在以后 5 个纳税年度结转抵免。

享受前款规定的企业所得税优惠的企业，应当实际购置并自身实际投入使用前款规定的专用设备；企业购置上述专用设备在 5 年内转让、出租的，应当停止享受企业所得税优惠，并补缴已经抵免的企业所得税税款。

第一百零一条 本章第八十七条、第九十九条、第一百条规定的企业所得税优惠目录,由国务院财政、税务主管部门商国务院有关部门制订,报国务院批准后公布施行。

第一百零二条 企业同时从事适用不同企业所得税待遇的项目的,其优惠项目应当单独计算所得,并合理分摊企业的期间费用;没有单独计算的,不得享受企业所得税优惠。

第五章 源泉扣缴

第一百零三条 依照企业所得税法对非居民企业应当缴纳的企业所得税实行源泉扣缴的,应当依照企业所得税法第十九条的规定计算应纳税所得额。

企业所得税法第十九条所称收入全额,是指非居民企业向支付人收取的全部价款和价外费用。

第一百零四条 企业所得税法第三十七条所称支付人,是指依照有关法律规定或者合同约定对非居民企业直接负有支付相关款项义务的单位或者个人。

第一百零五条 企业所得税法第三十七条所称支付,包括现金支付、汇拨支付、转账支付和权益兑价支付等货币支付和非货币支付。

企业所得税法第三十七条所称到期应支付的款项,是指支付人按照权责发生制原则应当计入相关成本、费用的应付款项。

第一百零六条 企业所得税法第三十八条规定的可以指定扣缴义务人的情形,包括:

(一)预计工程作业或者提供劳务期限不足一个纳税年度,且有证据表明不履行纳税义务的;

(二)没有办理税务登记或者临时税务登记,且未委托中国境内的代理人履行纳税义务的;

(三)未按照规定期限办理企业所得税纳税申报或者预缴申报的。

前款规定的扣缴义务人,由县级以上税务机关指定,并同时告知扣缴义务人所扣税款的计算依据、计算方法、扣缴期限和扣缴方式。

第一百零七条 企业所得税法第三十九条所称所得发生地,是指依照本条例第七条规定的原则确定的所得发生地。在中国境内存在多处所得发生地的,由纳税人选择其中之一申报缴纳企业所得税。

第一百零八条 企业所得税法第三十九条所称该纳税人在中国境内其他收入,是指该纳税人在中国境内取得的其他各种来源的收入。

税务机关在追缴该纳税人应纳税款时,应当将追缴理由、追缴数额、缴纳期限和缴纳方式等告知该纳税人。

第六章 特别纳税调整

第一百零九条 企业所得税法第四十一条所称关联方,是指与企业有下列关联关系之一的企业、其他组织或者个人:

(一)在资金、经营、购销等方面存在直接或者间接的控制关系;

(二)直接或者间接地同为第三者控制;

(三)在利益上具有相关联的其他关系。

第一百一十条 企业所得税法第四十一条所称独立交易原则,是指没有关联关系的交易各方,按照公平成交价格和营业常规进行业务往来遵循的原则。

第一百一十一条 企业所得税法第四十一条所称合理方法,包括:

(一)可比非受控价格法,是指按照没有关联关系的交易各方进行相同或者类似业务往来的价格进行定价的方法;

(二)再销售价格法,是指按照从关联方购进商品再销售给没有关联关系的交易方的价格，减除相同或者类似业务的销售毛利进行定价的方法；

（三）成本加成法，是指按照成本加合理的费用和利润进行定价的方法；

（四）交易净利润法，是指按照没有关联关系的交易各方进行相同或者类似业务往来取得的净利润水平确定利润的方法；

（五）利润分割法，是指将企业与其关联方的合并利润或者亏损在各方之间采用合理标准进行分配的方法；

（六）其他符合独立交易原则的方法。

第一百一十二条 企业可以依照企业所得税法第四十一条第二款的规定，按照独立交易原则与其关联方分摊共同发生的成本，达成成本分摊协议。

企业与其关联方分摊成本时，应当按照成本与预期收益相配比的原则进行分摊，并在税务机关规定的期限内，按照税务机关的要求报送有关资料。

企业与其关联方分摊成本时违反本条第一款、第二款规定的，其自行分摊的成本不得在计算应纳税所得额时扣除。

第一百一十三条 企业所得税法第四十二条所称预约定价安排，是指企业就其未来年度关联交易的定价原则和计算方法，向税务机关提出申请，与税务机关按照独立交易原则协商、确认后达成的协议。

第一百一十四条 企业所得税法第四十三条所称相关资料，包括：

（一）与关联业务往来有关的价格、费用的制定标准、计算方法和说明等同期资料；

（二）关联业务往来所涉及的财产、财产使用权、劳务等的再销售（转让）价格或者最终销售（转让）价格的相关资料；

（三）与关联业务调查有关的其他企业应当提供的与被调查企业可比的产品价格、定价方式以及利润水平等资料；

（四）其他与关联业务往来有关的资料。

企业所得税法第四十三条所称与关联业务调查有关的其他企业，是指与被调查企业在生产经营内容和方式上相类似的企业。

企业应当在税务机关规定的期限内提供与关联业务往来有关的价格、费用的制定标准、计算方法和说明等资料。关联方以及与关联业务调查有关的其他企业应当在税务机关与其约定的期限内提供相关资料。

第一百一十五条 税务机关依照企业所得税法第四十四条的规定核定企业的应纳税所得额时，可以采用下列方法：

（一）参照同类或者类似企业的利润率水平核定；

（二）按照企业成本加合理的费用和利润的方法核定；

（三）按照关联企业集团整体利润的合理比例核定；

（四）按照其他合理方法核定。

企业对税务机关按照前款规定的方法核定的应纳税所得额有异议的，应当提供相关证据，经税务机关认定后，调整核定的应纳税所得额。

第一百一十六条 企业所得税法第四十五条所称中国居民，是指根据《中华人民共和国个人所得税法》的规定，就其从中国境内、境外取得的所得在中国缴纳个人所得税的个人。

第一百一十七条 企业所得税法第四十五条所称控制，包括：

（一）居民企业或者中国居民直接或者间接单一持有外国企业10%以上有表决权股份，且由其共同持有该外国企业50%以上股份；

（二）居民企业，或者居民企业和中国居民持股比例没有达到第（一）项规定的标准，但在股份、资金、经营、购销等方面对该外国企业构成实质控制。

第一百一十八条 企业所得税法第四十五条所称实际税负明显低于企业所得税法第四条第一款规定税率水平，是指低于企业所得税法第四条第一款规定税率的50%。

第一百一十九条 企业所得税法第四十六条所称债权性投资，是指企业直接或者间接从关联方获得的，需要偿还本金和支付利息或者需要以其他具有支付利息性质的方式予以补偿的融资。

企业间接从关联方获得的债权性投资，包括：

（一）关联方通过无关联第三方提供的债权性投资；

（二）无关联第三方提供的、由关联方担保且负有连带责任的债权性投资；

（三）其他间接从关联方获得的具有负债实质的债权性投资。

企业所得税法第四十六条所称权益性投资，是指企业接受的不需要偿还本金和支付利息，投资人对企业净资产拥有所有权的投资。

企业所得税法第四十六条所称标准，由国务院财政、税务主管部门另行规定。

第一百二十条 企业所得税法第四十七条所称不具有合理商业目的，是指以减少、免除或者推迟缴纳税款为主要目的。

第一百二十一条 税务机关根据税收法律、行政法规的规定，对企业作出特别纳税调整的，应当对补征的税款，自税款所属纳税年度的次年6月1日起至补缴税款之日止的期间，按日加收利息。

前款规定加收的利息，不得在计算应纳税所得额时扣除。

第一百二十二条 企业所得税法第四十八条所称利息，应当按照税款所属纳税年度中国人民银行公布的与补税期间同期的人民币贷款基准利率加5个百分点计算。

企业依照企业所得税法第四十三条和本条例的规定提供有关资料的，可以只按前款规定的人民币贷款基准利率计算利息。

第一百二十三条 企业与其关联方之间的业务往来，不符合独立交易原则，或者企业实施其他不具有合理商业目的安排的，税务机关有权在该业务发生的纳税年度起10年内，进行纳税调整。

第七章 征收管理

第一百二十四条 企业所得税法第五十条所称企业登记注册地，是指企业依照国家有关规定登记注册的住所地。

第一百二十五条 企业汇总计算并缴纳企业所得税时，应当统一核算应纳税所得额，具体办法由国务院财政、税务主管部门另行制定。

第一百二十六条 企业所得税法第五十一条所称主要机构、场所，应当同时符合下列条件：

（一）对其他各机构、场所的生产经营活动负有监督管理责任；

（二）设有完整的账簿、凭证，能够准确反映各机构、场所的收入、成本、费用和盈亏情况。

第一百二十七条 企业所得税分月或者分季预缴，由税务机关具体核定。

企业根据企业所得税法第五十四条规定分月或者分季预缴企业所得税时，应当按照月度或者季度的实际利润额预缴；按照月度或者季度的实际利润额预缴有困难的，可以按照上一纳税年度应纳税所得额的月度或者季度平均额预缴，或者按照经税务机关认可的其他方法预缴。预缴方法一经确定，该纳税年度内不得随意变更。

第一百二十八条 企业在纳税年度内无论盈利或者亏损，都应当依照企业所得税法第五十四条规定的期限，向税务机关报送预缴企业所得税纳税申报表、年度企业所得税纳税申报表、财务会计报告和税务机关规定应当报送的其他有关资料。

第一百二十九条 企业所得以人民币以外的货币计算的，预缴企业所得税时，应当按照月度或者季度最后一日的人民币汇率中间价，折合成人民币计算应纳税所得额。年度终了汇算清缴时，对已经按照月度或者季度预缴税款的，不再重新折合计算，只就该纳税年度内未缴纳企业所得税的部分，按照纳税年度最后一日的人民币汇率中间价，折合成人民币计算应纳税所得额。

经税务机关检查确认，企业少计或者多计前款规定的所得的，应当按照检查确认补税或者退税时的上一个月最后一日的人民币汇率中间价，将少计或者多计的所得折合成人民币计算应纳税所得额，再计算应补缴或者应退的税款。

第八章 附 则

第一百三十条 企业所得税法第五十七条第一款所称本法公布前已经批准设立的企业，是指企业所得税法公布前已经完成登记注册的企业。

第一百三十一条 在香港特别行政区、澳门特别行政区和台湾地区成立的企业，参照适用企业所得税法第二条第二款、第三款的有关规定。

第一百三十二条 本条例自2008年1月1日起施行。1991年6月30日国务院发布的《中华人民共和国外商投资企业和外国企业所得税法实施细则》和1994年2月4日财政部发布的《中华人民共和国企业所得税暂行条例实施细则》同时废止。

国家税务总局关于印发《企业所得税核定征收办法（试行）》的通知

（国税发〔2008〕30号）

省、自治区、直辖市和计划单列市国家税务局、地方税务局：

为加强和规范企业所得税核定征收工作，税务总局制定了《企业所得税核定征收办法（试行）》，现印发给你们，请遵照执行。

一、严格按照规定的范围和标准确定企业所得税的征收方式。不得违规扩大核定征收企业所得税范围。严禁按照行业或者企业规模大小，"一刀切"地搞企业所得税核定征收。

二、按公平、公正、公开原则核定征收企业所得税。应根据纳税人的生产经营行业特点，综合考虑企业的地理位置、经营规模、收入水平、利润水平等因素，分类逐户核定应纳所得税额或者应税所得率，保证同一区域内规模相当的同类或者类似企业的所得税税负基本相当。

三、做好核定征收企业所得税的服务工作。核定征收企业所得税的工作部署与安排要考虑方便纳税人，符合纳税人的实际情况，并在规定的时限内及时办结鉴定和认定工作。

四、推进纳税人建账建制工作。税务机关应积极督促核定征收企业所得税的纳税人建账建制，改善经营管理，引导纳税人向查账征收方式过渡。对符合查账征收条件的纳税人，要及时调整征收方式，实行查账征收。

五、加强对核定征收方式纳税人的检查工作。对实行核定征收企业所得税方式的纳税人，要加大检查力度，将汇算清缴的审核检查和日常征管检查结合起来，合理确定年度稽查面，防止纳税人有意通过核定征收方式降低税负。

附件：企业所得税核定征收鉴定表（略）

国家税务总局
二〇〇八年三月六日

企业所得税核定征收办法（试行）

第一条 为了加强企业所得税征收管理，规范核定征收企业所得税工作，保障国家税款及时足额入库，维护纳税人合法权益，根据《中华人民共和国企业所得税法》及其实施条例、《中华人民共和国税收征收管理法》及其实施细则的有关规定，制定本办法。

第二条 本办法适用于居民企业纳税人。

第三条 纳税人具有下列情形之一的，核定征收企业所得税：

（一）依照法律、行政法规的规定可以不设置账簿的；

（二）依照法律、行政法规的规定应当设置但未设置账簿的；

（三）擅自销毁账簿或者拒不提供纳税资料的；

（四）虽设置账簿，但账目混乱或者成本资料、收入凭证、费用凭证残缺不全，难以查账的；

（五）发生纳税义务，未按照规定的期限办理纳税申报，经税务机关责令限期申报，逾期仍不申报的；

（六）申报的计税依据明显偏低，又无正当理由的。

特殊行业、特殊类型的纳税人和一定规模以上的纳税人不适用本办法。上述特定纳税人由国家税务总局另行明确。

第四条 税务机关应根据纳税人具体情况，对核定征收企业所得税的纳税人，核定应税所得率或者核定应纳所得税额。

具有下列情形之一的，核定其应税所得率：

（一）能正确核算（查实）收入总额，但不能正确核算（查实）成本费用总额的；

（二）能正确核算（查实）成本费用总额，但不能正确核算（查实）收入总额的；

（三）通过合理方法，能计算和推定纳税人收入总额或成本费用总额的。

纳税人不属于以上情形的，核定其应纳所得税额。

第五条 税务机关采用下列方法核定征收企业所得税：

（一）参照当地同类行业或者类似行业中经营规模和收入水平相近的纳税人的税负水平核定；

（二）按照应税收入额或成本费用支出额定率核定；

（三）按照耗用的原材料、燃料、动力等推算或测算核定；

（四）按照其他合理方法核定。

采用前款所列一种方法不足以正确核定应纳税所得额或应纳税额的,可以同时采用两种以上的方法核定。采用两种以上方法测算的应纳税额不一致时,可按测算的应纳税额从高核定。

第六条 采用应税所得率方式核定征收企业所得税的,应纳所得税额计算公式如下:

应纳所得税额 = 应纳税所得额 × 适用税率

应纳税所得额 = 应税收入额 × 应税所得率

或:应纳税所得额 = 成本(费用)支出额 ÷ (1 − 应税所得率) × 应税所得率

第七条 实行应税所得率方式核定征收企业所得税的纳税人,经营多业的,无论其经营项目是否单独核算,均由税务机关根据其主营项目确定适用的应税所得率。

主营项目应为纳税人所有经营项目中,收入总额或者成本(费用)支出额或者耗用原材料、燃料、动力数量所占比重最大的项目。

第八条 应税所得率按下表规定的幅度标准确定:

行业	应税所得率
农、林、牧、渔业	3%–10%
制造业	5%–15%
批发和零售贸易业	4%–15%
交通运输业	7%–15%
建筑业	8%–20%
饮食业	8%–25%
娱乐业	15%–30%
其他行业	10%–30%

第九条 纳税人的生产经营范围、主营业务发生重大变化,或者应纳税所得额或应纳税额增减变化达到 20% 的,应及时向税务机关申报调整已确定的应纳税额或应税所得率。

第十条 主管税务机关应及时向纳税人送达《企业所得税核定征收鉴定表》(表样附后),及时完成对其核定征收企业所得税的鉴定工作。具体程序如下:

(一)纳税人应在收到《企业所得税核定征收鉴定表》后 10 个工作日内,填好该表并报送主管税务机关。《企业所得税核定征收鉴定表》一式三联,主管税务机关和县税务机关各执一联,另一联送达纳税人执行。主管税务机关还可根据实际工作需要,适当增加联次备用。

(二)主管税务机关应在受理《企业所得税核定征收鉴定表》后 20 个工作日内,分类逐户审查核实,提出鉴定意见,并报县税务机关复核、认定。

(三)县税务机关应在收到《企业所得税核定征收鉴定表》后 30 个工作日内,完成复核、认定工作。

纳税人收到《企业所得税核定征收鉴定表》后,未在规定期限内填列、报送的,税务机关视同纳税人已经报送,按上述程序进行复核认定。

第十一条 税务机关应在每年 6 月底前对上年度实行核定征收企业所得税的纳税人进行重新鉴定。重新鉴定工作完成前,纳税人可暂按上年度的核定征收方式预缴企业所得税;重新鉴定工作完成后,按重新鉴定的结果进行调整。

第十二条 主管税务机关应当分类逐户公示核定的应纳所得税额或应税所得率。主管税务机关应当按照便于纳税人及社会各界了解、监督的原则确定公示地点、方式。

纳税人对税务机关确定的企业所得税征收方式、核定的应纳所得税额或应税所得率有异议的,应当提供合法、有效的相关证据,税务机关经核实认定后调整有异议的事项。

第十三条 纳税人实行核定应税所得率方式的,按下列规定申报纳税:

(一)主管税务机关根据纳税人应纳税额的大小确定纳税人按月或者按季预缴,年终汇算清缴。预缴方法一经确定,一个纳税年度内不得改变。

(二)纳税人应依照确定的应税所得率计算纳税期间实际应缴纳的税额,进行预缴。按实际数额预缴有困难的,经主管税务机关同意,可按上一年度应纳税额的 1/12 或 1/4 预缴,或者按经主管税务机关认可的其他方法预缴。

(三)纳税人预缴税款或年终进行汇算清缴时,应按规定填写《中华人民共和国企业所得税月(季)度预缴纳税申报表(B 类)》,在规定的纳税申报时限内报送主管税务机关。

第十四条 纳税人实行核定应纳所得税额方式的,按下列规定申报纳税:

(一)纳税人在应纳所得税额尚未确定之前,可暂按上年度应纳所得税额的 1/12 或 1/4 预缴,或者按经主管税务机关认可的其他方法,按月或按季分期预缴。

(二)在应纳所得税额确定以后,减除当年已预缴的所得税额,余额按剩余月份或季度均分,以此确定以后各月或各季的应纳税额,由纳税人按月或按季填写《中华人民共和国企业所得税月(季)度预缴纳税申报表(B 类)》,在规定的纳税申报期限内进行纳税申报。

(三)纳税人年度终了后,在规定的时限内按照实际经营额或实际应纳税额向税务机关申报纳税。申报额超过核定经营额或应纳税额的,按申报额缴纳税款;申报额低于核定经营额或应纳税额的,按核定经营额或应纳税额缴纳税款。

第十五条 对违反本办法规定的行为,按照《中华人民共和国税收征收管理法》及其实施细则的有关规定处理。

第十六条 各省、自治区、直辖市和计划单列市税务局,根据本办法的规定制定具体实施办法,并报国家税务总局备案。

第十七条 本办法自 2008 年 1 月 1 日起执行。《国家税务总局关于印发〈核定征收企业所得税暂行办法〉的通知》(国税发〔2000〕38 号)同时废止。

国家税务总局关于印发
《非居民企业所得税核定征收管理办法》的通知

(国税发〔2010〕19 号)

各省、自治区、直辖市和计划单列市国家税务局、地方税务局:

为规范非居民企业所得税核定征收工作,税务总局制定了《非居民企业所得税核定征收管理办法》,现印发给你们,请遵照执行。执行中发现的问题请及时反馈税务总局(国际税务司)。

国家税务总局
二〇一〇年二月二十日

非居民企业所得税核定征收管理办法[①]

第一条 为了规范非居民企业所得税核定征收工作，根据《中华人民共和国企业所得税法》(以下简称企业所得税法)及其实施条例和《中华人民共和国税收征收管理法》(以下简称税收征管法)及其实施细则，制定本办法。

第二条 本办法适用于企业所得税法第三条第二款规定的非居民企业，外国企业常驻代表机构企业所得税核定办法按照有关规定办理。

第三条 非居民企业应当按照税收征管法及有关法律法规设置账簿，根据合法、有效凭证记账，进行核算，并应按照其实际履行的功能与承担的风险相匹配的原则，准确计算应纳税所得额，据实申报缴纳企业所得税。

第四条 非居民企业因会计账簿不健全，资料残缺难以查账，或者其他原因不能准确计算并据实申报其应纳税所得额的，税务机关有权采取以下方法核定其应纳税所得额。

（一）按收入总额核定应纳税所得额：适用于能够正确核算收入或通过合理方法推定收入总额，但不能正确核算成本费用的非居民企业。计算公式如下：

应纳税所得额 = 收入总额 × 经税务机关核定的利润率

（二）按成本费用核定应纳税所得额：适用于能够正确核算成本费用，但不能正确核算收入总额的非居民企业。计算公式如下：

应纳税所得额 = 成本费用总额 ÷（1 - 经税务机关核定的利润率）× 经税务机关核定的利润率

（三）按经费支出换算收入核定应纳税所得额：适用于能够正确核算经费支出总额，但不能正确核算收入总额和成本费用的非居民企业。计算公式：

应纳税所得额 = 本期经费支出额 ÷（1 - 核定利润率）× 核定利润率

第五条 税务机关可按照以下标准确定非居民企业的利润率：

（一）从事承包工程作业、设计和咨询劳务的，利润率为 15%—30%；

（二）从事管理服务的，利润率为 30%—50%；

（三）从事其他劳务或劳务以外经营活动的，利润率不低于 15%。

税务机关有根据认为非居民企业的实际利润率明显高于上述标准的，可以按照比上述标准更高的利润率核定其应纳税所得额。

第六条 非居民企业与中国居民企业签订机器设备或货物销售合同，同时提供设备安装、装配、技术培训、指导、监督服务等劳务，其销售货物合同中未列明提供上述劳务服务收费金额，或者计价不合理的，主管税务机关可以根据实际情况，参照相同或相近业务的计价标准核定劳务收入。无参照标准的，以不低于销售货物合同总价款的 10% 为原则，确定非居民企业的劳务收入。

第七条 非居民企业为中国境内客户提供劳务取得的收入，凡其提供的服务全部发生在中国境内的，应全额在中国境内申报缴纳企业所得税。凡其提供的服务同时发生在中国

[①] 注：2010年2月20日国税发〔2010〕19号发布，本文根据2015年4月17日国家税务总局公告2015年第22号《关于修改〈非居民企业所得税核定征收管理办法〉等文件的公告》第一次修正，根据2016年5月5日国家税务总局公告2016年第28号《国家税务总局关于修改按经费支出换算收入方式核定非居民企业应纳税所得额计算公式的公告》第二次修正，根据2018年6月15日国家税务总局公告2018年第31号《国家税务总局关于修改部分税收规范性文件的公告》第三次修正。

境内外的，应以劳务发生地为原则划分其境内外收入，并就其在中国境内取得的劳务收入申报缴纳企业所得税。税务机关对其境内外收入划分的合理性和真实性有疑义的，可以要求非居民企业提供真实有效的证明，并根据工作量、工作时间、成本费用等因素合理划分其境内外收入；如非居民企业不能提供真实有效的证明，税务机关可视同其提供的服务全部发生在中国境内，确定其劳务收入并据以征收企业所得税。

第八条 采取核定征收方式征收企业所得税的非居民企业，在中国境内从事适用不同核定利润率的经营活动，并取得应税所得的，应分别核算并适用相应的利润率计算缴纳企业所得税；凡不能分别核算的，应从高适用利润率，计算缴纳企业所得税。

第九条 主管税务机关应及时向非居民企业送达《非居民企业所得税征收方式鉴定表》（见附件，以下简称《鉴定表》），非居民企业应在收到《鉴定表》后10个工作日内，完成《鉴定表》的填写并送达主管税务机关，主管税务机关在受理《鉴定表》后20个工作日内，完成该项征收方式的确认工作。

第十条 税务机关发现非居民企业采用核定征收方式计算申报的应纳税所得额不真实，或者明显与其承担的功能风险不相匹配的，有权予以调整。

第十一条 各省、自治区、直辖市和计划单列市税务局可按照本办法第五条规定确定适用的核定利润率幅度，并根据本办法规定制定具体操作规程，报国家税务总局（国际税务司）备案。

第十二条 本办法自发布之日起施行。

附件

非居民企业所得税征收方式鉴定表

编号：

中文名称：		纳税人识别号：	
英文名称：			
从事的行业：□承包工程作业、设计和咨询劳务 □管理服务 □其他劳务或劳务以外经营活动			
行次	项目		情况
1	账簿设置情况		
2	收入核算情况		
3	成本费用核算情况		
4	纳税申报情况		
5	履行纳税义务情况		
6	其他情况		
以下由税务机关填写			
核定征收方式	□按收入总额 □按成本费用 □按经费支出换算收入		
核定利润率			
纳税人对征收方式的意见： 经办人： 负责人签章： 年 月 日	税务机关经办部门意见： 经办人： 负责人签章： 年 月 日		分管局领导意见： （公章） 年 月 日

注：1.非居民企业从事的行业，请在符合情形的□内打"√"；
    2.非居民企业自收到本表10个工作日内填好并送达主管税务机关；
    3.主管税务机关在受理后20个工作日内完成征收方式的确认。

国家税务总局关于发布《企业所得税税前扣除凭证管理办法》的公告

（国家税务总局公告2018年第28号）

为加强企业所得税税前扣除凭证管理，规范税收执法，优化营商环境，国家税务总局制定了《企业所得税税前扣除凭证管理办法》，现予以发布。

特此公告。

国家税务总局
2018年6月6日

企业所得税税前扣除凭证管理办法

第一条 为规范企业所得税税前扣除凭证（以下简称税前扣除凭证）管理，根据《中华人民共和国企业所得税法》（以下简称企业所得税法）及其实施条例、《中华人民共和国税收征收管理法》及其实施细则、《中华人民共和国发票管理办法》及其实施细则等规定，制定本办法。

第二条 本办法所称税前扣除凭证，是指企业在计算企业所得税应纳税所得额时，证明与取得收入有关的、合理的支出实际发生，并据以税前扣除的各类凭证。

第三条 本办法所称企业是指企业所得税法及其实施条例规定的居民企业和非居民企业。

第四条 税前扣除凭证在管理中遵循真实性、合法性、关联性原则。真实性是指税前扣除凭证反映的经济业务真实，且支出已经实际发生；合法性是指税前扣除凭证的形式、来源符合国家法律、法规等相关规定；关联性是指税前扣除凭证与其反映的支出相关联且有证明力。

第五条 企业发生支出，应取得税前扣除凭证，作为计算企业所得税应纳税所得额时扣除相关支出的依据。

第六条 企业应在当年度企业所得税法规定的汇算清缴期结束前取得税前扣除凭证。

第七条 企业应将与税前扣除凭证相关的资料，包括合同协议、支出依据、付款凭证等留存备查，以证实税前扣除凭证的真实性。

第八条 税前扣除凭证按照来源分为内部凭证和外部凭证。

内部凭证是指企业自制用于成本、费用、损失和其他支出核算的会计原始凭证。内部凭证的填制和使用应当符合国家会计法律、法规等相关规定。

外部凭证是指企业发生经营活动和其他事项时，从其他单位、个人取得的用于证明其支出发生的凭证，包括但不限于发票（包括纸质发票和电子发票）、财政票据、完税凭证、收款凭证、分割单等。

第九条　企业在境内发生的支出项目属于增值税应税项目（以下简称应税项目）的，对方为已办理税务登记的增值税纳税人，其支出以发票（包括按照规定由税务机关代开的发票）作为税前扣除凭证；对方为依法无需办理税务登记的单位或者从事小额零星经营业务的个人，其支出以税务机关代开的发票或者收款凭证及内部凭证作为税前扣除凭证，收款凭证应载明收款单位名称、个人姓名及身份证号、支出项目、收款金额等相关信息。

小额零星经营业务的判断标准是个人从事应税项目经营业务的销售额不超过增值税相关政策规定的起征点。

税务总局对应税项目开具发票另有规定的，以规定的发票或者票据作为税前扣除凭证。

第十条　企业在境内发生的支出项目不属于应税项目的，对方为单位的，以对方开具的发票以外的其他外部凭证作为税前扣除凭证；对方为个人的，以内部凭证作为税前扣除凭证。

企业在境内发生的支出项目虽不属于应税项目，但按税务总局规定可以开具发票的，可以发票作为税前扣除凭证。

第十一条　企业从境外购进货物或者劳务发生的支出，以对方开具的发票或者具有发票性质的收款凭证、相关税费缴纳凭证作为税前扣除凭证。

第十二条　企业取得私自印制、伪造、变造、作废、开票方非法取得、虚开、填写不规范等不符合规定的发票（以下简称不合规发票），以及取得不符合国家法律、法规等相关规定的其他外部凭证（以下简称不合规其他外部凭证），不得作为税前扣除凭证。

第十三条　企业应当取得而未取得发票、其他外部凭证或者取得不合规发票、不合规其他外部凭证的，若支出真实且已实际发生，应当在当年度汇算清缴期结束前，要求对方补开、换开发票、其他外部凭证。补开、换开后的发票、其他外部凭证符合规定的，可以作为税前扣除凭证。

第十四条　企业在补开、换开发票、其他外部凭证过程中，因对方注销、撤销、依法被吊销营业执照、被税务机关认定为非正常户等特殊原因无法补开、换开发票、其他外部凭证的，可凭以下资料证实支出真实性后，其支出允许税前扣除：

（一）无法补开、换开发票、其他外部凭证原因的证明资料（包括工商注销、机构撤销、列入非正常经营户、破产公告等证明资料）；

（二）相关业务活动的合同或者协议；

（三）采用非现金方式支付的付款凭证；

（四）货物运输的证明资料；

（五）货物入库、出库内部凭证；

（六）企业会计核算记录以及其他资料。

前款第一项至第三项为必备资料。

第十五条　汇算清缴期结束后，税务机关发现企业应当取得而未取得发票、其他外部凭证或者取得不合规发票、不合规其他外部凭证并且告知企业的，企业应当自被告知之日起60日内补开、换开符合规定的发票、其他外部凭证。其中，因对方特殊原因无法补开、换开发票、其他外部凭证的，企业应当按照本办法第十四条的规定，自被告知之日起60日内提供可以证实其支出真实性的相关资料。

第十六条　企业在规定的期限未能补开、换开符合规定的发票、其他外部凭证，并且未能按照本办法第十四条的规定提供相关资料证实其支出真实性的，相应支出不得在发生年度税前扣除。

第十七条 除发生本办法第十五条规定的情形外，企业以前年度应当取得而未取得发票、其他外部凭证，且相应支出在该年度没有税前扣除的，在以后年度取得符合规定的发票、其他外部凭证或者按照本办法第十四条的规定提供可以证实其支出真实性的相关资料，相应支出可以追补至该支出发生年度税前扣除，但追补年限不得超过五年。

第十八条 企业与其他企业（包括关联企业）、个人在境内共同接受应纳增值税劳务（以下简称应税劳务）发生的支出，采取分摊方式的，应当按照独立交易原则进行分摊，企业以发票和分割单作为税前扣除凭证，共同接受应税劳务的其他企业以企业开具的分割单作为税前扣除凭证。

企业与其他企业、个人在境内共同接受非应税劳务发生的支出，采取分摊方式的，企业以发票外的其他外部凭证和分割单作为税前扣除凭证，共同接受非应税劳务的其他企业以企业开具的分割单作为税前扣除凭证。

第十九条 企业租用（包括企业作为单一承租方租用）办公、生产用房等资产发生的水、电、燃气、冷气、暖气、通讯线路、有线电视、网络等费用，出租方作为应税项目开具发票的，企业以发票作为税前扣除凭证；出租方采取分摊方式的，企业以出租方开具的其他外部凭证作为税前扣除凭证。

第二十条 本办法自 2018 年 7 月 1 日起施行。

财政部　税务总局关于延长
高新技术企业和科技型中小企业亏损结转年限的通知

（财税〔2018〕76 号）

各省、自治区、直辖市、计划单列市财政厅（局），国家税务总局各省、自治区、直辖市、计划单列市税务局，新疆生产建设兵团财政局：

为支持高新技术企业和科技型中小企业发展，现就高新技术企业和科技型中小企业亏损结转年限政策通知如下：

一、自 2018 年 1 月 1 日起，当年具备高新技术企业或科技型中小企业资格（以下统称资格）的企业，其具备资格年度之前 5 个年度发生的尚未弥补完的亏损，准予结转以后年度弥补，最长结转年限由 5 年延长至 10 年。

二、本通知所称高新技术企业，是指按照《科技部、财政部 国家税务总局关于修订印发〈高新技术企业认定管理办法〉的通知》（国科发火〔2016〕32 号）规定认定的高新技术企业；所称科技型中小企业，是指按照《科技部、财政部 国家税务总局关于印发〈科技型中小企业评价办法〉的通知》（国科发政〔2017〕115 号）规定取得科技型中小企业登记编号的企业。

三、本通知自 2018 年 1 月 1 日开始执行。

财政部　税务总局
2018 年 7 月 11 日

财政部 税务总局关于广告费和业务宣传费支出税前扣除有关事项的公告

（财政部 税务总局公告2020年第43号）

根据《中华人民共和国企业所得税法》及其实施条例，现就广告费和业务宣传费支出税前扣除有关事项公告如下：

一、对化妆品制造或销售、医药制造和饮料制造（不含酒类制造）企业发生的广告费和业务宣传费支出，不超过当年销售（营业）收入30%的部分，准予扣除；超过部分，准予在以后纳税年度结转扣除。

二、对签订广告费和业务宣传费分摊协议（以下简称分摊协议）的关联企业，其中一方发生的不超过当年销售（营业）收入税前扣除限额比例内的广告费和业务宣传费支出可以在本企业扣除，也可以将其中的部分或全部按照分摊协议归集至另一方扣除。另一方在计算本企业广告费和业务宣传费支出企业所得税税前扣除限额时，可将按照上述办法归集至本企业的广告费和业务宣传费不计算在内。

三、烟草企业的烟草广告费和业务宣传费支出，一律不得在计算应纳税所得额时扣除。

四、本通知自2021年1月1日起至2025年12月31日止执行。《财政部 税务总局关于广告费和业务宣传费支出税前扣除政策的通知》（财税〔2017〕41号）自2021年1月1日起废止。

财政部 税务总局
2020年11月27日

财政部 国家税务总局 科技部关于完善研究开发费用税前加计扣除政策的通知

（财税〔2015〕119号）

各省、自治区、直辖市、计划单列市财政厅（局）、国家税务局、地方税务局、科技厅（局），新疆生产建设兵团财务局、科技局：

根据《中华人民共和国企业所得税法》及其实施条例有关规定，为进一步贯彻落实《中共中央 国务院关于深化体制机制改革加快实施创新驱动发展战略的若干意见》精神，更好地鼓励企业开展研究开发活动（以下简称研发活动）和规范企业研究开发费用（以下简称研发费用）加计扣除优惠政策执行，现就企业研发费用税前加计扣除有关问题通知如下：

一、研发活动及研发费用归集范围

本通知所称研发活动，是指企业为获得科学与技术新知识，创造性运用科学技术新知识，或实质性改进技术、产品（服务）、工艺而持续进行的具有明确目标的系统性活动。

（一）允许加计扣除的研发费用。

企业开展研发活动中实际发生的研发费用，未形成无形资产计入当期损益的，在按规定据实扣除的基础上，按照本年度实际发生额的50%，从本年度应纳税所得额中扣除；形成无形资产的，按照无形资产成本的150%在税前摊销。研发费用的具体范围包括：

1. 人员人工费用。

直接从事研发活动人员的工资薪金、基本养老保险费、基本医疗保险费、失业保险费、工伤保险费、生育保险费和住房公积金，以及外聘研发人员的劳务费用。

2. 直接投入费用。

（1）研发活动直接消耗的材料、燃料和动力费用。

（2）用于中间试验和产品试制的模具、工艺装备开发及制造费，不构成固定资产的样品、样机及一般测试手段购置费，试制产品的检验费。

（3）用于研发活动的仪器、设备的运行维护、调整、检验、维修等费用，以及通过经营租赁方式租入的用于研发活动的仪器、设备租赁费。

3. 折旧费用。

用于研发活动的仪器、设备的折旧费。

4. 无形资产摊销。

用于研发活动的软件、专利权、非专利技术（包括许可证、专有技术、设计和计算方法等）的摊销费用。

5. 新产品设计费、新工艺规程制定费、新药研制的临床试验费、勘探开发技术的现场试验费。

6. 其他相关费用。

与研发活动直接相关的其他费用，如技术图书资料费、资料翻译费、专家咨询费、高新科技研发保险费，研发成果的检索、分析、评议、论证、鉴定、评审、评估、验收费用，知识产权的申请费、注册费、代理费、差旅费、会议费等。此项费用总额不得超过可加计扣除研发费用总额的10%。

7. 财政部和国家税务总局规定的其他费用。

（二）下列活动不适用税前加计扣除政策。

1. 企业产品（服务）的常规性升级。

2. 对某项科研成果的直接应用，如直接采用公开的新工艺、材料、装置、产品、服务或知识等。

3. 企业在商品化后为顾客提供的技术支持活动。

4. 对现存产品、服务、技术、材料或工艺流程进行的重复或简单改变。

5. 市场调查研究、效率调查或管理研究。

6. 作为工业（服务）流程环节或常规的质量控制、测试分析、维修维护。

7. 社会科学、艺术或人文学方面的研究。

二、特别事项的处理

1. 企业委托外部机构或个人进行研发活动所发生的费用，按照费用实际发生额的80%计入委托方研发费用并计算加计扣除，受托方不得再进行加计扣除。委托外部研究开发费用实际发生额应按照独立交易原则确定。

委托方与受托方存在关联关系的,受托方应向委托方提供研发项目费用支出明细情况。

企业委托境外机构或个人进行研发活动所发生的费用,不得加计扣除。①

2. 企业共同合作开发的项目,由合作各方就自身实际承担的研发费用分别计算加计扣除。

3. 企业集团根据生产经营和科技开发的实际情况,对技术要求高、投资数额大,需要集中研发的项目,其实际发生的研发费用,可以按照权利和义务相一致、费用支出和收益分享相配比的原则,合理确定研发费用的分摊方法,在受益成员企业间进行分摊,由相关成员企业分别计算加计扣除。

4. 企业为获得创新性、创意性、突破性的产品进行创意设计活动而发生的相关费用,可按照本通知规定进行税前加计扣除。

创意设计活动是指多媒体软件、动漫游戏软件开发,数字动漫、游戏设计制作;房屋建筑工程设计(绿色建筑评价标准为三星)、风景园林工程专项设计;工业设计、多媒体设计、动漫及衍生产品设计、模型设计等。

三、会计核算与管理

1. 企业应按照国家财务会计制度要求,对研发支出进行会计处理;同时,对享受加计扣除的研发费用按研发项目设置辅助账,准确归集核算当年可加计扣除的各项研发费用实际发生额。企业在一个纳税年度内进行多项研发活动的,应按照不同研发项目分别归集可加计扣除的研发费用。

2. 企业应对研发费用和生产经营费用分别核算,准确、合理归集各项费用支出,对划分不清的,不得实行加计扣除。

四、不适用税前加计扣除政策的行业

1. 烟草制造业。

2. 住宿和餐饮业。

3. 批发和零售业。

4. 房地产业。

5. 租赁和商务服务业。

6. 娱乐业。

7. 财政部和国家税务总局规定的其他行业。

上述行业以《国民经济行业分类与代码(GB/4754-2011)》为准,并随之更新。

五、管理事项及征管要求

1. 本通知适用于会计核算健全、实行查账征收并能够准确归集研发费用的居民企业。

2. 企业研发费用各项目的实际发生额归集不准确、汇总额计算不准确的,税务机关有权对其税前扣除额或加计扣除额进行合理调整。

3. 税务机关对企业享受加计扣除优惠的研发项目有异议的,可以转请地市级(含)以上科技行政主管部门出具鉴定意见,科技部门应及时回复意见。企业承担省部级(含)以上科研项目的,以及以前年度已鉴定的跨年度研发项目,不再需要鉴定。

4. 企业符合本通知规定的研发费用加计扣除条件而在2016年1月1日以后未及时享受该项税收优惠的,可以追溯享受并履行备案手续,追溯期限最长为3年。

---

① 注:本款内容废止,参见《财政部 税务总局 科技部关于企业委托境外研究开发费用税前加计扣除有关政策问题的通知》(财税〔2018〕64号)。

5. 税务部门应加强研发费用加计扣除优惠政策的后续管理,定期开展核查,年度核查面不得低于20%。

六、执行时间

本通知自2016年1月1日起执行。《国家税务总局关于印发〈企业研究开发费用税前扣除管理办法(试行)〉的通知》(国税发〔2008〕116号)和《财政部 国家税务总局关于研究开发费用税前加计扣除有关政策问题的通知》(财税〔2013〕70号)同时废止。

财政部 国家税务总局 科技部
2015年11月2日

财政部 税务总局 科技部关于企业委托境外研究开发费用税前加计扣除有关政策问题的通知

(财税〔2018〕64号)

各省、自治区、直辖市、计划单列市财政厅(局)、科技厅(局),国家税务总局各省、自治区、直辖市、计划单列市税务局,新疆生产建设兵团财政局、科技局:

为进一步激励企业加大研发投入,加强创新能力开放合作,现就企业委托境外进行研发活动发生的研究开发费用(以下简称研发费用)企业所得税前加计扣除有关政策问题通知如下:

一、委托境外进行研发活动所发生的费用,按照费用实际发生额的80%计入委托方的委托境外研发费用。委托境外研发费用不超过境内符合条件的研发费用三分之二的部分,可以按规定在企业所得税前加计扣除。

上述费用实际发生额应按照独立交易原则确定。委托方与受托方存在关联关系的,受托方应向委托方提供研发项目费用支出明细情况。

二、委托境外进行研发活动应签订技术开发合同,并由委托方到科技行政主管部门进行登记。相关事项按技术合同认定登记管理办法及技术合同认定规则执行。

三、企业应在年度申报享受优惠时,按照《国家税务总局关于发布修订后的〈企业所得税优惠政策事项办理办法〉的公告》(国家税务总局公告2018年第23号)的规定办理有关手续,并留存备查以下资料:

(一)企业委托研发项目计划书和企业有权部门立项的决议文件;

(二)委托研究开发专门机构或项目组的编制情况和研发人员名单;

(三)经科技行政主管部门登记的委托境外研发合同;

(四)"研发支出"辅助账及汇总表;

(五)委托境外研发银行支付凭证和受托方开具的收款凭据;

(六)当年委托研发项目的进展情况等资料。

企业如果已取得地市级(含)以上科技行政主管部门出具的鉴定意见,应作为资料留存备查。

四、企业对委托境外研发费用以及留存备查资料的真实性、合法性承担法律责任。

五、委托境外研发费用加计扣除其他政策口径和管理要求按照《财政部 国家税务总局科技部关于完善研究开发费用税前加计扣除政策的通知》（财税〔2015〕119号）、《财政部 税务总局 科技部关于提高科技型中小企业研究开发费用税前加计扣除比例的通知》（财税〔2017〕34号）、《国家税务总局关于企业研究开发费用税前加计扣除政策有关问题的公告》（国家税务总局公告2015年第97号）等文件规定执行。

六、本通知所称委托境外进行研发活动不包括委托境外个人进行的研发活动。

七、本通知自2018年1月1日起执行。财税〔2015〕119号文件第二条中"企业委托境外机构或个人进行研发活动所发生的费用，不得加计扣除"的规定同时废止。

财政部　税务总局　科技部
2018年6月25日

财政部　税务总局关于进一步完善研发费用税前加计扣除政策的公告

（财政部　税务总局公告2021年第13号）

为进一步激励企业加大研发投入，支持科技创新，现就企业研发费用税前加计扣除政策有关问题公告如下：

一、制造业企业开展研发活动中实际发生的研发费用，未形成无形资产计入当期损益的，在按规定据实扣除的基础上，自2021年1月1日起，再按照实际发生额的100%在税前加计扣除；形成无形资产的，自2021年1月1日起，按照无形资产成本的200%在税前摊销。

本条所称制造业企业，是指以制造业业务为主营业务，享受优惠当年主营业务收入占收入总额的比例达到50%以上的企业。制造业的范围按照《国民经济行业分类》（GB/T 4754-2017）确定，如国家有关部门更新《国民经济行业分类》，从其规定。收入总额按照企业所得税法第六条规定执行。

二、企业预缴申报当年第3季度（按季预缴）或9月份（按月预缴）企业所得税时，可以自行选择就当年上半年研发费用享受加计扣除优惠政策，采取"自行判别、申报享受、相关资料留存备查"办理方式。

符合条件的企业可以自行计算加计扣除金额，填报《中华人民共和国企业所得税月（季）度预缴纳税申报表（A类）》享受税收优惠，并根据享受加计扣除优惠的研发费用情况（上半年）填写《研发费用加计扣除优惠明细表》（A107012）。《研发费用加计扣除优惠明细表》（A107012）与相关政策规定的其他资料一并留存备查。

企业办理第3季度或9月份预缴申报时，未选择享受研发费用加计扣除优惠政策的，可在次年办理汇算清缴时统一享受。

三、企业享受研发费用加计扣除政策的其他政策口径和管理要求，按照《财政部　国家税务总局　科技部关于完善研究开发费用税前加计扣除政策的通知》（财税〔2015〕119号）、《财政部　税务总局　科技部关于企业委托境外研究开发费用税前加计扣除有关政策问题的通知》（财税〔2018〕64号）等文件相关规定执行。

四、本公告自2021年1月1日起执行。

特此公告。

财政部　税务总局

2021年3月31日

财政部　税务总局　科技部关于进一步提高科技型中小企业研发费用税前加计扣除比例的公告

（财政部　税务总局　科技部公告2022年第16号）

为进一步支持科技创新，鼓励科技型中小企业加大研发投入，现就提高科技型中小企业研究开发费用（以下简称研发费用）税前加计扣除比例有关问题公告如下：

一、科技型中小企业开展研发活动中实际发生的研发费用，未形成无形资产计入当期损益的，在按规定据实扣除的基础上，自2022年1月1日起，再按照实际发生额的100%在税前加计扣除；形成无形资产的，自2022年1月1日起，按照无形资产成本的200%在税前摊销。

二、科技型中小企业条件和管理办法按照《科技部　财政部　国家税务总局关于印发〈科技型中小企业评价办法〉的通知》（国科发政〔2017〕115号）执行。

三、科技型中小企业享受研发费用税前加计扣除政策的其他政策口径和管理要求，按照《财政部　国家税务总局　科技部关于完善研究开发费用税前加计扣除政策的通知》（财税〔2015〕119号）、《财政部　税务总局　科技部关于企业委托境外研究开发费用税前加计扣除有关政策问题的通知》（财税〔2018〕64号）等文件相关规定执行。

四、本公告自2022年1月1日起执行。

财政部　税务总局　科技部

2022年3月23日

财政部　税务总局　国家发展改革委关于延续西部大开发企业所得税政策的公告

（财政部　税务总局　国家发展改革委公告2020年第23号）

为贯彻落实党中央、国务院关于新时代推进西部大开发形成新格局有关精神，现将延续西部大开发企业所得税政策公告如下：

一、自2021年1月1日至2030年12月31日，对设在西部地区的鼓励类产业企业减按15%的税率征收企业所得税。本条所称鼓励类产业企业是指以《西部地区鼓励类产业目录》中规定的产业项目为主营业务，且其主营业务收入占企业收入总额60%以上的企业。

二、《西部地区鼓励类产业目录》由发展改革委牵头制定。该目录在本公告执行期限内修订的，自修订版实施之日起按新版本执行。

三、税务机关在后续管理中，不能准确判定企业主营业务是否属于国家鼓励类产业项目时，可提请发展改革等相关部门出具意见。对不符合税收优惠政策规定条件的，由税务机关按税收征收管理法及有关规定进行相应处理。具体办法由省级发展改革、税务部门另行制定。

四、本公告所称西部地区包括内蒙古自治区、广西壮族自治区、重庆市、四川省、贵州省、云南省、西藏自治区、陕西省、甘肃省、青海省、宁夏回族自治区、新疆维吾尔自治区和新疆生产建设兵团。湖南省湘西土家族苗族自治州、湖北省恩施土家族苗族自治州、吉林省延边朝鲜族自治州和江西省赣州市，可以比照西部地区的企业所得税政策执行。

五、本公告自2021年1月1日起执行。《财政部 海关总署 国家税务总局关于深入实施西部大开发战略有关税收政策问题的通知》（财税〔2011〕58号）、《财政部 海关总署 国家税务总局关于赣州市执行西部大开发税收政策问题的通知》（财税〔2013〕4号）中的企业所得税政策规定自2021年1月1日起停止执行。

特此公告。

财政部　税务总局　国家发展改革委
2020年4月23日

财政部　税务总局　发展改革委　工业和信息化部关于促进集成电路产业和软件产业高质量发展企业所得税政策的公告

（财政部　税务总局　国家发展改革委　工业和信息化部公告2020年第45号）

根据《国务院关于印发新时期促进集成电路产业和软件产业高质量发展若干政策的通知》（国发〔2020〕8号）有关要求，为促进集成电路产业和软件产业高质量发展，现就有关企业所得税政策问题公告如下：

一、国家鼓励的集成电路线宽小于28纳米（含），且经营期在15年以上的集成电路生产企业或项目，第一年至第十年免征企业所得税；国家鼓励的集成电路线宽小于65纳米（含），且经营期在15年以上的集成电路生产企业或项目，第一年至第五年免征企业所得税，第六年至第十年按照25%的法定税率减半征收企业所得税；国家鼓励的集成电路线宽小于130纳米（含），且经营期在10年以上的集成电路生产企业或项目，第一年至第二年免征企业所得税，第三年至第五年按照25%的法定税率减半征收企业所得税。

对于按照集成电路生产企业享受税收优惠政策的，优惠期自获利年度起计算；对于按照集成电路生产项目享受税收优惠政策的，优惠期自项目取得第一笔生产经营收入所属纳税年度起计算，集成电路生产项目需单独进行会计核算、计算所得，并合理分摊期间费用。

国家鼓励的集成电路生产企业或项目清单由国家发展改革委、工业和信息化部会同财政部、税务总局等相关部门制定。

二、国家鼓励的线宽小于130纳米（含）的集成电路生产企业，属于国家鼓励的集成电路生产企业清单年度之前5个纳税年度发生的尚未弥补完的亏损，准予向以后年度结转，总结转年限最长不得超过10年。

三、国家鼓励的集成电路设计、装备、材料、封装、测试企业和软件企业，自获利年度起，第一年至第二年免征企业所得税，第三年至第五年按照25%的法定税率减半征收企业所得税。

国家鼓励的集成电路设计、装备、材料、封装、测试企业和软件企业条件，由工业和信息化部会同国家发展改革委、财政部、税务总局等相关部门制定。

四、国家鼓励的重点集成电路设计企业和软件企业，自获利年度起，第一年至第五年免征企业所得税，接续年度减按10%的税率征收企业所得税。

国家鼓励的重点集成电路设计和软件企业清单由国家发展改革委、工业和信息化部会同财政部、税务总局等相关部门制定。

五、符合原有政策条件且在2019年（含）之前已经进入优惠期的企业或项目，2020年（含）起可按原有政策规定继续享受至期满为止，如也符合本公告第一条至第四条规定，可按本公告规定享受相关优惠，其中定期减免税优惠，可按本公告规定计算优惠期，并就剩余期限享受优惠至期满为止。符合原有政策条件，2019年（含）之前尚未进入优惠期的企业或项目，2020年（含）起不再执行原有政策。

六、集成电路企业或项目、软件企业按照本公告规定同时符合多项定期减免税优惠政策条件的，由企业选择其中一项政策享受相关优惠。其中，已经进入优惠期的，可由企业在剩余期限内选择其中一项政策享受相关优惠。

七、本公告规定的优惠，采取清单进行管理的，由国家发展改革委、工业和信息化部于每年3月底前按规定向财政部、税务总局提供上一年度可享受优惠的企业和项目清单；不采取清单进行管理的，税务机关按照财税〔2016〕49号第十条的规定转请发展改革、工业和信息化部门进行核查。

八、集成电路企业或项目、软件企业按照原有政策规定享受优惠的，税务机关按照财税〔2016〕49号第十条的规定转请发展改革、工业和信息化部门进行核查。

九、本公告所称原有政策，包括：《财政部 国家税务总局关于进一步鼓励软件产业和集成电路产业发展企业所得税政策的通知》（财税〔2012〕27号）、《财政部 国家税务总局 发展改革委 工业和信息化部关于进一步鼓励集成电路产业发展企业所得税政策的通知》（财税〔2015〕6号）、《财政部 国家税务总局 发展改革委 工业和信息化部关于软件和集成电路产业企业所得税优惠政策有关问题的通知》（财税〔2016〕49号）、《财政部 税务总局 国家发展改革委 工业和信息化部关于集成电路生产企业有关企业所得税政策问题的通知》（财税〔2018〕27号）、《财政部 税务总局关于集成电路设计和软件产业企业所得税政策的公告》（财政部 税务总局公告2019年第68号）、《财政部 税务总局关于集成电路设计企业和软件企业2019年度企业所得税汇算清缴适用政策的公告》（财政部 税务总局公告2020年第29号）。

十、本公告自2020年1月1日起执行。财税〔2012〕27号第二条中"经认定后，减按15%的税率征收企业所得税"的规定和第四条"国家规划布局内的重点软件企业和集成电路设计企业，如当年未享受免税优惠的，可减按10%的税率征收企业所得税"同时停止执行。

财政部　国家税务总局　国家发展改革委　工业和信息化部
2020年12月11日

财政部　税务总局　民政部关于生产和装配伤残人员专门用品企业免征企业所得税的公告

（财政部　税务总局　民政部公告2021年第14号）

为帮助伤残人员康复或者恢复残疾肢体功能，现对生产和装配伤残人员专门用品的企业免征企业所得税政策明确如下：

一、自2021年1月1日至2023年12月31日期间，对符合下列条件的居民企业，免征企业所得税：

1. 生产和装配伤残人员专门用品，且在民政部发布的《中国伤残人员专门用品目录》范围之内。

2. 以销售本企业生产或者装配的伤残人员专门用品为主，其所取得的年度伤残人员专门用品销售收入（不含出口取得的收入）占企业收入总额60%以上。

收入总额，是指《中华人民共和国企业所得税法》第六条规定的收入总额。

3. 企业账证健全，能够准确、完整地向主管税务机关提供纳税资料，且本企业生产或者装配的伤残人员专门用品所取得的收入能够单独、准确核算。

4. 企业拥有假肢制作师、矫形器制作师资格证书的专业技术人员不得少于1人；其企业生产人员如超过20人，则其拥有假肢制作师、矫形器制作师资格证书的专业技术人员不得少于全部生产人员的1/6。

5. 具有与业务相适应的测量取型、模型加工、接受腔成型、打磨、对线组装、功能训练等生产装配专用设备和工具。

6. 具有独立的接待室、假肢或者矫形器（辅助器具）制作室和假肢功能训练室，使用面积不少于115平方米。

二、符合本公告规定条件的企业，按照《国家税务总局关于发布修订后的〈企业所得税优惠政策事项办理办法〉的公告》（国家税务总局公告2018年第23号）的规定，采取"自行判别、申报享受、相关资料留存备查"的办理方式享受税收优惠政策。

附件：中国伤残人员专门用品目录（略）

财政部　税务总局　民政部
2021年4月2日

财政部　税务总局关于延续境外机构投资境内债券市场企业所得税、增值税政策的公告

（财政部　税务总局公告2021年第34号）

为进一步推动债券市场对外开放，现将有关税收政策公告如下：

自2021年11月7日起至2025年12月31日止，对境外机构投资境内债券市场取得的

债券利息收入暂免征收企业所得税和增值税。

上述暂免征收企业所得税的范围不包括境外机构在境内设立的机构、场所取得的与该机构、场所有实际联系的债券利息。

财政部　税务总局
2021 年 11 月 22 日

财政部　税务总局关于基础设施领域不动产投资信托基金（REITs）试点税收政策的公告

（财政部　税务总局公告 2022 年第 3 号）

为支持基础设施领域不动产投资信托基金（以下称基础设施 REITs）试点，现将有关税收政策公告如下：

一、设立基础设施 REITs 前，原始权益人向项目公司划转基础设施资产相应取得项目公司股权，适用特殊性税务处理，即项目公司取得基础设施资产的计税基础，以基础设施资产的原计税基础确定；原始权益人取得项目公司股权的计税基础，以基础设施资产的原计税基础确定。原始权益人和项目公司不确认所得，不征收企业所得税。

二、基础设施 REITs 设立阶段，原始权益人向基础设施 REITs 转让项目公司股权实现的资产转让评估增值，当期可暂不缴纳企业所得税，允许递延至基础设施 REITs 完成募资并支付股权转让价款后缴纳。其中，对原始权益人按照战略配售要求自持的基础设施 REITs 份额对应的资产转让评估增值，允许递延至实际转让时缴纳企业所得税。原始权益人通过二级市场认购（增持）该基础设施 REITs 份额，按照先进先出原则认定优先处置战略配售份额。

三、对基础设施 REITs 运营、分配等环节涉及的税收，按现行税收法律法规的规定执行。

四、本公告适用范围为证监会、发展改革委根据有关规定组织开展的基础设施 REITs 试点项目。

五、本公告自 2021 年 1 月 1 日起实施。2021 年 1 月 1 日前发生的符合本公告规定的事项，可按本公告规定享受相关政策。

财政部　税务总局
2022 年 1 月 26 日

国家税务总局关于进一步完善固定资产加速折旧企业所得税政策有关问题的公告

（国家税务总局公告 2015 年第 68 号）

为落实国务院扩大固定资产加速折旧优惠范围的决定，根据《中华人民共和国企业所得税法》（以下简称企业所得税法）及其实施条例（以下简称实施条例）、《财政部 国家税务总局关于进一步完善固定资产加速折旧企业所得税政策的通知》（财税〔2015〕106号）规定，现就进一步完善固定资产加速折旧企业所得税政策有关问题公告如下：

一、对轻工、纺织、机械、汽车等四个领域重点行业（以下简称四个领域重点行业）企业2015年1月1日后新购进的固定资产（包括自行建造，下同），允许缩短折旧年限或采取加速折旧方法。

四个领域重点行业按照财税〔2015〕106号附件"轻工、纺织、机械、汽车四个领域重点行业范围"确定。今后国家有关部门更新国民经济行业分类与代码，从其规定。

四个领域重点行业企业是指以上述行业业务为主营业务，其固定资产投入使用当年的主营业务收入占企业收入总额50%（不含）以上的企业。所称收入总额，是指企业所得税法第六条规定的收入总额。

二、对四个领域重点行业小型微利企业2015年1月1日后新购进的研发和生产经营共用的仪器、设备，单位价值不超过100万元（含）的，允许在计算应纳税所得额时一次性全额扣除；单位价值超过100万元的，允许缩短折旧年限或采取加速折旧方法。

用于研发活动的仪器、设备范围口径，按照《国家税务总局关于印发〈企业研究开发费用税前扣除管理办法（试行）〉的通知》（国税发〔2008〕116号）或《科学技术部、财政部 国家税务总局关于印发〈高新技术企业认定管理工作指引〉的通知》（国科发火〔2008〕362号）规定执行。

小型微利企业，是指企业所得税法第二十八条规定的小型微利企业。

三、企业按本公告第一条、第二条规定缩短折旧年限的，对其购置的新固定资产，最低折旧年限不得低于实施条例第六十条规定的折旧年限的60%；对其购置的已使用过的固定资产，最低折旧年限不得低于实施条例规定的最低折旧年限减去已使用年限后剩余年限的60%。最低折旧年限一经确定，不得改变。

四、企业按本公告第一条、第二条规定采取加速折旧方法的，可以采用双倍余额递减法或者年数总和法。加速折旧方法一经确定，不得改变。

双倍余额递减法或者年数总和法，按照《国家税务总局关于固定资产加速折旧所得税处理有关问题的通知》（国税发〔2009〕81号）第四条的规定执行。

五、企业的固定资产既符合本公告优惠政策条件，又符合《国家税务总局关于企业固定资产加速折旧所得税处理有关问题的通知》（国税发〔2009〕81号）、《财政部 国家税务总局关于进一步鼓励软件产业和集成电路产业发展企业所得税政策的通知》（财税〔2012〕27号）中有关加速折旧优惠政策条件，可由企业选择其中一项加速折旧优惠政策执行，且一经选择，不得改变。

六、企业应将购进固定资产的发票、记账凭证等有关资料留存备查，并建立台账，准确反映税法与会计差异情况。

七、本公告适用于2015年及以后纳税年度。企业2015年前3季度按本公告规定未能享受加速折旧优惠的，可将前3季度应享受的加速折旧部分，在2015年第4季度企业所得税预缴申报时享受，或者在2015年度企业所得税汇算清缴时统一享受。

特此公告。

国家税务总局
2015年9月25日

财政部　税务总局关于中小微企业设备器具所得税税前扣除有关政策的公告

（财政部　税务总局公告2022年第12号）

为促进中小微企业设备更新和技术升级，持续激发市场主体创新活力，现就有关企业所得税税前扣除政策公告如下：

一、中小微企业在2022年1月1日至2022年12月31日期间新购置的设备、器具，单位价值在500万元以上的，按照单位价值的一定比例自愿选择在企业所得税税前扣除。其中，企业所得税法实施条例规定最低折旧年限为3年的设备器具，单位价值的100%可在当年一次性税前扣除；最低折旧年限为4年、5年、10年的，单位价值的50%可在当年一次性税前扣除，其余50%按规定在剩余年度计算折旧进行税前扣除。

企业选择适用上述政策当年不足扣除形成的亏损，可在以后5个纳税年度结转弥补，享受其他延长亏损结转年限政策的企业可按现行规定执行。

二、本公告所称中小微企业是指从事国家非限制和禁止行业，且符合以下条件的企业：

（一）信息传输业、建筑业、租赁和商务服务业：从业人员2 000人以下，或营业收入10亿元以下或资产总额12亿元以下；

（二）房地产开发经营：营业收入20亿元以下或资产总额1亿元以下；

（三）其他行业：从业人员1 000人以下或营业收入4亿元以下。

三、本公告所称设备、器具，是指除房屋、建筑物以外的固定资产；所称从业人数，包括与企业建立劳动关系的职工人数和企业接受的劳务派遣用工人数。

从业人数和资产总额指标，应按企业全年的季度平均值确定。具体计算公式如下：

季度平均值 =（季初值 + 季末值）÷2

全年季度平均值 = 全年各季度平均值之和 ÷4

年度中间开业或者终止经营活动的，以其实际经营期作为一个纳税年度确定上述相关指标。

四、中小微企业可按季（月）在预缴申报时享受上述政策。本公告发布前企业在2022年已购置的设备、器具，可在本公告发布后的预缴申报、年度汇算清缴时享受。

五、中小微企业可根据自身生产经营核算需要自行选择享受上述政策，当年度未选择享受的，以后年度不得再变更享受。

财政部　税务总局
2022年3月2日

财政部　税务总局关于实施小微企业和个体工商户所得税优惠政策的公告

（财政部　税务总局公告2021年第12号）

为进一步支持小微企业和个体工商户发展，现就实施小微企业和个体工商户所得税优惠政策有关事项公告如下：

一、对小型微利企业年应纳税所得额不超过100万元的部分，在《财政部 税务总局关于实施小微企业普惠性税收减免政策的通知》（财税〔2019〕13号）第二条规定的优惠政策基础上，再减半征收企业所得税。

二、对个体工商户年应纳税所得额不超过100万元的部分，在现行优惠政策基础上，减半征收个人所得税。

三、本公告执行期限为2021年1月1日至2022年12月31日。

特此公告。

财政部 税务总局
2021年4月2日

财政部 税务总局关于进一步实施小微企业所得税优惠政策的公告

（财政部 税务总局公告2022年第13号）

为进一步支持小微企业发展，现将有关税收政策公告如下：

一、对小型微利企业年应纳税所得额超过100万元但不超过300万元的部分，减按25%计入应纳税所得额，按20%的税率缴纳企业所得税。

二、本公告所称小型微利企业，是指从事国家非限制和禁止行业，且同时符合年度应纳税所得额不超过300万元、从业人数不超过300人、资产总额不超过5 000万元等三个条件的企业。

从业人数，包括与企业建立劳动关系的职工人数和企业接受的劳务派遣用工人数。所称从业人数和资产总额指标，应按企业全年的季度平均值确定。具体计算公式如下：

季度平均值＝（季初值＋季末值）÷2

全年季度平均值＝全年各季度平均值之和÷4

年度中间开业或者终止经营活动的，以其实际经营期作为一个纳税年度确定上述相关指标。

三、本公告执行期限为2022年1月1日至2024年12月31日。

特此公告。

财政部 税务总局
2022年3月14日

国家税务总局关于小型微利企业所得税优惠政策征管问题的公告

（国家税务总局公告2022年第5号）

为贯彻落实党中央、国务院关于实施新的组合式税费支持政策的决策部署，支持小型微利企业发展，落实好小型微利企业所得税优惠政策，现就有关征管问题公告如下：

一、符合财政部、税务总局规定的小型微利企业条件的企业（以下简称小型微利企业），按照相关政策规定享受小型微利企业所得税优惠政策。

企业设立不具有法人资格分支机构的，应当汇总计算总机构及其各分支机构的从业人数、资产总额、年度应纳税所得额，依据合计数判断是否符合小型微利企业条件。

二、小型微利企业无论按查账征收方式或核定征收方式缴纳企业所得税，均可享受小型微利企业所得税优惠政策。

三、小型微利企业在预缴和汇算清缴企业所得税时，通过填写纳税申报表，即可享受小型微利企业所得税优惠政策。

四、小型微利企业预缴企业所得税时，资产总额、从业人数、年度应纳税所得额指标，暂按当年度截至本期预缴申报所属期末的情况进行判断。

五、原不符合小型微利企业条件的企业，在年度中间预缴企业所得税时，按照相关政策标准判断符合小型微利企业条件的，应按照截至本期预缴申报所属期末的累计情况，计算减免税额。当年度此前期间如因不符合小型微利企业条件而多预缴的企业所得税税款，可在以后季度应预缴的企业所得税税款中抵减。

六、企业预缴企业所得税时享受了小型微利企业所得税优惠政策，但在汇算清缴时发现不符合相关政策标准的，应当按照规定补缴企业所得税税款。

七、小型微利企业所得税统一实行按季度预缴。

按月度预缴企业所得税的企业，在当年度4月、7月、10月预缴申报时，若按相关政策标准判断符合小型微利企业条件的，下一个预缴申报期起调整为按季度预缴申报，一经调整，当年度内不再变更。

八、本公告自2022年1月1日起施行。《国家税务总局关于实施小型微利企业普惠性所得税减免政策有关问题的公告》（2019年第2号）同时废止。

特此公告。

国家税务总局
2022年3月22日

财政部　税务总局　科技部关于加大支持科技创新税前扣除力度的公告

（财政部　税务总局　科技部公告2022年第28号）

为支持高新技术企业创新发展，促进企业设备更新和技术升级，现就有关企业所得税税前扣除政策公告如下：

一、高新技术企业在2022年10月1日至2022年12月31日期间新购置的设备、器具，允许当年一次性全额在计算应纳税所得额时扣除，并允许在税前实行100%加计扣除。

凡在2022年第四季度内具有高新技术企业资格的企业，均可适用该项政策。企业选择适用该项政策当年不足扣除的，可结转至以后年度按现行有关规定执行。

上述所称设备、器具是指除房屋、建筑物以外的固定资产；所称高新技术企业的条件和管理办法按照《科技部、财政部 国家税务总局关于修订印发〈高新技术企业认定管理办法〉的通知》（国科发火〔2016〕32号）执行。

企业享受该项政策的税收征管事项按现行征管规定执行。

二、现行适用研发费用税前加计扣除比例75%的企业，在2022年10月1日至2022年12月31日期间，税前加计扣除比例提高至100%。

企业在2022年度企业所得税汇算清缴计算享受研发费用加计扣除优惠时，四季度研发费用可由企业自行选择按实际发生数计算，或者按全年实际发生的研发费用乘以2022年10月1日后的经营月份数占其2022年度实际经营月份数的比例计算。

企业享受研发费用税前加计扣除政策的相关政策口径和管理，按照《财政部 国家税务总局、科技部关于完善研究开发费用税前加计扣除政策的通知》（财税〔2015〕119号）、《财政部 税务总局 科技部关于企业委托境外研究开发费用税前加计扣除有关政策问题的通知》（财税〔2018〕64号）等文件相关规定执行。

特此公告。

财政部 税务总局 科技部
2022年9月22日

财政部 税务总局关于企业投入基础研究税收优惠政策的公告

（财政部 税务总局公告2022年第32号）

为鼓励企业加大创新投入，支持我国基础研究发展，现就企业投入基础研究相关税收政策公告如下：

一、对企业出资给非营利性科学技术研究开发机构（科学技术研究开发机构以下简称科研机构）、高等学校和政府性自然科学基金用于基础研究的支出，在计算应纳税所得额时可按实际发生额在税前扣除，并可按100%在税前加计扣除。

对非营利性科研机构、高等学校接收企业、个人和其他组织机构基础研究资金收入，免征企业所得税。

二、第一条所称非营利性科研机构、高等学校包括国家设立的科研机构和高等学校、民办非营利性科研机构和高等学校，具体按以下条件确定：

（一）国家设立的科研机构和高等学校是指利用财政性资金设立的、取得《事业单位法人证书》的科研机构和公办高等学校，包括中央和地方所属科研机构和高等学校。

（二）民办非营利性科研机构和高等学校，是指同时满足以下条件的科研机构和高等学校：

1. 根据《民办非企业单位登记管理暂行条例》在民政部门登记，并取得《民办非企业单位（法人）登记证书》。

2. 对于民办非营利性科研机构，其《民办非企业单位（法人）登记证书》记载的业务范围应属于科学研究与技术开发、成果转让、科技咨询与服务、科技成果评估范围。对业务范围存在争议的，由税务机关转请县级（含）以上科技行政主管部门确认。

对于民办非营利性高等学校，应取得教育主管部门颁发的《民办学校办学许可证》，记载学校类型为"高等学校"。

3.经认定取得企业所得税非营利组织免税资格。

三、第一条所称政府性自然科学基金是指国家和地方政府设立的自然科学基金委员会管理的自然科学基金。

四、第一条所称基础研究是指通过对事物的特性、结构和相互关系进行分析，从而阐述和检验各种假设、原理和定律的活动。具体依据以下内容判断：

（一）基础研究不预设某一特定的应用或使用目的，主要是为获得关于现象和可观察事实的基本原理的新知识，可针对已知或具有前沿性的科学问题，或者针对人们普遍感兴趣的某些广泛领域，以未来广泛应用为目标。

（二）基础研究可细分为两种类型，一是自由探索性基础研究，即为了增进知识，不追求经济或社会效益，也不积极谋求将其应用于实际问题或把成果转移到负责应用的部门。二是目标导向（定向）基础研究，旨在获取某方面知识、期望为探索解决当前已知或未来可能发现的问题奠定基础。

（三）基础研究成果通常表现为新原理、新理论、新规律或新知识，并以论文、著作、研究报告等形式为主。同时，由于基础研究具有较强的探索性、存在失败的风险，论文、著作、研究报告等也可以体现为试错或证伪等成果。

上述基础研究不包括在境外开展的研究，也不包括社会科学、艺术或人文学方面的研究。

五、企业出资基础研究应签订相关协议或合同，协议或合同中需明确资金用于基础研究领域。

六、企业和非营利性科研机构、高等学校和政府性自然科学基金管理单位应将相关资料留存备查，包括企业出资协议、出资合同、相关票据等，出资协议、出资合同和出资票据应包含出资方、接收方、出资用途（注明用于基础研究）、出资金额等信息。

七、非营利性科研机构、高等学校和政府性自然科学基金管理单位应做好企业投入基础研究的资金管理，建立健全监督机制，确保资金用于基础研究，提高资金使用效率。

八、本公告自 2022 年 1 月 1 日起执行。

特此公告。

财政部　税务总局
2022 年 9 月 30 日

第二部分 个人所得税制度

中华人民共和国个人所得税法

（1980年9月10日第五届全国人民代表大会第三次会议通过 根据1993年10月31日第八届全国人民代表大会常务委员会第四次会议《关于修改〈中华人民共和国个人所得税法〉的决定》第一次修正 根据1999年8月30日第九届全国人民代表大会常务委员会第十一次会议《关于修改〈中华人民共和国个人所得税法〉的决定》第二次修正 根据2005年10月27日第十届全国人民代表大会常务委员会第十八次会议《关于修改〈中华人民共和国个人所得税法〉的决定》第三次修正 根据2007年6月29日第十届全国人民代表大会常务委员会第二十八次会议《关于修改〈中华人民共和国个人所得税法〉的决定》第四次修正 根据2007年12月29日第十届全国人民代表大会常务委员会第三十一次会议《关于修改〈中华人民共和国个人所得税法〉的决定》第五次修正 根据2011年6月30日第十一届全国人民代表大会常务委员会第二十一次会议《关于修改〈中华人民共和国个人所得税法〉的决定》第六次修正 根据2018年8月31日第十三届全国人民代表大会常务委员会第五次会议《关于修改〈中华人民共和国个人所得税法〉的决定》第七次修正）

第一条 在中国境内有住所，或者无住所而一个纳税年度内在中国境内居住累计满一百八十三天的个人，为居民个人。居民个人从中国境内和境外取得的所得，依照本法规定缴纳个人所得税。

在中国境内无住所又不居住，或者无住所而一个纳税年度内在中国境内居住累计不满一百八十三天的个人，为非居民个人。非居民个人从中国境内取得的所得，依照本法规定缴纳个人所得税。

纳税年度，自公历一月一日起至十二月三十一日止。

第二条 下列各项个人所得，应当缴纳个人所得税：

（一）工资、薪金所得；

（二）劳务报酬所得；

（三）稿酬所得；

（四）特许权使用费所得；

（五）经营所得；

（六）利息、股息、红利所得；

（七）财产租赁所得；

（八）财产转让所得；

（九）偶然所得。

居民个人取得前款第一项至第四项所得（以下称综合所得），按纳税年度合并计算个人所得税；非居民个人取得前款第一项至第四项所得，按月或者按次分项计算个人所得税。纳税人取得前款第五项至第九项所得，依照本法规定分别计算个人所得税。

第三条 个人所得税的税率：

（一）综合所得，适用百分之三至百分之四十五的超额累进税率（税率表附后）；

（二）经营所得，适用百分之五至百分之三十五的超额累进税率（税率表附后）；

（三）利息、股息、红利所得，财产租赁所得，财产转让所得和偶然所得，适用比例税率，税率为百分之二十。

第四条 下列各项个人所得，免征个人所得税：

（一）省级人民政府、国务院部委和中国人民解放军军以上单位，以及外国组织、国际组织颁发的科学、教育、技术、文化、卫生、体育、环境保护等方面的奖金；

（二）国债和国家发行的金融债券利息；

（三）按照国家统一规定发给的补贴、津贴；

（四）福利费、抚恤金、救济金；

（五）保险赔款；

（六）军人的转业费、复员费、退役金；

（七）按照国家统一规定发给干部、职工的安家费、退职费、基本养老金或者退休费、离休费、离休生活补助费；

（八）依照有关法律规定应予免税的各国驻华使馆、领事馆的外交代表、领事官员和其他人员的所得；

（九）中国政府参加的国际公约、签订的协议中规定免税的所得；

（十）国务院规定的其他免税所得。

前款第十项免税规定，由国务院报全国人民代表大会常务委员会备案。

第五条 有下列情形之一的，可以减征个人所得税，具体幅度和期限，由省、自治区、直辖市人民政府规定，并报同级人民代表大会常务委员会备案：

（一）残疾、孤老人员和烈属的所得；

（二）因自然灾害遭受重大损失的。

国务院可以规定其他减税情形，报全国人民代表大会常务委员会备案。

第六条 应纳税所得额的计算：

（一）居民个人的综合所得，以每一纳税年度的收入额减除费用六万元以及专项扣除、专项附加扣除和依法确定的其他扣除后的余额，为应纳税所得额。

（二）非居民个人的工资、薪金所得，以每月收入额减除费用五千元后的余额为应纳税所得额；劳务报酬所得、稿酬所得、特许权使用费所得，以每次收入额为应纳税所得额。

（三）经营所得，以每一纳税年度的收入总额减除成本、费用以及损失后的余额，为应纳税所得额。

（四）财产租赁所得，每次收入不超过四千元的，减除费用八百元；四千元以上的，减除百分之二十的费用，其余额为应纳税所得额。

（五）财产转让所得，以转让财产的收入额减除财产原值和合理费用后的余额，为应纳税所得额。

（六）利息、股息、红利所得和偶然所得，以每次收入额为应纳税所得额。

劳务报酬所得、稿酬所得、特许权使用费所得以收入减除百分之二十的费用后的余额为收入额。稿酬所得的收入额减按百分之七十计算。

个人将其所得对教育、扶贫、济困等公益慈善事业进行捐赠，捐赠额未超过纳税人申报的应纳税所得额百分之三十的部分，可以从其应纳税所得额中扣除；国务院规定对公益慈善事业捐赠实行全额税前扣除的，从其规定。

本条第一款第一项规定的专项扣除，包括居民个人按照国家规定的范围和标准缴纳的基本养老保险、基本医疗保险、失业保险等社会保险费和住房公积金等；专项附加扣除，包括子女教育、继续教育、大病医疗、住房贷款利息或者住房租金、赡养老人等支出，具体范围、标准和实施步骤由国务院确定，并报全国人民代表大会常务委员会备案。

第七条 居民个人从中国境外取得的所得，可以从其应纳税额中抵免已在境外缴纳的个人所得税税额，但抵免额不得超过该纳税人境外所得依照本法规定计算的应纳税额。

第八条 有下列情形之一的，税务机关有权按照合理方法进行纳税调整：

（一）个人与其关联方之间的业务往来不符合独立交易原则而减少本人或者其关联方应纳税额，且无正当理由；

（二）居民个人控制的，或者居民个人和居民企业共同控制的设立在实际税负明显偏低的国家（地区）的企业，无合理经营需要，对应当归属于居民个人的利润不作分配或者减少分配；

（三）个人实施其他不具有合理商业目的的安排而获取不当税收利益。

税务机关依照前款规定作出纳税调整，需要补征税款的，应当补征税款，并依法加收利息。

第九条 个人所得税以所得人为纳税人，以支付所得的单位或者个人为扣缴义务人。

纳税人有中国公民身份号码的，以中国公民身份号码为纳税人识别号；纳税人没有中国公民身份号码的，由税务机关赋予其纳税人识别号。扣缴义务人扣缴税款时，纳税人应当向扣缴义务人提供纳税人识别号。

第十条 有下列情形之一的，纳税人应当依法办理纳税申报：

（一）取得综合所得需要办理汇算清缴；

（二）取得应税所得没有扣缴义务人；

（三）取得应税所得，扣缴义务人未扣缴税款；

（四）取得境外所得；

（五）因移居境外注销中国户籍；

（六）非居民个人在中国境内从两处以上取得工资、薪金所得；

（七）国务院规定的其他情形。

扣缴义务人应当按照国家规定办理全员全额扣缴申报，并向纳税人提供其个人所得和已扣缴税款等信息。

第十一条 居民个人取得综合所得，按年计算个人所得税；有扣缴义务人的，由扣缴义务人按月或者按次预扣预缴税款；需要办理汇算清缴的，应当在取得所得的次年三月一日至六月三十日内办理汇算清缴。预扣预缴办法由国务院税务主管部门制定。

居民个人向扣缴义务人提供专项附加扣除信息的，扣缴义务人按月预扣预缴税款时应当按照规定予以扣除，不得拒绝。

非居民个人取得工资、薪金所得，劳务报酬所得，稿酬所得和特许权使用费所得，有扣缴义务人的，由扣缴义务人按月或者按次代扣代缴税款，不办理汇算清缴。

第十二条 纳税人取得经营所得，按年计算个人所得税，由纳税人在月度或者季度终了后十五日内向税务机关报送纳税申报表,并预缴税款;在取得所得的次年三月三十一日前办理汇算清缴。

纳税人取得利息、股息、红利所得,财产租赁所得,财产转让所得和偶然所得,按月或者按次计算个人所得税,有扣缴义务人的,由扣缴义务人按月或者按次代扣代缴税款。

第十三条 纳税人取得应税所得没有扣缴义务人的,应当在取得所得的次月十五日内向税务机关报送纳税申报表,并缴纳税款。

纳税人取得应税所得,扣缴义务人未扣缴税款的,纳税人应当在取得所得的次年六月三十日前,缴纳税款;税务机关通知限期缴纳的,纳税人应当按照期限缴纳税款。

居民个人从中国境外取得所得的,应当在取得所得的次年三月一日至六月三十日内申报纳税。

非居民个人在中国境内从两处以上取得工资、薪金所得的,应当在取得所得的次月十五日内申报纳税。

纳税人因移居境外注销中国户籍的,应当在注销中国户籍前办理税款清算。

第十四条 扣缴义务人每月或者每次预扣、代扣的税款,应当在次月十五日内缴入国库,并向税务机关报送扣缴个人所得税申报表。

纳税人办理汇算清缴退税或者扣缴义务人为纳税人办理汇算清缴退税的,税务机关审核后,按照国库管理的有关规定办理退税。

第十五条 公安、人民银行、金融监督管理等相关部门应当协助税务机关确认纳税人的身份、金融账户信息。教育、卫生、医疗保障、民政、人力资源社会保障、住房城乡建设、公安、人民银行、金融监督管理等相关部门应当向税务机关提供纳税人子女教育、继续教育、大病医疗、住房贷款利息、住房租金、赡养老人等专项附加扣除信息。

个人转让不动产的,税务机关应当根据不动产登记等相关信息核验应缴的个人所得税,登记机构办理转移登记时,应当查验与该不动产转让相关的个人所得税的完税凭证。个人转让股权办理变更登记的,市场主体登记机关应当查验与该股权交易相关的个人所得税的完税凭证。

有关部门依法将纳税人、扣缴义务人遵守本法的情况纳入信用信息系统,并实施联合激励或者惩戒。

第十六条 各项所得的计算,以人民币为单位。所得为人民币以外的货币的,按照人民币汇率中间价折合成人民币缴纳税款。

第十七条 对扣缴义务人按照所扣缴的税款,付给百分之二的手续费。

第十八条 对储蓄存款利息所得开征、减征、停征个人所得税及其具体办法,由国务院规定,并报全国人民代表大会常务委员会备案。

第十九条 纳税人、扣缴义务人和税务机关及其工作人员违反本法规定的,依照《中华人民共和国税收征收管理法》和有关法律法规的规定追究法律责任。

第二十条 个人所得税的征收管理,依照本法和《中华人民共和国税收征收管理法》的规定执行。

第二十一条 国务院根据本法制定实施条例。

第二十二条 本法自公布之日起施行。

个人所得税税率表一
（综合所得适用）

级数	全年应纳税所得额	
	新税率额	税率
1	不超过 36 000 元的	3%
2	超过 36 000 元至 144 000 元的部分	10%
3	超过 144 000 元至 300 000 元的部分	20%
4	超过 300 000 元至 420 000 元的部分	25%
5	超过 420 000 元至 660 000 元的部分	30%
6	超过 660 000 元至 960 000 元的部分	35%
7	超过 960 000 元的部分	45%

注：1. 本表所称全年应纳税所得额是指依照本法第六条的规定，居民个人取得综合所得以每一纳税年度收入额减除费用六万元以及专项扣除、专项附加扣除和依法确定的其他扣除后的余额；

2. 非居民个人取得工资、薪金所得，劳务报酬所得，稿酬所得和特许权使用费所得，依照本表按月换算后计算应纳税额。

个人所得税税率表二
（经营所得适用）

级数	全年应纳税所得额	
	新税率表	税率
1	不超过 30 000 元的	5%
2	超过 30 000 元至 90 000 元的部分	10%
3	超过 90 000 元至 300 000 元的部分	20%
4	超过 300 000 元至 500 000 元的部分	30%
5	超过 500 000 元的部分	35%

注：本表所称全年应纳税所得额是指依照本法第六条的规定，以每一纳税年度的收入总额减除成本、费用以及损失后的余额。

中华人民共和国个人所得税法实施条例

（1994 年 1 月 28 日中华人民共和国国务院令第 142 号发布　根据 2005 年 12 月 19 日《国务院关于修改〈中华人民共和国个人所得税法实施条例〉的决定》第一次修订　根据 2008 年 2 月 18 日《国务院关于修改〈中华人民共和国个人所得税法实施条例〉的决定》第二次修订　根据 2011 年 7 月 19 日《国务院关于修改〈中华人民共和国个人所得税法实施条例〉的决定》第三次修订　2018 年 12 月 18 日中华人民共和国国务院令第 707 号第四次修订）

第一条　根据《中华人民共和国个人所得税法》（以下简称个人所得税法），制定本条例。

第二条　个人所得税法所称在中国境内有住所，是指因户籍、家庭、经济利益关系而在中国境内习惯性居住；所称从中国境内和境外取得的所得，分别是指来源于中国境内的所得和来源于中国境外的所得。

第三条　除国务院财政、税务主管部门另有规定外，下列所得，不论支付地点是否在中国境内，均为来源于中国境内的所得：

（一）因任职、受雇、履约等在中国境内提供劳务取得的所得；

（二）将财产出租给承租人在中国境内使用而取得的所得；

（三）许可各种特许权在中国境内使用而取得的所得；

（四）转让中国境内的不动产等财产或者在中国境内转让其他财产取得的所得；

（五）从中国境内企业、事业单位、其他组织以及居民个人取得的利息、股息、红利所得。

第四条　在中国境内无住所的个人，在中国境内居住累计满183天的年度连续不满六年的，经向主管税务机关备案，其来源于中国境外且由境外单位或者个人支付的所得，免予缴纳个人所得税；在中国境内居住累计满183天的任一年度中有一次离境超过30天的，其在中国境内居住累计满183天的年度的连续年限重新起算。

第五条　在中国境内无住所的个人，在一个纳税年度内在中国境内居住累计不超过90天的，其来源于中国境内的所得，由境外雇主支付并且不由该雇主在中国境内的机构、场所负担的部分，免予缴纳个人所得税。

第六条　个人所得税法规定的各项个人所得的范围：

（一）工资、薪金所得，是指个人因任职或者受雇取得的工资、薪金、奖金、年终加薪、劳动分红、津贴、补贴以及与任职或者受雇有关的其他所得。

（二）劳务报酬所得，是指个人从事劳务取得的所得，包括从事设计、装潢、安装、制图、化验、测试、医疗、法律、会计、咨询、讲学、翻译、审稿、书画、雕刻、影视、录音、录像、演出、表演、广告、展览、技术服务、介绍服务、经纪服务、代办服务以及其他劳务取得的所得。

（三）稿酬所得，是指个人因其作品以图书、报刊等形式出版、发表而取得的所得。

（四）特许权使用费所得，是指个人提供专利权、商标权、著作权、非专利技术以及其他特许权的使用权取得的所得；提供著作权的使用权取得的所得，不包括稿酬所得。

（五）经营所得，是指：

1.个体工商户从事生产、经营活动取得的所得，个人独资企业投资人、合伙企业的个人合伙人来源于境内注册的个人独资企业、合伙企业生产、经营的所得；

2.个人依法从事办学、医疗、咨询以及其他有偿服务活动取得的所得；

3.个人对企业、事业单位承包经营、承租经营以及转包、转租取得的所得；

4.个人从事其他生产、经营活动取得的所得。

（六）利息、股息、红利所得，是指个人拥有债权、股权等而取得的利息、股息、红利所得。

（七）财产租赁所得，是指个人出租不动产、机器设备、车船以及其他财产取得的所得。

（八）财产转让所得，是指个人转让有价证券、股权、合伙企业中的财产份额、不动产、机器设备、车船以及其他财产取得的所得。

（九）偶然所得，是指个人得奖、中奖、中彩以及其他偶然性质的所得。

个人取得的所得,难以界定应纳税所得项目的,由国务院税务主管部门确定。

第七条 对股票转让所得征收个人所得税的办法,由国务院另行规定,并报全国人民代表大会常务委员会备案。

第八条 个人所得的形式,包括现金、实物、有价证券和其他形式的经济利益;所得为实物的,应当按照取得的凭证上所注明的价格计算应纳税所得额,无凭证的实物或者凭证上所注明的价格明显偏低的,参照市场价格核定应纳税所得额;所得为有价证券的,根据票面价格和市场价格核定应纳税所得额;所得为其他形式的经济利益的,参照市场价格核定应纳税所得额。

第九条 个人所得税法第四条第一款第二项所称国债利息,是指个人持有中华人民共和国财政部发行的债券而取得的利息;所称国家发行的金融债券利息,是指个人持有经国务院批准发行的金融债券而取得的利息。

第十条 个人所得税法第四条第一款第三项所称按照国家统一规定发给的补贴、津贴,是指按照国务院规定发给的政府特殊津贴、院士津贴,以及国务院规定免予缴纳个人所得税的其他补贴、津贴。

第十一条 个人所得税法第四条第一款第四项所称福利费,是指根据国家有关规定,从企业、事业单位、国家机关、社会组织提留的福利费或者工会经费中支付给个人的生活补助费;所称救济金,是指各级人民政府民政部门支付给个人的生活困难补助费。

第十二条 个人所得税法第四条第一款第八项所称依照有关法律规定应予免税的各国驻华使馆、领事馆的外交代表、领事官员和其他人员的所得,是指依照《中华人民共和国外交特权与豁免条例》和《中华人民共和国领事特权与豁免条例》规定免税的所得。

第十三条 个人所得税法第六条第一款第一项所称依法确定的其他扣除,包括个人缴付符合国家规定的企业年金、职业年金,个人购买符合国家规定的商业健康保险、税收递延型商业养老保险的支出,以及国务院规定可以扣除的其他项目。

专项扣除、专项附加扣除和依法确定的其他扣除,以居民个人一个纳税年度的应纳税所得额为限额;一个纳税年度扣除不完的,不结转以后年度扣除。

第十四条 个人所得税法第六条第一款第二项、第四项、第六项所称每次,分别按照下列方法确定:

(一)劳务报酬所得、稿酬所得、特许权使用费所得,属于一次性收入的,以取得该项收入为一次;属于同一项目连续性收入的,以一个月内取得的收入为一次。

(二)财产租赁所得,以一个月内取得的收入为一次。

(三)利息、股息、红利所得,以支付利息、股息、红利时取得的收入为一次。

(四)偶然所得,以每次取得该项收入为一次。

第十五条 个人所得税法第六条第一款第三项所称成本、费用,是指生产、经营活动中发生的各项直接支出和分配计入成本的间接费用以及销售费用、管理费用、财务费用;所称损失,是指生产、经营活动中发生的固定资产和存货的盘亏、毁损、报废损失,转让财产损失,坏账损失,自然灾害等不可抗力因素造成的损失以及其他损失。

取得经营所得的个人,没有综合所得的,计算其每一纳税年度的应纳税所得额时,应当减除费用6万元、专项扣除、专项附加扣除以及依法确定的其他扣除。专项附加扣除在办理汇算清缴时减除。

从事生产、经营活动,未提供完整、准确的纳税资料,不能正确计算应纳税所得额的,由主管税务机关核定应纳税所得额或者应纳税额。

第十六条　个人所得税法第六条第一款第五项规定的财产原值，按照下列方法确定：

（一）有价证券，为买入价以及买入时按照规定交纳的有关费用；

（二）建筑物，为建造费或者购进价格以及其他有关费用；

（三）土地使用权，为取得土地使用权所支付的金额、开发土地的费用以及其他有关费用；

（四）机器设备、车船，为购进价格、运输费、安装费以及其他有关费用。

其他财产，参照前款规定的方法确定财产原值。

纳税人未提供完整、准确的财产原值凭证，不能按照本条第一款规定的方法确定财产原值的，由主管税务机关核定财产原值。

个人所得税法第六条第一款第五项所称合理费用，是指卖出财产时按照规定支付的有关税费。

第十七条　财产转让所得，按照一次转让财产的收入额减除财产原值和合理费用后的余额计算纳税。

第十八条　两个以上的个人共同取得同一项目收入的，应当对每个人取得的收入分别按照个人所得税法的规定计算纳税。

第十九条　个人所得税法第六条第三款所称个人将其所得对教育、扶贫、济困等公益慈善事业进行捐赠，是指个人将其所得通过中国境内的公益性社会组织、国家机关向教育、扶贫、济困等公益慈善事业的捐赠；所称应纳税所得额，是指计算扣除捐赠额之前的应纳税所得额。

第二十条　居民个人从中国境内和境外取得的综合所得、经营所得，应当分别合并计算应纳税额；从中国境内和境外取得的其他所得，应当分别单独计算应纳税额。

第二十一条　个人所得税法第七条所称已在境外缴纳的个人所得税税额，是指居民个人来源于中国境外的所得，依照该所得来源国家（地区）的法律应当缴纳并且实际已经缴纳的所得税税额。

个人所得税法第七条所称纳税人境外所得依照本法规定计算的应纳税额，是居民个人抵免已在境外缴纳的综合所得、经营所得以及其他所得的所得税税额的限额（以下简称抵免限额）。除国务院财政、税务主管部门另有规定外，来源于中国境外一个国家（地区）的综合所得抵免限额、经营所得抵免限额以及其他所得抵免限额之和，为来源于该国家（地区）所得的抵免限额。

居民个人在中国境外一个国家（地区）实际已经缴纳的个人所得税税额，低于依照前款规定计算出的来源于该国家（地区）所得的抵免限额的，应当在中国缴纳差额部分的税款；超过来源于该国家（地区）所得的抵免限额的，其超过部分不得在本纳税年度的应纳税额中抵免，但是可以在以后纳税年度来源于该国家（地区）所得的抵免限额的余额中补扣。补扣期限最长不得超过五年。

第二十二条　居民个人申请抵免已在境外缴纳的个人所得税税额，应当提供境外税务机关出具的税款所属年度的有关纳税凭证。

第二十三条　个人所得税法第八条第二款规定的利息，应当按照税款所属纳税申报期最后一日中国人民银行公布的与补税期间同期的人民币贷款基准利率计算，自税款纳税申报期满次日起至补缴税款期限届满之日止按日加收。纳税人在补缴税款期限届满前补缴税款的，利息加收至补缴税款之日。

第二十四条　扣缴义务人向个人支付应税款项时，应当依照个人所得税法规定预扣或者代扣税款，按时缴库，并专项记载备查。

前款所称支付，包括现金支付、汇拨支付、转账支付和以有价证券、实物以及其他形式的支付。

第二十五条 取得综合所得需要办理汇算清缴的情形包括：

（一）从两处以上取得综合所得，且综合所得年收入额减除专项扣除的余额超过6万元；

（二）取得劳务报酬所得、稿酬所得、特许权使用费所得中一项或者多项所得，且综合所得年收入额减除专项扣除的余额超过6万元；

（三）纳税年度内预缴税额低于应纳税额；

（四）纳税人申请退税。

纳税人申请退税，应当提供其在中国境内开设的银行账户，并在汇算清缴地就地办理税款退库。

汇算清缴的具体办法由国务院税务主管部门制定。

第二十六条 个人所得税法第十条第二款所称全员全额扣缴申报，是指扣缴义务人在代扣税款的次月十五日内，向主管税务机关报送其支付所得的所有个人的有关信息、支付所得数额、扣除事项和数额、扣缴税款的具体数额和总额以及其他相关涉税信息资料。

第二十七条 纳税人办理纳税申报的地点以及其他有关事项的具体办法，由国务院税务主管部门制定。

第二十八条 居民个人取得工资、薪金所得时，可以向扣缴义务人提供专项附加扣除有关信息，由扣缴义务人扣缴税款时减除专项附加扣除。纳税人同时从两处以上取得工资、薪金所得，并由扣缴义务人减除专项附加扣除的，对同一专项附加扣除项目，在一个纳税年度内只能选择从一处取得的所得中减除。

居民个人取得劳务报酬所得、稿酬所得、特许权使用费所得，应当在汇算清缴时向税务机关提供有关信息，减除专项附加扣除。

第二十九条 纳税人可以委托扣缴义务人或者其他单位和个人办理汇算清缴。

第三十条 扣缴义务人应当按照纳税人提供的信息计算办理扣缴申报，不得擅自更改纳税人提供的信息。

纳税人发现扣缴义务人提供或者扣缴申报的个人信息、所得、扣缴税款等与实际情况不符的，有权要求扣缴义务人修改。扣缴义务人拒绝修改的，纳税人应当报告税务机关，税务机关应当及时处理。

纳税人、扣缴义务人应当按照规定保存与专项附加扣除相关的资料。税务机关可以对纳税人提供的专项附加扣除信息进行抽查，具体办法由国务院税务主管部门另行规定。税务机关发现纳税人提供虚假信息的，应当责令改正并通知扣缴义务人；情节严重的，有关部门应当依法予以处理，纳入信用信息系统并实施联合惩戒。

第三十一条 纳税人申请退税时提供的汇算清缴信息有错误的，税务机关应当告知其更正；纳税人更正的，税务机关应当及时办理退税。

扣缴义务人未将扣缴的税款解缴入库的，不影响纳税人按照规定申请退税，税务机关应当凭纳税人提供的有关资料办理退税。

第三十二条 所得为人民币以外货币的，按照办理纳税申报或者扣缴申报的上一月最后一日人民币汇率中间价，折合成人民币计算应纳税所得额。年度终了后办理汇算清缴的，对已经按月、按季或者按次预缴税款的人民币以外货币所得，不再重新折算；对应当补缴税款的所得部分,按照上一纳税年度最后一日人民币汇率中间价,折合成人民币计算应纳税所得额。

第三十三条 税务机关按照个人所得税法第十七条的规定付给扣缴义务人手续费,应当填开退还书;扣缴义务人凭退还书,按照国库管理有关规定办理退库手续。

第三十四条 个人所得税纳税申报表、扣缴个人所得税报告表和个人所得税完税凭证式样,由国务院税务主管部门统一制定。

第三十五条 军队人员个人所得税征收事宜,按照有关规定执行。

第三十六条 本条例自 2019 年 1 月 1 日起施行。

国务院关于印发个人所得税专项附加扣除暂行办法的通知

(国发〔2018〕41 号)

各省、自治区、直辖市人民政府,国务院各部委、各直属机构:

现将《个人所得税专项附加扣除暂行办法》印发给你们,请认真贯彻执行。

国务院
2018 年 12 月 13 日

个人所得税专项附加扣除暂行办法

第一章 总 则

第一条 根据《中华人民共和国个人所得税法》(以下简称个人所得税法)规定,制定本办法。

第二条 本办法所称个人所得税专项附加扣除,是指个人所得税法规定的子女教育、继续教育、大病医疗、住房贷款利息或者住房租金、赡养老人等 6 项专项附加扣除。

第三条 个人所得税专项附加扣除遵循公平合理、利于民生、简便易行的原则。

第四条 根据教育、医疗、住房、养老等民生支出变化情况,适时调整专项附加扣除范围和标准。

第二章 子女教育

第五条 纳税人的子女接受全日制学历教育的相关支出,按照每个子女每月 1 000 元的标准定额扣除。

学历教育包括义务教育(小学、初中教育)、高中阶段教育(普通高中、中等职业、技工教育)、高等教育(大学专科、大学本科、硕士研究生、博士研究生教育)。

年满 3 岁至小学入学前处于学前教育阶段的子女,按本条第一款规定执行。

第六条 父母可以选择由其中一方按扣除标准的100%扣除,也可以选择由双方分别按扣除标准的50%扣除,具体扣除方式在一个纳税年度内不能变更。

第七条 纳税人子女在中国境外接受教育的,纳税人应当留存境外学校录取通知书、留学签证等相关教育的证明资料备查。

第三章 继续教育

第八条 纳税人在中国境内接受学历(学位)继续教育的支出,在学历(学位)教育期间按照每月400元定额扣除。同一学历(学位)继续教育的扣除期限不能超过48个月。纳税人接受技能人员职业资格继续教育、专业技术人员职业资格继续教育的支出,在取得相关证书的当年,按照3600元定额扣除。

第九条 个人接受本科及以下学历(学位)继续教育,符合本办法规定扣除条件的,可以选择由其父母扣除,也可以选择由本人扣除。

第十条 纳税人接受技能人员职业资格继续教育、专业技术人员职业资格继续教育的,应当留存相关证书等资料备查。

第四章 大病医疗

第十一条 在一个纳税年度内,纳税人发生的与基本医保相关的医药费用支出,扣除医保报销后个人负担(指医保目录范围内的自付部分)累计超过15 000元的部分,由纳税人在办理年度汇算清缴时,在80 000元限额内据实扣除。

第十二条 纳税人发生的医药费用支出可以选择由本人或者其配偶扣除;未成年子女发生的医药费用支出可以选择由其父母一方扣除。

纳税人及其配偶、未成年子女发生的医药费用支出,按本办法第十一条规定分别计算扣除额。

第十三条 纳税人应当留存医药服务收费及医保报销相关票据原件(或者复印件)等资料备查。医疗保障部门应当向患者提供在医疗保障信息系统记录的本人年度医药费用信息查询服务。

第五章 住房贷款利息

第十四条 纳税人本人或者配偶单独或者共同使用商业银行或者住房公积金个人住房贷款为本人或者其配偶购买中国境内住房,发生的首套住房贷款利息支出,在实际发生贷款利息的年度,按照每月1 000元的标准定额扣除,扣除期限最长不超过240个月。纳税人只能享受一次首套住房贷款的利息扣除。

本办法所称首套住房贷款是指购买住房享受首套住房贷款利率的住房贷款。

第十五条 经夫妻双方约定,可以选择由其中一方扣除,具体扣除方式在一个纳税年度内不能变更。

夫妻双方婚前分别购买住房发生的首套住房贷款,其贷款利息支出,婚后可以选择其中一套购买的住房,由购买方按扣除标准的100%扣除,也可以由夫妻双方对各自购买的住房分别按扣除标准的50%扣除,具体扣除方式在一个纳税年度内不能变更。

第十六条 纳税人应当留存住房贷款合同、贷款还款支出凭证备查。

第六章 住房租金

第十七条 纳税人在主要工作城市没有自有住房而发生的住房租金支出，可以按照以下标准定额扣除：

（一）直辖市、省会（首府）城市、计划单列市以及国务院确定的其他城市，扣除标准为每月1500元；

（二）除第一项所列城市以外，市辖区户籍人口超过100万的城市，扣除标准为每月1100元；市辖区户籍人口不超过100万的城市，扣除标准为每月800元。

纳税人的配偶在纳税人的主要工作城市有自有住房的，视同纳税人在主要工作城市有自有住房。

市辖区户籍人口，以国家统计局公布的数据为准。

第十八条 本办法所称主要工作城市是指纳税人任职受雇的直辖市、计划单列市、副省级城市、地级市（地区、州、盟）全部行政区域范围；纳税人无任职受雇单位的，为受理其综合所得汇算清缴的税务机关所在城市。

夫妻双方主要工作城市相同的，只能由一方扣除住房租金支出。

第十九条 住房租金支出由签订租赁住房合同的承租人扣除。

第二十条 纳税人及其配偶在一个纳税年度内不能同时分别享受住房贷款利息和住房租金专项附加扣除。

第二十一条 纳税人应当留存住房租赁合同、协议等有关资料备查。

第七章 赡养老人

第二十二条 纳税人赡养一位及以上被赡养人的赡养支出，统一按照以下标准定额扣除：

（一）纳税人为独生子女的，按照每月2 000元的标准定额扣除；

（二）纳税人为非独生子女的，由其与兄弟姐妹分摊每月2 000元的扣除额度，每人分摊的额度不能超过每月1 000元。可以由赡养人均摊或者约定分摊，也可以由被赡养人指定分摊。约定或者指定分摊的须签订书面分摊协议，指定分摊优先于约定分摊。具体分摊方式和额度在一个纳税年度内不能变更。

第二十三条 本办法所称被赡养人是指年满60岁的父母，以及子女均已去世的年满60岁的祖父母、外祖父母。

第八章 保障措施

第二十四条 纳税人向收款单位索取发票、财政票据、支出凭证，收款单位不能拒绝提供。

第二十五条 纳税人首次享受专项附加扣除，应当将专项附加扣除相关信息提交扣缴义务人或者税务机关，扣缴义务人应当及时将相关信息报送税务机关，纳税人对所提交信息的真实性、准确性、完整性负责。专项附加扣除信息发生变化的，纳税人应当及时向扣缴义务人或者税务机关提供相关信息。

前款所称专项附加扣除相关信息，包括纳税人本人、配偶、子女、被赡养人等个人身份信息，以及国务院税务主管部门规定的其他与专项附加扣除相关的信息。

本办法规定纳税人需要留存备查的相关资料应当留存五年。

第二十六条 有关部门和单位有责任和义务向税务部门提供或者协助核实以下与专项附加扣除有关的信息：

（一）公安部门有关户籍人口基本信息、户成员关系信息、出入境证件信息、相关出国人员信息、户籍人口死亡标识等信息；

（二）卫生健康部门有关出生医学证明信息、独生子女信息；

（三）民政部门、外交部门、法院有关婚姻状况信息；

（四）教育部门有关学生学籍信息（包括学历继续教育学生学籍、考籍信息）、在相关部门备案的境外教育机构资质信息；

（五）人力资源社会保障等部门有关技工院校学生学籍信息、技能人员职业资格继续教育信息、专业技术人员职业资格继续教育信息；

（六）住房城乡建设部门有关房屋（含公租房）租赁信息、住房公积金管理机构有关住房公积金贷款还款支出信息；

（七）自然资源部门有关不动产登记信息；

（八）人民银行、金融监督管理部门有关住房商业贷款还款支出信息；

（九）医疗保障部门有关在医疗保障信息系统记录的个人负担的医药费用信息；

（十）国务院税务主管部门确定需要提供的其他涉税信息。

上述数据信息的格式、标准、共享方式，由国务院税务主管部门及各省、自治区、直辖市和计划单列市税务局商有关部门确定。

有关部门和单位拥有专项附加扣除涉税信息，但未按规定要求向税务部门提供的，拥有涉税信息的部门或者单位的主要负责人及相关人员承担相应责任。

第二十七条 扣缴义务人发现纳税人提供的信息与实际情况不符的，可以要求纳税人修改。纳税人拒绝修改的，扣缴义务人应当报告税务机关，税务机关应当及时处理。

第二十八条 税务机关核查专项附加扣除情况时，纳税人任职受雇单位所在地、经常居住地、户籍所在地的公安派出所、居民委员会或者村民委员会等有关单位和个人应当协助核查。

第九章　附　　则

第二十九条 本办法所称父母，是指生父母、继父母、养父母。本办法所称子女，是指婚生子女、非婚生子女、继子女、养子女。父母之外的其他人担任未成年人的监护人的，比照本办法规定执行。

第三十条 个人所得税专项附加扣除额一个纳税年度扣除不完的，不能结转以后年度扣除。

第三十一条 个人所得税专项附加扣除具体操作办法，由国务院税务主管部门另行制定。

第三十二条 本办法自 2019 年 1 月 1 日起施行。

国务院关于设立3岁以下婴幼儿照护个人所得税专项附加扣除的通知

（国发〔2022〕8号）

各省、自治区、直辖市人民政府，国务院各部委、各直属机构：

为贯彻落实《中共中央 国务院关于优化生育政策促进人口长期均衡发展的决定》，依据《中华人民共和国个人所得税法》有关规定，国务院决定，设立3岁以下婴幼儿照护个人所得税专项附加扣除。现将有关事项通知如下：

一、纳税人照护3岁以下婴幼儿子女的相关支出，按照每个婴幼儿每月1 000元的标准定额扣除。

二、父母可以选择由其中一方按扣除标准的100%扣除，也可以选择由双方分别按扣除标准的50%扣除，具体扣除方式在一个纳税年度内不能变更。

三、3岁以下婴幼儿照护个人所得税专项附加扣除涉及的保障措施和其他事项，参照《个人所得税专项附加扣除暂行办法》有关规定执行。

四、3岁以下婴幼儿照护个人所得税专项附加扣除自2022年1月1日起实施。

国务院

2022年3月19日

国家税务总局关于全面实施新个人所得税法若干征管衔接问题的公告

（国家税务总局公告2018年第56号）

为贯彻落实新修改的《中华人民共和国个人所得税法》（以下简称"新个人所得税法"），现就全面实施新个人所得税法后扣缴义务人对居民个人工资、薪金所得，劳务报酬所得，稿酬所得，特许权使用费所得预扣预缴个人所得税的计算方法，对非居民个人上述四项所得扣缴个人所得税的计算方法，公告如下：

一、居民个人预扣预缴方法

扣缴义务人向居民个人支付工资、薪金所得，劳务报酬所得，稿酬所得，特许权使用费所得时，按以下方法预扣预缴个人所得税，并向主管税务机关报送《个人所得税扣缴申报表》（见附件1）。年度预扣预缴税额与年度应纳税额不一致的，由居民个人于次年3月1日至6月30日向主管税务机关办理综合所得年度汇算清缴，税款多退少补。

（一）扣缴义务人向居民个人支付工资、薪金所得时，应当按照累计预扣法计算预扣税款，并按月办理全员全额扣缴申报。具体计算公式如下：

本期应预扣预缴税额 =（累计预扣预缴应纳税所得额 × 预扣率 – 速算扣除数）– 累计减免税额 – 累计已预扣预缴税额

累计预扣预缴应纳税所得额 = 累计收入 – 累计免税收入 – 累计减除费用 – 累计专项扣除 – 累计专项附加扣除 – 累计依法确定的其他扣除

其中：累计减除费用，按照5 000元/月乘以纳税人当年截至本月在本单位的任职受雇月份数计算。

上述公式中，计算居民个人工资、薪金所得预扣预缴税额的预扣率、速算扣除数，按《个人所得税预扣率表一》（见附件2）执行。

（二）扣缴义务人向居民个人支付劳务报酬所得、稿酬所得、特许权使用费所得，按次或者按月预扣预缴个人所得税。具体预扣预缴方法如下：

劳务报酬所得、稿酬所得、特许权使用费所得以收入减除费用后的余额为收入额。其中，稿酬所得的收入额减按百分之七十计算。

减除费用：劳务报酬所得、稿酬所得、特许权使用费所得每次收入不超过四千元的，减除费用按八百元计算；每次收入四千元以上的，减除费用按百分之二十计算。

应纳税所得额：劳务报酬所得、稿酬所得、特许权使用费所得，以每次收入额为预扣预缴应纳税所得额。劳务报酬所得适用百分之二十至百分之四十的超额累进预扣率（见附件2《个人所得税预扣率表二》），稿酬所得、特许权使用费所得适用百分之二十的比例预扣率。

劳务报酬所得应预扣预缴税额 = 预扣预缴应纳税所得额 × 预扣率 – 速算扣除数

稿酬所得、特许权使用费所得应预扣预缴税额 = 预扣预缴应纳税所得额 × 20%

二、非居民个人扣缴方法

扣缴义务人向非居民个人支付工资、薪金所得，劳务报酬所得，稿酬所得和特许权使用费所得时，应当按以下方法按月或者按次代扣代缴个人所得税：

非居民个人的工资、薪金所得，以每月收入额减除费用五千元后的余额为应纳税所得额；劳务报酬所得、稿酬所得、特许权使用费所得，以每次收入额为应纳税所得额，适用按月换算后的非居民个人月度税率表（见附件2《个人所得税税率表三》）计算应纳税额。其中，劳务报酬所得、稿酬所得、特许权使用费所得以收入减除百分之二十的费用后的余额为收入额。稿酬所得的收入额减按百分之七十计算。

非居民个人工资、薪金所得，劳务报酬所得，稿酬所得，特许权使用费所得应纳税额 = 应纳税所得额 × 税率 – 速算扣除数

本公告自2019年1月1日起施行。

特此公告。

附件：1.《个人所得税扣缴申报表》及填表说明
   2.个人所得税税率表及预扣率表

国家税务总局
2018年12月19日

附件1：

个人所得税扣缴申报表

税款所属期： 年 月 日 至 年 月 日

扣缴义务人名称：

扣缴义务人纳税人识别号（统一社会信用代码）：□□□□□□□□□□□□□□□□□□

金额单位：人民币元（列至角分）

序号	姓名	身份证件类型	身份证件号码	纳税人识别号	是否为非居民个人	所得项目	收入额计算			本月（次）情况								累计情况（工资、薪金）											税款计算							备注
										专项扣除					其他扣除				累计收入额	累计减除费用	累计专项扣除	累计专项附加扣除					累计其他扣除	减按计税比例	准予扣除的捐赠额	应纳税所得额	税率/预扣率	速算扣除数	应纳税额	减免税额	已扣缴税额	应补（退）税额	
							收入	费用	免税收入	减除费用	基本养老保险费	基本医疗保险费	失业保险费	住房公积金	年金	商业健康保险	税延养老保险	财产原值	允许扣除的税费	其他				子女教育	赡养老人	住房贷款利息	住房租金	继续教育											
1	2	3	4	5	6	7	8	9	10	11	12	13	14	15	16	17	18	19	20	21	22	23	24	25	26	27	28	29	30	31	32	33	34	35	36	37	38	39	40
合计																																							

谨声明：本扣缴申报表是根据国家税收法律法规及相关规定填报的，是真实的、可靠的、完整的。

代理机构签章：
代理机构统一社会信用代码：
扣缴义务人（签章）： 年 月 日

经办人签字：
经办人身份证件号码：

受理人：
受理税务机关（章）：
受理日期： 年 月 日

国家税务总局监制

《个人所得税扣缴申报表》填表说明

一、适用范围

本表适用于扣缴义务人向居民个人支付工资、薪金所得,劳务报酬所得,稿酬所得和特许权使用费所得的个人所得税全员全额预扣预缴申报;向非居民个人支付工资、薪金所得,劳务报酬所得,稿酬所得和特许权使用费所得的个人所得税全员全额扣缴申报;以及向纳税人(居民个人和非居民个人)支付利息、股息、红利所得,财产租赁所得,财产转让所得和偶然所得的个人所得税全员全额扣缴申报。

二、申报期限

扣缴义务人应当在每月或者每次预扣、代扣税款的次月十五日内,将已扣税款缴入国库,并向税务机关报送本表。

三、各栏次填写说明

(一)表头项目

1. "税款所属期":填写扣缴义务人代扣税款当月的第一日至最后一日。如:2019年3月20日发放工资时代扣的税款,税款所属期填写"2019年3月1日至2019年3月31日"。

2. "扣缴义务人名称":填写扣缴义务人的法定名称全称。

3. "扣缴义务人纳税人识别号(统一社会信用代码)":填写扣缴义务人的纳税人识别号或统一社会信用代码。

(二)表内各栏

1. 第2列"姓名":填写纳税人姓名。

2. 第3列"身份证件类型":填写纳税人有效的身份证件名称。中国公民有中华人民共和国居民身份证的,填写居民身份证;没有居民身份证的,填写港澳居民来往内地通行证或港澳居民居住证、台湾居民通行证或台湾居民居住证、外国人永久居留身份证、外国人工作许可证或护照等。

3. 第4列"身份证件号码":填写纳税人有效身份证件上载明的证件号码。

4. 第5列"纳税人识别号":有中国公民身份号码的,填写中华人民共和国居民身份证上载明的"公民身份号码";没有中国公民身份号码的,填写税务机关赋予的纳税人识别号。

5. 第6列"是否为非居民个人":纳税人为非居民个人的填"是",为居民个人的填"否"。不填默认为"否"。

6. 第7列"所得项目":填写纳税人取得的个人所得税法第二条规定的应税所得项目名称。同一纳税人取得多项或多次所得的,应分行填写。

7. 第8~21列"本月(次)情况":填写扣缴义务人当月(次)支付给纳税人的所得,以及按规定各所得项目当月(次)可扣除的减除费用、专项扣除、其他扣除等。其中,工资、薪金所得预扣预缴个人所得税时扣除的专项附加扣除,按照纳税年度内纳税人在该任职受雇单位截至当月可享受的各专项附加扣除项目的扣除总额,填写至"累计情况(工资薪金)"中第25~29列相应栏,本月情况中则无须填写。

(1)"收入额计算":包含"收入""费用""免税收入"。

具体计算公式为:收入额 = 收入 – 费用 – 免税收入。

①第8列"收入":填写当月(次)扣缴义务人支付给纳税人所得的总额。

②第9列"费用":仅限支付劳务报酬、稿酬、特许权使用费三项所得时填写,支付其他各项所得时无须填写本列。预扣预缴居民个人上述三项所得个人所得税时,每次收入不

超过4 000元的,费用填写"800"元;每次收入4 000元以上的,费用按收入的20%填写。扣缴非居民个人上述三项所得的个人所得税时,费用按收入的20%填写。

③第10列"免税收入":填写纳税人各所得项目收入总额中,包含的税法规定的免税收入金额。其中,税法规定"稿酬所得的收入额减按70%计算",对稿酬所得的收入额减计的30%部分,填入本列。

(2)第11列"减除费用":仅限支付工资、薪金所得时填写。具体按税法规定的减除费用标准填写。如,2019年为5 000元/月。

(3)第12~15列"专项扣除":分别填写按规定允许扣除的基本养老保险费、基本医疗保险费、失业保险费、住房公积金的金额。

(4)第16~21列"其他扣除":分别填写按规定允许扣除的项目金额。

8. 第22~30列"累计情况(工资、薪金)":本栏仅适用于居民个人取得工资、薪金所得预扣预缴的情形,工资、薪金所得以外的项目无须填写。具体各列,按照纳税年度内居民个人在该任职受雇单位截至当前月份累计情况填报。

(1)第22列"累计收入额":填写本纳税年度截至当前月份,扣缴义务人支付给纳税人的工资、薪金所得的累计收入额。

(2)第23列"累计减除费用":按照5 000元/月乘以纳税人当年在本单位的任职受雇月份数计算。

(3)第24列"累计专项扣除":填写本年度截至当前月份,按规定允许扣除的"三险一金"的累计金额。

(4)第25~29列"累计专项附加扣除":分别填写截至当前月份,纳税人按规定可享受的子女教育、赡养老人、住房贷款利息或住房租金、继续教育扣除的累计金额。大病医疗扣除由纳税人在年度汇算清缴时办理,此处无须填报。

(5)第30列"累计其他扣除":填写本年度截至当前月份,按规定允许扣除的年金(包括企业年金、职业年金)、商业健康保险、税延养老保险及其他扣除项目的累计金额。

9. 第31列"减按计税比例":填写按规定实行应纳税所得额减计税收优惠的减计比例。无减计规定的,可不填,系统默认为100%。如,某项税收政策实行减按60%计入应纳税所得额,则本列填60%。

10. 第32列"准予扣除的捐赠额":是指按照税法及相关法规、政策规定,可以在税前扣除的捐赠额。

11. 第33~39列"税款计算":填写扣缴义务人当月扣缴个人所得税款的计算情况。

(1)第33列"应纳税所得额":根据相关列次计算填报。

①居民个人取得工资、薪金所得,填写累计收入额减除累计减除费用、累计专项扣除、累计专项附加扣除、累计其他扣除、准予扣除的捐赠额后的余额。

②非居民个人取得工资、薪金所得,填写收入额减去减除费用、准予扣除的捐赠额后的余额。

③居民个人或非居民个人取得劳务报酬所得、稿酬所得、特许权使用费所得,填写本月(次)收入额减除可以扣除的税费、准予扣除的捐赠额后的余额。

④居民个人或非居民个人取得利息、股息、红利所得和偶然所得,填写本月(次)收入额减除准予扣除的捐赠额后的余额。

⑤居民个人或非居民个人取得财产租赁所得,填写本月(次)收入额减除允许扣除的税费、准予扣除的捐赠额后的余额。

⑥居民个人或非居民个人取得财产转让所得，填写本月（次）收入额减除财产原值、允许扣除的税费、准予扣除的捐赠额后的余额。

其中，适用"减按计税比例"的所得项目，其应纳税所得额按上述方法计算后乘以减按计税比例的金额填报。

（2）第34~35列"税率/预扣率"和"速算扣除数"：填写各所得项目按规定适用的税率（或预扣率）和速算扣除数。没有速算扣除数的，则不填。

（3）第36列"应纳税额"：根据相关列次计算填报。

具体计算公式为：应纳税额 = 应纳税所得额 × 税率（预扣率）- 速算扣除数。

（4）第37列"减免税额"：填写符合税法规定可减免的税额。居民个人工资、薪金所得，填写本年度累计减免税额；居民个人取得工资、薪金以外的所得或非居民个人取得各项所得，填写本月（次）减免税额。

（5）第38列"已扣缴税额"：填写本年或本月（次）纳税人同一所得项目，已由扣缴义务人实际扣缴的税款金额。

（6）第39列"应补（退）税额"：根据相关列次计算填报。

具体计算公式为：应补（退）税额 = 应纳税额 - 减免税额 - 已扣缴税额。

（三）其他栏次

1. "声明"：需由扣缴义务人签字或签章。
2. "经办人"：由办理扣缴申报的经办人签字，并填写经办人身份证件号码。
3. "代理机构"：代理机构代为办理扣缴申报的，应当填写代理机构统一社会信用代码，并加盖代理机构签章。

四、其他事项说明

本表一式两份，扣缴义务人、税务机关各留存一份。

附件2：

个人所得税预扣率表一

（居民个人工资、薪金所得预扣预缴适用）

级数	累计预扣预缴应纳税所得额	预扣率（%）	速算扣除数
1	不超过36 000元的部分	3	0
2	超过36 000元至144 000元的部分	10	2 520
3	超过144 000元至300 000元的部分	20	16 920
4	超过300 000元至420 000元的部分	25	31 920
5	超过420 000元至660 000元的部分	30	52 920
6	超过660 000元至960 000元的部分	35	85 920
7	超过960 000元的部分	45	181 920

个人所得税预扣率表二

（居民个人劳务报酬所得预扣预缴适用）

级数	预扣预缴应纳税所得额	预扣率（%）	速算扣除数
1	不超过20 000元的	20	0
2	超过20 000元至50 000元的部分	30	2 000
3	超过50 000元的部分	40	7 000

个人所得税税率表三

（非居民个人工资、薪金所得，劳务报酬所得，稿酬所得，特许权使用费所得适用）

级数	应纳税所得额	税率（%）	速算扣除数
1	不超过3 000元的	3	0
2	超过3 000元至12 000元的部分	10	210
3	超过12 000元至25 000元的部分	20	1 410
4	超过25 000元至35 000元的部分	25	2 660
5	超过35 000元至55 000元的部分	30	4 410
6	超过55 000元至80 000元的部分	35	7 160
7	超过80 000元的部分	45	15 160

国家税务总局关于修订发布《个人所得税专项附加扣除操作办法（试行）》的公告

（国家税务总局公告2022年第7号）

为贯彻落实新发布的《国务院关于设立3岁以下婴幼儿照护个人所得税专项附加扣除的通知》（国发〔2022〕8号），保障3岁以下婴幼儿照护专项附加扣除政策顺利实施，国家税务总局相应修订了《个人所得税专项附加扣除操作办法（试行）》及《个人所得税扣缴申报表》。现予以发布，自2022年1月1日起施行。《国家税务总局关于发布〈个人所得税专项附加扣除操作办法（试行）〉的公告》（2018年第60号）、《国家税务总局关于修订个人所得税申报表的公告》（2019年第7号）附件2同时废止。

特此公告。

附件：1. 个人所得税专项附加扣除信息表（略）
　　　2. 个人所得税扣缴申报表（略）

国家税务总局
2022年3月25日

个人所得税专项附加扣除操作办法（试行）

第一章　总　则

第一条　为了规范个人所得税专项附加扣除行为，切实维护纳税人合法权益，根据《中华人民共和国个人所得税法》及其实施条例、《中华人民共和国税收征收管理法》及其实施细则、《国务院关于印发个人所得税专项附加扣除暂行办法的通知》（国发〔2018〕41号）、《国务院关于设立3岁以下婴幼儿照护个人所得税专项附加扣除的通知》（国发

〔2022〕8号）的规定，制定本办法。

第二条　纳税人享受子女教育、继续教育、大病医疗、住房贷款利息或者住房租金、赡养老人、3岁以下婴幼儿照护专项附加扣除的，依照本办法规定办理。

第二章　享受扣除及办理时间

第三条　纳税人享受符合规定的专项附加扣除的计算时间分别为：

（一）子女教育。学前教育阶段，为子女年满3周岁当月至小学入学前一月。学历教育，为子女接受全日制学历教育入学的当月至全日制学历教育结束的当月。

（二）继续教育。学历（学位）继续教育，为在中国境内接受学历（学位）继续教育入学的当月至学历（学位）继续教育结束的当月，同一学历（学位）继续教育的扣除期限最长不得超过48个月。技能人员职业资格继续教育、专业技术人员职业资格继续教育，为取得相关证书的当年。

（三）大病医疗。为医疗保障信息系统记录的医药费用实际支出的当年。

（四）住房贷款利息。为贷款合同约定开始还款的当月至贷款全部归还或贷款合同终止的当月，扣除期限最长不得超过240个月。

（五）住房租金。为租赁合同（协议）约定的房屋租赁期开始的当月至租赁期结束的当月。提前终止合同（协议）的，以实际租赁期限为准。

（六）赡养老人。为被赡养人年满60周岁的当月至赡养义务终止的年末。

（七）3岁以下婴幼儿照护。为婴幼儿出生的当月至年满3周岁的前一个月。

前款第一项、第二项规定的学历教育和学历（学位）继续教育的期间，包含因病或其他非主观原因休学但学籍继续保留的休学期间，以及施教机构按规定组织实施的寒暑假等假期。

第四条　享受子女教育、继续教育、住房贷款利息或者住房租金、赡养老人、3岁以下婴幼儿照护专项附加扣除的纳税人，自符合条件开始，可以向支付工资、薪金所得的扣缴义务人提供上述专项附加扣除有关信息，由扣缴义务人在预扣预缴税款时，按其在本单位本年可享受的累计扣除额办理扣除；也可以在次年3月1日至6月30日内，向汇缴地主管税务机关办理汇算清缴申报时扣除。

纳税人同时从两处以上取得工资、薪金所得，并由扣缴义务人办理上述专项附加扣除的，对同一专项附加扣除项目，一个纳税年度内，纳税人只能选择从其中一处扣除。

享受大病医疗专项附加扣除的纳税人，由其在次年3月1日至6月30日内，自行向汇缴地主管税务机关办理汇算清缴申报时扣除。

第五条　扣缴义务人办理工资、薪金所得预扣预缴税款时，应当根据纳税人报送的《个人所得税专项附加扣除信息表》（以下简称《扣除信息表》，见附件）为纳税人办理专项附加扣除。

纳税人年度中间更换工作单位的，在原单位任职、受雇期间已享受的专项附加扣除金额，不得在新任职、受雇单位扣除。原扣缴义务人应当自纳税人离职不再发放工资薪金所得的当月起，停止为其办理专项附加扣除。

第六条　纳税人未取得工资、薪金所得，仅取得劳务报酬所得、稿酬所得、特许权使用费所得需要享受专项附加扣除的，应当在次年3月1日至6月30日内，自行向汇缴地主管税务机关报送《扣除信息表》，并在办理汇算清缴申报时扣除。

第七条　一个纳税年度内，纳税人在扣缴义务人预扣预缴税款环节未享受或未足额享受专项附加扣除的，可以在当年内向支付工资、薪金的扣缴义务人申请在剩余月份发放工资、薪金时补充扣除，也可以在次年3月1日至6月30日内，向汇缴地主管税务机关办理汇算清缴时申报扣除。

第三章 报送信息及留存备查资料

第八条 纳税人选择在扣缴义务人发放工资、薪金所得时享受专项附加扣除的，首次享受时应当填写并向扣缴义务人报送《扣除信息表》；纳税年度中间相关信息发生变化的，纳税人应当更新《扣除信息表》相应栏次，并及时报送给扣缴义务人。

更换工作单位的纳税人，需要由新任职、受雇扣缴义务人办理专项附加扣除的，应当在入职的当月，填写并向扣缴义务人报送《扣除信息表》。

第九条 纳税人次年需要由扣缴义务人继续办理专项附加扣除的，应当于每年12月份对次年享受专项附加扣除的内容进行确认，并报送至扣缴义务人。纳税人未及时确认的，扣缴义务人于次年1月起暂停扣除，待纳税人确认后再行办理专项附加扣除。

扣缴义务人应当将纳税人报送的专项附加扣除信息，在次月办理扣缴申报时一并报送至主管税务机关。

第十条 纳税人选择在汇算清缴申报时享受专项附加扣除的，应当填写并向汇缴地主管税务机关报送《扣除信息表》。

第十一条 纳税人将需要享受的专项附加扣除项目信息填报至《扣除信息表》相应栏次。填报要素完整的，扣缴义务人或者主管税务机关应当受理；填报要素不完整的，扣缴义务人或者主管税务机关应当及时告知纳税人补正或重新填报。纳税人未补正或重新填报的，暂不办理相关专项附加扣除，待纳税人补正或重新填报后再行办理。

第十二条 纳税人享受子女教育专项附加扣除，应当填报配偶及子女的姓名、身份证件类型及号码、子女当前受教育阶段及起止时间、子女就读学校以及本人与配偶之间扣除分配比例等信息。

纳税人需要留存备查资料包括：子女在境外接受教育的，应当留存境外学校录取通知书、留学签证等境外教育佐证资料。

第十三条 纳税人享受继续教育专项附加扣除，接受学历（学位）继续教育的，应当填报教育起止时间、教育阶段等信息；接受技能人员或者专业技术人员职业资格继续教育的，应当填报证书名称、证书编号、发证机关、发证（批准）时间等信息。

纳税人需要留存备查资料包括：纳税人接受技能人员职业资格继续教育、专业技术人员职业资格继续教育的，应当留存职业资格相关证书等资料。

第十四条 纳税人享受住房贷款利息专项附加扣除，应当填报住房权属信息、住房坐落地址、贷款方式、贷款银行、贷款合同编号、贷款期限、首次还款日期等信息；纳税人有配偶的，填写配偶姓名、身份证件类型及号码。

纳税人需要留存备查资料包括：住房贷款合同、贷款还款支出凭证等资料。

第十五条 纳税人享受住房租金专项附加扣除，应当填报主要工作城市、租赁住房坐落地址、出租人姓名及身份证件类型和号码或者出租方单位名称及纳税人识别号（社会统一信用代码）、租赁起止时间等信息；纳税人有配偶的，填写配偶姓名、身份证件类型及号码。

纳税人需要留存备查资料包括：住房租赁合同或协议等资料。

第十六条 纳税人享受赡养老人专项附加扣除，应当填报纳税人是否为独生子女、月扣除金额、被赡养人姓名及身份证件类型和号码、与纳税人关系；有共同赡养人的，需填报分摊方式、共同赡养人姓名及身份证件类型和号码等信息。

纳税人需要留存备查资料包括：约定或指定分摊的书面分摊协议等资料。

第十七条 纳税人享受大病医疗专项附加扣除，应当填报患者姓名、身份证件类型及号码、与纳税人关系、与基本医保相关的医药费用总金额、医保目录范围内个人负担的自付金额等信息。

纳税人需要留存备查资料包括：大病患者医药服务收费及医保报销相关票据原件或复印件，或者医疗保障部门出具的纳税年度医药费用清单等资料。

第十八条 纳税人享受3岁以下婴幼儿照护专项附加扣除，应当填报配偶及子女的姓名、身份证件类型（如居民身份证、子女出生医学证明等）及号码以及本人与配偶之间扣除分配比例等信息。

纳税人需要留存备查资料包括：子女的出生医学证明等资料。

第十九条 纳税人应当对报送的专项附加扣除信息的真实性、准确性、完整性负责。

第四章 信息报送方式

第二十条 纳税人可以通过远程办税端、电子或者纸质报表等方式，向扣缴义务人或者主管税务机关报送个人专项附加扣除信息。

第二十一条 纳税人选择纳税年度内由扣缴义务人办理专项附加扣除的，按下列规定办理：

（一）纳税人通过远程办税端选择扣缴义务人并报送专项附加扣除信息的，扣缴义务人根据接收的扣除信息办理扣除。

（二）纳税人通过填写电子或者纸质《扣除信息表》直接报送扣缴义务人的，扣缴义务人将相关信息导入或者录入扣缴端软件，并在次月办理扣缴申报时提交给主管税务机关。《扣除信息表》应当一式两份，纳税人和扣缴义务人签字（章）后分别留存备查。

第二十二条 纳税人选择年度终了后办理汇算清缴申报时享受专项附加扣除的，既可以通过远程办税端报送专项附加扣除信息，也可以将电子或者纸质《扣除信息表》（一式两份）报送给汇缴地主管税务机关。

报送电子《扣除信息表》的，主管税务机关受理打印，交由纳税人签字后，一份由纳税人留存备查，一份由税务机关留存；报送纸质《扣除信息表》的，纳税人签字确认、主管税务机关受理签章后，一份退还纳税人留存备查，一份由税务机关留存。

第二十三条 扣缴义务人和税务机关应当告知纳税人办理专项附加扣除的方式和渠道，鼓励并引导纳税人采用远程办税端报送信息。

第五章 后续管理

第二十四条 纳税人应当将《扣除信息表》及相关留存备查资料，自法定汇算清缴期结束后保存五年。

纳税人报送给扣缴义务人的《扣除信息表》，扣缴义务人应当自预扣预缴年度的次年起留存五年。

第二十五条 纳税人向扣缴义务人提供专项附加扣除信息的，扣缴义务人应当按照规定予以扣除，不得拒绝。扣缴义务人应当为纳税人报送的专项附加扣除信息保密。

第二十六条　扣缴义务人应当及时按照纳税人提供的信息计算办理扣缴申报，不得擅自更改纳税人提供的相关信息。

扣缴义务人发现纳税人提供的信息与实际情况不符，可以要求纳税人修改。纳税人拒绝修改的，扣缴义务人应当向主管税务机关报告，税务机关应当及时处理。

除纳税人另有要求外，扣缴义务人应当于年度终了后两个月内，向纳税人提供已办理的专项附加扣除项目及金额等信息。

第二十七条　税务机关定期对纳税人提供的专项附加扣除信息开展抽查。

第二十八条　税务机关核查时，纳税人无法提供留存备查资料，或者留存备查资料不能支持相关情况的，税务机关可以要求纳税人提供其他佐证；不能提供其他佐证材料，或者佐证材料仍不足以支持的，不得享受相关专项附加扣除。

第二十九条　税务机关核查专项附加扣除情况时，可以提请有关单位和个人协助核查，相关单位和个人应当协助。

第三十条　纳税人有下列情形之一的，主管税务机关应当责令其改正；情形严重的，应当纳入有关信用信息系统，并按照国家有关规定实施联合惩戒；涉及违反税收征管法等法律法规的，税务机关依法进行处理：

（一）报送虚假专项附加扣除信息的；

（二）重复享受专项附加扣除；

（三）超范围或标准享受专项附加扣除；

（四）拒不提供留存备查资料；

（五）税务总局规定的其他情形。

纳税人在任职、受雇单位报送虚假扣除信息的，税务机关责令改正的同时，通知扣缴义务人。

第三十一条　本办法自2022年1月1日起施行。

财政部　税务总局关于个人取得有关收入适用个人所得税应税所得项目的公告

（财政部　税务总局公告2019年第74号）

为贯彻落实修改后的《中华人民共和国个人所得税法》，做好政策衔接工作，现将个人取得的有关收入适用个人所得税应税所得项目的事项公告如下：

一、个人为单位或他人提供担保获得收入，按照"偶然所得"项目计算缴纳个人所得税。

二、房屋产权所有人将房屋产权无偿赠与他人的，受赠人因无偿受赠房屋取得的受赠收入，按照"偶然所得"项目计算缴纳个人所得税。按照《财政部　国家税务总局关于个人无偿受赠房屋有关个人所得税问题的通知》（财税〔2009〕78号）第一条规定，符合以下情形的，对当事双方不征收个人所得税：

（一）房屋产权所有人将房屋产权无偿赠与配偶、父母、子女、祖父母、外祖父母、孙子女、外孙子女、兄弟姐妹；

（二）房屋产权所有人将房屋产权无偿赠与对其承担直接抚养或者赡养义务的抚养人或者赡养人；

（三）房屋产权所有人死亡，依法取得房屋产权的法定继承人、遗嘱继承人或者受遗赠人。

前款所称受赠收入的应纳税所得额按照《财政部 国家税务总局关于个人无偿受赠房屋有关个人所得税问题的通知》（财税〔2009〕78号）第四条规定计算。

三、企业在业务宣传、广告等活动中，随机向本单位以外的个人赠送礼品（包括网络红包，下同），以及企业在年会、座谈会、庆典以及其他活动中向本单位以外的个人赠送礼品，个人取得的礼品收入，按照"偶然所得"项目计算缴纳个人所得税，但企业赠送的具有价格折扣或折让性质的消费券、代金券、抵用券、优惠券等礼品除外。

前款所称礼品收入的应纳税所得额按照《财政部 国家税务总局关于企业促销展业赠送礼品有关个人所得税问题的通知》（财税〔2011〕50号）第三条规定计算。

四、个人按照《财政部 税务总局 人力资源社会保障部 中国银行保险监督管理委员会 证监会关于开展个人税收递延型商业养老保险试点的通知》（财税〔2018〕22号）的规定，领取的税收递延型商业养老保险的养老金收入，其中25%部分予以免税，其余75%部分按照10%的比例税率计算缴纳个人所得税，税款计入"工资、薪金所得"项目，由保险机构代扣代缴后，在个人购买税延养老保险的机构所在地办理全员全额扣缴申报。

五、本公告自2019年1月1日起执行。下列文件或文件条款同时废止：

（一）《财政部 国家税务总局关于银行部门以超过国家利率支付给储户的揽储奖金征收个人所得税问题的批复》（财税字〔1995〕64号）；

（二）《国家税务总局对中国科学院院士荣誉奖金征收个人所得税问题的复函》（国税函〔1995〕351号）；

（三）《国家税务总局关于未分配的投资者收益和个人人寿保险收入征收个人所得税问题的批复》（国税函〔1998〕546号）第二条；

（四）《国家税务总局关于个人所得税有关政策问题的通知》（国税发〔1999〕58号）第三条；

（五）《国家税务总局关于股民从证券公司取得的回扣收入征收个人所得税问题的批复》（国税函〔1999〕627号）；

（六）《财政部 国家税务总局关于个人所得税有关问题的批复》（财税〔2005〕94号）第二条；

（七）《国家税务总局关于个人取得解除商品房买卖合同违约金征收个人所得税问题的批复》（国税函〔2006〕865号）；

（八）《财政部 国家税务总局关于个人无偿受赠房屋有关个人所得税问题的通知》（财税〔2009〕78号）第三条；

（九）《财政部 国家税务总局关于企业促销展业赠送礼品有关个人所得税问题的通知》（财税〔2011〕50号）第二条第1项、第2项；

（十）《财政部 税务总局 人力资源社会保障部 中国银行保险监督管理委员会、证监会关于开展个人税收递延型商业养老保险试点的通知》（财税〔2018〕22号）第一条第（二）项第3点第二段；

（十一）《国家税务总局关于开展个人税收递延型商业养老保险试点有关征管问题的公

告》（国家税务总局公告 2018 年第 21 号）第二条。

特此公告。

财政部　税务总局
2019 年 6 月 13 日

国家税务总局关于发布
《个人所得税扣缴申报管理办法（试行）》的公告

（国家税务总局公告 2018 年第 61 号）

为贯彻落实新修改的《中华人民共和国个人所得税法》及其实施条例，国家税务总局制定了《个人所得税扣缴申报管理办法（试行）》，现予以发布，自 2019 年 1 月 1 日起施行。

特此公告。

附件：个人所得税税率表及预扣率表

国家税务总局
2018 年 12 月 21 日

个人所得税扣缴申报管理办法（试行）

第一条　为规范个人所得税扣缴申报行为，维护纳税人和扣缴义务人合法权益，根据《中华人民共和国个人所得税法》及其实施条例、《中华人民共和国税收征收管理法》及其实施细则等法律法规的规定，制定本办法。

第二条　扣缴义务人，是指向个人支付所得的单位或者个人。扣缴义务人应当依法办理全员全额扣缴申报。

全员全额扣缴申报，是指扣缴义务人应当在代扣税款的次月十五日内，向主管税务机关报送其支付所得的所有个人的有关信息、支付所得数额、扣除事项和数额、扣缴税款的具体数额和总额以及其他相关涉税信息资料。

第三条　扣缴义务人每月或者每次预扣、代扣的税款，应当在次月十五日内缴入国库，并向税务机关报送《个人所得税扣缴申报表》。

第四条　实行个人所得税全员全额扣缴申报的应税所得包括：

（一）工资、薪金所得；

（二）劳务报酬所得；

（三）稿酬所得；

（四）特许权使用费所得；

（五）利息、股息、红利所得；

（六）财产租赁所得；

（七）财产转让所得；

（八）偶然所得。

第五条 扣缴义务人首次向纳税人支付所得时，应当按照纳税人提供的纳税人识别号等基础信息，填写《个人所得税基础信息表（A表）》，并于次月扣缴申报时向税务机关报送。

扣缴义务人对纳税人向其报告的相关基础信息变化情况，应当于次月扣缴申报时向税务机关报送。

第六条 扣缴义务人向居民个人支付工资、薪金所得时，应当按照累计预扣法计算预扣税款，并按月办理扣缴申报。

累计预扣法，是指扣缴义务人在一个纳税年度内预扣预缴税款时，以纳税人在本单位截至当前月份工资、薪金所得累计收入减除累计免税收入、累计减除费用、累计专项扣除、累计专项附加扣除和累计依法确定的其他扣除后的余额为累计预扣预缴应纳税所得额，适用个人所得税预扣率表一（见附件），计算累计应预扣预缴税额，再减除累计减免税额和累计已预扣预缴税额，其余额为本期应预扣预缴税额。余额为负值时，暂不退税。纳税年度终了后余额仍为负值时，由纳税人通过办理综合所得年度汇算清缴，税款多退少补。

具体计算公式如下：

本期应预扣预缴税额 =（累计预扣预缴应纳税所得额 × 预扣率 − 速算扣除数）− 累计减免税额 − 累计已预扣预缴税额

累计预扣预缴应纳税所得额 = 累计收入 − 累计免税收入 − 累计减除费用 − 累计专项扣除 − 累计专项附加扣除 − 累计依法确定的其他扣除

其中：累计减除费用，按照5 000元/月乘以纳税人当年截至本月在本单位的任职受雇月份数计算。

第七条 居民个人向扣缴义务人提供有关信息并依法要求办理专项附加扣除的，扣缴义务人应当按照规定在工资、薪金所得按月预扣预缴税款时予以扣除，不得拒绝。

第八条 扣缴义务人向居民个人支付劳务报酬所得、稿酬所得、特许权使用费所得时，应当按照以下方法按次或者按月预扣预缴税款：

劳务报酬所得、稿酬所得、特许权使用费所得以收入减除费用后的余额为收入额；其中，稿酬所得的收入额减按百分之七十计算。

减除费用：预扣预缴税款时，劳务报酬所得、稿酬所得、特许权使用费所得每次收入不超过四千元的，减除费用按八百元计算；每次收入四千元以上的，减除费用按收入的百分之二十计算。

应纳税所得额：劳务报酬所得、稿酬所得、特许权使用费所得，以每次收入额为预扣预缴应纳税所得额，计算应预扣预缴税额。劳务报酬所得适用个人所得税预扣率表二（见附件），稿酬所得、特许权使用费所得适用百分之二十的比例预扣率。

居民个人办理年度综合所得汇算清缴时，应当依法计算劳务报酬所得、稿酬所得、特许权使用费所得的收入额，并入年度综合所得计算应纳税款，税款多退少补。

第九条 扣缴义务人向非居民个人支付工资、薪金所得，劳务报酬所得，稿酬所得和特许权使用费所得时，应当按照以下方法按月或者按次代扣代缴税款：

非居民个人的工资、薪金所得，以每月收入额减除费用五千元后的余额为应纳税所得额；劳务报酬所得、稿酬所得、特许权使用费所得，以每次收入额为应纳税所得额，适用个人所得税税率表三（见附件）计算应纳税额。劳务报酬所得、稿酬所得、特许权使用费所得以收入减除百分之二十的费用后的余额为收入额；其中，稿酬所得的收入额减按百分之七十计算。

非居民个人在一个纳税年度内税款扣缴方法保持不变，达到居民个人条件时，应当告知扣缴义务人基础信息变化情况，年度终了后按照居民个人有关规定办理汇算清缴。

第十条 扣缴义务人支付利息、股息、红利所得，财产租赁所得，财产转让所得或者偶然所得时，应当依法按次或者按月代扣代缴税款。

第十一条 劳务报酬所得、稿酬所得、特许权使用费所得，属于一次性收入的，以取得该项收入为一次；属于同一项目连续性收入的，以一个月内取得的收入为一次。

财产租赁所得，以一个月内取得的收入为一次。

利息、股息、红利所得，以支付利息、股息、红利时取得的收入为一次。

偶然所得，以每次取得该项收入为一次。

第十二条 纳税人需要享受税收协定待遇的，应当在取得应税所得时主动向扣缴义务人提出，并提交相关信息、资料，扣缴义务人代扣代缴税款时按照享受税收协定待遇有关办法办理。

第十三条 支付工资、薪金所得的扣缴义务人应当于年度终了后两个月内，向纳税人提供其个人所得和已扣缴税款等信息。纳税人年度中间需要提供上述信息的，扣缴义务人应当提供。

纳税人取得除工资、薪金所得以外的其他所得，扣缴义务人应当在扣缴税款后，及时向纳税人提供其个人所得和已扣缴税款等信息。

第十四条 扣缴义务人应当按照纳税人提供的信息计算税款、办理扣缴申报，不得擅自更改纳税人提供的信息。

扣缴义务人发现纳税人提供的信息与实际情况不符的，可以要求纳税人修改。纳税人拒绝修改的，扣缴义务人应当报告税务机关，税务机关应当及时处理。

纳税人发现扣缴义务人提供或者扣缴申报的个人信息、支付所得、扣缴税款等信息与实际情况不符的，有权要求扣缴义务人修改。扣缴义务人拒绝修改的，纳税人应当报告税务机关，税务机关应当及时处理。

第十五条 扣缴义务人对纳税人提供的《个人所得税专项附加扣除信息表》，应当按照规定妥善保存备查。

第十六条 扣缴义务人应当依法对纳税人报送的专项附加扣除等相关涉税信息和资料保密。

第十七条 对扣缴义务人按照规定扣缴的税款，按年付给百分之二的手续费。不包括税务机关、司法机关等查补或者责令补扣的税款。

扣缴义务人领取的扣缴手续费可用于提升办税能力、奖励办税人员。

第十八条 扣缴义务人依法履行代扣代缴义务，纳税人不得拒绝。纳税人拒绝的，扣缴义务人应当及时报告税务机关。

第十九条 扣缴义务人有未按照规定向税务机关报送资料和信息、未按照纳税人提供信息虚报虚扣专项附加扣除、应扣未扣税款、不缴或少缴已扣税款、借用或冒用他人身份等行为的，依照《中华人民共和国税收征收管理法》等相关法律、行政法规处理。

第二十条 本办法相关表证单书式样，由国家税务总局另行制定发布。

第二十一条 本办法自 2019 年 1 月 1 日起施行。《国家税务总局关于印发〈个人所得税全员全额扣缴申报管理暂行办法〉的通知》（国税发〔2005〕205 号）同时废止。

附件

个人所得税预扣率表一

（居民个人工资、薪金所得预扣预缴适用）

级数	累计预扣预缴应纳税所得额	预扣率（％）	速算扣除数
1	不超过36 000元	3	0
2	超过36 000元至144 000元的部分	10	2 520
3	超过144 000元至300 000元的部分	20	16 920
4	超过300 000元至420 000元的部分	25	31 920
5	超过420 000元至660 000元的部分	30	52 920
6	超过660 000元至960 000元的部分	35	85 920
7	超过960 000元的部分	45	181 920

个人所得税预扣率表二

（居民个人劳务报酬所得预扣预缴适用）

级数	预扣预缴应纳税所得额	预扣率（％）	速算扣除数
1	不超过20 000元	20	0
2	超过20 000元至50 000元的部分	30	2 000
3	超过50 000元的部分	40	7 000

个人所得税税率表三

（非居民个人工资、薪金所得，劳务报酬所得，稿酬所得，特许权使用费所得适用）

级数	应纳税所得额	税率（％）	速算扣除数
1	不超过3 000元	3	0
2	超过3 000元至12 000元的部分	10	210
3	超过12 000元至25 000元的部分	20	1 410
4	超过25 000元至35 000元的部分	25	2 660
5	超过35 000元至55 000元的部分	30	4 410
6	超过55 000元至80 000元的部分	35	7 160
7	超过80 000元的部分	45	15 160

国家税务总局关于完善调整部分纳税人个人所得税预扣预缴方法的公告

（国家税务总局公告2020年第13号）

为进一步支持稳就业、保就业，减轻当年新入职人员个人所得税预扣预缴阶段的税收负担，现就完善调整年度中间首次取得工资、薪金所得等人员有关个人所得税预扣预缴方法事项公告如下：

一、对一个纳税年度内首次取得工资、薪金所得的居民个人，扣缴义务人在预扣预缴个人所得税时，可按照5 000元/月乘以纳税人当年截至本月月份数计算累计减除费用。

二、正在接受全日制学历教育的学生因实习取得劳务报酬所得的，扣缴义务人预扣预缴个人所得税时，可按照《国家税务总局关于发布〈个人所得税扣缴申报管理办法（试行）〉的公告》（2018年第61号）规定的累计预扣法计算并预扣预缴税款。

三、符合本公告规定并可按上述条款预扣预缴个人所得税的纳税人，应当及时向扣缴义务人申明并如实提供相关佐证资料或承诺书，并对相关资料及承诺书的真实性、准确性、完整性负责。相关资料或承诺书，纳税人及扣缴义务人需留存备查。

四、本公告所称首次取得工资、薪金所得的居民个人，是指自纳税年度首月起至新入职时，未取得工资、薪金所得或者未按照累计预扣法预扣预缴过连续性劳务报酬所得个人所得税的居民个人。

本公告自2020年7月1日起施行。

特此公告。

国家税务总局
2020年7月28日

国家税务总局关于进一步简便优化部分纳税人个人所得税预扣预缴方法的公告

（国家税务总局公告2020年第19号）

为进一步支持稳就业、保就业、促消费，助力构建新发展格局，按照《中华人民共和国个人所得税法》及其实施条例有关规定，现就进一步简便优化部分纳税人个人所得税预扣预缴方法有关事项公告如下：

一、对上一完整纳税年度内每月均在同一单位预扣预缴工资、薪金所得个人所得税且全年工资、薪金收入不超过6万元的居民个人，扣缴义务人在预扣预缴本年度工资、薪金所得个人所得税时，累计减除费用自1月份起直接按照全年6万元计算扣除。即，在纳税人累计收入不超过6万元的月份，暂不预扣预缴个人所得税；在其累计收入超过6万元的当月及年内后续月份，再预扣预缴个人所得税。

扣缴义务人应当按规定办理全员全额扣缴申报，并在《个人所得税扣缴申报表》相应纳税人的备注栏注明"上年各月均有申报且全年收入不超过6万元"字样。

二、对按照累计预扣法预扣预缴劳务报酬所得个人所得税的居民个人，扣缴义务人比照上述规定执行。

本公告自2021年1月1日起施行。

特此公告。

国家税务总局
2020年12月4日

国家税务总局 文化部关于印发《演出市场个人所得税征收管理暂行办法》的通知

(国税发〔1995〕171号)

(通知略)

演出市场个人所得税征收管理暂行办法[①]

第一条 为加强演出市场个人所得税的征收管理,根据《中华人民共和国个人所得税法》及其实施条例和《国务院办公厅转发文化部关于加强演出市场管理报告的通知》(国办发〔1991〕112号)的有关规定,制定本办法。

第二条 凡参加演出(包括舞台演出、录音、录像、拍摄影视等,下同)而取得报酬的演职员,是个人所得税的纳税义务人;所取得的所得,为个人所得税的应纳税项目。

第三条 向演职员支付报酬的单位或个人,是个人所得税的扣缴义务人。扣缴义务人必须在支付演职员报酬的同时,按税收法律、行政法规及税务机关依照法律、行政法规作出的规定扣缴或预扣个人所得税。

预扣办法由各省、自治区、直辖市税务局根据有利控管的原则自行确定。

第四条 演出经纪机构领取《演出经营许可证》《临时营业演出许可证》或变更以上证件内容的,必须在领证后或变更登记后的三十日内到机构所在地主管税务机关办理税务登记或变更税务登记。文化行政部门向演出经纪机构或个人发放《演出经营许可证》和《临时营业演出许可证》时,应将演出经纪机构的名称、住所、法人代表等情况抄送当地主管税务机关备案。

第五条 演出活动主办单位应在每次演出前两日内,将文化行政部门的演出活动批准件和演出合同、演出计划(时间、地点、场次)、报酬分配方案等有关材料报送演出所在地主管税务机关。演出合同和演出计划的内容如有变化,应按规定程序重新向文化行政部门申报审批并向主管税务机关报送新的有关材料。

第六条 演职员参加非任职单位组织的演出取得的报酬为劳务报酬所得,按次缴纳个人所得税。演职员参加任职单位组织的演出取得的报酬为工资、薪金所得,按月缴纳个人所得税。

上述报酬包括现金、实物和有价证券。

第七条 参加组台(团)演出的演职员取得的报酬,由主办单位或承办单位通过银行转账支付给演职员所在单位或发放演职员演出许可证的文化行政部门或其授权单位的,经演出所在地主管税务机关确认后,由演职员所在单位或者发放演职员许可证的文化行政部门或其授权单位,按实际支付给演职员个人的报酬代扣个人所得税,并在原单位所在地缴

[①] 注:本文根据2016年5月29日《国家税务总局关于公布全文废止和部分条款废止的税务部门规章目录的决定》和2018年6月15日《国家税务总局关于修改部分税务部门规章的决定》修正。

入金库。

第八条 组台（团）演出，不按第七条所述方式支付演职员报酬，或者虽按上述方式支付但未经演出所在地主管税务机关确认的，由向演职员支付报酬的演出经纪机构或者主办、承办单位扣缴个人所得税，税款在演出所在地缴纳。申报的演职员报酬明显偏低又无正当理由的，主管税务机关可以在查账核实的基础上，依据演出报酬总额、演职员分工、演员演出通常收费额等情况核定演职员的应纳税所得，扣缴义务人据此扣缴税款。

第九条 税务机关有根据认为从事演出的纳税义务人有逃避纳税义务行为的，可以在规定的纳税期之前，责令其限期缴纳应纳税款；在限期内发现纳税义务人有明显的转移、隐匿演出收入迹象的，税务机关可以责成纳税义务人提供纳税担保。如果纳税义务人不能提供纳税担保，经县以上（含县级）税务局（分局）局长批准，税务机关可以采取税收保全措施。

第十条 参与录音、录像、拍摄影视和在歌厅、舞厅、卡拉OK厅、夜总会、娱乐城等娱乐场所演出的演职员取得的报酬，由向演职员支付报酬的单位或业主扣缴个人所得税。

第十一条[①] 演职员取得的报酬为不含税收入的，扣缴义务人支付的税款应按以下公式计算：

（一）应纳税所得额 = $\dfrac{\text{不含税收入} - \text{费用减除标准} - \text{速算}}{1 - \text{税率}}$

（二）应纳税额 = 应纳税所得额 × 适用税率 - 速算扣除数

第十二条 扣缴义务人扣缴的税款，应在次月七日内缴入国库，同时向主管税务机关报送扣缴个人所得税报告表、支付报酬明细表以及税务机关要求报送的其他资料。

第十三条 有下列情形的，演职员应在取得报酬的次月七日内自行到演出所在地或者单位所在地主管税务机关申报纳税：

（一）在两处或者两处以上取得工资、薪金性质所得的，应将各处取得的工资、薪金性质的所得合并计算纳税；

（二）分笔取得属于一次报酬的；

（三）扣缴义务人没有依法扣缴税款的；

（四）主管税务机关要求其申报纳税的。

第十四条 为了强化征收管理，主管税务机关可以根据当地实际情况，自行确定对在歌厅、舞厅、卡拉OK厅、夜总会、娱乐城等娱乐场所演出的演职员的个人所得税征收管理方式。

第十五条 组台（团）演出，应当建立健全财务会计制度，正确反映演出收支和向演职员支付报酬情况，并接受主管税务机关的监督检查。没有建立财务会计制度，或者未提供完整、准确的纳税资料，主管税务机关可以核定其应纳税所得额，据以征税。

第十六条 扣缴义务人和纳税义务人违反本办法有关规定，主管税务机关可以依照《中华人民共和国税收征收管理法》及其他有关法律和行政法规的有关规定给以处罚。

第十七条 演职员偷税情节恶劣，或者被第三次查出偷税的，除税务机关对其依法惩处外，文化行政部门可据情节轻重停止其演出活动半年至一年。

---

① 注：第十一条废止，参见《国家税务总局关于公布全文废止和部分条款废止的税务部门规章目录的决定》（国家税务总局令第40号）。

第十八条 各省、自治区、直辖市税务局和文化行政部门可依据本办法规定的原则，制定具体实施细则。

第十九条 本办法由国家税务总局、文化和旅游部共同负责解释。

第二十条 本办法自文到之日起施行。以前规定凡与本办法不符的，按本办法执行。

国家税务总局关于印发《广告市场个人所得税征收管理暂行办法》的通知

（国税发〔1996〕148号）

（通知略）

广告市场个人所得税征收管理暂行办法[①]

第一条 为了进一步加强对广告市场个人所得税的征收管理，依据《中华人民共和国个人所得税法》及其实施条例和《中华人民共和国税收征收管理法》及其实施细则，制定本办法。

第二条 凡在广告中提供名义、形象或在广告设计、制作、发布过程中提供劳务并取得所得的个人以及广告主、广告经营者或受托从事广告制作的单位和广告发布者，均应当依照本办法的规定办理个人所得税有关事宜。

本办法所称广告主，是指为推销商品或者提供服务，自行或者委托他人设计、制作、发布广告的法人、其他经济组织或者个人。

本办法所称广告经营者，是指受委托提供广告设计、制作、代理服务的法人、其他经济组织或者个人。

本办法所称受托从事广告制作的单位，是指受广告主或广告经营者委托而从事广告设计、制作的法人、其他经济组织或者个人。

本办法所称广告发布者，是指为广告主或者广告主委托的广告经营者发布广告的法人及其他经济组织。

第三条 在广告设计、制作、发布过程中提供名义、形象及劳务并取得所得的个人为个人所得税的纳税义务人（以下简称纳税人）；直接向上述个人支付所得的广告主、广告经营者、受托从事广告制作的单位和广告发布者为个人所得税的扣缴义务人（以下简称扣缴人）。

第四条 扣缴人应当在每项广告制作前向所在地主管税务机关报告广告中名义、形象及劳务提供者的姓名、身份证号码（护照号码及国籍）、工作单位（户籍所在地）、电话号码以及支付报酬的标准和支付形式等情况。双方订立书面合同（协议）的，应同时将合同

[①] 注：本文根据2016年5月29日《国家税务总局关于公布全文废止和部分条款废止的税务部门规章目录的决定》和2018年6月15日《国家税务总局关于修改部分税务部门规章的决定》修正。

（协议）副本报送上述税务机关。

广告发布者应当定期向所在地主管税务机关报送当期发布广告的数量及其广告主、广告经营者的名单。

第五条 纳税人在广告设计、制作、发布过程中提供名义、形象而取得的所得，应按劳务报酬所得项目计算纳税。

纳税人在广告设计、制作、发布过程中提供其他劳务取得的所得，视其情况分别按照税法规定的劳务报酬所得、稿酬所得、特许权使用费所得等应税项目计算纳税。

扣缴人的本单位人员在广告设计、制作、发布过程中取得的由本单位支付的所得，按工资、薪金所得项目计算纳税。

第六条 纳税人以现金、实物和有价证券以外的其他形式取得所得，税务机关可以根据其所得的形式和价值，核定其应纳税所得额，据以征税。

对于不能准确提供或划分个人在广告设计、制作、发布过程中提供名义、形象及劳务而取得的所得的纳税人，主管税务机关可以根据支付总额等实际情况，参照同类广告活动名义、形象及其他劳务提供者的所得标准，核定其应纳税所得额，据以征税。

第七条 劳务报酬所得以纳税人每参与一项广告的设计、制作、发布所取得的所得为一次；稿酬所得以在图书、报刊上发布一项广告时使用其作品而取得的所得为一次；特许权使用费所得以提供一项特许权在一项广告的设计、制作、发布过程中使用而取得的所得为一次。上述所得，采取分笔支付的，应合并为一次所得计算纳税。

第八条① 分笔取得一次所得和扣缴人应扣未扣或少扣税款以及没有扣缴人的纳税人，应当于取得所得的月度终了后七日内，向扣缴人所在地主管税务机关自行申报纳税。

第九条 扣缴人和纳税人必须接受税务机关依法进行的税务检查，如实反映情况，提供有关资料，不得拒绝、隐瞒。

第十条 本办法未尽事宜，按照有关税收法律、行政法规的规定执行。

第十一条① 各省、自治区、直辖市税务局可以根据本办法规定的原则，结合本地实际，制定具体实施办法，并报国家税务总局备案。

第十二条① 本办法由国家税务总局负责解释。

第十三条 本办法自1996年9月1日起执行。

国家税务总局关于印发《机动出租车驾驶员个人所得税征收管理暂行办法》的通知

（国税发〔1995〕50号）

（通知略）

---

① 注：第八条、第十一条、第十二条废止，参见《国家税务总局关于公布全文废止和部分条款废止的税务部门规章目录的决定》（国家税务总局令第40号）。

机动出租车驾驶员个人所得税征收管理暂行办法[①]

第一条 为了加强对机动出租车驾驶员（包括大、中、小客货运机动出租车驾驶员，下同）个人所得税的征收管理，根据《中华人民共和国个人所得税法》及其实施条例、《中华人民共和国税收征收管理法》（以下简称征管法）及有关行政法规的规定制定本办法。

第二条 各种机动出租车驾驶员为个人所得税的纳税义务人，其从事出租车运营取得的收入，应依法缴纳个人所得税。

第三条 税务机关可以委托出租汽车经营单位、交通管理部门和运输服务站或者其他有关部门（单位）代收代缴出租车驾驶员应纳的个人所得税。被委托的单位为扣缴义务人，应按期代收代缴出租车驾驶员应纳的个人所得税。

第四条 没有扣缴义务人或扣缴义务人未按规定扣缴税款的，出租车驾驶员应自行向单位所在地或准运证发放地的主管税务机关申报纳税。

第五条 出租车驾驶员办理了个体出租车营业执照的，应在领取营业执照后30日内到当地主管税务机关办理税务登记。

第六条 出租车驾驶员从事出租车运营取得的收入，适用的个人所得税项目为：

（一）出租汽车经营单位对出租车驾驶员采取单车承包或承租方式运营，出租车驾驶员从事客货运营取得的收入，按工资、薪金所得项目征税。

（二）从事个体出租车运营的出租车驾驶员取得的收入，按个体工商户的生产、经营所得项目缴纳个人所得税。

（三）出租车属个人所有，但挂靠出租汽车经营单位或企事业单位，驾驶员向挂靠单位缴纳管理费的，或出租汽车经营单位将出租车所有权转移给驾驶员的，出租车驾驶员从事客货运营取得的收入，比照个体工商户的生产、经营所得项目征税。

第七条 县级以上（含县级）税务机关可以根据出租车的不同经营方式、不同车型、收费标准、缴纳的承包承租费等情况，核定出租车驾驶员的营业额并确定征收率或征收额，按月征收出租车驾驶员应纳的个人所得税。

第八条 出租车驾驶员能够提供有效停运证明的，税务机关应根据其停运期长短，相应核减其停运期间应缴纳的个人所得税。

第九条 纳税义务人和扣缴义务人未按规定缴纳、扣缴个人所得税的，主管税务机关应按《征管法》及有关法律、行政法规的规定予以处罚，触犯刑律的移送司法机关处理。

第十条 扣缴义务人每月所扣的税款、自行申报纳税人每月应纳的税款，应当在次月7日内缴入国库，并向主管税务机关报送扣缴个人所得税报告表或纳税申报表以及税务机关要求报送的其他资料。

第十一条 对扣缴义务人按照所扣缴或代收代缴的税款，付给2%的手续费。

第十二条 各省、自治区、直辖市税务局可根据本办法规定的原则，结合当地实际制定有关具体办法，并报国家税务总局备案。

第十三条 本办法由国家税务总局负责解释。

第十四条 本办法从1995年4月1日起执行。

[①] 注：本文根据2018年6月15日《国家税务总局关于修改部分税务部门规章的决定》国家税务总局令第44号修正。

国家税务总局关于印发
《建筑安装业个人所得税征收管理暂行办法》的通知

(国税发〔1996〕127号)

(通知略)

建筑安装业个人所得税征收管理暂行办法①

第一条 为了加强对建筑安装业个人所得税的征收管理,根据《中华人民共和国个人所得税法》及其实施条例、《中华人民共和国税收征收管理法》及其实施细则和其他有关法律、行政法规的规定制定本办法。

第二条 本办法所称建筑安装业,包括建筑、安装、修缮、装饰及其他工程作业。从事建筑安装业的工程承包人、个体户及其他个人为个人所得税的纳税义务人。其从事建筑安装业取得的所得,应依法缴纳个人所得税。

第三条 承包建筑安装业各项工程作业的承包人取得的所得,应区别不同情况计征个人所得税:经营成果归承包人个人所有的所得,或按照承包合同(协议)规定,将一部分经营成果留归承包人个人的所得,按对企事业单位的承包经营、承租经营所得项目征税;以其他分配方式取得的所得,按工资、薪金所得项目征税。

从事建筑安装业的个体工商户和未领取营业执照承揽建筑安装业工程作业的建筑安装队和个人,以及建筑安装企业实行个人承包后工商登记改变为个体经济性质的,其从事建筑安装业取得的收入应依照个体工商户的生产、经营所得项目计征个人所得税。

从事建筑安装业工程作业的其他人员取得的所得,分别按照工资、薪金所得项目和劳务报酬所得项目计征个人所得税。

第四条 从事建筑安装业的单位和个人,应依法办理税务登记。在异地从事建筑安装业的单位和个人,必须自工程开工之日前三日内,持营业执照、外出经营活动税收管理证明、城建部门批准开工的文件和工程承包合同(协议)、开户银行账号以及主管税务机关要求提供的其他资料向主管税务机关办理有关登记手续。

第五条 对未领取营业执照承揽建筑安装业工程作业的单位和个人,主管税务机关可以根据其工程规模,责令其缴纳一定数额的纳税保证金。在规定的期限内结清税款后,退还纳税保证金;逾期未结清税款的,以纳税保证金抵缴应纳税款和滞纳金。

第六条 从事建筑安装业的单位和个人应设置会计账簿,健全财务制度,准确、完整地进行会计核算。对未设立会计账簿,或者不能准确、完整地进行会计核算的单位和个人,主管税务机关可根据其工程规模、工程承包合同(协议)价款和工程完工进度等情况,核定其应纳税所得额或应纳税额,据以征税。具体核定办法由县以上(含县级)税务

---

① 注:本文根据根据2016年5月29日《国家税务总局关于公布全文废止和部分条款废止的税务部门规章目录的决定》和2018年6月15日《国家税务总局关于修改部分税务部门规章的决定》修正。

机关制定。

第七条 从事建筑安装业工程作业的单位和个人应按照主管税务机关的规定，购领、填开和保管建筑安装业专用发票或许可使用的其他发票。

第八条 建筑安装业的个人所得税，由扣缴义务人代扣代缴和纳税人自行申报缴纳。

第九条 承揽建筑安装业工程作业的单位和个人是个人所得税的代扣代缴义务人，应在向个人支付收入时依法代扣代缴其应纳的个人所得税。

第十条 没有扣缴义务人的和扣缴义务人未按规定代扣代缴税款的，纳税人应自行向主管税务机关申报纳税。

第十一条① 本办法第三条第一款、第二款涉及的纳税人和扣缴义务人应按每月工程完工量预缴、预扣个人所得税，按年结算。一项工程跨年度作业的，应按各年所得预缴、预扣和结算个人所得税。难以划分各年所得的，可以按月预缴、预扣税款，并在工程完工后按各年度工程完工量分摊所得并结算税款。

第十二条 扣缴义务人每月所扣的税款，自行申报纳税人每月应纳的税款，应当在次月七日内缴入国库，并向主管税务机关报送扣缴个人所得税报告表或纳税申报表以及税务机关要求报送的其他资料。

第十三条 对扣缴义务人按照所扣缴的税款，付给2%的手续费。

第十四条 建筑安装业单位所在地税务机关和工程作业所在地税务机关双方可以协商有关个人所得税代扣代缴和征收的具体操作办法，都有权对建筑安装业单位和个人依法进行税收检查，并有权依法处理其违反税收规定的行为。但一方已经处理的，另一方不得重复处理。

第十五条 本办法所称主管税务机关，是指建筑安装业工程作业所在地税务局（分局、所）。

第十六条② 各省、自治区、直辖市税务局可根据本办法规定的原则，结合本地实际制定具体的征管办法，并报国家税务总局备案。

第十七条 本办法未尽事宜，按照《中华人民共和国个人所得税法》及其实施条例、《中华人民共和国税收征收管理法》及其实施细则以及其他有关的法律、行政法规的规定执行。

第十八条 本办法由国家税务总局负责解释。

第十九条 本办法从1996年1月1日起执行。

个体工商户个人所得税计税办法

（2014年12月27日国家税务总局令第35号公布 根据2018年6月15日《国家税务总局关于修改部分税务部门规章的决定》国家税务总局第44号令修正）

第一章 总 则

第一条 为了规范和加强个体工商户个人所得税征收管理，根据个人所得税法等有关

---

① 注：第十一条废止，参见《国家税务总局关于建筑安装业跨省异地工程作业人员个人所得税征收管理问题的公告》（国家税务总局公告2015年第52号）。

② 注：第十六条废止，参见《国家税务总局关于公布全文废止和部分条款废止的税务部门规章目录的决定》（国家税务总局令第40号）。

税收法律、法规和政策规定，制定本办法。

第二条 实行查账征收的个体工商户应当按照本办法的规定，计算并申报缴纳个人所得税。

第三条 本办法所称个体工商户包括：

（一）依法取得个体工商户营业执照，从事生产经营的个体工商户；

（二）经政府有关部门批准，从事办学、医疗、咨询等有偿服务活动的个人；

（三）其他从事个体生产、经营的个人。

第四条 个体工商户以业主为个人所得税纳税义务人。

第五条 个体工商户应纳税所得额的计算，以权责发生制为原则，属于当期的收入和费用，不论款项是否收付，均作为当期的收入和费用；不属于当期的收入和费用，即使款项已经在当期收付，均不作为当期收入和费用。本办法和财政部、国家税务总局另有规定的除外。

第六条 在计算应纳税所得额时，个体工商户会计处理办法与本办法和财政部、国家税务总局相关规定不一致的，应当依照本办法和财政部、国家税务总局的相关规定计算。

第二章 计税基本规定

第七条 个体工商户的生产、经营所得，以每一纳税年度的收入总额，减除成本、费用、税金、损失、其他支出以及允许弥补的以前年度亏损后的余额，为应纳税所得额。

第八条 个体工商户从事生产经营以及与生产经营有关的活动（以下简称生产经营）取得的货币形式和非货币形式的各项收入，为收入总额。包括：销售货物收入、提供劳务收入、转让财产收入、利息收入、租金收入、接受捐赠收入、其他收入。

前款所称其他收入包括个体工商户资产溢余收入、逾期一年以上的未退包装物押金收入、确实无法偿付的应付款项、已作坏账损失处理后又收回的应收款项、债务重组收入、补贴收入、违约金收入、汇兑收益等。

第九条 成本是指个体工商户在生产经营活动中发生的销售成本、销货成本、业务支出以及其他耗费。

第十条 费用是指个体工商户在生产经营活动中发生的销售费用、管理费用和财务费用，已经计入成本的有关费用除外。

第十一条 税金是指个体工商户在生产经营活动中发生的除个人所得税和允许抵扣的增值税以外的各项税金及其附加。

第十二条 损失是指个体工商户在生产经营活动中发生的固定资产和存货的盘亏、毁损、报废损失，转让财产损失，坏账损失，自然灾害等不可抗力因素造成的损失以及其他损失。

个体工商户发生的损失，减除责任人赔偿和保险赔款后的余额，参照财政部、国家税务总局有关企业资产损失税前扣除的规定扣除。

个体工商户已经作为损失处理的资产，在以后纳税年度又全部收回或者部分收回时，应当计入收回当期的收入。

第十三条 其他支出是指除成本、费用、税金、损失外，个体工商户在生产经营活动中发生的与生产经营活动有关的、合理的支出。

第十四条 个体工商户发生的支出应当区分收益性支出和资本性支出。收益性支出在发生当期直接扣除；资本性支出应当分期扣除或者计入有关资产成本，不得在发生当期直接扣除。

前款所称支出，是指与取得收入直接相关的支出。

除税收法律法规另有规定外，个体工商户实际发生的成本、费用、税金、损失和其他支出，不得重复扣除。

第十五条 个体工商户下列支出不得扣除：

（一）个人所得税税款；

（二）税收滞纳金；

（三）罚金、罚款和被没收财物的损失；

（四）不符合扣除规定的捐赠支出；

（五）赞助支出；

（六）用于个人和家庭的支出；

（七）与取得生产经营收入无关的其他支出；

（八）国家税务总局规定不准扣除的支出。

第十六条 个体工商户生产经营活动中，应当分别核算生产经营费用和个人、家庭费用。对于生产经营与个人、家庭生活混用难以分清的费用，其40%视为与生产经营有关费用，准予扣除。

第十七条 个体工商户纳税年度发生的亏损，准予向以后年度结转，用以后年度的生产经营所得弥补，但结转年限最长不得超过五年。

第十八条 个体工商户使用或者销售存货，按照规定计算的存货成本，准予在计算应纳税所得额时扣除。

第十九条 个体工商户转让资产，该项资产的净值，准予在计算应纳税所得额时扣除。

第二十条 本办法所称亏损，是指个体工商户依照本办法规定计算的应纳税所得额小于零的数额。

第三章 扣除项目及标准

第二十一条 个体工商户实际支付给从业人员的、合理的工资薪金支出，准予扣除。

个体工商户业主的费用扣除标准，依照相关法律、法规和政策规定执行。

个体工商户业主的工资薪金支出不得税前扣除。

第二十二条 个体工商户按照国务院有关主管部门或者省级人民政府规定的范围和标准为其业主和从业人员缴纳的基本养老保险费、基本医疗保险费、失业保险费、生育保险费、工伤保险费和住房公积金，准予扣除。

个体工商户为从业人员缴纳的补充养老保险费、补充医疗保险费，分别在不超过从业人员工资总额5%标准内的部分据实扣除；超过部分，不得扣除。

个体工商户业主本人缴纳的补充养老保险费、补充医疗保险费，以当地（地级市）上年度社会平均工资的3倍为计算基数，分别在不超过该计算基数5%标准内的部分据实扣除；超过部分，不得扣除。

第二十三条 除个体工商户依照国家有关规定为特殊工种从业人员支付的人身安全保险费和财政部、国家税务总局规定可以扣除的其他商业保险费外，个体工商户业主本人或者为从业人员支付的商业保险费，不得扣除。

第二十四条 个体工商户在生产经营活动中发生的合理的不需要资本化的借款费用，准予扣除。

个体工商户为购置、建造固定资产、无形资产和经过12个月以上的建造才能达到预定可销售状态的存货发生借款的，在有关资产购置、建造期间发生的合理的借款费用，应当作为资本性支出计入有关资产的成本，并依照本办法的规定扣除。

第二十五条 个体工商户在生产经营活动中发生的下列利息支出，准予扣除：

（一）向金融企业借款的利息支出；

（二）向非金融企业和个人借款的利息支出，不超过按照金融企业同期同类贷款利率计算的数额的部分。

第二十六条 个体工商户在货币交易中，以及纳税年度终了时将人民币以外的货币性资产、负债按照期末即期人民币汇率中间价折算为人民币时产生的汇兑损失，除已经计入有关资产成本部分外，准予扣除。

第二十七条 个体工商户向当地工会组织拨缴的工会经费、实际发生的职工福利费支出、职工教育经费支出分别在工资薪金总额的2%、14%、2.5%的标准内据实扣除。

工资薪金总额是指允许在当期税前扣除的工资薪金支出数额。

职工教育经费的实际发生数额超出规定比例当期不能扣除的数额，准予在以后纳税年度结转扣除。

个体工商户业主本人向当地工会组织缴纳的工会经费、实际发生的职工福利费支出、职工教育经费支出，以当地（地级市）上年度社会平均工资的3倍为计算基数，在本条第一款规定比例内据实扣除。

第二十八条 个体工商户发生的与生产经营活动有关的业务招待费，按照实际发生额的60%扣除，但最高不得超过当年销售（营业）收入的5‰。

业主自申请营业执照之日起至开始生产经营之日止所发生的业务招待费，按照实际发生额的60%计入个体工商户的开办费。

第二十九条 个体工商户每一纳税年度发生的与其生产经营活动直接相关的广告费和业务宣传费不超过当年销售（营业）收入15%的部分，可以据实扣除；超过部分，准予在以后纳税年度结转扣除。

第三十条 个体工商户代其从业人员或者他人负担的税款，不得税前扣除。

第三十一条 个体工商户按照规定缴纳的摊位费、行政性收费、协会会费等，按实际发生数额扣除。

第三十二条 个体工商户根据生产经营活动的需要租入固定资产支付的租赁费，按照以下方法扣除：

（一）以经营租赁方式租入固定资产发生的租赁费支出，按照租赁期限均匀扣除；

（二）以融资租赁方式租入固定资产发生的租赁费支出，按照规定构成融资租入固定资产价值的部分应当提取折旧费用，分期扣除。

第三十三条 个体工商户参加财产保险，按照规定缴纳的保险费，准予扣除。

第三十四条 个体工商户发生的合理的劳动保护支出，准予扣除。

第三十五条 个体工商户自申请营业执照之日起至开始生产经营之日止所发生符合本办法规定的费用，除为取得固定资产、无形资产的支出，以及应计入资产价值的汇兑损益、利息支出外，作为开办费，个体工商户可以选择在开始生产经营的当年一次性扣除，也可自生产经营月份起在不短于3年期限内摊销扣除，但一经选定，不得改变。

开始生产经营之日为个体工商户取得第一笔销售（营业）收入的日期。

第三十六条 个体工商户通过公益性社会团体或者县级以上人民政府及其部门，用于《中华人民共和国公益事业捐赠法》规定的公益事业的捐赠，捐赠额不超过其应纳税所得额

30%的部分可以据实扣除。

财政部、国家税务总局规定可以全额在税前扣除的捐赠支出项目,按有关规定执行。

个体工商户直接对受益人的捐赠不得扣除。

公益性社会团体的认定,按照财政部、国家税务总局、民政部有关规定执行。

第三十七条 本办法所称赞助支出,是指个体工商户发生的与生产经营活动无关的各种非广告性质支出。

第三十八条 个体工商户研究开发新产品、新技术、新工艺所发生的开发费用,以及研究开发新产品、新技术而购置单台价值在10万元以下的测试仪器和试验性装置的购置费准予直接扣除;单台价值在10万元以上(含10万元)的测试仪器和试验性装置,按固定资产管理,不得在当期直接扣除。

第四章 附 则

第三十九条 个体工商户资产的税务处理,参照企业所得税相关法律、法规和政策规定执行。

第四十条 个体工商户有两处或两处以上经营机构的,选择并固定向其中一处经营机构所在地主管税务机关申报缴纳个人所得税。

第四十一条 个体工商户终止生产经营的,应当在注销工商登记或者向政府有关部门办理注销前向主管税务机关结清有关纳税事宜。

第四十二条 各省、自治区、直辖市和计划单列市税务局可以结合本地实际,制定具体实施办法。

第四十三条 本办法自2015年1月1日起施行。国家税务总局1997年3月26日发布的《国家税务总局关于印发〈个体工商户个人所得税计税办法(试行)〉的通知》(国税发〔1997〕43号)同时废止。

个体工商户建账管理暂行办法

(国家税务总局令第17号)

《个体工商户建账管理暂行办法》已经2006年12月7日第4次局务会议审议通过,现予发布,自2007年1月1日起施行。

国家税务总局局长:谢旭人
二〇〇六年十二月十五日

个体工商户建账管理暂行办法①

第一条 为了规范和加强个体工商户税收征收管理,促进个体工商户加强经济核算,

---

① 注:本文根据2018年6月15日《国家税务总局关于修改部分税务部门规章的决定》国家税务总局令第44号修正。

根据《中华人民共和国税收征收管理法》（以下简称税收征管法）及其实施细则和《国务院关于批转国家税务总局加强个体私营经济税收征管强化查账征收工作意见的通知》，制定本办法。

第二条 凡从事生产、经营并有固定生产、经营场所的个体工商户，都应当按照法律、行政法规和本办法的规定设置、使用和保管账簿及凭证，并根据合法、有效凭证记账核算。

税务机关应同时采取有效措施，巩固已有建账成果，积极引导个体工商户建立健全账簿，正确进行核算，如实申报纳税。

第三条 符合下列情形之一的个体工商户，应当设置复式账：

（一）注册资金在20万元以上的。

（二）销售增值税应税劳务的纳税人或营业税纳税人月销售（营业）额在40 000元以上；从事货物生产的增值税纳税人月销售额在60 000元以上；从事货物批发或零售的增值税纳税人月销售额在80 000元以上的。

（三）省税务机关确定应设置复式账的其他情形。

第四条 符合下列情形之一的个体工商户，应当设置简易账，并积极创造条件设置复式账：

（一）注册资金在10万元以上20万元以下的。

（二）销售增值税应税劳务的纳税人或营业税纳税人月销售（营业）额在15 000元至40 000元；从事货物生产的增值税纳税人月销售额在30 000元至60 000元；从事货物批发或零售的增值税纳税人月销售额在40 000元至80 000元的。

（三）省税务机关确定应当设置简易账的其他情形。

第五条 上述所称纳税人月销售额或月营业额，是指个体工商户上一个纳税年度月平均销售额或营业额；新办的个体工商户为业户预估的当年度经营期月平均销售额或营业额。

第六条 达不到上述建账标准的个体工商户，经县以上税务机关批准，可按照税收征管法的规定，建立收支凭证粘贴簿、进货销货登记簿或者使用税控装置。

第七条 达到建账标准的个体工商户，应当根据自身生产、经营情况和本办法规定的设置账簿条件，对照选择设置复式账或简易账，并报主管税务机关备案。账簿方式一经确定，在一个纳税年度内不得进行变更。

第八条 达到建账标准的个体工商户，应当自领取营业执照或者发生纳税义务之日起15日内，按照法律、行政法规和本办法的有关规定设置账簿并办理账务，不得伪造、变造或者擅自损毁账簿、记账凭证、完税凭证和其他有关资料。

第九条 设置复式账的个体工商户应按《个体工商户会计制度（试行）》的规定设置总分类账、明细分类账、日记账等，进行财务会计核算，如实记载财务收支情况。成本、费用列支和其他财务核算规定按照《个体工商户个人所得税计税办法（试行）》执行。

设置简易账的个体工商户应当设置经营收入账、经营费用账、商品（材料）购进账、库存商品（材料）盘点表和利润表，以收支方式记录、反映生产、经营情况并进行简易会计核算。

第十条 复式账簿中现金日记账，银行存款日记账和总分类账必须使用订本式，其他账簿可以根据业务的实际发生情况选用活页账簿。简易账簿均应采用订本式。

账簿和凭证应当按照发生的时间顺序填写，装订或者粘贴。

建账户对各种账簿、记账凭证、报表、完税凭证和其他有关涉税资料应当保存10年。

第十一条 设置复式账的个体工商户在办理纳税申报时,应当按照规定向当地主管税务机关报送财务会计报表和有关纳税资料。月度会计报表应当于月份终了后10日内报出,年度会计报表应当在年度终了后30日内报出。

第十二条 个体工商户可以聘请经批准从事会计代理记账业务的专业机构或者具备资质的财会人员代为建账和办理账务。

第十三条 按照税务机关规定的要求使用税控收款机的个体工商户,其税控收款机输出的完整的书面记录,可以视同经营收入账。

第十四条 税务机关对建账户采用查账征收方式征收税款。建账初期,也可以采用查账征收与定期定额征收相结合的方式征收税款。

第十五条 依照本办法规定应当设置账簿的个体工商户,具有税收征管法第三十五条第一款第二项至第六项情形之一的,税务机关有权根据税收征管法实施细则第四十七条规定的方法核定其应纳税额。

第十六条 依照本办法规定应当设置账簿的个体工商户违反有关法律、行政法规和本办法关于账簿设置、使用和保管规定的,由税务机关按照税收征管法的有关规定进行处理。

第十七条 个体工商户建账工作中所涉及的有关账簿、凭证、表格,按照有关规定办理。

第十八条 本办法所称"以上"均含本数。

第十九条 各省、自治区、直辖市和计划单列市税务局可根据本办法制定具体实施办法,并报国家税务总局备案。

第二十条 本办法自2007年1月1日起施行。1997年6月19日国家税务总局发布的《个体工商户建账管理暂行办法》同时废止。

个体工商户税收定期定额征收管理办法

(国家税务总局令第16号)

《个体工商户税收定期定额征收管理办法》已经2006年6月28日第2次局务会议审议通过,现予发布,自2007年1月1日起施行。

国家税务总局局长:谢旭人
二〇〇六年八月三十日

个体工商户税收定期定额征收管理办法①

第一条 为规范和加强个体工商户税收定期定额征收(以下简称定期定额)管理,公平税负,保护个体工商户合法权益,促进个体经济的健康发展,根据《中华人民共和国税收征收管理法》及其实施细则,制定本办法。

---

① 注:本文根据2018年6月15日《国家税务总局关于修改部分税务部门规章的决定》国家税务总局令第44号修正。

第二条　本办法所称个体工商户税收定期定额征收，是指税务机关依照法律、行政法规及本办法的规定，对个体工商户在一定经营地点、一定经营时期、一定经营范围内的应纳税经营额（包括经营数量）或所得额（以下简称定额）进行核定，并以此为计税依据，确定其应纳税额的一种征收方式。

第三条　本办法适用于经主管税务机关认定和县以上税务机关（含县级，下同）批准的生产、经营规模小，达不到《个体工商户建账管理暂行办法》规定设置账簿标准的个体工商户（以下简称定期定额户）的税收征收管理。

第四条　主管税务机关应当将定期定额户进行分类，在年度内按行业、区域选择一定数量并具有代表性的定期定额户，对其经营、所得情况进行典型调查，做出调查分析，填制有关表格。

典型调查户数应当占该行业、区域总户数的5%以上。具体比例由省税务机关确定。

第五条　定额执行期的具体期限由省税务机关确定，但最长不得超过一年。

定额执行期是指税务机关核定后执行的第一个纳税期至最后一个纳税期。

第六条　税务机关应当根据定期定额户的经营规模、经营区域、经营内容、行业特点、管理水平等因素核定定额，可以采用下列一种或两种以上的方法核定：

（一）按照耗用的原材料、燃料、动力等推算或者测算核定；

（二）按照成本加合理的费用和利润的方法核定；

（三）按照盘点库存情况推算或者测算核定；

（四）按照发票和相关凭据核定；

（五）按照银行经营账户资金往来情况测算核定；

（六）参照同类行业或类似行业中同规模、同区域纳税人的生产、经营情况核定；

（七）按照其他合理方法核定。

税务机关应当运用现代信息技术手段核定定额，增强核定工作的规范性和合理性。

第七条　税务机关核定定额程序：

（一）自行申报。定期定额户要按照税务机关规定的申报期限、申报内容向主管税务机关申报，填写有关申报文书。申报内容应包括经营行业、营业面积、雇佣人数和每月经营额、所得额以及税务机关需要的其他申报项目。

本项所称经营额、所得额为预估数。

（二）核定定额。主管税务机关根据定期定额户自行申报情况，参考典型调查结果，采取本办法第六条规定的核定方法核定定额，并计算应纳税额。

（三）定额公示。主管税务机关应当将核定定额的初步结果进行公示，公示期限为五个工作日。

公示地点、范围、形式应当按照便于定期定额户及社会各界了解、监督的原则，由主管税务机关确定。

（四）上级核准。主管税务机关根据公示意见结果修改定额，并将核定情况报经县以上税务机关审核批准后，填制《核定定额通知书》。

（五）下达定额。将《核定定额通知书》送达定期定额户执行。

（六）公布定额。主管税务机关将最终确定的定额和应纳税额情况在原公示范围内进行公布。

第八条　定期定额户应当建立收支凭证粘贴簿、进销货登记簿，完整保存有关纳税资料，并接受税务机关的检查。

第九条 依照法律、行政法规的规定,定期定额户负有纳税申报义务。

实行简易申报的定期定额户,应当在税务机关规定的期限内按照法律、行政法规规定缴清应纳税款,当期(指纳税期,下同)可以不办理申报手续。

第十条 采用数据电文申报、邮寄申报、简易申报等方式的,经税务机关认可后方可执行。经确定的纳税申报方式在定额执行期内不予更改。

第十一条 定期定额户可以委托经税务机关认定的银行或其他金融机构办理税款划缴。

凡委托银行或其他金融机构办理税款划缴的定期定额户,应当向税务机关书面报告开户银行及账号。其账户内存款应当足以按期缴纳当期税款。其存款余额低于当期应纳税款,致使当期税款不能按期入库的,税务机关按逾期缴纳税款处理;对实行简易申报的,按逾期办理纳税申报和逾期缴纳税款处理。

第十二条 定期定额户发生下列情形,应当向税务机关办理相关纳税事宜:

(一)定额与发票开具金额或税控收款机记录数据比对后,超过定额的经营额、所得额所应缴纳的税款;

(二)在税务机关核定定额的经营地点以外从事经营活动所应缴纳的税款。

第十三条 税务机关可以根据保证国家税款及时足额入库、方便纳税人、降低税收成本的原则,采用简化的税款征收方式,具体方式由省税务机关确定。

第十四条 县以上税务机关可以根据当地实际情况,依法委托有关单位代征税款。税务机关与代征单位必须签订委托代征协议,明确双方的权利、义务和应当承担的责任,并向代征单位颁发委托代征证书。

第十五条 定期定额户经营地点偏远、缴纳税款数额较小,或者税务机关征收税款有困难的,税务机关可以按照法律、行政法规的规定简并征期。但简并征期最长不得超过一个定额执行期。

简并征期的税款征收时间为最后一个纳税期。

第十六条 通过银行或其他金融机构划缴税款的,其完税凭证可以到税务机关领取,或到税务机关委托的银行或其他金融机构领取;税务机关也可以根据当地实际情况采取邮寄送达,或委托有关单位送达。

第十七条 定期定额户在定额执行期结束后,应当以该期每月实际发生的经营额、所得额向税务机关申报,申报额超过定额的,按申报额缴纳税款;申报额低于定额的,按定额缴纳税款。具体申报期限由省税务机关确定。

定期定额户当期发生的经营额、所得额超过定额一定幅度的,应当在法律、行政法规规定的申报期限内向税务机关进行申报并缴清税款。具体幅度由省税务机关确定。

第十八条 定期定额户的经营额、所得额连续纳税期超过或低于税务机关核定的定额,应当提请税务机关重新核定定额,税务机关应当根据本办法规定的核定方法和程序重新核定定额。具体期限由省税务机关确定。

第十九条 经税务机关检查发现定期定额户在以前定额执行期发生的经营额、所得额超过定额,或者当期发生的经营额、所得额超过定额一定幅度而未向税务机关进行纳税申报及结清应纳税款的,税务机关应当追缴税款、加收滞纳金,并按照法律、行政法规规定予以处理。其经营额、所得额连续纳税期超过定额,税务机关应当按照本办法第十八条的规定重新核定其定额。

第二十条 定期定额户发生停业的,应当在停业前向税务机关书面提出停业报告;提前恢复经营的,应当在恢复经营前向税务机关书面提出复业报告;需延长停业时间的,应当在停业期满前向税务机关提出书面的延长停业报告。

第二十一条 税务机关停止定期定额户实行定期定额征收方式,应当书面通知定期定额户。

第二十二条 定期定额户对税务机关核定的定额有争议的,可以在接到《核定定额通知书》之日起30日内向主管税务机关提出重新核定定额申请,并提供足以说明其生产、经营真实情况的证据,主管税务机关应当自接到申请之日起30日内书面答复。

定期定额户也可以按照法律、行政法规的规定直接向上一级税务机关申请行政复议;对行政复议决定不服的,可以依法向人民法院提起行政诉讼。

定期定额户在未接到重新核定定额通知、行政复议决定书或人民法院判决书前,仍按原定额缴纳税款。

第二十三条 税务机关应当严格执行核定定额程序,遵守回避制度。税务人员个人不得擅自确定或更改定额。

税务人员徇私舞弊或者玩忽职守,致使国家税收遭受重大损失,构成犯罪的,依法追究刑事责任;尚不构成犯罪的,依法给予行政处分。

第二十四条 对违反本办法规定的行为,按照《中华人民共和国税收征收管理法》及其实施细则有关规定处理。

第二十五条 个人独资企业的税款征收管理比照本办法执行。

第二十六条 各省、自治区、直辖市税务局根据本办法制定具体实施办法,并报国家税务总局备案。

第二十七条 本办法自2007年1月1日起施行。1997年6月19日国家税务总局发布的《个体工商户定期定额管理暂行办法》同时废止。

财政部 税务总局关于公益慈善事业捐赠个人所得税政策的公告

(财政部 税务总局公告2019年第99号)

为贯彻落实《中华人民共和国个人所得税法》及其实施条例有关规定,现将公益慈善事业捐赠有关个人所得税政策公告如下:

一、个人通过中华人民共和国境内公益性社会组织、县级以上人民政府及其部门等国家机关,向教育、扶贫、济困等公益慈善事业的捐赠(以下简称公益捐赠),发生的公益捐赠支出,可以按照个人所得税法有关规定在计算应纳税所得额时扣除。

前款所称境内公益性社会组织,包括依法设立或登记并按规定条件和程序取得公益性捐赠税前扣除资格的慈善组织、其他社会组织和群众团体。

二、个人发生的公益捐赠支出金额,按照以下规定确定:

(一)捐赠货币性资产的,按照实际捐赠金额确定;

(二)捐赠股权、房产的,按照个人持有股权、房产的财产原值确定;

(三)捐赠除股权、房产以外的其他非货币性资产的,按照非货币性资产的市场价格确定。

三、居民个人按照以下规定扣除公益捐赠支出：

（一）居民个人发生的公益捐赠支出可以在财产租赁所得、财产转让所得、利息股息红利所得、偶然所得（以下统称分类所得）、综合所得或者经营所得中扣除。在当期一个所得项目扣除不完的公益捐赠支出，可以按规定在其他所得项目中继续扣除；

（二）居民个人发生的公益捐赠支出，在综合所得、经营所得中扣除的，扣除限额分别为当年综合所得、当年经营所得应纳税所得额的百分之三十；在分类所得中扣除的，扣除限额为当月分类所得应纳税所得额的百分之三十；

（三）居民个人根据各项所得的收入、公益捐赠支出、适用税率等情况，自行决定在综合所得、分类所得、经营所得中扣除的公益捐赠支出的顺序。

四、居民个人在综合所得中扣除公益捐赠支出的，应按照以下规定处理：

（一）居民个人取得工资薪金所得的，可以选择在预扣预缴时扣除，也可以选择在年度汇算清缴时扣除。

居民个人选择在预扣预缴时扣除的，应按照累计预扣法计算扣除限额，其捐赠当月的扣除限额为截至当月累计应纳税所得额的百分之三十（全额扣除的从其规定，下同）。个人从两处以上取得工资薪金所得，选择其中一处扣除，选择后当年不得变更。

（二）居民个人取得劳务报酬所得、稿酬所得、特许权使用费所得的，预扣预缴时不扣除公益捐赠支出，统一在汇算清缴时扣除。

（三）居民个人取得全年一次性奖金、股权激励等所得，且按规定采取不并入综合所得而单独计税方式处理的，公益捐赠支出扣除比照本公告分类所得的扣除规定处理。

五、居民个人发生的公益捐赠支出，可在捐赠当月取得的分类所得中扣除。当月分类所得应扣除未扣除的公益捐赠支出，可以按照以下规定追补扣除：

（一）扣缴义务人已经代扣但尚未解缴税款的，居民个人可以向扣缴义务人提出追补扣除申请，退还已扣税款。

（二）扣缴义务人已经代扣且解缴税款的，居民个人可以在公益捐赠之日起90日内提请扣缴义务人向征收税款的税务机关办理更正申报追补扣除，税务机关和扣缴义务人应当予以办理。

（三）居民个人自行申报纳税的，可以在公益捐赠之日起90日内向主管税务机关办理更正申报追补扣除。

居民个人捐赠当月有多项多次分类所得的，应先在其中一项一次分类所得中扣除。已经在分类所得中扣除的公益捐赠支出，不再调整到其他所得中扣除。

六、在经营所得中扣除公益捐赠支出，应按以下规定处理：

（一）个体工商户发生的公益捐赠支出，在其经营所得中扣除。

（二）个人独资企业、合伙企业发生的公益捐赠支出，其个人投资者应当按照捐赠年度合伙企业的分配比例（个人独资企业分配比例为百分之百），计算归属于每一个人投资者的公益捐赠支出，个人投资者应将其归属的个人独资企业、合伙企业公益捐赠支出和本人需要在经营所得扣除的其他公益捐赠支出合并，在其经营所得中扣除。

（三）在经营所得中扣除公益捐赠支出的，可以选择在预缴税款时扣除，也可以选择在汇算清缴时扣除。

（四）经营所得采取核定征收方式的，不扣除公益捐赠支出。

七、非居民个人发生的公益捐赠支出，未超过其在公益捐赠支出发生的当月应纳税所得额百分之三十的部分，可以从其应纳税所得额中扣除。扣除不完的公益捐赠支出，可以在经营所得中继续扣除。

非居民个人按规定可以在应纳税所得额中扣除公益捐赠支出而未实际扣除的，可按照本公告第五条规定追补扣除。

八、国务院规定对公益捐赠全额税前扣除的，按照规定执行。个人同时发生按百分之三十扣除和全额扣除的公益捐赠支出，自行选择扣除次序。

九、公益性社会组织、国家机关在接受个人捐赠时，应当按照规定开具捐赠票据；个人索取捐赠票据的，应予以开具。

个人发生公益捐赠时不能及时取得捐赠票据的，可以暂时凭公益捐赠银行支付凭证扣除，并向扣缴义务人提供公益捐赠银行支付凭证复印件。个人应在捐赠之日起90日内向扣缴义务人补充提供捐赠票据，如果个人未按规定提供捐赠票据的，扣缴义务人应在30日内向主管税务机关报告。

机关、企事业单位统一组织员工开展公益捐赠的，纳税人可以凭汇总开具的捐赠票据和员工明细单扣除。

十、个人通过扣缴义务人享受公益捐赠扣除政策，应当告知扣缴义务人符合条件可扣除的公益捐赠支出金额，并提供捐赠票据的复印件，其中捐赠股权、房产的还应出示财产原值证明。扣缴义务人应当按照规定在预扣预缴、代扣代缴税款时予扣除，并将公益捐赠扣除金额告知纳税人。

个人自行办理或扣缴义务人为个人办理公益捐赠扣除的，应当在申报时一并报送《个人所得税公益慈善事业捐赠扣除明细表》（见附件）。个人应留存捐赠票据，留存期限为五年。

十一、本公告自2019年1月1日起施行。个人自2019年1月1日至本公告发布之日期间发生的公益捐赠支出，按照本公告规定可以在分类所得中扣除但未扣除的，可以在2020年1月31日前通过扣缴义务人向征收税款的税务机关提出追补扣除申请，税务机关应当按规定予以办理。

特此公告。

附件：个人所得税公益慈善事业捐赠扣除明细表（略）

财政部　税务总局
2019年12月30日

财政部　税务总局关于权益性投资经营所得个人所得税征收管理的公告

（财政部　税务总局公告2021年第41号）

为贯彻落实中央办公厅、国务院办公厅《关于进一步深化税收征管改革的意见》有关要求，深化"放管服"改革，现就权益性投资经营所得个人所得税征收管理有关问题公告如下：

一、持有股权、股票、合伙企业财产份额等权益性投资的个人独资企业、合伙企业（以下简称独资合伙企业），一律适用查账征收方式计征个人所得税。

二、独资合伙企业应自持有上述权益性投资之日起30日内，主动向税务机关报送持有权益性投资的情况；公告实施前独资合伙企业已持有权益性投资的，应当在2022年1月30日前向税务机关报送持有权益性投资的情况。税务机关接到核定征收独资合伙企业报送持有权益性投资情况的，调整其征收方式为查账征收。

三、各级财政、税务部门应做好服务辅导工作，积极引导独资合伙企业建立健全账簿、完善会计核算和财务管理制度、如实申报纳税。独资合伙企业未如实报送持有权益性投资情况的，依据税收征收管理法相关规定处理。

四、本公告自2022年1月1日起施行。

特此公告。

财政部　税务总局
2021年12月30日

财政部　税务总局关于延续实施全年一次性奖金等个人所得税优惠政策的公告

（财政部　税务总局公告2021年第42号）

为扎实做好"六保"工作，进一步减轻纳税人负担，现将延续实施有关个人所得税优惠政策公告如下：

一、《财政部　税务总局关于个人所得税法修改后有关优惠政策衔接问题的通知》（财税〔2018〕164号）规定的全年一次性奖金单独计税优惠政策，执行期限延长至2023年12月31日；上市公司股权激励单独计税优惠政策，执行期限延长至2022年12月31日。

二、《财政部　税务总局关于个人所得税综合所得汇算清缴涉及有关政策问题的公告》（财政部　税务总局公告2019年第94号）规定的免于办理个人所得税综合所得汇算清缴优惠政策，执行期限延长至2023年12月31日。

特此公告。

财政部　税务总局
2021年12月31日

财政部　税务总局关于延续实施外籍个人津补贴等有关个人所得税优惠政策的公告

（财政部　税务总局公告2021年第43号）

为进一步减轻纳税人负担，现将延续实施有关个人所得税优惠政策公告如下：

《财政部　税务总局关于个人所得税法修改后有关优惠政策衔接问题的通知》（财税〔2018〕164号）规定的外籍个人有关津补贴优惠政策、中央企业负责人任期激励单独计税优惠政策，执行期限延长至 2023 年 12 月 31 日。

特此公告。

财政部　税务总局
2021 年 12 月 31 日

国家税务总局关于印发
《境外所得个人所得税征收管理暂行办法》的通知

（国税发〔1998〕126 号）

（通知略）

境外所得个人所得税征收管理暂行办法[①]

第一条　为维护国家税收权益，加强对来源于中国境外所得的个人所得税征收管理，根据《中华人民共和国个人所得税法》（以下简称税法）及其实施条例、《中华人民共和国税收征收管理法》（以下简称征管法）及其实施细则以及有关行政法规的规定制定本办法。

第二条　本办法适用于中国境内有住所，并有来源于中国境外所得的个人纳税人（以下简称纳税人）。

第三条　纳税人来源于中国境外的各项应纳税所得（以下简称境外所得），应依照税法和本办法的规定缴纳个人所得税。

第四条　下列所得，不论支付地点是否在中国境外，均为来源于中国境外的所得：

（一）因任职、受雇、履约等而在中国境外提供劳务取得的所得；

（二）将财产出租给承租人在中国境外使用而取得的所得；

（三）转让中国境外的建筑物、土地使用权等财产或者在中国境外转让其他财产取得的所得；

（四）许可各种特许权在中国境外使用而取得的所得；

（五）从中国境外的公司、企业以及其他经济组织或者个人取得的利息、股息、红利所得。

第五条[②]　纳税人的境外所得，应按税法及其实施条例的规定确定应税项目，并分别计算其应纳税额。

第六条　纳税人的境外所得按照有关规定交付给派出单位的部分，凡能提供有效合同或有关凭证的，经主管税务机关审核后，允许从其境外所得中扣除。

[①] 注：本文根据 2016 年 5 月 29 日《国家税务总局关于公布全文废止和部分条款废止的税务部门规章目录的决定》和 2018 年 6 月 15 日《国家税务总局关于修改部分税务部门规章的决定》修正。

[②] 注：第五条废止，参见《国家税务总局关于公布全文废止和部分条款废止的税务部门规章目录的决定》（国家税务总局令第 40 号）。

第七条　纳税人受雇于中国境内的公司、企业和其他经济组织以及政府部门并派往境外工作，其所得由境内派出单位支付或负担的，境内派出单位为个人所得税扣缴义务人，税款由境内派出单位负责代扣代缴。其所得由境外任职、受雇的中方机构支付、负担的，可委托其境内派出（投资）机构代征税款。

上述境外任职、受雇的中方机构是指中国境内的公司、企业和其他经济组织以及政府部门所属的境外分支机构、使（领）馆、子公司、代表处等。

第八条　纳税人有下列情形的，应自行申报纳税：

（一）境外所得来源于两处以上的；

（二）取得境外所得没有扣缴义务人、代征人的（包括扣缴义务人、代征人未按规定扣缴或征缴税款的）。

第九条　中国境内的公司、企业和其他经济组织以及政府部门，凡有外派人员的，应在每一公历年度（以下简称年度）终了后30日内向主管税务机关报送外派人员情况。内容主要包括：外派人员的姓名、身份证或护照号码、职务、派往国家和地区、境外工作单位名称和地址、合同期限、境内外收入状况、境内住所及缴纳税收情况等。

第十条　依本办法第八条规定须自行申报纳税的纳税人，应在年度终了后30日内，向中国主管税务机关申报缴纳个人所得税。如所得来源国与中国的纳税年度不一致，年度终了后30日内申报纳税有困难的，可报经中国主管税务机关批准，在所得来源国的纳税年度终了、结清税款后30日内申报纳税。

纳税人如在税法规定的纳税年度期间结束境外工作任务回国，应当在回国后的次月7日内，向主管税务机关申报缴纳个人所得税。

第十一条　纳税人兼有来源于中国境内、境外所得的，应按税法规定分别减除费用并计算纳税。

第十二条　纳税人在境外已缴纳的个人所得税税额，能提供境外税务机关填发的完税凭证原件的，准予按照税法及其实施条例的规定从应纳税额中抵扣。

第十三条①　纳税人和扣缴义务人未按本办法规定申报缴纳、扣缴个人所得税以及未按本办法第九条规定报送资料的，主管税务机关应按征管法及有关法律、行政法规和部分规章的规定予以处罚，涉嫌犯罪的依法移送公安机关处理。

第十四条　本办法所称主管税务机关是指派出单位所在地的税务机关。无派出单位的，是指纳税人离境前户籍所在地的税务机关；户籍所在地与经常居住地不一致的，是指经常居住地税务机关。

第十五条　本办法未尽事宜，按照有关税收法律、行政法规的规定执行。

第十六条①　各省、自治区、直辖市税务局可根据本办法规定的原则，结合本地实际制定具体实施办法，并报国家税务总局备案。

第十七条①　本办法由国家税务总局负责解释。

第十八条　本办法从1998年7月1日起执行。此前规定与本办法有抵触的，按本办法执行。

---

① 注：第十三条、第十六条、第十七条废止，参见《国家税务总局关于公布全文废止和部分条款废止的税务部门规章目录的决定》（国家税务总局令第40号）。

财政部 税务总局关于非居民个人和无住所居民个人有关个人所得税政策的公告

（财政部 税务总局公告2019年第35号）

为贯彻落实修改后的《中华人民共和国个人所得税法》（以下称税法）和《中华人民共和国个人所得税法实施条例》（以下称实施条例），现将非居民个人和无住所居民个人（以下统称无住所个人）有关个人所得税政策公告如下：

一、关于所得来源地

（一）关于工资薪金所得来源地的规定。

个人取得归属于中国境内（以下称境内）工作期间的工资薪金所得为来源于境内的工资薪金所得。境内工作期间按照个人在境内工作天数计算，包括其在境内的实际工作日以及境内工作期间在境内、境外享受的公休假、个人休假、接受培训的天数。在境内、境外单位同时担任职务或者仅在境外单位任职的个人，在境内停留的当天不足24小时的，按照半天计算境内工作天数。

无住所个人在境内、境外单位同时担任职务或者仅在境外单位任职，且当期同时在境内、境外工作的，按照工资薪金所属境内、境外工作天数占当期公历天数的比例计算确定来源于境内、境外工资薪金所得的收入额。境外工作天数按照当期公历天数减去当期境内工作天数计算。

（二）关于数月奖金以及股权激励所得来源地的规定。

无住所个人取得的数月奖金或者股权激励所得按照本条第（一）项规定确定所得来源地的，无住所个人在境内履职或者执行职务时收到的数月奖金或者股权激励所得，归属于境外工作期间的部分，为来源于境外的工资薪金所得；无住所个人停止在境内履约或者执行职务离境后收到的数月奖金或者股权激励所得，对属于境内工作期间的部分，为来源于境内的工资薪金所得。具体计算方法为：数月奖金或者股权激励乘以数月奖金或者股权激励所属工作期间境内工作天数与所属工作期间公历天数之比。

无住所个人一个月内取得的境内外数月奖金或者股权激励包含归属于不同期间的多笔所得的，应当先分别按照本公告规定计算不同归属期间来源于境内的所得，然后再加总计算当月来源于境内的数月奖金或者股权激励收入额。

本公告所称数月奖金是指一次取得归属于数月的奖金、年终加薪、分红等工资薪金所得，不包括每月固定发放的奖金及一次性发放的数月工资。本公告所称股权激励包括股票期权、股权期权、限制性股票、股票增值权、股权奖励以及其他因认购股票等有价证券而从雇主取得的折扣或者补贴。

（三）关于董事、监事及高层管理人员取得报酬所得来源地的规定。

对于担任境内居民企业的董事、监事及高层管理职务的个人（以下统称高管人员），无论是否在境内履行职务，取得由境内居民企业支付或者负担的董事费、监事费、工资薪金或者其他类似报酬（以下统称高管人员报酬，包含数月奖金和股权激励），属于来源于境内的所得。

本公告所称高层管理职务包括企业正、副（总）经理、各职能总师、总监及其他类似公司管理层的职务。

（四）关于稿酬所得来源地的规定。

由境内企业、事业单位、其他组织支付或者负担的稿酬所得，为来源于境内的所得。

二、关于无住所个人工资薪金所得收入额计算

无住所个人取得工资薪金所得，按以下规定计算在境内应纳税的工资薪金所得的收入额（以下称工资薪金收入额）：

（一）无住所个人为非居民个人的情形。

非居民个人取得工资薪金所得，除本条第（三）项规定以外，当月工资薪金收入额分别按照以下两种情形计算：

1.非居民个人境内居住时间累计不超过90天的情形。

在一个纳税年度内，在境内累计居住不超过90天的非居民个人，仅就归属于境内工作期间并由境内雇主支付或者负担的工资薪金所得计算缴纳个人所得税。当月工资薪金收入额的计算公式如下（公式一）：

$$当月工资薪金收入额 = 当月境内外工资薪金总额 \times \frac{当月境内支付工资薪金总额}{当月境内外工资薪金总额} \times \frac{当月工资薪金所属工作期间境内工作天数}{当月工资薪金所属工作期间公历天数}$$

本公告所称境内雇主包括雇佣员工的境内单位和个人以及境外单位或者个人在境内的机构、场所。凡境内雇主采取核定征收所得税或者无营业收入未征收所得税的，无住所个人为其工作取得工资薪金所得，不论是否在该境内雇主会计账簿中记载，均视为由该境内雇主支付或者负担。本公告所称工资薪金所属工作期间的公历天数，是指无住所个人取得工资薪金所属工作期间按公历计算的天数。

本公告所列公式中当月境内外工资薪金包含归属于不同期间的多笔工资薪金的，应当先分别按照本公告规定计算不同归属期间工资薪金收入额，然后再加总计算当月工资薪金收入额。

2.非居民个人境内居住时间累计超过90天不满183天的情形。

在一个纳税年度内，在境内累计居住超过90天但不满183天的非居民个人，取得归属于境内工作期间的工资薪金所得，均应当计算缴纳个人所得税；其取得归属于境外工作期间的工资薪金所得，不征收个人所得税。当月工资薪金收入额的计算公式如下（公式二）：

$$当月工资薪金收入额 = 当月境内外工资薪金总额 \times \frac{当月工资薪金所属工作期间境内工作天数}{当月工资薪金所属工作期间公历天数}$$

（二）无住所个人为居民个人的情形。

在一个纳税年度内，在境内累计居住满183天的无住所居民个人取得工资薪金所得，当月工资薪金收入额按照以下规定计算：

1.无住所居民个人在境内居住累计满183天的年度连续不满六年的情形。

在境内居住累计满183天的年度连续不满六年的无住所居民个人，符合实施条例第四条优惠条件的，其取得的全部工资薪金所得，除归属于境外工作期间且由境外单位或者个

人支付的工资薪金所得部分外,均应计算缴纳个人所得税。工资薪金所得收入额的计算公式如下(公式三):

$$当月工资薪金收入额 = 当月境内外工资薪金总额 \times \left[1 - \frac{当月境内支付工资薪金总额}{当月境内外工资薪金总额} \times \frac{当月工资薪金所属工作期间境内工作天数}{当月工资薪金所属工作期间公历天数} \right]$$

2.无住所居民个人在境内居住累计满183天的年度连续满六年的情形。

在境内居住累计满183天的年度连续满六年后,不符合实施条例第四条优惠条件的无住所居民个人,其从境内、境外取得的全部工资薪金所得均应计算缴纳个人所得税。

(三)无住所个人为高管人员的情形。

无住所居民个人为高管人员的,工资薪金收入额按照本条第(二)项规定计算纳税。非居民个人为高管人员的,按照以下规定处理:

1.高管人员在境内居住时间累计不超过90天的情形。

在一个纳税年度内,在境内累计居住不超过90天的高管人员,其取得由境内雇主支付或者负担的工资薪金所得应当计算缴纳个人所得税;不是由境内雇主支付或者负担的工资薪金所得,不缴纳个人所得税。当月工资薪金收入额为当月境内支付或者负担的工资薪金收入额。

2.高管人员在境内居住时间累计超过90天不满183天的情形。

在一个纳税年度内,在境内居住累计超过90天但不满183天的高管人员,其取得的工资薪金所得,除归属于境外工作期间且不是由境内雇主支付或者负担的部分外,应当计算缴纳个人所得税。当月工资薪金收入额计算适用本公告公式三。

三、关于无住所个人税款计算

(一)关于无住所居民个人税款计算的规定。

无住所居民个人取得综合所得,年度终了后,应按年计算个人所得税;有扣缴义务人的,由扣缴义务人按月或者按次预扣预缴税款;需要办理汇算清缴的,按照规定办理汇算清缴,年度综合所得应纳税额计算公式如下(公式四):

年度综合所得应纳税额 =(年度工资薪金收入额 + 年度劳务报酬收入额 + 年度稿酬收入额 + 年度特许权使用费收入额 – 减除费用 – 专项扣除 – 专项附加扣除 – 依法确定的其他扣除)× 适用税率 – 速算扣除数

无住所居民个人为外籍个人的,2022年1月1日前计算工资薪金收入额时,已经按规定减除住房补贴、子女教育费、语言训练费等八项津补贴的,不能同时享受专项附加扣除。

年度工资薪金、劳务报酬、稿酬、特许权使用费收入额分别按年度内每月工资薪金以及每次劳务报酬、稿酬、特许权使用费收入额合计数额计算。

(二)关于非居民个人税款计算的规定。

1.非居民个人当月取得工资薪金所得,以按照本公告第二条规定计算的当月收入额,减去税法规定的减除费用后的余额,为应纳税所得额,适用本公告所附按月换算后的综合所得税率表(以下称月度税率表)计算应纳税额。

2.非居民个人一个月内取得数月奖金,单独按照本公告第二条规定计算当月收入额,不与当月其他工资薪金合并,按6个月分摊计税,不减除费用,适用月度税率表计算应纳

税额,在一个公历年度内,对每一个非居民个人,该计税办法只允许适用一次。计算公式如下(公式五):

当月数月奖金应纳税额=[(数月奖金收入额÷6)×适用税率—速算扣除数]×6

3. 非居民个人一个月内取得股权激励所得,单独按照本公告第二条规定计算当月收入额,不与当月其他工资薪金合并,按6个月分摊计税(一个公历年度内的股权激励所得应合并计算),不减除费用,适用月度税率表计算应纳税额,计算公式如下(公式六):

当月股权激励所得应纳税额=[(本公历年度内股权激励所得合计额÷6)×适用税率—速算扣除数]×6—本公历年度内股权激励所得已纳税额

4. 非居民个人取得来源于境内的劳务报酬所得、稿酬所得、特许权使用费所得,以税法规定的每次收入额为应纳税所得额,适用月度税率表计算应纳税额。

四、关于无住所个人适用税收协定

按照我国政府签订的避免双重征税协定、内地与香港、澳门签订的避免双重征税安排(以下称税收协定)居民条款规定为缔约对方税收居民的个人(以下称对方税收居民个人),可以按照税收协定及财政部、税务总局有关规定享受税收协定待遇,也可以选择不享受税收协定待遇计算纳税。除税收协定及财政部、税务总局另有规定外,无住所个人适用税收协定的,按照以下规定执行:

(一)关于无住所个人适用受雇所得条款的规定。

1. 无住所个人享受境外受雇所得协定待遇。

本公告所称境外受雇所得协定待遇,是指按照税收协定受雇所得条款规定,对方税收居民个人在境外从事受雇活动取得的受雇所得,可不缴纳个人所得税。

无住所个人为对方税收居民个人,其取得的工资薪金所得可享受境外受雇所得协定待遇的,可不缴纳个人所得税。工资薪金收入额计算适用本公告公式二。

无住所居民个人为对方税收居民个人的,可在预扣预缴和汇算清缴时按前款规定享受协定待遇;非居民个人为对方税收居民个人的,可在取得所得时按前款规定享受协定待遇。

2. 无住所个人享受境内受雇所得协定待遇。

本公告所称境内受雇所得协定待遇,是指按照税收协定受雇所得条款规定,在税收协定规定的期间内境内停留天数不超过183天的对方税收居民个人,在境内从事受雇活动取得受雇所得,不是由境内居民雇主支付或者代其支付的,也不是由雇主在境内常设机构负担的,可不缴纳个人所得税。

无住所个人为对方税收居民个人,其取得的工资薪金所得可享受境内受雇所得协定待遇的,可不缴纳个人所得税。工资薪金收入额计算适用本公告公式一。

无住所居民个人为对方税收居民个人的,可在预扣预缴和汇算清缴时按前款规定享受协定待遇;非居民个人为对方税收居民个人的,可在取得所得时按前款规定享受协定待遇。

(二)关于无住所个人适用独立个人劳务或者营业利润条款的规定。

本公告所称独立个人劳务或者营业利润协定待遇,是指按照税收协定独立个人劳务或者营业利润条款规定,对方税收居民个人取得的独立个人劳务所得或者营业利润符合税收协定规定条件的,可不缴纳个人所得税。

无住所居民个人为对方税收居民个人,其取得的劳务报酬所得、稿酬所得可享受独立个人劳务或者营业利润协定待遇的,在预扣预缴和汇算清缴时,可不缴纳个人所得税。

非居民个人为对方税收居民个人,其取得的劳务报酬所得、稿酬所得可享受独立个人劳务或者营业利润协定待遇的,在取得所得时可不缴纳个人所得税。

（三）关于无住所个人适用董事费条款的规定。

对方税收居民个人为高管人员，该个人适用的税收协定未纳入董事费条款，或者虽然纳入董事费条款但该个人不适用董事费条款，且该个人取得的高管人员报酬可享受税收协定受雇所得、独立个人劳务或者营业利润条款规定待遇的，该个人取得的高管人员报酬可不适用本公告第二条第（三）项规定，分别按照本条第（一）项、第（二）项规定执行。

对方税收居民个人为高管人员，该个人取得的高管人员报酬按照税收协定董事费条款规定可以在境内征收个人所得税的，应按照有关工资薪金所得或者劳务报酬所得规定缴纳个人所得税。

（四）关于无住所个人适用特许权使用费或者技术服务费条款的规定。

本公告所称特许权使用费或者技术服务费协定待遇，是指按照税收协定特许权使用费或者技术服务费条款规定，对方税收居民个人取得符合规定的特许权使用费或者技术服务费，可按照税收协定规定的计税所得额和征税比例计算纳税。

无住所居民个人为对方税收居民个人，其取得的特许权使用费所得、稿酬所得或者劳务报酬所得可享受特许权使用费或者技术服务费协定待遇的，可不纳入综合所得，在取得当月按照税收协定规定的计税所得额和征税比例计算应纳税额，并预扣预缴税款。年度汇算清缴时，该个人取得的已享受特许权使用费或者技术服务费协定待遇的所得不纳入年度综合所得，单独按照税收协定规定的计税所得额和征税比例计算年度应纳税额及补退税额。

非居民个人为对方税收居民个人，其取得的特许权使用费所得、稿酬所得或者劳务报酬所得可享受特许权使用费或者技术服务费协定待遇的，可按照税收协定规定的计税所得额和征税比例计算应纳税额。

五、关于无住所个人相关征管规定

（一）关于无住所个人预计境内居住时间的规定。

无住所个人在一个纳税年度内首次申报时，应当根据合同约定等情况预计一个纳税年度内境内居住天数以及在税收协定规定的期间内境内停留天数，按照预计情况计算缴纳税款。实际情况与预计情况不符的，分别按照以下规定处理：

1. 无住所个人预先判定为非居民个人，因延长居住天数达到居民个人条件的，一个纳税年度内税款扣缴方法保持不变，年度终了后按照居民个人有关规定办理汇算清缴，但该个人在当年离境且预计年度内不再入境的，可以选择在离境之前办理汇算清缴。

2. 无住所个人预先判定为居民个人，因缩短居住天数不能达到居民个人条件的，在不能达到居民个人条件之日起至年度终了 15 天内，应当向主管税务机关报告，按照非居民个人重新计算应纳税额，申报补缴税款，不加收税收滞纳金。需要退税的，按照规定办理。

3. 无住所个人预计一个纳税年度境内居住天数累计不超过 90 天，但实际累计居住天数超过 90 天的，或者对方税收居民个人预计在税收协定规定的期间内境内停留天数不超过 183 天，但实际停留天数超过 183 天的，待达到 90 天或者 183 天的月度终了后 15 天内，应当向主管税务机关报告，就以前月份工资薪金所得重新计算应纳税款，并补缴税款，不加收税收滞纳金。

（二）关于无住所个人境内雇主报告境外关联方支付工资薪金所得的规定。

无住所个人在境内任职、受雇取得来源于境内的工资薪金所得，凡境内雇主与境外单位或者个人存在关联关系，将本应由境内雇主支付的工资薪金所得，部分或者全部由境外关联方支付的,无住所个人可以自行申报缴纳税款,也可以委托境内雇主代为缴纳税款。无住所个人未委托境内雇主代为缴纳税款的,境内雇主应当在相关所得支付当月终了后15天内向主管税务机关报告相关信息,包括境内雇主与境外关联方对无住所个人的工作安排、境外支付情况以及无住所个人的联系方式等信息。

六、本公告自2019年1月1日起施行,非居民个人2019年1月1日后取得所得,按原有规定多缴纳税款的,可以依法申请办理退税。下列文件或者文件条款于2019年1月1日废止:

(一)《财政部 税务总局关于对临时来华人员按实际居住日期计算征免个人所得税若干问题的通知》((88)财税外字第059号);

(二)《国家税务总局关于在境内无住所的个人取得工资薪金所得纳税义务问题的通知》(国税发〔1994〕148号);

(三)《财政部 国家税务总局关于在华无住所的个人如何计算在华居住满五年问题的通知》(财税字〔1995〕98号);

(四)《国家税务总局关于在中国境内无住所的个人计算缴纳个人所得税若干具体问题的通知》(国税函发〔1995〕125号)第一条、第二条、第三条、第四条;

(五)《国家税务总局关于在中国境内无住所的个人缴纳所得税涉及税收协定若干问题的通知》(国税发〔1995〕155号);

(六)《国家税务总局关于在中国境内无住所的个人取得奖金征税问题的通知》(国税发〔1996〕183号);

(七)《国家税务总局关于三井物产(株)大连事务所外籍雇员取得数月奖金确定纳税义务问题的批复》(国税函〔1997〕546号);

(八)《国家税务总局关于外商投资企业和外国企业对境外企业支付其雇员的工资薪金代扣代缴个人所得税问题的通知》(国税发〔1999〕241号);

(九)《国家税务总局关于在中国境内无住所个人取得不在华履行职务的月份奖金确定纳税义务问题的通知》(国税函〔1999〕245号);

(十)《国家税务总局关于在中国境内无住所个人以有价证券形式取得工资薪金所得确定纳税义务有关问题的通知》(国税函〔2000〕190号);

(十一)《国家税务总局关于在境内无住所的个人执行税收协定和个人所得税法若干问题的通知》(国税发〔2004〕97号);

(十二)《国家税务总局关于调整个人取得全年一次性奖金等计算征收个人所得税方法问题的通知》(国税发〔2005〕9号)第六条;

(十三)《国家税务总局关于在境内无住所个人计算工资薪金所得缴纳个人所得税有关问题的批复》(国税函〔2005〕1041号);

(十四)《国家税务总局关于在中国境内担任董事或高层管理职务无住所个人计算个人所得税适用公式的批复》(国税函〔2007〕946号)。

特此公告。

附件:按月换算后的综合所得税率表

财政部 税务总局

2019年3月14日

附件：

按月换算后的综合所得税率表

级数	全月应纳税所得额	税率	速算扣除数
1	不超过 3 000 元的	3%	0
2	超过 3 000 元至 12 000 元的部分	10%	210
3	超过 12 000 元至 25 000 元的部分	20%	1 410
4	超过 25 000 元至 35 000 元的部分	25%	2 660
5	超过 35 000 元至 55 000 元的部分	30%	4 410
6	超过 55 000 元至 80 000 元的部分	35%	7 160
7	超过 80 000 元的部分	45%	15 160

财政部 税务总局关于境外所得有关个人所得税政策的公告

（财政部 税务总局公告 2020 年第 3 号）

为贯彻落实《中华人民共和国个人所得税法》和《中华人民共和国个人所得税法实施条例》（以下称个人所得税法及其实施条例），现将境外所得有关个人所得税政策公告如下：

一、下列所得，为来源于中国境外的所得：

（一）因任职、受雇、履约等在中国境外提供劳务取得的所得；

（二）中国境外企业以及其他组织支付且负担的稿酬所得；

（三）许可各种特许权在中国境外使用而取得的所得；

（四）在中国境外从事生产、经营活动而取得的与生产、经营活动相关的所得；

（五）从中国境外企业、其他组织以及非居民个人取得的利息、股息、红利所得；

（六）将财产出租给承租人在中国境外使用而取得的所得；

（七）转让中国境外的不动产、转让对中国境外企业以及其他组织投资形成的股票、股权以及其他权益性资产（以下称权益性资产）或者在中国境外转让其他财产取得的所得。但转让对中国境外企业以及其他组织投资形成的权益性资产，该权益性资产被转让前三年（连续 36 个公历月份）内的任一时间，被投资企业或其他组织的资产公允价值 50% 以上直接或间接来自位于中国境内的不动产的，取得的所得为来源于中国境内的所得；

（八）中国境外企业、其他组织以及非居民个人支付且负担的偶然所得；

（九）财政部、税务总局另有规定的，按照相关规定执行。

二、居民个人应当依照个人所得税法及其实施条例规定，按照以下方法计算当期境内和境外所得应纳税额：

（一）居民个人来源于中国境外的综合所得，应当与境内综合所得合并计算应纳税额；

（二）居民个人来源于中国境外的经营所得，应当与境内经营所得合并计算应纳税额。居民个人来源于境外的经营所得，按照个人所得税法及其实施条例的有关规定计算的亏损，不得抵减其境内或他国（地区）的应纳税所得额，但可以用来源于同一国家（地区）以后年度的经营所得按中国税法规定弥补；

（三）居民个人来源于中国境外的利息、股息、红利所得，财产租赁所得，财产转让所得和偶然所得（以下称其他分类所得），不与境内所得合并，应当分别单独计算应纳税额。

三、居民个人在一个纳税年度内来源于中国境外的所得，依照所得来源国家（地区）税收法律规定在中国境外已缴纳的所得税税额允许在抵免限额内从其该纳税年度应纳税额中抵免。

居民个人来源于一国（地区）的综合所得、经营所得以及其他分类所得项目的应纳税额为其抵免限额，按照下列公式计算：

（一）来源于一国（地区）综合所得的抵免限额＝中国境内和境外综合所得依照本公告第二条规定计算的综合所得应纳税额 × 来源于该国（地区）的综合所得收入额 ÷ 中国境内和境外综合所得收入额合计

（二）来源于一国（地区）经营所得的抵免限额＝中国境内和境外经营所得依照本公告第二条规定计算的经营所得应纳税额 × 来源于该国（地区）的经营所得应纳税所得额 ÷ 中国境内和境外经营所得应纳税所得额合计

（三）来源于一国（地区）其他分类所得的抵免限额＝该国（地区）的其他分类所得依照本公告第二条规定计算的应纳税额

（四）来源于一国（地区）所得的抵免限额＝来源于该国（地区）综合所得抵免限额 ＋ 来源于该国（地区）经营所得抵免限额 ＋ 来源于该国（地区）其他分类所得抵免限额

四、可抵免的境外所得税税额，是指居民个人取得境外所得，依照该所得来源国（地区）税收法律应当缴纳且实际已经缴纳的所得税性质的税额。可抵免的境外所得税税额不包括以下情形：

（一）按照境外所得税法律属于错缴或错征的境外所得税税额；

（二）按照我国政府签订的避免双重征税协定以及内地与香港、澳门签订的避免双重征税安排（以下统称税收协定）规定不应征收的境外所得税税额；

（三）因少缴或迟缴境外所得税而追加的利息、滞纳金或罚款；

（四）境外所得税纳税人或者其利害关系人从境外征税主体得到实际返还或补偿的境外所得税税款；

（五）按照我国个人所得税法及其实施条例规定，已经免税的境外所得负担的境外所得税税款。

五、居民个人从与我国签订税收协定的国家（地区）取得的所得，按照该国（地区）税收法律享受免税或减税待遇，且该免税或减税的数额按照税收协定饶让条款规定应视同已缴税额在中国的应纳税额中抵免的，该免税或减税数额可作为居民个人实际缴纳的境外所得税税额按规定申报税收抵免。

六、居民个人一个纳税年度内来源于一国（地区）的所得实际已经缴纳的所得税税额，低于依照本公告第三条规定计算出的来源于该国（地区）该纳税年度所得的抵免限额的，应以实际缴纳税额作为抵免额进行抵免；超过来源于该国（地区）该纳税年度所得的抵免限额的，应在限额内进行抵免，超过部分可以在以后五个纳税年度内结转抵免。

七、居民个人从中国境外取得所得的，应当在取得所得的次年3月1日至6月30日内申报纳税。

八、居民个人取得境外所得，应当向中国境内任职、受雇单位所在地主管税务机关办理纳税申报；在中国境内没有任职、受雇单位的，向户籍所在地或中国境内经常居住地主管税务机关办理纳税申报；户籍所在地与中国境内经常居住地不一致的，选择其中一地主管税务机关办理纳税申报；在中国境内没有户籍的，向中国境内经常居住地主管税务机关办理纳税申报。

九、居民个人取得境外所得的境外纳税年度与公历年度不一致的，取得境外所得的境外纳税年度最后一日所在的公历年度，为境外所得对应的我国纳税年度。

十、居民个人申报境外所得税收抵免时，除另有规定外，应当提供境外征税主体出具的税款所属年度的完税证明、税收缴款书或者纳税记录等纳税凭证，未提供符合要求的纳税凭证，不予抵免。

居民个人已申报境外所得、未进行税收抵免，在以后纳税年度取得纳税凭证并申报境外所得税收抵免的，可以追溯至该境外所得所属纳税年度进行抵免，但追溯年度不得超过五年。自取得该项境外所得的五个年度内，境外征税主体出具的税款所属纳税年度纳税凭证载明的实际缴纳税额发生变化的，按实际缴纳税额重新计算并办理补退税，不加收税收滞纳金，不退还利息。

纳税人确实无法提供纳税凭证的，可同时凭境外所得纳税申报表（或者境外征税主体确认的缴税通知书）以及对应的银行缴款凭证办理境外所得抵免事宜。

十一、居民个人被境内企业、单位、其他组织（以下称派出单位）派往境外工作，取得的工资薪金所得或者劳务报酬所得，由派出单位或者其他境内单位支付或负担的，派出单位或者其他境内单位应按照个人所得税法及其实施条例规定预扣预缴税款。

居民个人被派出单位派往境外工作，取得的工资薪金所得或者劳务报酬所得，由境外单位支付或负担的，如果境外单位为境外任职、受雇的中方机构（以下称中方机构）的，可以由境外任职、受雇的中方机构预扣税款，并委托派出单位向主管税务机关申报纳税。中方机构未预扣税款的或者境外单位不是中方机构的，派出单位应当于次年2月28日前向其主管税务机关报送外派人员情况，包括：外派人员的姓名、身份证件类型及身份证件号码、职务、派往国家和地区、境外工作单位名称和地址、派遣期限、境内外收入及缴税情况等。

中方机构包括中国境内企业、事业单位、其他经济组织以及国家机关所属的境外分支机构、子公司、使（领）馆、代表处等。

十二、居民个人取得来源于境外的所得或者实际已经在境外缴纳的所得税税额为人民币以外货币，应当按照《中华人民共和国个人所得税法实施条例》第三十二条折合计算。

十三、纳税人和扣缴义务人未按本公告规定申报缴纳、扣缴境外所得个人所得税以及报送资料的，按照《中华人民共和国税收征收管理法》和个人所得税法及其实施条例等有关规定处理，并按规定纳入个人纳税信用管理。

十四、本公告适用于2019年度及以后年度税收处理事宜。以前年度尚未抵免完毕的税额，可按本公告第六条规定处理。下列文件或文件条款同时废止：

1.《财政部 国家税务总局关于个人股票期权所得征收个人所得税问题的通知》（财税〔2005〕35号）第三条

2.《国家税务总局关于境外所得征收个人所得税若干问题的通知》（国税发〔1994〕44号）

3.《国家税务总局关于企业和个人的外币收入如何折合成人民币计算缴纳税款问题的通

知》（国税发〔1995〕173号）

特此公告。

财政部　税务总局
2020年1月17日

财政部　税务总局　证监会关于交易型开放式基金纳入内地与香港股票市场交易互联互通机制后适用税收政策问题的公告

（财政部　税务总局　证监会公告2022年第24号）

现将交易型开放式基金（ETF）纳入内地与香港股票市场交易互联互通机制后适用有关税收政策问题明确如下：

一、交易型开放式基金（ETF）纳入内地与香港股票市场交易互联互通机制后，适用现行内地与香港基金互认有关税收政策。具体按照《财政部　国家税务总局　证监会关于内地与香港基金互认有关税收政策的通知》（财税〔2015〕125号）、《财政部　国家税务总局关于全面推开营业税改征增值税试点的通知》（财税〔2016〕36号）、《财政部　税务总局、证监会关于继续执行沪港、深港股票市场交易互联互通机制和内地与香港基金互认有关个人所得税政策的公告》（财政部　税务总局　证监会公告2019年第93号）等相关规定执行。

二、中国证券登记结算有限责任公司负责代扣代缴内地投资者从香港基金分配取得收益的个人所得税。

特此公告。

财政部　税务总局　证监会
2022年6月30日

财政部　税务总局关于法律援助补贴有关税收政策的公告

（财政部　税务总局公告2022年第25号）

为贯彻落实《中华人民共和国法律援助法》有关规定，现就法律援助补贴有关税收政策公告如下：

一、对法律援助人员按照《中华人民共和国法律援助法》规定获得的法律援助补贴，免征增值税和个人所得税。

二、法律援助机构向法律援助人员支付法律援助补贴时，应当为获得补贴的法律援助人员办理个人所得税劳务报酬所得免税申报。

三、司法行政部门与税务部门建立信息共享机制，每一年度个人所得税综合所得汇算清缴开始前，交换法律援助补贴获得人员的涉税信息。

四、本公告所称法律援助机构是指按照《中华人民共和国法律援助法》第十二条规定设立的法律援助机构。群团组织参照《中华人民共和国法律援助法》第六十八条规定开展法律援助工作的，按照本公告规定为法律援助人员办理免税申报，并将法律援助补贴获得人员的相关信息报送司法行政部门。

五、本公告自2022年1月1日起施行。按照本公告应予免征的增值税，在本公告下发前已征收的，已征增值税可抵减纳税人以后纳税期应缴纳税款或予以退还，纳税人如果已经向购买方开具了增值税专用发票，在将专用发票追回后申请办理免税；按照本公告应予免征的个人所得税，在本公告下发前已征收的，由扣缴单位依法申请退税。

特此公告。

财政部　税务总局
2022年8月5日

财政部　税务总局关于支持居民换购住房有关个人所得税政策的公告

（财政部　税务总局公告2022年第30号）

为支持居民改善住房条件，现就有关个人所得税政策公告如下：

一、自2022年10月1日至2023年12月31日，对出售自有住房并在现住房出售后1年内在市场重新购买住房的纳税人，对其出售现住房已缴纳的个人所得税予以退税优惠。其中，新购住房金额大于或等于现住房转让金额的，全部退还已缴纳的个人所得税；新购住房金额小于现住房转让金额的，按新购住房金额占现住房转让金额的比例退还出售现住房已缴纳的个人所得税。

二、本公告所称现住房转让金额为该房屋转让的市场成交价格。新购住房为新房的，购房金额为纳税人在住房城乡建设部门网签备案的购房合同中注明的成交价格；新购住房为二手房的，购房金额为房屋的成交价格。

三、享受本公告规定优惠政策的纳税人须同时满足以下条件：

1.纳税人出售和重新购买的住房应在同一城市范围内。同一城市范围是指同一直辖市、副省级城市、地级市（地区、州、盟）所辖全部行政区划范围。

2.出售自有住房的纳税人与新购住房之间须直接相关，应为新购住房产权人或产权人之一。

四、符合退税优惠政策条件的纳税人应向主管税务机关提供合法、有效的售房、购房合同和主管税务机关要求提供的其他有关材料，经主管税务机关审核后办理退税。

五、各级住房城乡建设部门应与税务部门建立信息共享机制，将本地区房屋交易合同网签备案等信息（含撤销备案信息）实时共享至当地税务部门；暂未实现信息实时共享的地区，要建立健全工作机制，确保税务部门及时获取审核退税所需的房屋交易合同备案信息。

六、本公告执行期限为2022年10月1日至2023年12月31日。

特此公告。

财政部　税务总局
2022 年 9 月 30 日

国家税务总局关于支持居民换购住房个人所得税政策有关征管事项的公告

（国家税务总局公告 2022 年第 21 号）

为支持居民改善住房条件，根据《财政部　税务总局关于支持居民换购住房有关个人所得税政策的公告》（2022 年第 30 号）规定，现将有关征管事项公告如下：

一、在 2022 年 10 月 1 日至 2023 年 12 月 31 日期间，纳税人出售自有住房并在现住房出售后 1 年内，在同一城市重新购买住房的，可按规定申请退还其出售现住房已缴纳的个人所得税。

纳税人换购住房个人所得税退税额的计算公式为：

新购住房金额大于或等于现住房转让金额的，退税金额 = 现住房转让时缴纳的个人所得税；

新购住房金额小于现住房转让金额的，退税金额 =（新购住房金额 ÷ 现住房转让金额）× 现住房转让时缴纳的个人所得税。

现住房转让金额和新购住房金额与核定计税价格不一致的，以核定计税价格为准。

现住房转让金额和新购住房金额均不含增值税。

二、对于出售多人共有住房或新购住房为多人共有的，应按照纳税人所占产权份额确定该纳税人现住房转让金额或新购住房金额。

三、出售现住房的时间，以纳税人出售住房时个人所得税完税时间为准。新购住房为二手房的，购买住房时间以纳税人购房时契税的完税时间或不动产权证载明的登记时间为准；新购住房为新房的，购买住房时间以在住房城乡建设部门办理房屋交易合同备案的时间为准。

四、纳税人申请享受居民换购住房个人所得税退税政策的，应当依法缴纳现住房转让时涉及的个人所得税，并完成不动产权属变更登记；新购住房为二手房的，应当依法缴纳契税并完成不动产权属变更登记；新购住房为新房的，应当按照当地住房城乡建设部门要求完成房屋交易合同备案。

五、纳税人享受居民换购住房个人所得税退税政策的，应当向征收现住房转让所得个人所得税的主管税务机关提出申请，填报《居民换购住房个人所得税退税申请表》（详见附件），并应提供下列资料：

（一）纳税人身份证件；

（二）现住房的房屋交易合同；

（三）新购住房为二手房的，提供房屋交易合同、不动产权证书及其复印件；

（四）新购住房为新房的，提供经住房城乡建设部门备案（网签）的房屋交易合同及其复印件。

税务机关依托纳税人出售现住房和新购住房的完税信息，为纳税人提供申请表项目预填服务，并留存不动产权证书复印件和新购新房的房屋交易合同复印件；纳税人核对确认申请表后提交退税申请。

六、税务机关运用住房城乡建设部门共享的房屋交易合同备案等信息开展退税审核。经审核符合退税条件的，按照规定办理退税；经审核不符合退税条件的，依法不予退税。

七、纳税人因新购住房的房屋交易合同解除、撤销或无效等原因导致不再符合退税政策享受条件的，应当在合同解除、撤销或无效等情形发生的次月15日内向主管税务机关主动缴回已退税款。

纳税人符合本条第一款规定情形但未按规定缴回已退税款，以及不符合本公告规定条件骗取退税的，税务机关将依照《中华人民共和国税收征收管理法》及其实施细则等有关规定处理。

八、各级税务机关要开展宣传引导，加强政策解读和纳税辅导，持续优化办理流程，开展提示提醒，便利纳税人享受税收优惠。

九、本公告执行期限为2022年10月1日至2023年12月31日。

特此公告。

附件：居民换购住房个人所得税退税申请表（略）

国家税务总局
2022年9月30日

财政部 税务总局关于个人养老金有关个人所得税政策的公告

（财政部 税务总局公告2022年第34号）

为贯彻落实《国务院办公厅关于推动个人养老金发展的意见》（国办发〔2022〕7号）有关要求，现就个人养老金有关个人所得税政策公告如下：

一、自2022年1月1日起，对个人养老金实施递延纳税优惠政策。在缴费环节，个人向个人养老金资金账户的缴费，按照12 000元/年的限额标准，在综合所得或经营所得中据实扣除；在投资环节，计入个人养老金资金账户的投资收益暂不征收个人所得税；在领取环节，个人领取的个人养老金，不并入综合所得，单独按照3%的税率计算缴纳个人所得税，其缴纳的税款计入"工资、薪金所得"项目。

二、个人缴费享受税前扣除优惠时，以个人养老金信息管理服务平台出具的扣除凭证为扣税凭据。取得工资薪金所得、按累计预扣法预扣预缴个人所得税劳务报酬所得的，其缴费可以选择在当年预扣预缴或次年汇算清缴时在限额标准内据实扣除。选择在当年预扣预缴的，应及时将相关凭证提供给扣缴单位。扣缴单位应按照本公告有关要求，为纳税人办理税前扣除有关事项。取得其他劳务报酬、稿酬、特许权使用费等所得或经营所得的，其缴费在次年汇算清缴时在限额标准内据实扣除。个人按规定领取个人养老金时，由开立个人养老金资金账户所在市的商业银行机构代扣代缴其应缴的个人所得税。

三、人力资源社会保障部门与税务部门应建立信息交换机制，通过个人养老金信息管理服务平台将个人养老金涉税信息交换至税务部门，并配合税务部门做好相关税收征管工作。

四、商业银行有关分支机构应及时对在该行开立个人养老金资金账户纳税人的纳税情况进行全员全额明细申报，保证信息真实准确。

五、各级财政、人力资源社会保障、税务、金融监管等部门应密切配合，认真做好组织落实，对本公告实施过程中遇到的困难和问题，及时向上级主管部门反映。

六、本公告规定的税收政策自 2022 年 1 月 1 日起在个人养老金先行城市实施。

个人养老金先行城市名单由人力资源社会保障部会同财政部、税务总局另行发布。上海市、福建省、苏州工业园区等已实施个人税收递延型商业养老保险试点的地区，自 2022 年 1 月 1 日起统一按照本公告规定的税收政策执行。

特此公告。

财政部　税务总局
2022 年 11 月 3 日

第三部分　烟叶税制度

中华人民共和国烟叶税法

（2017年12月27日第十二届全国人民代表大会常务委员会第三十一次会议通过）

第一条　在中华人民共和国境内，依照《中华人民共和国烟草专卖法》的规定收购烟叶的单位为烟叶税的纳税人。纳税人应当依照本法规定缴纳烟叶税。

第二条　本法所称烟叶，是指烤烟叶、晾晒烟叶。

第三条　烟叶税的计税依据为纳税人收购烟叶实际支付的价款总额。

第四条　烟叶税的税率为百分之二十。

第五条　烟叶税的应纳税额按照纳税人收购烟叶实际支付的价款总额乘以税率计算。

第六条　烟叶税由税务机关依照本法和《中华人民共和国税收征收管理法》的有关规定征收管理。

第七条　纳税人应当向烟叶收购地的主管税务机关申报缴纳烟叶税。

第八条　烟叶税的纳税义务发生时间为纳税人收购烟叶的当日。

第九条　烟叶税按月计征，纳税人应当于纳税义务发生月终了之日起十五日内申报并缴纳税款。

第十条　本法自2018年7月1日起施行。2006年4月28日国务院公布的《中华人民共和国烟叶税暂行条例》同时废止。

财政部　国家税务总局关于明确烟叶税计税依据的通知

（财税〔2018〕75号）

各省、自治区、直辖市、计划单列市财政厅（局），国家税务总局各省、自治区、直辖市、计划单列市税务局，新疆生产建设兵团财政局：

为保证《中华人民共和国烟叶税法》有效实施，经国务院同意，现就烟叶税计税依据通知如下：

纳税人收购烟叶实际支付的价款总额包括纳税人支付给烟叶生产销售单位和个人的烟叶收购价款和价外补贴。其中，价外补贴统一按烟叶收购价款的10%计算。

请遵照执行。

财政部　税务总局
2018年6月29日

第二编
货物与劳务税法律制度

第一部分 增值税制度

中华人民共和国增值税暂行条例

（1993年12月13日中华人民共和国国务院令第134号公布 2008年11月5日国务院第34次常务会议修订通过 根据2016年2月6日《国务院关于修改部分行政法规的决定》第一次修订 根据2017年11月19日《国务院关于废止〈中华人民共和国营业税暂行条例〉和修改〈中华人民共和国增值税暂行条例〉的决定》第二次修订）

第一条 在中华人民共和国境内销售货物或者加工、修理修配劳务（以下简称劳务），销售服务、无形资产、不动产以及进口货物的单位和个人，为增值税的纳税人，应当依照本条例缴纳增值税。

第二条 增值税税率：

（一）纳税人销售货物、劳务、有形动产租赁服务或者进口货物，除本条第二项、第四项、第五项另有规定外，税率为17%。

（二）纳税人销售交通运输、邮政、基础电信、建筑、不动产租赁服务，销售不动产，转让土地使用权，销售或者进口下列货物，税率为11%：

1. 粮食等农产品、食用植物油、食用盐；
2. 自来水、暖气、冷气、热水、煤气、石油液化气、天然气、二甲醚、沼气、居民用煤炭制品；
3. 图书、报纸、杂志、音像制品、电子出版物；
4. 饲料、化肥、农药、农机、农膜；
5. 国务院规定的其他货物。

（三）纳税人销售服务、无形资产，除本条第一项、第二项、第五项另有规定外，税率为6%。

（四）纳税人出口货物，税率为零；但是，国务院另有规定的除外。

（五）境内单位和个人跨境销售国务院规定范围内的服务、无形资产，税率为零。

税率的调整，由国务院决定。

第三条 纳税人兼营不同税率的项目，应当分别核算不同税率项目的销售额；未分别核算销售额的，从高适用税率。

第四条 除本条例第十一条规定外，纳税人销售货物、劳务、服务、无形资产、不动产（以下统称应税销售行为），应纳税额为当期销项税额抵扣当期进项税额后的余额。应纳税额计算公式：

应纳税额 = 当期销项税额 − 当期进项税额

当期销项税额小于当期进项税额不足抵扣时,其不足部分可以结转下期继续抵扣。

第五条 纳税人发生应税销售行为,按照销售额和本条例第二条规定的税率计算收取的增值税额,为销项税额。销项税额计算公式:

销项税额 = 销售额 × 税率

第六条 销售额为纳税人发生应税销售行为收取的全部价款和价外费用,但是不包括收取的销项税额。

销售额以人民币计算。纳税人以人民币以外的货币结算销售额的,应当折合成人民币计算。

第七条 纳税人发生应税销售行为的价格明显偏低并无正当理由的,由主管税务机关核定其销售额。

第八条 纳税人购进货物、劳务、服务、无形资产、不动产支付或者负担的增值税额,为进项税额。

下列进项税额准予从销项税额中抵扣:

(一)从销售方取得的增值税专用发票上注明的增值税额。

(二)从海关取得的海关进口增值税专用缴款书上注明的增值税额。

(三)购进农产品,除取得增值税专用发票或者海关进口增值税专用缴款书外,按照农产品收购发票或者销售发票上注明的农产品买价和11%的扣除率计算的进项税额,国务院另有规定的除外。进项税额计算公式:

进项税额 = 买价 × 扣除率

(四)自境外单位或者个人购进劳务、服务、无形资产或者境内的不动产,从税务机关或者扣缴义务人取得的代扣代缴税款的完税凭证上注明的增值税额。

准予抵扣的项目和扣除率的调整,由国务院决定。

第九条 纳税人购进货物、劳务、服务、无形资产、不动产,取得的增值税扣税凭证不符合法律、行政法规或者国务院税务主管部门有关规定的,其进项税额不得从销项税额中抵扣。

第十条 下列项目的进项税额不得从销项税额中抵扣:

(一)用于简易计税方法计税项目、免征增值税项目、集体福利或者个人消费的购进货物、劳务、服务、无形资产和不动产;

(二)非正常损失的购进货物,以及相关的劳务和交通运输服务;

(三)非正常损失的在产品、产成品所耗用的购进货物(不包括固定资产)、劳务和交通运输服务;

(四)国务院规定的其他项目。

第十一条 小规模纳税人发生应税销售行为,实行按照销售额和征收率计算应纳税额的简易办法,并不得抵扣进项税额。应纳税额计算公式:

应纳税额 = 销售额 × 征收率

小规模纳税人的标准由国务院财政、税务主管部门规定。

第十二条 小规模纳税人增值税征收率为3%,国务院另有规定的除外。

第十三条 小规模纳税人以外的纳税人应当向主管税务机关办理登记。具体登记办法由国务院税务主管部门制定。

小规模纳税人会计核算健全,能够提供准确税务资料的,可以向主管税务机关办理登记,不作为小规模纳税人,依照本条例有关规定计算应纳税额。

第十四条 纳税人进口货物,按照组成计税价格和本条例第二条规定的税率计算应纳税额。组成计税价格和应纳税额计算公式:

组成计税价格＝关税完税价格＋关税＋消费税

应纳税额＝组成计税价格 × 税率

第十五条 下列项目免征增值税:

(一)农业生产者销售的自产农产品;

(二)避孕药品和用具;

(三)古旧图书;

(四)直接用于科学研究、科学试验和教学的进口仪器、设备;

(五)外国政府、国际组织无偿援助的进口物资和设备;

(六)由残疾人的组织直接进口供残疾人专用的物品;

(七)销售的自己使用过的物品。

除前款规定外,增值税的免税、减税项目由国务院规定。任何地区、部门均不得规定免税、减税项目。

第十六条 纳税人兼营免税、减税项目的,应当分别核算免税、减税项目的销售额;未分别核算销售额的,不得免税、减税。

第十七条 纳税人销售额未达到国务院财政、税务主管部门规定的增值税起征点的,免征增值税;达到起征点的,依照本条例规定全额计算缴纳增值税。

第十八条 中华人民共和国境外的单位或者个人在境内销售劳务,在境内未设有经营机构的,以其境内代理人为扣缴义务人;在境内没有代理人的,以购买方为扣缴义务人。

第十九条 增值税纳税义务发生时间:

(一)发生应税销售行为,为收讫销售款项或者取得索取销售款项凭据的当天;先开具发票的,为开具发票的当天。

(二)进口货物,为报关进口的当天。

增值税扣缴义务发生时间为纳税人增值税纳税义务发生的当天。

第二十条 增值税由税务机关征收,进口货物的增值税由海关代征。

个人携带或者邮寄进境自用物品的增值税,连同关税一并计征。具体办法由国务院关税税则委员会会同有关部门制定。

第二十一条 纳税人发生应税销售行为,应当向索取增值税专用发票的购买方开具增值税专用发票,并在增值税专用发票上分别注明销售额和销项税额。

属于下列情形之一的,不得开具增值税专用发票:

(一)应税销售行为的购买方为消费者个人的;

(二)发生应税销售行为适用免税规定的。

第二十二条 增值税纳税地点:

(一)固定业户应当向其机构所在地的主管税务机关申报纳税。总机构和分支机构不在同一县(市)的,应当分别向各自所在地的主管税务机关申报纳税;经国务院财政、税务主管部门或者其授权的财政、税务机关批准,可以由总机构汇总向总机构所在地的主管税务机关申报纳税。

(二)固定业户到外县(市)销售货物或者劳务,应当向其机构所在地的主管税务机关报告外出经营事项,并向其机构所在地的主管税务机关申报纳税;未报告的,应当向销售地或者劳务发生地的主管税务机关申报纳税;未向销售地或者劳务发生地的主管税务机关申报纳税的,由其机构所在地的主管税务机关补征税款。

(三)非固定业户销售货物或者劳务,应当向销售地或者劳务发生地的主管税务机关申报纳税;未向销售地或者劳务发生地的主管税务机关申报纳税的,由其机构所在地或者居住地的主管税务机关补征税款。

(四)进口货物,应当向报关地海关申报纳税。

扣缴义务人应当向其机构所在地或者居住地的主管税务机关申报缴纳其扣缴的税款。

第二十三条 增值税的纳税期限分别为1日、3日、5日、10日、15日、1个月或者1个季度。纳税人的具体纳税期限,由主管税务机关根据纳税人应纳税额的大小分别核定;不能按照固定期限纳税的,可以按次纳税。

纳税人以1个月或者1个季度为1个纳税期的,自期满之日起15日内申报纳税;以1日、3日、5日、10日或者15日为1个纳税期的,自期满之日起5日内预缴税款,于次月1日起15日内申报纳税并结清上月应纳税款。

扣缴义务人解缴税款的期限,依照前两款规定执行。

第二十四条 纳税人进口货物,应当自海关填发海关进口增值税专用缴款书之日起15日内缴纳税款。

第二十五条 纳税人出口货物适用退(免)税规定的,应当向海关办理出口手续,凭出口报关单等有关凭证,在规定的出口退(免)税申报期内按月向主管税务机关申报办理该项出口货物的退(免)税;境内单位和个人跨境销售服务和无形资产适用退(免)税规定的,应当按期向主管税务机关申报办理退(免)税。具体办法由国务院财政、税务主管部门制定。

出口货物办理退税后发生退货或者退关的,纳税人应当依法补缴已退的税款。

第二十六条 增值税的征收管理,依照《中华人民共和国税收征收管理法》及本条例有关规定执行。

第二十七条 纳税人缴纳增值税的有关事项,国务院或者国务院财政、税务主管部门经国务院同意另有规定的,依照其规定。

第二十八条 本条例自2009年1月1日起施行。

全国人民代表大会常务委员会关于外商投资企业和外国企业适用增值税、消费税、营业税等税收暂行条例的决定

(1993年12月29日第八届全国人民代表大会常务委员会第五次会议通过)

第八届全国人民代表大会常务委员会第五次会议审议了国务院关于提请审议外商投资企业和外国企业适用增值税、消费税、营业税等税收暂行条例的议案,为了统一税制,公平税负,改善我国的投资环境,适应建立和发展社会主义市场经济的需要,特作如下决定:

一、在有关税收法律制定以前,外商投资企业和外国企业自1994年1月1日起适用国务院发布的增值税暂行条例、消费税暂行条例和营业税暂行条例。1958年9月11日全国人民代表大会常务委员会第一百零一次会议原则通过、1958年9月13日国务院公布试行的《中华人民共和国工商统一税条例(草案)》同时废止。

中外合作开采海洋石油、天然气，按实物征收增值税，其税率和征收办法由国务院另行规定。

二、1993年12月31日前已批准设立的外商投资企业，由于依照本决定第一条的规定改征增值税、消费税、营业税而增加税负的，经企业申请，税务机关批准，在已批准的经营期限内，最长不超过五年，退还其因税负增加而多缴纳的税款；没有经营期限的，经企业申请，税务机关批准，在最长不超过五年的期限内，退还其因税负增加而多缴纳的税款。具体办法由国务院规定。

三、除增值税、消费税、营业税外，其他税种对外商投资企业和外国企业的适用，法律有规定的，依照法律的规定执行；法律未作规定的，依照国务院的规定执行。

本决定所称外商投资企业，是指在中国境内设立的中外合资经营企业、中外合作经营企业和外资企业。

本决定所称外国企业，是指在中国境内设立机构、场所，从事生产、经营和虽未设立机构、场所，而有来源于中国境内所得的外国公司、企业和其他经济组织。

本决定自公布之日起施行。

国务院关于外商投资企业和外国企业适用增值税、消费税、营业税等税收暂行条例有关问题的通知

（国发〔1994〕第10号）

各省、自治区、直辖市人民政府，国务院各部委、各直属机构：

根据第八届全国人民代表大会常务委员会第五次会议审议通过的《全国人民代表大会常务委员会关于外商投资企业和外国企业适用增值税、消费税、营业税等税收暂行条例的决定》（以下简称《决定》），现对外商投资企业和外国企业适用税种等有关问题通知如下：

一、关于外商投资企业和外国企业适用税种问题

根据《决定》的规定，外商投资企业和外国企业除适用《中华人民共和国增值税暂行条例》、《中华人民共和国消费税暂行条例》、《中华人民共和国营业税暂行条例》和《中华人民共和国外商投资企业和外国企业所得税法》外，还应适用以下暂行条例：

（一）国务院1993年12月13日发布的《中华人民共和国土地增值税暂行条例》；

（二）国务院1993年12月25日发布的《中华人民共和国资源税暂行条例》；

（三）国务院1988年8月6日发布的《中华人民共和国印花税暂行条例》；

（四）中央人民政府政务院1950年12月19日发布的《屠宰税暂行条例》；

（五）中央人民政府政务院1951年8月8日发布的《城市房地产税暂行条例》；

（六）中央人民政府政务院1951年9月13日发布的《车船使用牌照税暂行条例》；

（七）中央人民政府政务院1950年4月3日发布的《契税暂行条例》。

在税制改革中，国务院还将陆续修订和制定新的税收暂行条例，外商投资企业和外国企业应相应依照有关条例规定执行。

二、关于外商投资企业改征增值税、消费税、营业税后增加的税负处理问题

（一）1993年12月31日前已批准设立的外商投资企业，由于改征增值税、消费税、营

业税增加税负的，由企业提出申请，税务机关审核批准，在已批准的经营期限内，准予退还因税负增加而多缴纳的税款，但最长不得超过5年；没有经营期限的，经企业申请，税务机关批准，在最长不超过5年的期限内，退还上述多缴纳的税款。

（二）外商投资企业既缴纳增值税，又缴纳消费税的，所缴税款超过原税负的部分，按所缴增值税和消费税的比例，分别退还增值税和消费税。

（三）外商投资企业生产的产品直接出口或销售给出口企业出口的，按照《中华人民共和国增值税暂行条例》的规定，凭出口报关单和已纳税凭证，一次办理退税。

（四）外商投资企业因税负增加而申请的退税，原则上在年终后一次办理；对税负增加较多的，可按季申请预退，年度终了后清算。

（五）增值税、消费税的退税事宜由国家税务局系统负责办理，各级国库要认真审核，严格把关。退税数额的计算、退税的申请及批准程序等，由国家税务总局另行制定。

（六）营业税的退税问题，由省、自治区、直辖市人民政府规定。

三、关于中外合作开采石油资源的税收问题

中外合作油（气）田开采的原油、天然气按实物征收增值税，征收率为5%，并按现行规定征收矿区使用费，暂不征收资源税。在计征增值税时，不抵扣进项税额。原油、天然气出口时不予退税。

中国海洋石油总公司海上自营油田比照上述规定执行。

本通知自1994年1月1日起施行。

中华人民共和国增值税暂行条例实施细则

（2008年12月18日财政部 国家税务总局令第50号发布 根据2011年10月28日《关于修改〈中华人民共和国增值税暂行条例实施细则〉和〈中华人民共和国营业税暂行条例实施细则〉的决定》修订并以财政部令第65号发布）

第一条 根据《中华人民共和国增值税暂行条例》（以下简称条例），制定本细则。

第二条 条例第一条所称货物，是指有形动产，包括电力、热力、气体在内。

条例第一条所称加工，是指受托加工货物，即委托方提供原料及主要材料，受托方按照委托方的要求，制造货物并收取加工费的业务。

条例第一条所称修理修配，是指受托对损伤和丧失功能的货物进行修复，使其恢复原状和功能的业务。

第三条 条例第一条所称销售货物，是指有偿转让货物的所有权。

条例第一条所称提供加工、修理修配劳务（以下称应税劳务），是指有偿提供加工、修理修配劳务。单位或者个体工商户聘用的员工为本单位或者雇主提供加工、修理修配劳务，不包括在内。

本细则所称有偿，是指从购买方取得货币、货物或者其他经济利益。

第四条 单位或者个体工商户的下列行为，视同销售货物：

（一）将货物交付其他单位或者个人代销；

（二）销售代销货物；

（三）设有两个以上机构并实行统一核算的纳税人，将货物从一个机构移送其他机构用于销售，但相关机构设在同一县（市）的除外；

（四）将自产或者委托加工的货物用于非增值税应税项目；

（五）将自产、委托加工的货物用于集体福利或者个人消费；

（六）将自产、委托加工或者购进的货物作为投资，提供给其他单位或者个体工商户；

（七）将自产、委托加工或者购进的货物分配给股东或者投资者；

（八）将自产、委托加工或者购进的货物无偿赠送其他单位或者个人。

第五条　一项销售行为如果既涉及货物又涉及非增值税应税劳务，为混合销售行为。除本细则第六条的规定外，从事货物的生产、批发或者零售的企业、企业性单位和个体工商户的混合销售行为，视为销售货物，应当缴纳增值税；其他单位和个人的混合销售行为，视为销售非增值税应税劳务，不缴纳增值税。

本条第一款所称非增值税应税劳务，是指属于应缴营业税的交通运输业、建筑业、金融保险业、邮电通信业、文化体育业、娱乐业、服务业税目征收范围的劳务。

本条第一款所称从事货物的生产、批发或者零售的企业、企业性单位和个体工商户，包括以从事货物的生产、批发或者零售为主，并兼营非增值税应税劳务的单位和个体工商户在内。

第六条　纳税人的下列混合销售行为，应当分别核算货物的销售额和非增值税应税劳务的营业额，并根据其销售货物的销售额计算缴纳增值税，非增值税应税劳务的营业额不缴纳增值税；未分别核算的，由主管税务机关核定其货物的销售额：

（一）销售自产货物并同时提供建筑业劳务的行为；

（二）财政部、国家税务总局规定的其他情形。

第七条　纳税人兼营非增值税应税项目的，应分别核算货物或者应税劳务的销售额和非增值税应税项目的营业额；未分别核算的，由主管税务机关核定货物或者应税劳务的销售额。

第八条　条例第一条所称在中华人民共和国境内（以下简称境内）销售货物或者提供加工、修理修配劳务，是指：

（一）销售货物的起运地或者所在地在境内；

（二）提供的应税劳务发生在境内。

第九条　条例第一条所称单位，是指企业、行政单位、事业单位、军事单位、社会团体及其他单位。

条例第一条所称个人，是指个体工商户和其他个人。

第十条　单位租赁或者承包给其他单位或者个人经营的，以承租人或者承包人为纳税人。

第十一条　小规模纳税人以外的纳税人（以下称一般纳税人）因销售货物退回或者折让而退还给购买方的增值税额，应从发生销售货物退回或者折让当期的销项税额中扣减；因购进货物退出或者折让而收回的增值税额，应从发生购进货物退出或者折让当期的进项税额中扣减。

一般纳税人销售货物或者应税劳务，开具增值税专用发票后，发生销售货物退回或者折让、开票有误等情形，应按国家税务总局的规定开具红字增值税专用发票。未按规定开具红字增值税专用发票的，增值税额不得从销项税额中扣减。

第十二条　条例第六条第一款所称价外费用，包括价外向购买方收取的手续费、补贴、基金、集资费、返还利润、奖励费、违约金、滞纳金、延期付款利息、赔偿金、代收款项、代垫款项、包装费、包装物租金、储备费、优质费、运输装卸费以及其他各种性质的价外收费。但下列项目不包括在内：

（一）受托加工应征消费税的消费品所代收代缴的消费税。

（二）同时符合以下条件的代垫运输费用：

1. 承运部门的运输费用发票开具给购买方的；

2. 纳税人将该项发票转交给购买方的。

（三）同时符合以下条件代为收取的政府性基金或者行政事业性收费：

1. 由国务院或者财政部批准设立的政府性基金，由国务院或者省级人民政府及其财政、价格主管部门批准设立的行政事业性收费；

2. 收取时开具省级以上财政部门印制的财政票据；

3. 所收款项全额上缴财政。

（四）销售货物的同时代办保险等而向购买方收取的保险费，以及向购买方收取的代购买方缴纳的车辆购置税、车辆牌照费。

第十三条 混合销售行为依照本细则第五条规定应当缴纳增值税的，其销售额为货物的销售额与非增值税应税劳务营业额的合计。

第十四条 一般纳税人销售货物或者应税劳务，采用销售额和销项税额合并定价方法的，按下列公式计算销售额：

销售额 = 含税销售额 ÷（1+ 税率）

第十五条 纳税人按人民币以外的货币结算销售额的，其销售额的人民币折合率可以选择销售额发生的当天或者当月 1 日的人民币汇率中间价。纳税人应在事先确定采用何种折合率，确定后 1 年内不得变更。

第十六条 纳税人有条例第七条所称价格明显偏低并无正当理由或者有本细则第四条所列视同销售货物行为而无销售额者，按下列顺序确定销售额：

（一）按纳税人最近时期同类货物的平均销售价格确定。

（二）按其他纳税人最近时期同类货物的平均销售价格确定。

（三）按组成计税价格确定。组成计税价格的公式为：

组成计税价格 = 成本 ×（1+ 成本利润率）

属于应征消费税的货物，其组成计税价格中应加计消费税额。

公式中的成本是指：销售自产货物的为实际生产成本，销售外购货物的为实际采购成本。公式中的成本利润率由国家税务总局确定。

第十七条 条例第八条第二款第（三）项所称买价，包括纳税人购进农产品在农产品收购发票或者销售发票上注明的价款和按规定缴纳的烟叶税。

第十八条 条例第八条第二款第（四）项所称运输费用金额，是指运输费用结算单据上注明的运输费用（包括铁路临管线及铁路专线运输费用）、建设基金，不包括装卸费、保险费等其他杂费。

第十九条 条例第九条所称增值税扣税凭证，是指增值税专用发票、海关进口增值税专用缴款书、农产品收购发票和农产品销售发票以及运输费用结算单据。

第二十条 混合销售行为依照本细则第五条规定应当缴纳增值税的，该混合销售行为所涉及的非增值税应税劳务所用购进货物的进项税额，符合条例第八条规定的，准予从销项税额中抵扣。

第二十一条 条例第十条第（一）项所称购进货物，不包括既用于增值税应税项目（不含免征增值税项目）也用于非增值税应税项目、免征增值税（以下简称免税）项目、集体福利或者个人消费的固定资产。

前款所称固定资产，是指使用期限超过 12 个月的机器、机械、运输工具以及其他与生产经营有关的设备、工具、器具等。

第二十二条 条例第十条第（一）项所称个人消费包括纳税人的交际应酬消费。

第二十三条 条例第十条第（一）项和本细则所称非增值税应税项目，是指提供非增值税应税劳务、转让无形资产、销售不动产和不动产在建工程。

前款所称不动产是指不能移动或者移动后会引起性质、形状改变的财产，包括建筑物、构筑物和其他土地附着物。

纳税人新建、改建、扩建、修缮、装饰不动产，均属于不动产在建工程。

第二十四条 条例第十条第（二）项所称非正常损失，是指因管理不善造成被盗、丢失、霉烂变质的损失。

第二十五条 纳税人自用的应征消费税的摩托车、汽车、游艇，其进项税额不得从销项税额中抵扣。

第二十六条 一般纳税人兼营免税项目或者非增值税应税劳务而无法划分不得抵扣的进项税额的，按下列公式计算不得抵扣的进项税额：

不得抵扣的进项税额 = 当月无法划分的全部进项税额 × 当月免税项目销售额、非增值税应税劳务营业额合计 ÷ 当月全部销售额、营业额合计

第二十七条 已抵扣进项税额的购进货物或者应税劳务，发生条例第十条规定的情形的（免税项目、非增值税应税劳务除外），应当将该项购进货物或者应税劳务的进项税额从当期的进项税额中扣减；无法确定该项进项税额的，按当期实际成本计算应扣减的进项税额。

第二十八条 条例第十一条所称小规模纳税人的标准为：

（一）从事货物生产或者提供应税劳务的纳税人，以及以从事货物生产或者提供应税劳务为主，并兼营货物批发或者零售的纳税人，年应征增值税销售额（以下简称应税销售额）在 50 万元以下（含本数，下同）的；

（二）除本条第一款第（一）项规定以外的纳税人，年应税销售额在 80 万元以下的。

本条第一款所称以从事货物生产或者提供应税劳务为主，是指纳税人的年货物生产或者提供应税劳务的销售额占年应税销售额的比重在 50% 以上。

第二十九条 年应税销售额超过小规模纳税人标准的其他个人按小规模纳税人纳税；非企业性单位、不经常发生应税行为的企业可选择按小规模纳税人纳税。

第三十条 小规模纳税人的销售额不包括其应纳税额。

小规模纳税人销售货物或者应税劳务采用销售额和应纳税额合并定价方法的，按下列公式计算销售额：

销售额 = 含税销售额 ÷ （1+ 征收率）

第三十一条 小规模纳税人因销售货物退回或者折让退还给购买方的销售额，应从发生销售货物退回或者折让当期的销售额中扣减。

第三十二条 条例第十三条和本细则所称会计核算健全，是指能够按照国家统一的会计制度规定设置账簿，根据合法、有效凭证核算。

第三十三条 除国家税务总局另有规定外，纳税人一经认定为一般纳税人后，不得转

为小规模纳税人。

第三十四条 有下列情形之一者,应按销售额依照增值税税率计算应纳税额,不得抵扣进项税额,也不得使用增值税专用发票：

（一）一般纳税人会计核算不健全,或者不能够提供准确税务资料的；

（二）除本细则第二十九条规定外,纳税人销售额超过小规模纳税人标准,未申请办理一般纳税人认定手续的。

第三十五条 条例第十五条规定的部分免税项目的范围,限定如下：

（一）第一款第（一）项所称农业,是指种植业、养殖业、林业、牧业、水产业。

农业生产者,包括从事农业生产的单位和个人。

农产品,是指初级农产品,具体范围由财政部、国家税务总局确定。

（二）第一款第（三）项所称古旧图书,是指向社会收购的古书和旧书。

（三）第一款第（七）项所称自己使用过的物品,是指其他个人自己使用过的物品。

第三十六条 纳税人销售货物或者应税劳务适用免税规定的,可以放弃免税,依照条例的规定缴纳增值税。放弃免税后,36个月内不得再申请免税。

第三十七条 增值税起征点的适用范围限于个人。

增值税起征点的幅度规定如下：

（一）销售货物的,为月销售额5 000-2万元；

（二）销售应税劳务的,为月销售额5 000-2万元；

（三）按次纳税的,为每次（日）销售额300-500元。

前款所称销售额,是指本细则第三十条第一款所称小规模纳税人的销售额。

省、自治区、直辖市财政厅（局）和国家税务局应在规定的幅度内,根据实际情况确定本地区适用的起征点,并报财政部、国家税务总局备案。

第三十八条 条例第十九条第一款第（一）项规定的收讫销售款项或者取得索取销售款项凭据的当天,按销售结算方式的不同,具体为：

（一）采取直接收款方式销售货物,不论货物是否发出,均为收到销售款或者取得索取销售款凭据的当天。

（二）采取托收承付和委托银行收款方式销售货物,为发出货物并办妥托收手续的当天。

（三）采取赊销和分期收款方式销售货物,为书面合同约定的收款日期的当天,无书面合同的或者书面合同没有约定收款日期的,为货物发出的当天。

（四）采取预收货款方式销售货物,为货物发出的当天,但生产销售生产工期超过12个月的大型机械设备、船舶、飞机等货物,为收到预收款或者书面合同约定的收款日期的当天。

（五）委托其他纳税人代销货物,为收到代销单位的代销清单或者收到全部或者部分货款的当天。未收到代销清单及货款的,为发出代销货物满180天的当天。

（六）销售应税劳务,为提供劳务同时收讫销售款或者取得索取销售款的凭据的当天。

（七）纳税人发生本细则第四条第（三）项至第（八）项所列视同销售货物行为,为货物移送的当天。

第三十九条 条例第二十三条以1个季度为纳税期限的规定仅适用于小规模纳税人。小规模纳税人的具体纳税期限,由主管税务机关根据其应纳税额的大小分别核定。

第四十条 本细则自2009年1月1日起施行。

财政部 国家税务总局关于全面推开营业税改征增值税试点的通知

(财税〔2016〕36号)

各省、自治区、直辖市、计划单列市财政厅(局)、国家税务局、地方税务局,新疆生产建设兵团财务局:

经国务院批准,自2016年5月1日起,在全国范围内全面推开营业税改征增值税(以下称营改增)试点,建筑业、房地产业、金融业、生活服务业等全部营业税纳税人,纳入试点范围,由缴纳营业税改为缴纳增值税。现将《营业税改征增值税试点实施办法》《营业税改征增值税试点有关事项的规定》《营业税改征增值税试点过渡政策的规定》和《跨境应税行为适用增值税零税率和免税政策的规定》印发你们,请遵照执行。

本通知附件规定的内容,除另有规定执行时间外,自2016年5月1日起执行。《财政部 国家税务总局关于将铁路运输和邮政业纳入营业税改征增值税试点的通知》(财税〔2013〕106号)、《财政部 国家税务总局关于铁路运输和邮政业营业税改征增值税试点有关政策的补充通知》(财税〔2013〕121号)、《财政部 国家税务总局关于将电信业纳入营业税改征增值税试点的通知》(财税〔2014〕43号)、《财政部 国家税务总局关于国际水路运输增值税零税率政策的补充通知》(财税〔2014〕50号)和《财政部 国家税务总局关于影视等出口服务适用增值税零税率政策的通知》(财税〔2015〕118号),除另有规定的条款外,相应废止。

各地要高度重视营改增试点工作,切实加强试点工作的组织领导,周密安排,明确责任,采取各种有效措施,做好试点前的各项准备以及试点过程中的监测分析和宣传解释等工作,确保改革的平稳、有序、顺利进行。遇到问题请及时向财政部和国家税务总局反映。

附件:1. 营业税改征增值税试点实施办法
2. 营业税改征增值税试点有关事项的规定
3. 营业税改征增值税试点过渡政策的规定
4. 跨境应税行为适用增值税零税率和免税政策的规定

财政部 国家税务总局
2016年3月23日

附件1:

营业税改征增值税试点实施办法

第一章 纳税人和扣缴义务人

第一条 在中华人民共和国境内(以下称境内)销售服务、无形资产或者不动产(以下称应税行为)的单位和个人,为增值税纳税人,应当按照本办法缴纳增值税,不缴纳营业税。

单位，是指企业、行政单位、事业单位、军事单位、社会团体及其他单位。

个人，是指个体工商户和其他个人。

第二条 单位以承包、承租、挂靠方式经营的，承包人、承租人、挂靠人（以下统称承包人）以发包人、出租人、被挂靠人（以下统称发包人）名义对外经营并由发包人承担相关法律责任的，以该发包人为纳税人。否则，以承包人为纳税人。

第三条 纳税人分为一般纳税人和小规模纳税人。

应税行为的年应征增值税销售额（以下称应税销售额）超过财政部和国家税务总局规定标准的纳税人为一般纳税人，未超过规定标准的纳税人为小规模纳税人。

年应税销售额超过规定标准的其他个人不属于一般纳税人。年应税销售额超过规定标准但不经常发生应税行为的单位和个体工商户可选择按照小规模纳税人纳税。

第四条 年应税销售额未超过规定标准的纳税人，会计核算健全，能够提供准确税务资料的，可以向主管税务机关办理一般纳税人资格登记，成为一般纳税人。

会计核算健全，是指能够按照国家统一的会计制度规定设置账簿，根据合法、有效凭证核算。

第五条 符合一般纳税人条件的纳税人应当向主管税务机关办理一般纳税人资格登记。具体登记办法由国家税务总局制定。

除国家税务总局另有规定外，一经登记为一般纳税人后，不得转为小规模纳税人。

第六条 中华人民共和国境外（以下称境外）单位或者个人在境内发生应税行为，在境内未设有经营机构的，以购买方为增值税扣缴义务人。财政部和国家税务总局另有规定的除外。

第七条 两个或者两个以上的纳税人，经财政部和国家税务总局批准可以视为一个纳税人合并纳税。具体办法由财政部和国家税务总局另行制定。

第八条 纳税人应当按照国家统一的会计制度进行增值税会计核算。

第二章 征税范围

第九条 应税行为的具体范围，按照本办法所附的《销售服务、无形资产、不动产注释》执行。

第十条 销售服务、无形资产或者不动产，是指有偿提供服务、有偿转让无形资产或者不动产，但属于下列非经营活动的情形除外：

（一）行政单位收取的同时满足以下条件的政府性基金或者行政事业性收费。

1.由国务院或者财政部批准设立的政府性基金，由国务院或者省级人民政府及其财政、价格主管部门批准设立的行政事业性收费；

2.收取时开具省级以上（含省级）财政部门监（印）制的财政票据；

3.所收款项全额上缴财政。

（二）单位或者个体工商户聘用的员工为本单位或者雇主提供取得工资的服务。

（三）单位或者个体工商户为聘用的员工提供服务。

（四）财政部和国家税务总局规定的其他情形。

第十一条 有偿，是指取得货币、货物或者其他经济利益。

第十二条 在境内销售服务、无形资产或者不动产，是指：

（一）服务（租赁不动产除外）或者无形资产（自然资源使用权除外）的销售方或者购

买方在境内；

（二）所销售或者租赁的不动产在境内；

（三）所销售自然资源使用权的自然资源在境内；

（四）财政部和国家税务总局规定的其他情形。

第十三条 下列情形不属于在境内销售服务或者无形资产：

（一）境外单位或者个人向境内单位或者个人销售完全在境外发生的服务。

（二）境外单位或者个人向境内单位或者个人销售完全在境外使用的无形资产。

（三）境外单位或者个人向境内单位或者个人出租完全在境外使用的有形动产。

（四）财政部和国家税务总局规定的其他情形。

第十四条 下列情形视同销售服务、无形资产或者不动产：

（一）单位或者个体工商户向其他单位或者个人无偿提供服务，但用于公益事业或者以社会公众为对象的除外。

（二）单位或者个人向其他单位或者个人无偿转让无形资产或者不动产，但用于公益事业或者以社会公众为对象的除外。

（三）财政部和国家税务总局规定的其他情形。

第三章 税率和征收率

第十五条 增值税税率：

（一）纳税人发生应税行为，除本条第（二）项、第（三）项、第（四）项规定外，税率为6%。

（二）提供交通运输、邮政、基础电信、建筑、不动产租赁服务，销售不动产，转让土地使用权，税率为11%。

（三）提供有形动产租赁服务，税率为17%。

（四）境内单位和个人发生的跨境应税行为，税率为零。具体范围由财政部和国家税务总局另行规定。

第十六条 增值税征收率为3%，财政部和国家税务总局另有规定的除外。

第四章 应纳税额的计算

第一节 一般性规定

第十七条 增值税的计税方法，包括一般计税方法和简易计税方法。

第十八条 一般纳税人发生应税行为适用一般计税方法计税。

一般纳税人发生财政部和国家税务总局规定的特定应税行为，可以选择适用简易计税方法计税，但一经选择，36个月内不得变更。

第十九条 小规模纳税人发生应税行为适用简易计税方法计税。

第二十条 境外单位或者个人在境内发生应税行为，在境内未设有经营机构的，扣缴义务人按照下列公式计算应扣缴税额：

应扣缴税额 = 购买方支付的价款 ÷（1+税率）× 税率

第二节 一般计税方法

第二十一条 一般计税方法的应纳税额，是指当期销项税额抵扣当期进项税额后的余额。应纳税额计算公式：

应纳税额 = 当期销项税额 − 当期进项税额

当期销项税额小于当期进项税额不足抵扣时,其不足部分可以结转下期继续抵扣。

第二十二条 销项税额,是指纳税人发生应税行为按照销售额和增值税税率计算并收取的增值税额。销项税额计算公式:

销项税额 = 销售额 × 税率

第二十三条 一般计税方法的销售额不包括销项税额,纳税人采用销售额和销项税额合并定价方法的,按照下列公式计算销售额:

销售额 = 含税销售额 ÷ (1+ 税率)

第二十四条 进项税额,是指纳税人购进货物、加工修理修配劳务、服务、无形资产或者不动产,支付或者负担的增值税额。

第二十五条 下列进项税额准予从销项税额中抵扣:

(一)从销售方取得的增值税专用发票(含税控机动车销售统一发票,下同)上注明的增值税额。

(二)从海关取得的海关进口增值税专用缴款书上注明的增值税额。

(三)购进农产品,除取得增值税专用发票或者海关进口增值税专用缴款书外,按照农产品收购发票或者销售发票上注明的农产品买价和13%的扣除率计算的进项税额。计算公式为:

进项税额 = 买价 × 扣除率

买价,是指纳税人购进农产品在农产品收购发票或者销售发票上注明的价款和按照规定缴纳的烟叶税。

购进农产品,按照《农产品增值税进项税额核定扣除试点实施办法》抵扣进项税额的除外。

(四)从境外单位或者个人购进服务、无形资产或者不动产,自税务机关或者扣缴义务人取得的解缴税款的完税凭证上注明的增值税额。

第二十六条 纳税人取得的增值税扣税凭证不符合法律、行政法规或者国家税务总局有关规定的,其进项税额不得从销项税额中抵扣。

增值税扣税凭证,是指增值税专用发票、海关进口增值税专用缴款书、农产品收购发票、农产品销售发票和完税凭证。

纳税人凭完税凭证抵扣进项税额的,应当具备书面合同、付款证明和境外单位的对账单或者发票。资料不全的,其进项税额不得从销项税额中抵扣。

第二十七条 下列项目的进项税额不得从销项税额中抵扣:

(一)用于简易计税方法计税项目、免征增值税项目、集体福利或者个人消费的购进货物、加工修理修配劳务、服务、无形资产和不动产。其中涉及的固定资产、无形资产、不动产,仅指专用于上述项目的固定资产、无形资产(不包括其他权益性无形资产)、不动产。

纳税人的交际应酬消费属于个人消费。

(二)非正常损失的购进货物,以及相关的加工修理修配劳务和交通运输服务。

(三)非正常损失的在产品、产成品所耗用的购进货物(不包括固定资产)、加工修理修配劳务和交通运输服务。

(四)非正常损失的不动产,以及该不动产所耗用的购进货物、设计服务和建筑服务。

(五)非正常损失的不动产在建工程所耗用的购进货物、设计服务和建筑服务。

纳税人新建、改建、扩建、修缮、装饰不动产,均属于不动产在建工程。

（六）购进的旅客运输服务、贷款服务、餐饮服务、居民日常服务和娱乐服务。

（七）财政部和国家税务总局规定的其他情形。

本条第（四）项、第（五）项所称货物，是指构成不动产实体的材料和设备，包括建筑装饰材料和给排水、采暖、卫生、通风、照明、通讯、煤气、消防、中央空调、电梯、电气、智能化楼宇设备及配套设施。

第二十八条 不动产、无形资产的具体范围，按照本办法所附的《销售服务、无形资产或者不动产注释》执行。

固定资产，是指使用期限超过12个月的机器、机械、运输工具以及其他与生产经营有关的设备、工具、器具等有形动产。

非正常损失，是指因管理不善造成货物被盗、丢失、霉烂变质，以及因违反法律法规造成货物或者不动产被依法没收、销毁、拆除的情形。

第二十九条 适用一般计税方法的纳税人，兼营简易计税方法计税项目、免征增值税项目而无法划分不得抵扣的进项税额，按照下列公式计算不得抵扣的进项税额：

不得抵扣的进项税额＝当期无法划分的全部进项税额×（当期简易计税方法计税项目销售额＋免征增值税项目销售额）÷当期全部销售额

主管税务机关可以按照上述公式依据年度数据对不得抵扣的进项税额进行清算。

第三十条 已抵扣进项税额的购进货物（不含固定资产）、劳务、服务，发生本办法第二十七条规定情形（简易计税方法计税项目、免征增值税项目除外）的，应当将该进项税额从当期进项税额中扣减；无法确定该进项税额的，按照当期实际成本计算应扣减的进项税额。

第三十一条 已抵扣进项税额的固定资产、无形资产或者不动产，发生本办法第二十七条规定情形的，按照下列公式计算不得抵扣的进项税额：

不得抵扣的进项税额＝固定资产、无形资产或者不动产净值×适用税率

固定资产、无形资产或者不动产净值，是指纳税人根据财务会计制度计提折旧或摊销后的余额。

第三十二条 纳税人适用一般计税方法计税的，因销售折让、中止或者退回而退还给购买方的增值税额，应当从当期的销项税额中扣减；因销售折让、中止或者退回而收回的增值税额，应当从当期的进项税额中扣减。

第三十三条 有下列情形之一者，应当按照销售额和增值税税率计算应纳税额，不得抵扣进项税额，也不得使用增值税专用发票：

（一）一般纳税人会计核算不健全，或者不能够提供准确税务资料的。

（二）应当办理一般纳税人资格登记而未办理的。

第三节 简易计税方法

第三十四条 简易计税方法的应纳税额，是指按照销售额和增值税征收率计算的增值税额，不得抵扣进项税额。应纳税额计算公式：

应纳税额＝销售额×征收率

第三十五条 简易计税方法的销售额不包括其应纳税额，纳税人采用销售额和应纳税额合并定价方法的，按照下列公式计算销售额：

销售额＝含税销售额÷（1＋征收率）

第三十六条 纳税人适用简易计税方法计税的，因销售折让、中止或者退回而退还给购买方的销售额，应当从当期销售额中扣减。扣减当期销售额后仍有余额造成多缴的税

款，可以从以后的应纳税额中扣减。

第四节 销售额的确定

第三十七条 销售额，是指纳税人发生应税行为取得的全部价款和价外费用，财政部和国家税务总局另有规定的除外。

价外费用，是指价外收取的各种性质的收费，但不包括以下项目：

（一）代为收取并符合本办法第十条规定的政府性基金或者行政事业性收费。

（二）以委托方名义开具发票代委托方收取的款项。

第三十八条 销售额以人民币计算。

纳税人按照人民币以外的货币结算销售额的，应当折合成人民币计算，折合率可以选择销售额发生的当天或者当月1日的人民币汇率中间价。纳税人应当在事先确定采用何种折合率，确定后12个月内不得变更。

第三十九条 纳税人兼营销售货物、劳务、服务、无形资产或者不动产，适用不同税率或者征收率的，应当分别核算适用不同税率或者征收率的销售额；未分别核算的，从高适用税率。

第四十条 一项销售行为如果既涉及服务又涉及货物，为混合销售。从事货物的生产、批发或者零售的单位和个体工商户的混合销售行为，按照销售货物缴纳增值税；其他单位和个体工商户的混合销售行为，按照销售服务缴纳增值税。

本条所称从事货物的生产、批发或者零售的单位和个体工商户，包括以从事货物的生产、批发或者零售为主，并兼营销售服务的单位和个体工商户在内。

第四十一条 纳税人兼营免税、减税项目的，应当分别核算免税、减税项目的销售额；未分别核算的，不得免税、减税。

第四十二条 纳税人发生应税行为，开具增值税专用发票后，发生开票有误或者销售折让、中止、退回等情形的，应当按照国家税务总局的规定开具红字增值税专用发票；未按照规定开具红字增值税专用发票的，不得按照本办法第三十二条和第三十六条的规定扣减销项税额或者销售额。

第四十三条 纳税人发生应税行为，将价款和折扣额在同一张发票上分别注明的，以折扣后的价款为销售额；未在同一张发票上分别注明的，以价款为销售额，不得扣减折扣额。

第四十四条 纳税人发生应税行为价格明显偏低或者偏高且不具有合理商业目的的，或者发生本办法第十四条所列行为而无销售额的，主管税务机关有权按照下列顺序确定销售额：

（一）按照纳税人最近时期销售同类服务、无形资产或者不动产的平均价格确定。

（二）按照其他纳税人最近时期销售同类服务、无形资产或者不动产的平均价格确定。

（三）按照组成计税价格确定。组成计税价格的公式为：

组成计税价格 = 成本 ×（1+ 成本利润率）

成本利润率由国家税务总局确定。

不具有合理商业目的，是指以谋取税收利益为主要目的，通过人为安排，减少、免除、推迟缴纳增值税税款，或者增加退还增值税税款。

第五章 税义务、扣缴义务发生时间和纳税地点

第四十五条 增值税纳税义务、扣缴义务发生时间为：

（一）纳税人发生应税行为并收讫销售款项或者取得索取销售款项凭据的当天；先开具

发票的,为开具发票的当天。

收讫销售款项,是指纳税人销售服务、无形资产、不动产过程中或者完成后收到款项。

取得索取销售款项凭据的当天,是指书面合同确定的付款日期;未签订书面合同或者书面合同未确定付款日期的,为服务、无形资产转让完成的当天或者不动产权属变更的当天。

(二)纳税人提供建筑服务、租赁服务采取预收款方式的,其纳税义务发生时间为收到预收款的当天。

(三)纳税人从事金融商品转让的,为金融商品所有权转移的当天。

(四)纳税人发生本办法第十四条规定情形的,其纳税义务发生时间为服务、无形资产转让完成的当天或者不动产权属变更的当天。

(五)增值税扣缴义务发生时间为纳税人增值税纳税义务发生的当天。

第四十六条 增值税纳税地点为:

(一)固定业户应当向其机构所在地或者居住地主管税务机关申报纳税。总机构和分支机构不在同一县(市)的,应当分别向各自所在地的主管税务机关申报纳税;经财政部和国家税务总局或者其授权的财政和税务机关批准,可以由总机构汇总向总机构所在地的主管税务机关申报纳税。

(二)非固定业户应当向应税行为发生地主管税务机关申报纳税;未申报纳税的,由其机构所在地或者居住地主管税务机关补征税款。

(三)其他个人提供建筑服务,销售或者租赁不动产,转让自然资源使用权,应向建筑服务发生地、不动产所在地、自然资源所在地主管税务机关申报纳税。

(四)扣缴义务人应当向其机构所在地或者居住地主管税务机关申报缴纳扣缴的税款。

第四十七条 增值税的纳税期限分别为 1 日、3 日、5 日、10 日、15 日、1 个月或者 1 个季度。纳税人的具体纳税期限,由主管税务机关根据纳税人应纳税额的大小分别核定。以 1 个季度为纳税期限的规定适用于小规模纳税人、银行、财务公司、信托投资公司、信用社,以及财政部和国家税务总局规定的其他纳税人。不能按照固定期限纳税的,可以按次纳税。

纳税人以 1 个月或者 1 个季度为 1 个纳税期的,自期满之日起 15 日内申报纳税;以 1 日、3 日、5 日、10 日或者 15 日为 1 个纳税期的,自期满之日起 5 日内预缴税款,于次月 1 日起 15 日内申报纳税并结清上月应纳税款。

扣缴义务人解缴税款的期限,按照前两款规定执行。

第六章 税收减免的处理

第四十八条 纳税人发生应税行为适用免税、减税规定的,可以放弃免税、减税,依照本办法的规定缴纳增值税。放弃免税、减税后,36 个月内不得再申请免税、减税。

纳税人发生应税行为同时适用免税和零税率规定的,纳税人可以选择适用免税或者零税率。

第四十九条 个人发生应税行为的销售额未达到增值税起征点的,免征增值税;达到起征点的,全额计算缴纳增值税。

增值税起征点不适用于登记为一般纳税人的个体工商户。

第五十条 增值税起征点幅度如下:

(一)按期纳税的,为月销售额 5 000–20 000 元(含本数)。

（二）按次纳税的，为每次（日）销售额300-500元（含本数）。

起征点的调整由财政部和国家税务总局规定。省、自治区、直辖市财政厅（局）和国家税务局应当在规定的幅度内，根据实际情况确定本地区适用的起征点，并报财政部和国家税务总局备案。

对增值税小规模纳税人中月销售额未达到2万元的企业或非企业性单位，免征增值税。2017年12月31日前，对月销售额2万元（含本数）至3万元的增值税小规模纳税人，免征增值税。

第七章 征收管理

第五十一条 营业税改征的增值税，由国家税务局负责征收。纳税人销售取得的不动产和其他个人出租不动产的增值税，国家税务局暂委托地方税务局代为征收。

第五十二条 纳税人发生适用零税率的应税行为，应当按期向主管税务机关申报办理退（免）税，具体办法由财政部和国家税务总局制定。

第五十三条 纳税人发生应税行为，应当向索取增值税专用发票的购买方开具增值税专用发票，并在增值税专用发票上分别注明销售额和销项税额。

属于下列情形之一的，不得开具增值税专用发票：

（一）向消费者个人销售服务、无形资产或者不动产。

（二）适用免征增值税规定的应税行为。

第五十四条 小规模纳税人发生应税行为，购买方索取增值税专用发票的，可以向主管税务机关申请代开。

第五十五条 纳税人增值税的征收管理，按照本办法和《中华人民共和国税收征收管理法》及现行增值税征收管理有关规定执行。

附：

销售服务、无形资产、不动产注释

一、销售服务

销售服务，是指提供交通运输服务、邮政服务、电信服务、建筑服务、金融服务、现代服务、生活服务。

（一）交通运输服务。

交通运输服务，是指利用运输工具将货物或者旅客送达目的地，使其空间位置得到转移的业务活动。包括陆路运输服务、水路运输服务、航空运输服务和管道运输服务。

1.陆路运输服务。

陆路运输服务，是指通过陆路（地上或者地下）运送货物或者旅客的运输业务活动，包括铁路运输服务和其他陆路运输服务。

（1）铁路运输服务，是指通过铁路运送货物或者旅客的运输业务活动。

（2）其他陆路运输服务，是指铁路运输以外的陆路运输业务活动。包括公路运输、缆车运输、索道运输、地铁运输、城市轻轨运输等。

出租车公司向使用本公司自有出租车的出租车司机收取的管理费用，按照陆路运输服务缴纳增值税。

2. 水路运输服务。

水路运输服务，是指通过江、河、湖、川等天然、人工水道或者海洋航道运送货物或者旅客的运输业务活动。

水路运输的程租、期租业务，属于水路运输服务。

程租业务，是指运输企业为租船人完成某一特定航次的运输任务并收取租赁费的业务。

期租业务，是指运输企业将配备有操作人员的船舶承租给他人使用一定期限，承租期内听候承租方调遣，不论是否经营，均按天向承租方收取租赁费，发生的固定费用均由船东负担的业务。

3. 航空运输服务。

航空运输服务，是指通过空中航线运送货物或者旅客的运输业务活动。

航空运输的湿租业务，属于航空运输服务。

湿租业务，是指航空运输企业将配备有机组人员的飞机承租给他人使用一定期限，承租期内听候承租方调遣，不论是否经营，均按一定标准向承租方收取租赁费，发生的固定费用均由承租方承担的业务。

航天运输服务，按照航空运输服务缴纳增值税。

航天运输服务，是指利用火箭等载体将卫星、空间探测器等空间飞行器发射到空间轨道的业务活动。

4. 管道运输服务。

管道运输服务，是指通过管道设施输送气体、液体、固体物质的运输业务活动。

无运输工具承运业务，按照交通运输服务缴纳增值税。

无运输工具承运业务，是指经营者以承运人身份与托运人签订运输服务合同，收取运费并承担承运人责任，然后委托实际承运人完成运输服务的经营活动。

（二）邮政服务。

邮政服务，是指中国邮政集团公司及其所属邮政企业提供邮件寄递、邮政汇兑和机要通信等邮政基本服务的业务活动。包括邮政普遍服务、邮政特殊服务和其他邮政服务。

1. 邮政普遍服务。

邮政普遍服务，是指函件、包裹等邮件寄递，以及邮票发行、报刊发行和邮政汇兑等业务活动。

函件，是指信函、印刷品、邮资封片卡、无名址函件和邮政小包等。

包裹，是指按照封装上的名址递送给特定个人或者单位的独立封装的物品，其重量不超过五十千克，任何一边的尺寸不超过一百五十厘米，长、宽、高合计不超过三百厘米。

2. 邮政特殊服务。

邮政特殊服务，是指义务兵平常信函、机要通信、盲人读物和革命烈士遗物的寄递等业务活动。

3. 其他邮政服务。

其他邮政服务，是指邮册等邮品销售、邮政代理等业务活动。

（三）电信服务。

电信服务，是指利用有线、无线的电磁系统或者光电系统等各种通信网络资源，提供语音通话服务，传送、发射、接收或者应用图像、短信等电子数据和信息的业务活动。包括基础电信服务和增值电信服务。

1. 基础电信服务。

基础电信服务，是指利用固网、移动网、卫星、互联网，提供语音通话服务的业务活动，以及出租或者出售带宽、波长等网络元素的业务活动。

2. 增值电信服务。

增值电信服务，是指利用固网、移动网、卫星、互联网、有线电视网络，提供短信和彩信服务、电子数据和信息的传输及应用服务、互联网接入服务等业务活动。

卫星电视信号落地转接服务，按照增值电信服务缴纳增值税。

（四）建筑服务。

建筑服务，是指各类建筑物、构筑物及其附属设施的建造、修缮、装饰，线路、管道、设备、设施等的安装以及其他工程作业的业务活动。包括工程服务、安装服务、修缮服务、装饰服务和其他建筑服务。

1. 工程服务。

工程服务，是指新建、改建各种建筑物、构筑物的工程作业，包括与建筑物相连的各种设备或者支柱、操作平台的安装或者装设工程作业，以及各种窑炉和金属结构工程作业。

2. 安装服务。

安装服务，是指生产设备、动力设备、起重设备、运输设备、传动设备、医疗实验设备以及其他各种设备、设施的装配、安置工程作业，包括与被安装设备相连的工作台、梯子、栏杆的装设工程作业，以及被安装设备的绝缘、防腐、保温、油漆等工程作业。

固定电话、有线电视、宽带、水、电、燃气、暖气等经营者向用户收取的安装费、初装费、开户费、扩容费以及类似收费，按照安装服务缴纳增值税。

3. 修缮服务。

修缮服务，是指对建筑物、构筑物进行修补、加固、养护、改善，使之恢复原来的使用价值或者延长其使用期限的工程作业。

4. 装饰服务。

装饰服务，是指对建筑物、构筑物进行修饰装修，使之美观或者具有特定用途的工程作业。

5. 其他建筑服务。

其他建筑服务，是指上列工程作业之外的各种工程作业服务，如钻井（打井）、拆除建筑物或者构筑物、平整土地、园林绿化、疏浚（不包括航道疏浚）、建筑物平移、搭脚手架、爆破、矿山穿孔、表面附着物（包括岩层、土层、沙层等）剥离和清理等工程作业。

（五）金融服务。

金融服务，是指经营金融保险的业务活动。包括贷款服务、直接收费金融服务、保险服务和金融商品转让。

1. 贷款服务。

贷款，是指将资金贷与他人使用而取得利息收入的业务活动。

各种占用、拆借资金取得的收入，包括金融商品持有期间（含到期）利息（保本收益、报酬、资金占用费、补偿金等）收入、信用卡透支利息收入、买入返售金融商品利息收入、融资融券收取的利息收入，以及融资性售后回租、押汇、罚息、票据贴现、转贷等业务取得的利息及利息性质的收入，按照贷款服务缴纳增值税。

融资性售后回租，是指承租方以融资为目的，将资产出售给从事融资性售后回租业务的企业后，从事融资性售后回租业务的企业将该资产出租给承租方的业务活动。

以货币资金投资收取的固定利润或者保底利润，按照贷款服务缴纳增值税。

2. 直接收费金融服务。

直接收费金融服务，是指为货币资金融通及其他金融业务提供相关服务并且收取费用的业务活动。包括提供货币兑换、账户管理、电子银行、信用卡、信用证、财务担保、资产管理、信托管理、基金管理、金融交易场所（平台）管理、资金结算、资金清算、金融支付等服务。

3. 保险服务。

保险服务，是指投保人根据合同约定，向保险人支付保险费，保险人对于合同约定的可能发生的事故因其发生所造成的财产损失承担赔偿保险金责任，或者当被保险人死亡、伤残、疾病或者达到合同约定的年龄、期限等条件时承担给付保险金责任的商业保险行为。包括人身保险服务和财产保险服务。

人身保险服务，是指以人的寿命和身体为保险标的的保险业务活动。

财产保险服务，是指以财产及其有关利益为保险标的的保险业务活动。

4. 金融商品转让。

金融商品转让，是指转让外汇、有价证券、非货物期货和其他金融商品所有权的业务活动。

其他金融商品转让包括基金、信托、理财产品等各类资产管理产品和各种金融衍生品的转让。

（六）现代服务。

现代服务，是指围绕制造业、文化产业、现代物流产业等提供技术性、知识性服务的业务活动。包括研发和技术服务、信息技术服务、文化创意服务、物流辅助服务、租赁服务、鉴证咨询服务、广播影视服务、商务辅助服务和其他现代服务。

1. 研发和技术服务。

研发和技术服务，包括研发服务、合同能源管理服务、工程勘察勘探服务、专业技术服务。

（1）研发服务，也称技术开发服务，是指就新技术、新产品、新工艺或者新材料及其系统进行研究与试验开发的业务活动。

（2）合同能源管理服务，是指节能服务公司与用能单位以契约形式约定节能目标，节能服务公司提供必要的服务，用能单位以节能效果支付节能服务公司投入及其合理报酬的业务活动。

（3）工程勘察勘探服务，是指在采矿、工程施工前后，对地形、地质构造、地下资源蕴藏情况进行实地调查的业务活动。

（4）专业技术服务，是指气象服务、地震服务、海洋服务、测绘服务、城市规划、环境与生态监测服务等专项技术服务。

2. 信息技术服务。

信息技术服务，是指利用计算机、通信网络等技术对信息进行生产、收集、处理、加工、存储、运输、检索和利用，并提供信息服务的业务活动。包括软件服务、电路设计及测试服务、信息系统服务、业务流程管理服务和信息系统增值服务。

（1）软件服务，是指提供软件开发服务、软件维护服务、软件测试服务的业务活动。

（2）电路设计及测试服务，是指提供集成电路和电子电路产品设计、测试及相关技术支持服务的业务活动。

（3）信息系统服务，是指提供信息系统集成、网络管理、网站内容维护、桌面管理与维护、信息系统应用、基础信息技术管理平台整合、信息技术基础设施管理、数据中心、托管中心、信息安全服务、在线杀毒、虚拟主机等业务活动。包括网站对非自有的网络游戏提供的网络运营服务。

（4）业务流程管理服务，是指依托信息技术提供的人力资源管理、财务经济管理、审计管理、税务管理、物流信息管理、经营信息管理和呼叫中心等服务的活动。

（5）信息系统增值服务，是指利用信息系统资源为用户附加提供的信息技术服务。包括数据处理、分析和整合、数据库管理、数据备份、数据存储、容灾服务、电子商务平台等。

3. 文化创意服务。

文化创意服务，包括设计服务、知识产权服务、广告服务和会议展览服务。

（1）设计服务，是指把计划、规划、设想通过文字、语言、图画、声音、视觉等形式传递出来的业务活动。包括工业设计、内部管理设计、业务运作设计、供应链设计、造型设计、服装设计、环境设计、平面设计、包装设计、动漫设计、网游设计、展示设计、网站设计、机械设计、工程设计、广告设计、创意策划、文印晒图等。

（2）知识产权服务，是指处理知识产权事务的业务活动。包括对专利、商标、著作权、软件、集成电路布图设计的登记、鉴定、评估、认证、检索服务。

（3）广告服务，是指利用图书、报纸、杂志、广播、电视、电影、幻灯、路牌、招贴、橱窗、霓虹灯、灯箱、互联网等各种形式为客户的商品、经营服务项目、文体节目或者通告、声明等委托事项进行宣传和提供相关服务的业务活动。包括广告代理和广告的发布、播映、宣传、展示等。

（4）会议展览服务，是指为商品流通、促销、展示、经贸洽谈、民间交流、企业沟通、国际往来等举办或者组织安排的各类展览和会议的业务活动。

4. 物流辅助服务。

物流辅助服务，包括航空服务、港口码头服务、货运客运场站服务、打捞救助服务、装卸搬运服务、仓储服务和收派服务。

（1）航空服务，包括航空地面服务和通用航空服务。

航空地面服务，是指航空公司、飞机场、民航管理局、航站等向在境内航行或者在境内机场停留的境内外飞机或者其他飞行器提供的导航等劳务性地面服务的业务活动。包括旅客安全检查服务、停机坪管理服务、机场候机厅管理服务、飞机清洗消毒服务、空中飞行管理服务、飞机起降服务、飞行通讯服务、地面信号服务、飞机安全服务、飞机跑道管理服务、空中交通管理服务等。

通用航空服务，是指为专业工作提供飞行服务的业务活动，包括航空摄影、航空培训、航空测量、航空勘探、航空护林、航空吊挂播洒、航空降雨、航空气象探测、航空海洋监测、航空科学实验等。

（2）港口码头服务，是指港务船舶调度服务、船舶通讯服务、航道管理服务、航道疏浚服务、灯塔管理服务、航标管理服务、船舶引航服务、理货服务、系解缆服务、停泊和移泊服务、海上船舶溢油清除服务、水上交通管理服务、船只专业清洗消毒检测服务和防止船只漏油服务等为船只提供服务的业务活动。

港口设施经营人收取的港口设施保安费按照港口码头服务缴纳增值税。

（3）货运客运场站服务，是指货运客运场站提供货物配载服务、运输组织服务、中转换乘服务、车辆调度服务、票务服务、货物打包整理、铁路线路使用服务、加挂铁路客车服务、铁路行包专列发送服务、铁路到达和中转服务、铁路车辆编解服务、车辆挂运服务、铁路接触网服务、铁路机车牵引服务等业务活动。

（4）打捞救助服务，是指提供船舶人员救助、船舶财产救助、水上救助和沉船沉物打捞服务的业务活动。

（5）装卸搬运服务，是指使用装卸搬运工具或者人力、畜力将货物在运输工具之间、装卸现场之间或者运输工具与装卸现场之间进行装卸和搬运的业务活动。

（6）仓储服务，是指利用仓库、货场或者其他场所代客贮放、保管货物的业务活动。

（7）收派服务，是指接受寄件人委托，在承诺的时限内完成函件和包裹的收件、分拣、派送服务的业务活动。

收件服务，是指从寄件人收取函件和包裹，并运送到服务提供方同城的集散中心的业务活动。

分拣服务，是指服务提供方在其集散中心对函件和包裹进行归类、分发的业务活动。

派送服务，是指服务提供方从其集散中心将函件和包裹送达同城的收件人的业务活动。

5. 租赁服务。

租赁服务，包括融资租赁服务和经营租赁服务。

（1）融资租赁服务，是指具有融资性质和所有权转移特点的租赁活动。即出租人根据承租人所要求的规格、型号、性能等条件购入有形动产或者不动产租赁给承租人，合同期内租赁物所有权属于出租人，承租人只拥有使用权，合同期满付清租金后，承租人有权按照残值购入租赁物，以拥有其所有权。不论出租人是否将租赁物销售给承租人，均属于融资租赁。

按照标的物的不同，融资租赁服务可分为有形动产融资租赁服务和不动产融资租赁服务。

融资性售后回租不按照本税目缴纳增值税。

（2）经营租赁服务，是指在约定时间内将有形动产或者不动产转让他人使用且租赁物所有权不变更的业务活动。

按照标的物的不同，经营租赁服务可分为有形动产经营租赁服务和不动产经营租赁服务。

将建筑物、构筑物等不动产或者飞机、车辆等有形动产的广告位出租给其他单位或者个人用于发布广告，按照经营租赁服务缴纳增值税。

车辆停放服务、道路通行服务（包括过路费、过桥费、过闸费等）等按照不动产经营租赁服务缴纳增值税。

水路运输的光租业务、航空运输的干租业务，属于经营租赁。

光租业务，是指运输企业将船舶在约定的时间内出租给他人使用，不配备操作人员，不承担运输过程中发生的各项费用，只收取固定租赁费的业务活动。

干租业务，是指航空运输企业将飞机在约定的时间内出租给他人使用，不配备机组人员，不承担运输过程中发生的各项费用，只收取固定租赁费的业务活动。

6. 鉴证咨询服务。

鉴证咨询服务，包括认证服务、鉴证服务和咨询服务。

（1）认证服务，是指具有专业资质的单位利用检测、检验、计量等技术，证明产品、服务、管理体系符合相关技术规范、相关技术规范的强制性要求或者标准的业务活动。

（2）鉴证服务，是指具有专业资质的单位受托对相关事项进行鉴证，发表具有证明力的意见的业务活动。包括会计鉴证、税务鉴证、法律鉴证、职业技能鉴定、工程造价鉴证、工程监理、资产评估、环境评估、房地产土地评估、建筑图纸审核、医疗事故鉴定等。

（3）咨询服务，是指提供信息、建议、策划、顾问等服务的活动。包括金融、软件、技术、财务、税收、法律、内部管理、业务运作、流程管理、健康等方面的咨询。

翻译服务和市场调查服务按照咨询服务缴纳增值税。

7. 广播影视服务。

广播影视服务，包括广播影视节目（作品）的制作服务、发行服务和播映（含放映，下同）服务。

（1）广播影视节目（作品）制作服务，是指进行专题（特别节目）、专栏、综艺、体育、动画片、广播剧、电视剧、电影等广播影视节目和作品制作的服务。具体包括与广播影视节目和作品相关的策划、采编、拍摄、录音、音视频文字图片素材制作、场景布置、后期的剪辑、翻译（编译）、字幕制作、片头、片尾、片花制作、特效制作、影片修复、编目和确权等业务活动。

（2）广播影视节目（作品）发行服务，是指以分账、买断、委托等方式，向影院、电台、电视台、网站等单位和个人发行广播影视节目（作品）以及转让体育赛事等活动的报道及播映权的业务活动。

（3）广播影视节目（作品）播映服务，是指在影院、剧院、录像厅及其他场所播映广播影视节目（作品），以及通过电台、电视台、卫星通信、互联网、有线电视等无线或者有线装置播映广播影视节目（作品）的业务活动。

8. 商务辅助服务。

商务辅助服务，包括企业管理服务、经纪代理服务、人力资源服务、安全保护服务。

（1）企业管理服务，是指提供总部管理、投资与资产管理、市场管理、物业管理、日常综合管理等服务的业务活动。

（2）经纪代理服务，是指各类经纪、中介、代理服务。包括金融代理、知识产权代理、货物运输代理、代理报关、法律代理、房地产中介、职业中介、婚姻中介、代理记账、拍卖等。

货物运输代理服务，是指接受货物收货人、发货人、船舶所有人、船舶承租人或者船舶经营人的委托，以委托人的名义，为委托人办理货物运输、装卸、仓储和船舶进出港口、引航、靠泊等相关手续的业务活动。

代理报关服务，是指接受进出口货物的收、发货人委托，代为办理报关手续的业务活动。

（3）人力资源服务，是指提供公共就业、劳务派遣、人才委托招聘、劳动力外包等服务的业务活动。

（4）安全保护服务，是指提供保护人身安全和财产安全，维护社会治安等的业务活动。包括场所住宅保安、特种保安、安全系统监控以及其他安保服务。

9. 其他现代服务。

其他现代服务，是指除研发和技术服务、信息技术服务、文化创意服务、物流辅助服务、租赁服务、鉴证咨询服务、广播影视服务和商务辅助服务以外的现代服务。

（七）生活服务。

生活服务，是指为满足城乡居民日常生活需求提供的各类服务活动。包括文化体育服务、教育医疗服务、旅游娱乐服务、餐饮住宿服务、居民日常服务和其他生活服务。

1. 文化体育服务。

文化体育服务,包括文化服务和体育服务。

(1)文化服务,是指为满足社会公众文化生活需求提供的各种服务。包括:文艺创作、文艺表演、文化比赛,图书馆的图书和资料借阅,档案馆的档案管理,文物及非物质遗产保护,组织举办宗教活动、科技活动、文化活动,提供游览场所。

(2)体育服务,是指组织举办体育比赛、体育表演、体育活动,以及提供体育训练、体育指导、体育管理的业务活动。

2. 教育医疗服务。

教育医疗服务,包括教育服务和医疗服务。

(1)教育服务,是指提供学历教育服务、非学历教育服务、教育辅助服务的业务活动。

学历教育服务,是指根据教育行政管理部门确定或者认可的招生和教学计划组织教学,并颁发相应学历证书的业务活动。包括初等教育、初级中等教育、高级中等教育、高等教育等。

非学历教育服务,包括学前教育、各类培训、演讲、讲座、报告会等。

教育辅助服务,包括教育测评、考试、招生等服务。

(2)医疗服务,是指提供医学检查、诊断、治疗、康复、预防、保健、接生、计划生育、防疫服务等方面的服务,以及与这些服务有关的提供药品、医用材料器具、救护车、病房住宿和伙食的业务。

3. 旅游娱乐服务。

旅游娱乐服务,包括旅游服务和娱乐服务。

(1)旅游服务,是指根据旅游者的要求,组织安排交通、游览、住宿、餐饮、购物、文娱、商务等服务的业务活动。

(2)娱乐服务,是指为娱乐活动同时提供场所和服务的业务。

具体包括:歌厅、舞厅、夜总会、酒吧、台球、高尔夫球、保龄球、游艺(包括射击、狩猎、跑马、游戏机、蹦极、卡丁车、热气球、动力伞、射箭、飞镖)。

4. 餐饮住宿服务。

餐饮住宿服务,包括餐饮服务和住宿服务。

(1)餐饮服务,是指通过同时提供饮食和饮食场所的方式为消费者提供饮食消费服务的业务活动。

(2)住宿服务,是指提供住宿场所及配套服务等的活动。包括宾馆、旅馆、旅社、度假村和其他经营性住宿场所提供的住宿服务。

5. 居民日常服务。

居民日常服务,是指主要为满足居民个人及其家庭日常生活需求提供的服务,包括市容市政管理、家政、婚庆、养老、殡葬、照料和护理、救助救济、美容美发、按摩、桑拿、氧吧、足疗、沐浴、洗染、摄影扩印等服务。

6. 其他生活服务。

其他生活服务,是指除文化体育服务、教育医疗服务、旅游娱乐服务、餐饮住宿服务和居民日常服务之外的生活服务。

二、销售无形资产

销售无形资产,是指转让无形资产所有权或者使用权的业务活动。无形资产,是指不具实物形态,但能带来经济利益的资产,包括技术、商标、著作权、商誉、自然资源使用权和其他权益性无形资产。

技术，包括专利技术和非专利技术。

自然资源使用权，包括土地使用权、海域使用权、探矿权、采矿权、取水权和其他自然资源使用权。

其他权益性无形资产，包括基础设施资产经营权、公共事业特许权、配额、经营权（包括特许经营权、连锁经营权、其他经营权）、经销权、分销权、代理权、会员权、席位权、网络游戏虚拟道具、域名、名称权、肖像权、冠名权、转会费等。

三、销售不动产

销售不动产，是指转让不动产所有权的业务活动。不动产，是指不能移动或者移动后会引起性质、形状改变的财产，包括建筑物、构筑物等。

建筑物，包括住宅、商业营业用房、办公楼等可供居住、工作或者进行其他活动的建造物。

构筑物，包括道路、桥梁、隧道、水坝等建造物。

转让建筑物有限产权或者永久使用权的，转让在建的建筑物或者构筑物所有权的，以及在转让建筑物或者构筑物时一并转让其所占土地的使用权的，按照销售不动产缴纳增值税。

附件2：

营业税改征增值税试点有关事项的规定

一、营改增试点期间，试点纳税人 [指按照《营业税改征增值税试点实施办法》（以下称《试点实施办法》）缴纳增值税的纳税人] 有关政策

（一）兼营。

试点纳税人销售货物、加工修理修配劳务、服务、无形资产或者不动产适用不同税率或者征收率的，应当分别核算适用不同税率或者征收率的销售额，未分别核算销售额的，按照以下方法适用税率或者征收率：

1. 兼有不同税率的销售货物、加工修理修配劳务、服务、无形资产或者不动产，从高适用税率。

2. 兼有不同征收率的销售货物、加工修理修配劳务、服务、无形资产或者不动产，从高适用征收率。

3. 兼有不同税率和征收率的销售货物、加工修理修配劳务、服务、无形资产或者不动产，从高适用税率。

（二）不征收增值税项目。

1. 根据国家指令无偿提供的铁路运输服务、航空运输服务，属于《试点实施办法》第十四条规定的用于公益事业的服务。

2. 存款利息。

3. 被保险人获得的保险赔付。

4. 房地产主管部门或者其指定机构、公积金管理中心、开发企业以及物业管理单位代

收的住宅专项维修资金。

5. 在资产重组过程中，通过合并、分立、出售、置换等方式，将全部或者部分实物资产以及与其相关联的债权、负债和劳动力一并转让给其他单位和个人，其中涉及的不动产、土地使用权转让行为。

（三）销售额。

1. 贷款服务，以提供贷款服务取得的全部利息及利息性质的收入为销售额。

2. 直接收费金融服务，以提供直接收费金融服务收取的手续费、佣金、酬金、管理费、服务费、经手费、开户费、过户费、结算费、转托管费等各类费用为销售额。

3. 金融商品转让，按照卖出价扣除买入价后的余额为销售额。

转让金融商品出现的正负差，按盈亏相抵后的余额为销售额。若相抵后出现负差，可结转下一纳税期与下期转让金融商品销售额相抵，但年末时仍出现负差的，不得转入下一个会计年度。

金融商品的买入价，可以选择按照加权平均法或者移动加权平均法进行核算，选择后36个月内不得变更。

金融商品转让，不得开具增值税专用发票。

4. 经纪代理服务，以取得的全部价款和价外费用，扣除向委托方收取并代为支付的政府性基金或者行政事业性收费后的余额为销售额。向委托方收取的政府性基金或者行政事业性收费，不得开具增值税专用发票。

5. 融资租赁和融资性售后回租业务。

（1）经人民银行、银监会或者商务部批准从事融资租赁业务的试点纳税人，提供融资租赁服务，以取得的全部价款和价外费用，扣除支付的借款利息（包括外汇借款和人民币借款利息）、发行债券利息和车辆购置税后的余额为销售额。

（2）经人民银行、银监会或者商务部批准从事融资租赁业务的试点纳税人，提供融资性售后回租服务，以取得的全部价款和价外费用（不含本金），扣除对外支付的借款利息（包括外汇借款和人民币借款利息）、发行债券利息后的余额作为销售额。

（3）试点纳税人根据2016年4月30日前签订的有形动产融资性售后回租合同，在合同到期前提供的有形动产融资性售后回租服务，可继续按照有形动产融资租赁服务缴纳增值税。

继续按照有形动产融资租赁服务缴纳增值税的试点纳税人，经人民银行、银监会或者商务部批准从事融资租赁业务的，根据2016年4月30日前签订的有形动产融资性售后回租合同，在合同到期前提供的有形动产融资性售后回租服务，可以选择以下方法之一计算销售额：

①以向承租方收取的全部价款和价外费用，扣除向承租方收取的价款本金，以及对外支付的借款利息（包括外汇借款和人民币借款利息）、发行债券利息后的余额为销售额。

纳税人提供有形动产融资性售后回租服务，计算当期销售额时可以扣除的价款本金，为书面合同约定的当期应当收取的本金。无书面合同或者书面合同没有约定的，为当期实际收取的本金。

试点纳税人提供有形动产融资性售后回租服务，向承租方收取的有形动产价款本金，不得开具增值税专用发票，可以开具普通发票。

②以向承租方收取的全部价款和价外费用，扣除支付的借款利息（包括外汇借款和人民币借款利息）、发行债券利息后的余额为销售额。

（4）经商务部授权的省级商务主管部门和国家经济技术开发区批准的从事融资租赁业务的试点纳税人，2016年5月1日后实收资本达到1.7亿元的，从达到标准的当月起按照上述第（1）、（2）、（3）点规定执行；2016年5月1日后实收资本未达到1.7亿元但注册资本达到1.7亿元的，在2016年7月31日前仍可按照上述第（1）、（2）、（3）点规定执行，2016年8月1日后开展的融资租赁业务和融资性售后回租业务不得按照上述第（1）、（2）、（3）点规定执行。

6. 航空运输企业的销售额，不包括代收的机场建设费和代售其他航空运输企业客票而代收转付的价款。

7. 试点纳税人中的一般纳税人（以下称一般纳税人）提供客运场站服务，以其取得的全部价款和价外费用，扣除支付给承运方运费后的余额为销售额。

8. 试点纳税人提供旅游服务，可以选择以取得的全部价款和价外费用，扣除向旅游服务购买方收取并支付给其他单位或者个人的住宿费、餐饮费、交通费、签证费、门票费和支付给其他接团旅游企业的旅游费用后的余额为销售额。

选择上述办法计算销售额的试点纳税人，向旅游服务购买方收取并支付的上述费用，不得开具增值税专用发票，可以开具普通发票。

9. 试点纳税人提供建筑服务适用简易计税方法的，以取得的全部价款和价外费用扣除支付的分包款后的余额为销售额。

10. 房地产开发企业中的一般纳税人销售其开发的房地产项目（选择简易计税方法的房地产老项目除外），以取得的全部价款和价外费用，扣除受让土地时向政府部门支付的土地价款后的余额为销售额。

房地产老项目，是指《建筑工程施工许可证》注明的合同开工日期在2016年4月30日前的房地产项目。

11. 试点纳税人按照上述4—10款的规定从全部价款和价外费用中扣除的价款，应当取得符合法律、行政法规和国家税务总局规定的有效凭证。否则，不得扣除。

上述凭证是指：

（1）支付给境内单位或者个人的款项，以发票为合法有效凭证。

（2）支付给境外单位或者个人的款项，以该单位或者个人的签收单据为合法有效凭证，税务机关对签收单据有疑义的，可以要求其提供境外公证机构的确认证明。

（3）缴纳的税款，以完税凭证为合法有效凭证。

（4）扣除的政府性基金、行政事业性收费或者向政府支付的土地价款，以省级以上（含省级）财政部门监（印）制的财政票据为合法有效凭证。

（5）国家税务总局规定的其他凭证。

纳税人取得的上述凭证属于增值税扣税凭证的，其进项税额不得从销项税额中抵扣。

（四）进项税额。

1. 适用一般计税方法的试点纳税人，2016年5月1日后取得并在会计制度上按固定资产核算的不动产或者2016年5月1日后取得的不动产在建工程，其进项税额应自取得之日起分2年从销项税额中抵扣，第一年抵扣比例为60%，第二年抵扣比例为40%。

取得不动产，包括以直接购买、接受捐赠、接受投资入股、自建以及抵债等各种形式取得不动产，不包括房地产开发企业自行开发的房地产项目。

融资租入的不动产以及在施工现场修建的临时建筑物、构筑物，其进项税额不适用上述分2年抵扣的规定。

2. 按照《试点实施办法》第二十七条第（一）项规定不得抵扣且未抵扣进项税额的固定资产、无形资产、不动产，发生用途改变，用于允许抵扣进项税额的应税项目，可在用途改变的次月按照下列公式计算可以抵扣的进项税额：

可以抵扣的进项税额 = 固定资产、无形资产、不动产净值/（1+ 适用税率）× 适用税率

上述可以抵扣的进项税额应取得合法有效的增值税扣税凭证。

3. 纳税人接受贷款服务向贷款方支付的与该笔贷款直接相关的投融资顾问费、手续费、咨询费等费用，其进项税额不得从销项税额中抵扣。

（五）一般纳税人资格登记。

《试点实施办法》第三条规定的年应税销售额标准为500万元（含本数）。财政部和国家税务总局可以对年应税销售额标准进行调整。

（六）计税方法。

一般纳税人发生下列应税行为可以选择适用简易计税方法计税：

1. 公共交通运输服务。

公共交通运输服务，包括轮客渡、公交客运、地铁、城市轻轨、出租车、长途客运、班车。

班车，是指按固定路线、固定时间运营并在固定站点停靠的运送旅客的陆路运输服务。

2. 经认定的动漫企业为开发动漫产品提供的动漫脚本编撰、形象设计、背景设计、动画设计、分镜、动画制作、摄制、描线、上色、画面合成、配音、配乐、音效合成、剪辑、字幕制作、压缩转码（面向网络动漫、手机动漫格式适配）服务，以及在境内转让动漫版权（包括动漫品牌、形象或者内容的授权及再授权）。

动漫企业和自主开发、生产动漫产品的认定标准和认定程序，按照《文化部、财政部 国家税务总局关于印发〈动漫企业认定管理办法（试行）〉的通知》（文市发〔2008〕51号）的规定执行。

3. 电影放映服务、仓储服务、装卸搬运服务、收派服务和文化体育服务。

4. 以纳入营改增试点之日前取得的有形动产为标的物提供的经营租赁服务。

5. 在纳入营改增试点之日前签订的尚未执行完毕的有形动产租赁合同。

（七）建筑服务。

1. 一般纳税人以清包工方式提供的建筑服务，可以选择适用简易计税方法计税。

以清包工方式提供建筑服务，是指施工方不采购建筑工程所需的材料或只采购辅助材料，并收取人工费、管理费或者其他费用的建筑服务。

2. 一般纳税人为甲供工程提供的建筑服务，可以选择适用简易计税方法计税。

甲供工程，是指全部或部分设备、材料、动力由工程发包方自行采购的建筑工程。

3. 一般纳税人为建筑工程老项目提供的建筑服务，可以选择适用简易计税方法计税。

建筑工程老项目，是指：

（1）《建筑工程施工许可证》注明的合同开工日期在2016年4月30日前的建筑工程项目；

（2）未取得《建筑工程施工许可证》的，建筑工程承包合同注明的开工日期在2016年4月30日前的建筑工程项目。

4. 一般纳税人跨县（市）提供建筑服务，适用一般计税方法计税的，应以取得的全部价款和价外费用为销售额计算应纳税额。纳税人应以取得的全部价款和价外费用扣除支付

的分包款后的余额，按照2%的预征率在建筑服务发生地预缴税款后，向机构所在地主管税务机关进行纳税申报。

5.一般纳税人跨县（市）提供建筑服务，选择适用简易计税方法计税的，应以取得的全部价款和价外费用扣除支付的分包款后的余额为销售额，按照3%的征收率计算应纳税额。纳税人应按照上述计税方法在建筑服务发生地预缴税款后，向机构所在地主管税务机关进行纳税申报。

6.试点纳税人中的小规模纳税人（以下称小规模纳税人）跨县（市）提供建筑服务，应以取得的全部价款和价外费用扣除支付的分包款后的余额为销售额，按照3%的征收率计算应纳税额。纳税人应按照上述计税方法在建筑服务发生地预缴税款后，向机构所在地主管税务机关进行纳税申报。

（八）销售不动产。

1.一般纳税人销售其2016年4月30日前取得（不含自建）的不动产，可以选择适用简易计税方法，以取得的全部价款和价外费用减去该项不动产购置原价或者取得不动产时的作价后的余额为销售额，按照5%的征收率计算应纳税额。纳税人应按照上述计税方法在不动产所在地预缴税款后，向机构所在地主管税务机关进行纳税申报。

2.一般纳税人销售其2016年4月30日前自建的不动产，可以选择适用简易计税方法，以取得的全部价款和价外费用为销售额，按照5%的征收率计算应纳税额。纳税人应按照上述计税方法在不动产所在地预缴税款后，向机构所在地主管税务机关进行纳税申报。

3.一般纳税人销售其2016年5月1日后取得（不含自建）的不动产，应适用一般计税方法，以取得的全部价款和价外费用为销售额计算应纳税额。纳税人应以取得的全部价款和价外费用减去该项不动产购置原价或者取得不动产时的作价后的余额，按照5%的预征率在不动产所在地预缴税款后，向机构所在地主管税务机关进行纳税申报。

4.一般纳税人销售其2016年5月1日后自建的不动产，应适用一般计税方法，以取得的全部价款和价外费用为销售额计算应纳税额。纳税人应以取得的全部价款和价外费用，按照5%的预征率在不动产所在地预缴税款后，向机构所在地主管税务机关进行纳税申报。

5.小规模纳税人销售其取得（不含自建）的不动产（不含个体工商户销售购买的住房和其他个人销售不动产），应以取得的全部价款和价外费用减去该项不动产购置原价或者取得不动产时的作价后的余额为销售额，按照5%的征收率计算应纳税额。纳税人应按照上述计税方法在不动产所在地预缴税款后，向机构所在地主管税务机关进行纳税申报。

6.小规模纳税人销售其自建的不动产，应以取得的全部价款和价外费用为销售额，按照5%的征收率计算应纳税额。纳税人应按照上述计税方法在不动产所在地预缴税款后，向机构所在地主管税务机关进行纳税申报。

7.房地产开发企业中的一般纳税人，销售自行开发的房地产老项目，可以选择适用简易计税方法按照5%的征收率计税。

8.房地产开发企业中的小规模纳税人，销售自行开发的房地产项目，按照5%的征收率计税。

9.房地产开发企业采取预收款方式销售所开发的房地产项目，在收到预收款时按照3%的预征率预缴增值税。

10.个体工商户销售购买的住房，应按照附件3《营业税改征增值税试点过渡政策的规定》第五条的规定征免增值税。纳税人应按照上述计税方法在不动产所在地预缴税款后，向机构所在地主管税务机关进行纳税申报。

11. 其他个人销售其取得（不含自建）的不动产（不含其购买的住房），应以取得的全部价款和价外费用减去该项不动产购置原价或者取得不动产时的作价后的余额为销售额，按照5%的征收率计算应纳税额。

（九）不动产经营租赁服务。

1. 一般纳税人出租其2016年4月30日前取得的不动产，可以选择适用简易计税方法，按照5%的征收率计算应纳税额。纳税人出租其2016年4月30日前取得的与机构所在地不在同一县（市）的不动产，应按照上述计税方法在不动产所在地预缴税款后，向机构所在地主管税务机关进行纳税申报。

2. 公路经营企业中的一般纳税人收取试点前开工的高速公路的车辆通行费，可以选择适用简易计税方法，减按3%的征收率计算应纳税额。

试点前开工的高速公路，是指相关施工许可证明上注明的合同开工日期在2016年4月30日前的高速公路。

3. 一般纳税人出租其2016年5月1日后取得的、与机构所在地不在同一县（市）的不动产，应按照3%的预征率在不动产所在地预缴税款后，向机构所在地主管税务机关进行纳税申报。

4. 小规模纳税人出租其取得的不动产（不含个人出租住房），应按照5%的征收率计算应纳税额。纳税人出租与机构所在地不在同一县（市）的不动产，应按照上述计税方法在不动产所在地预缴税款后，向机构所在地主管税务机关进行纳税申报。

5. 其他个人出租其取得的不动产（不含住房），应按照5%的征收率计算应纳税额。

6. 个人出租住房，应按照5%的征收率减按1.5%计算应纳税额。

（十）一般纳税人销售其2016年4月30日前取得的不动产（不含自建），适用一般计税方法计税的，以取得的全部价款和价外费用为销售额计算应纳税额。上述纳税人应以取得的全部价款和价外费用减去该项不动产购置原价或者取得不动产时的作价后的余额，按照5%的预征率在不动产所在地预缴税款后，向机构所在地主管税务机关进行纳税申报。

房地产开发企业中的一般纳税人销售房地产老项目，以及一般纳税人出租其2016年4月30日前取得的不动产，适用一般计税方法计税的，应以取得的全部价款和价外费用，按照3%的预征率在不动产所在地预缴税款后，向机构所在地主管税务机关进行纳税申报。

一般纳税人销售其2016年4月30日前自建的不动产，适用一般计税方法计税的，应以取得的全部价款和价外费用为销售额计算应纳税额。纳税人应以取得的全部价款和价外费用，按照5%的预征率在不动产所在地预缴税款后，向机构所在地主管税务机关进行纳税申报。

（十一）一般纳税人跨省（自治区、直辖市或者计划单列市）提供建筑服务或者销售、出租取得的与机构所在地不在同一省（自治区、直辖市或者计划单列市）的不动产，在机构所在地申报纳税时，计算的应纳税额小于已预缴税额，且差额较大的，由国家税务总局通知建筑服务发生地或者不动产所在地省级税务机关，在一定时期内暂停预缴增值税。

（十二）纳税地点。

属于固定业户的试点纳税人，总分支机构不在同一县（市），但在同一省（自治区、直辖市、计划单列市）范围内的，经省（自治区、直辖市、计划单列市）财政厅（局）和国家税务局批准，可以由总机构汇总向总机构所在地的主管税务机关申报缴纳增值税。

（十三）试点前发生的业务。

1. 试点纳税人发生应税行为，按照国家有关营业税政策规定差额征收营业税的，因取得的全部价款和价外费用不足以抵减允许扣除项目金额，截至纳入营改增试点之日前尚未扣除的部分，不得在计算试点纳税人增值税应税销售额时抵减，应当向原主管地税机关申请退还营业税。

2. 试点纳税人发生应税行为，在纳入营改增试点之日前已缴纳营业税，营改增试点后因发生退款减除营业额的，应当向原主管地税机关申请退还已缴纳的营业税。

3. 试点纳税人纳入营改增试点之日前发生的应税行为，因税收检查等原因需要补缴税款的，应按照营业税政策规定补缴营业税。

（十四）销售使用过的固定资产。

一般纳税人销售自己使用过的、纳入营改增试点之日前取得的固定资产，按照现行旧货相关增值税政策执行。

使用过的固定资产，是指纳税人符合《试点实施办法》第二十八条规定并根据财务会计制度已经计提折旧的固定资产。

（十五）扣缴增值税适用税率。

境内的购买方为境外单位和个人扣缴增值税的，按照适用税率扣缴增值税。

（十六）其他规定。

1. 试点纳税人销售电信服务时，附带赠送用户识别卡、电信终端等货物或者电信服务的，应将其取得的全部价款和价外费用进行分别核算，按各自适用的税率计算缴纳增值税。

2. 油气田企业发生应税行为，适用《试点实施办法》规定的增值税税率，不再适用《财政部 国家税务总局关于印发〈油气田企业增值税管理办法〉的通知》（财税〔2009〕8号）规定的增值税税率。

二、原增值税纳税人[指按照《中华人民共和国增值税暂行条例》（国务院令第538号）（以下称《增值税暂行条例》）缴纳增值税的纳税人]有关政策

（一）进项税额。

1. 原增值税一般纳税人购进服务、无形资产或者不动产，取得的增值税专用发票上注明的增值税额为进项税额，准予从销项税额中抵扣。

2016年5月1日后取得并在会计制度上按固定资产核算的不动产或者2016年5月1日后取得的不动产在建工程，其进项税额应自取得之日起分2年从销项税额中抵扣，第一年抵扣比例为60%，第二年抵扣比例为40%。

融资租入的不动产以及在施工现场修建的临时建筑物、构筑物，其进项税额不适用上述分2年抵扣的规定。

2. 原增值税一般纳税人自用的应征消费税的摩托车、汽车、游艇，其进项税额准予从销项税额中抵扣。

3. 原增值税一般纳税人从境外单位或者个人购进服务、无形资产或者不动产，按照规定应当扣缴增值税的，准予从销项税额中抵扣的进项税额为自税务机关或者扣缴义务人取得的解缴税款的完税凭证上注明的增值税额。

纳税人凭完税凭证抵扣进项税额的，应当具备书面合同、付款证明和境外单位的对账单或者发票。资料不全的，其进项税额不得从销项税额中抵扣。

4. 原增值税一般纳税人购进货物或者接受加工修理修配劳务，用于《销售服务、无形资产或者不动产注释》所列项目的，不属于《增值税暂行条例》第十条所称的用于非增值税应税项目，其进项税额准予从销项税额中抵扣。

5. 原增值税一般纳税人购进服务、无形资产或者不动产,下列项目的进项税额不得从销项税额中抵扣:

(1) 用于简易计税方法计税项目、免征增值税项目、集体福利或者个人消费。其中涉及的无形资产、不动产,仅指专用于上述项目的无形资产(不包括其他权益性无形资产)、不动产。

纳税人的交际应酬消费属于个人消费。

(2) 非正常损失的购进货物,以及相关的加工修理修配劳务和交通运输服务。

(3) 非正常损失的在产品、产成品所耗用的购进货物(不包括固定资产)、加工修理修配劳务和交通运输服务。

(4) 非正常损失的不动产,以及该不动产所耗用的购进货物、设计服务和建筑服务。

(5) 非正常损失的不动产在建工程所耗用的购进货物、设计服务和建筑服务。

纳税人新建、改建、扩建、修缮、装饰不动产,均属于不动产在建工程。

(6) 购进的旅客运输服务、贷款服务、餐饮服务、居民日常服务和娱乐服务。

(7) 财政部和国家税务总局规定的其他情形。

上述第(4)点、第(5)点所称货物,是指构成不动产实体的材料和设备,包括建筑装饰材料和给排水、采暖、卫生、通风、照明、通讯、煤气、消防、中央空调、电梯、电气、智能化楼宇设备及配套设施。

纳税人接受贷款服务向贷款方支付的与该笔贷款直接相关的投融资顾问费、手续费、咨询费等费用,其进项税额不得从销项税额中抵扣。

6. 已抵扣进项税额的购进服务,发生上述第5点规定情形(简易计税方法计税项目、免征增值税项目除外)的,应当将该进项税额从当期进项税额中扣减;无法确定该进项税额的,按照当期实际成本计算应扣减的进项税额。

7. 已抵扣进项税额的无形资产或者不动产,发生上述第5点规定情形的,按照下列公式计算不得抵扣的进项税额:

不得抵扣的进项税额 = 无形资产或者不动产净值 × 适用税率

8. 按照《增值税暂行条例》第十条和上述第5点不得抵扣且未抵扣进项税额的固定资产、无形资产、不动产,发生用途改变,用于允许抵扣进项税额的应税项目,可在用途改变的次月按照下列公式,依据合法有效的增值税扣税凭证,计算可以抵扣的进项税额:

可以抵扣的进项税额 = 固定资产、无形资产、不动产净值 / (1+适用税率) × 适用税率

上述可以抵扣的进项税额应取得合法有效的增值税扣税凭证。

(二) 增值税期末留抵税额。

原增值税一般纳税人兼有销售服务、无形资产或者不动产的,截止到纳入营改增试点之日前的增值税期末留抵税额,不得从销售服务、无形资产或者不动产的销项税额中抵扣。

(三) 混合销售。

一项销售行为如果既涉及货物又涉及服务,为混合销售。从事货物的生产、批发或者零售的单位和个体工商户的混合销售行为,按照销售货物缴纳增值税;其他单位和个体工商户的混合销售行为,按照销售服务缴纳增值税。

上述从事货物的生产、批发或者零售的单位和个体工商户,包括以从事货物的生产、批发或者零售为主,并兼营销售服务的单位和个体工商户在内。

附件3：

营业税改征增值税试点过渡政策的规定

一、下列项目免征增值税

（一）托儿所、幼儿园提供的保育和教育服务。

托儿所、幼儿园，是指经县级以上教育部门审批成立、取得办园许可证的实施0-6岁学前教育的机构，包括公办和民办的托儿所、幼儿园、学前班、幼儿班、保育院、幼儿院。

公办托儿所、幼儿园免征增值税的收入是指，在省级财政部门和价格主管部门审核报省级人民政府批准的收费标准以内收取的教育费、保育费。

民办托儿所、幼儿园免征增值税的收入是指，在报经当地有关部门备案并公示的收费标准范围内收取的教育费、保育费。

超过规定收费标准的收费，以开办实验班、特色班和兴趣班等为由另外收取的费用以及与幼儿入园挂钩的赞助费、支教费等超过规定范围的收入，不属于免征增值税的收入。

（二）养老机构提供的养老服务。

养老机构，是指依照民政部《养老机构设立许可办法》（民政部令第48号）设立并依法办理登记的为老年人提供集中居住和照料服务的各类养老机构；养老服务，是指上述养老机构按照民政部《养老机构管理办法》（民政部令第49号）的规定，为收住的老年人提供的生活照料、康复护理、精神慰藉、文化娱乐等服务。

（三）残疾人福利机构提供的育养服务。

（四）婚姻介绍服务。

（五）殡葬服务。

殡葬服务，是指收费标准由各地价格主管部门会同有关部门核定，或者实行政府指导价管理的遗体接运（含抬尸、消毒）、遗体整容、遗体防腐、存放（含冷藏）、火化、骨灰寄存、吊唁设施设备租赁、墓穴租赁及管理等服务。

（六）残疾人员本人为社会提供的服务。

（七）医疗机构提供的医疗服务。

医疗机构，是指依据国务院《医疗机构管理条例》（国务院令第149号）及卫生部《医疗机构管理条例实施细则》（卫生部令第35号）的规定，经登记取得《医疗机构执业许可证》的机构，以及军队、武警部队各级各类医疗机构。具体包括：各级各类医院、门诊部（所）、社区卫生服务中心（站）、急救中心（站）、城乡卫生院、护理院（所）、疗养院、临床检验中心，各级政府及有关部门举办的卫生防疫站（疾病控制中心）、各种专科疾病防治站（所），各级政府举办的妇幼保健所（站）、母婴保健机构、儿童保健机构，各级政府举办的血站（血液中心）等医疗机构。

本项所称的医疗服务，是指医疗机构按照不高于地（市）级以上价格主管部门会同同级卫生主管部门及其他相关部门制定的医疗服务指导价格（包括政府指导价和按照规定由供需双方协商确定的价格等）为就医者提供《全国医疗服务价格项目规范》所列的各项服务，以及医疗机构向社会提供卫生防疫、卫生检疫的服务。

（八）从事学历教育的学校提供的教育服务。

1.学历教育,是指受教育者经过国家教育考试或者国家规定的其他入学方式,进入国家有关部门批准的学校或者其他教育机构学习,获得国家承认的学历证书的教育形式。具体包括:

(1)初等教育:普通小学、成人小学。

(2)初级中等教育:普通初中、职业初中、成人初中。

(3)高级中等教育:普通高中、成人高中和中等职业学校(包括普通中专、成人中专、职业高中、技工学校)。

(4)高等教育:普通本专科、成人本专科、网络本专科、研究生(博士、硕士)、高等教育自学考试、高等教育学历文凭考试。

2.从事学历教育的学校,是指:

(1)普通学校。

(2)经地(市)级以上人民政府或者同级政府的教育行政部门批准成立、国家承认其学员学历的各类学校。

(3)经省级及以上人力资源社会保障行政部门批准成立的技工学校、高级技工学校。

(4)经省级人民政府批准成立的技师学院。

上述学校均包括符合规定的从事学历教育的民办学校,但不包括职业培训机构等国家不承认学历的教育机构。

3.提供教育服务免征增值税的收入,是指对列入规定招生计划的在籍学生提供学历教育服务取得的收入,具体包括:经有关部门审核批准并按规定标准收取的学费、住宿费、课本费、作业本费、考试报名费收入,以及学校食堂提供餐饮服务取得的伙食费收入。除此之外的收入,包括学校以各种名义收取的赞助费、择校费等,不属于免征增值税的范围。

学校食堂是指依照《学校食堂与学生集体用餐卫生管理规定》(教育部令第14号)管理的学校食堂。

(九)学生勤工俭学提供的服务。

(十)农业机耕、排灌、病虫害防治、植物保护、农牧保险以及相关技术培训业务,家禽、牲畜、水生动物的配种和疾病防治。

农业机耕,是指在农业、林业、牧业中使用农业机械进行耕作(包括耕耘、种植、收割、脱粒、植物保护等)的业务;排灌,是指对农田进行灌溉或者排涝的业务;病虫害防治,是指从事农业、林业、牧业、渔业的病虫害测报和防治的业务;农牧保险,是指为种植业、养殖业、牧业种植和饲养的动植物提供保险的业务;相关技术培训,是指与农业机耕、排灌、病虫害防治、植物保护业务相关以及为使农民获得农牧保险知识的技术培训业务;家禽、牲畜、水生动物的配种和疾病防治业务的免税范围,包括与该项服务有关的提供药品和医疗用具的业务。

(十一)纪念馆、博物馆、文化馆、文物保护单位管理机构、美术馆、展览馆、书画院、图书馆在自己的场所提供文化体育服务取得的第一道门票收入。

(十二)寺院、宫观、清真寺和教堂举办文化、宗教活动的门票收入。

(十三)行政单位之外的其他单位收取的符合《试点实施办法》第十条规定条件的政府性基金和行政事业性收费。

(十四)个人转让著作权。

(十五)个人销售自建自用住房。

(十六)2018年12月31日前,公共租赁住房经营管理单位出租公共租赁住房。

公共租赁住房,是指纳入省、自治区、直辖市、计划单列市人民政府及新疆生产建设兵团批准的公共租赁住房发展规划和年度计划,并按照《关于加快发展公共租赁住房的指导意见》(建保〔2010〕87号)和市、县人民政府制定的具体管理办法进行管理的公共租赁住房。

(十七)台湾航运公司、航空公司从事海峡两岸海上直航、空中直航业务在大陆取得的运输收入。

台湾航运公司,是指取得交通运输部颁发的"台湾海峡两岸间水路运输许可证"且该许可证上注明的公司登记地址在台湾的航运公司。

台湾航空公司,是指取得中国民用航空局颁发的"经营许可"或者依据《海峡两岸空运协议》和《海峡两岸空运补充协议》规定,批准经营两岸旅客、货物和邮件不定期(包机)运输业务,且公司登记地址在台湾的航空公司。

(十八)纳税人提供的直接或者间接国际货物运输代理服务。

1.纳税人提供直接或者间接国际货物运输代理服务,向委托方收取的全部国际货物运输代理服务收入,以及向国际运输承运人支付的国际运输费用,必须通过金融机构进行结算。

2.纳税人为大陆与香港、澳门、台湾地区之间的货物运输提供的货物运输代理服务参照国际货物运输代理服务有关规定执行。

3.委托方索取发票的,纳税人应当就国际货物运输代理服务收入向委托方全额开具增值税普通发票。

(十九)以下利息收入。

1.2016年12月31日前,金融机构农户小额贷款。

小额贷款,是指单笔且该农户贷款余额总额在10万元(含本数)以下的贷款。

所称农户,是指长期(一年以上)居住在乡镇(不包括城关镇)行政管理区域内的住户,还包括长期居住在城关镇所辖行政村范围内的住户和户口不在本地而在本地居住一年以上的住户,国有农场的职工和农村个体工商户。位于乡镇(不包括城关镇)行政管理区域内和在城关镇所辖行政村范围内的国有经济的机关、团体、学校、企事业单位的集体户;有本地户口,但举家外出谋生一年以上的住户,无论是否保留承包耕地均不属于农户。农户以户为统计单位,既可以从事农业生产经营,也可以从事非农业生产经营。农户贷款的判定应以贷款发放时的承贷主体是否属于农户为准。

2.国家助学贷款。

3.国债、地方政府债。

4.人民银行对金融机构的贷款。

5.住房公积金管理中心用住房公积金在指定的委托银行发放的个人住房贷款。

6.外汇管理部门在从事国家外汇储备经营过程中,委托金融机构发放的外汇贷款。

7.统借统还业务中,企业集团或企业集团中的核心企业以及集团所属财务公司按不高于支付给金融机构的借款利率水平或者支付的债券票面利率水平,向企业集团或者集团内下属单位收取的利息。

统借方向资金使用单位收取的利息,高于支付给金融机构借款利率水平或者支付的债券票面利率水平的,应全额缴纳增值税。

统借统还业务,是指:

(1)企业集团或者企业集团中的核心企业向金融机构借款或对外发行债券取得资金

后,将所借资金分拨给下属单位(包括独立核算单位和非独立核算单位,下同),并向下属单位收取用于归还金融机构或债券购买方本息的业务。

(2)企业集团向金融机构借款或对外发行债券取得资金后,由集团所属财务公司与企业集团或者集团内下属单位签订统借统还贷款合同并分拨资金,并向企业集团或者集团内下属单位收取本息,再转付企业集团,由企业集团统一归还金融机构或债券购买方的业务。

(二十)被撤销金融机构以货物、不动产、无形资产、有价证券、票据等财产清偿债务。

被撤销金融机构,是指经人民银行、银监会依法决定撤销的金融机构及其分设于各地的分支机构,包括被依法撤销的商业银行、信托投资公司、财务公司、金融租赁公司、城市信用社和农村信用社。除另有规定外,被撤销金融机构所属、附属企业,不享受被撤销金融机构增值税免税政策。

(二十一)保险公司开办的一年期以上人身保险产品取得的保费收入。

一年期以上人身保险,是指保险期间为一年期及以上返还本利的人寿保险、养老年金保险,以及保险期间为一年期及以上的健康保险。

人寿保险,是指以人的寿命为保险标的的人身保险。

养老年金保险,是指以养老保障为目的,以被保险人生存为给付保险金条件,并按约定的时间间隔分期给付生存保险金的人身保险。养老年金保险应当同时符合下列条件:

1. 保险合同约定给付被保险人生存保险金的年龄不得小于国家规定的退休年龄。

2. 相邻两次给付的时间间隔不得超过一年。

健康保险,是指以因健康原因导致损失为给付保险金条件的人身保险。

上述免税政策实行备案管理,具体备案管理办法按照《国家税务总局关于一年期以上返还性人身保险产品免征营业税审批事项取消后有关管理问题的公告》(国家税务总局公告2015年第65号)规定执行。

(二十二)下列金融商品转让收入。

1. 合格境外投资者(QFII)委托境内公司在我国从事证券买卖业务。

2. 香港市场投资者(包括单位和个人)通过沪港通买卖上海证券交易所上市A股。

3. 对香港市场投资者(包括单位和个人)通过基金互认买卖内地基金份额。

4. 证券投资基金(封闭式证券投资基金,开放式证券投资基金)管理人运用基金买卖股票、债券。

5. 个人从事金融商品转让业务。

(二十三)金融同业往来利息收入。

1. 金融机构与人民银行所发生的资金往来业务。包括人民银行对一般金融机构贷款,以及人民银行对商业银行的再贴现等。

2. 银行联行往来业务。同一银行系统内部不同行、处之间所发生的资金账务往来业务。

3. 金融机构间的资金往来业务。是指经人民银行批准,进入全国银行间同业拆借市场的金融机构之间通过全国统一的同业拆借网络进行的短期(一年以下含一年)无担保资金融通行为。

4. 金融机构之间开展的转贴现业务。

金融机构是指:

(1)银行:包括人民银行、商业银行、政策性银行。

(2)信用合作社。

（3）证券公司。

（4）金融租赁公司、证券基金管理公司、财务公司、信托投资公司、证券投资基金。

（5）保险公司。

（6）其他经人民银行、银监会、证监会、保监会批准成立且经营金融保险业务的机构等。

（二十四）同时符合下列条件的担保机构从事中小企业信用担保或者再担保业务取得的收入（不含信用评级、咨询、培训等收入）3年内免征增值税[①]：

1. 已取得监管部门颁发的融资性担保机构经营许可证，依法登记注册为企（事）业法人，实收资本超过2 000万元。

2. 平均年担保费率不超过银行同期贷款基准利率的50%。平均年担保费率=本期担保费收入/（期初担保余额+本期增加担保金额）×100%。

3. 连续合规经营2年以上，资金主要用于担保业务，具备健全的内部管理制度和为中小企业提供担保的能力，经营业绩突出，对受保项目具有完善的事前评估、事中监控、事后追偿与处置机制。

4. 为中小企业提供的累计担保贷款额占其两年累计担保业务总额的80%以上，单笔800万元以下的累计担保贷款额占其累计担保业务总额的50%以上。

5. 对单个受保企业提供的担保余额不超过担保机构实收资本总额的10%，且平均单笔担保责任金额最多不超过3 000万元人民币。

6. 担保责任余额不低于其净资产的3倍，且代偿率不超过2%。

担保机构免征增值税政策采取备案管理方式。符合条件的担保机构应到所在地县（市）主管税务机关和同级中小企业管理部门履行规定的备案手续，自完成备案手续之日起，享受3年免征增值税政策。3年免税期满后，符合条件的担保机构可按规定程序办理备案手续后继续享受该项政策。

具体备案管理办法按照《国家税务总局关于中小企业信用担保机构免征营业税审批事项取消后有关管理问题的公告》（国家税务总局公告2015年第69号）规定执行，其中税务机关的备案管理部门统一调整为县（市）级国家税务局。

（二十五）国家商品储备管理单位及其直属企业承担商品储备任务，从中央或者地方财政取得的利息补贴收入和价差补贴收入。

国家商品储备管理单位及其直属企业，是指接受中央、省、市、县四级政府有关部门（或者政府指定管理单位）委托，承担粮（含大豆）、食用油、棉、糖、肉、盐（限于中央储备）等6种商品储备任务，并按有关政策收储、销售上述6种储备商品，取得财政储备经费或者补贴的商品储备企业。利息补贴收入，是指国家商品储备管理单位及其直属企业因承担上述商品储备任务从金融机构贷款，并从中央或者地方财政取得的用于偿还贷款利息的贴息收入。价差补贴收入包括销售价差补贴收入和轮换价差补贴收入。销售价差补贴收入，是指按照中央或者地方政府指令销售上述储备商品时，由于销售收入小于库存成本而从中央或者地方财政获得的全额价差补贴收入。轮换价差补贴收入，是指根据要求定期组织政策性储备商品轮换而从中央或者地方财政取得的商品新陈品质价差补贴收入。

（二十六）纳税人提供技术转让、技术开发和与之相关的技术咨询、技术服务。

1. 技术转让、技术开发，是指《销售服务、无形资产、不动产注释》中"转让技

---

① 注：本款规定的中小企业信用担保增值税免税政策自2018年1月1日起停止执行，参见《财政部 税务总局关于租入固定资产进项税额抵扣等增值税政策的通知》（财税〔2017〕90号）。

术""研发服务"范围内的业务活动。技术咨询，是指就特定技术项目提供可行性论证、技术预测、专题技术调查、分析评价报告等业务活动。

与技术转让、技术开发相关的技术咨询、技术服务，是指转让方（或者受托方）根据技术转让或者开发合同的规定，为帮助受让方（或者委托方）掌握所转让（或者委托开发）的技术，而提供的技术咨询、技术服务业务，且这部分技术咨询、技术服务的价款与技术转让或者技术开发的价款应当在同一张发票上开具。

2.备案程序。试点纳税人申请免征增值税时，须持技术转让、开发的书面合同，到纳税人所在地省级科技主管部门进行认定，并持有关的书面合同和科技主管部门审核意见证明文件报主管税务机关备查。

（二十七）同时符合下列条件的合同能源管理服务：

1.节能服务公司实施合同能源管理项目相关技术，应当符合国家质量监督检验检疫总局和国家标准化管理委员会发布的《合同能源管理技术通则》（GB/T 24915-2010）规定的技术要求。

2.节能服务公司与用能企业签订节能效益分享型合同，其合同格式和内容，符合《中华人民共和国合同法》和《合同能源管理技术通则》（GB/T 24915-2010）等规定。

（二十八）2017年12月31日前，科普单位的门票收入，以及县级及以上党政部门和科协开展科普活动的门票收入。

科普单位，是指科技馆、自然博物馆，对公众开放的天文馆（站、台）、气象台（站）、地震台（站），以及高等院校、科研机构对公众开放的科普基地。

科普活动，是指利用各种传媒以浅显的、让公众易于理解、接受和参与的方式，向普通大众介绍自然科学和社会科学知识，推广科学技术的应用，倡导科学方法，传播科学思想，弘扬科学精神的活动。

（二十九）政府举办的从事学历教育的高等、中等和初等学校（不含下属单位），举办进修班、培训班取得的全部归该学校所有的收入。

全部归该学校所有，是指举办进修班、培训班取得的全部收入进入该学校统一账户，并纳入预算全额上缴财政专户管理，同时由该学校对有关票据进行统一管理和开具。

举办进修班、培训班取得的收入进入该学校下属部门自行开设账户的，不予免征增值税。

（三十）政府举办的职业学校设立的主要为在校学生提供实习场所、并由学校出资自办、由学校负责经营管理、经营收入归学校所有的企业，从事《销售服务、无形资产或者不动产注释》中"现代服务"（不含融资租赁服务、广告服务和其他现代服务）、"生活服务"（不含文化体育服务、其他生活服务和桑拿、氧吧）业务活动取得的收入。

（三十一）家政服务企业由员工制家政服务员提供家政服务取得的收入。

家政服务企业，是指在企业营业执照的规定经营范围中包括家政服务内容的企业。

员工制家政服务员，是指同时符合下列3个条件的家政服务员：

1.依法与家政服务企业签订半年及半年以上的劳动合同或者服务协议，且在该企业实际上岗工作。

2.家政服务企业为其按月足额缴纳了企业所在地人民政府根据国家政策规定的基本养老保险、基本医疗保险、工伤保险、失业保险等社会保险。对已享受新型农村养老保险和新型农村合作医疗等社会保险或者下岗职工原单位继续为其缴纳社会保险的家政服务员，如果本人书面提出不再缴纳企业所在地人民政府根据国家政策规定的相应的社会保险，并出具其所在乡镇或者原单位开具的已缴纳相关保险的证明,可视同家政服务企业已为其按月足额缴纳了相应的社会保险。

3. 家政服务企业通过金融机构向其实际支付不低于企业所在地适用的经省级人民政府批准的最低工资标准的工资。

(三十二)福利彩票、体育彩票的发行收入。

(三十三)军队空余房产租赁收入。

(三十四)为了配合国家住房制度改革,企业、行政事业单位按房改成本价、标准价出售住房取得的收入。

(三十五)将土地使用权转让给农业生产者用于农业生产。

(三十六)涉及家庭财产分割的个人无偿转让不动产、土地使用权。

家庭财产分割,包括下列情形:离婚财产分割;无偿赠与配偶、父母、子女、祖父母、外祖父母、孙子女、外孙子女、兄弟姐妹;无偿赠与对其承担直接抚养或者赡养义务的抚养人或者赡养人;房屋产权所有人死亡,法定继承人、遗嘱继承人或者受遗赠人依法取得房屋产权。

(三十七)土地所有者出让土地使用权和土地使用者将土地使用权归还给土地所有者。

(三十八)县级以上地方人民政府或自然资源行政主管部门出让、转让或收回自然资源使用权(不含土地使用权)。

(三十九)随军家属就业。

1. 为安置随军家属就业而新开办的企业,自领取税务登记证之日起,其提供的应税服务 3 年内免征增值税。

享受税收优惠政策的企业,随军家属必须占企业总人数的 60%(含)以上,并有军(含)以上政治和后勤机关出具的证明。

2. 从事个体经营的随军家属,自办理税务登记事项之日起,其提供的应税服务 3 年内免征增值税。

随军家属必须有师以上政治机关出具的可以表明其身份的证明。

按照上述规定,每一名随军家属可以享受一次免税政策。

(四十)军队转业干部就业。

1. 从事个体经营的军队转业干部,自领取税务登记证之日起,其提供的应税服务 3 年内免征增值税。

2. 为安置自主择业的军队转业干部就业而新开办的企业,凡安置自主择业的军队转业干部占企业总人数 60%(含)以上的,自领取税务登记证之日起,其提供的应税服务 3 年内免征增值税。

享受上述优惠政策的自主择业的军队转业干部必须持有师以上部队颁发的转业证件。

二、增值税即征即退

(一)一般纳税人提供管道运输服务,对其增值税实际税负超过 3% 的部分实行增值税即征即退政策。

(二)经人民银行、银监会或者商务部批准从事融资租赁业务的试点纳税人中的一般纳税人,提供有形动产融资租赁服务和有形动产融资性售后回租服务,对其增值税实际税负超过 3% 的部分实行增值税即征即退政策。商务部授权的省级商务主管部门和国家经济技术开发区批准的从事融资租赁业务和融资性售后回租业务的试点纳税人中的一般纳税人,2016 年 5 月 1 日后实收资本达到 1.7 亿元的,从达到标准的当月起按照上述规定执行;

2016年5月1日后实收资本未达到1.7亿元但注册资本达到1.7亿元的，在2016年7月31日前仍可按照上述规定执行，2016年8月1日后开展的有形动产融资租赁业务和有形动产融资性售后回租业务不得按照上述规定执行。

（三）本规定所称增值税实际税负，是指纳税人当期提供应税服务实际缴纳的增值税额占纳税人当期提供应税服务取得的全部价款和价外费用的比例。

三、扣减增值税规定

（一）退役士兵创业就业。

1. 对自主就业退役士兵从事个体经营的，在3年内按每户每年8 000元为限额依次扣减其当年实际应缴纳的增值税、城市维护建设税、教育费附加、地方教育附加和个人所得税。限额标准最高可上浮20%，各省、自治区、直辖市人民政府可根据本地区实际情况在此幅度内确定具体限额标准，并报财政部和国家税务总局备案。

纳税人年度应缴纳税款小于上述扣减限额的，以其实际缴纳的税款为限；大于上述扣减限额的，应以上述扣减限额为限。纳税人的实际经营期不足一年的，应当以实际月份换算其减免税限额。换算公式为：减免税限额＝年度减免税限额÷12×实际经营月数。

纳税人在享受税收优惠政策的当月，持《中国人民解放军义务兵退出现役证》或《中国人民解放军士官退出现役证》以及税务机关要求的相关材料向主管税务机关备案。

2. 对商贸企业、服务型企业、劳动就业服务企业中的加工型企业和街道社区具有加工性质的小型企业实体，在新增加的岗位中，当年新招用自主就业退役士兵，与其签订1年以上期限劳动合同并依法缴纳社会保险费的，在3年内按实际招用人数予以定额依次扣减增值税、城市维护建设税、教育费附加、地方教育附加和企业所得税优惠。定额标准为每人每年4 000元，最高可上浮50%，各省、自治区、直辖市人民政府可根据本地区实际情况在此幅度内确定具体定额标准，并报财政部和国家税务总局备案。

本条所称服务型企业是指从事《销售服务、无形资产、不动产注释》中"不动产租赁服务""商务辅助服务"（不含货物运输代理和代理报关服务）、"生活服务"（不含文化体育服务）范围内业务活动的企业以及按照《民办非企业单位登记管理暂行条例》（国务院令第251号）登记成立的民办非企业单位。

纳税人按企业招用人数和签订的劳动合同时间核定企业减免税总额，在核定减免税总额内每月依次扣减增值税、城市维护建设税、教育费附加和地方教育附加。纳税人实际应缴纳的增值税、城市维护建设税、教育费附加和地方教育附加小于核定减免税总额的，以实际应缴纳的增值税、城市维护建设税、教育费附加和地方教育附加为限；实际应缴纳的增值税、城市维护建设税、教育费附加和地方教育附加大于核定减免税总额的，以核定减免税总额为限。

纳税年度终了，如果企业实际减免的增值税、城市维护建设税、教育费附加和地方教育附加小于核定的减免税总额，企业在企业所得税汇算清缴时扣减企业所得税。当年扣减不足的，不再结转以后年度扣减。

计算公式为：企业减免税总额＝Σ每名自主就业退役士兵本年度在本企业工作月份÷12×定额标准。

企业自招用自主就业退役士兵的次月起享受税收优惠政策，并于享受税收优惠政策的当月，持下列材料向主管税务机关备案：

（1）新招用自主就业退役士兵的《中国人民解放军义务兵退出现役证》或《中国人民解放军士官退出现役证》。

（2）企业与新招用自主就业退役士兵签订的劳动合同（副本），企业为职工缴纳的社会保险费记录。

（3）自主就业退役士兵本年度在企业工作时间表。

（4）主管税务机关要求的其他相关材料。

3. 上述所称自主就业退役士兵是指依照《退役士兵安置条例》（国务院、中央军委令第608号）的规定退出现役并按自主就业方式安置的退役士兵。

4. 上述税收优惠政策的执行期限为2016年5月1日至2016年12月31日，纳税人在2016年12月31日未享受满3年的，可继续享受至3年期满为止。

按照《财政部　国家税务总局　民政部关于调整完善扶持自主就业退役士兵创业就业有关税收政策的通知》（财税〔2014〕42号）规定享受营业税优惠政策的纳税人，自2016年5月1日起按照上述规定享受增值税优惠政策，在2016年12月31日未享受满3年的，可继续享受至3年期满为止。

《财政部　国家税务总局关于将铁路运输和邮政业纳入营业税改征增值税试点的通知》（财税〔2013〕106号）附件3第一条第（十二）项城镇退役士兵就业免征增值税政策，自2014年7月1日起停止执行。在2014年6月30日未享受满3年的，可继续享受至3年期满为止。

（二）重点群体创业就业。

1. 对持《就业创业证》（注明"自主创业税收政策"或"毕业年度内自主创业税收政策"）或2015年1月27日前取得的《就业失业登记证》（注明"自主创业税收政策"或附着《高校毕业生自主创业证》）的人员从事个体经营的，在3年内按每户每年8 000元为限额依次扣减其当年实际应缴纳的增值税、城市维护建设税、教育费附加、地方教育附加和个人所得税。限额标准最高可上浮20%，各省、自治区、直辖市人民政府可根据本地区实际情况在此幅度内确定具体限额标准，并报财政部和国家税务总局备案。

纳税人年度应缴纳税款小于上述扣减限额的，以其实际缴纳的税款为限；大于上述扣减限额的，应以上述扣减限额为限。

上述人员是指：

（1）在人力资源社会保障部门公共就业服务机构登记失业半年以上的人员。

（2）零就业家庭、享受城市居民最低生活保障家庭劳动年龄内的登记失业人员。

（3）毕业年度内高校毕业生。高校毕业生是指实施高等学历教育的普通高等学校、成人高等学校毕业的学生；毕业年度是指毕业所在自然年，即1月1日至12月31日。

2. 对商贸企业、服务型企业、劳动就业服务企业中的加工型企业和街道社区具有加工性质的小型企业实体，在新增加的岗位中，当年新招用在人力资源社会保障部门公共就业服务机构登记失业半年以上且持《就业创业证》或2015年1月27日前取得的《就业失业登记证》（注明"企业吸纳税收政策"）人员，与其签订1年以上期限劳动合同并依法缴纳社会保险费的，在3年内按实际招用人数予以定额依次扣减增值税、城市维护建设税、教育费附加、地方教育附加和企业所得税优惠。定额标准为每人每年4 000元，最高可上浮30%，各省、自治区、直辖市人民政府可根据本地区实际情况在此幅度内确定具体定额标准，并报财政部和国家税务总局备案。

按上述标准计算的税收扣减额应在企业当年实际应缴纳的增值税、城市维护建设税、教育费附加、地方教育附加和企业所得税税额中扣减，当年扣减不足的，不得结转下年使用。

本条所称服务型企业是指从事《销售服务、无形资产、不动产注释》中"不动产租赁服务""商务辅助服务"(不含货物运输代理和代理报关服务)、"生活服务"(不含文化体育服务)范围内业务活动的企业以及按照《民办非企业单位登记管理暂行条例》(国务院令第251号)登记成立的民办非企业单位。

3.享受上述优惠政策的人员按以下规定申领《就业创业证》:

(1)按照《就业服务与就业管理规定》(劳动和社会保障部令第28号)第六十三条的规定,在法定劳动年龄内,有劳动能力,有就业要求,处于无业状态的城镇常住人员,在公共就业服务机构进行失业登记,申领《就业创业证》。其中,农村进城务工人员和其他非本地户籍人员在常住地稳定就业满6个月的,失业后可以在常住地登记。

(2)零就业家庭凭社区出具的证明,城镇低保家庭凭低保证明,在公共就业服务机构登记失业,申领《就业创业证》。

(3)毕业年度内高校毕业生在校期间凭学生证向公共就业服务机构按规定申领《就业创业证》,或委托所在高校就业指导中心向公共就业服务机构按规定代为其申领《就业创业证》;毕业年度内高校毕业生离校后直接向公共就业服务机构按规定申领《就业创业证》。

(4)上述人员申领相关凭证后,由就业和创业地人力资源社会保障部门对人员范围、就业失业状态、已享受政策情况进行核实,在《就业创业证》上注明"自主创业税收政策""毕业年度内自主创业税收政策"或"企业吸纳税收政策"字样,同时符合自主创业和企业吸纳税收政策条件的,可同时加注;主管税务机关在《就业创业证》上加盖戳记,注明减免税所属时间。

4.上述税收优惠政策的执行期限为2016年5月1日至2016年12月31日,纳税人在2016年12月31日未享受满3年的,可继续享受至3年期满为止。

按照《财政部 国家税务总局 人力资源社会保障部关于继续实施支持和促进重点群体创业就业有关税收政策的通知》(财税〔2014〕39号)规定享受营业税优惠政策的纳税人,自2016年5月1日起按照上述规定享受增值税优惠政策,在2016年12月31日未享受满3年的,可继续享受至3年期满为止。

《财政部 国家税务总局关于将铁路运输和邮政业纳入营业税改征增值税试点的通知》(财税〔2013〕106号)附件3第一条第(十三)项失业人员就业增值税优惠政策,自2014年1月1日起停止执行。在2013年12月31日未享受满3年的,可继续享受至3年期满为止。

四、金融企业发放贷款后,自结息日起90天内发生的应收未收利息按现行规定缴纳增值税,自结息日起90天后发生的应收未收利息暂不缴纳增值税,待实际收到利息时按规定缴纳增值税。

上述所称金融企业,是指银行(包括国有、集体、股份制、合资、外资银行以及其他所有制形式的银行)、城市信用社、农村信用社、信托投资公司、财务公司。

五、个人将购买不足2年的住房对外销售的,按照5%的征收率全额缴纳增值税;个人将购买2年以上(含2年)的住房对外销售的,免征增值税。上述政策适用于北京市、上海市、广州市和深圳市之外的地区。

个人将购买不足2年的住房对外销售的,按照5%的征收率全额缴纳增值税;个人将购买2年以上(含2年)的非普通住房对外销售的,以销售收入减去购买住房价款后的差额按照5%的征收率缴纳增值税;个人将购买2年以上(含2年)的普通住房对外销售的,免征增值税。上述政策仅适用于北京市、上海市、广州市和深圳市。

办理免税的具体程序、购买房屋的时间、开具发票、非购买形式取得住房行为及其他相关税收管理规定,按照《国务院办公厅转发建设部等部门关于做好稳定住房价格工作意见的通知》(国办发〔2005〕26号)、《国家税务总局 财政部 建设部关于加强房地产税收管理的通知》(国税发〔2005〕89号)和《国家税务总局关于房地产税收政策执行中几个具体问题的通知》(国税发〔2005〕172号)的有关规定执行。

六、上述增值税优惠政策除已规定期限的项目和第五条政策外,其他均在营改增试点期间执行。如果试点纳税人在纳入营改增试点之日前已经按照有关政策规定享受了营业税税收优惠,在剩余税收优惠政策期限内,按照本规定享受有关增值税优惠。

附件4:

跨境应税行为适用增值税零税率和免税政策的规定

一、中华人民共和国境内(以下称境内)的单位和个人销售的下列服务和无形资产,适用增值税零税率:

(一)国际运输服务。

国际运输服务,是指:

1. 在境内载运旅客或者货物出境。
2. 在境外载运旅客或者货物入境。
3. 在境外载运旅客或者货物。

(二)航天运输服务。

(三)向境外单位提供的完全在境外消费的下列服务:

1. 研发服务。
2. 合同能源管理服务。
3. 设计服务。
4. 广播影视节目(作品)的制作和发行服务。
5. 软件服务。
6. 电路设计及测试服务。
7. 信息系统服务。
8. 业务流程管理服务。
9. 离岸服务外包业务。

离岸服务外包业务,包括信息技术外包服务(ITO)、技术性业务流程外包服务(BPO)、技术性知识流程外包服务(KPO),其所涉及的具体业务活动,按照《销售服务、无形资产、不动产注释》相对应的业务活动执行。

10. 转让技术。

(四)财政部和国家税务总局规定的其他服务。

二、境内的单位和个人销售的下列服务和无形资产免征增值税,但财政部和国家税务总局规定适用增值税零税率的除外:

(一)下列服务:

1. 工程项目在境外的建筑服务。
2. 工程项目在境外的工程监理服务。

3. 工程、矿产资源在境外的工程勘察勘探服务。
4. 会议展览地点在境外的会议展览服务。
5. 存储地点在境外的仓储服务。
6. 标的物在境外使用的有形动产租赁服务。
7. 在境外提供的广播影视节目（作品）的播映服务。
8. 在境外提供的文化体育服务、教育医疗服务、旅游服务。

（二）为出口货物提供的邮政服务、收派服务、保险服务。
为出口货物提供的保险服务，包括出口货物保险和出口信用保险。

（三）向境外单位提供的完全在境外消费的下列服务和无形资产：
1. 电信服务。
2. 知识产权服务。
3. 物流辅助服务（仓储服务、收派服务除外）。
4. 鉴证咨询服务。
5. 专业技术服务。
6. 商务辅助服务。
7. 广告投放地在境外的广告服务。
8. 无形资产。

（四）以无运输工具承运方式提供的国际运输服务。

（五）为境外单位之间的货币资金融通及其他金融业务提供的直接收费金融服务，且该服务与境内的货物、无形资产和不动产无关。

（六）财政部和国家税务总局规定的其他服务。

三、按照国家有关规定应取得相关资质的国际运输服务项目，纳税人取得相关资质的，适用增值税零税率政策，未取得的，适用增值税免税政策。

境内的单位或个人提供程租服务，如果租赁的交通工具用于国际运输服务和港澳台运输服务，由出租方按规定申请适用增值税零税率。

境内的单位和个人向境内单位或个人提供期租、湿租服务，如果承租方利用租赁的交通工具向其他单位或个人提供国际运输服务和港澳台运输服务，由承租方适用增值税零税率。境内的单位或个人向境外单位或个人提供期租、湿租服务，由出租方适用增值税零税率。

境内单位和个人以无运输工具承运方式提供的国际运输服务，由境内实际承运人适用增值税零税率；无运输工具承运业务的经营者适用增值税免税政策。

四、境内的单位和个人提供适用增值税零税率的服务或者无形资产，如果属于适用简易计税方法的，实行免征增值税办法。如果属于适用增值税一般计税方法的，生产企业实行免抵退税办法，外贸企业外购服务或者无形资产出口实行免退税办法，外贸企业直接将服务或自行研发的无形资产出口，视同生产企业连同其出口货物统一实行免抵退税办法。

服务和无形资产的退税率为其按照《试点实施办法》第十五条第（一）至（三）项规定适用的增值税税率。实行退（免）税办法的服务和无形资产，如果主管税务机关认定出口价格偏高的，有权按照核定的出口价格计算退（免）税，核定的出口价格低于外贸企业购进价格的，低于部分对应的进项税额不予退税，转入成本。

五、境内的单位和个人销售适用增值税零税率的服务或无形资产的，可以放弃适用增值税零税率，选择免税或按规定缴纳增值税。放弃适用增值税零税率后，36个月内不得再申请适用增值税零税率。

六、境内的单位和个人销售适用增值税零税率的服务或无形资产,按月向主管退税的税务机关申报办理增值税退(免)税手续。具体管理办法由国家税务总局商财政部另行制定。

七、本规定所称完全在境外消费,是指:

(一)服务的实际接受方在境外,且与境内的货物和不动产无关。

(二)无形资产完全在境外使用,且与境内的货物和不动产无关。

(三)财政部和国家税务总局规定的其他情形。

八、境内单位和个人发生的与香港、澳门、台湾有关的应税行为,除本文另有规定外,参照上述规定执行。

九、2016年4月30日前签订的合同,符合《财政部 国家税务总局关于将铁路运输和邮政业纳入营业税改征增值税试点的通知》(财税〔2013〕106号)附件4和《财政部 国家税务总局关于影视等出口服务适用增值税零税率政策的通知》(财税〔2015〕118号)规定的零税率或者免税政策条件的,在合同到期前可以继续享受零税率或者免税政策。

增值税一般纳税人登记管理办法

(国家税务总局令第43号)

《增值税一般纳税人登记管理办法》已经2017年11月30日国家税务总局2017年度第2次局务会议审议通过,现予公布,自2018年2月1日起施行。

附件:1.增值税一般纳税人登记表
   2.选择按小规模纳税人纳税的情况说明

国家税务总局局长:王军
2017年12月29日

增值税一般纳税人登记管理办法

第一条 为了做好增值税一般纳税人(以下简称一般纳税人)登记管理,根据《中华人民共和国增值税暂行条例》及其实施细则有关规定,制定本办法。

第二条 增值税纳税人(以下简称纳税人),年应税销售额超过财政部、国家税务总局规定的小规模纳税人标准(以下简称规定标准)的,除本办法第四条规定外,应当向主管税务机关办理一般纳税人登记。

本办法所称年应税销售额,是指纳税人在连续不超过12个月或四个季度的经营期内累计应征增值税销售额,包括纳税申报销售额、稽查查补销售额、纳税评估调整销售额。

销售服务、无形资产或者不动产(以下简称应税行为)有扣除项目的纳税人,其应税行为年应税销售额按未扣除之前的销售额计算。纳税人偶然发生的销售无形资产、转让不动产的销售额,不计入应税行为年应税销售额。

第三条 年应税销售额未超过规定标准的纳税人,会计核算健全,能够提供准确税务资料的，可以向主管税务机关办理一般纳税人登记。

本办法所称会计核算健全，是指能够按照国家统一的会计制度规定设置账簿，根据合法、有效凭证进行核算。

第四条 下列纳税人不办理一般纳税人登记：

（一）按照政策规定，选择按照小规模纳税人纳税的；

（二）年应税销售额超过规定标准的其他个人。

第五条 纳税人应当向其机构所在地主管税务机关办理一般纳税人登记手续。

第六条 纳税人办理一般纳税人登记的程序如下：

（一）纳税人向主管税务机关填报《增值税一般纳税人登记表》（附件1），如实填写固定生产经营场所等信息，并提供税务登记证件；

（二）纳税人填报内容与税务登记信息一致的，主管税务机关当场登记；

（三）纳税人填报内容与税务登记信息不一致，或者不符合填列要求的，税务机关应当场告知纳税人需要补正的内容。

第七条 年应税销售额超过规定标准的纳税人符合本办法第四条第一项规定的，应当向主管税务机关提交书面说明（附件2）。

第八条 纳税人在年应税销售额超过规定标准的月份（或季度）的所属申报期结束后15日内按照本办法第六条或者第七条的规定办理相关手续；未按规定时限办理的，主管税务机关应当在规定时限结束后5日内制作《税务事项通知书》，告知纳税人应当在5日内向主管税务机关办理相关手续；逾期仍不办理的，次月起按销售额依照增值税税率计算应纳税额，不得抵扣进项税额，直至纳税人办理相关手续为止。

第九条 纳税人自一般纳税人生效之日起，按照增值税一般计税方法计算应纳税额，并可以按照规定领用增值税专用发票，财政部、国家税务总局另有规定的除外。

本办法所称的生效之日，是指纳税人办理登记的当月1日或者次月1日，由纳税人在办理登记手续时自行选择。

第十条 纳税人登记为一般纳税人后，不得转为小规模纳税人，国家税务总局另有规定的除外。

第十一条 主管税务机关应当加强对税收风险的管理。对税收遵从度低的一般纳税人，主管税务机关可以实行纳税辅导期管理，具体办法由国家税务总局另行制定。

第十二条 本办法自2018年2月1日起施行，《增值税一般纳税人资格认定管理办法》（国家税务总局令第22号公布）同时废止。

附件1

增值税一般纳税人登记表

纳税人名称		社会信用代码（纳税人识别号）	
法定代表人（负责人、业主）	证件名称及号码	联系电话	
财务负责人	证件名称及号码	联系电话	
办税人员	证件名称及号码	联系电话	
税务登记日期			
生产经营地址			
注册地址			

续表

纳税人类别：企业□ 非企业性单位□ 个体工商户□ 其他□
主营业务类别：工业□ 商业□ 服务业□ 其他□
会计核算健全：是□
一般纳税人生效之日：当月1日□ 次月1日□
纳税人（代理人）承诺： 　　会计核算健全，能够提供准确税务资料，上述各项内容真实、可靠、完整。如有虚假，愿意承担相关法律责任。 　　经办人：　　　　法定代表人：　　　　代理人：　　　　（签章） 　　　　　　　　　　　　　　　　　　　　　　　　　　　　年　月　日
以下由税务机关填写
税务机关受理情况　　受理人：　　　　　　　　　　　受理税务机关（章） 　　　　　　　　　　　　　　　　　　　　　　　　　　　　年　月　日

填表说明：1. 本表由纳税人如实填写。

2. 表中"证件名称及号码"相关栏次，根据纳税人的法定代表人、财务负责人、办税人员的居民身份证、护照等有效身份证件及号码填写。

3. 表中"一般纳税人生效之日"由纳税人自行勾选。

4. 本表一式二份，主管税务机关和纳税人各留存一份。

附件2

选择按小规模纳税人纳税的情况说明

纳税人名称		社会信用代码（纳税人识别号）	
连续不超过12个月或四个季度的经营期内累计应税销售额		货物劳务：	年　月至　年　月共　　元。
		应税行为：	年　月至　年　月共　　元。
情况说明			
纳税人（代理人）承诺： 　　上述各项内容真实、可靠、完整。如有虚假，愿意承担相关法律责任。 　　经办人：　　　　法定代表人：　　　　代理人：　　　　（签章） 　　　　　　　　　　　　　　　　　　　　　　　　　　　　年　月　日			
以下由税务机关填写			
税务机关受理情况　　受理人：　　　　　　　　　　　受理税务机关（章） 　　　　　　　　　　　　　　　　　　　　　　　　　　　　年　月　日			

填表说明：1. "情况说明"栏由纳税人填写符合财政部、国家税务总局规定可选择按小规模纳税人纳税的具体情形及理由。

2. 本表一式二份，主管税务机关和纳税人各留存一份。

国家税务总局关于在新办纳税人中实行增值税专用发票电子化有关事项的公告

(国家税务总局公告 2020 年第 22 号)

为全面落实《优化营商环境条例》，深化税收领域"放管服"改革，加大推广使用电子发票的力度，国家税务总局决定在前期宁波、石家庄和杭州等3个地区试点的基础上，在全国新设立登记的纳税人（以下简称新办纳税人）中实行增值税专用发票电子化（以下简称专票电子化）。现将有关事项公告如下：

一、自2020年12月21日起，在天津、河北、上海、江苏、浙江、安徽、广东、重庆、四川、宁波和深圳等11个地区的新办纳税人中实行专票电子化，受票方范围为全国。其中，宁波、石家庄和杭州等3个地区已试点纳税人开具增值税电子专用发票（以下简称电子专票）的受票方范围扩至全国。

自2021年1月21日起，在北京、山西、内蒙古、辽宁、吉林、黑龙江、福建、江西、山东、河南、湖北、湖南、广西、海南、贵州、云南、西藏、陕西、甘肃、青海、宁夏、新疆、大连、厦门和青岛等25个地区的新办纳税人中实行专票电子化，受票方范围为全国。

实行专票电子化的新办纳税人具体范围由国家税务总局各省、自治区、直辖市和计划单列市税务局（以下简称各省税务局）确定。

二、电子专票由各省税务局监制，采用电子签名代替发票专用章，属于增值税专用发票，其法律效力、基本用途、基本使用规定等与增值税纸质专用发票（以下简称纸质专票）相同。电子专票票样见附件。

三、电子专票的发票代码为12位，编码规则：第1位为0，第2-5位代表省、自治区、直辖市和计划单列市，第6-7位代表年度，第8-10位代表批次，第11-12位为13。发票号码为8位，按年度、分批次编制。

四、自各地专票电子化实行之日起，本地区需要开具增值税纸质普通发票、增值税电子普通发票（以下简称电子普票）、纸质专票、电子专票、纸质机动车销售统一发票和纸质二手车销售统一发票的新办纳税人，统一领取税务UKey开具发票。税务机关向新办纳税人免费发放税务UKey，并依托增值税电子发票公共服务平台，为纳税人提供免费的电子专票开具服务。

五、税务机关按照电子专票和纸质专票的合计数，为纳税人核定增值税专用发票领用数量。电子专票和纸质专票的增值税专用发票（增值税税控系统）最高开票限额应当相同。

六、纳税人开具增值税专用发票时，既可以开具电子专票，也可以开具纸质专票。受票方索取纸质专票的，开票方应当开具纸质专票。

七、纳税人开具电子专票后，发生销货退回、开票有误、应税服务中止、销售折让等情形，需要开具红字电子专票的，按照以下规定执行：

（一）购买方已将电子专票用于申报抵扣的，由购买方在增值税发票管理系统（以下简称发票管理系统）中填开并上传《开具红字增值税专用发票信息表》（以下简称《信息表》），填开《信息表》时不填写相对应的蓝字电子专票信息。

购买方未将电子专票用于申报抵扣的,由销售方在发票管理系统中填开并上传《信息表》,填开《信息表》时应填写相对应的蓝字电子专票信息。

(二)税务机关通过网络接收纳税人上传的《信息表》,系统自动校验通过后,生成带有"红字发票信息表编号"的《信息表》,并将信息同步至纳税人端系统中。

(三)销售方凭税务机关系统校验通过的《信息表》开具红字电子专票,在发票管理系统中以销项负数开具。红字电子专票应与《信息表》一一对应。

(四)购买方已将电子专票用于申报抵扣的,应当暂依《信息表》所列增值税税额从当期进项税额中转出,待取得销售方开具的红字电子专票后,与《信息表》一并作为记账凭证。

八、受票方取得电子专票用于申报抵扣增值税进项税额或申请出口退税、代办退税的,应当登录增值税发票综合服务平台确认发票用途,登录地址由各省税务局确定并公布。

九、单位和个人可以通过全国增值税发票查验平台(https://inv-veri.chinatax.gov.cn)对电子专票信息进行查验;可以通过全国增值税发票查验平台下载增值税电子发票版式文件阅读器,查阅电子专票并验证电子签名有效性。

十、纳税人以电子发票(含电子专票和电子普票)报销入账归档的,按照《财政部 国家档案局关于规范电子会计凭证报销入账归档的通知》(财会〔2020〕6号)的规定执行。

十一、本公告自2020年12月21日起施行。

特此公告。

附件:增值税电子专用发票(票样)(略)

国家税务总局
2020年12月20日

财政部关于印发《增值税会计处理规定》的通知

(财会〔2016〕22号)

国务院有关部委,有关中央管理企业,各省、自治区、直辖市、计划单列市财政厅(局),新疆生产建设兵团财务局,财政部驻各省、自治区、直辖市、计划单列市财政监察专员办事处:

为进一步规范增值税会计处理,促进《关于全面推开营业税改征增值税试点的通知》(财税〔2016〕36号)的贯彻落实,我们制定了《增值税会计处理规定》,现印发给你们,请遵照执行。

附件:增值税会计处理规定

财政部
2016年12月3日

增值税会计处理规定

根据《中华人民共和国增值税暂行条例》和《关于全面推开营业税改征增值税试点的通知》(财税〔2016〕36号)等有关规定,现对增值税有关会计处理规定如下:

一、会计科目及专栏设置

增值税一般纳税人应当在"应交税费"科目下设置"应交增值税""未交增值税""预交增值税""待抵扣进项税额""待认证进项税额""待转销项税额""增值税留抵税额""简易计税""转让金融商品应交增值税""代扣代交增值税"等明细科目。

(一)增值税一般纳税人应在"应交增值税"明细账内设置"进项税额""销项税额抵减""已交税金""转出未交增值税""减免税款""出口抵减内销产品应纳税额""销项税额""出口退税""进项税额转出""转出多交增值税"等专栏。其中:

1."进项税额"专栏,记录一般纳税人购进货物、加工修理修配劳务、服务、无形资产或不动产而支付或负担的、准予从当期销项税额中抵扣的增值税额;

2."销项税额抵减"专栏,记录一般纳税人按照现行增值税制度规定因扣减销售额而减少的销项税额;

3."已交税金"专栏,记录一般纳税人当月已交纳的应交增值税额;

4."转出未交增值税"和"转出多交增值税"专栏,分别记录一般纳税人月度终了转出当月应交未交或多交的增值税额;

5."减免税款"专栏,记录一般纳税人按现行增值税制度规定准予减免的增值税额;

6."出口抵减内销产品应纳税额"专栏,记录实行"免、抵、退"办法的一般纳税人按规定计算的出口货物的进项税抵减内销产品的应纳税额;

7."销项税额"专栏,记录一般纳税人销售货物、加工修理修配劳务、服务、无形资产或不动产应收取的增值税额;

8."出口退税"专栏,记录一般纳税人出口货物、加工修理修配劳务、服务、无形资产按规定退回的增值税额;

9."进项税额转出"专栏,记录一般纳税人购进货物、加工修理修配劳务、服务、无形资产或不动产等发生非正常损失以及其他原因而不应从销项税额中抵扣、按规定转出的进项税额。

(二)"未交增值税"明细科目,核算一般纳税人月度终了从"应交增值税"或"预交增值税"明细科目转入当月应交未交、多交或预缴的增值税额,以及当月交纳以前期间未交的增值税额。

(三)"预交增值税"明细科目,核算一般纳税人转让不动产、提供不动产经营租赁服务、提供建筑服务、采用预收款方式销售自行开发的房地产项目等,以及其他按现行增值税制度规定应预缴的增值税额。

(四)"待抵扣进项税额"明细科目,核算一般纳税人已取得增值税扣税凭证并经税务机关认证,按照现行增值税制度规定准予以后期间从销项税额中抵扣的进项税额。包括:一般纳税人自2016年5月1日后取得并按固定资产核算的不动产或者2016年5月1日后取得的不动产在建工程,按现行增值税制度规定准予以后期间从销项税额中抵扣的进项税额;实行纳税辅导期管理的一般纳税人取得的尚未交叉稽核比对的增值税扣税凭证上注明或计算的进项税额。

（五）"待认证进项税额"明细科目，核算一般纳税人由于未经税务机关认证而不得从当期销项税额中抵扣的进项税额。包括：一般纳税人已取得增值税扣税凭证、按照现行增值税制度规定准予从销项税额中抵扣，但尚未经税务机关认证的进项税额；一般纳税人已申请稽核但尚未取得稽核相符结果的海关缴款书进项税额。

（六）"待转销项税额"明细科目，核算一般纳税人销售货物、加工修理修配劳务、服务、无形资产或不动产，已确认相关收入（或利得）但尚未发生增值税纳税义务而需于以后期间确认为销项税额的增值税额。

（七）"增值税留抵税额"明细科目，核算兼有销售服务、无形资产或者不动产的原增值税一般纳税人，截止到纳入营改增试点之日前的增值税期末留抵税额按照现行增值税制度规定不得从销售服务、无形资产或不动产的销项税额中抵扣的增值税留抵税额。

（八）"简易计税"明细科目，核算一般纳税人采用简易计税方法发生的增值税计提、扣减、预缴、缴纳等业务。

（九）"转让金融商品应交增值税"明细科目，核算增值税纳税人转让金融商品发生的增值税额。

（十）"代扣代交增值税"明细科目，核算纳税人购进在境内未设经营机构的境外单位或个人在境内的应税行为代扣代缴的增值税。

小规模纳税人只需在"应交税费"科目下设置"应交增值税"明细科目，不需要设置上述专栏及除"转让金融商品应交增值税""代扣代交增值税"外的明细科目。

二、账务处理

（一）取得资产或接受劳务等业务的账务处理。

1. 采购等业务进项税额允许抵扣的账务处理。一般纳税人购进货物、加工修理修配劳务、服务、无形资产或不动产，按应计入相关成本费用或资产的金额，借记"在途物资"或"原材料""库存商品""生产成本""无形资产""固定资产""管理费用"等科目，按当月已认证的可抵扣增值税额，借记"应交税费——应交增值税（进项税额）"科目，按当月未认证的可抵扣增值税额，借记"应交税费——待认证进项税额"科目，按应付或实际支付的金额，贷记"应付账款""应付票据""银行存款"等科目。发生退货的，如原增值税专用发票已做认证，应根据税务机关开具的红字增值税专用发票做相反的会计分录；如原增值税专用发票未做认证，应将发票退回并做相反的会计分录。

2. 采购等业务进项税额不得抵扣的账务处理。一般纳税人购进货物、加工修理修配劳务、服务、无形资产或不动产，用于简易计税方法计税项目、免征增值税项目、集体福利或个人消费等，其进项税额按照现行增值税制度规定不得从销项税额中抵扣的，取得增值税专用发票时，应借记相关成本费用或资产科目，借记"应交税费——待认证进项税额"科目，贷记"银行存款""应付账款"等科目，经税务机关认证后，应借记相关成本费用或资产科目，贷记"应交税费——应交增值税（进项税额转出）"科目。

3. 购进不动产或不动产在建工程按规定进项税额分年抵扣的账务处理。一般纳税人自2016年5月1日后取得并按固定资产核算的不动产或者2016年5月1日后取得的不动产在建工程，其进项税额按现行增值税制度规定自取得之日起分2年从销项税额中抵扣的，应当按取得成本，借记"固定资产""在建工程"等科目，按当期可抵扣的增值税额，借记"应交税费——应交增值税（进项税额）"科目，按以后期间可抵扣的增值税额，借记"应交税费——待抵扣进项税额"科目，按应付或实际支付的金额，贷记"应付账款""应付票据""银行存款"等科目。尚未抵扣的进项税额待以后期间允许抵扣时，按允许抵扣的金额，借记"应交税费——应交增值税（进项税额）"科目，贷记"应交税费——待抵扣进项税额"科目。

4.货物等已验收入库但尚未取得增值税扣税凭证的账务处理。一般纳税人购进的货物等已到达并验收入库，但尚未收到增值税扣税凭证并未付款的，应在月末按货物清单或相关合同协议上的价格暂估入账，不需要将增值税的进项税额暂估入账。下月初，用红字冲销原暂估入账金额，待取得相关增值税扣税凭证并经认证后，按应计入相关成本费用或资产的金额，借记"原材料""库存商品""固定资产""无形资产"等科目，按可抵扣的增值税额，借记"应交税费——应交增值税（进项税额）"科目，按应付金额，贷记"应付账款"等科目。

5.小规模纳税人采购等业务的账务处理。小规模纳税人购买物资、服务、无形资产或不动产，取得增值税专用发票上注明的增值税应计入相关成本费用或资产，不通过"应交税费——应交增值税"科目核算。

6.购买方作为扣缴义务人的账务处理。按照现行增值税制度规定，境外单位或个人在境内发生应税行为，在境内未设有经营机构的，以购买方为增值税扣缴义务人。境内一般纳税人购进服务、无形资产或不动产，按应计入相关成本费用或资产的金额，借记"生产成本""无形资产""固定资产""管理费用"等科目，按可抵扣的增值税额，借记"应交税费——进项税额"科目（小规模纳税人应借记相关成本费用或资产科目），按应付或实际支付的金额，贷记"应付账款"等科目，按应代扣代缴的增值税额，贷记"应交税费——代扣代交增值税"科目。实际缴纳代扣代缴增值税时，按代扣代缴的增值税额，借记"应交税费——代扣代交增值税"科目，贷记"银行存款"科目。

（二）销售等业务的账务处理。

1.销售业务的账务处理。企业销售货物、加工修理修配劳务、服务、无形资产或不动产，应当按应收或已收的金额，借记"应收账款""应收票据""银行存款"等科目，按取得的收入金额，贷记"主营业务收入""其他业务收入""固定资产清理""工程结算"等科目，按现行增值税制度规定计算的销项税额（或采用简易计税方法计算的应纳增值税额），贷记"应交税费——应交增值税（销项税额）"或"应交税费——简易计税"科目（小规模纳税人应贷记"应交税费——应交增值税"科目）。发生销售退回的，应根据按规定开具的红字增值税专用发票做相反的会计分录。

按照国家统一的会计制度确认收入或利得的时点早于按照增值税制度确认增值税纳税义务发生时点的，应将相关销项税额计入"应交税费——待转销项税额"科目，待实际发生纳税义务时再转入"应交税费——应交增值税（销项税额）"或"应交税费——简易计税"科目。

按照增值税制度确认增值税纳税义务发生时点早于按照国家统一的会计制度确认收入或利得的时点的，应将应纳增值税额，借记"应收账款"科目，贷记"应交税费——应交增值税（销项税额）"或"应交税费——简易计税"科目，按照国家统一的会计制度确认收入或利得时，应按扣除增值税销项税额后的金额确认收入。

2.视同销售的账务处理。企业发生税法上视同销售的行为，应当按照企业会计准则制度相关规定进行相应的会计处理，并按照现行增值税制度规定计算的销项税额（或采用简易计税方法计算的应纳增值税额），借记"应付职工薪酬""利润分配"等科目，贷记"应交税费——应交增值税（销项税额）"或"应交税费——简易计税"科目（小规模纳税人应计入"应交税费——应交增值税"科目）。

3. 全面试行营业税改征增值税前已确认收入，此后产生增值税纳税义务的账务处理。企业营业税改征增值税前已确认收入，但因未产生营业税纳税义务而未计提营业税的，在达到增值税纳税义务时点时，企业应在确认应交增值税销项税额的同时冲减当期收入；已经计提营业税且未缴纳的，在达到增值税纳税义务时点时，应借记"应交税费——应交营业税""应交税费——应交城市维护建设税""应交税费——应交教育费附加"等科目，贷记"主营业务收入"科目，并根据调整后的收入计算确定计入"应交税费——待转销项税额"科目的金额，同时冲减收入。

全面试行营业税改征增值税后，"营业税金及附加"科目名称调整为"税金及附加"科目，该科目核算企业经营活动发生的消费税、城市维护建设税、资源税、教育费附加及房产税、土地使用税、车船使用税、印花税等相关税费；利润表中的"营业税金及附加"项目调整为"税金及附加"项目。

（三）差额征税的账务处理。

1. 企业发生相关成本费用允许扣减销售额的账务处理。按现行增值税制度规定企业发生相关成本费用允许扣减销售额的，发生成本费用时，按应付或实际支付的金额，借记"主营业务成本"、"存货""工程施工"等科目，贷记"应付账款""应付票据""银行存款"等科目。待取得合规增值税扣税凭证且纳税义务发生时，按照允许抵扣的税额，借记"应交税费——应交增值税（销项税额抵减）"或"应交税费——简易计税"科目（小规模纳税人应借记"应交税费——应交增值税"科目），贷记"主营业务成本""存货""工程施工"等科目。

2. 金融商品转让按规定以盈亏相抵后的余额作为销售额的账务处理。金融商品实际转让月末，如产生转让收益，则按应纳税额借记"投资收益"等科目，贷记"应交税费——转让金融商品应交增值税"科目；如产生转让损失，则按可结转下月抵扣税额，借记"应交税费——转让金融商品应交增值税"科目，贷记"投资收益"等科目。交纳增值税时，应借记"应交税费——转让金融商品应交增值税"科目，贷记"银行存款"科目。年末，本科目如有借方余额，则借记"投资收益"等科目，贷记"应交税费——转让金融商品应交增值税"科目。

（四）出口退税的账务处理。

为核算纳税人出口货物应收取的出口退税款，设置"应收出口退税款"科目，该科目借方反映销售出口货物按规定向税务机关申报应退回的增值税、消费税等，贷方反映实际收到的出口货物应退回的增值税、消费税等。期末借方余额，反映尚未收到的应退税额。

1. 未实行"免、抵、退"办法的一般纳税人出口货物按规定退税的，按规定计算的应收出口退税额，借记"应收出口退税款"科目，贷记"应交税费——应交增值税（出口退税）"科目，收到出口退税时，借记"银行存款"科目，贷记"应收出口退税款"科目；退税额低于购进时取得的增值税专用发票上的增值税额的差额，借记"主营业务成本"科目，贷记"应交税费——应交增值税（进项税额转出）"科目。

2. 实行"免、抵、退"办法的一般纳税人出口货物，在货物出口销售后结转产品销售成本时，按规定计算的退税额低于购进时取得的增值税专用发票上的增值税额的差额，借记"主营业务成本"科目，贷记"应交税费——应交增值税（进项税额转出）"科目；按规定计算的当期出口货物的进项税抵减内销产品的应纳税额，借记"应交税费——应交增值税（出口抵减内销产品应纳税额）"科目，贷记"应交税费——应交增值税（出口退税）"

科目。在规定期限内，内销产品的应纳税额不足以抵减出口货物的进项税额，不足部分按有关税法规定给予退税的，应在实际收到退税款时，借记"银行存款"科目，贷记"应交税费——应交增值税（出口退税）"科目。

（五）进项税额抵扣情况发生改变的账务处理。

因发生非正常损失或改变用途等，原已计入进项税额、待抵扣进项税额或待认证进项税额，但按现行增值税制度规定不得从销项税额中抵扣的，借记"待处理财产损溢""应付职工薪酬""固定资产""无形资产"等科目，贷记"应交税费——应交增值税（进项税额转出）""应交税费——待抵扣进项税额"或"应交税费——待认证进项税额"科目；原不得抵扣且未抵扣进项税额的固定资产、无形资产等，因改变用途等用于允许抵扣进项税额的应税项目的，应按允许抵扣的进项税额，借记"应交税费——应交增值税（进项税额）"科目，贷记"固定资产""无形资产"等科目。固定资产、无形资产等经上述调整后，应按调整后的账面价值在剩余尚可使用寿命内计提折旧或摊销。

一般纳税人购进时已全额计提进项税额的货物或服务等转用于不动产在建工程的，对于结转以后期间的进项税额，应借记"应交税费——待抵扣进项税额"科目，贷记"应交税费——应交增值税（进项税额转出）"科目。

（六）月末转出多交增值税和未交增值税的账务处理。

月度终了，企业应当将当月应交未交或多交的增值税自"应交增值税"明细科目转入"未交增值税"明细科目。对于当月应交未交的增值税，借记"应交税费——应交增值税（转出未交增值税）"科目，贷记"应交税费——未交增值税"科目；对于当月多交的增值税，借记"应交税费——未交增值税"科目，贷记"应交税费——应交增值税（转出多交增值税）"科目。

（七）交纳增值税的账务处理。

1. 交纳当月应交增值税的账务处理。企业交纳当月应交的增值税，借记"应交税费——应交增值税（已交税金）"科目（小规模纳税人应借记"应交税费——应交增值税"科目），贷记"银行存款"科目。

2. 交纳以前期间未交增值税的账务处理。企业交纳以前期间未交的增值税，借记"应交税费——未交增值税"科目，贷记"银行存款"科目。

3. 预缴增值税的账务处理。企业预缴增值税时，借记"应交税费——预交增值税"科目，贷记"银行存款"科目。月末，企业应将"预交增值税"明细科目余额转入"未交增值税"明细科目，借记"应交税费——未交增值税"科目，贷记"应交税费——预交增值税"科目。房地产开发企业等在预缴增值税后，应直至纳税义务发生时方可从"应交税费——预交增值税"科目结转至"应交税费——未交增值税"科目。

4. 减免增值税的账务处理。对于当期直接减免的增值税，借记"应交税费——应交增值税（减免税款）"科目，贷记损益类相关科目。

（八）增值税期末留抵税额的账务处理。

纳入营改增试点当月月初，原增值税一般纳税人应按不得从销售服务、无形资产或不动产的销项税额中抵扣的增值税留抵税额，借记"应交税费——增值税留抵税额"科目，贷记"应交税费——应交增值税（进项税额转出）"科目。待以后期间允许抵扣时，按允许抵扣的金额，借记"应交税费——应交增值税（进项税额）"科目，贷记"应交税费——增值税留抵税额"科目。

（九）增值税税控系统专用设备和技术维护费用抵减增值税额的账务处理。

按现行增值税制度规定，企业初次购买增值税税控系统专用设备支付的费用以及缴纳的技术维护费允许在增值税应纳税额中全额抵减的，按规定抵减的增值税应纳税额，借记"应交税费——应交增值税（减免税款）"科目（小规模纳税人应借记"应交税费——应交增值税"科目），贷记"管理费用"等科目。

（十）关于小微企业免征增值税的会计处理规定。

小微企业在取得销售收入时，应当按照税法的规定计算应交增值税，并确认为应交税费，在达到增值税制度规定的免征增值税条件时，将有关应交增值税转入当期损益。

三、财务报表相关项目列示

"应交税费"科目下的"应交增值税""未交增值税""待抵扣进项税额""待认证进项税额""增值税留抵税额"等明细科目期末借方余额应根据情况，在资产负债表中的"其他流动资产"或"其他非流动资产"项目列示；"应交税费——待转销项税额"等科目期末贷方余额应根据情况，在资产负债表中的"其他流动负债"或"其他非流动负债"项目列示；"应交税费"科目下的"未交增值税""简易计税""转让金融商品应交增值税""代扣代交增值税"等科目期末贷方余额应在资产负债表中的"应交税费"项目列示。

四、附则

本规定自发布之日起施行，国家统一的会计制度中相关规定与本规定不一致的，应按本规定执行。2016年5月1日至本规定施行之间发生的交易由于本规定而影响资产、负债等金额的，应按本规定调整。《营业税改征增值税试点有关企业会计处理规定》（财会〔2012〕13号）及《关于小微企业免征增值税和营业税的会计处理规定》（财会〔2013〕24号）等原有关增值税会计处理的规定同时废止。

财政部　税务总局关于明确国有农用地出租等增值税政策的公告

（财政部　税务总局公告2020年第2号）

现将国有农用地出租等增值税政策公告如下：

一、纳税人将国有农用地出租给农业生产者用于农业生产，免征增值税。

二、房地产开发企业中的一般纳税人购入未完工的房地产老项目继续开发后，以自己名义立项销售的不动产，属于房地产老项目，可以选择适用简易计税方法按照5%的征收率计算缴纳增值税。

三、保险公司按照《财政部　税务总局关于明确养老机构免征增值税等政策的通知》（财税〔2019〕20号）第四条第（三）项规定抵减以后月份应缴纳增值税，截至2020年12月31日抵减不完的，可以向主管税务机关申请一次性办理退税。

四、纳税人出口货物劳务、发生跨境应税行为，未在规定期限内申报出口退（免）税或者开具《代理出口货物证明》的，在收齐退（免）税凭证及相关电子信息后，即可申报办理出口退（免）税；未在规定期限内收汇或者办理不能收汇手续的，在收汇或者办理不能收汇手续后，即可申报办理退（免）税。

《财政部　国家税务总局关于出口货物劳务增值税和消费税政策的通知》（财税〔2012

39号)第六条第(一)项第3点、第七条第(一)项第6点"出口企业或其他单位未在国家税务总局规定期限内申报免税核销"及第九条第(二)项第2点的规定相应停止执行。

五、自2019年8月20日起,将《财政部 税务总局关于金融机构小微企业贷款利息收入免征增值税政策的通知》(财税〔2018〕91号)第一条"人民银行同期贷款基准利率"修改为"中国人民银行授权全国银行间同业拆借中心公布的贷款市场报价利率"。

六、纳税人按照《财政部 税务总局海关总署关于深化增值税改革有关政策的公告》(财政部 税务总局海关总署公告2019年第39号)、《财政部 税务总局关于明确部分先进制造业增值税期末留抵退税政策的公告》(财政部 税务总局公告2019年第84号)规定取得增值税留抵退税款的,不得再申请享受增值税即征即退、先征后返(退)政策。

本公告发布之日前,纳税人已按照上述规定取得增值税留抵退税款的,在2020年6月30日前将已退还的增值税留抵退税款全部缴回,可以按规定享受增值税即征即退、先征后返(退)政策;否则,不得享受增值税即征即退、先征后返(退)政策。

七、本公告自发布之日起执行。此前已发生未处理的事项,按本公告规定执行。

特此公告。

财政部 税务总局
2020年1月20日

财政部 税务总局关于二手车经销有关增值税政策的公告

(财政部 税务总局公告2020年第17号)

为促进汽车消费,现就二手车经销有关增值税政策公告如下:

自2020年5月1日至2023年12月31日,从事二手车经销的纳税人销售其收购的二手车,由原按照简易办法依3%征收率减按2%征收增值税,改为减按0.5%征收增值税。

本公告所称二手车,是指从办理完注册登记手续至达到国家强制报废标准之前进行交易并转移所有权的车辆,具体范围按照国务院商务主管部门出台的二手车流通管理办法执行。

特此公告。

财政部 税务总局
2020年4月8日

财政部 税务总局关于明确无偿转让股票等增值税政策的公告

(财政部 税务总局公告2020年第40号)

现将无偿转让股票等增值税政策公告如下:

一、纳税人无偿转让股票时,转出方以该股票的买入价为卖出价,按照"金融商品转让"计算缴纳增值税;在转入方将上述股票再转让时,以原转出方的卖出价为买入价,按照"金融商品转让"计算缴纳增值税。

二、自2019年8月20日起,金融机构向小型企业、微型企业和个体工商户发放1年期以上(不含1年)至5年期以下(不含5年)小额贷款取得的利息收入,可选择中国人民银行授权全国银行间同业拆借中心公布的1年期贷款市场报价利率或5年期以上贷款市场报价利率,适用《财政部 税务总局关于金融机构小微企业贷款利息收入免征增值税政策的通知》(财税〔2018〕91号)规定的免征增值税政策。

三、土地所有者依法征收土地,并向土地使用者支付土地及其相关有形动产、不动产补偿费的行为,属于《营业税改征增值税试点过渡政策的规定》(财税〔2016〕36号印发)第一条第(三十七)项规定的土地使用者将土地使用权归还给土地所有者的情形。

四、本公告自发布之日起执行。此前已发生未处理的事项,按本公告规定执行。

特此公告。

财政部 税务总局
2020年9月29日

财政部 税务总局关于继续执行边销茶增值税政策的公告

(财政部 税务总局公告2021年第4号)

为更好满足边境少数民族生活消费,现将继续执行边销茶增值税政策有关事项公告如下:

一、自2021年1月1日起至2023年12月31日,对边销茶生产企业(企业名单见附件)销售自产的边销茶及经销企业销售的边销茶免征增值税。

本公告所称边销茶,是指以黑毛茶、老青茶、红茶末、绿茶为主要原料,经过发酵、蒸制、加压或者压碎、炒制,专门销往边疆少数民族地区的紧压茶。

二、在本公告发布之前已征的按上述规定应予免征的增值税税款,可抵减纳税人以后月份应缴纳的增值税税款或予以退还。已向购买方开具增值税专用发票的,应将专用发票追回后方可办理免税。无法追回专用发票的,不予免税。

特此公告。

附件:适用增值税免税政策的边销茶生产企业名单(略)

财政部 税务总局
2021年2月19日

财政部 税务总局关于延续宣传文化增值税优惠政策的公告

(财政部 税务总局公告2021年第10号)

为促进我国宣传文化事业的发展,继续实施宣传文化增值税优惠政策。现将有关事项公告如下：

一、自 2021 年 1 月 1 日起至 2023 年 12 月 31 日，执行下列增值税先征后退政策。

（一）对下列出版物在出版环节执行增值税 100% 先征后退的政策：

1. 中国共产党和各民主党派的各级组织的机关报纸和机关期刊，各级人大、政协、政府、工会、共青团、妇联、残联、科协的机关报纸和机关期刊，新华社的机关报纸和机关期刊，军事部门的机关报纸和机关期刊。

上述各级组织不含其所属部门。机关报纸和机关期刊增值税先征后退范围掌握在一个单位一份报纸和一份期刊以内。

2. 专为少年儿童出版发行的报纸和期刊，中小学的学生教科书。

3. 专为老年人出版发行的报纸和期刊。

4. 少数民族文字出版物。

5. 盲文图书和盲文期刊。

6. 经批准在内蒙古、广西、西藏、宁夏、新疆五个自治区内注册的出版单位出版的出版物。

7. 列入本公告附件 1 的图书、报纸和期刊。

（二）对下列出版物在出版环节执行增值税先征后退 50% 的政策：

1. 各类图书、期刊、音像制品、电子出版物，但本公告第一条第（一）项规定执行增值税 100% 先征后退的出版物除外。

2. 列入本公告附件 2 的报纸。

（三）对下列印刷、制作业务执行增值税 100% 先征后退的政策：

1. 对少数民族文字出版物的印刷或制作业务。

2. 列入本公告附件 3 的新疆维吾尔自治区印刷企业的印刷业务。

二、自 2021 年 1 月 1 日起至 2023 年 12 月 31 日，免征图书批发、零售环节增值税。

三、自 2021 年 1 月 1 日起至 2023 年 12 月 31 日，对科普单位的门票收入，以及县级及以上党政部门和科协开展科普活动的门票收入免征增值税。

四、享受本公告第一条第（一）项、第（二）项规定的增值税先征后退政策的纳税人，必须是具有相关出版物出版许可证的出版单位（含以"租型"方式取得专有出版权进行出版物印刷发行的出版单位）。承担省级及以上出版行政主管部门指定出版、发行任务的单位，因进行重组改制等原因尚未办理出版、发行许可证变更的单位，经财政部各地监管局（以下简称财政监管局）商省级出版行政主管部门核准，可以享受相应的增值税先征后退政策。

纳税人应当将享受上述税收优惠政策的出版物在财务上实行单独核算，不进行单独核算的不得享受本公告规定的优惠政策。违规出版物、多次出现违规的出版单位及图书批发零售单位不得享受本公告规定的优惠政策。上述违规出版物、出版单位及图书批发零售单位的具体名单由省级及以上出版行政主管部门及时通知相应财政监管局和主管税务机关。

五、已按软件产品享受增值税退税政策的电子出版物不得再按本公告申请增值税先征后退政策。

六、本公告规定的各项增值税先征后退政策由财政监管局根据财政部、税务总局、中国人民银行《关于税制改革后对某些企业实行"先征后退"有关预算管理问题的暂行规定的通知》〔（94）财预字第 55 号〕的规定办理。

七、本公告的有关定义

（一）本公告所述"出版物"，是指根据国务院出版行政主管部门的有关规定出版的图书、报纸、期刊、音像制品和电子出版物。所述图书、报纸和期刊，包括随同图书、报纸、期刊销售并难以分离的光盘、软盘和磁带等信息载体。

（二）图书、报纸、期刊（即杂志）的范围，按照《国家税务总局关于印发〈增值税部分货物征税范围注释〉的通知》（国税发〔1993〕151号）的规定执行；音像制品、电子出版物的范围，按照《财政部 税务总局关于简并增值税税率有关政策的通知》（财税〔2017〕37号）的规定执行。

（三）本公告所述"专为少年儿童出版发行的报纸和期刊"，是指以初中及初中以下少年儿童为主要对象的报纸和期刊。

（四）本公告所述"中小学的学生教科书"，是指普通中小学学生教科书和中等职业教育教科书。普通中小学学生教科书是指根据中小学国家课程方案和课程标准编写的，经国务院教育行政部门审定或省级教育行政部门审定的，由取得国务院出版行政主管部门批准的教科书出版、发行资质的单位提供的中小学学生上课使用的正式教科书，具体操作时按国务院和省级教育行政部门每年下达的"中小学教学用书目录"中所列"教科书"的范围掌握。中等职业教育教科书是指按国家规定设置标准和审批程序批准成立并在教育行政部门备案的中等职业学校，及在人力资源社会保障行政部门备案的技工学校学生使用的教科书，具体操作时按国务院和省级教育、人力资源社会保障行政部门发布的教学用书目录认定。中小学的学生教科书不包括各种形式的教学参考书、图册、读本、课外读物、练习册以及其他各类教辅材料。

（五）本公告所述"专为老年人出版发行的报纸和期刊"，是指以老年人为主要对象的报纸和期刊，具体范围见附件4。

（六）本公告第一条第（一）项和第（二）项规定的图书包括"租型"出版的图书。

（七）本公告所述"科普单位"，是指科技馆、自然博物馆、对公众开放的天文馆（站、台）、气象台（站）、地震台（站），以及高等院校、科研机构对公众开放的科普基地。

本公告所述"科普活动"，是指利用各种传媒以浅显的、让公众易于理解、接受和参与的方式，向普通大众介绍自然科学和社会科学知识，推广科学技术的应用，倡导科学方法，传播科学思想，弘扬科学精神的活动。

八、本公告自2021年1月1日起执行。《财政部 税务总局关于延续宣传文化增值税优惠政策的通知》（财税〔2018〕53号）同时废止。

按照本公告第二条和第三条规定应予免征的增值税，凡在接到本公告以前已经征收入库的，可抵减纳税人以后月份应缴纳的增值税税款或者办理税款退库。纳税人如果已向购买方开具了增值税专用发票，应当将专用发票追回后方可申请办理免税。凡专用发票无法追回的，一律照章征收增值税。

特此公告。

附件：1. 适用增值税100%征后退政策的特定图书、报纸和期刊名单（略）
2. 适用增值税50%征后退政策的报纸名单（略）
3. 适用增值税100%征后退政策的新疆维吾尔自治区印刷企业名单（略）
4. 专为老年人出版发行的报纸和期刊名单（略）

财政部 税务总局
2021年3月22日

财政部 税务总局关于出口货物保险增值税政策的公告

（财政部 税务总局公告2021年第37号）

现将出口货物保险有关增值税政策公告如下：

一、自2022年1月1日至2025年12月31日，对境内单位和个人发生的下列跨境应税行为免征增值税：

（一）以出口货物为保险标的的产品责任保险；

（二）以出口货物为保险标的的产品质量保证保险。

二、境内单位和个人发生上述跨境应税行为的增值税征收管理，按照现行跨境应税行为增值税免税管理办法的规定执行。

三、此前已发生未处理的事项，按本公告规定执行；已缴纳的相关税款，不再退还。

特此公告。

财政部 税务总局
2021年12月22日

财政部 税务总局关于完善资源综合利用增值税政策的公告

（财政部 税务总局公告2021年第40号）

为推动资源综合利用行业持续健康发展，现将有关增值税政策公告如下：

一、从事再生资源回收的增值税一般纳税人销售其收购的再生资源，可以选择适用简易计税方法依照3%征收率计算缴纳增值税，或适用一般计税方法计算缴纳增值税。

（一）本公告所称再生资源，是指在社会生产和生活消费过程中产生的，已经失去原有全部或部分使用价值，经过回收、加工处理，能够使其重新获得使用价值的各种废弃物。其中，加工处理仅限于清洗、挑选、破碎、切割、拆解、打包等改变再生资源密度、湿度、长度、粗细、软硬等物理性状的简单加工。

（二）纳税人选择适用简易计税方法，应符合下列条件之一：

1. 从事危险废物收集的纳税人，应符合国家危险废物经营许可证管理办法的要求，取得危险废物经营许可证。

2. 从事报废机动车回收的纳税人，应符合国家商务主管部门出台的报废机动车回收管理办法要求，取得报废机动车回收拆解企业资质认定证书。

3. 除危险废物、报废机动车外，其他再生资源回收纳税人应符合国家商务主管部门出台的再生资源回收管理办法要求，进行市场主体登记，并在商务部门完成再生资源回收经营者备案。

（三）各级财政、主管部门及其工作人员，存在违法违规给予从事再生资源回收业务的纳税人财政返还、奖补行为的，依法追究相应责任。

二、除纳税人聘用的员工为本单位或者雇主提供的再生资源回收不征收增值税外，纳税人发生的再生资源回收并销售的业务，均应按照规定征免增值税。

三、增值税一般纳税人销售自产的资源综合利用产品和提供资源综合利用劳务（以下称销售综合利用产品和劳务），可享受增值税即征即退政策。

（一）综合利用的资源名称、综合利用产品和劳务名称、技术标准和相关条件、退税比例等按照本公告所附《资源综合利用产品和劳务增值税优惠目录（2022年版）》（以下称《目录》）的相关规定执行。

（二）纳税人从事《目录》所列的资源综合利用项目，其申请享受本公告规定的增值税即征即退政策时，应同时符合下列条件：

1. 纳税人在境内收购的再生资源，应按规定从销售方取得增值税发票；适用免税政策的，应按规定从销售方取得增值税普通发票。销售方为依法依规无法申领发票的单位或者从事小额零星经营业务的自然人，应取得销售方开具的收款凭证及收购方内部凭证，或者税务机关代开的发票。本款所称小额零星经营业务是指自然人从事应税项目经营业务的销售额不超过增值税按次起征点的业务。

纳税人从境外收购的再生资源，应按规定取得海关进口增值税专用缴款书，或者从销售方取得具有发票性质的收款凭证、相关税费缴纳凭证。

纳税人应当取得上述发票或凭证而未取得的，该部分再生资源对应产品的销售收入不得适用本公告的即征即退规定。

不得适用本公告即征即退规定的销售收入 = 当期销售综合利用产品和劳务的销售收入 ×（纳税人应当取得发票或凭证而未取得的购入再生资源成本 ÷ 当期购进再生资源的全部成本）。

纳税人应当在当期销售综合利用产品和劳务销售收入中剔除不得适用即征即退政策部分的销售收入后，计算可申请的即征即退税额：

可申请退税额 =[（当期销售综合利用产品和劳务的销售收入 – 不得适用即征即退规定的销售收入）× 适用税率 – 当期即征即退项目的进项税额]× 对应的退税比例

各级税务机关要加强发票开具相关管理工作，纳税人应按规定及时开具、取得发票。

2. 纳税人应建立再生资源收购台账，留存备查。台账内容包括：再生资源供货方单位名称或个人姓名及身份证号、再生资源名称、数量、价格、结算方式、是否取得增值税发票或符合规定的凭证等。纳税人现有账册、系统能够包括上述内容的，无需单独建立台账。

3. 销售综合利用产品和劳务，不属于发展改革委《产业结构调整指导目录》中的淘汰类、限制类项目。

4. 销售综合利用产品和劳务，不属于生态环境部《环境保护综合名录》中的"高污染、高环境风险"产品或重污染工艺。"高污染、高环境风险"产品，是指在《环境保护综合名录》中标注特性为"GHW/GHF"的产品，但纳税人生产销售的资源综合利用产品满足"GHW/GHF"例外条款规定的技术和条件的除外。

5. 综合利用的资源，属于生态环境部《国家危险废物名录》列明的危险废物的，应当取得省级或市级生态环境部门颁发的《危险废物经营许可证》，且许可经营范围包括该危险废物的利用。

6. 纳税信用级别不为C级或D级。

7. 纳税人申请享受本公告规定的即征即退政策时，申请退税税款所属期前6个月（含所属期当期）不得发生下列情形：

（1）因违反生态环境保护的法律法规受到行政处罚（警告、通报批评或单次 10 万元以下罚款、没收违法所得、没收非法财物除外；单次 10 万元以下含本数，下同）。

（2）因违反税收法律法规被税务机关处罚（单次 10 万元以下罚款除外），或发生骗取出口退税、虚开发票的情形。

纳税人在办理退税事宜时，应向主管税务机关提供其符合本条规定的上述条件以及《目录》规定的技术标准和相关条件的书面声明，并在书面声明中如实注明未取得发票或相关凭证以及接受环保、税收处罚等情况。未提供书面声明的，税务机关不得给予退税。

（三）已享受本公告规定的增值税即征即退政策的纳税人，自不符合本公告"三"中第"（二）"部分规定的条件以及《目录》规定的技术标准和相关条件的当月起，不再享受本公告规定的增值税即征即退政策。

（四）已享受本公告规定的增值税即征即退政策的纳税人，在享受增值税即征即退政策后，出现本公告"三"中第"（二）"部分第"7"点规定情形的，自处罚决定作出的当月起 6 个月内不得享受本公告规定的增值税即征即退政策。如纳税人连续 12 个月内发生两次以上本公告"三"中第"（二）"部分第"7"点规定的情形，自第二次处罚决定作出的当月起 36 个月内不得享受本公告规定的增值税即征即退政策。相关处罚决定被依法撤销、变更、确认违法或者确认无效的，符合条件的纳税人可以重新申请办理退税事宜。

（五）各省、自治区、直辖市、计划单列市税务机关应于每年 3 月底之前在其网站上，将本地区上一年度所有享受本公告规定的增值税即征即退或免税政策的纳税人，按下列项目予以公示：纳税人名称、纳税人识别号、综合利用的资源名称、综合利用产品和劳务名称。各省、自治区、直辖市、计划单列市税务机关在对本地区上一年度享受本公告规定的增值税即征即退或免税政策的纳税人进行公示前，应会同本地区生态环境部门，再次核实纳税人受环保处罚情况。

四、纳税人从事《目录》2.15"污水处理厂出水、工业排水（矿井水）、生活污水、垃圾处理厂渗透（滤）液等"项目、5.1"垃圾处理、污泥处理处置劳务"、5.2"污水处理劳务"项目，可适用本公告"三"规定的增值税即征即退政策，也可选择适用免征增值税政策；一经选定，36 个月内不得变更。选择适用免税政策的纳税人，应满足本公告"三"有关规定以及《目录》规定的技术标准和相关条件，相关资料留存备查。

五、按照本公告规定单个所属期退税金额超过 500 万元的，主管税务机关应在退税完成后 30 个工作日内，将退税资料送同级财政部门复查，财政部门逐级复查后，由省级财政部门送财政部当地监管局出具最终复查意见。复查工作应于退税后 3 个月内完成，具体复查程序由财政部当地监管局会同省级财税部门制定。

六、再生资源回收、利用纳税人应依法履行纳税义务。各级税务机关要加强纳税申报、发票开具、即征即退等事项的管理工作，保障纳税人按规定及时办理相关纳税事项。

七、本公告自 2022 年 3 月 1 日起执行。《财政部　国家税务总局关于印发〈资源综合利用产品和劳务增值税优惠目录〉的通知》（财税〔2015〕78 号）、《财政部　税务总局关于资源综合利用增值税政策的公告》（财政部　税务总局公告 2019 年第 90 号）除"技术标准和相关条件"外同时废止，"技术标准和相关条件"有关规定可继续执行至 2022 年 12 月 31 日止。《目录》所列的资源综合利用项目适用的国家标准、行业标准，如在执行过程中有更新、替换，统一按新的国家标准、行业标准执行。

此前已发生未处理的事项，按本公告规定执行。已处理的事项，如执行完毕则不再调整；如纳税人受到环保、税收处罚已停止享受即征即退政策的时间超过 6 个月但尚未执行完毕的，则自本公告执行的当月起，可重新申请享受即征即退政策；如纳税人受到环保、税收处罚已停止享受即征即退政策的时间未超过 6 个月，则自 6 个月期满后的次月起，可重新申请享受即征即退政策。

特此公告。

附件：资源综合利用产品和劳务增值税优惠目录（2022 年版）（略）

财政部　税务总局
2021 年 12 月 30 日

财政部　税务总局关于对增值税小规模纳税人免征增值税的公告

（财政部　税务总局公告 2022 年第 15 号）

为进一步支持小微企业发展，现将有关增值税政策公告如下：

自 2022 年 4 月 1 日至 2022 年 12 月 31 日，增值税小规模纳税人适用 3% 征收率的应税销售收入，免征增值税；适用 3% 预征率的预缴增值税项目，暂停预缴增值税。

《财政部　税务总局关于延续实施应对疫情部分税费优惠政策的公告》（财政部　税务总局公告 2021 年第 7 号）第一条规定的税收优惠政策，执行期限延长至 2022 年 3 月 31 日。

特此公告。

财政部　税务总局
2022 年 3 月 24 日

财政部　税务总局关于快递收派服务免征增值税政策的公告

（财政部　税务总局公告 2022 年第 18 号）

现将快递收派服务免征增值税政策公告如下：

自 2022 年 5 月 1 日至 2022 年 12 月 31 日，对纳税人为居民提供必需生活物资快递收派服务取得的收入，免征增值税。

快递收派服务的具体范围，按照《销售服务、无形资产、不动产注释》（财税〔2016〕36 号印发）执行。

特此公告。

财政部　税务总局
2022 年 4 月 29 日

财政部 税务总局关于扩大全额退还增值税留抵税额政策行业范围的公告

（财政部 税务总局公告2022年第21号）

为进一步加大增值税留抵退税政策实施力度，着力稳市场主体稳就业，现将扩大全额退还增值税留抵税额政策行业范围有关政策公告如下：

一、扩大全额退还增值税留抵税额政策行业范围，将《财政部 税务总局关于进一步加大增值税期末留抵退税政策实施力度的公告》（财政部 税务总局公告2022年第14号，以下称2022年第14号公告）第二条规定的制造业等行业按月全额退还增值税增量留抵税额、一次性退还存量留抵税额的政策范围，扩大至"批发和零售业""农、林、牧、渔业""住宿和餐饮业""居民服务、修理和其他服务业""教育""卫生和社会工作"和"文化、体育和娱乐业"（以下称批发零售业等行业）企业（含个体工商户，下同）。

（一）符合条件的批发零售业等行业企业，可以自2022年7月纳税申报期起向主管税务机关申请退还增量留抵税额。

（二）符合条件的批发零售业等行业企业，可以自2022年7月纳税申报期起向主管税务机关申请一次性退还存量留抵税额。

二、2022年第14号公告和本公告所称制造业、批发零售业等行业企业，是指从事《国民经济行业分类》中"批发和零售业""农、林、牧、渔业""住宿和餐饮业""居民服务、修理和其他服务业""教育""卫生和社会工作""文化、体育和娱乐业""制造业""科学研究和技术服务业""电力、热力、燃气及水生产和供应业""软件和信息技术服务业""生态保护和环境治理业"和"交通运输、仓储和邮政业"业务相应发生的增值税销售额占全部增值税销售额的比重超过50%的纳税人。

上述销售额比重根据纳税人申请退税前连续12个月的销售额计算确定；申请退税前经营期不满12个月但满3个月的，按照实际经营期的销售额计算确定。

三、按照2022年第14号公告第六条规定适用《中小企业划型标准规定》（工信部联企业〔2011〕300号）和《金融业企业划型标准规定》（银发〔2015〕309号）时，纳税人的行业归属，根据《国民经济行业分类》关于以主要经济活动确定行业归属的原则，以上一会计年度从事《国民经济行业分类》对应业务增值税销售额占全部增值税销售额比重最高的行业确定。

四、制造业、批发零售业等行业企业申请留抵退税的其他规定，继续按照2022年第14号公告等有关规定执行。

五、本公告第一条和第二条自2022年7月1日起执行；第三条自公告发布之日起执行。

各级财政和税务部门要坚决贯彻党中央、国务院决策部署，按照2022年第14号公告、《财政部 税务总局关于进一步加快增值税期末留抵退税政策实施进度的公告》（财政部 税务总局公告2022年第17号）、《财政部 税务总局关于进一步持续加快增值税期末留抵退税政策实施进度的公告》（财政部 税务总局公告2022年第19号）和本公告有关要求，在纳税人自愿申请的基础上，狠抓落实，持续加快留抵退税进度。同时，严密防范退税风险，严厉打击骗税行为。

特此公告。

财政部　税务总局
2022 年 6 月 7 日

国家税务总局关于扩大全额退还增值税
留抵税额政策行业范围有关征管事项的公告

（国家税务总局公告 2022 年第 11 号）

为深入贯彻落实党中央、国务院关于实施大规模增值税留抵退税的决策部署，按照《财政部　税务总局关于扩大全额退还增值税留抵税额政策行业范围的公告》（财政部　税务总局公告 2022 年第 21 号，以下称 21 号公告）的规定，现将有关征管事项公告如下：

符合 21 号公告规定的纳税人申请退还留抵税额，应按照《国家税务总局关于办理增值税期末留抵税额退税有关事项的公告》（2019 年第 20 号）和《国家税务总局关于进一步加大增值税期末留抵退税政策实施力度有关征管事项的公告》（2022 年第 4 号）等规定办理相关留抵退税业务。同时，对《退（抵）税申请表》进行修订并重新发布（见附件）。

本公告自 2022 年 7 月 1 日起施行。《国家税务总局关于进一步加大增值税期末留抵退税政策实施力度有关征管事项的公告》（2022 年第 4 号）附件 1 同时废止。

特此公告。

附件：退（抵）税申请表（略）

国家税务总局
2022 年 6 月 7 日

财政部　税务总局关于银行业金融机构、
金融资产管理公司不良债权以物抵债有关税收政策的公告

（财政部　税务总局公告 2022 年第 31 号）

为支持银行业金融机构、金融资产管理公司处置不良债权，有效防范金融风险，现将有关税收政策公告如下：

一、银行业金融机构、金融资产管理公司中的增值税一般纳税人处置抵债不动产，可选择以取得的全部价款和价外费用扣除取得该抵债不动产时的作价为销售额，适用 9% 税率计算缴纳增值税。

按照上述规定从全部价款和价外费用中扣除抵债不动产的作价，应当取得人民法院、仲裁机构生效的法律文书。

选择上述办法计算销售额的银行业金融机构、金融资产管理公司处置抵债不动产时，抵债不动产作价的部分不得向购买方开具增值税专用发票。

二、对银行业金融机构、金融资产管理公司接收、处置抵债资产过程中涉及的合同、产权转移书据和营业账簿免征印花税，对合同或产权转移书据其他各方当事人应缴纳的印花税照章征收。

三、对银行业金融机构、金融资产管理公司接收抵债资产免征契税。

四、各地可根据《中华人民共和国房产税暂行条例》《中华人民共和国城镇土地使用税暂行条例》授权和本地实际，对银行业金融机构、金融资产管理公司持有的抵债不动产减免房产税、城镇土地使用税。

五、本公告所称抵债不动产、抵债资产，是指经人民法院判决裁定或仲裁机构仲裁的抵债不动产、抵债资产。其中，金融资产管理公司的抵债不动产、抵债资产，限于其承接银行业金融机构不良债权涉及的抵债不动产、抵债资产。

六、本公告所称银行业金融机构，是指在中华人民共和国境内设立的商业银行、农村合作银行、农村信用社、村镇银行、农村资金互助社以及政策性银行。

七、本公告执行期限为2022年8月1日至2023年7月31日。本公告发布之前已征收入库的按照上述规定应予减免的税款，可抵减纳税人以后月份应缴纳的税款或办理税款退库。已向处置不动产的购买方全额开具增值税专用发票的，将上述增值税专用发票追回后方可适用本公告第一条的规定。

特此公告。

财政部　税务总局
2022年9月30日

第二部分　消费税制度

中华人民共和国消费税暂行条例

（1993年12月13日中华人民共和国国务院令第135号发布　2008年11月5日国务院第34次常务会议修订通过）

第一条　在中华人民共和国境内生产、委托加工和进口本条例规定的消费品的单位和个人，以及国务院确定的销售本条例规定的消费品的其他单位和个人，为消费税的纳税人，应当依照本条例缴纳消费税。

第二条　消费税的税目、税率，依照本条例所附的《消费税税目税率表》执行。

消费税税目、税率的调整，由国务院决定。

第三条　纳税人兼营不同税率的应当缴纳消费税的消费品（以下简称应税消费品），应当分别核算不同税率应税消费品的销售额、销售数量；未分别核算销售额、销售数量，或者将不同税率的应税消费品组成成套消费品销售的，从高适用税率。

第四条　纳税人生产的应税消费品，于纳税人销售时纳税。纳税人自产自用的应税消费品，用于连续生产应税消费品的，不纳税；用于其他方面的，于移送使用时纳税。

委托加工的应税消费品，除受托方为个人外，由受托方在向委托方交货时代收代缴税款。委托加工的应税消费品，委托方用于连续生产应税消费品的，所纳税款准予按规定抵扣。

进口的应税消费品，于报关进口时纳税。

第五条　消费税实行从价定率、从量定额，或者从价定率和从量定额复合计税（以下简称复合计税）的办法计算应纳税额。应纳税额计算公式：

实行从价定率办法计算的应纳税额＝销售额×比例税率

实行从量定额办法计算的应纳税额＝销售数量×定额税率

实行复合计税办法计算的应纳税额＝销售额×比例税率＋销售数量×定额税率

纳税人销售的应税消费品，以人民币计算销售额。纳税人以人民币以外的货币结算销售额的，应当折合成人民币计算。

第六条　销售额为纳税人销售应税消费品向购买方收取的全部价款和价外费用。

第七条　纳税人自产自用的应税消费品，按照纳税人生产的同类消费品的销售价格计算纳税；没有同类消费品销售价格的，按照组成计税价格计算纳税。

实行从价定率办法计算纳税的组成计税价格计算公式：

组成计税价格＝（成本＋利润）÷（1－比例税率）

实行复合计税办法计算纳税的组成计税价格计算公式：

组成计税价格＝（成本＋利润＋自产自用数量×定额税率）÷（1－比例税率）

第八条 委托加工的应税消费品，按照受托方的同类消费品的销售价格计算纳税；没有同类消费品销售价格的，按照组成计税价格计算纳税。

实行从价定率办法计算纳税的组成计税价格计算公式：

组成计税价格＝（材料成本＋加工费）÷（1－比例税率）

实行复合计税办法计算纳税的组成计税价格计算公式：

组成计税价格＝（材料成本＋加工费＋委托加工数量×定额税率）÷（1－比例税率）

第九条 进口的应税消费品，按照组成计税价格计算纳税。

实行从价定率办法计算纳税的组成计税价格计算公式：

组成计税价格＝（关税完税价格＋关税）÷（1－消费税比例税率）

实行复合计税办法计算纳税的组成计税价格计算公式：

组成计税价格＝（关税完税价格＋关税＋进口数量×消费税定额税率）÷（1－消费税比例税率）

第十条 纳税人应税消费品的计税价格明显偏低并无正当理由的，由主管税务机关核定其计税价格。

第十一条 对纳税人出口应税消费品，免征消费税；国务院另有规定的除外。出口应税消费品的免税办法，由国务院财政、税务主管部门规定。

第十二条 消费税由税务机关征收，进口的应税消费品的消费税由海关代征。

个人携带或者邮寄进境的应税消费品的消费税，连同关税一并计征。具体办法由国务院关税税则委员会会同有关部门制定。

第十三条 纳税人销售的应税消费品，以及自产自用的应税消费品，除国务院财政、税务主管部门另有规定外，应当向纳税人机构所在地或者居住地的主管税务机关申报纳税。

委托加工的应税消费品，除受托方为个人外，由受托方向机构所在地或者居住地的主管税务机关解缴消费税税款。

进口的应税消费品，应当向报关地海关申报纳税。

第十四条 消费税的纳税期限分别为1日、3日、5日、10日、15日、1个月或者1个季度。纳税人的具体纳税期限，由主管税务机关根据纳税人应纳税额的大小分别核定；不能按照固定期限纳税的，可以按次纳税。

纳税人以1个月或者1个季度为1个纳税期的，自期满之日起15日内申报纳税；以1日、3日、5日、10日或者15日为1个纳税期的，自期满之日起5日内预缴税款，于次月1日起15日内申报纳税并结清上月应纳税款。

第十五条 纳税人进口应税消费品，应当自海关填发海关进口消费税专用缴款书之日起15日内缴纳税款。

第十六条 消费税的征收管理，依照《中华人民共和国税收征收管理法》及本条例有关规定执行。

第十七条 本条例自2009年1月1日起施行。

附：

消费税税目、税率表

税目	税率
一、烟	
1. 卷烟	
（1）甲类卷烟	56% 加 0.003 元/支（生产环节）
（2）乙类卷烟	36% 加 0.003 元/支（生产环节）
（3）批发环节	11% 加 0.005 元/支
2. 雪茄烟	36%
3. 烟丝	30%
二、酒	
1. 白酒	20% 加 0.5 元/500 克（或者 500 毫升）
2. 黄酒	240 元/吨
3. 啤酒	
（1）甲类啤酒	250 元/吨
（2）乙类啤酒	220 元/吨
4. 其他酒	10%
三、高档化妆品	15%
四、贵重首饰及珠宝玉石	
1. 金银首饰、铂金首饰和钻石及钻石饰品	5%
2. 其他贵重首饰和珠宝玉石	10%
五、鞭炮、焰火	15%
六、成品油	
1. 汽油	1.52 元/升
2. 柴油	1.20 元/升
3. 航空煤油	1.20 元/升
4. 石脑油	1.52 元/升
5. 溶剂油	1.52 元/升
6. 润滑油	1.52 元/升
7. 燃料油	1.20 元/升
七、摩托车	
1. 气缸容量（排气量，下同）250 毫升的	3%
2. 气缸容量在 250 毫升（不含）以上的	10%
八、小汽车	
1. 乘用车	
（1）气缸容量（排气量，下同）在 1.0 升（含 1.0 升）以下的	1%
（2）气缸容量在 1.0 升至 1.5 升（含 1.5 升）的	3%
（3）气缸容量在 1.5 升至 2.0 升（含 2.0 升）的	5%
（4）气缸容量在 2.0 升至 2.5 升（含 2.5 升）的	9%
（5）气缸容量在 2.5 升至 3.0 升（含 3.0 升）的	12%
（6）气缸容量在 3.0 升至 4.0 升（含 4.0 升）的	25%
（7）气缸容量在 4.0 升以上的	40%
2. 中轻型商用客车	5%
3. 超豪华小汽车	10%（零售环节）
九、高尔夫球及球具	10%
十、高档手表	20%
十一、游艇	10%
十二、木制一次性筷子	5%
十三、实木地板	5%
十四、电池	4%
十五、涂料	4%

中华人民共和国消费税暂行条例实施细则

(中华人民共和国财政部　中华人民共和国国家税务总局令第51号)

第一条　根据《中华人民共和国消费税暂行条例》(以下简称条例),制定本细则。

第二条　条例第一条所称单位,是指企业、行政单位、事业单位、军事单位、社会团体及其他单位。

条例第一条所称个人,是指个体工商户及其他个人。

条例第一条所称在中华人民共和国境内,是指生产、委托加工和进口属于应当缴纳消费税的消费品的起运地或者所在地在境内。

第三条　条例所附《消费税税目税率表》中所列应税消费品的具体征税范围,由财政部、国家税务总局确定。

第四条　条例第三条所称纳税人兼营不同税率的应当缴纳消费税的消费品,是指纳税人生产销售两种税率以上的应税消费品。

第五条　条例第四条第一款所称销售,是指有偿转让应税消费品的所有权。

前款所称有偿,是指从购买方取得货币、货物或者其他经济利益。

第六条　条例第四条第一款所称用于连续生产应税消费品,是指纳税人将自产自用的应税消费品作为直接材料生产最终应税消费品,自产自用应税消费品构成最终应税消费品的实体。

条例第四条第一款所称用于其他方面,是指纳税人将自产自用应税消费品用于生产非应税消费品、在建工程、管理部门、非生产机构、提供劳务、馈赠、赞助、集资、广告、样品、职工福利、奖励等方面。

第七条　条例第四条第二款所称委托加工的应税消费品,是指由委托方提供原料和主要材料,受托方只收取加工费和代垫部分辅助材料加工的应税消费品。对于由受托方提供原材料生产的应税消费品,或者受托方先将原材料卖给委托方,然后再接受加工的应税消费品,以及由受托方以委托方名义购进原材料生产的应税消费品,不论在财务上是否作销售处理,都不得作为委托加工应税消费品,而应当按照销售自制应税消费品缴纳消费税。

委托加工的应税消费品直接出售的,不再缴纳消费税。

委托个人加工的应税消费品,由委托方收回后缴纳消费税。

第八条　消费税纳税义务发生时间,根据条例第四条的规定,分列如下:

(一)纳税人销售应税消费品的,按不同的销售结算方式分别为:

1. 采取赊销和分期收款结算方式的,为书面合同约定的收款日期的当天,书面合同没有约定收款日期或者无书面合同的,为发出应税消费品的当天;

2. 采取预收货款结算方式的,为发出应税消费品的当天;

3. 采取托收承付和委托银行收款方式的,为发出应税消费品并办妥托收手续的当天;

4. 采取其他结算方式的,为收讫销售款或者取得索取销售款凭据的当天。

(二)纳税人自产自用应税消费品的,为移送使用的当天。

（三）纳税人委托加工应税消费品的，为纳税人提货的当天。

（四）纳税人进口应税消费品的，为报关进口的当天。

第九条 条例第五条第一款所称销售数量，是指应税消费品的数量。具体为：

（一）销售应税消费品的，为应税消费品的销售数量；

（二）自产自用应税消费品的，为应税消费品的移送使用数量；

（三）委托加工应税消费品的，为纳税人收回的应税消费品数量；

（四）进口应税消费品的，为海关核定的应税消费品进口征税数量。

第十条 实行从量定额办法计算应纳税额的应税消费品，计量单位的换算标准如下：

（一）黄酒　1吨＝962升

（二）啤酒　1吨＝988升

（三）汽油　1吨＝1 388升

（四）柴油　1吨＝1 176升

（五）航空煤油　1吨＝1 246升

（六）石脑油　1吨＝1 385升

（七）溶剂油　1吨＝1 282升

（八）润滑油　1吨＝1 126升

（九）燃料油　1吨＝1 015升

第十一条 纳税人销售的应税消费品，以人民币以外的货币结算销售额的，其销售额的人民币折合率可以选择销售额发生的当天或者当月1日的人民币汇率中间价。纳税人应在事先确定采用何种折合率，确定后1年内不得变更。

第十二条 条例第六条所称销售额，不包括应向购货方收取的增值税税款。如果纳税人应税消费品的销售额中未扣除增值税税款或者因不得开具增值税专用发票而发生价款和增值税税款合并收取的，在计算消费税时，应当换算为不含增值税税款的销售额。其换算公式为：

应税消费品的销售额＝含增值税的销售额÷（1+增值税税率或者征收率）

第十三条 应税消费品连同包装物销售的，无论包装物是否单独计价以及在会计上如何核算，均应并入应税消费品的销售额中缴纳消费税。如果包装物不作价随同产品销售，而是收取押金，此项押金则不应并入应税消费品的销售额中征税。但对因逾期未收回的包装物不再退还的或者已收取的时间超过12个月的押金，应并入应税消费品的销售额，按照应税消费品的适用税率缴纳消费税。

对既作价随同应税消费品销售，又另外收取押金的包装物的押金，凡纳税人在规定的期限内没有退还的，均应并入应税消费品的销售额，按照应税消费品的适用税率缴纳消费税。

第十四条 条例第六条所称价外费用，是指价外向购买方收取的手续费、补贴、基金、集资费、返还利润、奖励费、违约金、滞纳金、延期付款利息、赔偿金、代收款项、代垫款项、包装费、包装物租金、储备费、优质费、运输装卸费以及其他各种性质的价外收费。但下列项目不包括在内：

（一）同时符合以下条件的代垫运输费用：

1.承运部门的运输费用发票开具给购买方的；

2.纳税人将该项发票转交给购买方的。

（二）同时符合以下条件代为收取的政府性基金或者行政事业性收费：

1. 由国务院或者财政部批准设立的政府性基金，由国务院或者省级人民政府及其财政、价格主管部门批准设立的行政事业性收费；

2. 收取时开具省级以上财政部门印制的财政票据；

3. 所收款项全额上缴财政。

第十五条 条例第七条第一款所称纳税人自产自用的应税消费品，是指依照条例第四条第一款规定于移送使用时纳税的应税消费品。

条例第七条第一款、第八条第一款所称同类消费品的销售价格，是指纳税人或者代收代缴义务人当月销售的同类消费品的销售价格，如果当月同类消费品各期销售价格高低不同，应按销售数量加权平均计算。但销售的应税消费品有下列情况之一的，不得列入加权平均计算：

（一）销售价格明显偏低并无正当理由的；

（二）无销售价格的。

如果当月无销售或者当月未完结，应按照同类消费品上月或者最近月份的销售价格计算纳税。

第十六条 条例第七条所称成本，是指应税消费品的产品生产成本。

第十七条 条例第七条所称利润，是指根据应税消费品的全国平均成本利润率计算的利润。应税消费品全国平均成本利润率由国家税务总局确定。

第十八条 条例第八条所称材料成本，是指委托方所提供加工材料的实际成本。

委托加工应税消费品的纳税人，必须在委托加工合同上如实注明（或者以其他方式提供）材料成本，凡未提供材料成本的，受托方主管税务机关有权核定其材料成本。

第十九条 条例第八条所称加工费，是指受托方加工应税消费品向委托方所收取的全部费用（包括代垫辅助材料的实际成本）。

第二十条 条例第九条所称关税完税价格，是指海关核定的关税计税价格。

第二十一条 条例第十条所称应税消费品的计税价格的核定权限规定如下：

（一）卷烟、白酒和小汽车的计税价格由国家税务总局核定，送财政部备案；

（二）其他应税消费品的计税价格由省、自治区和直辖市国家税务局核定；

（三）进口的应税消费品的计税价格由海关核定。

第二十二条 出口的应税消费品办理退税后，发生退关，或者国外退货进口时予以免税的，报关出口者必须及时向其机构所在地或者居住地主管税务机关申报补缴已退的消费税税款。

纳税人直接出口的应税消费品办理免税后，发生退关或者国外退货，进口时已予以免税的，经机构所在地或者居住地主管税务机关批准，可暂不办理补税，待其转为国内销售时，再申报补缴消费税。

第二十三条 纳税人销售的应税消费品，如因质量等原因由购买者退回时，经机构所在地或者居住地主管税务机关审核批准后，可退还已缴纳的消费税税款。

第二十四条 纳税人到外县（市）销售或者委托外县（市）代销自产应税消费品的，于应税消费品销售后，向机构所在地或者居住地主管税务机关申报纳税。

纳税人的总机构与分支机构不在同一县（市）的，应当分别向各自机构所在地的主管税务机关申报纳税；经财政部、国家税务总局或者其授权的财政、税务机关批准，可以由总机构汇总向总机构所在地的主管税务机关申报纳税。

委托个人加工的应税消费品，由委托方向其机构所在地或者居住地主管税务机关申报纳税。

进口的应税消费品,由进口人或者其代理人向报关地海关申报纳税。

第二十五条 本细则自 2009 年 1 月 1 日起施行。

财政部　国家税务总局关于对电池 涂料征收消费税的通知

（财税〔2015〕16 号）

各省、自治区、直辖市、计划单列市财政厅（局）、国家税务局、新疆生产建设兵团财务局：

为促进节能环保,经国务院批准,自 2015 年 2 月 1 日起对电池、涂料征收消费税。现将有关事项通知如下：

一、将电池、涂料列入消费税征收范围（具体税目注释见附件）,在生产、委托加工和进口环节征收,适用税率均为 4%。

二、对无汞原电池、金属氢化物镍蓄电池（又称"氢镍蓄电池"或"镍氢蓄电池"）、锂原电池、锂离子蓄电池、太阳能电池、燃料电池和全钒液流电池免征消费税。

2015 年 12 月 31 日前对铅蓄电池缓征消费税；自 2016 年 1 月 1 日起,对铅蓄电池按 4% 税率征收消费税。

对施工状态下挥发性有机物（Volatile Organic Compounds,VOC）含量低于 420 克/升（含）的涂料免征消费税。

三、除上述规定外,电池、涂料消费税征收管理的其他事项依照《中华人民共和国消费税暂行条例》《中华人民共和国消费税暂行条例实施细则》等相关规定执行。

附件：1. 电池税目征收范围注释
　　　2. 涂料税目征收范围注释

财政部　国家税务总局
2015 年 1 月 26 日

附件 1：

电池税目征收范围注释

电池,是一种将化学能、光能等直接转换为电能的装置,一般由电极、电解质、容器、极端,通常还有隔离层组成的基本功能单元,以及用一个或多个基本功能单元装配成的电池组。范围包括：原电池、蓄电池、燃料电池、太阳能电池和其他电池。

一、原电池

原电池又称一次电池,是按不可以充电设计的电池。按照电极所含的活性物质分类,原电池包括锌原电池、锂原电池和其他原电池。

（一）锌原电池。以锌做负极的原电池,包括锌二氧化锰原电池、碱性锌二氧化锰原电池、锌氧原电池（又称"锌空气原电池"）、锌氧化银原电池（又称"锌银原电池"）、锌氧化汞原电池（又称"汞电池""氧化汞原电池"）等。

（二）锂原电池。以锂做负极的原电池，包括锂二氧化锰原电池、锂亚硫酰氯原电池、锂二硫化铁原电池、锂二氧化硫原电池、锂氧原电池（又称"锂空气原电池"）、锂氟化碳原电池等。

（三）其他原电池。指锌原电池、锂原电池以外的原电池。

原电池又可分为无汞原电池和含汞原电池。汞含量低于电池重量的 0.000 1%（扣式电池按 0.000 5%）的原电池为无汞原电池；其他原电池为含汞原电池。

二、蓄电池

蓄电池又称二次电池，是按可充电、重复使用设计的电池；包括酸性蓄电池、碱性或其他非酸性蓄电池、氧化还原液流蓄电池和其他蓄电池。

（一）酸性蓄电池。一种含酸性电解质的蓄电池，包括铅蓄电池（又称"铅酸蓄电池"）等。

铅蓄电池，指含以稀硫酸为主电解质、二氧化铅正极和铅负极的蓄电池。

（二）碱性或其他非酸性蓄电池。一种含碱性或其他非酸性电解质的蓄电池，包括金属锂蓄电池、锂离子蓄电池、金属氢化物镍蓄电池（又称"氢镍蓄电池"或"镍氢蓄电池"）、镉镍蓄电池、铁镍蓄电池、锌氧化银蓄电池（又称"锌银蓄电池"）、碱性锌二氧化锰蓄电池（又称"可充碱性锌二氧化锰电池"）、锌氧蓄电池（又称"锌空气蓄电池"）、锂氧蓄电池（又称"锂空气蓄电池"）等。

（三）氧化还原液流电池。一种通过正负极电解液中不同价态离子的电化学反应来实现电能和化学能互相转化的储能装置，目前主要包括全钒液流电池。全钒液流电池是通过正负极电解液中不同价态钒离子的电化学反应来实现电能和化学能互相转化的储能装置。

（四）其他蓄电池。除上述（一）、（二）、（三）外的蓄电池。

三、燃料电池

燃料电池，指通过一个电化学过程，将连续供应的反应物和氧化剂的化学能直接转换为电能的电化学发电装置。

四、太阳能电池

太阳能电池，是将太阳光能转换成电能的装置，包括晶体硅太阳能电池、薄膜太阳能电池、化合物半导体太阳能电池等，但不包括用于太阳能发电储能用的蓄电池。

五、其他电池

除原电池、蓄电池、燃料电池、太阳能电池以外的电池。

附件2：

涂料税目征收范围注释

涂料是指涂于物体表面能形成具有保护、装饰或特殊性能的固态涂膜的一类液体或固体材料之总称。

涂料由主要成膜物质、次要成膜物质等构成。按主要成膜物质涂料可分为油脂类、天然树脂类、酚醛树脂类、沥青类、醇酸树脂类、氨基树脂类、硝基类、过滤乙烯树脂类、烯类树脂类、丙烯酸酯类树脂类、聚酯树脂类、环氧树脂类、聚氨酯树脂类、元素有机类、橡胶类、纤维素类、其他成膜物类等。

财政部　国家税务总局关于调整卷烟消费税的通知

（财税〔2015〕60号）

各省、自治区、直辖市、计划单列市财政厅（局）、国家税务局，新疆生产建设兵团财务局：

经国务院批准，现将调整卷烟消费税政策问题通知如下：

一、将卷烟批发环节从价税税率由5%提高至11%，并按0.005元/支加征从量税。

二、纳税人兼营卷烟批发和零售业务的，应当分别核算批发和零售环节的销售额、销售数量；未分别核算批发和零售环节销售额、销售数量的，按照全部销售额、销售数量计征批发环节消费税。

三、本通知自2015年5月10日起执行。此前有关文件规定与本通知相抵触的，以本通知为准。

财政部　国家税务总局
2015年5月7日

附件：

调整后的烟消费税税目税率表

税目	税率	征收环节
烟		
1.卷烟		
工业		
（1）甲类卷烟	56%加0.003元/支	生产环节
［调拨价70元（不含增值税）/条以上（含70元）］		
（2）乙类卷烟	36%加0.003元/支	生产环节
［调拨价70元（不含增值税）/条以下］		
商业批发	11%加0.005元/支	批发环节
2.雪茄	36%	生产环节
3.烟丝	30%	生产环节

国家税务总局关于白酒消费税最低计税价格核定问题的公告

（国家税务总局公告2015年第37号）

现将白酒消费税最低计税价格核定问题公告如下：

纳税人将委托加工收回的白酒销售给销售单位，消费税计税价格低于销售单位对外销售价格(不含增值税)70%以下,属于《中华人民共和国消费税暂行条例》第十条规定的情形,应该按照《国家税务总局关于加强白酒消费税征收管理的通知》(国税函〔2009〕380号)规定的核价办法,核定消费税最低计税价格。

上述销售单位是指《国家税务总局关于加强白酒消费税征收管理的通知》(国税函〔2009〕380号)附件《白酒消费税最低计税价格核定管理办法(试行)》第三条规定的情形。

本公告自2015年6月1日起施行。此前已发生但尚未处理的事项,按照本公告规定执行。

特此公告。

国家税务总局
2015年5月19日

财政部　国家税务总局关于调整化妆品消费税政策的通知

(财税〔2016〕103号)

各省、自治区、直辖市、计划单列市财政厅(局)、国家税务局,新疆生产建设兵团财务局:

为了引导合理消费,经国务院批准,现将化妆品消费税政策调整有关事项通知如下:

一、取消对普通美容、修饰类化妆品征收消费税,将"化妆品"税目名称更名为"高档化妆品"。征收范围包括高档美容、修饰类化妆品、高档护肤类化妆品和成套化妆品。税率调整为15%。

高档美容、修饰类化妆品和高档护肤类化妆品是指生产(进口)环节销售(完税)价格(不含增值税)在10元/毫升(克)或15元/片(张)及以上的美容、修饰类化妆品和护肤类化妆品。

二、本通知自2016年10月1日起执行。

财政部　国家税务总局
2016年9月30日

国家税务总局关于高档化妆品消费税征收管理事项的公告

(国家税务总局公告2016年第66号)

根据《财政部 国家税务总局关于调整化妆品消费税政策的通知》(财税〔2016〕103号),现将高档化妆品消费税征收管理事项公告如下:

一、调整《国家税务总局关于调整消费税纳税申报表有关问题的公告》(国家税务总局公告2014年第72号)附件2《其他应税消费品消费税纳税申报表》填写说明中"化妆品"

相关内容，调整后的表式及填写说明见附件。

二、自2016年10月1日起，高档化妆品消费税纳税人（以下简称纳税人）以外购、进口和委托加工收回的高档化妆品为原料继续生产高档化妆品，准予从高档化妆品消费税应纳税额中扣除外购、进口和委托加工收回的高档化妆品已纳消费税税款。

三、纳税人外购、进口和委托加工收回已税化妆品用于生产高档化妆品的，其取得2016年10月1日前开具的抵扣凭证，应于2016年11月30日前按原化妆品消费税税率计提待抵扣消费税，逾期不得计提。

四、纳税人应按《国家税务总局关于印发〈调整和完善消费税政策征收管理规定〉的通知》（国税发〔2006〕49号）规定，设立高档化妆品消费税抵扣税款台账。

五、本公告自发布之日起施行。《国家税务总局关于调整消费税纳税申报表有关问题的公告》（国家税务总局公告2014年第72号）附件2同时废止。

特此公告。

附件：其他应税消费品消费税纳税申报表（略）①

国家税务总局
2016年10月19日

财政部　国家税务总局关于对超豪华小汽车加征消费税有关事项的通知

（财税〔2016〕129号）

各省、自治区、直辖市、计划单列市财政厅（局）、国家税务局，新疆生产建设兵团财务局：

为了引导合理消费，促进节能减排，经国务院批准，对超豪华小汽车加征消费税。现将有关事项通知如下：

一、"小汽车"税目下增设"超豪华小汽车"子税目。征收范围为每辆零售价格130万元（不含增值税）及以上的乘用车和中轻型商用客车，即乘用车和中轻型商用客车子税目中的超豪华小汽车。对超豪华小汽车，在生产（进口）环节按现行税率征收消费税基础上，在零售环节加征消费税，税率为10%。

二、将超豪华小汽车销售给消费者的单位和个人为超豪华小汽车零售环节纳税人。

三、超豪华小汽车零售环节消费税应纳税额计算公式：

应纳税额 = 零售环节销售额（不含增值税，下同）× 零售环节税率

国内汽车生产企业直接销售给消费者的超豪华小汽车，消费税税率按照生产环节税率和零售环节税率加总计算。消费税应纳税额计算公式：

应纳税额 = 销售额 ×（生产环节税率 + 零售环节税率）

四、上述规定自2016年12月1日起执行。对于11月30日（含）之前已签订汽车销

---

① 注：附件废止，参见《国家税务总局关于超豪华小汽车消费税征收管理有关事项的公告》（国家税务总局公告2016年第74号）。

售合同，但未交付实物的超豪华小汽车，自12月1日（含）起5个工作日内，纳税人持已签订的汽车销售合同，向其主管税务机关备案。对按规定备案的不征收零售环节消费税，未备案以及未按规定期限备案的，征收零售环节消费税。

附件：调整后的小汽车税目税率表

财政部　国家税务总局

2016年11月30日

附件：

调整后的小汽车税目税率表

税目	税率	
	生产（进口）环节	零售环节
小汽车		
1. 乘用车		
（1）气缸容量（排气量，下同）在1.0升（含1.0升）以下的	1%	
（2）气缸容量在1.0升以上至1.5升（含1.5升）的	3%	
（3）气缸容量在1.5升以上至2.0升（含2.0升）的	5%	
（4）气缸容量在2.0升以上至2.5升（含2.5升）的	9%	
（5）气缸容量在2.5升以上至3.0升（含3.0升）的	12%	
（6）气缸容量在3.0升以上至4.0升（含4.0升）的	25%	
（7）气缸容量在4.0升以上的	40%	
2. 中轻型商用客车	5%	
3. 超豪华小汽车	按子税目1和子税目2的规定征收	10%

国家税务总局关于卷烟消费税计税价格核定管理有关问题的公告

（国家税务总局公告2017年第32号）

为进一步规范卷烟消费税计税价格（以下简称计税价格）核定管理工作，现将有关问题公告如下：

一、对于未按照《卷烟消费税计税价格信息采集和核定管理办法》（国家税务总局令第26号公布，以下简称《办法》）规定报送信息资料的新牌号、新规格卷烟，卷烟生产企业消费税纳税人（以下简称纳税人）按照税务总局核定的计税价格计算缴纳消费税满1年后，可向主管税务机关提出调整计税价格的申请。主管税务机关应于收到申请后15日内，将申请调整计税价格文件逐级上报至税务总局。税务总局收到文件后30日内，根据当期已采集的该牌号规格卷烟批发环节连续6个月的销售价格，调整并发布计税价格。

二、对于因卷烟批发企业申报《卷烟批发企业月份销售明细清单》中销售价格信息错误，造成纳税人对税务总局核定的计税价格有异议的，纳税人可自计税价格执行之日起向主管税务机关提出调整计税价格的申请。主管税务机关收到申请后,应核实纳税人该牌号规格卷烟的生产经营情况,计算该牌号规格卷烟自正式投产以来的加权平均销售价格,对确需调整计税价格的,应于收到申请后 25 日内,将申请调整计税价格文件逐级上报至税务总局。税务总局收到文件后,重新采集该牌号规格卷烟批发环节销售价格,采集期为已核定计税价格执行之日起连续 6 个月,采集期满后调整并发布计税价格。

三、对于纳税人套用其他牌号、规格卷烟计税价格,造成少缴消费税税款的,主管税务机关按照《办法》第十八条规定,调整纳税人应纳税收入时,应按照采集的该牌号、规格卷烟市场零售价格适用最低档批发毛利率确定计税价格,追缴纳税人少缴消费税税款。

四、本公告自 2017 年 10 月 1 日起施行。

特此公告。

国家税务总局
2017 年 8 月 29 日

财政部　国家税务总局关于延长对废矿物油再生油品免征消费税政策实施期限的通知

(财税〔2018〕144 号)

各省、自治区、直辖市、计划单列市财政厅(局),国家税务总局各省、自治区、直辖市、计划单列市税务局,新疆生产建设兵团财政局:

为进一步促进资源综合利用和环境保护,经国务院批准,《财政部　国家税务总局关于对废矿物油再生油品免征消费税的通知》(财税〔2013〕105 号)实施期限延长 5 年,自 2018 年 11 月 1 日至 2023 年 10 月 31 日止。自 2018 年 11 月 1 日至本通知下发前,纳税人已经缴纳的消费税,符合本通知免税规定的予以退还。

财政部　税务总局
2018 年 12 月 7 日

财政部　海关总署　税务总局关于对部分成品油征收进口环节消费税的公告

(财政部　海关总署　税务总局公告 2021 年第 19 号)

为维护公平税收秩序,根据国内成品油消费税政策相关规定,现将有关问题公告如下:

一、对归入税则号列 27 075 000,且 200 摄氏度以下时蒸馏出的芳烃以体积计小于 95% 的进口产品,视同石脑油按 1.52 元/升的单位税额征收进口环节消费税。

二、对归入税则号列 27 079 990、27 101 299 的进口产品,视同石脑油按 1.52 元/升的单位税额征收进口环节消费税。

三、对归入税则号列 27 150 000，且 440 摄氏度以下时蒸馏出的矿物油以体积计大于 5% 的进口产品，视同燃料油按 1.2 元/升的单位税额征收进口环节消费税。

四、本公告所称视同仅涉及消费税的征、退（免）税政策。

五、本公告自 2021 年 6 月 12 日起执行。

特此公告。

财政部　海关总署　税务总局
2021 年 5 月 12 日

国家税务总局关于增值税、消费税与附加税费申报表整合有关事项的公告

（国家税务总局公告 2021 年第 20 号）

为贯彻落实中办、国办印发的《关于进一步深化税收征管改革的意见》，深入推进税务领域"放管服"改革，优化营商环境，切实减轻纳税人、缴费人申报负担，根据《国家税务总局关于开展 2021 年"我为纳税人缴费人办实事暨便民办税春风行动"的意见》（税总发〔2021〕14 号），现将申报表整合有关事项公告如下：

自 2021 年 8 月 1 日起，增值税、消费税分别与城市维护建设税、教育费附加、地方教育附加申报表整合，启用《增值税及附加税费申报表（一般纳税人适用）》《增值税及附加税费申报表（小规模纳税人适用）》《增值税及附加税费预缴表》及其附列资料和《消费税及附加税费申报表》（附件 1—附件 7），《废止文件及条款清单》（附件 8）所列文件、条款同时废止。

特此公告。

附件：1.《增值税及附加税费申报表（一般纳税人适用）》及其附列资料（略）
2.《增值税及附加税费申报表（一般纳税人适用）》及其附列资料填写说明（略）
3.《增值税及附加税费申报表（小规模纳税人适用）》及其附列资料（略）
4.《增值税及附加税费申报表（小规模纳税人适用）》及其附列资料填写说明（略）
5.《增值税及附加税费预缴表》及其附列资料（略）
6.《增值税及附加税费预缴表》及其附列资料填写说明（略）
7. 消费税及附加税费申报表（略）[①]
8. 废止文件及条款清单

国家税务总局
2021 年 7 月 9 日

[①] 注：附件 7 的附注 1 废止，参见《国家税务总局关于电子烟消费税征收管理有关事项的公告》（国家税务总局公告 2022 年第 22 号）。

附件 8

废止文件及条款清单

一、增值税部分

1.《国家税务总局关于全面推开营业税改征增值税试点后增值税纳税申报有关事项的公告》(2016 年第 13 号) 附件 1、附件 2、附件 5、附件 6

2.《国家税务总局关于调整增值税纳税申报有关事项的公告》(2016 年第 27 号) 附件 3、附件 4

3.《国家税务总局关于调整增值税纳税申报有关事项的公告》(2019 年第 15 号) 附件 1、附件 2

4.《国家税务总局关于简并税费申报有关事项的公告》(2021 年第 9 号) 附件 4 至附件 9

二、消费税部分

5.《国家税务总局关于调整〈小汽车消费税纳税申报表〉有关内容的通知》(国税函〔2008〕757 号)

6.《国家税务总局关于烟类应税消费品消费税征收管理有关问题的通知》(国税函〔2009〕272 号印发，国家税务总局公告 2018 年第 31 号修改) 第二条及附件 1 至附件 3

7.《国家税务总局关于加强白酒消费税征收管理的通知》(国税函〔2009〕380 号印发，国家税务总局公告 2018 年第 31 号修改) 中附件《白酒消费税最低计税价格核定管理办法 (试行)》第十一条及其附件 3

8.《国家税务总局关于更正〈各牌号规格卷烟消费税计税价格〉填表说明的通知》(国税函〔2009〕404 号)

9.《国家税务总局关于调整消费税纳税申报表有关问题的公告》(2014 年第 72 号)

10.《国家税务总局关于电池涂料消费税征收管理有关问题的公告》(2015 年第 5 号) 第五条及附件 3

11.《国家税务总局关于修订〈葡萄酒消费税管理办法 (试行)〉的公告》(2015 年第 15 号) 第二条及附件 1

12.《国家税务总局关于调整消费税纳税申报有关事项的公告》(2015 年第 32 号)

13.《国家税务总局关于卷烟消费税政策调整后纳税申报有关问题的公告》(2015 年第 35 号) 第二条及附件 2

14.《国家税务总局关于明确电池涂料消费税征收管理有关事项的公告》(2015 年第 95 号) 第二条及附件

15.《国家税务总局关于超豪华小汽车消费税征收管理有关事项的公告》(2016 年第 74 号) 第二条及附件

16.《国家税务总局关于成品油消费税征收管理有关问题的公告》(2018 年第 1 号) 第三条第一款及附件

17.《国家税务总局关于简并税费申报有关事项的公告》(2021 年第 9 号) 附件 10

三、附加税费部分

18.《国家税务总局关于调整部分政府性基金有关征管事项的公告》(2019 年第 24 号) 第一条第一项及附件

四、其他

19.《国家税务总局关于简并税费申报有关事项的公告》（2021年第9号）附件11

财政部　海关总署　税务总局
关于对电子烟征收消费税的公告

（财政部　海关总署　税务总局公告2022年第33号）

为完善消费税制度，维护税制公平统一，更好发挥消费税引导健康消费的作用，现就对电子烟征收消费税有关事项公告如下：

一、关于税目和征税对象

将电子烟纳入消费税征收范围，在烟税目下增设电子烟子目。

电子烟是指用于产生气溶胶供人抽吸等的电子传输系统，包括烟弹、烟具以及烟弹与烟具组合销售的电子烟产品。烟弹是指含有雾化物的电子烟组件。烟具是指将雾化物雾化为可吸入气溶胶的电子装置。

电子烟进出口税则号列及商品名称见附件。

二、关于纳税人

在中华人民共和国境内生产（进口）、批发电子烟的单位和个人为消费税纳税人。

电子烟生产环节纳税人，是指取得烟草专卖生产企业许可证，并取得或经许可使用他人电子烟产品注册商标（以下称持有商标）的企业。通过代加工方式生产电子烟的，由持有商标的企业缴纳消费税。电子烟批发环节纳税人，是指取得烟草专卖批发企业许可证并经营电子烟批发业务的企业。电子烟进口环节纳税人，是指进口电子烟的单位和个人。

三、关于适用税率

电子烟实行从价定率的办法计算纳税。生产（进口）环节的税率为36%，批发环节的税率为11%。

四、关于计税价格

纳税人生产、批发电子烟的，按照生产、批发电子烟的销售额计算纳税。电子烟生产环节纳税人采用代销方式销售电子烟的，按照经销商（代理商）销售给电子烟批发企业的销售额计算纳税。纳税人进口电子烟的，按照组成计税价格计算纳税。

电子烟生产环节纳税人从事电子烟代加工业务的，应当分开核算持有商标电子烟的销售额和代加工电子烟的销售额；未分开核算的，一并缴纳消费税。

五、关于进、出口政策

纳税人出口电子烟，适用出口退（免）税政策。

将电子烟增列至边民互市进口商品不予免税清单并照章征税。

除上述规定外，个人携带或者寄递进境电子烟的消费税征收，按照国务院有关规定执行。电子烟消费税其他事项依照《中华人民共和国消费税暂行条例》和《中华人民共和国消费税暂行条例实施细则》等规定执行。

本公告自2022年11月1日起执行。

特此公告。

附件：电子烟进出口税则号列及商品名称（略）

财政部　海关总署　税务总局
2022 年 10 月 2 日

国家税务总局关于电子烟消费税征收管理有关事项的公告

（国家税务总局公告 2022 年第 22 号）

根据《财政部　海关总署　税务总局关于对电子烟征收消费税的公告》（2022 年第 33 号，以下简称 33 号公告）规定，自 2022 年 11 月 1 日起对电子烟征收消费税。现将征收管理有关事项公告如下：

一、税务总局在税控开票软件中更新了《商品和服务税收分类编码表》，纳税人销售电子烟应当选择"电子烟"类编码开具发票。

二、《消费税及附加税费申报表》〔《国家税务总局关于增值税　消费税与附加税费申报表整合有关事项的公告》（2021 年第 20 号）附件 7〕附注 1《应税消费品名称、税率和计量单位对照表》中新增"电子烟"子目，调整后的表式见附件。

三、符合 33 号公告第二条规定的纳税人，从事生产、批发电子烟业务应当按规定填报《消费税及附加税费申报表》，办理消费税纳税申报。

四、根据《中华人民共和国消费税暂行条例实施细则》第十七条的规定和我国电子烟行业生产经营的实际情况，电子烟全国平均成本利润率暂定为 10%。

五、本公告自 2022 年 11 月 1 日起施行。《国家税务总局关于增值税消费税与附加税费申报表整合有关事项的公告》（2021 年第 20 号）附件 7 的附注 1 同时废止。各级税务机关要根据 33 号公告和本公告的规定，对相关纳税人做好政策宣传和辅导工作，及时为其办理消费税税种认定。

特此公告。

附件：应税消费品名称、税率和计量单位对照表（略）

国家税务总局
2022 年 10 月 25 日

第三部分　城市维护建设税制度

中华人民共和国城市维护建设税法

（2020年8月11日第十三届全国人民代表大会常务委员会第二十一次会议通过）

第一条　在中华人民共和国境内缴纳增值税、消费税的单位和个人，为城市维护建设税的纳税人，应当依照本法规定缴纳城市维护建设税。

第二条　城市维护建设税以纳税人依法实际缴纳的增值税、消费税税额为计税依据。

城市维护建设税的计税依据应当按照规定扣除期末留抵退税退还的增值税税额。

城市维护建设税计税依据的具体确定办法，由国务院依据本法和有关税收法律、行政法规规定，报全国人民代表大会常务委员会备案。

第三条　对进口货物或者境外单位和个人向境内销售劳务、服务、无形资产缴纳的增值税、消费税税额，不征收城市维护建设税。

第四条　城市维护建设税税率如下：

（一）纳税人所在地在市区的，税率为百分之七；

（二）纳税人所在地在县城、镇的，税率为百分之五；

（三）纳税人所在地不在市区、县城或者镇的，税率为百分之一。

前款所称纳税人所在地，是指纳税人住所地或者与纳税人生产经营活动相关的其他地点，具体地点由省、自治区、直辖市确定。

第五条　城市维护建设税的应纳税额按照计税依据乘以具体适用税率计算。

第六条　根据国民经济和社会发展的需要，国务院对重大公共基础设施建设、特殊产业和群体以及重大突发事件应对等情形可以规定减征或者免征城市维护建设税，报全国人民代表大会常务委员会备案。

第七条　城市维护建设税的纳税义务发生时间与增值税、消费税的纳税义务发生时间一致，分别与增值税、消费税同时缴纳。

第八条　城市维护建设税的扣缴义务人为负有增值税、消费税扣缴义务的单位和个人，在扣缴增值税、消费税的同时扣缴城市维护建设税。

第九条　城市维护建设税由税务机关依照本法和《中华人民共和国税收征收管理法》的规定征收管理。

第十条　纳税人、税务机关及其工作人员违反本法规定的，依照《中华人民共和国税收征收管理法》和有关法律法规的规定追究法律责任。

第十一条　本法自2021年9月1日起施行。1985年2月8日国务院发布的《中华人民共和国城市维护建设税暂行条例》同时废止。

财政部 税务总局关于
继续执行的城市维护建设税优惠政策的公告

（财政部 税务总局公告2021年第27号）

《中华人民共和国城市维护建设税法》已由第十三届全国人民代表大会常务委员会第二十一次会议于2020年8月11日通过，自2021年9月1日起施行。为贯彻落实城市维护建设税法，现将税法施行后继续执行的城市维护建设税优惠政策公告如下：

1. 对黄金交易所会员单位通过黄金交易所销售且发生实物交割的标准黄金，免征城市维护建设税。具体操作按照《财政部 国家税务总局关于黄金税收政策问题的通知》（财税〔2002〕142号）有关规定执行。

2. 对上海期货交易所会员和客户通过上海期货交易所销售且发生实物交割并已出库的标准黄金，免征城市维护建设税。具体操作按照《财政部 国家税务总局关于黄金期货交易有关税收政策的通知》（财税〔2008〕5号）有关规定执行。

3. 对国家重大水利工程建设基金免征城市维护建设税。具体操作按照《财政部 国家税务总局关于免征国家重大水利工程建设基金的城市维护建设税和教育费附加的通知》（财税〔2010〕44号）有关规定执行。

4. 自2019年1月1日至2021年12月31日，对增值税小规模纳税人可以在50%的税额幅度内减征城市维护建设税。具体操作按照《财政部 税务总局关于实施小微企业普惠性税收减免政策的通知》（财税〔2019〕13号）有关规定执行。

5. 自2019年1月1日至2021年12月31日，实施扶持自主就业退役士兵创业就业城市维护建设税减免。具体操作按照《财政部 税务总局 退役军人部关于进一步扶持自主就业退役士兵创业就业有关税收政策的通知》（财税〔2019〕21号）有关规定执行。

6. 自2019年1月1日至2025年12月31日，实施支持和促进重点群体创业就业城市维护建设税减免。具体操作按照《财政部 税务总局 人力资源社会保障部 国务院扶贫办关于进一步支持和促进重点群体创业就业有关税收政策的通知》（财税〔2019〕22号）、《财政部 税务总局 人力资源社会保障部 国家乡村振兴局关于延长部分扶贫税收优惠政策执行期限的公告》（财政部 税务总局 人力资源社会保障部 国家乡村振兴局公告2021年第18号）有关规定执行。

特此公告。

财政部 税务总局
2021年8月24日

财政部　税务总局关于城市维护建设税计税依据确定办法等事项的公告

（财政部　税务总局公告2021年第28号）

《中华人民共和国城市维护建设税法》已由第十三届全国人民代表大会常务委员会第二十一次会议于2020年8月11日通过，自2021年9月1日起施行。经国务院同意，现将城市维护建设税计税依据确定办法等事项公告如下：

一、城市维护建设税以纳税人依法实际缴纳的增值税、消费税税额（以下简称两税税额）为计税依据。

依法实际缴纳的两税税额，是指纳税人依照增值税、消费税相关法律法规和税收政策规定计算的应当缴纳的两税税额（不含因进口货物或境外单位和个人向境内销售劳务、服务、无形资产缴纳的两税税额），加上增值税免抵税额，扣除直接减免的两税税额和期末留抵退税退还的增值税税额后的金额。

直接减免的两税税额，是指依照增值税、消费税相关法律法规和税收政策规定，直接减征或免征的两税税额，不包括实行先征后返、先征后退、即征即退办法退还的两税税额。

二、教育费附加、地方教育附加计征依据与城市维护建设税计税依据一致，按本公告第一条规定执行。

三、本公告自2021年9月1日起施行。

财政部　税务总局
2021年8月24日

国家税务总局关于城市维护建设税征收管理有关事项的公告

（国家税务总局公告2021年第26号）

为贯彻落实中办、国办印发的《关于进一步深化税收征管改革的意见》，进一步规范城市维护建设税（以下简称城建税）征收管理，根据《中华人民共和国城市维护建设税法》《财政部　税务总局关于城市维护建设税计税依据确定办法等事项的公告》（2021年第28号）等相关规定，现就有关事项公告如下：

一、城建税以纳税人依法实际缴纳的增值税、消费税（以下称两税）税额为计税依据。

依法实际缴纳的增值税税额，是指纳税人依照增值税相关法律法规和税收政策规定计算应当缴纳的增值税税额，加上增值税免抵税额，扣除直接减免的增值税额和期末留抵退税退还的增值税税额（以下简称留抵退税额）后的金额。

依法实际缴纳的消费税税额，是指纳税人依照消费税相关法律法规和税收政策规定计算应当缴纳的消费税税额,扣除直接减免的消费税税额后的金额。

应当缴纳的两税税额,不含因进口货物或境外单位和个人向境内销售劳务、服务、无形资产缴纳的两税税额。

纳税人自收到留抵退税额之日起,应当在下一个纳税申报期从城建税计税依据中扣除。

留抵退税额仅允许在按照增值税一般计税方法确定的城建税计税依据中扣除。当期未扣除完的余额,在以后纳税申报期按规定继续扣除。

二、对于增值税小规模纳税人更正、查补此前按照一般计税方法确定的城建税计税依据,允许扣除尚未扣除完的留抵退税额。

三、对增值税免抵税额征收的城建税,纳税人应在税务机关核准免抵税额的下一个纳税申报期内向主管税务机关申报缴纳。

四、城建税纳税人按所在地在市区、县城、镇和不在上述区域适用不同税率。市区、县城、镇按照行政区划确定。

行政区划变更的,自变更完成当月起适用新行政区划对应的城建税税率,纳税人在变更完成当月的下一个纳税申报期按新税率申报缴纳。

五、城建税的纳税义务发生时间与两税的纳税义务发生时间一致,分别与两税同时缴纳。同时缴纳是指在缴纳两税时,应当在两税同一缴纳地点、同一缴纳期限内,一并缴纳对应的城建税。

采用委托代征、代扣代缴、代收代缴、预缴、补缴等方式缴纳两税的,应当同时缴纳城建税。

前款所述代扣代缴,不含因境外单位和个人向境内销售劳务、服务、无形资产代扣代缴增值税情形。

六、因纳税人多缴发生的两税退税,同时退还已缴纳的城建税。

两税实行先征后返、先征后退、即征即退的,除另有规定外,不予退还随两税附征的城建税。

七、城建税的征收管理等事项,比照两税的有关规定办理。

八、本公告自 2021 年 9 月 1 日起施行。《废止文件及条款清单》(附件)所列文件、条款同时废止。

特此公告。

附件:废止文件及条款清单(略)

国家税务总局
2021 年 8 月 31 日

第四部分 车辆购置税制度

中华人民共和国车辆购置税法

（2018年12月29日第十三届全国人民代表大会常务委员会第七次会议通过）

第一条 在中华人民共和国境内购置汽车、有轨电车、汽车挂车、排气量超过一百五十毫升的摩托车（以下统称应税车辆）的单位和个人，为车辆购置税的纳税人，应当依照本法规定缴纳车辆购置税。

第二条 本法所称购置，是指以购买、进口、自产、受赠、获奖或者其他方式取得并自用应税车辆的行为。

第三条 车辆购置税实行一次性征收。购置已征车辆购置税的车辆，不再征收车辆购置税。

第四条 车辆购置税的税率为百分之十。

第五条 车辆购置税的应纳税额按照应税车辆的计税价格乘以税率计算。

第六条 应税车辆的计税价格，按照下列规定确定：

（一）纳税人购买自用应税车辆的计税价格，为纳税人实际支付给销售者的全部价款，不包括增值税税款；

（二）纳税人进口自用应税车辆的计税价格，为关税完税价格加上关税和消费税；

（三）纳税人自产自用应税车辆的计税价格，按照纳税人生产的同类应税车辆的销售价格确定，不包括增值税税款；

（四）纳税人以受赠、获奖或者其他方式取得自用应税车辆的计税价格，按照购置应税车辆时相关凭证载明的价格确定，不包括增值税税款。

第七条 纳税人申报的应税车辆计税价格明显偏低，又无正当理由的，由税务机关依照《中华人民共和国税收征收管理法》的规定核定其应纳税额。

第八条 纳税人以外汇结算应税车辆价款的，按照申报纳税之日的人民币汇率中间价折合成人民币计算缴纳税款。

第九条 下列车辆免征车辆购置税：

（一）依照法律规定应当予以免税的外国驻华使馆、领事馆和国际组织驻华机构及其有关人员自用的车辆；

（二）中国人民解放军和中国人民武装警察部队列入装备订货计划的车辆；

（三）悬挂应急救援专用号牌的国家综合性消防救援车辆；

（四）设有固定装置的非运输专用作业车辆；

（五）城市公交企业购置的公共汽电车辆。

根据国民经济和社会发展的需要,国务院可以规定减征或者其他免征车辆购置税的情形,报全国人民代表大会常务委员会备案。

第十条 车辆购置税由税务机关负责征收。

第十一条 纳税人购置应税车辆,应当向车辆登记地的主管税务机关申报缴纳车辆购置税;购置不需要办理车辆登记的应税车辆的,应当向纳税人所在地的主管税务机关申报缴纳车辆购置税。

第十二条 车辆购置税的纳税义务发生时间为纳税人购置应税车辆的当日。纳税人应当自纳税义务发生之日起六十日内申报缴纳车辆购置税。

第十三条 纳税人应当在向公安机关交通管理部门办理车辆注册登记前,缴纳车辆购置税。

公安机关交通管理部门办理车辆注册登记,应当根据税务机关提供的应税车辆完税或者免税电子信息对纳税人申请登记的车辆信息进行核对,核对无误后依法办理车辆注册登记。

第十四条 免税、减税车辆因转让、改变用途等原因不再属于免税、减税范围的,纳税人应当在办理车辆转移登记或者变更登记前缴纳车辆购置税。计税价格以免税、减税车辆初次办理纳税申报时确定的计税价格为基准,每满一年扣减百分之十。

第十五条 纳税人将已征车辆购置税的车辆退回车辆生产企业或者销售企业的,可以向主管税务机关申请退还车辆购置税。退税额以已缴税款为基准,自缴纳税款之日至申请退税之日,每满一年扣减百分之十。

第十六条 税务机关和公安、商务、海关、工业和信息化等部门应当建立应税车辆信息共享和工作配合机制,及时交换应税车辆和纳税信息资料。

第十七条 车辆购置税的征收管理,依照本法和《中华人民共和国税收征收管理法》的规定执行。

第十八条 纳税人、税务机关及其工作人员违反本法规定的,依照《中华人民共和国税收征收管理法》和有关法律法规的规定追究法律责任。

第十九条 本法自2019年7月1日起施行。2000年10月22日国务院公布的《中华人民共和国车辆购置税暂行条例》同时废止。

财政部 税务总局关于车辆购置税有关具体政策的公告

(财政部 税务总局公告2019年第71号)

为贯彻落实《中华人民共和国车辆购置税法》,现就车辆购置税有关具体政策公告如下:

一、地铁、轻轨等城市轨道交通车辆,装载机、平地机、挖掘机、推土机等轮式专用机械车,以及起重机(吊车)、叉车、电动摩托车,不属于应税车辆。

二、纳税人购买自用应税车辆实际支付给销售者的全部价款,依据纳税人购买应税车辆时相关凭证载明的价格确定,不包括增值税税款。

三、纳税人进口自用应税车辆,是指纳税人直接从境外进口或者委托代理进口自用的应税车辆,不包括在境内购买的进口车辆。

四、纳税人自产自用应税车辆的计税价格,按照同类应税车辆(即车辆配置序列号相同的车辆)的销售价格确定,不包括增值税税款;没有同类应税车辆销售价格的,按照组成计税价格确定。组成计税价格计算公式如下：

组成计税价格 = 成本 ×（1+ 成本利润率）

属于应征消费税的应税车辆，其组成计税价格中应加计消费税税额。

上述公式中的成本利润率，由国家税务总局各省、自治区、直辖市和计划单列市税务局确定。

五、城市公交企业购置的公共汽电车辆免征车辆购置税中的城市公交企业，是指由县级以上（含县级）人民政府交通运输主管部门认定的，依法取得城市公交经营资格，为公众提供公交出行服务，并纳入《城市公共交通管理部门与城市公交企业名录》的企业；公共汽电车辆是指按规定的线路、站点票价营运，用于公共交通服务，为运输乘客设计和制造的车辆，包括公共汽车、无轨电车和有轨电车。

六、车辆购置税的纳税义务发生时间以纳税人购置应税车辆所取得的车辆相关凭证上注明的时间为准。

七、已经办理免税、减税手续的车辆因转让、改变用途等原因不再属于免税、减税范围的，纳税人、纳税义务发生时间、应纳税额按以下规定执行：

（一）发生转让行为的，受让人为车辆购置税纳税人；未发生转让行为的，车辆所有人为车辆购置税纳税人。

（二）纳税义务发生时间为车辆转让或者用途改变等情形发生之日。

（三）应纳税额计算公式如下：

应纳税额 = 初次办理纳税申报时确定的计税价格 ×（1- 使用年限 ×10%）× 10%- 已纳税额

应纳税额不得为负数。

使用年限的计算方法是，自纳税人初次办理纳税申报之日起，至不再属于免税、减税范围的情形发生之日止。使用年限取整计算，不满一年的不计算在内。

八、已征车辆购置税的车辆退回车辆生产或销售企业，纳税人申请退还车辆购置税的，应退税额计算公式如下：

应退税额 = 已纳税额 ×（1- 使用年限 ×10%）

应退税额不得为负数。

使用年限的计算方法是，自纳税人缴纳税款之日起，至申请退税之日止。

九、本公告自 2019 年 7 月 1 日起施行。

财政部　税务总局
2019 年 5 月 23 日

财政部　税务总局　工业和信息化部关于新能源汽车免征车辆购置税有关政策的公告

（财政部公告 2020 年第 21 号）

为支持新能源汽车产业发展，促进汽车消费，现就新能源汽车免征车辆购置税有关政策公告如下：

一、自 2021 年 1 月 1 日至 2022 年 12 月 31 日，对购置的新能源汽车免征车辆购置税。免征车辆购置税的新能源汽车是指纯电动汽车、插电式混合动力（含增程式）汽车、燃料电池汽车。

二、免征车辆购置税的新能源汽车，通过工业和信息化部、税务总局发布《免征车辆购置税的新能源汽车车型目录》（以下简称《目录》）实施管理。自《目录》发布之日起，购置列入《目录》的新能源汽车免征车辆购置税；购置时间为机动车销售统一发票（或有效凭证）上注明的日期。

三、对已列入《目录》的新能源汽车，新能源汽车生产企业或进口新能源汽车经销商（以下简称汽车企业）在上传《机动车整车出厂合格证》或进口机动车《车辆电子信息单》（以下简称车辆电子信息）时，在"是否符合免征车辆购置税条件"字段标注"是"（即免税标识）。工业和信息化部对汽车企业上传的车辆电子信息中的免税标识进行审核，并将通过审核的信息传送至税务总局。税务机关依据工业和信息化部审核后的免税标识和机动车统一销售发票（或有效凭证），办理车辆购置税免税手续。

四、汽车企业应当保证车辆电子信息与车辆产品相一致，对因提供虚假信息或资料造成车辆购置税税款流失的，依照《中华人民共和国税收征收管理法》及其实施细则予以处理。

五、从事《目录》管理、免税标识审核和办理免税手续的工作人员履行职责时，存在滥用职权、玩忽职守、徇私舞弊等违法违纪行为的，按照《中华人民共和国公务员法》《中华人民共和国监察法》等国家有关规定追究相应责任；涉嫌犯罪的，移送司法机关处理。

六、本公告自 2021 年 1 月 1 日起施行。2020 年 12 月 31 日前已列入《目录》的新能源汽车免征车辆购置税政策继续有效。

财政部　税务总局　工业和信息化部
2020 年 4 月 16 日

财政部　税务总局　工业和信息化部关于设有固定装置的非运输专用作业车辆免征车辆购置税有关政策的公告

（财政部　税务总局　工业和信息化部公告 2020 年第 35 号）

为贯彻落实《中华人民共和国车辆购置税法》，现就设有固定装置的非运输专用作业车辆免征车辆购置税有关政策公告如下：

一、设有固定装置的非运输专用作业车辆，是指采用焊接、铆接或者螺栓连接等方式固定安装专用设备或者器具，不以载运人员或者货物为主要目的，在设计和制造上用于专项作业的车辆。

二、免征车辆购置税的设有固定装置的非运输专用作业车辆，通过发布《免征车辆购置税的设有固定装置的非运输专用作业车辆目录》（以下简称《目录》）实施管理。有关列入《目录》车辆的技术要求、《目录》的编列与管理等事项，由税务总局会同工业和信息化部另行规定。

三、列入《目录》的设有固定装置的非运输专用作业车辆，车辆生产企业、进口车辆经销商或个人（以下简称申请人）在上传《机动车整车出厂合格证》或进口机动车《车辆电子信息单》（以下简称车辆电子信息）时，将"是否列入《免征车辆购置税的设有固定装置的非运输专用作业车辆目录》"字段标注"是"（即免税标识）。工业和信息化部对申请人上传的车辆电子信息中的免税标识进行审核，并将通过审核的信息传送给税务总局。税务机关依据工业和信息化部审核后的免税标识以及办理车辆购置税纳税申报需要提供的其他资料，为纳税人办理车辆购置税免税手续。

四、申请人应当保证车辆电子信息与车辆产品相一致，对因提供虚假信息等造成车辆购置税税款流失的，依照《中华人民共和国税收征收管理法》及其实施细则予以处理。

五、从事《目录》管理、免税标识审核和办理免税手续的工作人员履行职责时，存在滥用职权、玩忽职守、徇私舞弊等违法违纪行为的，按照《中华人民共和国公务员法》《中华人民共和国监察法》等国家有关规定追究相应责任；涉嫌犯罪的，移送司法机关处理。

六、本公告自2021年1月1日起施行。

财政部　税务总局　工业和信息化部
2020年7月1日

财政部　税务总局关于减征部分乘用车车辆购置税的公告

（财政部　税务总局公告2022年第20号）

为促进汽车消费，支持汽车产业发展，现就减征部分乘用车车辆购置税有关政策公告如下：

一、对购置日期在2022年6月1日至2022年12月31日期间内且单车价格（不含增值税）不超过30万元的2.0升及以下排量乘用车，减半征收车辆购置税。

二、本公告所称乘用车，是指在设计、制造和技术特性上主要用于载运乘客及其随身行李和（或）临时物品，包括驾驶员座位在内最多不超过9个座位的汽车。

三、本公告所称单车价格，以车辆购置税应税车辆的计税价格为准。

四、乘用车购置日期按照机动车销售统一发票或海关关税专用缴款书等有效凭证的开具日期确定。

五、乘用车排量、座位数，按照《中华人民共和国机动车整车出厂合格证》电子信息或者进口机动车《车辆电子信息单》电子信息所载的排量、额定载客（人）数确定。

特此公告。

财政部　税务总局
2022年5月31日

财政部　税务总局　工业和信息化部关于延续新能源汽车免征车辆购置税政策的公告

（财政部　税务总局　工业和信息化部公告2022年第27号）

为支持新能源汽车产业发展，促进汽车消费，现就延续新能源汽车免征车辆购置税政策有关事项公告如下：

一、对购置日期在 2023 年 1 月 1 日至 2023 年 12 月 31 日期间内的新能源汽车，免征车辆购置税。

二、免征车辆购置税的新能源汽车，通过工业和信息化部、税务总局发布《免征车辆购置税的新能源汽车车型目录》（以下简称《目录》）实施管理。自《目录》发布之日起购置的，列入《目录》的纯电动汽车、插电式混合动力（含增程式）汽车、燃料电池汽车，属于符合免税条件的新能源汽车。

三、购置日期按照机动车销售统一发票或海关关税专用缴款书等有效凭证的开具日期确定。

四、2022 年 12 月 31 日前已列入《目录》的新能源汽车可按照本公告继续适用免征车辆购置税政策。新能源汽车免征车辆购置税的其他事项，按照《财政部　税务总局　工业和信息化部关于新能源汽车免征车辆购置税有关政策的公告》（财政部　税务总局　工业和信息化部公告 2020 年第 21 号）、《工业和信息化部　财政部　税务总局关于调整免征车辆购置税新能源汽车产品技术要求的公告》（工业和信息化部　财政部　税务总局公告 2021 年第 13 号）等文件有关规定执行。

特此公告。

财政部　税务总局　工业和信息化部
2022 年 9 月 18 日

第三编
财产税法律制度

第一部分　车船税制度

中华人民共和国车船税法

（2011年2月25日第十一届全国人民代表大会常务委员会第十九次会议通过　根据2019年4月23日第十三届全国人民代表大会常务委员会第十次会议《关于修改〈中华人民共和国建筑法〉等八部法律的决定》修正）

第一条　在中华人民共和国境内属于本法所附《车船税税目税额表》规定的车辆、船舶（以下简称车船）的所有人或者管理人，为车船税的纳税人，应当依照本法缴纳车船税。

第二条　车船的适用税额依照本法所附《车船税税目税额表》执行。

车辆的具体适用税额由省、自治区、直辖市人民政府依照本法所附《车船税税目税额表》规定的税额幅度和国务院的规定确定。

船舶的具体适用税额由国务院在本法所附《车船税税目税额表》规定的税额幅度内确定。

第三条　下列车船免征车船税：

（一）捕捞、养殖渔船；

（二）军队、武装警察部队专用的车船；

（三）警用车船；

（四）悬挂应急救援专用号牌的国家综合性消防救援车辆和国家综合性消防救援专用船舶；

（五）依照法律规定应当予以免税的外国驻华使领馆、国际组织驻华代表机构及其有关人员的车船。

第四条　对节约能源、使用新能源的车船可以减征或者免征车船税；对受严重自然灾害影响纳税困难以及有其他特殊原因确需减税、免税的，可以减征或者免征车船税。具体办法由国务院规定，并报全国人民代表大会常务委员会备案。

第五条　省、自治区、直辖市人民政府根据当地实际情况，可以对公共交通车船，农村居民拥有并主要在农村地区使用的摩托车、三轮汽车和低速载货汽车定期减征或者免征车船税。

第六条　从事机动车第三者责任强制保险业务的保险机构为机动车车船税的扣缴义务人，应当在收取保险费时依法代收车船税，并出具代收税款凭证。

第七条　车船税的纳税地点为车船的登记地或者车船税扣缴义务人所在地。依法不需要办理登记的车船，车船税的纳税地点为车船的所有人或者管理人所在地。

第八条　车船税纳税义务发生时间为取得车船所有权或者管理权的当月。

第九条　车船税按年申报缴纳。具体申报纳税期限由省、自治区、直辖市人民政府规定。

第十条　公安、交通运输、农业、渔业等车船登记管理部门、船舶检验机构和车船税扣缴义务人的行业主管部门应当在提供车船有关信息等方面，协助税务机关加强车船税的征收管理。

车辆所有人或者管理人在申请办理车辆相关登记、定期检验手续时，应当向公安机关交通管理部门提交依法纳税或者免税证明。公安机关交通管理部门核查后办理相关手续。

第十一条　车船税的征收管理，依照本法和《中华人民共和国税收征收管理法》的规定执行。

第十二条　国务院根据本法制定实施条例。

第十三条　本法自2012年1月1日起施行。2006年12月29日国务院公布的《中华人民共和国车船税暂行条例》同时废止。

附：

车船税税目税额表

税目		计税单位	年基准税额（元）	备注
乘用车〔按发动机汽缸容量（排气量）分档〕	1.0升（含）以下的	每辆	60~360	核定载客人数9人（含）以下
	1.0升以上至1.6升（含）的		300~540	
	1.6升以上至2.0升（含）的		360~660	
	2.0升以上至2.5升（含）的		660~1 200	
	2.5升以上至3.0升（含）的		1 200~2 400	
	3.0升以上至4.0升（含）的		2 400~3 600	
	4.0升以上的		3 600~5 400	
商用车	客车	每辆	480~1 440	核定载客人数9人以上，包括电车
	货车	整备质量每吨	16~120	包括半挂牵引车、三轮汽车和低速载货汽车等
挂车		整备质量每吨	按照货车税的50%计算	
其他车辆	专用作业车	整备质量每吨	16~120	不包括拖拉机
	轮式专用机械车	整备质量每吨	16~120	
摩托车		每辆	36~180	
船舶	机动船舶	净吨位每吨	3~6	拖船、非机动驳船分别按照机动船舶税额的50%计算
	游艇	艇身长度每米	600~2 000	

财政部 税务总局 工业和信息化部 交通运输部关于节能新能源车船享受车船税优惠政策的通知

(财税〔2018〕74号)

各省、自治区、直辖市、计划单列市财政厅(局)、工业和信息化主管部门、交通运输厅(局),国家税务总局各省、自治区、直辖市、计划单列市税务局,新疆生产建设兵团财政局、工业和信息化委员会:

为促进节约能源,鼓励使用新能源,根据《中华人民共和国车船税法》及其实施条例有关规定,经国务院批准,现将节约能源、使用新能源(以下简称节能、新能源)车船的车船税优惠政策通知如下:

一、对节能汽车,减半征收车船税。

(一)减半征收车船税的节能乘用车应同时符合以下标准:

1. 获得许可在中国境内销售的排量为1.6升以下(含1.6升)的燃用汽油、柴油的乘用车(含非插电式混合动力、双燃料和两用燃料乘用车);

2. 综合工况燃料消耗量应符合标准,具体要求见附件1。

(二)减半征收车船税的节能商用车应同时符合以下标准:

1. 获得许可在中国境内销售的燃用天然气、汽油、柴油的轻型和重型商用车(含非插电式混合动力、双燃料和两用燃料轻型和重型商用车);

2. 燃用汽油、柴油的轻型和重型商用车综合工况燃料消耗量应符合标准,具体标准见附件2、附件3。

二、对新能源车船,免征车船税。

(一)免征车船税的新能源汽车是指纯电动商用车、插电式(含增程式)混合动力汽车、燃料电池商用车。纯电动乘用车和燃料电池乘用车不属于车船税征税范围,对其不征车船税。

(二)免征车船税的新能源汽车应同时符合以下标准:

1. 获得许可在中国境内销售的纯电动商用车、插电式(含增程式)混合动力汽车、燃料电池商用车;

2. 符合新能源汽车产品技术标准,具体标准见附件4;

3. 通过新能源汽车专项检测,符合新能源汽车标准,具体标准见附件5;

4. 新能源汽车生产企业或进口新能源汽车经销商在产品质量保证、产品一致性、售后服务、安全监测、动力电池回收利用等方面符合相关要求,具体要求见附件6。

(三)免征车船税的新能源船舶应符合以下标准:

船舶的主推进动力装置为纯天然气发动机。发动机采用微量柴油引燃方式且引燃油热值占全部燃料总热值的比例不超过5%的,视同纯天然气发动机。

三、符合上述标准的节能、新能源汽车,由工业和信息化部、税务总局不定期联合发布《享受车船税减免优惠的节约能源使用新能源汽车车型目录》(以下简称《目录》)予以公告。

四、汽车生产企业或进口汽车经销商(以下简称汽车企业)可通过工业和信息化部节能与新能源汽车财税优惠目录申报管理系统,自愿提交节能车型报告、新能源车型报告(报告样本见附件7、附件8),申请将其产品列入《目录》,并对申报资料的真实性负责。

工业和信息化部、税务总局委托工业和信息化部装备工业发展中心负责《目录》组织申报、宣传培训及具体技术审查、监督检查工作。工业和信息化部装备工业发展中心审查结果在工业和信息化部网站公示5个工作日，没有异议的，列入《目录》予以发布。对产品与申报材料不符、产品性能指标未达到标准或者汽车企业提供其他虚假信息，以及列入《目录》后12个月内无产量或进口量的车型，在工业和信息化部网站公示5个工作日，没有异议的，从《目录》中予以撤销。

五、船舶检验机构在核定检验船舶主推进动力装置时，对满足本通知新能源船舶标准的，在其船用产品证书上标注"纯天然气发动机"字段；在船舶建造检验时，对船舶主推进动力装置船用产品证书上标注有"纯天然气发动机"字段的，在其检验证书服务簿中标注"纯天然气动力船舶"字段。

对使用未标记"纯天然气发动机"字段主推进动力装置的船舶，船舶所有人或者管理人认为符合本通知新能源船舶标准的，在船舶年度检验时一并向船舶检验机构提出认定申请，同时提交支撑材料，并对提供信息的真实性负责。船舶检验机构通过审核材料和现场检验予以确认，符合本通知新能源船舶标准的，在船舶检验证书服务簿中标注"纯天然气动力船舶"字段。

纳税人凭标注"纯天然气动力船舶"字段的船舶检验证书享受车船税免税优惠。

六、财政部、税务总局、工业和信息化部、交通运输部根据汽车和船舶技术进步、产业发展等因素适时调整节能、新能源车船的认定标准。在开展享受车船税减免优惠的节能、新能源车船审查和认定等相关管理工作过程中，相关部门及其工作人员存在玩忽职守、滥用职权、徇私舞弊等违法行为的，按照《公务员法》《行政监察法》《财政违法行为处罚处分条例》等有关国家规定追究相应责任；涉嫌犯罪的，移送司法机关处理。

对提供虚假信息骗取列入《目录》资格的汽车企业，以及提供虚假资料的船舶所有人或者管理人，应依照相关法律法规予以处理。

七、本通知发布后，列入新公告的各批次《目录》（以下简称新《目录》）的节能、新能源汽车，自新《目录》公告之日起，按新《目录》和本通知相关规定享受车船税减免优惠政策。新《目录》公告后，第一批、第二批、第三批车船税优惠车型目录同时废止；新《目录》公告前已取得的列入第一批、第二批、第三批车船税优惠车型目录的节能、新能源汽车，不论是否转让，可继续享受车船税减免优惠政策。

八、本通知自发布之日起执行。《财政部国家税务总局工业和信息化部关于节约能源使用新能源车船车船税优惠政策的通知》（财税〔2015〕51号）以及财政部办公厅、税务总局办公厅、工业和信息化部办公厅《关于加强〈享受车船税减免优惠的节约能源使用新能源汽车车型目录〉管理工作的通知》（财办税〔2017〕63号）同时废止。

附件：1.节能乘用车综合工况燃料消耗量限值标准（略）
   2.节能轻型商用车综合工况燃料消耗量限值标准（略）
   3.节能重型商用车综合工况燃料消耗量限值标准（略）
   4.新能源汽车产品技术标准（略）
   5.新能源汽车产品专项检验标准目录（略）
   6.新能源汽车企业要求（略）
   7.节能车型报告（略）
   8.新能源车型报告（略）

财政部 税务总局

工业和信息化部 交通运输部

2018年7月10日

第二部分 房产税制度

中华人民共和国房产税暂行条例

（1986年9月15日国务院发布 根据2011年1月8日《国务院关于废止和修改部分行政法规的决定》修订）

第一条 房产税在城市、县城、建制镇和工矿区征收。

第二条 房产税由产权所有人缴纳。产权属于全民所有的，由经营管理的单位缴纳。产权出典的，由承典人缴纳。产权所有人、承典人不在房产所在地的，或者产权未确定及租典纠纷未解决的，由房产代管人或者使用人缴纳。

前款列举的产权所有人、经营管理单位、承典人、房产代管人或者使用人，统称为纳税义务人（以下简称纳税人）。

第三条 房产税依照房产原值一次减除10%至30%后的余值计算缴纳。具体减除幅度，由省、自治区、直辖市人民政府规定。

没有房产原值作为依据的，由房产所在地税务机关参考同类房产核定。

房产出租的，以房产租金收入为房产税的计税依据。

第四条 房产税的税率，依照房产余值计算缴纳的，税率为1.2%；依照房产租金收入计算缴纳的，税率为12%。

第五条 下列房产免纳房产税：

一、国家机关、人民团体、军队自用的房产；

二、由国家财政部门拨付事业经费的单位自用的房产；

三、宗教寺庙、公园、名胜古迹自用的房产；

四、个人所有非营业用的房产；

五、经财政部批准免税的其他房产。

第六条 除本条例第五条规定者外，纳税人纳税确有困难的，可由省、自治区、直辖市人民政府确定，定期减征或者免征房产税。

第七条 房产税按年征收、分期缴纳。纳税期限由省、自治区、直辖市人民政府规定。

第八条 房产税的征收管理，依照《中华人民共和国税收征收管理法》的规定办理。

第九条 房产税由房产所在地的税务机关征收。

第十条 本条例由财政部负责解释；施行细则由省、自治区、直辖市人民政府制定，抄送财政部备案。

第十一条 本条例自1986年10月1日起施行。

全国人民代表大会常务委员会关于授权国务院在部分地区开展房地产税改革试点工作的决定

(2021年10月23日第十三届全国人民代表大会常务委员会第三十一次会议通过)

为积极稳妥推进房地产税立法与改革,引导住房合理消费和土地资源节约集约利用,促进房地产市场平稳健康发展,第十三届全国人民代表大会常务委员会第三十一次会议决定:授权国务院在部分地区开展房地产税改革试点工作。

一、试点地区的房地产税征税对象为居住用和非居住用等各类房地产,不包括依法拥有的农村宅基地及其上住宅。土地使用权人、房屋所有权人为房地产税的纳税人。非居住用房地产继续按照《中华人民共和国房产税暂行条例》《中华人民共和国城镇土地使用税暂行条例》执行。

二、国务院制定房地产税试点具体办法,试点地区人民政府制定具体实施细则。国务院及其有关部门、试点地区人民政府应当构建科学可行的征收管理模式和程序。

三、国务院按照积极稳妥的原则,统筹考虑深化试点与统一立法、促进房地产市场平稳健康发展等情况确定试点地区,报全国人民代表大会常务委员会备案。

本决定授权的试点期限为五年,自国务院试点办法印发之日起算。试点过程中,国务院应当及时总结试点经验,在授权期限届满的六个月以前,向全国人民代表大会常务委员会报告试点情况,需要继续授权的,可以提出相关意见,由全国人民代表大会常务委员会决定。条件成熟时,及时制定法律。

本决定自公布之日起施行,试点实施启动时间由国务院确定。

财政部 国家税务总局关于房产税若干具体问题的解释和暂行规定

(财税地字〔1986〕第8号)

一、关于城市、县城、建制镇、工矿区的解释
城市是指经国务院批准设立的市。
县城是指未设立建制镇的县人民政府所在地。
建制镇是指经省、自治区、直辖市人民政府批准设立的建制镇。
工矿区是指工商业比较发达,人口比较集中,符合国务院规定的建制镇标准,但尚未设立镇建制的大中型工矿企业所在地。开征房产税的工矿区须经省、自治区、直辖市人民政府批准。

二、关于城市、建制镇征税范围的解释
城市的征税范围为市区、郊区和市辖县县城。不包括农村。
建制镇的征税范围为镇人民政府所在地。不包括所辖的行政村。

三、关于"人民团体"的解释

"人民团体"是指经国务院授权的政府部门批准设立或登记备案并由国家拨付行政事业费的各种社会团体。

四、关于"由国家财政部门拨付事业经费的单位",是否包括由国家财政部门拨付事业经费,实行差额预算管理的事业单位?

实行差额预算管理的事业单位,虽然有一定的收入,但收入不够本身经费开支的部分,还要由国家财政部门拨付经费补助。因此,对实行差额预算管理的事业单位,也属于是由国家财政部门拨付事业经费的单位,对其本身自用的房产免征房产税。

五、关于由国家财政部门拨付事业经费的单位,其经费来源实行自收自支后,有无减免税优待?①

由国家财政部门拨付事业经费的单位,其经费来源实行自收自支后,应征收房产税,但为了鼓励事业单位经济自立,由国家财政部门拨付事业经费的单位,其经费来源实行自收自支后,从事业单位经费实行自收自支的年度起,免征房产税三年。

六、关于免税单位自用房产的解释

国家机关、人民团体、军队自用的房产,是指这些单位本身的办公用房和公务用房。

事业单位自用的房产,是指这些单位本身的业务用房。

宗教寺庙自用的房产,是指举行宗教仪式等的房屋和宗教人员使用的生活用房屋。

公园、名胜古迹自用的房产,是指供公共参观游览的房屋及其管理单位的办公用房屋。

上述免税单位出租的房产以及非本身业务用的生产、营业用房产不属于免税范围,应征收房产税。

七、关于纳税单位和个人无租使用其他单位的房产,如何征收房产税?①

纳税单位和个人无租使用房产管理部门、免税单位及纳税单位的房产,应由使用人代缴纳房产税。

八、关于房产不在一地的纳税人,如何确定纳税地点?

房产税暂行条例第九条规定,"房产税由房产所在地的税务机关征收。"房产不在一地的纳税人,应按房产的坐落地点,分别向房产所在地的税务机关缴纳房产税。

九、关于在开征地区范围之外的工厂、仓库,可否征收房产税?

根据房产税暂行条例的规定,不在开征地区范围之内的工厂、仓库,不应征收房产税。

十、关于企业办的各类学校、医院、托儿所、幼儿园自用的房产,可否免征房产税?

企业办的各类学校、医院、托儿所、幼儿园自用的房产,可以比照由国家财政部门拨付事业经费的单位自用的房产,免征房产税。

十一、关于作营业用的地下人防设施,应否征收房产税?①

为鼓励利用地下人防设施,暂不征收房产税。

十二、关于个人所有的房产用于出租的,应否征收房产税?

个人出租的房产,不分用途,均应征收房产税。

十三、关于个人所有的居住房屋,可否由当地核定面积标准,就超过面积标准的部分征收房产税?

根据房产税暂行条例规定,个人所有的非营业用的房产免征房产税。因此,对个人所有的居住用房,不分面积多少,均免征房产税。

十四、关于个人所有的出租房屋,是按房产余值计算缴纳房产税还是按房产租金收入

---

① 注:第五条、第七条、第十一条废止,参见《国家税务总局关于公布全文失效废止 部分条款失效废止的税收规范性文件目录的公告》(国家税务总局公告 2011 年第 2 号)。

计算缴纳房产税？

根据房产税暂行条例规定，房产出租的，以房产租金收入为房产税的计税依据。因此，个人出租房屋，应按房屋租金收入征税。

十五、关于房产原值如何确定？①

房产原值是指纳税人按照会计制度规定，在账簿"固定资产"科目中记载的房屋原价。对纳税人未按会计制度规定记载的，在计征房产税时，应按规定调整房产原值，对房产原值明显不合理的，应重新予以评估。

十六、关于毁损不堪居住的房屋和危险房屋，可否免征房产税？

经有关部门鉴定，对毁损不堪居住的房屋和危险房屋，在停止使用后，可免征房产税。

十七、关于依照房产原值一次减除百分之十至百分之三十后的余值计算缴纳房产税，其减除幅度，可否按照房屋的新旧程序分别确定？对有些房屋的减除幅度，可否超过这个规定？

根据房产税暂行条例规定，具体减降幅度以及是否区别房屋新旧程序分别确定减除幅度，由省、自治区、直辖市人民政府规定。减除幅度只能在10%至30%以内。

十八、关于对微利企业和亏损企业的房产，可否免征房产税？①

房产税属于财产税性质的税，对微利企业和亏损企业的房产，依照规定应征收房产税，以促进企业改善经营管理，提高经济效益。但为了照顾企业的实际负担能力，可由地方根据实际情况在一定期限内暂免征收房产税。

十九、关于新建的房屋如何征税？

纳税人自建的房屋，自建成之次月起征收房产税。

纳税人委托施工企业建设的房屋，从办理验收手续之次月起征收房产税。

纳税人在办理验收手续前已使用或出租、出借的新建房屋，应按规定征收房产税。

二十、关于企业停产、撤销后应否停征房产税？①

企业停产、撤销后，对他们原有的房产闲置不用的，经省、自治区、直辖市税务局批准可暂不征收房产税；如果这些房产转给其他征税单位使用或者企业恢复生产的时候，应依照规定征收房产税。

二十一、关于基建工地的临时性房屋，应否征收房产税？

凡是在基建工地为基建工地服务的各种工棚、材料棚、休息棚和办公室、食堂、茶炉房、汽车房等临时性房屋，不论是施工企业自行建造还是由基建单位出资建造交施工企业使用的，在施工期间，一律免征房产税。但是，如果在基建工程结束以后，施工企业将这种临时性房屋交还或者估价转让给基建单位的，应当从基建单位接收的次月起，依照规定征收房产税。

二十二、关于公园、名胜古迹中附设的营业单位使用或出租的房产，应否征收房产税？

公园、名胜古迹中附设的营业单位，如影剧院、饮食部、茶社、照相馆等所使用的房产及出租的房产，应征收房产税。

二十三、关于房产出租，由承租人修理，不支付房租，应否征收房产税？

承租人使用房产，以支付修理费抵交房产租金，仍应由房产的产权所有人依照规定交纳房产税。

二十四、关于房屋大修停用期间，可否免征房产税？②

---

① 注：第十五条、第十八条、第二十条废止，参见《国家税务总局关于公布全文失效废止 部分条款失效废止的税收规范性文件目录的公告》（国家税务总局公告2011年第2号）。

② 注：第二十四条"税务机关审核"的内容废止，参见《国家税务总局关于公布全文失效废止 部分条款失效废止的税收规范性文件目录的公告》（国家税务总局公告2011年第2号）。

房屋大修停用在半年以上的,经纳税人申请,税务机关审核,在大修期间可免征房产税。

二十五、关于纳税单位与免税单位共同使用的房屋,如何征收房产税?

纳税单位与免税单位共同使用的房屋,按各自使用的部分划分,分别征收或免征房产税。

财政部 国家税务总局关于
具备房屋功能的地下建筑征收房产税的通知

(财税〔2005〕181号)

各省、自治区、直辖市、计划单列市财政厅(局)、地方税务局,新疆生产建设兵团财务局:

为了统一税收政策,规范税收管理,现将具备房屋功能的地下建筑的房产税政策明确如下:

一、凡在房产税征收范围内的具备房屋功能的地下建筑,包括与地上房屋相连的地下建筑以及完全建在地面以下的建筑、地下人防设施等,均应当依照有关规定征收房产税。

上述具备房屋功能的地下建筑是指有屋面和维护结构,能够遮风避雨,可供人们在其中生产、经营、工作、学习、娱乐、居住或储藏物资的场所。

二、自用的地下建筑,按以下方式计税:

1. 工业用途房产,以房屋原价的 50%—60% 作为应税房产原值。

应纳房产税的税额 = 应税房产原值 × [1−(10%—30%)] × 1.2%。

2. 商业和其他用途房产,以房屋原价的 70%—80% 作为应税房产原值。

应纳房产税的税额 = 应税房产原值 × [1−(10%—30%)] × 1.2%。

房屋原价折算为应税房产原值的具体比例,由各省、自治区、直辖市和计划单列市财政和地方税务部门在上述幅度内自行确定。

3. 对于与地上房屋相连的地下建筑,如房屋的地下室、地下停车场、商场的地下部分等,应将地下部分与地上房屋视为一个整体按照地上房屋建筑的有关规定计算征收房产税。

三、出租的地下建筑,按照出租地上房屋建筑的有关规定计算征收房产税。

四、本通知自 2006 年 1 月 1 日起执行,《财政部税务总局关于房产税若干具体问题的解释和暂行规定》(财税地字〔1986〕第 008 号)第十一条同时废止。

财政部 国家税务总局
二〇〇五年十二月二十三日

财政部 国家税务总局关于房产税
城镇土地使用税有关问题的通知

(财税〔2008〕152号)

各省、自治区、直辖市、计划单列市财政厅(局)、地方税务局,新疆生产建设兵团财务局:

为统一政策,规范执行,现将房产税、城镇土地使用税有关问题明确如下:

一、关于房产原值如何确定的问题

对依照房产原值计税的房产，不论是否记载在会计账簿固定资产科目中，均应按照房屋原价计算缴纳房产税。房屋原价应根据国家有关会计制度规定进行核算。对纳税人未按国家会计制度规定核算并记载的，应按规定予以调整或重新评估。

《财政部税务总局关于房产税若干具体问题的解释和暂行规定》（财税地字〔1986〕第008号）第十五条同时废止。

二、关于索道公司经营用地应否缴纳城镇土地使用税的问题

公园、名胜古迹内的索道公司经营用地，应按规定缴纳城镇土地使用税。

三、关于房产税、城镇土地使用税纳税义务截止时间的问题

纳税人因房产、土地的实物或权利状态发生变化而依法终止房产税、城镇土地使用税纳税义务的，其应纳税款的计算应截止到房产、土地的实物或权利状态发生变化的当月末。

四、本通知自2009年1月1日起执行。

财政部　国家税务总局
二〇〇八年十二月十八日

财政部　国家税务总局关于房产税　城镇土地使用税有关问题的通知

（财税〔2009〕128号）

各省、自治区、直辖市、计划单列市财政厅（局）、地方税务局，西藏、宁夏、青海省（自治区）国家税务局，新疆生产建设兵团财务局：

为完善房产税、城镇土地使用税政策，堵塞税收征管漏洞，现将房产税、城镇土地使用税有关问题明确如下：

一、关于无租使用其他单位房产的房产税问题

无租使用其他单位房产的应税单位和个人，依照房产余值代缴纳房产税。

二、关于出典房产的房产税问题

产权出典的房产，由承典人依照房产余值缴纳房产税。

三、关于融资租赁房产的房产税问题

融资租赁的房产，由承租人自融资租赁合同约定开始日的次月起依照房产余值缴纳房产税。合同未约定开始日的，由承租人自合同签订的次月起依照房产余值缴纳房产税。

四、关于地下建筑用地的城镇土地使用税问题

对在城镇土地使用税征税范围内单独建造的地下建筑用地，按规定征收城镇土地使用税。其中，已取得地下土地使用权证的，按土地使用权证确认的土地面积计算应征税款；未取得地下土地使用权证或地下土地使用权证上未标明土地面积的，按地下建筑垂直投影面积计算应征税款。

对上述地下建筑用地暂按应征税款的50%征收城镇土地使用税。

五、本通知自2009年12月1日起执行。《财政部税务总局关于房产税若干具体问题的解释和暂行规定》（财税地字〔1986〕第008号）第七条、《国家税务总局关于安徽省若干

房产税业务问题的批复》（国税函发〔1993〕368号）第二条同时废止。

财政部　国家税务总局
二〇〇九年十一月二十二日

财政部　国家税务总局关于营改增后契税房产税　土地增值税　个人所得税计税依据问题的通知

（财税〔2016〕43号）

各省、自治区、直辖市、计划单列市财政厅（局）、地方税务局，西藏、宁夏、青海省（自治区）国家税务局，新疆生产建设兵团财务局：

经研究，现将营业税改征增值税后契税、房产税、土地增值税、个人所得税计税依据有关问题明确如下：

一、计征契税的成交价格不含增值税。

二、房产出租的，计征房产税的租金收入不含增值税。

三、土地增值税纳税人转让房地产取得的收入为不含增值税收入。

《中华人民共和国土地增值税暂行条例》等规定的土地增值税扣除项目涉及的增值税进项税额，允许在销项税额中计算抵扣的，不计入扣除项目，不允许在销项税额中计算抵扣的，可以计入扣除项目。

四、个人转让房屋的个人所得税应税收入不含增值税，其取得房屋时所支付价款中包含的增值税计入财产原值，计算转让所得时可扣除的税费不包括本次转让缴纳的增值税。

个人出租房屋的个人所得税应税收入不含增值税，计算房屋出租所得可扣除的税费不包括本次出租缴纳的增值税。个人转租房屋的，其向房屋出租方支付的租金及增值税额，在计算转租所得时予以扣除。

五、免征增值税的，确定计税依据时，成交价格、租金收入、转让房地产取得的收入不扣减增值税额。

六、在计征上述税种时，税务机关核定的计税价格或收入不含增值税。

本通知自2016年5月1日起执行。

财政部　国家税务总局
2016年4月25日

第三部分　城镇土地使用税制度

中华人民共和国城镇土地使用税暂行条例

（1988年9月27日中华人民共和国国务院令第17号发布　根据2006年12月31日《国务院关于修改〈中华人民共和国城镇土地使用税暂行条例〉的决定》第一次修订　根据2011年1月8日《国务院关于废止和修改部分行政法规的决定》第二次修订　根据2013年12月7日《国务院关于修改部分行政法规的决定》第三次修订　根据2019年3月2日《国务院关于修改部分行政法规的决定》第四次修订）

第一条　为了合理利用城镇土地，调节土地级差收入，提高土地使用效益，加强土地管理，制定本条例。

第二条　在城市、县城、建制镇、工矿区范围内使用土地的单位和个人，为城镇土地使用税（以下简称土地使用税）的纳税人，应当依照本条例的规定缴纳土地使用税。

前款所称单位，包括国有企业、集体企业、私营企业、股份制企业、外商投资企业、外国企业以及其他企业和事业单位、社会团体、国家机关、军队以及其他单位；所称个人，包括个体工商户以及其他个人。

第三条　土地使用税以纳税人实际占用的土地面积为计税依据，依照规定税额计算征收。

前款土地占用面积的组织测量工作，由省、自治区、直辖市人民政府根据实际情况确定。

第四条　土地使用税每平方米年税额如下：

（一）大城市1.5元至30元；

（二）中等城市1.2元至24元；

（三）小城市0.9元至18元；

（四）县城、建制镇、工矿区0.6元至12元。

第五条　省、自治区、直辖市人民政府，应当在本条例第四条规定的税额幅度内，根据市政建设状况、经济繁荣程度等条件，确定所辖地区的适用税额幅度。

市、县人民政府应当根据实际情况，将本地区土地划分为若干等级，在省、自治区、直辖市人民政府确定的税额幅度内，制定相应的适用税额标准，报省、自治区、直辖市人民政府批准执行。

经省、自治区、直辖市人民政府批准，经济落后地区土地使用税的适用税额标准可以适当降低，但降低额不得超过本条例第四条规定最低税额的30%。经济发达地区土地使用税的适用税额标准可以适当提高，但须报经财政部批准。

第六条　下列土地免缴土地使用税：

（一）国家机关、人民团体、军队自用的土地；

（二）由国家财政部门拨付事业经费的单位自用的土地；

（三）宗教寺庙、公园、名胜古迹自用的土地；

（四）市政街道、广场、绿化地带等公共用地；

（五）直接用于农、林、牧、渔业的生产用地；

（六）经批准开山填海整治的土地和改造的废弃土地，从使用的月份起免缴土地使用税5年至10年；

（七）由财政部另行规定免税的能源、交通、水利设施用地和其他用地。

第七条　除本条例第六条规定外，纳税人缴纳土地使用税确有困难需要定期减免的，由县以上税务机关批准。

第八条　土地使用税按年计算、分期缴纳。缴纳期限由省、自治区、直辖市人民政府确定。

第九条　新征收的土地，依照下列规定缴纳土地使用税：

（一）征收的耕地，自批准征收之日起满1年时开始缴纳土地使用税；

（二）征收的非耕地，自批准征收次月起缴纳土地使用税。

第十条　土地使用税由土地所在地的税务机关征收。土地管理机关应当向土地所在地的税务机关提供土地使用权属资料。

第十一条　土地使用税的征收管理，依照《中华人民共和国税收征收管理法》及本条例的规定执行。

第十二条　土地使用税收入纳入财政预算管理。

第十三条　本条例的实施办法由省、自治区、直辖市人民政府制定。

第十四条　本条例自1988年11月1日起施行，各地制定的土地使用费办法同时停止执行。

国家税务局关于印发《关于土地使用税若干具体问题的解释和暂行规定》的通知

（国税地字〔1988〕15号）

（通知略）

关于土地使用税若干具体问题的解释和暂行规定

一、关于城市、县城、建制镇、工矿区范围内土地的解释。

城市、县城、建制镇、工矿区范围内土地，是指在这些区域范围内属于国家所有和集体所有的土地。

二、关于城市、县城、建制镇、工矿区的解释。

城市是指经国务院批准设立的市。

县城是指县人民政府所在地。

建制镇是指经省、自治区、直辖市人民政府批准设立的建制镇。

工矿区是指工商业比较发达，人口比较集中，符合国务院规定的建制镇标准，但尚未设立镇建制的大中型工矿企业所在地。工矿区须经省、自治区、直辖市人民政府批准。

三、关于征税范围的解释。

城市的征税范围为市区和郊区。

县城的征税范围为县人民政府所在的城镇。

建制镇的征税范围为镇人民政府所在地。

城市、县城、建制镇、工矿区的具体征税范围，由各省、自治区、直辖市人民政府划定。

四、关于纳税人的确定。

土地使用税由拥有土地使用权的单位或个人缴纳。拥有土地使用权的纳税人不在土地所在地的，由代管人或实际使用人纳税；土地使用权未确定或权属纠纷未解决的，由实际使用人纳税；土地使用权共有的，由共有各方分别纳税。

五、关于土地使用权共有的，如何计算缴纳土地使用税。

土地使用权共有的各方，应按其实际使用的土地面积占总面积的比例，分别计算缴纳土地使用税。

六、关于纳税人实际占用的土地面积的确定。

纳税人实际占用的土地面积，是指由省、自治区、直辖市人民政府确定的单位组织测定的土地面积。尚未组织测量，但纳税人持有政府部门核发的土地使用证书的，以证书确认的土地面积为准；尚未核发土地使用证书的，应由纳税人据实申报土地面积。

七、关于大中小城市的解释。

大、中、小城市以公安部门登记在册的非农业正式户口人数为依据，按照国务院颁布的《城市规划条例》中规定的标准划分。现行的划分标准是：市区及郊区非农业人口总计在 50 万以上的，为大城市；市区及郊区非农业人口总计在 20 至 50 万的，为中等城市；市区及郊区非农业人口总计在 20 万以下的，为小城市。

八、关于人民团体的解释。

人民团体是指经国务院授权的政府部门批准设立或登记备案并由国家拨付行政事业费的各种社会团体。

九、关于由国家财政部门拨付事业经费的单位解释。

由国家财政部门拨付事业经费的单位，是指由国家财政部门拨付经费、实行全额预算管理或差额预算管理的事业单位。不包括实行自收自支、自负盈亏的事业单位。

十、关于免税单位自用土地的解释。

国家机关、人民团体、军队自用的土地，是指这些单位本身的办公用地和公务用地。

事业单位自用的土地，是指这些单位本身的业务用地。

宗教寺庙自用的土地，是指举行宗教仪式等的用地和寺庙内的宗教人员生活用地。

公园、名胜古迹自用的土地，是指供公共参观游览的用地及其管理单位的办公用地。

以上单位的生产、营业用地和其他用地，不属于免税范围，应按规定缴纳土地使用税。

十一、关于直接用于农、林、牧、渔业的生产用地的解释。

直接用于农、林、牧、渔业的生产用地，是指直接从事于种植、养殖、饲养的专业用地，不包括农副产品加工场地和生活、办公用地。

十二、关于征用的耕地与非耕地的确定。

征用的耕法与非耕地，以土地管理机关批准征地的文件为依据确定。

十三、关于开山填海整治的土地和改造的废弃土地及其免税期限的确定。

开山填海整治的土地和改造的废弃土地，以土地管理机关出具的证明文件为依据确定；具体免税期限由各省、自治区、直辖市税务局在《土地使用税暂行条例》规定的期限内自行确定。

十四、关于纳税人使用的土地不属于同一省（自治区、直辖市）管辖范围的，如何确定纳税地点。

纳税人使用的土地不属于同一省（自治区、直辖市）管辖范围的，应由纳税人分别向土地所在地的税务机关缴纳土地使用税。

在同一省（自治区、直辖市）管辖范围内，纳税人跨地区使用的土地，如何确定纳税地点，由各省、自治区、直辖市税务局确定。

十五、关于公园、名胜古迹中附设的营业单位使用的土地，应否征收土地使用税。

公园、名胜古迹中附设的营业单位，如影剧院、饮食部、茶社、照相馆等使用的土地，应征收土地使用税。

十六、关于对房管部门经租的公房用地，如何征收土地使用税。

房管部门经租的公房用地，凡土地使用权属于房管部门的，由房管部门缴纳土地使用税。

十七、关于企业办的学校、医院、托儿所、幼儿园自用的土地，可否免征土地使用税。①

企业办的学校、医院、托儿所、幼儿园，其用地能与企业其他用地明确区分的，可以比照由国家财政部门拨付事业经费的单位自用的土地，免征土地使用税。

十八、下列土地的征免税，由省、自治区、直辖市税务局确定：

1. 个人所有的居住房屋及院落用地；
2. 房产管理部门在房租调整改革前经租的居民住房用地；
3. 免税单位职工家属的宿舍用地；
4. 民政部门举办的安置残疾人占一定比例的福利工厂用地；
5. 集体和个人办的各类学校、医院、托儿所、幼儿园用地。

财政部　国家税务总局关于企业范围内荒山林地　湖泊等占地城镇土地使用税有关政策的通知

（财税〔2014〕1号）

各省、自治区、直辖市、计划单列市财政厅（局）、地方税务局，西藏、宁夏、青海省（自治区）国家税务局，新疆生产建设兵团财务局：

为提高土地利用效率，促进节约集约用地，现将企业范围内的荒山、林地、湖泊等占地城镇土地使用税有关政策通知如下：

对已按规定免征城镇土地使用税的企业范围内荒山、林地、湖泊等占地，自2014年1月1日至2015年12月31日，按应纳税额减半征收城镇土地使用税；自2016年1月1日起，全额征收城镇土地使用税。

《国家税务局关于印发〈关于土地使用税若干具体问题的补充规定〉的通知》（国税地

---

① 注：第十七条废止，参见《国家税务总局关于公布失效废止的税务部门规章和税收规范性文件目录的决定》（国家税务总局令第42号）。

字〔1989〕第 140 号）第十二条规定，自 2014 年 1 月 1 日起废止。

请遵照执行。

财政部　国家税务总局
2014 年 1 月 20 日

财政部　国家税务总局关于
承租集体土地城镇土地使用税有关政策的通知

（财税〔2017〕29 号）

各省、自治区、直辖市、计划单列市财政厅（局）、地方税务局，西藏、宁夏自治区国家税务局，新疆生产建设兵团财务局：

经研究，现将承租集体土地城镇土地使用税有关政策通知如下：

在城镇土地使用税征税范围内，承租集体所有建设用地的，由直接从集体经济组织承租土地的单位和个人，缴纳城镇土地使用税。

财政部　国家税务总局
2017 年 3 月 31 日

财政部　税务总局关于继续实施物流企业
大宗商品仓储设施用地城镇土地使用税优惠政策的公告

（财政部　税务总局公告 2020 年第 16 号）

为进一步促进物流业健康发展，现就物流企业大宗商品仓储设施用地城镇土地使用税政策公告如下：

一、自 2020 年 1 月 1 日起至 2022 年 12 月 31 日止，对物流企业自有（包括自用和出租）或承租的大宗商品仓储设施用地，减按所属土地等级适用税额标准的 50% 计征城镇土地使用税。

二、本公告所称物流企业，是指至少从事仓储或运输一种经营业务，为工农业生产、流通、进出口和居民生活提供仓储、配送等第三方物流服务，实行独立核算、独立承担民事责任，并在工商部门注册登记为物流、仓储或运输的专业物流企业。

本公告所称大宗商品仓储设施，是指同一仓储设施占地面积在 6 000 平方米及以上，且主要储存粮食、棉花、油料、糖料、蔬菜、水果、肉类、水产品、化肥、农药、种子、饲料等农产品和农业生产资料，煤炭、焦炭、矿砂、非金属矿产品、原油、成品油、化工原料、木材、橡胶、纸浆及纸制品、钢材、水泥、有色金属、建材、塑料、纺织原料等矿产品和工业原材料的仓储设施。

本公告所称仓储设施用地，包括仓库库区内的各类仓房（含配送中心）、油罐（池）、货场、晒场（堆场）、罩棚等储存设施和铁路专用线、码头、道路、装卸搬运区域等物流作业配套设施的用地。

三、物流企业的办公、生活区用地及其他非直接用于大宗商品仓储的土地，不属于本公告规定的减税范围，应按规定征收城镇土地使用税。

四、本公告印发之日前已缴纳的应予减征的税款，在纳税人以后应缴税款中抵减或者予以退还。

五、纳税人享受本公告规定的减税政策，应按规定进行减免税申报，并将不动产权属证明、土地用途证明、租赁协议等资料留存备查。

财政部　税务总局
2020 年 3 月 13 日

第四部分 契税制度

中华人民共和国契税法

（2020年8月11日第十三届全国人民代表大会常务委员会第二十一次会议通过）

第一条 在中华人民共和国境内转移土地、房屋权属，承受的单位和个人为契税的纳税人，应当依照本法规定缴纳契税。

第二条 本法所称转移土地、房屋权属，是指下列行为：

（一）土地使用权出让；

（二）土地使用权转让，包括出售、赠与、互换；

（三）房屋买卖、赠与、互换。

前款第二项土地使用权转让，不包括土地承包经营权和土地经营权的转移。

以作价投资（入股）、偿还债务、划转、奖励等方式转移土地、房屋权属的，应当依照本法规定征收契税。

第三条 契税税率为百分之三至百分之五。

契税的具体适用税率，由省、自治区、直辖市人民政府在前款规定的税率幅度内提出，报同级人民代表大会常务委员会决定，并报全国人民代表大会常务委员会和国务院备案。

省、自治区、直辖市可以依照前款规定的程序对不同主体、不同地区、不同类型的住房的权属转移确定差别税率。

第四条 契税的计税依据：

（一）土地使用权出让、出售，房屋买卖，为土地、房屋权属转移合同确定的成交价格，包括应交付的货币以及实物、其他经济利益对应的价款；

（二）土地使用权互换、房屋互换，为所互换的土地使用权、房屋价格的差额；

（三）土地使用权赠与、房屋赠与以及其他没有价格的转移土地、房屋权属行为，为税务机关参照土地使用权出售、房屋买卖的市场价格依法核定的价格。

纳税人申报的成交价格、互换价格差额明显偏低且无正当理由的，由税务机关依照《中华人民共和国税收征收管理法》的规定核定。

第五条 契税的应纳税额按照计税依据乘以具体适用税率计算。

第六条 有下列情形之一的，免征契税：

（一）国家机关、事业单位、社会团体、军事单位承受土地、房屋权属用于办公、教学、医疗、科研、军事设施；

（二）非营利性的学校、医疗机构、社会福利机构承受土地、房屋权属用于办公、教学、医疗、科研、养老、救助；

（三）承受荒山、荒地、荒滩土地使用权用于农、林、牧、渔业生产；

（四）婚姻关系存续期间夫妻之间变更土地、房屋权属；

（五）法定继承人通过继承承受土地、房屋权属；

（六）依照法律规定应当予以免税的外国驻华使馆、领事馆和国际组织驻华代表机构承受土地、房屋权属。

根据国民经济和社会发展的需要，国务院对居民住房需求保障、企业改制重组、灾后重建等情形可以规定免征或者减征契税，报全国人民代表大会常务委员会备案。

第七条 省、自治区、直辖市可以决定对下列情形免征或者减征契税：

（一）因土地、房屋被县级以上人民政府征收、征用，重新承受土地、房屋权属；

（二）因不可抗力灭失住房，重新承受住房权属。

前款规定的免征或者减征契税的具体办法，由省、自治区、直辖市人民政府提出，报同级人民代表大会常务委员会决定，并报全国人民代表大会常务委员会和国务院备案。

第八条 纳税人改变有关土地、房屋的用途，或者有其他不再属于本法第六条规定的免征、减征契税情形的，应当缴纳已经免征、减征的税款。

第九条 契税的纳税义务发生时间，为纳税人签订土地、房屋权属转移合同的当日，或者纳税人取得其他具有土地、房屋权属转移合同性质凭证的当日。

第十条 纳税人应当在依法办理土地、房屋权属登记手续前申报缴纳契税。

第十一条 纳税人办理纳税事宜后，税务机关应当开具契税完税凭证。纳税人办理土地、房屋权属登记，不动产登记机构应当查验契税完税、减免税凭证或者有关信息。未按照规定缴纳契税的，不动产登记机构不予办理土地、房屋权属登记。

第十二条 在依法办理土地、房屋权属登记前，权属转移合同、权属转移合同性质凭证不生效、无效、被撤销或者被解除的，纳税人可以向税务机关申请退还已缴纳的税款，税务机关应当依法办理。

第十三条 税务机关应当与相关部门建立契税涉税信息共享和工作配合机制。自然资源、住房城乡建设、民政、公安等相关部门应当及时向税务机关提供与转移土地、房屋权属有关的信息，协助税务机关加强契税征收管理。

税务机关及其工作人员对税收征收管理过程中知悉的纳税人的个人信息，应当依法予以保密，不得泄露或者非法向他人提供。

第十四条 契税由土地、房屋所在地的税务机关依照本法和《中华人民共和国税收征收管理法》的规定征收管理。

第十五条 纳税人、税务机关及其工作人员违反本法规定的，依照《中华人民共和国税收征收管理法》和有关法律法规的规定追究法律责任。

第十六条 本法自 2021 年 9 月 1 日起施行。1997 年 7 月 7 日国务院发布的《中华人民共和国契税暂行条例》同时废止。

财政部 税务总局关于贯彻实施契税法若干事项执行口径的公告

(财政部 税务总局公告2021年第23号)

为贯彻落实《中华人民共和国契税法》,现将契税若干事项执行口径公告如下:

一、关于土地、房屋权属转移

(一)征收契税的土地、房屋权属,具体为土地使用权、房屋所有权。

(二)下列情形发生土地、房屋权属转移的,承受方应当依法缴纳契税:

1. 因共有不动产份额变化的;
2. 因共有人增加或者减少的;
3. 因人民法院、仲裁委员会的生效法律文书或者监察机关出具的监察文书等因素,发生土地、房屋权属转移的。

二、关于若干计税依据的具体情形

(一)以划拨方式取得的土地使用权,经批准改为出让方式重新取得该土地使用权的,应由该土地使用权人以补缴的土地出让价款为计税依据缴纳契税。

(二)先以划拨方式取得土地使用权,后经批准转让房地产,划拨土地性质改为出让的,承受方应分别以补缴的土地出让价款和房地产权属转移合同确定的成交价格为计税依据缴纳契税。

(三)先以划拨方式取得土地使用权,后经批准转让房地产,划拨土地性质未发生改变的,承受方应以房地产权属转移合同确定的成交价格为计税依据缴纳契税。

(四)土地使用权及所附建筑物、构筑物等(包括在建的房屋、其他建筑物、构筑物和其他附着物)转让的,计税依据为承受方应交付的总价款。

(五)土地使用权出让的,计税依据包括土地出让金、土地补偿费、安置补助费、地上附着物和青苗补偿费、征收补偿费、城市基础设施配套费、实物配建房屋等应交付的货币以及实物、其他经济利益对应的价款。

(六)房屋附属设施(包括停车位、机动车库、非机动车库、顶层阁楼、储藏室及其他房屋附属设施)与房屋为同一不动产单元的,计税依据为承受方应交付的总价款,并适用与房屋相同的税率;房屋附属设施与房屋为不同不动产单元的,计税依据为转移合同确定的成交价格,并按当地确定的适用税率计税。

(七)承受已装修房屋的,应将包括装修费用在内的费用计入承受方应交付的总价款。

(八)土地使用权互换、房屋互换,互换价格相等的,互换双方计税依据为零;互换价格不相等的,以其差额为计税依据,由支付差额的一方缴纳契税。

(九)契税的计税依据不包括增值税。

三、关于免税的具体情形

(一)享受契税免税优惠的非营利性的学校、医疗机构、社会福利机构,限于上述三类单位中依法登记为事业单位、社会团体、基金会、社会服务机构等的非营利法人和非营利组织。其中：

1. 学校的具体范围为经县级以上人民政府或者其教育行政部门批准成立的大学、中学、小学、幼儿园，实施学历教育的职业教育学校、特殊教育学校、专门学校，以及经省级人民政府或者其人力资源社会保障行政部门批准成立的技工院校。

2. 医疗机构的具体范围为经县级以上人民政府卫生健康行政部门批准或者备案设立的医疗机构。

3. 社会福利机构的具体范围为依法登记的养老服务机构、残疾人服务机构、儿童福利机构、救助管理机构、未成年人救助保护机构。

（二）享受契税免税优惠的土地、房屋用途具体如下：

1. 用于办公的，限于办公室（楼）以及其他直接用于办公的土地、房屋；

2. 用于教学的，限于教室（教学楼）以及其他直接用于教学的土地、房屋；

3. 用于医疗的，限于门诊部以及其他直接用于医疗的土地、房屋；

4. 用于科研的，限于科学试验的场所以及其他直接用于科研的土地、房屋；

5. 用于军事设施的，限于直接用于《中华人民共和国军事设施保护法》规定的军事设施的土地、房屋；

6. 用于养老的，限于直接用于为老年人提供养护、康复、托管等服务的土地、房屋；

7. 用于救助的，限于直接为残疾人、未成年人、生活无着的流浪乞讨人员提供养护、康复、托管等服务的土地、房屋。

（三）纳税人符合减征或者免征契税规定的，应当按照规定进行申报。

四、关于纳税义务发生时间的具体情形

（一）因人民法院、仲裁委员会的生效法律文书或者监察机关出具的监察文书等发生土地、房屋权属转移的，纳税义务发生时间为法律文书等生效当日。

（二）因改变土地、房屋用途等情形应当缴纳已经减征、免征契税的，纳税义务发生时间为改变有关土地、房屋用途等情形的当日。

（三）因改变土地性质、容积率等土地使用条件需补缴土地出让价款，应当缴纳契税的，纳税义务发生时间为改变土地使用条件当日。

发生上述情形，按规定不再需要办理土地、房屋权属登记的，纳税人应自纳税义务发生之日起90日内申报缴纳契税。

五、关于纳税凭证、纳税信息和退税

（一）具有土地、房屋权属转移合同性质的凭证包括契约、协议、合约、单据、确认书以及其他凭证。

（二）不动产登记机构在办理土地、房屋权属登记时，应当依法查验土地、房屋的契税完税、减免税、不征税等涉税凭证或者有关信息。

（三）税务机关应当与相关部门建立契税涉税信息共享和工作配合机制。具体转移土地、房屋权属有关的信息包括：自然资源部门的土地出让、转让、征收补偿、不动产权属登记等信息，住房城乡建设部门的房屋交易等信息，民政部门的婚姻登记、社会组织登记等信息，公安部门的户籍人口基本信息。

（四）纳税人缴纳契税后发生下列情形，可依照有关法律法规申请退税：

1. 因人民法院判决或者仲裁委员会裁决导致土地、房屋权属转移行为无效、被撤销或者被解除，且土地、房屋权属变更至原权利人的；

2. 在出让土地使用权交付时，因容积率调整或实际交付面积小于合同约定面积需退还土地出让价款的；

3.在新建商品房交付时，因实际交付面积小于合同约定面积需返还房价款的。

六、其他

本公告自2021年9月1日起施行。《财政部 国家税务总局关于契税征收中几个问题的批复》（财税字〔1998〕96号）、《财政部 国家税务总局对河南省财政厅〈关于契税有关政策问题的请示〉的批复》（财税〔2000〕14号）、《财政部 国家税务总局关于房屋附属设施有关契税政策的批复》（财税〔2004〕126号）、《财政部 国家税务总局关于土地使用权转让契税计税依据的批复》（财税〔2007〕162号）、《财政部 国家税务总局关于企业改制过程中以国家作价出资（入股）方式转移国有土地使用权有关契税问题的通知》（财税〔2008〕129号）、《财政部 国家税务总局关于购房人办理退房有关契税问题的通知》（财税〔2011〕32号）同时废止。

财政部 税务总局

2021年6月30日

国家税务总局关于契税纳税服务与征收管理若干事项的公告

（国家税务总局公告2021年第25号）

为贯彻落实中办、国办印发的《关于进一步深化税收征管改革的意见》，切实优化契税纳税服务，规范契税征收管理，根据《中华人民共和国契税法》（以下简称《契税法》）、《财政部 税务总局关于贯彻实施契税法若干事项执行口径的公告》（2021年第23号，以下简称23号公告）等相关规定，现就有关事项公告如下：

一、契税申报以不动产单元为基本单位。

二、以作价投资（入股）、偿还债务等应交付经济利益的方式转移土地、房屋权属的，参照土地使用权出让、出售或房屋买卖确定契税适用税率、计税依据等。

以划转、奖励等没有价格的方式转移土地、房屋权属的，参照土地使用权或房屋赠与确定契税适用税率、计税依据等。

三、契税计税依据不包括增值税，具体情形为：

（一）土地使用权出售、房屋买卖，承受方计征契税的成交价格不含增值税；实际取得增值税发票的，成交价格以发票上注明的不含税价格确定。

（二）土地使用权互换、房屋互换，契税计税依据为不含增值税价格的差额。

（三）税务机关核定的契税计税价格为不含增值税价格。

四、税务机关依法核定计税价格，应参照市场价格，采用房地产价格评估等方法合理确定。

五、契税纳税人依法纳税申报时，应填报《财产和行为税税源明细表》（《契税税源明细表》部分，附件1），并根据具体情形提交下列资料：

（一）纳税人身份证件；

（二）土地、房屋权属转移合同或其他具有土地、房屋权属转移合同性质的凭证；

（三）交付经济利益方式转移土地、房屋权属的，提交土地、房屋权属转移相关价款支付凭证，其中，土地使用权出让为财政票据，土地使用权出售、互换和房屋买卖、互换为增值税发票；

（四）因人民法院、仲裁委员会的生效法律文书或者监察机关出具的监察文书等因素发生土地、房屋权属转移的，提交生效法律文书或监察文书等。

符合减免税条件的，应按规定附送有关资料或将资料留存备查。

六、税务机关在契税足额征收或办理免税（不征税）手续后，应通过契税的完税凭证或契税信息联系单（以下简称联系单，附件2）等，将完税或免税（不征税）信息传递给不动产登记机构。能够通过信息共享即时传递信息的，税务机关可不再向不动产登记机构提供完税凭证或开具联系单。

七、纳税人依照《契税法》以及23号公告规定向税务机关申请退还已缴纳契税的，应提供纳税人身份证件、完税凭证复印件，并根据不同情形提交相关资料：

（一）在依法办理土地、房屋权属登记前，权属转移合同或合同性质凭证不生效、无效、被撤销或者被解除的，提交合同或合同性质凭证不生效、无效、被撤销或者被解除的证明材料；

（二）因人民法院判决或者仲裁委员会裁决导致土地、房屋权属转移行为无效、被撤销或者被解除，且土地、房屋权属变更至原权利人的，提交人民法院、仲裁委员会的生效法律文书；

（三）在出让土地使用权交付时，因容积率调整或实际交付面积小于合同约定面积需退还土地出让价款的，提交补充合同（协议）和退款凭证；

（四）在新建商品房交付时，因实际交付面积小于合同约定面积需返还房价款的，提交补充合同（协议）和退款凭证。

税务机关收取纳税人退税资料后，应向不动产登记机构核实有关土地、房屋权属登记情况。核实后符合条件的即时受理，不符合条件的一次性告知应补正资料或不予受理原因。

八、税务机关及其工作人员对税收征管过程中知悉的个人的身份信息、婚姻登记信息、不动产权属登记信息、纳税申报信息及其他商业秘密和个人隐私，应当依法予以保密，不得泄露或者非法向他人提供。纳税人的税收违法行为信息不属于保密信息范围，税务机关可依法处理。

九、各地税务机关应与当地房地产管理部门加强协作，采用不动产登记、交易和缴税一窗受理等模式，持续优化契税申报缴纳流程，共同做好契税征收与房地产管理衔接工作。

十、本公告要求纳税人提交的资料，各省、自治区、直辖市和计划单列市税务局能够通过信息共享即时查验的，可公告明确不再要求纳税人提交。

十一、本公告所称纳税人身份证件是指：单位纳税人为营业执照，或者统一社会信用代码证书或者其他有效登记证书；个人纳税人中，自然人为居民身份证，或者居民户口簿或者入境的身份证件，个体工商户为营业执照。

十二、本公告自2021年9月1日起施行。《全文废止和部分条款废止的契税文件目录》（附件3）所列文件或条款同时废止。

特此公告。

附件：1. 契税税源明细表（略）
   2. 契税信息联系单（略）
   3. 全文废止和部分条款废止的契税文件目录（略）

国家税务总局
2021年8月26日

财政部　税务总局关于继续执行企业事业单位改制重组有关契税政策的公告

（财政部　税务总局公告2021年第17号）

为支持企业、事业单位改制重组，优化市场环境，现就继续执行有关契税政策公告如下：

一、企业改制

企业按照《中华人民共和国公司法》有关规定整体改制，包括非公司制企业改制为有限责任公司或股份有限公司，有限责任公司变更为股份有限公司，股份有限公司变更为有限责任公司，原企业投资主体存续并在改制（变更）后的公司中所持股权（股份）比例超过75%，且改制（变更）后公司承继原企业权利、义务的，对改制（变更）后公司承受原企业土地、房屋权属，免征契税。

二、事业单位改制

事业单位按照国家有关规定改制为企业，原投资主体存续并在改制后企业中出资（股权、股份）比例超过50%的，对改制后企业承受原事业单位土地、房屋权属，免征契税。

三、公司合并

两个或两个以上的公司，依照法律规定、合同约定，合并为一个公司，且原投资主体存续的，对合并后公司承受原合并各方土地、房屋权属，免征契税。

四、公司分立

公司依照法律规定、合同约定分立为两个或两个以上与原公司投资主体相同的公司，对分立后公司承受原公司土地、房屋权属，免征契税。

五、企业破产

企业依照有关法律法规规定实施破产，债权人（包括破产企业职工）承受破产企业抵偿债务的土地、房屋权属，免征契税；对非债权人承受破产企业土地、房屋权属，凡按照《中华人民共和国劳动法》等国家有关法律法规政策妥善安置原企业全部职工规定，与原企业全部职工签订服务年限不少于三年的劳动用工合同的，对其承受所购企业土地、房屋权属，免征契税；与原企业超过30%的职工签订服务年限不少于三年的劳动用工合同的，减半征收契税。

六、资产划转

对承受县级以上人民政府或国有资产管理部门按规定进行行政性调整、划转国有土地、房屋权属的单位，免征契税。

同一投资主体内部所属企业之间土地、房屋权属的划转，包括母公司与其全资子公司之间，同一公司所属全资子公司之间，同一自然人与其设立的个人独资企业、一人有限公司之间土地、房屋权属的划转，免征契税。

母公司以土地、房屋权属向其全资子公司增资，视同划转，免征契税。

七、债权转股权

经国务院批准实施债权转股权的企业，对债权转股权后新设立的公司承受原企业的土地、房屋权属，免征契税。

八、划拨用地出让或作价出资

以出让方式或国家作价出资（入股）方式承受原改制重组企业、事业单位划拨用地的，不属上述规定的免税范围，对承受方应按规定征收契税。

九、公司股权（股份）转让

在股权（股份）转让中，单位、个人承受公司股权（股份），公司土地、房屋权属不发生转移，不征收契税。

十、有关用语含义

本公告所称企业、公司，是指依照我国有关法律法规设立并在中国境内注册的企业、公司。

本公告所称投资主体存续，是指原改制重组企业、事业单位的出资人必须存在于改制重组后的企业，出资人的出资比例可以发生变动。

本公告所称投资主体相同，是指公司分立前后出资人不发生变动，出资人的出资比例可以发生变动。

十一、本公告自 2021 年 1 月 1 日起至 2023 年 12 月 31 日执行。自执行之日起，企业、事业单位在改制重组过程中，符合本公告规定但已缴纳契税的，可申请退税；涉及的契税尚未处理且符合本公告规定的，可按本公告执行。

财政部　税务总局
2021 年 4 月 26 日

第五部分　土地增值税制度

中华人民共和国土地增值税暂行条例

（1993年12月13日中华人民共和国国务院令第138号发布　2011年1月8日中华人民共和国国务院令第588号修改）

第一条　为了规范土地、房地产市场交易秩序，合理调节土地增值收益，维护国家权益，制定本条例。

第二条　转让国有土地使用权、地上的建筑物及其附着物（以下简称转让房地产）并取得收入的单位和个人，为土地增值税的纳税义务人（以下简称纳税人），应当依照本条例缴纳土地增值税。

第三条　土地增值税按照纳税人转让房地产所取得的增值额和本条例第七条规定的税率计算征收。

第四条　纳税人转让房地产所取得的收入减除本条例第六条规定扣除项目金额后的余额，为增值额。

第五条　纳税人转让房地产所取得的收入，包括货币收入、实物收入和其他收入。

第六条　计算增值额的扣除项目：

（一）取得土地使用权所支付的金额；

（二）开发土地的成本、费用；

（三）新建房及配套设施的成本、费用，或者旧房及建筑物的评估价格；

（四）与转让房地产有关的税金；

（五）财政部规定的其他扣除项目。

第七条　土地增值税实行四级超率累进税率：

增值额未超过扣除项目金额50%的部分，税率为30%。

增值额超过扣除项目金额50%、未超过扣除项目金额100%的部分，税率为40%。

增值额超过扣除项目金额100%、未超过扣除项目金额200%的部分，税率为50%。

增值额超过扣除项目金额200%的部分，税率为60%。

第八条　有下列情形之一的，免征土地增值税：

（一）纳税人建造普通标准住宅出售，增值额未超过扣除项目金额20%的；

（二）因国家建设需要依法征收、收回的房地产。

第九条　纳税人有下列情形之一的，按照房地产评估价格计算征收：

（一）隐瞒、虚报房地产成交价格的；

（二）提供扣除项目金额不实的；

（三）转让房地产的成交价格低于房地产评估价格，又无正当理由的。

第十条 纳税人应当自转让房地产合同签订之日起7日内向房地产所在地主管税务机关办理纳税申报，并在税务机关核定的期限内缴纳土地增值税。

第十一条 土地增值税由税务机关征收。土地管理部门、房产管理部门应当向税务机关提供有关资料，并协助税务机关依法征收土地增值税。

第十二条 纳税人未按照本条例缴纳土地增值税的，土地管理部门、房产管理部门不得办理有关的权属变更手续。

第十三条 土地增值税的征收管理，依据《中华人民共和国税收征收管理法》及本条例有关规定执行。

第十四条 本条例由财政部负责解释，实施细则由财政部制定。

第十五条 本条例自1994年1月1日起施行。各地区的土地增值费征收办法，与本条例相抵触的，同时停止执行。

中华人民共和国土地增值税暂行条例实施细则

（财法字〔1995〕6号）

第一条 根据《中华人民共和国土地增值税暂行条例》（以下简称条例）第十四条规定，制定本细则。

第二条 条例第二条所称的转让国有土地使用权、地上的建筑物及其附着物并取得收入，是指以出售或者其他方式有偿转让房地产的行为。不包括以继承、赠与方式无偿转让房地产的行为。

第三条 条例第二条所称的国有土地，是指按国家法律规定属于国家所有的土地。

第四条 条例第二条所称的地上的建筑物，是指建于土地上的一切建筑物，包括地上地下的各种附属设施。

条例第二条所称的附着物，是指附着于土地上的不能移动，一经移动即遭损坏的物品。

第五条 条例第二条所称的收入，包括转让房地产的全部价款及有关的经济收益。

第六条 条例第二条所称的单位，是指各类企业单位、事业单位、国家机关和社会团体及其他组织。

条例第二条所称个人，包括个体经营者。

第七条 条例第六条所列的计算增值额的扣除项目，具体为：

（一）取得土地使用权所支付的金额，是指纳税人为取得土地使用权所支付的地价款和按国家统一规定交纳的有关费用。

（二）开发土地和新建房及配套设施（以下简称房增开发）的成本，是指纳税人房地产开发项目实际发生的成本（以下简称房增开发成本），包括土地征用及拆迁补偿费、前期工程费、建筑安装工程费、基础设施费、公共配套设施费、开发间接费用。

土地征用及拆迁补偿费，包括土地征用费、耕地占用税、劳动力安置费及有关地上、地下附着物拆迁补偿的净支出、安置动迁用房支出等。

前期工程费，包括规划、设计、项目可行性研究和水文、地质、勘察、测绘、"三通一平"等支出。

建筑安装工程费,是指以出包方式支付给承包单位的建筑安装工程费,以自营方式发生的建筑安装工程费。

基础设施费,包括开发小区内道路、供水、供电、供气、排污、排洪、通讯、照明、环卫、绿化等工程发生的支出。

公共配套设施费,包括不能有偿转让的开发小区内公共配套设施发生的支出。

开发间接费用,是指直接组织、管理开发项目发生的费用,包括工资、职工福利费、折旧费、修理费、办公费、水电费、劳动保护费、周转房摊销等。

(三)开发土地和新建房及配套设施的费用(以下简称房地产开发费用),是指与房地产开发项目有关的销售费用、管理费用、财务费用。

财务费用中的利息支出,凡能够按转让房地产项目计算分摊并提供金融机构证明的,允许据实扣除,但最高不能超过按商业银行同类同期贷款利率计算的金额。其他房地产开发费用,按本条(一)、(二)项规定计算的金额之和的5%以内计算扣除。

凡不能按转让房地产项目计算分摊利息支出或不能提供金融机构证明的,房地产开发费用按本条(一)、(二)项规定计算的金额之和的10%以内计算扣除。

上述计算扣除的具体比例,由各省、自治区、直辖市人民政府规定。

(四)旧房及建筑物的评估价格,是指在转让已使用的房屋及建筑物时,由政府批准设立的房地产评估机构评定的重置成本价乘以成新度折扣率后的价格。评估价格须经当地税务机关确认。

(五)与转让房地产有关的税金,是指在转让房地产时缴纳的营业税、城市维护建设税、印花税。因转让房地产交纳的教育费附加,也可视同税金予以扣除。

(六)根据条例第六条(五)项规定,对从事房地产开发的纳税人可按本条(一)、(二)项规定计算的金额之和,加计20%的扣除。

第八条 土地增值税以纳税人房地产成本核算的最基本的核算项目或核算对象为单位计算。

第九条 纳税人成片受让土地使用权后,分期分批开发、转让房地产的,其扣除项目金额的确定,可按转让土地使用权的面积占总面积的比例计算分摊,或按建筑面积计算分摊,也可按税务机关确认的其他方式计算分摊。

第十条 条例第七条所列四级超率累进税率,每级"增值额未超过扣除项目金额"的比例,均包括本比例数。

计算土地增值税税额,可按增值额乘以适用的税率减去扣除项目金额乘以速算扣除系数的简便方法计算,具体公式如下:

(一)增值额未超过扣除项目金额50%

土地增值税税额 = 增值额 × 30%

(二)增值额超过扣除项目金额50%,未超过100%的

土地增值税税额 = 增值额 × 40% – 扣除项目金额 × 5%

(三)增值额超过扣除项目金额100%,未超过200%的

土地增值税税额 = 增值额 × 50% – 扣除项目金额 × 15%

(四)增值额超过扣除项目金额200%

土地增值税税额 = 增值额 × 60% – 扣除项目金额 × 35%

公式中的5%,15%,35%为速算扣除系数。

第十一条 条例第八条(一)项所称的普通标准住宅,是指按所在地一般民用住宅标

准建造的居住用住宅。高级公寓、别墅、度假村等不属于普通标准住宅。普通标准住宅与其他住宅的具体划分界限由各省、自治区、直辖市人民政府规定。

纳税人建造普通标准住宅出售，增值额未超过本细则第七条（一）、（二）、（三）、（五）、（六）项扣除项目金额之和20%的，免征土地增值税；增值额超过扣除项目金额之和20%的，应就其全部增值额按规定计税。

条例第八条（二）项所称的因国家建设需要依法征用、收回的房地产，是指因城市实施规划、国家建设的需要而被政府批准征用的房产或收回的土地使用权。

因城市实施规划、国家建设的需要而搬迁，由纳税人自行转让原房地产的，比照本规定免征土地增值税。

符合上述免税规定的单位和个人，须向房地产所在地税务机关提出免税申请，经税务机关审核后，免予征收土地增值税。

第十二条 个人因工作调动或改善居住条件而转让原自用住房，经向税务机关申报核准，凡居住满五年或五年以上的，免予征收土地增值税；居住满三年未满五年的，减半征收土地增值税。居住未满三年的，按规定计征土地增值税。

第十三条 条例第九条所称的房地产评估价格，是指由政府批准设立的房地产评估机构根据相同地段、同类房地产进行综合评定的价格。评估价格须经当地税务机关确认。

第十四条 条例第九条（一）项所称的隐瞒、虚报房地产成交价格，是指纳税人不报或有意低报转让土地使用权、地上建筑物及其附着物价款的行为。

条例第九条（二）项所称的提供扣除项目金额不实的，是指纳税人在纳税申报时不据实提供扣除项目金额的行为。

条例第九条（三）项所称的转让房地产的成交价格低于房地产评估价格，又无正当理由，是指纳税人申报的转让房地产的实际成交价低于房地产评估机构评定的交易价，纳税人又不能提供凭据或无正当理由的行为。

隐瞒、虚报房地产成交价格，应由评估机构参照同类房地产的市场交易价格进行评估。税务机关根据评估价格确定转让房地产的收入。

提供扣除项目金额不实的，应由评估机构按照房屋重置成本价乘以成新度折扣率计算的房屋成本价和取得土地使用权时的基准地价进行评估。税务机关根据评估价格确定扣除项目金额。

转让房地产的成交价格低于房地产评估价格，又无正当理由的，由税务机关参照房地产评估价格确定转让房地产的收入。

第十五条 根据条例第十条的规定，纳税人应按照下列程序办理纳税手续：

（一）纳税人应在转让房地产合同签订后的七日内，到房地产所在地主管税务机关办理纳税申报，并向税务机关提交房屋及建筑物产权、土地使用权证书，土地转让、房产买卖合同，房地产评估报告及其他与转让房地产有关的资料。

纳税人因经常发生房地产转让而难以在每次转让后申报的，经税务机关审核同意后，可以定期进行纳税申报，具体期限由税务机关根据情况确定。

（二）纳税人按照税务机关核定的税额及规定的期限缴纳土地增值税。

第十六条 纳税人在项目全部竣工结算前转让房地产取得的收入，由于涉及成本确定或其他原因，而无法据以计算土地增值税的，可以预征土地增值税，待该项目全部竣工、办理结算后再进行清算，多退少补。具体办法由各省、自治区、直辖市地方税务局根据当地情况制定。

第十七条　条例第十条所称的房地产所在地，是指房地产的座落地。纳税人转让房地产座落在两个或两个以上地区的，应按房地产所在地分别申报纳税。

第十八条　条例第十一条所称的土地管理部门、房产管理部门应当向税务机关提供有关资料，是指向房地产所在地主管税务机关提供有关房屋及建筑物产权、土地使用权、土地出让金数额、土地基准地价、房地产市场交易价格及权属变更等方面的资料。

第十九条　纳税人未按规定提供房屋及建筑物产权、土地使用权证书，土地转让、房产买卖合同，房地产评估报告及其他与转让房地产有关资料的，按照《中华人民共和国税收征收管理法》（以下简称《征管法》）第三十九条的规定进行处理。

纳税人不如实申报房地产交易额及规定扣除项目金额造成少缴或未缴税款的，按照《征管法》第四十条的规定进行处理。

第二十条　土地增值税以人民币为计算单位。转让房地产所取得的收入为外国货币的，以取得收入当天或当月1日国家公布的市场汇价折合成人民币，据以计算应纳土地增值税税额。

第二十一条　条例第十五条所称的各地区的土地增值费征收办法是指与本条例规定的计征对象相同的土地增值费、土地收益金等征收办法。

第二十二条　本细则由财政部解释，或者由国家税务总局解释。

第二十三条　本细则自发布之日起施行。

第二十四条　1994年1月1日至本细则发布之日期间的土地增值税参照本细则的规定计算征收。

国家税务总局关于印发《土地增值税清算管理规程》的通知

（国税发〔2009〕91号）

各省、自治区、直辖市和计划单列市地方税务局：

为了加强房地产开发企业的土地增值税征收管理，规范土地增值税清算工作，根据《中华人民共和国土地增值税暂行条例》及其实施细则、《中华人民共和国税收征收管理法》及其实施细则等有关税收法律、行政法规的规定，结合房地产开发经营业务的特点，国家税务总局制定了《土地增值税清算管理规程》，现印发给你们，请遵照执行。

国家税务总局
二○○九年五月十二日

土地增值税清算管理规程

第一章　总　　则

第一条　为了加强土地增值税征收管理，规范土地增值税清算工作，根据《中华人民共和国税收征收管理法》及其实施细则、《中华人民共和国土地增值税暂行条例》及其实施细则等规定，制定本规程（以下简称《规程》）。

第二条　《规程》适用于房地产开发项目土地增值税清算工作。

第三条 《规程》所称土地增值税清算，是指纳税人在符合土地增值税清算条件后，依照税收法律、法规及土地增值税有关政策规定，计算房地产开发项目应缴纳的土地增值税税额，并填写《土地增值税清算申报表》，向主管税务机关提供有关资料，办理土地增值税清算手续，结清该房地产项目应缴纳土地增值税税款的行为。

第四条 纳税人应当如实申报应缴纳的土地增值税税额，保证清算申报的真实性、准确性和完整性。

第五条 税务机关应当为纳税人提供优质纳税服务，加强土地增值税政策宣传辅导。

主管税务机关应及时对纳税人清算申报的收入、扣除项目金额、增值额、增值率以及税款计算等情况进行审核，依法征收土地增值税。

第二章 前期管理

第六条 主管税务机关应加强房地产开发项目的日常税收管理，实施项目管理。主管税务机关应从纳税人取得土地使用权开始，按项目分别建立档案、设置台账，对纳税人项目立项、规划设计、施工、预售、竣工验收、工程结算、项目清盘等房地产开发全过程情况实行跟踪监控，做到税务管理与纳税人项目开发同步。

第七条 主管税务机关对纳税人项目开发期间的会计核算工作应当积极关注，对纳税人分期开发项目或者同时开发多个项目的，应督促纳税人根据清算要求按不同期间和不同项目合理归集有关收入、成本、费用。

第八条 对纳税人分期开发项目或者同时开发多个项目的，有条件的地区，主管税务机关可结合发票管理规定，对纳税人实施项目专用票据管理措施。

第三章 清算受理

第九条 纳税人符合下列条件之一的，应进行土地增值税的清算。

（一）房地产开发项目全部竣工、完成销售的；

（二）整体转让未竣工决算房地产开发项目的；

（三）直接转让土地使用权的。

第十条 对符合以下条件之一的，主管税务机关可要求纳税人进行土地增值税清算。

（一）已竣工验收的房地产开发项目，已转让的房地产建筑面积占整个项目可售建筑面积的比例在85%以上，或该比例虽未超过85%，但剩余的可售建筑面积已经出租或自用的；

（二）取得销售（预售）许可证满三年仍未销售完毕的；

（三）纳税人申请注销税务登记但未办理土地增值税清算手续的；

（四）省（自治区、直辖市、计划单列市）税务机关规定的其他情况。

对前款所列第（三）项情形，应在办理注销登记前进行土地增值税清算。

第十一条 对于符合本规程第九条规定，应进行土地增值税清算的项目，纳税人应当在满足条件之日起90日内到主管税务机关办理清算手续。对于符合本规程第十条规定税务机关可要求纳税人进行土地增值税清算的项目，由主管税务机关确定是否进行清算；对于确定需要进行清算的项目，由主管税务机关下达清算通知，纳税人应当在收到清算通知之日起90日内办理清算手续。

应进行土地增值税清算的纳税人或经主管税务机关确定需要进行清算的纳税人，在上述规定的期限内拒不清算或不提供清算资料的，主管税务机关可依据《中华人民共和国税收征收管理法》有关规定处理。

第十二条　纳税人清算土地增值税时应提供的清算资料

（一）土地增值税清算表及其附表（参考表样见附件，各地可根据本地实际情况制定）。

（二）房地产开发项目清算说明，主要内容应包括房地产开发项目立项、用地、开发、销售、关联方交易、融资、税款缴纳等基本情况及主管税务机关需要了解的其他情况。

（三）项目竣工决算报表、取得土地使用权所支付的地价款凭证、国有土地使用权出让合同、银行贷款利息结算通知单、项目工程合同结算单、商品房购销合同统计表、销售明细表、预售许可证等与转让房地产的收入、成本和费用有关的证明资料。主管税务机关需要相应项目记账凭证的，纳税人还应提供记账凭证复印件。

（四）纳税人委托税务中介机构审核鉴证的清算项目，还应报送中介机构出具的《土地增值税清算税款鉴证报告》。

第十三条　主管税务机关收到纳税人清算资料后，对符合清算条件的项目，且报送的清算资料完备的，予以受理；对纳税人符合清算条件、但报送的清算资料不全的，应要求纳税人在规定期限内补报，纳税人在规定的期限内补齐清算资料后，予以受理；对不符合清算条件的项目，不予受理。上述具体期限由各省、自治区、直辖市、计划单列市税务机关确定。主管税务机关已受理的清算申请，纳税人无正当理由不得撤销。

第十四条　主管税务机关按照本规程第六条进行项目管理时，对符合税务机关可要求纳税人进行清算情形的，应当作出评估，并经分管领导批准，确定何时要求纳税人进行清算的时间。对确定暂不通知清算的，应继续做好项目管理，每年作出评估，及时确定清算时间并通知纳税人办理清算。

第十五条　主管税务机关受理纳税人清算资料后，应在一定期限内及时组织清算审核。具体期限由各省、自治区、直辖市、计划单列市税务机关确定。

第四章　清算审核

第十六条　清算审核包括案头审核、实地审核。

案头审核是指对纳税人报送的清算资料进行数据、逻辑审核，重点审核项目归集的一致性、数据计算准确性等。

实地审核是指在案头审核的基础上，通过对房地产开发项目实地查验等方式，对纳税人申报情况的客观性、真实性、合理性进行审核。

第十七条　清算审核时，应审核房地产开发项目是否以国家有关部门审批、备案的项目为单位进行清算；对于分期开发的项目，是否以分期项目为单位清算；对不同类型房地产是否分别计算增值额、增值率，缴纳土地增值税。

第十八条　审核收入情况时，应结合销售发票、销售合同（含房管部门网上备案登记资料）、商品房销售（预售）许可证、房产销售分户明细表及其他有关资料，重点审核销售明细表、房地产销售面积与项目可售面积的数据关联性，以核实计税收入；对销售合同所载商品房面积与有关部门实际测量面积不一致，而发生补、退房款的收入调整情况进行审核；对销售价格进行评估，审核有无价格明显偏低情况。

必要时，主管税务机关可通过实地查验，确认有无少计、漏计事项，确认有无将开发产品用于职工福利、奖励、对外投资、分配给股东或投资人、抵偿债务、换取其他单位和个人的非货币性资产等情况。

第十九条　非直接销售和自用房地产的收入确定

（一）房地产开发企业将开发产品用于职工福利、奖励、对外投资、分配给股东或投资人、抵偿债务、换取其他单位和个人的非货币性资产等，发生所有权转移时应视同销售房地产，其收入按下列方法和顺序确认：

1. 按本企业在同一地区、同一年度销售的同类房地产的平均价格确定；
2. 由主管税务机关参照当地当年、同类房地产的市场价格或评估价值确定。

（二）房地产开发企业将开发的部分房地产转为企业自用或用于出租等商业用途时，如果产权未发生转移，不征收土地增值税，在税款清算时不列收入，不扣除相应的成本和费用。

第二十条 土地增值税扣除项目审核的内容包括：

（一）取得土地使用权所支付的金额。

（二）房地产开发成本，包括：土地征用及拆迁补偿费、前期工程费、建筑安装工程费、基础设施费、公共配套设施费、开发间接费用。

（三）房地产开发费用。

（四）与转让房地产有关的税金。

（五）国家规定的其他扣除项目。

第二十一条 审核扣除项目是否符合下列要求：

（一）在土地增值税清算中，计算扣除项目金额时，其实际发生的支出应当取得但未取得合法凭据的不得扣除。

（二）扣除项目金额中所归集的各项成本和费用，必须是实际发生的。

（三）扣除项目金额应当准确地在各扣除项目中分别归集，不得混淆。

（四）扣除项目金额中所归集的各项成本和费用必须是在清算项目开发中直接发生的或应当分摊的。

（五）纳税人分期开发项目或者同时开发多个项目的，或者同一项目中建造不同类型房地产的，应按照受益对象，采用合理的分配方法，分摊共同的成本费用。

（六）对同一类事项，应当采取相同的会计政策或处理方法。会计核算与税务处理规定不一致的，以税务处理规定为准。

第二十二条 审核取得土地使用权支付金额和土地征用及拆迁补偿费时应当重点关注：

（一）同一宗土地有多个开发项目，是否予以分摊，分摊办法是否合理、合规，具体金额的计算是否正确。

（二）是否存在将房地产开发费用记入取得土地使用权支付金额以及土地征用及拆迁补偿费的情形。

（三）拆迁补偿费是否实际发生，尤其是支付给个人的拆迁补偿款、拆迁（回迁）合同和签收花名册或签收凭证是否一一对应。

第二十三条 审核前期工程费、基础设施费时应当重点关注：

（一）前期工程费、基础设施费是否真实发生，是否存在虚列情形。

（二）是否将房地产开发费用记入前期工程费、基础设施费。

（三）多个（或分期）项目共同发生的前期工程费、基础设施费，是否按项目合理分摊。

第二十四条 审核公共配套设施费时应当重点关注：

（一）公共配套设施的界定是否准确，公共配套设施费是否真实发生，有无预提的公共配套设施费情况。

（二）是否将房地产开发费用记入公共配套设施费。

（三）多个（或分期）项目共同发生的公共配套设施费，是否按项目合理分摊。

第二十五条 审核建筑安装工程费时应当重点关注：

（一）发生的费用是否与决算报告、审计报告、工程结算报告、工程施工合同记载的内容相符。

（二）房地产开发企业自购建筑材料时，自购建材费用是否重复计算扣除项目。

（三）参照当地当期同类开发项目单位平均建安成本或当地建设部门公布的单位定额成本，验证建筑安装工程费支出是否存在异常。

（四）房地产开发企业采用自营方式自行施工建设的，还应当关注有无虚列、多列施工人工费、材料费、机械使用费等情况。

（五）建筑安装发票是否在项目所在地税务机关开具。

第二十六条 审核开发间接费用时应当重点关注：

（一）是否存在将企业行政管理部门（总部）为组织和管理生产经营活动而发生的管理费用记入开发间接费用的情形。

（二）开发间接费用是否真实发生，有无预提开发间接费用的情况，取得的凭证是否合法有效。

第二十七条 审核利息支出时应当重点关注：

（一）是否将利息支出从房地产开发成本中调整至开发费用。

（二）分期开发项目或者同时开发多个项目的，其取得的一般性贷款的利息支出，是否按照项目合理分摊。

（三）利用闲置专项借款对外投资取得收益，其收益是否冲减利息支出。

第二十八条 代收费用的审核。

对于县级以上人民政府要求房地产开发企业在售房时代收的各项费用，审核其代收费用是否计入房价并向购买方一并收取；当代收费用计入房价时，审核有无将代收费用计入加计扣除以及房地产开发费用计算基数的情形。

第二十九条 关联方交易行为的审核。

在审核收入和扣除项目时，应重点关注关联企业交易是否按照公允价值和营业常规进行业务往来。

应当关注企业大额应付款余额，审核交易行为是否真实。

第三十条 纳税人委托中介机构审核鉴证的清算项目，主管税务机关应当采取适当方法对有关鉴证报告的合法性、真实性进行审核。

第三十一条 对纳税人委托中介机构审核鉴证的清算项目，主管税务机关未采信或部分未采信鉴证报告的，应当告知其理由。

第三十二条 土地增值税清算审核结束，主管税务机关应当将审核结果书面通知纳税人，并确定办理补、退税期限。

第五章 核定征收

第三十三条 在土地增值税清算过程中，发现纳税人符合核定征收条件的，应按核定征收方式对房地产项目进行清算。

第三十四条 在土地增值税清算中符合以下条件之一的，可实行核定征收。

（一）依照法律、行政法规的规定应当设置但未设置账簿的；

（二）擅自销毁账簿或者拒不提供纳税资料的；

（三）虽设置账簿，但账目混乱或者成本资料、收入凭证、费用凭证残缺不全，难以确定转让收入或扣除项目金额的；

（四）符合土地增值税清算条件，企业未按照规定的期限办理清算手续，经税务机关责令限期清算，逾期仍不清算的；

（五）申报的计税依据明显偏低，又无正当理由的。

第三十五条 符合上述核定征收条件的，由主管税务机关发出核定征收的税务事项告知书后，税务人员对房地产项目开展土地增值税核定征收核查，经主管税务机关审核合议，通知纳税人申报缴纳应补缴税款或办理退税。

第三十六条 对于分期开发的房地产项目，各期清算的方式应保持一致。

第六章 其他

第三十七条 土地增值税清算资料应按照档案化管理的要求，妥善保存。

第三十八条 本规程自 2009 年 6 月 1 日起施行，各省（自治区、直辖市、计划单列市）税务机关可结合本地实际，对本规程进行进一步细化。

附件：1. 土地增值税纳税申报表（从事房地产开发的纳税人适用）（略）

2. 各类附表（略）

国家税务总局关于土地增值税清算有关问题的通知

（国税函〔2010〕220号）

各省、自治区、直辖市地方税务局，宁夏、西藏、青海省（自治区）国家税务局：

为了进一步做好土地增值税清算工作，根据《中华人民共和国土地增值税暂行条例》及实施细则的规定，现将土地增值税清算工作中有关问题通知如下：

一、**关于土地增值税清算时收入确认的问题**

土地增值税清算时，已全额开具商品房销售发票的，按照发票所载金额确认收入；未开具发票或未全额开具发票的，以交易双方签订的销售合同所载的售房金额及其他收益确认收入。销售合同所载商品房面积与有关部门实际测量面积不一致，在清算前已发生补、退房款的，应在计算土地增值税时予以调整。

二、**房地产开发企业未支付的质量保证金，其扣除项目金额的确定问题**

房地产开发企业在工程竣工验收后，根据合同约定，扣留建筑安装施工企业一定比例的工程款，作为开发项目的质量保证金，在计算土地增值税时，建筑安装施工企业就质量保证金对房地产开发企业开具发票的，按发票所载金额予以扣除；未开具发票的，扣留的质保金不得计算扣除。

三、**房地产开发费用的扣除问题**

（一）财务费用中的利息支出，凡能够按转让房地产项目计算分摊并提供金融机构证明的，允许据实扣除，但最高不能超过按商业银行同类同期贷款利率计算的金额。其他房地产开发费用，在按照"取得土地使用权所支付的金额"与"房地产开发成本"金额之和的 5% 以内计算扣除。

（二）凡不能按转让房地产项目计算分摊利息支出或不能提供金融机构证明的，房地产开发费用在按"取得土地使用权所支付的金额"与"房地产开发成本"金额之和的 10% 以内计算扣除。

全部使用自有资金，没有利息支出的，按照以上方法扣除。

上述具体适用的比例按省级人民政府此前规定的比例执行。

（三）房地产开发企业既向金融机构借款，又有其他借款的，其房地产开发费用计算扣除时不能同时适用本条（一）、（二）项所述两种办法。

（四）土地增值税清算时，已经计入房地产开发成本的利息支出，应调整至财务费用中计算扣除。

四、房地产企业逾期开发缴纳的土地闲置费的扣除问题

房地产开发企业逾期开发缴纳的土地闲置费不得扣除。

五、房地产开发企业取得土地使用权时支付的契税的扣除问题

房地产开发企业为取得土地使用权所支付的契税，应视同"按国家统一规定交纳的有关费用"，计入"取得土地使用权所支付的金额"中扣除。

六、关于拆迁安置土地增值税计算问题

（一）房地产企业用建造的本项目房地产安置回迁户的，安置用房视同销售处理，按《国家税务总局关于房地产开发企业土地增值税清算管理有关问题的通知》（国税发〔2006〕187号）第三条第（一）款规定确认收入，同时将此确认为房地产开发项目的拆迁补偿费。房地产开发企业支付给回迁户的补差价款，计入拆迁补偿费；回迁户支付给房地产开发企业的补差价款，应抵减本项目拆迁补偿费。

（二）开发企业采取异地安置，异地安置的房屋属于自行开发建造的，房屋价值按国税发〔2006〕187号第三条第（一）款的规定计算，计入本项目的拆迁补偿费；异地安置的房屋属于购入的，以实际支付的购房支出计入拆迁补偿费。

（三）货币安置拆迁的，房地产开发企业凭合法有效凭据计入拆迁补偿费。

七、关于转让旧房准予扣除项目的加计问题

《财政部 国家税务总局关于土地增值税若干问题的通知》（财税〔2006〕21号）第二条第一款规定"纳税人转让旧房及建筑物，凡不能取得评估价格，但能提供购房发票的，经当地税务部门确认，《条例》第六条第（一）、（三）项规定的扣除项目的金额，可按发票所载金额并从购买年度起至转让年度止每年加计5%计算"。计算扣除项目时"每年"按购房发票所载日期起至售房发票开具之日止，每满12个月计一年；超过一年，未满12个月但超过6个月的，可以视同为一年。

八、土地增值税清算后应补缴的土地增值税加收滞纳金问题

纳税人按规定预缴土地增值税后，清算补缴的土地增值税，在主管税务机关规定的期限内补缴的，不加收滞纳金。

国家税务总局
二〇一〇年五月十九日

国家税务总局关于营改增后土地增值税若干征管规定的公告

（国家税务总局公告2016年第70号）

为进一步做好营改增后土地增值税征收管理工作，根据《中华人民共和国土地增值税暂行条例》及其实施细则、《财政部 国家税务总局关于营改增后契税 房产税 土地增值税 个人所得税计税依据问题的通知》（财税〔2016〕43号）等规定，现就土地增值税若干征管问题明确如下：

一、关于营改增后土地增值税应税收入确认问题

营改增后,纳税人转让房地产的土地增值税应税收入不含增值税。适用增值税一般计税方法的纳税人,其转让房地产的土地增值税应税收入不含增值税销项税额;适用简易计税方法的纳税人,其转让房地产的土地增值税应税收入不含增值税应纳税额。

为方便纳税人,简化土地增值税预征税款计算,房地产开发企业采取预收款方式销售自行开发的房地产项目的,可按照以下方法计算土地增值税预征计征依据:

土地增值税预征的计征依据 = 预收款 − 应预缴增值税税款

二、关于营改增后视同销售房地产的土地增值税应税收入确认问题

纳税人将开发产品用于职工福利、奖励、对外投资、分配给股东或投资人、抵偿债务、换取其他单位和个人的非货币性资产等,发生所有权转移时应视同销售房地产,其收入应按照《国家税务总局关于房地产开发企业土地增值税清算管理有关问题的通知》(国税发〔2006〕187号)第三条规定执行。纳税人安置回迁户,其拆迁安置用房应税收入和扣除项目的确认,应按照《国家税务总局关于土地增值税清算有关问题的通知》(国税函〔2010〕220号)第六条规定执行。

三、关于与转让房地产有关的税金扣除问题

(一)营改增后,计算土地增值税增值额的扣除项目中"与转让房地产有关的税金"不包括增值税。

(二)营改增后,房地产开发企业实际缴纳的城市维护建设税(以下简称城建税)、教育费附加,凡能够按清算项目准确计算的,允许据实扣除。凡不能按清算项目准确计算的,则按该清算项目预缴增值税时实际缴纳的城建税、教育费附加扣除。

其他转让房地产行为的城建税、教育费附加扣除比照上述规定执行。

四、关于营改增前后土地增值税清算的计算问题

房地产开发企业在营改增后进行房地产开发项目土地增值税清算时,按以下方法确定相关金额:

(一)土地增值税应税收入 = 营改增前转让房地产取得的收入 + 营改增后转让房地产取得的不含增值税收入

(二)与转让房地产有关的税金 = 营改增前实际缴纳的营业税、城建税、教育费附加 + 营改增后允许扣除的城建税、教育费附加

五、关于营改增后建筑安装工程费支出的发票确认问题

营改增后,土地增值税纳税人接受建筑安装服务取得的增值税发票,应按照《国家税务总局关于全面推开营业税改征增值税试点有关税收征收管理事项的公告》(国家税务总局公告2016年第23号)规定,在发票的备注栏注明建筑服务发生地县(市、区)名称及项目名称,否则不得计入土地增值税扣除项目金额。

六、关于旧房转让时的扣除计算问题

营改增后,纳税人转让旧房及建筑物,凡不能取得评估价格,但能提供购房发票的,《中华人民共和国土地增值税暂行条例》第六条第一、三项规定的扣除项目的金额按照下列方法计算:

(一)提供的购房凭据为营改增前取得的营业税发票的,按照发票所载金额(不扣减营业税)并从购买年度起至转让年度止每年加计5%计算。

(二)提供的购房凭据为营改增后取得的增值税普通发票的,按照发票所载价税合计金额从购买年度起至转让年度止每年加计5%计算。

（三）提供的购房发票为营改增后取得的增值税专用发票的，按照发票所载不含增值税金额加上不允许抵扣的增值税进项税额之和，并从购买年度起至转让年度止每年加计5%计算。

本公告自公布之日起施行。

特此公告。

国家税务总局
2016 年 11 月 10 日

财政部 税务总局关于继续实施企业改制重组有关土地增值税政策的公告

（财政部 税务总局公告 2021 年第 21 号）

为支持企业改制重组，优化市场环境，现就继续执行有关土地增值税政策公告如下：

一、企业按照《中华人民共和国公司法》有关规定整体改制，包括非公司制企业改制为有限责任公司或股份有限公司，有限责任公司变更为股份有限公司，股份有限公司变更为有限责任公司，对改制前的企业将国有土地使用权、地上的建筑物及其附着物（以下称房地产）转移、变更到改制后的企业，暂不征土地增值税。

本公告所称整体改制是指不改变原企业的投资主体，并承继原企业权利、义务的行为。

二、按照法律规定或者合同约定，两个或两个以上企业合并为一个企业，且原企业投资主体存续的，对原企业将房地产转移、变更到合并后的企业，暂不征土地增值税。

三、按照法律规定或者合同约定，企业分设为两个或两个以上与原企业投资主体相同的企业，对原企业将房地产转移、变更到分立后的企业，暂不征土地增值税。

四、单位、个人在改制重组时以房地产作价入股进行投资，对其将房地产转移、变更到被投资的企业，暂不征土地增值税。

五、上述改制重组有关土地增值税政策不适用于房地产转移任意一方为房地产开发企业的情形。

六、改制重组后再转让房地产并申报缴纳土地增值税时，对"取得土地使用权所支付的金额"，按照改制重组前取得该宗国有土地使用权所支付的地价款和按国家统一规定缴纳的有关费用确定；经批准以国有土地使用权作价出资入股的，为作价入股时县级及以上自然资源部门批准的评估价格。按购房发票确定扣除项目金额的，按照改制重组前购房发票所载金额并从购买年度起至本次转让年度止每年加计5%计算扣除项目金额，购买年度是指购房发票所载日期的当年。

七、纳税人享受上述税收政策，应按税务机关规定办理。

八、本公告所称不改变原企业投资主体、投资主体相同，是指企业改制重组前后出资人不发生变动，出资人的出资比例可以发生变动；投资主体存续，是指原企业出资人必须存在于改制重组后的企业，出资人的出资比例可以发生变动。

九、本公告执行期限为 2021 年 1 月 1 日至 2023 年 12 月 31 日。企业改制重组过程中涉及的土地增值税尚未处理的，符合本公告规定可按本公告执行。

财政部 税务总局
2021 年 5 月 31 日

第六部分 耕地占用税制度

中华人民共和国耕地占用税法

（2018年12月29日第十三届全国人民代表大会常务委员会第七次会议通过）

第一条 为了合理利用土地资源，加强土地管理，保护耕地，制定本法。

第二条 在中华人民共和国境内占用耕地建设建筑物、构筑物或者从事非农业建设的单位和个人，为耕地占用税的纳税人，应当依照本法规定缴纳耕地占用税。

占用耕地建设农田水利设施的，不缴纳耕地占用税。

本法所称耕地，是指用于种植农作物的土地。

第三条 耕地占用税以纳税人实际占用的耕地面积为计税依据，按照规定的适用税额一次性征收，应纳税额为纳税人实际占用的耕地面积（平方米）乘以适用税额。

第四条 耕地占用税的税额如下：

（一）人均耕地不超过一亩的地区（以县、自治县、不设区的市、市辖区为单位，下同），每平方米为十元至五十元；

（二）人均耕地超过一亩但不超过二亩的地区，每平方米为八元至四十元；

（三）人均耕地超过二亩但不超过三亩的地区，每平方米为六元至三十元；

（四）人均耕地超过三亩的地区，每平方米为五元至二十五元。

各地区耕地占用税的适用税额，由省、自治区、直辖市人民政府根据人均耕地面积和经济发展等情况，在前款规定的税额幅度内提出，报同级人民代表大会常务委员会决定，并报全国人民代表大会常务委员会和国务院备案。各省、自治区、直辖市耕地占用税适用税额的平均水平，不得低于本法所附《各省、自治区、直辖市耕地占用税平均税额表》规定的平均税额。

第五条 在人均耕地低于零点五亩的地区，省、自治区、直辖市可以根据当地经济发展情况，适当提高耕地占用税的适用税额，但提高的部分不得超过本法第四条第二款确定的适用税额的百分之五十。具体适用税额按照本法第四条第二款规定的程序确定。

第六条 占用基本农田的，应当按照本法第四条第二款或者第五条确定的当地适用税额，加按百分之一百五十征收。

第七条 军事设施、学校、幼儿园、社会福利机构、医疗机构占用耕地，免征耕地占用税。

铁路线路、公路线路、飞机场跑道、停机坪、港口、航道、水利工程占用耕地，减按每平方米二元的税额征收耕地占用税。

农村居民在规定用地标准以内占用耕地新建自用住宅，按照当地适用税额减半征收耕地占用税；其中农村居民经批准搬迁，新建自用住宅占用耕地不超过原宅基地面积的部分，免征耕地占用税。

农村烈士遗属、因公牺牲军人遗属、残疾军人以及符合农村最低生活保障条件的农村居民，在规定用地标准以内新建自用住宅，免征耕地占用税。

根据国民经济和社会发展的需要，国务院可以规定免征或者减征耕地占用税的其他情形，报全国人民代表大会常务委员会备案。

第八条 依照本法第七条第一款、第二款规定免征或者减征耕地占用税后，纳税人改变原占地用途，不再属于免征或者减征耕地占用税情形的，应当按照当地适用税额补缴耕地占用税。

第九条 耕地占用税由税务机关负责征收。

第十条 耕地占用税的纳税义务发生时间为纳税人收到自然资源主管部门办理占用耕地手续的书面通知的当日。纳税人应当自纳税义务发生之日起三十日内申报缴纳耕地占用税。

自然资源主管部门凭耕地占用税完税凭证或者免税凭证和其他有关文件发放建设用地批准书。

第十一条 纳税人因建设项目施工或者地质勘查临时占用耕地，应当依照本法的规定缴纳耕地占用税。纳税人在批准临时占用耕地期满之日起一年内依法复垦，恢复种植条件的，全额退还已经缴纳的耕地占用税。

第十二条 占用园地、林地、草地、农田水利用地、养殖水面、渔业水域滩涂以及其他农用地建设建筑物、构筑物或者从事非农业建设的，依照本法的规定缴纳耕地占用税。

占用前款规定的农用地的，适用税额可以适当低于本地区按照本法第四条第二款确定的适用税额，但降低的部分不得超过百分之五十。具体适用税额由省、自治区、直辖市人民政府提出，报同级人民代表大会常务委员会决定，并报全国人民代表大会常务委员会和国务院备案。

占用本条第一款规定的农用地建设直接为农业生产服务的生产设施的，不缴纳耕地占用税。

第十三条 税务机关应当与相关部门建立耕地占用税涉税信息共享机制和工作配合机制。县级以上地方人民政府自然资源、农业农村、水利等相关部门应当定期向税务机关提供农用地转用、临时占地等信息，协助税务机关加强耕地占用税征收管理。

税务机关发现纳税人的纳税申报数据资料异常或者纳税人未按照规定期限申报纳税的，可以提请相关部门进行复核，相关部门应当自收到税务机关复核申请之日起三十日内向税务机关出具复核意见。

第十四条 耕地占用税的征收管理，依照本法和《中华人民共和国税收征收管理法》的规定执行。

第十五条 纳税人、税务机关及其工作人员违反本法规定的，依照《中华人民共和国税收征收管理法》和有关法律法规的规定追究法律责任。

第十六条 本法自2019年9月1日起施行。2007年12月1日国务院公布的《中华人民共和国耕地占用税暂行条例》同时废止。

财政部 税务总局 自然资源部 农业农村部 生态环境部关于发布《中华人民共和国耕地占用税法实施办法》的公告

(财政部 税务总局 自然资源部 农业农村部 生态环境部公告2019年第81号)

为贯彻落实《中华人民共和国耕地占用税法》，财政部、税务总局、自然资源部、农业农村部、生态环境部制定了《中华人民共和国耕地占用税法实施办法》，现予以发布，自2019年9月1日起施行。

特此公告。

附件：中华人民共和国耕地占用税法实施办法

财政部 税务总局 自然资源部
农业农村部 生态环境部
2019年8月29日

中华人民共和国耕地占用税法实施办法

第一条 为了贯彻实施《中华人民共和国耕地占用税法》(以下简称税法)，制定本办法。

第二条 经批准占用耕地的，纳税人为农用地转用审批文件中标明的建设用地人；农用地转用审批文件中未标明建设用地人的，纳税人为用地申请人，其中用地申请人为各级人民政府的，由同级土地储备中心、自然资源主管部门或政府委托的其他部门、单位履行耕地占用税申报纳税义务。

未经批准占用耕地的，纳税人为实际用地人。

第三条 实际占用的耕地面积，包括经批准占用的耕地面积和未经批准占用的耕地面积。

第四条 基本农田，是指依据《基本农田保护条例》划定的基本农田保护区范围内的耕地。

第五条 免税的军事设施，具体范围为《中华人民共和国军事设施保护法》规定的军事设施。

第六条 免税的学校，具体范围包括县级以上人民政府教育行政部门批准成立的大学、中学、小学，学历性职业教育学校和特殊教育学校，以及经省级人民政府或其人力资源社会保障行政部门批准成立的技工院校。

学校内经营性场所和教职工住房占用耕地的，按照当地适用税额缴纳耕地占用税。

第七条 免税的幼儿园，具体范围限于县级以上人民政府教育行政部门批准成立的幼儿园内专门用于幼儿保育、教育的场所。

第八条 免税的社会福利机构，具体范围限于依法登记的养老服务机构、残疾人服务机构、儿童福利机构、救助管理机构、未成年人救助保护机构内，专门为老年人、残疾人、未成年人、生活无着的流浪乞讨人员提供养护、康复、托管等服务的场所。

第九条 免税的医疗机构,具体范围限于县级以上人民政府卫生健康行政部门批准设立的医疗机构内专门从事疾病诊断、治疗活动的场所及其配套设施。

医疗机构内职工住房占用耕地的,按照当地适用税额缴纳耕地占用税。

第十条 减税的铁路线路,具体范围限于铁路路基、桥梁、涵洞、隧道及其按照规定两侧留地、防火隔离带。

专用铁路和铁路专用线占用耕地的,按照当地适用税额缴纳耕地占用税。

第十一条 减税的公路线路,具体范围限于经批准建设的国道、省道、县道、乡道和属于农村公路的村道的主体工程以及两侧边沟或者截水沟。

专用公路和城区内机动车道占用耕地的,按照当地适用税额缴纳耕地占用税。

第十二条 减税的飞机场跑道、停机坪,具体范围限于经批准建设的民用机场专门用于民用航空器起降、滑行、停放的场所。

第十三条 减税的港口,具体范围限于经批准建设的港口内供船舶进出、停靠以及旅客上下、货物装卸的场所。

第十四条 减税的航道,具体范围限于在江、河、湖泊、港湾等水域内供船舶安全航行的通道。

第十五条 减税的水利工程,具体范围限于经县级以上人民政府水行政主管部门批准建设的防洪、排涝、灌溉、引(供)水、滩涂治理、水土保持、水资源保护等各类工程及其配套和附属工程的建筑物、构筑物占压地和经批准的管理范围用地。

第十六条 纳税人符合税法第七条规定情形,享受免征或者减征耕地占用税的,应当留存相关证明资料备查。

第十七条 根据税法第八条的规定,纳税人改变原占地用途,不再属于免征或减征情形的,应自改变用途之日起 30 日内申报补缴税款,补缴税款按改变用途的实际占用耕地面积和改变用途时当地适用税额计算。

第十八条 临时占用耕地,是指经自然资源主管部门批准,在一般不超过 2 年内临时使用耕地并且没有修建永久性建筑物的行为。

依法复垦应由自然资源主管部门会同有关行业管理部门认定并出具验收合格确认书。

第十九条 因挖损、采矿塌陷、压占、污染等损毁耕地属于税法所称的非农业建设,应依照税法规定缴纳耕地占用税;自自然资源、农业农村等相关部门认定损毁耕地之日起 3 年内依法复垦或修复,恢复种植条件的,比照税法第十一条规定办理退税。

第二十条 园地,包括果园、茶园、橡胶园、其他园地。

前款的其他园地包括种植桑树、可可、咖啡、油棕、胡椒、药材等其他多年生作物的园地。

第二十一条 林地,包括乔木林地、竹林地、红树林地、森林沼泽、灌木林地、灌丛沼泽、其他林地,不包括城镇村庄范围内的绿化林木用地,铁路、公路征地范围内的林木用地,以及河流、沟渠的护堤林用地。

前款的其他林地包括疏林地、未成林地、迹地、苗圃等林地。

第二十二条 草地,包括天然牧草地、沼泽草地、人工牧草地,以及用于农业生产并已由相关行政主管部门发放使用权证的草地。

第二十三条 农田水利用地,包括农田排灌沟渠及相应附属设施用地。

第二十四条 养殖水面,包括人工开挖或者天然形成的用于水产养殖的河流水面、湖泊水面、水库水面、坑塘水面及相应附属设施用地。

第二十五条 渔业水域滩涂,包括专门用于种植或者养殖水生动植物的海水潮浸地带和滩地,以及用于种植芦苇并定期进行人工养护管理的苇田。

第二十六条 直接为农业生产服务的生产设施，是指直接为农业生产服务而建设的建筑物和构筑物。具体包括：储存农用机具和种子、苗木、木材等农业产品的仓储设施；培育、生产种子、种苗的设施；畜禽养殖设施；木材集材道、运材道；农业科研、试验、示范基地；野生动植物保护、护林、森林病虫害防治、森林防火、木材检疫的设施；专为农业生产服务的灌溉排水、供水、供电、供热、供气、通讯基础设施；农业生产者从事农业生产必需的食宿和管理设施；其他直接为农业生产服务的生产设施。

第二十七条 未经批准占用耕地的，耕地占用税纳税义务发生时间为自然资源主管部门认定的纳税人实际占用耕地的当日。

因挖损、采矿塌陷、压占、污染等损毁耕地的纳税义务发生时间为自然资源、农业农村等相关部门认定损毁耕地的当日。

第二十八条 纳税人占用耕地，应当在耕地所在地申报纳税。

第二十九条 在农用地转用环节，用地申请人能证明建设用地人符合税法第七条第一款规定的免税情形的，免征用地申请人的耕地占用税；在供地环节，建设用地人使用耕地用途符合税法第七条第一款规定的免税情形的，由用地申请人和建设用地人共同申请，按退税管理的规定退还用地申请人已经缴纳的耕地占用税。

第三十条 县级以上地方人民政府自然资源、农业农村、水利、生态环境等相关部门向税务机关提供的农用地转用、临时占地等信息，包括农用地转用信息、城市和村庄集镇按批次建设用地转而未供信息、经批准临时占地信息、改变原占地用途信息、未批先占农用地查处信息、土地损毁信息、土壤污染信息、土地复垦信息、草场使用和渔业养殖权证发放信息等。

各省、自治区、直辖市人民政府应当建立健全本地区跨部门耕地占用税部门协作和信息交换工作机制。

第三十一条 纳税人占地类型、占地面积和占地时间等纳税申报数据材料以自然资源等相关部门提供的相关材料为准；未提供相关材料或者材料信息不完整的，经主管税务机关提出申请，由自然资源等相关部门自收到申请之日起30日内出具认定意见。

第三十二条 纳税人的纳税申报数据资料异常或者纳税人未按照规定期限申报纳税的，包括下列情形：

（一）纳税人改变原占地用途，不再属于免征或者减征耕地占用税情形，未按照规定进行申报的；

（二）纳税人已申请用地但尚未获得批准先行占地开工，未按照规定进行申报的；

（三）纳税人实际占用耕地面积大于批准占用耕地面积，未按照规定进行申报的；

（四）纳税人未履行报批程序擅自占用耕地，未按照规定进行申报的；

（五）其他应提请相关部门复核的情形。

第三十三条 本办法自2019年9月1日起施行。

国家税务总局关于耕地占用税征收管理有关事项的公告

（国家税务总局公告2019年第30号）

为落实《中华人民共和国耕地占用税法》（以下简称《耕地占用税法》）及《中华人民

共和国耕地占用税法实施办法》(以下简称《实施办法》),规范耕地占用税征收管理,现就有关事项公告如下:

一、耕地占用税以纳税人实际占用的属于耕地占用税征税范围的土地(以下简称"应税土地")面积为计税依据,按应税土地当地适用税额计税,实行一次性征收。

耕地占用税计算公式为:应纳税额＝应税土地面积 × 适用税额。

应税土地面积包括经批准占用面积和未经批准占用面积,以平方米为单位。

当地适用税额是指省、自治区、直辖市人民代表大会常务委员会决定的应税土地所在地县级行政区的现行适用税额。

二、按照《耕地占用税法》第六条规定,加按百分之一百五十征收耕地占用税的计算公式为:应纳税额＝应税土地面积 × 适用税额 × 百分之一百五十。

三、按照《耕地占用税法》及《实施办法》的规定,免征、减征耕地占用税的部分项目按以下口径执行:

(一)免税的军事设施,是指《中华人民共和国军事设施保护法》第二条所列建筑物、场地和设备。具体包括:指挥机关,地面和地下的指挥工程、作战工程;军用机场、港口、码头;营区、训练场、试验场;军用洞库、仓库;军用通信、侦察、导航、观测台站,测量、导航、助航标志;军用公路、铁路专用线,军用通信、输电线路,军用输油、输水管道;边防、海防管控设施;国务院和中央军事委员会规定的其他军事设施。

(二)免税的社会福利机构,是指依法登记的养老服务机构、残疾人服务机构、儿童福利机构及救助管理机构、未成年人救助保护机构内专门为老年人、残疾人、未成年人及生活无着的流浪乞讨人员提供养护、康复、托管等服务的场所。

养老服务机构,是指为老年人提供养护、康复、托管等服务的老年人社会福利机构。具体包括老年社会福利院、养老院(或老人院)、老年公寓、护老院、护养院、敬老院、托老所、老年人服务中心等。

残疾人服务机构,是指为残疾人提供养护、康复、托管等服务的社会福利机构。具体包括为肢体、智力、视力、听力、语言、精神方面有残疾的人员提供康复和功能补偿的辅助器具,进行康复治疗、康复训练,承担教育、养护和托管服务的社会福利机构。

儿童福利机构,是指为孤、弃、残儿童提供养护、康复、医疗、教育、托管等服务的儿童社会福利服务机构。具体包括儿童福利院、社会福利院、SOS儿童村、孤儿学校、残疾儿童康复中心、社区特教班等。

社会救助机构,是指为生活无着的流浪乞讨人员提供寻亲、医疗、未成年人教育、离站等服务的救助管理机构。具体包括县级以上人民政府设立的救助管理站、未成年人救助保护中心等专门机构。

(三)免税的医疗机构,是指县级以上人民政府卫生健康行政部门批准设立的医疗机构内专门从事疾病诊断、治疗活动的场所及其配套设施。

(四)减税的公路线路,是指经批准建设的国道、省道、县道、乡道和属于农村公路的村道的主体工程以及两侧边沟或者截水沟。具体包括高速公路、一级公路、二级公路、三级公路、四级公路和等外公路的主体工程及两侧边沟或者截水沟。

四、根据《耕地占用税法》第八条的规定,纳税人改变原占地用途,需要补缴耕地占用税的,其纳税义务发生时间为改变用途当日,具体为:经批准改变用途的,纳税义务发生时间为纳税人收到批准文件的当日;未经批准改变用途的,纳税义务发生时间为自然资源主管部门认定纳税人改变原占地用途的当日。

五、未经批准占用应税土地的纳税人,其纳税义务发生时间为自然资源主管部门认定其实际占地的当日。

六、耕地占用税实行全国统一的纳税申报表（见附件）。

七、耕地占用税纳税人依法纳税申报时，应填报《耕地占用税纳税申报表》，同时依占用应税土地的不同情形分别提交下列材料：

（一）农用地转用审批文件复印件；

（二）临时占用耕地批准文件复印件；

（三）未经批准占用应税土地的，应提供实际占地的相关证明材料复印件。

其中第（一）项和第（二）项，纳税人提交的批准文书信息能够通过政府信息共享获取的，纳税人只需要提供上述材料的名称、文号、编码等信息供查询验证，不再提交材料复印件。

八、主管税务机关接收纳税人申报资料后，应审核资料是否齐全、是否符合法定形式、填写内容是否完整、项目间逻辑关系是否相符。审核无误的即时受理；审核发现问题的当场一次性告知应补正资料或不予受理原因。

九、耕地占用税减免优惠实行"自行判别、申报享受、有关资料留存备查"办理方式。纳税人根据政策规定自行判断是否符合优惠条件，符合条件的，纳税人申报享受税收优惠，并将有关资料留存备查。纳税人对留存材料的真实性和合法性承担法律责任。

符合耕地占用税减免条件的纳税人，应留存下列材料：

（一）军事设施占用应税土地的证明材料；

（二）学校、幼儿园、社会福利机构、医疗机构占用应税土地的证明材料；

（三）铁路线路、公路线路、飞机场跑道、停机坪、港口、航道、水利工程占用应税土地的证明材料；

（四）农村居民建房占用土地及其他相关证明材料；

（五）其他减免耕地占用税情形的证明材料。

十、纳税人符合《耕地占用税法》第十一条、《实施办法》第十九条的规定申请退税的，纳税人应提供身份证明查验，并提交以下材料复印件：

（一）税收缴款书、税收完税证明；

（二）复垦验收合格确认书。

十一、纳税人、建设用地人符合《实施办法》第二十九条规定共同申请退税的，纳税人、建设用地人应提供身份证明查验，并提交以下材料复印件：

（一）纳税人应提交税收缴款书、税收完税证明；

（二）建设用地人应提交使用耕地用途符合免税规定的证明材料。

十二、本公告自 2019 年 9 月 1 日起施行。《国家税务总局关于农业税、牧业税、耕地占用税、契税征收管理暂参照〈中华人民共和国税收征收管理法〉执行的通知》（国税发〔2001〕110 号）、《国家税务总局关于耕地占用税征收管理有关问题的通知》（国税发〔2007〕129 号）、《国家税务总局关于发布〈耕地占用税管理规程（试行）〉的公告》（国家税务总局公告 2016 年第 2 号发布，国家税务总局公告 2018 年第 31 号修改）同时废止。

特此公告。

附件：耕地占用税纳税申报表（略）[①]

国家税务总局
2019 年 8 月 30 日

[①] 注：《耕地占用税纳税申报表》废止，参见《国家税务总局关于简并税费申报有关事项的公告》（国家税务总局公告 2021 年第 9 号）。

第七部分　资源税制度

中华人民共和国资源税法

（2019年8月26日第十三届全国人民代表大会常务委员会第十二次会议通过）

第一条　在中华人民共和国领域和中华人民共和国管辖的其他海域开发应税资源的单位和个人，为资源税的纳税人，应当依照本法规定缴纳资源税。

应税资源的具体范围，由本法所附《资源税税目税率表》（以下称《税目税率表》）确定。

第二条　资源税的税目、税率，依照《税目税率表》执行。

《税目税率表》中规定实行幅度税率的，其具体适用税率由省、自治区、直辖市人民政府统筹考虑该应税资源的品位、开采条件以及对生态环境的影响等情况，在《税目税率表》规定的税率幅度内提出，报同级人民代表大会常务委员会决定，并报全国人民代表大会常务委员会和国务院备案。《税目税率表》中规定征税对象为原矿或者选矿的，应当分别确定具体适用税率。

第三条　资源税按照《税目税率表》实行从价计征或者从量计征。

《税目税率表》中规定可以选择实行从价计征或者从量计征的，具体计征方式由省、自治区、直辖市人民政府提出，报同级人民代表大会常务委员会决定，并报全国人民代表大会常务委员会和国务院备案。

实行从价计征的，应纳税额按照应税资源产品（以下称应税产品）的销售额乘以具体适用税率计算。实行从量计征的，应纳税额按照应税产品的销售数量乘以具体适用税率计算。

应税产品为矿产品的，包括原矿和选矿产品。

第四条　纳税人开采或者生产不同税目应税产品的，应当分别核算不同税目应税产品的销售额或者销售数量；未分别核算或者不能准确提供不同税目应税产品的销售额或者销售数量的，从高适用税率。

第五条　纳税人开采或者生产应税产品自用的，应当依照本法规定缴纳资源税；但是，自用于连续生产应税产品的，不缴纳资源税。

第六条　有下列情形之一的，免征资源税：

（一）开采原油以及在油田范围内运输原油过程中用于加热的原油、天然气；

（二）煤炭开采企业因安全生产需要抽采的煤成（层）气。

有下列情形之一的，减征资源税：

（一）从低丰度油气田开采的原油、天然气，减征百分之二十资源税；

（二）高含硫天然气、三次采油和从深水油气田开采的原油、天然气，减征百分之三十资源税；

（三）稠油、高凝油减征百分之四十资源税；

（四）从衰竭期矿山开采的矿产品，减征百分之三十资源税。

根据国民经济和社会发展需要，国务院对有利于促进资源节约集约利用、保护环境等情形可以规定免征或者减征资源税，报全国人民代表大会常务委员会备案。

第七条 有下列情形之一的，省、自治区、直辖市可以决定免征或者减征资源税：

（一）纳税人开采或者生产应税产品过程中，因意外事故或者自然灾害等原因遭受重大损失；

（二）纳税人开采共伴生矿、低品位矿、尾矿。

前款规定的免征或者减征资源税的具体办法，由省、自治区、直辖市人民政府提出，报同级人民代表大会常务委员会决定，并报全国人民代表大会常务委员会和国务院备案。

第八条 纳税人的免税、减税项目，应当单独核算销售额或者销售数量；未单独核算或者不能准确提供销售额或者销售数量的，不予免税或者减税。

第九条 资源税由税务机关依照本法和《中华人民共和国税收征收管理法》的规定征收管理。

税务机关与自然资源等相关部门应当建立工作配合机制，加强资源税征收管理。

第十条 纳税人销售应税产品，纳税义务发生时间为收讫销售款或者取得索取销售款凭据的当日；自用应税产品的，纳税义务发生时间为移送应税产品的当日。

第十一条 纳税人应当向应税产品开采地或者生产地的税务机关申报缴纳资源税。

第十二条 资源税按月或者按季申报缴纳；不能按固定期限计算缴纳的，可以按次申报缴纳。

纳税人按月或者按季申报缴纳的，应当自月度或者季度终了之日起十五日内，向税务机关办理纳税申报并缴纳税款；按次申报缴纳的，应当自纳税义务发生之日起十五日内，向税务机关办理纳税申报并缴纳税款。

第十三条 纳税人、税务机关及其工作人员违反本法规定的，依照《中华人民共和国税收征收管理法》和有关法律法规的规定追究法律责任。

第十四条 国务院根据国民经济和社会发展需要，依照本法的原则，对取用地表水或者地下水的单位和个人试点征收水资源税。征收水资源税的，停止征收水资源费。

水资源税根据当地水资源状况、取用水类型和经济发展等情况实行差别税率。

水资源税试点实施办法由国务院规定，报全国人民代表大会常务委员会备案。

国务院自本法施行之日起五年内，就征收水资源税试点情况向全国人民代表大会常务委员会报告，并及时提出修改法律的建议。

第十五条 中外合作开采陆上、海上石油资源的企业依法缴纳资源税。

2011年11月1日前已依法订立中外合作开采陆上、海上石油资源合同的，在该合同有效期内，继续依照国家有关规定缴纳矿区使用费，不缴纳资源税；合同期满后，依法缴纳资源税。

第十六条 本法下列用语的含义是：

（一）低丰度油气田，包括陆上低丰度油田、陆上低丰度气田、海上低丰度油田、海上低丰度气田。陆上低丰度油田是指每平方公里原油可开采储量丰度低于二十五万立方米的油田；陆上低丰度气田是指每平方公里天然气可开采储量丰度低于二亿五千万立方米的气田；海上低丰度油田是指每平方公里原油可开采储量丰度低于六十万立方米的油田；海上低丰度气田是指每平方公里天然气可开采储量丰度低于六亿立方米的气田。

（二）高含硫天然气，是指硫化氢含量在每立方米三十克以上的天然气。

（三）三次采油，是指二次采油后继续以聚合物驱、复合驱、泡沫驱、气水交替驱、二氧化碳驱、微生物驱等方式进行采油。

（四）深水油气田，是指水深超过三百米的油气田。

（五）稠油，是指地层原油粘度大于或等于每秒五十毫帕或原油密度大于或等于每立方厘米零点九二克的原油。

（六）高凝油，是指凝固点高于四十摄氏度的原油。

（七）衰竭期矿山，是指设计开采年限超过十五年，且剩余可开采储量下降到原设计可开采储量的百分之二十以下或者剩余开采年限不超过五年的矿山。衰竭期矿山以开采企业下属的单个矿山为单位确定。

第十七条　本法自 2020 年 9 月 1 日起施行。1993 年 12 月 25 日国务院发布的《中华人民共和国资源税暂行条例》同时废止。

附：

资源税税目税率表

税目			征税对象	税率
能源矿产	原油		原矿	6%
	天然气、页岩气、天然气水合物		原矿	6%
	煤		原矿或者选矿	2%~10%
	煤成（层）气		原矿	1%~2%
	铀、钍		原矿	4%
	油页岩、油砂、天然沥青、石煤		原矿或者选矿	1%~4%
	地热		原矿	1%~20% 或者每立方米 1~30 元
金属矿产	黑色金属	铁、锰、铬、钒、钛	原矿或者选矿	1%~9%
	有色金属	铜、铅、锌、锡、镍、锑、镁、钴、铋、汞	原矿或者选矿	2%~10%
		铝土矿	原矿或者选矿	2%~9%
		钨	选矿	6.5%
		钼	选矿	8%
		金、银	原矿或者选矿	2%~6%
		铂、钯、钌、锇、铱、铑	原矿或者选矿	5%~10%
		轻稀土	选矿	7%~12%
		中重稀土	选矿	20%
		铍、锂、锆、锶、铷、铯、铌、钽、锗、镓、铟、铊、铪、铼、镉、硒、碲	原矿或者选矿	2%~10%
非金属矿产	矿物类	高岭土	原矿或者选矿	1%~6%
		石灰岩	原矿或者选矿	1%~6% 或者每吨（或者每立方米）1~10 元
		磷	原矿或者选矿	3%~8%
		石墨	原矿或者选矿	3%~12%

续表

税目		征税对象	税率
非金属矿产	矿物类	萤石、硫铁矿、自然硫	原矿或者选矿	1%~8%
		天然石英砂、脉石英、粉石英、水晶、工业用金刚石、冰洲石、蓝晶石、硅线石（矽线石）、长石、滑石、刚玉、菱镁矿、颜料矿物、天然碱、芒硝、钠硝石、明矾石、砷、硼、碘、溴、膨润土、硅藻土、陶瓷土、耐火粘土、铁钒土、凹凸棒石粘土、海泡石粘土、伊利石粘土、累托石粘土	原矿或者选矿	1%~12%
		叶蜡石、硅灰石、透辉石、珍珠岩、云母、沸石、重晶石、毒重石、方解石、蛭石、透闪石、工业用电气石、白垩、石棉、蓝石棉、红柱石、石榴子石、石膏	原矿或者选矿	2%~12%
		其他粘土（铸型用粘土、砖瓦用粘土、陶粒用粘土、水泥配料用粘土、水泥配料用红土、水泥配料用黄土、水泥配料用泥岩、保温材料用粘土）	原矿或者选矿	1%~5% 或者每吨（或者每立方米）0.1~5元
	岩石类	大理岩、花岗岩、白云岩、石英岩、砂岩、辉绿岩、安山岩、闪长岩、板岩、玄武岩、片麻岩、角闪岩、页岩、浮石、凝灰岩、黑曜岩、霞石正长岩、蛇纹岩、麦饭石、泥灰岩、含钾岩石、含钾砂页岩、天然油石、橄榄岩、松脂岩、粗面岩、辉长岩、辉石岩、正长岩、火山灰、火山渣、泥炭	原矿或者选矿	1%~10%
		砂石	原矿或者选矿	1%~5% 或者每吨（或者每立方米）0.1~5元
	宝玉石类	宝石、玉石、宝石级金刚石、玛瑙、黄玉、碧玺	原矿或者选矿	4%~20%
水气矿产		二氧化碳气、硫化氢气、氦气、氡气	原矿	2%~5%
		矿泉水	原矿	1%~20% 或者每立方米 1~30元
盐		钠盐、钾盐、镁盐、锂盐	选矿	3%~15%
		天然卤水	原矿	3%~15% 或者每吨（或者每立方米）1~10元
		海盐		2%~5%

财政部 税务总局关于继续执行的资源税优惠政策的公告

（财政部 税务总局公告 2020 年第 32 号）

《中华人民共和国资源税法》已由第十三届全国人民代表大会常务委员会第十二次会议于 2019 年 8 月 26 日通过，自 2020 年 9 月 1 日起施行。为贯彻落实资源税法，现将税法施行后继续执行的资源税优惠政策公告如下：

1. 对青藏铁路公司及其所属单位运营期间自采自用的砂、石等材料免征资源税。具体操作按《财政部 国家税务总局关于青藏铁路公司运营期间有关税收等政策问题的通知》

（财税〔2007〕11号）第三条规定执行。

2. 自2018年4月1日至2021年3月31日，对页岩气资源税减征30%。具体操作按《财政部 国家税务总局关于对页岩气减征资源税的通知》（财税〔2018〕26号）规定执行。

3. 自2019年1月1日至2021年12月31日，对增值税小规模纳税人可以在50%的税额幅度内减征资源税。具体操作按《财政部 税务总局关于实施小微企业普惠性税收减免政策的通知》（财税〔2019〕13号）有关规定执行。

4. 自2014年12月1日至2023年8月31日，对充填开采置换出来的煤炭，资源税减征50%。

特此公告。

财政部 税务总局
2020年6月24日

财政部　税务总局关于资源税有关问题执行口径的公告

（财政部　税务总局公告2020年第34号）

为贯彻落实《中华人民共和国资源税法》，现将资源税有关问题执行口径公告如下：

一、资源税应税产品（以下简称应税产品）的销售额，按照纳税人销售应税产品向购买方收取的全部价款确定，不包括增值税税款。

计入销售额中的相关运杂费用，凡取得增值税发票或者其他合法有效凭据的，准予从销售额中扣除。相关运杂费用是指应税产品从坑口或者洗选（加工）地到车站、码头或者购买方指定地点的运输费用、建设基金以及随运销产生的装卸、仓储、港杂费用。

二、纳税人自用应税产品应当缴纳资源税的情形，包括纳税人以应税产品用于非货币性资产交换、捐赠、偿债、赞助、集资、投资、广告、样品、职工福利、利润分配或者连续生产非应税产品等。

三、纳税人申报的应税产品销售额明显偏低且无正当理由的，或者有自用应税产品行为而无销售额的，主管税务机关可以按下列方法和顺序确定其应税产品销售额：

（一）按纳税人最近时期同类产品的平均销售价格确定。

（二）按其他纳税人最近时期同类产品的平均销售价格确定。

（三）按后续加工非应税产品销售价格，减去后续加工环节的成本利润后确定。

（四）按应税产品组成计税价格确定。

组成计税价格＝成本×（1+成本利润率）÷（1－资源税税率）

上述公式中的成本利润率由省、自治区、直辖市税务机关确定。

（五）按其他合理方法确定。

四、应税产品的销售数量，包括纳税人开采或者生产应税产品的实际销售数量和自用于应当缴纳资源税情形的应税产品数量。

五、纳税人外购应税产品与自采应税产品混合销售或者混合加工为应税产品销售的，在计算应税产品销售额或者销售数量时，准予扣减外购应税产品的购进金额或者购进数量；当期不足扣减的，可结转下期扣减。纳税人应当准确核算外购应税产品的购进金额或者购进数量，未准确核算的，一并计算缴纳资源税。

纳税人核算并扣减当期外购应税产品购进金额、购进数量，应当依据外购应税产品的增值税发票、海关进口增值税专用缴款书或者其他合法有效凭据。

六、纳税人开采或者生产同一税目下适用不同税率应税产品的，应当分别核算不同税率应税产品的销售额或者销售数量；未分别核算或者不能准确提供不同税率应税产品的销售额或者销售数量的，从高适用税率。

七、纳税人以自采原矿（经过采矿过程采出后未进行选矿或者加工的矿石）直接销售，或者自用于应当缴纳资源税情形的，按照原矿计征资源税。

纳税人以自采原矿洗选加工为选矿产品（通过破碎、切割、洗选、筛分、磨矿、分级、提纯、脱水、干燥等过程形成的产品，包括富集的精矿和研磨成粉、粒级成型、切割成型的原矿加工品）销售，或者将选矿产品自用于应当缴纳资源税情形的，按照选矿产品计征资源税，在原矿移送环节不缴纳资源税。对于无法区分原生岩石矿种的粒级成型砂石颗粒，按照砂石税目征收资源税。

八、纳税人开采或者生产同一应税产品，其中既有享受减免税政策的，又有不享受减免税政策的，按照免税、减税项目的产量占比等方法分别核算确定免税、减税项目的销售额或者销售数量。

九、纳税人开采或者生产同一应税产品同时符合两项或者两项以上减征资源税优惠政策的，除另有规定外，只能选择其中一项执行。

十、纳税人应当在矿产品的开采地或者海盐的生产地缴纳资源税。

十一、海上开采的原油和天然气资源税由海洋石油税务管理机构征收管理。

十二、本公告自2020年9月1日起施行。《财政部　国家税务总局关于实施煤炭资源税改革的通知》（财税〔2014〕72号）、《财政部　国家税务总局关于调整原油天然气资源税有关政策的通知》（财税〔2014〕73号）、《财政部　国家税务总局关于实施稀土钨钼资源税从价计征改革的通知》（财税〔2015〕52号）、《财政部　国家税务总局关于全面推进资源税改革的通知》（财税〔2016〕53号）、《财政部　国家税务总局关于资源税改革具体政策问题的通知》（财税〔2016〕54号）同时废止。

财政部　税务总局
2020年6月28日

财政部　税务总局关于进一步实施小微企业"六税两费"减免政策的公告

（财政部　税务总局公告2022年第10号）

为进一步支持小微企业发展，现将有关税费政策公告如下：

一、由省、自治区、直辖市人民政府根据本地区实际情况，以及宏观调控需要确定，对增值税小规模纳税人、小型微利企业和个体工商户可以在50%的税额幅度内减征资源税、城市维护建设税、房产税、城镇土地使用税、印花税（不含证券交易印花税）、耕地占用税和教育费附加、地方教育附加。

二、增值税小规模纳税人、小型微利企业和个体工商户已依法享受资源税、城市维护建设税、房产税、城镇土地使用税、印花税、耕地占用税、教育费附加、地方教育附加其他优惠政策的，可叠加享受本公告第一条规定的优惠政策。

三、本公告所称小型微利企业，是指从事国家非限制和禁止行业，且同时符合年度应纳税所得额不超过300万元、从业人数不超过300人、资产总额不超过5 000万元等三个条件的企业。

从业人数，包括与企业建立劳动关系的职工人数和企业接受的劳务派遣用工人数。所称从业人数和资产总额指标，应按企业全年的季度平均值确定。具体计算公式如下：

季度平均值＝（季初值＋季末值）÷2

全年季度平均值＝全年各季度平均值之和 ÷4

年度中间开业或者终止经营活动的，以其实际经营期作为一个纳税年度确定上述相关指标。

小型微利企业的判定以企业所得税年度汇算清缴结果为准。登记为增值税一般纳税人的新设立的企业，从事国家非限制和禁止行业，且同时符合申报期上月末从业人数不超过300人、资产总额不超过5 000万元等两个条件的，可在首次办理汇算清缴前按照小型微利企业申报享受第一条规定的优惠政策。

四、本公告执行期限为2022年1月1日至2024年12月31日。

特此公告。

财政部　税务总局
2022年3月1日

第四编
行为税法律制度

第一部分 环境保护税制度

中华人民共和国环境保护税法

（2016年12月25日第十二届全国人民代表大会常务委员会第二十五次会议通过 根据2018年10月26日第十三届全国人民代表大会常务委员会第六次会议《关于修改〈中华人民共和国野生动物保护法〉等十五部法律的决定》修正）

目　　录

第一章　总　　则
第二章　计税依据和应纳税额
第三章　税收减免
第四章　征收管理
第五章　附　　则

第一章　总　　则

第一条　为了保护和改善环境，减少污染物排放，推进生态文明建设，制定本法。

第二条　在中华人民共和国领域和中华人民共和国管辖的其他海域，直接向环境排放应税污染物的企业事业单位和其他生产经营者为环境保护税的纳税人，应当依照本法规定缴纳环境保护税。

第三条　本法所称应税污染物，是指本法所附《环境保护税税目税额表》《应税污染物和当量值表》规定的大气污染物、水污染物、固体废物和噪声。

第四条　有下列情形之一的，不属于直接向环境排放污染物，不缴纳相应污染物的环境保护税：

（一）企业事业单位和其他生产经营者向依法设立的污水集中处理、生活垃圾集中处理场所排放应税污染物的；

（二）企业事业单位和其他生产经营者在符合国家和地方环境保护标准的设施、场所贮存或者处置固体废物的。

第五条　依法设立的城乡污水集中处理、生活垃圾集中处理场所超过国家和地方规定的排放标准向环境排放应税污染物的，应当缴纳环境保护税。

企业事业单位和其他生产经营者贮存或者处置固体废物不符合国家和地方环境保护标准的，应当缴纳环境保护税。

第六条　环境保护税的税目、税额，依照本法所附《环境保护税税目税额表》执行。

应税大气污染物和水污染物的具体适用税额的确定和调整，由省、自治区、直辖市人民政府统筹考虑本地区环境承载能力、污染物排放现状和经济社会生态发展目标要求，在本法所附《环境保护税税目税额表》规定的税额幅度内提出，报同级人民代表大会常务委员会决定，并报全国人民代表大会常务委员会和国务院备案。

第二章　计税依据和应纳税额

第七条　应税污染物的计税依据，按照下列方法确定：
（一）应税大气污染物按照污染物排放量折合的污染当量数确定；
（二）应税水污染物按照污染物排放量折合的污染当量数确定；
（三）应税固体废物按照固体废物的排放量确定；
（四）应税噪声按照超过国家规定标准的分贝数确定。

第八条　应税大气污染物、水污染物的污染当量数，以该污染物的排放量除以该污染物的污染当量值计算。每种应税大气污染物、水污染物的具体污染当量值，依照本法所附《应税污染物和当量值表》执行。

第九条　每一排放口或者没有排放口的应税大气污染物，按照污染当量数从大到小排序，对前三项污染物征收环境保护税。

每一排放口的应税水污染物，按照本法所附《应税污染物和当量值表》，区分第一类水污染物和其他类水污染物，按照污染当量数从大到小排序，对第一类水污染物按照前五项征收环境保护税，对其他类水污染物按照前三项征收环境保护税。

省、自治区、直辖市人民政府根据本地区污染物减排的特殊需要，可以增加同一排放口征收环境保护税的应税污染物项目数，报同级人民代表大会常务委员会决定，并报全国人民代表大会常务委员会和国务院备案。

第十条　应税大气污染物、水污染物、固体废物的排放量和噪声的分贝数，按照下列方法和顺序计算：
（一）纳税人安装使用符合国家规定和监测规范的污染物自动监测设备的，按照污染物自动监测数据计算；
（二）纳税人未安装使用污染物自动监测设备的，按照监测机构出具的符合国家有关规定和监测规范的监测数据计算；
（三）因排放污染物种类多等原因不具备监测条件的，按照国务院生态环境主管部门规定的排污系数、物料衡算方法计算；
（四）不能按照本条第一项至第三项规定的方法计算的，按照省、自治区、直辖市人民政府生态环境主管部门规定的抽样测算的方法核定计算。

第十一条　环境保护税应纳税额按照下列方法计算：
（一）应税大气污染物的应纳税额为污染当量数乘以具体适用税额；
（二）应税水污染物的应纳税额为污染当量数乘以具体适用税额；
（三）应税固体废物的应纳税额为固体废物排放量乘以具体适用税额；
（四）应税噪声的应纳税额为超过国家规定标准的分贝数对应的具体适用税额。

第三章　税收减免

第十二条　下列情形，暂予免征环境保护税：
（一）农业生产（不包括规模化养殖）排放应税污染物的；

（二）机动车、铁路机车、非道路移动机械、船舶和航空器等流动污染源排放应税污染物的；

（三）依法设立的城乡污水集中处理、生活垃圾集中处理场所排放相应应税污染物，不超过国家和地方规定的排放标准的；

（四）纳税人综合利用的固体废物，符合国家和地方环境保护标准的；

（五）国务院批准免税的其他情形。

前款第五项免税规定，由国务院报全国人民代表大会常务委员会备案。

第十三条 纳税人排放应税大气污染物或者水污染物的浓度值低于国家和地方规定的污染物排放标准百分之三十的，减按百分之七十五征收环境保护税。纳税人排放应税大气污染物或者水污染物的浓度值低于国家和地方规定的污染物排放标准百分之五十的，减按百分之五十征收环境保护税。

第四章 征收管理

第十四条 环境保护税由税务机关依照《中华人民共和国税收征收管理法》和本法的有关规定征收管理。

生态环境主管部门依照本法和有关环境保护法律法规的规定负责对污染物的监测管理。

县级以上地方人民政府应当建立税务机关、生态环境主管部门和其他相关单位分工协作工作机制，加强环境保护税征收管理，保障税款及时足额入库。

第十五条 生态环境主管部门和税务机关应当建立涉税信息共享平台和工作配合机制。

生态环境主管部门应当将排污单位的排污许可、污染物排放数据、环境违法和受行政处罚情况等环境保护相关信息，定期交送税务机关。

税务机关应当将纳税人的纳税申报、税款入库、减免税额、欠缴税款以及风险疑点等环境保护税涉税信息，定期交送生态环境主管部门。

第十六条 纳税义务发生时间为纳税人排放应税污染物的当日。

第十七条 纳税人应当向应税污染物排放地的税务机关申报缴纳环境保护税。

第十八条 环境保护税按月计算，按季申报缴纳。不能按固定期限计算缴纳的，可以按次申报缴纳。

纳税人申报缴纳时，应当向税务机关报送所排放应税污染物的种类、数量，大气污染物、水污染物的浓度值，以及税务机关根据实际需要要求纳税人报送的其他纳税资料。

第十九条 纳税人按季申报缴纳的，应当自季度终了之日起十五日内，向税务机关办理纳税申报并缴纳税款。纳税人按次申报缴纳的，应当自纳税义务发生之日起十五日内，向税务机关办理纳税申报并缴纳税款。

纳税人应当依法如实办理纳税申报，对申报的真实性和完整性承担责任。

第二十条 税务机关应当将纳税人的纳税申报数据资料与生态环境主管部门交送的相关数据资料进行比对。

税务机关发现纳税人的纳税申报数据资料异常或者纳税人未按照规定期限办理纳税申报的，可以提请生态环境主管部门进行复核，生态环境主管部门应当自收到税务机关的数据资料之日起十五日内向税务机关出具复核意见。税务机关应当按照生态环境主管部门复核的数据资料调整纳税人的应纳税额。

第二十一条 依照本法第十条第四项的规定核定计算污染物排放量的，由税务机关会同生态环境主管部门核定污染物排放种类、数量和应纳税额。

第二十二条 纳税人从事海洋工程向中华人民共和国管辖海域排放应税大气污染物、

水污染物或者固体废物，申报缴纳环境保护税的具体办法，由国务院税务主管部门会同国务院生态环境主管部门规定。

第二十三条 纳税人和税务机关、生态环境主管部门及其工作人员违反本法规定的，依照《中华人民共和国税收征收管理法》《中华人民共和国环境保护法》和有关法律法规的规定追究法律责任。

第二十四条 各级人民政府应当鼓励纳税人加大环境保护建设投入，对纳税人用于污染物自动监测设备的投资予以资金和政策支持。

第五章 附 则

第二十五条 本法下列用语的含义：

（一）污染当量，是指根据污染物或者污染排放活动对环境的有害程度以及处理的技术经济性，衡量不同污染物对环境污染的综合性指标或者计量单位。同一介质相同污染当量的不同污染物，其污染程度基本相当。

（二）排污系数，是指在正常技术经济和管理条件下，生产单位产品所应排放的污染物量的统计平均值。

（三）物料衡算，是指根据物质质量守恒原理对生产过程中使用的原料、生产的产品和产生的废物等进行测算的一种方法。

第二十六条 直接向环境排放应税污染物的企业事业单位和其他生产经营者，除依照本法规定缴纳环境保护税外，应当对所造成的损害依法承担责任。

第二十七条 自本法施行之日起，依照本法规定征收环境保护税，不再征收排污费。

第二十八条 本法自 2018 年 1 月 1 日起施行。

附表一：

环境保护税税目税额表

税目		计税单位	税额	备注
大气污染物		每污染当量	1.2 元至 12 元	
水污染物		每污染当量	1.4 元至 14 元	
固体废物	煤矸石	每吨	5 元	
	尾矿	每吨	15 元	
	危险废物	每吨	1 000 元	
	冶炼渣、粉煤灰、炉渣、其他固体废物（含半固态、液态废物）	每吨	25 元	
噪声	工业噪声	超标 1-3 分贝	每月 350 元	1.一个单位边界上有多处噪声超标，根据最高一处超标声级计算应纳税额；当沿边界长度超过 100 米有两处以上噪声超标，按照两个单位计算应纳税额。 2.一个单位有不同地点作业场所的，应当分别计算应纳税额，合并计征。 3.昼、夜均超标的环境噪声，昼、夜分别计算应纳税额，累计计征。 4.声源一个月内超标不足15天的，减半计算应纳税额。 5.夜间频繁突发和夜间偶然突发厂界超标噪声，按等效声级和峰值噪声两种指标中超标分贝值高的一项计算应纳税额。
		超标 4-6 分贝	每月 700 元	
		超标 7-9 分贝	每月 1 400 元	
		超标 10-12 分贝	每月 2 800 元	
		超标 13-15 分贝	每月 5 600 元	
		超标 16 分贝以上	每月 11 200 元	

附表二：

应税污染物和当量值表

一、第一类水污染当量值

污染物	污染当量值（千克）
1. 总汞	0.000 5
2. 总镉	0.005
3. 总铬	0.04
4. 六价铬	0.02
5. 总砷	0.02
6. 总铅	0.025
7. 总镍	0.025
8. 苯并（a）芘	0.000 000 3
9. 总铍	0.01
10. 总银	0.02

二、第二类水污染物污染当量值

污染物	污染当量值（千克）	备注
11. 悬浮物（SS）	4	
12. 生化需氧量（BOD$_5$）	0.5	同一排放口中的化学需氧量、生化需氧量和总有机碳，只征收一项。
13. 化学需氧量（COD$_{cr}$）	1	
14. 总有机碳（TOC）	0.49	
15. 石油类	0.1	
16. 动植物油	0.16	
17. 挥发酚	0.08	
18. 总氰化物	0.05	
19. 硫化物	0.125	
20. 氨氮	0.8	
21. 氟化物	0.5	
22. 甲醛	0.125	
23. 苯胺类	0.2	
24. 硝基苯类	0.2	
25. 阴离子表面活性剂（LAS）	0.2	
26. 总铜	0.1	
27. 总锌	0.2	
28. 总锰	0.2	
29. 彩色显影剂（CD-2）	0.2	
30. 总磷	0.25	
31. 单质磷（以P计）	0.05	
32. 有机磷农药（以P计）	0.05	
33. 乐果	0.05	

续表

污染物	污染当量值（千克）	备注
34. 甲基对硫磷	0.05	
35. 马拉硫磷	0.05	
36. 对硫磷	0.05	
37. 五氯酚及五氯酚钠（以五氯酚计）	0.25	
38. 三氯甲烷	0.04	
39. 可吸附有机卤化物（AOX）（以 Cl 计）	0.25	
40. 四氯化碳	0.04	
41. 三氯乙烯	0.04	
42. 四氯乙烯	0.04	
43. 苯	0.02	
44. 甲苯	0.02	
45. 乙苯	0.02	
46. 邻－二甲苯	0.02	
47. 对－二甲苯	0.02	
48. 间－二甲苯	0.02	
49. 氯苯	0.02	
50. 邻二氯苯	0.02	
51. 对二氯苯	0.02	
52. 对硝基氯苯	0.02	
53. 2，4-二硝基氯苯	0.02	
54. 苯酚	0.02	
55. 间－甲酚	0.02	
56. 2，4-二氯酚	0.02	
57. 2，4，6-三氯酚	0.02	
58. 邻苯二甲酸二丁酯	0.02	
59. 邻苯二甲酸二辛酯	0.02	
60. 丙烯腈	0.125	
61. 总硒	0.02	

三、pH 值、色度、大肠菌群数、余氯量水污染物污染当量值

污染物		污染当量值	备注
1.pH 值	1.0—1，13—14	0.06 吨污水	pH 值 5—6 指大于等于 5，小于 6；pH 值 9—10 指大于 9，小于等于 10，其余类推。
	2.1—2，12—13	0.125 吨污水	
	3.2—3，11—12	0.25 吨污水	
	4.3—4，10—11	0.5 吨污水	
	5.4—5，9—10	1 吨污水	
	6.5—6	5 吨污水	
2. 色度		5 吨水·倍	
3. 大肠菌群数（超标）		3.3 吨污水	大肠菌群数和余氯量只征收一项。
4. 余氯量（用氯消毒的医院废水）		3.3 吨污水	

四、禽畜养殖业、小型企业和第三产业水污染物污染当量值

（本表仅适用于计算无法进行实际监测或者物料衡算的禽畜养殖业、小型企业和第三产业等小型排污者的水污染物污染当量数）

类型		污染当量值	备注
禽畜养殖场	1. 牛	0.1 头	仅对存栏规模大于 50 头牛、500 头猪、5000 羽鸡鸭等的禽畜养殖场征收。
	2. 猪	1 头	
	3. 鸡、鸭等家禽	30 羽	
4. 小型企业		1.8 吨污水	
5. 饮食娱乐服务业		0.5 吨污水	
6. 医院	消毒	0.14 床	医院病床数大于 20 张的按照本表计算污染当量数。
		2.8 吨污水	
	不消毒	0.07 床	
		1.4 吨污水	

五、大气污染物污染当量值

污染物	污染当量值（千克）
1. 二氧化硫	0.95
2. 氮氧化物	0.95
3. 一氧化碳	16.7
4. 氯气	0.34
5. 氯化氢	10.75
6. 氟化物	0.87
7. 氰化氢	0.005
8. 硫酸雾	0.6
9. 铬酸雾	0.000 7
10. 汞及其化合物	0.000 1
11. 一般性粉尘	4
12. 石棉尘	0.53
13. 玻璃棉尘	2.13
14. 碳黑尘	0.59
15. 铅及其化合物	0.02
16. 镉及其化合物	0.03
17. 铍及其化合物	0.000 4
18. 镍及其化合物	0.13
19. 锡及其化合物	0.27
20. 烟尘	2.18
21. 苯	0.05
22. 甲苯	0.18

续表

污染物	污染当量值（千克）
23. 二甲苯	0.27
24. 苯并（a）芘	0.000 002
25. 甲醛	0.09
26. 乙醛	0.45
27. 丙烯醛	0.06
28. 甲醇	0.67
29. 酚类	0.35
30. 沥青烟	0.19
31. 苯胺类	0.21
32. 氯苯类	0.72
33. 硝基苯	0.17
34. 丙烯腈	0.22
35. 氯乙烯	0.55
36. 光气	0.04
37. 硫化氢	0.29
38. 氨	9.09
39. 三甲胺	0.32
40. 甲硫醇	0.04
41. 甲硫醚	0.28
42. 二甲二硫	0.28
43. 苯乙烯	25
44. 二硫化碳	20

中华人民共和国环境保护税法实施条例

（2017年12月25日中华人民共和国国务院令第693号公布　自2018年1月1日起施行）

第一章　总　　则

第一条　根据《中华人民共和国环境保护税法》（以下简称环境保护税法），制定本条例。

第二条　环境保护税法所附《环境保护税税目税额表》所称其他固体废物的具体范围，依照环境保护税法第六条第二款规定的程序确定。

第三条　环境保护税法第五条第一款、第十二条第一款第三项规定的城乡污水集中处理场所，是指为社会公众提供生活污水处理服务的场所，不包括为工业园区、开发区等工业聚集区域内的企业事业单位和其他生产经营者提供污水处理服务的场所,以及企业事业单位和其他生产经营者自建自用的污水处理场所。

第四条 达到省级人民政府确定的规模标准并且有污染物排放口的畜禽养殖场,应当依法缴纳环境保护税;依法对畜禽养殖废弃物进行综合利用和无害化处理的,不属于直接向环境排放污染物,不缴纳环境保护税。

第二章 计税依据

第五条 应税固体废物的计税依据,按照固体废物的排放量确定。固体废物的排放量为当期应税固体废物的产生量减去当期应税固体废物的贮存量、处置量、综合利用量的余额。

前款规定的固体废物的贮存量、处置量,是指在符合国家和地方环境保护标准的设施、场所贮存或者处置的固体废物数量;固体废物的综合利用量,是指按照国务院发展改革、工业和信息化主管部门关于资源综合利用要求以及国家和地方环境保护标准进行综合利用的固体废物数量。

第六条 纳税人有下列情形之一的,以其当期应税固体废物的产生量作为固体废物的排放量:

(一)非法倾倒应税固体废物;

(二)进行虚假纳税申报。

第七条 应税大气污染物、水污染物的计税依据,按照污染物排放量折合的污染当量数确定。

纳税人有下列情形之一的,以其当期应税大气污染物、水污染物的产生量作为污染物的排放量:

(一)未依法安装使用污染物自动监测设备或者未将污染物自动监测设备与环境保护主管部门的监控设备联网;

(二)损毁或者擅自移动、改变污染物自动监测设备;

(三)篡改、伪造污染物监测数据;

(四)通过暗管、渗井、渗坑、灌注或者稀释排放以及不正常运行防治污染设施等方式违法排放应税污染物;

(五)进行虚假纳税申报。

第八条 从两个以上排放口排放应税污染物的,对每一排放口排放的应税污染物分别计算征收环境保护税;纳税人持有排污许可证的,其污染物排放口按照排污许可证载明的污染物排放口确定。

第九条 属于环境保护税法第十条第二项规定情形的纳税人,自行对污染物进行监测所获取的监测数据,符合国家有关规定和监测规范的,视同环境保护税法第十条第二项规定的监测机构出具的监测数据。

第三章 税收减免

第十条 环境保护税法第十三条所称应税大气污染物或者水污染物的浓度值,是指纳税人安装使用的污染物自动监测设备当月自动监测的应税大气污染物浓度值的小时平均值再平均所得数值或者应税水污染物浓度值的日平均值再平均所得数值,或者监测机构当月监测的应税大气污染物、水污染物浓度值的平均值。

依照环境保护税法第十三条的规定减征环境保护税的，前款规定的应税大气污染物浓度值的小时平均值或者应税水污染物浓度值的日平均值，以及监测机构当月每次监测的应税大气污染物、水污染物的浓度值，均不得超过国家和地方规定的污染物排放标准。

第十一条　依照环境保护税法第十三条的规定减征环境保护税的，应当对每一排放口排放的不同应税污染物分别计算。

第四章　征收管理

第十二条　税务机关依法履行环境保护税纳税申报受理、涉税信息比对、组织税款入库等职责。

环境保护主管部门依法负责应税污染物监测管理，制定和完善污染物监测规范。

第十三条　县级以上地方人民政府应当加强对环境保护税征收管理工作的领导，及时协调、解决环境保护税征收管理工作中的重大问题。

第十四条　国务院税务、环境保护主管部门制定涉税信息共享平台技术标准以及数据采集、存储、传输、查询和使用规范。

第十五条　环境保护主管部门应当通过涉税信息共享平台向税务机关交送在环境保护监督管理中获取的下列信息：

（一）排污单位的名称、统一社会信用代码以及污染物排放口、排放污染物种类等基本信息；

（二）排污单位的污染物排放数据（包括污染物排放量以及大气污染物、水污染物的浓度值等数据）；

（三）排污单位环境违法和受行政处罚情况；

（四）对税务机关提请复核的纳税人的纳税申报数据资料异常或者纳税人未按照规定期限办理纳税申报的复核意见；

（五）与税务机关商定交送的其他信息。

第十六条　税务机关应当通过涉税信息共享平台向环境保护主管部门交送下列环境保护税涉税信息：

（一）纳税人基本信息；

（二）纳税申报信息；

（三）税款入库、减免税额、欠缴税款以及风险疑点等信息；

（四）纳税人涉税违法和受行政处罚情况；

（五）纳税人的纳税申报数据资料异常或者纳税人未按照规定期限办理纳税申报的信息；

（六）与环境保护主管部门商定交送的其他信息。

第十七条　环境保护税法第十七条所称应税污染物排放地是指：

（一）应税大气污染物、水污染物排放口所在地；

（二）应税固体废物产生地；

（三）应税噪声产生地。

第十八条　纳税人跨区域排放应税污染物，税务机关对税收征收管辖有争议的，由争议各方按照有利于征收管理的原则协商解决；不能协商一致的，报请共同的上级税务机关决定。

第十九条　税务机关应当依据环境保护主管部门交送的排污单位信息进行纳税人识别。

在环境保护主管部门交送的排污单位信息中没有对应信息的纳税人,由税务机关在纳税人首次办理环境保护税纳税申报时进行纳税人识别,并将相关信息交送环境保护主管部门。

第二十条 环境保护主管部门发现纳税人申报的应税污染物排放信息或者适用的排污系数、物料衡算方法有误的,应当通知税务机关处理。

第二十一条 纳税人申报的污染物排放数据与环境保护主管部门交送的相关数据不一致的,按照环境保护主管部门交送的数据确定应税污染物的计税依据。

第二十二条 环境保护税法第二十条第二款所称纳税人的纳税申报数据资料异常,包括但不限于下列情形:

(一)纳税人当期申报的应税污染物排放量与上一年同期相比明显偏低,且无正当理由;

(二)纳税人单位产品污染物排放量与同类型纳税人相比明显偏低,且无正当理由。

第二十三条 税务机关、环境保护主管部门应当无偿为纳税人提供与缴纳环境保护税有关的辅导、培训和咨询服务。

第二十四条 税务机关依法实施环境保护税的税务检查,环境保护主管部门予以配合。

第二十五条 纳税人应当按照税收征收管理的有关规定,妥善保管应税污染物监测和管理的有关资料。

第五章 附 则

第二十六条 本条例自2018年1月1日起施行。2003年1月2日国务院公布的《排污费征收使用管理条例》同时废止。

国务院关于环境保护税收入归属问题的通知

(国发〔2017〕56号)

各省、自治区、直辖市人民政府,国务院各部委、各直属机构:

《中华人民共和国环境保护税法》已由第十二届全国人民代表大会常务委员会第二十五次会议于2016年12月25日通过,自2018年1月1日起施行。《中华人民共和国环境保护税法》第二条规定,在中华人民共和国领域和中华人民共和国管辖的其他海域,直接向环境排放应税污染物的企业事业单位和其他生产经营者为环境保护税的纳税人,应当依法缴纳环境保护税。为促进各地保护和改善环境、增加环境保护投入,国务院决定,环境保护税全部作为地方收入。

国务院

2017年12月22日

财政部　税务总局　生态环境部关于明确环境保护税应税污染物适用等有关问题的通知

(财税〔2018〕117号)

各省、自治区、直辖市、计划单列市财政厅（局）、环境保护厅（局），国家税务总局各省、自治区、直辖市、计划单列市税务局，新疆生产建设兵团财政局、环境保护局：

为保障《中华人民共和国环境保护税法》及其实施条例有效实施，现就环境保护税征收有关问题通知如下：

一、关于应税污染物适用问题

燃烧产生废气中的颗粒物，按照烟尘征收环境保护税。排放的扬尘、工业粉尘等颗粒物，除可以确定为烟尘、石棉尘、玻璃棉尘、炭黑尘的外，按照一般性粉尘征收环境保护税。

二、关于税收减免适用问题

依法设立的生活垃圾焚烧发电厂、生活垃圾填埋场、生活垃圾堆肥厂，属于生活垃圾集中处理场所，其排放应税污染物不超过国家和地方规定的排放标准的，依法予以免征环境保护税。纳税人任何一个排放口排放应税大气污染物、水污染物的浓度值，以及没有排放口排放应税大气污染物的浓度值，超过国家和地方规定的污染物排放标准的，依法不予减征环境保护税。

三、关于应税污染物排放量的监测计算问题

（一）纳税人按照规定须安装污染物自动监测设备并与生态环境主管部门联网的，当自动监测设备发生故障、设备维护、启停炉、停运等状态时，应当按照相关法律法规和《固定污染源烟气（SO_2、NO_x、颗粒物）排放连续监测技术规范》（HJ75—2017）、《水污染源在线监测系统数据有效性判别技术规范》（HJ/T 356—2007）等规定，对数据状态进行标记，以及对数据缺失、无效时段的污染物排放量进行修约和替代处理，并按标记、处理后的自动监测数据计算应税污染物排放量。相关纳税人当月不能提供符合国家规定和监测规范的自动监测数据的，应当按照排污系数、物料衡算方法计算应税污染物排放量。纳入排污许可管理行业的纳税人，其应税污染物排放量的监测计算方法按照排污许可管理要求执行。

纳税人主动安装使用符合国家规定和监测规范的污染物自动监测设备，但未与生态环境主管部门联网的，可以按照自动监测数据计算应税污染物排放量；不能提供符合国家规定和监测规范的自动监测数据的，应当按照监测机构出具的符合监测规范的监测数据或者排污系数、物料衡算方法计算应税污染物排放量。

（二）纳税人委托监测机构监测应税污染物排放量的，应当按照国家有关规定制定监测方案，并将监测数据资料及时报送生态环境主管部门。监测机构实施的监测项目、方法、时限和频次应当符合国家有关规定和监测规范要求。监测机构出具的监测报告应当包括应税水污染物种类、浓度值和污水流量；应税大气污染物种类、浓度值、排放速率和烟气量；执行的污染物排放标准和排放浓度限值等信息。监测机构对监测数据的真实性、合法性负责，凡发现监测数据弄虚作假的，依照相关法律法规的规定追究法律责任。

纳税人采用委托监测方式，在规定监测时限内当月无监测数据的，可以沿用最近一次的监测数据计算应税污染物排放量，但不得跨季度沿用监测数据。纳税人采用监测机构出具的监测数据申报减免环境保护税的，应当取得申报当月的监测数据；当月无监测数据的，不予减免环境保护税。有关污染物监测浓度值低于生态环境主管部门规定的污染物检出限的，除有特殊管理要求外，视同该污染物排放量为零。生态环境主管部门、计量主管部门发现委托监测数据失真或者弄虚作假的，税务机关应当按照同一纳税期内的监督性监测数据或者排污系数、物料衡算方法计算应税污染物排放量。

（三）在建筑施工、货物装卸和堆存过程中无组织排放应税大气污染物的，按照生态环境部规定的排污系数、物料衡算方法计算应税污染物排放量；不能按照生态环境部规定的排污系数、物料衡算方法计算的，按照省、自治区、直辖市生态环境主管部门规定的抽样测算的方法核定计算应税污染物排放量。

（四）纳税人因环境违法行为受到行政处罚的，应当依据相关法律法规和处罚信息计算违法行为所属期的应税污染物排放量。生态环境主管部门发现纳税人申报信息有误的，应当通知税务机关处理。

四、关于环境保护税征管协作配合问题

各级税务、生态环境主管部门要加快建设和完善涉税信息共享平台，进一步规范涉税信息交换的数据项、交换频率和数据格式，并提高涉税信息交换的及时性、准确性，保障环境保护税征管工作运转顺畅。

财政部　税务总局　生态环境部
2018 年 10 月 25 日

生态环境部　财政部　税务总局关于发布计算环境保护税应税污染物排放量的排污系数和物料衡算方法的公告

（生态环境部　财政部　税务总局公告 2021 年第 16 号）

为贯彻落实《中华人民共和国环境保护税法》，进一步规范因排放污染物种类多等原因不具备监测条件的排污单位应税污染物排放量计算方法，现公告如下：

一、属于排污许可管理的排污单位，适用生态环境部发布的排污许可证申请与核发技术规范中规定的排（产）污系数、物料衡算方法计算应税污染物排放量；排污许可证申请与核发技术规范未规定相关排（产）污系数的，适用生态环境部发布的排放源统计调查制度规定的排（产）污系数方法计算应税污染物排放量。

二、不属于排污许可管理的排污单位，适用生态环境部发布的排放源统计调查制度规定的排（产）污系数方法计算应税污染物排放量。

三、上述情形中仍无相关计算方法的，由各省、自治区、直辖市生态环境主管部门结合本地实际情况，科学合理制定抽样测算方法。

四、本公告自 2021 年 5 月 1 日起施行，《关于发布计算污染物排放量的排污系数和物料衡算方法的公告》（环境保护部公告 2017 年第 81 号）同时废止。《财政部 税务总局 生态环境部关于环境保护税有关问题的通知》（财税〔2018〕23 号）第一条第二款同时改按本公告规定执行。

生态环境部将适时对排污许可证申请与核发技术规范、排放源统计调查制度规定的排（产）污系数、物料衡算方法进行制修订，排污单位自制修订后的排（产）污系数、物料衡算方法实施之日的次月起（未明确实施日期的，以发布日期为实施日期），依据新的系数和方法计算应税污染物排放量。

特此公告。

附件：1. 生态环境部已发布的排污许可证申请与核发技术规范清单（略）
    2. 生态环境部已发布的排放源统计调查制度排（产）污系数清单（略）

生态环境部 财政部 税务总局
2021 年 4 月 28 日

第二部分　印花税制度

中华人民共和国印花税法

（2021年6月10日第十三届全国人民代表大会常务委员会第二十九次会议通过）

第一条　在中华人民共和国境内书立应税凭证、进行证券交易的单位和个人，为印花税的纳税人，应当依照本法规定缴纳印花税。

在中华人民共和国境外书立在境内使用的应税凭证的单位和个人，应当依照本法规定缴纳印花税。

第二条　本法所称应税凭证，是指本法所附《印花税税目税率表》列明的合同、产权转移书据和营业账簿。

第三条　本法所称证券交易，是指转让在依法设立的证券交易所、国务院批准的其他全国性证券交易场所交易的股票和以股票为基础的存托凭证。

证券交易印花税对证券交易的出让方征收，不对受让方征收。

第四条　印花税的税目、税率，依照本法所附《印花税税目税率表》执行。

第五条　印花税的计税依据如下：

（一）应税合同的计税依据，为合同所列的金额，不包括列明的增值税税款；

（二）应税产权转移书据的计税依据，为产权转移书据所列的金额，不包括列明的增值税税款；

（三）应税营业账簿的计税依据，为账簿记载的实收资本（股本）、资本公积合计金额；

（四）证券交易的计税依据，为成交金额。

第六条　应税合同、产权转移书据未列明金额的，印花税的计税依据按照实际结算的金额确定。

计税依据按照前款规定仍不能确定的，按照书立合同、产权转移书据时的市场价格确定；依法应当执行政府定价或者政府指导价的，按照国家有关规定确定。

第七条　证券交易无转让价格的，按照办理过户登记手续时该证券前一个交易日收盘价计算确定计税依据；无收盘价的，按照证券面值计算确定计税依据。

第八条　印花税的应纳税额按照计税依据乘以适用税率计算。

第九条　同一应税凭证载有两个以上税目事项并分别列明金额的，按照各自适用的税目税率分别计算应纳税额；未分别列明金额的，从高适用税率。

第十条　同一应税凭证由两方以上当事人书立的，按照各自涉及的金额分别计算应纳税额。

第十一条 已缴纳印花税的营业账簿,以后年度记载的实收资本(股本)、资本公积合计金额比已缴纳印花税的实收资本(股本)、资本公积合计金额增加的,按照增加部分计算应纳税额。

第十二条 下列凭证免征印花税:

(一)应税凭证的副本或者抄本;

(二)依照法律规定应当予以免税的外国驻华使馆、领事馆和国际组织驻华代表机构为获得馆舍书立的应税凭证;

(三)中国人民解放军、中国人民武装警察部队书立的应税凭证;

(四)农民、家庭农场、农民专业合作社、农村集体经济组织、村民委员会购买农业生产资料或者销售农产品书立的买卖合同和农业保险合同;

(五)无息或者贴息借款合同、国际金融组织向中国提供优惠贷款书立的借款合同;

(六)财产所有权人将财产赠与政府、学校、社会福利机构、慈善组织书立的产权转移书据;

(七)非营利性医疗卫生机构采购药品或者卫生材料书立的买卖合同;

(八)个人与电子商务经营者订立的电子订单。

根据国民经济和社会发展的需要,国务院对居民住房需求保障、企业改制重组、破产、支持小型微型企业发展等情形可以规定减征或者免征印花税,报全国人民代表大会常务委员会备案。

第十三条 纳税人为单位的,应当向其机构所在地的主管税务机关申报缴纳印花税;纳税人为个人的,应当向应税凭证书立地或者纳税人居住地的主管税务机关申报缴纳印花税。

不动产产权发生转移的,纳税人应当向不动产所在地的主管税务机关申报缴纳印花税。

第十四条 纳税人为境外单位或者个人,在境内有代理人的,以其境内代理人为扣缴义务人;在境内没有代理人的,由纳税人自行申报缴纳印花税,具体办法由国务院税务主管部门规定。

证券登记结算机构为证券交易印花税的扣缴义务人,应当向其机构所在地的主管税务机关申报解缴税款以及银行结算的利息。

第十五条 印花税的纳税义务发生时间为纳税人书立应税凭证或者完成证券交易的当日。

证券交易印花税扣缴义务发生时间为证券交易完成的当日。

第十六条 印花税按季、按年或者按次计征。实行按季、按年计征的,纳税人应当自季度、年度终了之日起十五日内申报缴纳税款;实行按次计征的,纳税人应当自纳税义务发生之日起十五日内申报缴纳税款。

证券交易印花税按周解缴。证券交易印花税扣缴义务人应当自每周终了之日起五日内申报解缴税款以及银行结算的利息。

第十七条 印花税可以采用粘贴印花税票或者由税务机关依法开具其他完税凭证的方式缴纳。

印花税票粘贴在应税凭证上的,由纳税人在每枚税票的骑缝处盖戳注销或者画销。

印花税票由国务院税务主管部门监制。

第十八条 印花税由税务机关依照本法和《中华人民共和国税收征收管理法》的规定征收管理。

第十九条 纳税人、扣缴义务人和税务机关及其工作人员违反本法规定的,依照《中华人民共和国税收征收管理法》和有关法律、行政法规的规定追究法律责任。

第二十条 本法自 2022 年 7 月 1 日起施行。1988 年 8 月 6 日国务院发布的《中华人民共和国印花税暂行条例》同时废止。

附:

印花税税目税率表

税目		税率	备注
合同(指书面合同)	借款合同	借款金额的万分之零点五	指银行业金融机构、经国务院银行业监督管理机构批准设立的其他金融机构与借款人(不包括同业拆借)的借款合同
	融资租赁合同	租金的万分之零点五	
	买卖合同	价款的万分之三	指动产买卖合同(不包括个人书立的动产买卖合同)
	承揽合同	报酬的万分之三	
	建设工程合同	价款的万分之三	
	运输合同	运输费用的万分之三	指货运合同和多式联运合同(不包括管道运输合同)
	技术合同	价款、报酬或者使用费的万分之三	不包括专利权、专有技术使用权转让书据
	租赁合同	租金的千分之一	
	保管合同	保管费的千分之一	
	仓储合同	仓储费的千分之一	
	财产保险合同	保险费的千分之一	不包括再保险合同
产权转移书据	土地使用权出让书据	价款的万分之五	转让包括买卖(出售)、继承、赠与、互换、分割
	土地使用权、房屋等建筑物和构筑物所有权转让书据(不包括土地承包经营权和土地经营权转移)	价款的万分之五	
	股权转让书据(不包括应缴纳证券交易印花税的)	价款的万分之五	
	商标专用权、著作权、专利权、专有技术使用权转让书据	价款的万分之三	
营业账簿		实收资本(股本)、资本公积合计金额的万分之二点五	
证券交易		成交金额的千分之一	卖方交,买方不再交

财政部　税务总局关于北京证券交易所税收政策适用问题的公告

（财政部　税务总局公告2021年第33号）

为支持进一步深化全国中小企业股份转让系统（以下称新三板）改革，将精选层变更设立为北京证券交易所（以下称北交所），按照平稳转换、有效衔接的原则，现将北交所税收政策适用问题明确如下：

新三板精选层公司转为北交所上市公司，以及创新层挂牌公司通过公开发行股票进入北交所上市后，投资北交所上市公司涉及的个人所得税、印花税相关政策，暂按照现行新三板适用的税收规定执行。涉及企业所得税、增值税相关政策，按企业所得税法及其实施条例、《财政部　国家税务总局关于全面推开营业税改征增值税试点的通知》（财税〔2016〕36号）及有关规定执行。

特此公告。

财政部　税务总局
2021年11月14日

财政部　税务总局关于印花税若干事项政策执行口径的公告

（财政部　税务总局公告2022年第22号）

为贯彻落实《中华人民共和国印花税法》，现将印花税若干事项政策执行口径公告如下：

一、关于纳税人的具体情形

（一）书立应税凭证的纳税人，为对应税凭证有直接权利义务关系的单位和个人。

（二）采用委托贷款方式书立的借款合同纳税人，为受托人和借款人，不包括委托人。

（三）按买卖合同或者产权转移书据税目缴纳印花税的拍卖成交确认书纳税人，为拍卖标的的产权人和买受人，不包括拍卖人。

二、关于应税凭证的具体情形

（一）在中华人民共和国境外书立在境内使用的应税凭证，应当按规定缴纳印花税。包括以下几种情形：

1. 应税凭证的标的为不动产的，该不动产在境内；

2. 应税凭证的标的为股权的，该股权为中国居民企业的股权；

3. 应税凭证的标的为动产或者商标专用权、著作权、专利权、专有技术使用权的，其销售方或者购买方在境内，但不包括境外单位或者个人向境内单位或者个人销售完全在境外使用的动产或者商标专用权、著作权、专利权、专有技术使用权；

4.应税凭证的标的为服务的，其提供方或者接受方在境内，但不包括境外单位或者个人向境内单位或者个人提供完全在境外发生的服务。

（二）企业之间书立的确定买卖关系、明确买卖双方权利义务的订单、要货单等单据，且未另外书立买卖合同的，应当按规定缴纳印花税。

（三）发电厂与电网之间、电网与电网之间书立的购售电合同，应当按买卖合同税目缴纳印花税。

（四）下列情形的凭证，不属于印花税征收范围：

1.人民法院的生效法律文书，仲裁机构的仲裁文书，监察机关的监察文书。

2.县级以上人民政府及其所属部门按照行政管理权限征收、收回或者补偿安置房地产书立的合同、协议或者行政类文书。

3.总公司与分公司、分公司与分公司之间书立的作为执行计划使用的凭证。

三、关于计税依据、补税和退税的具体情形

（一）同一应税合同、应税产权转移书据中涉及两方以上纳税人，且未列明纳税人各自涉及金额的，以纳税人平均分摊的应税凭证所列金额（不包括列明的增值税税款）确定计税依据。

（二）应税合同、应税产权转移书据所列的金额与实际结算金额不一致，不变更应税凭证所列金额的，以所列金额为计税依据；变更应税凭证所列金额的，以变更后的所列金额为计税依据。已缴纳印花税的应税凭证，变更后所列金额增加的，纳税人应当就增加部分的金额补缴印花税；变更后所列金额减少的，纳税人可以就减少部分的金额向税务机关申请退还或者抵缴印花税。

（三）纳税人因应税凭证列明的增值税税款计算错误导致应税凭证的计税依据减少或者增加的，纳税人应当按规定调整应税凭证列明的增值税税款，重新确定应税凭证计税依据。已缴纳印花税的应税凭证，调整后计税依据增加的，纳税人应当就增加部分的金额补缴印花税；调整后计税依据减少的，纳税人可以就减少部分的金额向税务机关申请退还或者抵缴印花税。

（四）纳税人转让股权的印花税计税依据，按照产权转移书据所列的金额（不包括列明的认缴后尚未实际出资权益部分）确定。

（五）应税凭证金额为人民币以外的货币的，应当按照凭证书立当日的人民币汇率中间价折合人民币确定计税依据。

（六）境内的货物多式联运，采用在起运地统一结算全程运费的，以全程运费作为运输合同的计税依据，由起运地运费结算双方缴纳印花税；采用分程结算运费的，以分程的运费作为计税依据，分别由办理运费结算的各方缴纳印花税。

（七）未履行的应税合同、产权转移书据，已缴纳的印花税不予退还及抵缴税款。

（八）纳税人多贴的印花税票，不予退税及抵缴税款。

四、关于免税的具体情形

（一）对应税凭证适用印花税减免优惠的，书立该应税凭证的纳税人均可享受印花税减免政策，明确特定纳税人适用印花税减免优惠的除外。

（二）享受印花税免税优惠的家庭农场，具体范围为以家庭为基本经营单元，以农场生产经营为主业，以农场经营收入为家庭主要收入来源，从事农业规模化、标准化、集约化生产经营，纳入全国家庭农场名录系统的家庭农场。

（三）享受印花税免税优惠的学校，具体范围为经县级以上人民政府或者其教育行政部门批准成立的大学、中学、小学、幼儿园，实施学历教育的职业教育学校、特殊教育学校、专门学校，以及经省级人民政府或者其人力资源社会保障行政部门批准成立的技工院校。

（四）享受印花税免税优惠的社会福利机构，具体范围为依法登记的养老服务机构、残疾人服务机构、儿童福利机构、救助管理机构、未成年人救助保护机构。

（五）享受印花税免税优惠的慈善组织，具体范围为依法设立、符合《中华人民共和国慈善法》规定，以面向社会开展慈善活动为宗旨的非营利性组织。

（六）享受印花税免税优惠的非营利性医疗卫生机构，具体范围为经县级以上人民政府卫生健康行政部门批准或者备案设立的非营利性医疗卫生机构。

（七）享受印花税免税优惠的电子商务经营者，具体范围按《中华人民共和国电子商务法》有关规定执行。

本公告自 2022 年 7 月 1 日起施行。

财政部　税务总局
2022 年 6 月 12 日

财政部　税务总局关于印花税法实施后有关优惠政策衔接问题的公告

（财政部　税务总局公告 2022 年第 23 号）

为贯彻落实《中华人民共和国印花税法》，现将税法实施后有关印花税优惠政策衔接问题公告如下：

一、继续执行本公告附件 1 中所列文件及相关条款规定的印花税优惠政策。

二、本公告附件 2 中所列文件及相关条款规定的印花税优惠政策予以废止。相关政策废止后，符合印花税法第十二条规定的免税情形的，纳税人可依法享受相关印花税优惠。

三、本公告附件 3 中所列文件及相关条款规定的印花税优惠政策予以失效。

四、本公告自 2022 年 7 月 1 日起施行。

特此公告。

附件：1. 继续执行的印花税优惠政策文件及条款目录（略）
　　　2. 废止的印花税优惠政策文件及条款目录（略）
　　　3. 失效的印花税优惠政策文件及条款目录（略）

财政部　税务总局
2022 年 6 月 27 日

国家税务总局关于实施《中华人民共和国印花税法》等有关事项的公告

(国家税务总局公告 2022 年第 14 号)

为落实《中华人民共和国印花税法》(以下简称印花税法),贯彻中办、国办印发的《关于进一步深化税收征管改革的意见》,现就印花税征收管理和纳税服务有关事项及优化土地增值税优惠事项办理方式问题公告如下:

一、印花税征收管理和纳税服务有关事项

(一)纳税人应当根据书立印花税应税合同、产权转移书据和营业账簿情况,填写《印花税税源明细表》(附件1),进行财产行为税综合申报。

(二)应税合同、产权转移书据未列明金额,在后续实际结算时确定金额的,纳税人应当于书立应税合同、产权转移书据的首个纳税申报期申报应税合同、产权转移书据书立情况,在实际结算后下一个纳税申报期,以实际结算金额计算申报缴纳印花税。

(三)印花税按季、按年或者按次计征。应税合同、产权转移书据印花税可以按季或者按次申报缴纳,应税营业账簿印花税可以按年或者按次申报缴纳,具体纳税期限由各省、自治区、直辖市、计划单列市税务局结合征管实际确定。

境外单位或者个人的应税凭证印花税可以按季、按年或者按次申报缴纳,具体纳税期限由各省、自治区、直辖市、计划单列市税务局结合征管实际确定。

(四)纳税人为境外单位或者个人,在境内有代理人的,以其境内代理人为扣缴义务人。境外单位或者个人的境内代理人应当按规定扣缴印花税,向境内代理人机构所在地(居住地)主管税务机关申报解缴税款。

纳税人为境外单位或者个人,在境内没有代理人的,纳税人应当自行申报缴纳印花税。境外单位或者个人可以向资产交付地、境内服务提供方或者接受方所在地(居住地)、书立应税凭证境内书立人所在地(居住地)主管税务机关申报缴纳;涉及不动产产权转移的,应当向不动产所在地主管税务机关申报缴纳。

(五)印花税法实施后,纳税人享受印花税优惠政策,继续实行"自行判别、申报享受、有关资料留存备查"的办理方式。纳税人对留存备查资料的真实性、完整性和合法性承担法律责任。

(六)税务机关要优化印花税纳税服务。加强培训辅导,重点抓好基层税务管理人员、一线窗口人员和12366话务人员的学习和培训,分类做好纳税人宣传辅导,促进纳税人规范印花税应税凭证管理。坚持问题导向,聚焦纳税人和基层税务人员在税法实施过程中反馈的意见建议,及时完善征管系统和办税流程,不断提升纳税人获得感。

二、优化土地增值税优惠事项办理方式

(一)土地增值税原备案类优惠政策,实行纳税人"自行判别、申报享受、有关资料留存备查"的办理方式。纳税人在土地增值税纳税申报时按规定填写申报表相应减免税栏次即可享受,相关政策规定的材料留存备查。纳税人对留存备查资料的真实性、完整性和合法性承担法律责任。

（二）税务机关应当加强土地增值税纳税辅导工作，畅通政策问题答复渠道，为纳税人及时、准确办理税收优惠事项提供支持和帮助。

本公告自2022年7月1日起施行。《全文废止和部分条款废止的印花税文件目录》（附件2）所列文件或条款同时废止。

特此公告。

附件：1. 印花税税源明细表（略）
　　　2. 全文废止和部分条款废止的印花税文件目录（略）

国家税务总局
2022年6月28日

第五编
进出口税收法律制度

第一部分　船舶吨税制度

中华人民共和国船舶吨税法

（2017年12月27日第十二届全国人民代表大会常务委员会第三十一次会议通过　根据2018年10月26日第十三届全国人民代表大会常务委员会第六次会议《关于修改〈中华人民共和国野生动物保护法〉等十五部法律的决定》修正）

　　第一条　自中华人民共和国境外港口进入境内港口的船舶（以下称应税船舶），应当依照本法缴纳船舶吨税（以下简称吨税）。
　　第二条　吨税的税目、税率依照本法所附的《吨税税目税率表》执行。
　　第三条　吨税设置优惠税率和普通税率。
　　中华人民共和国籍的应税船舶，船籍国（地区）与中华人民共和国签订含有相互给予船舶税费最惠国待遇条款的条约或者协定的应税船舶，适用优惠税率。
　　其他应税船舶，适用普通税率。
　　第四条　吨税按照船舶净吨位和吨税执照期限征收。
　　应税船舶负责人在每次申报纳税时，可以按照《吨税税目税率表》选择申领一种期限的吨税执照。
　　第五条　吨税的应纳税额按照船舶净吨位乘以适用税率计算。
　　第六条　吨税由海关负责征收。海关征收吨税应当制发缴款凭证。
　　应税船舶负责人缴纳吨税或者提供担保后，海关按照其申领的执照期限填发吨税执照。
　　第七条　应税船舶在进入港口办理入境手续时，应当向海关申报纳税领取吨税执照，或者交验吨税执照（或者申请核验吨税执照电子信息）。应税船舶在离开港口办理出境手续时，应当交验吨税执照（或者申请核验吨税执照电子信息）。
　　应税船舶负责人申领吨税执照时，应当向海关提供下列文件：
　　（一）船舶国籍证书或者海事部门签发的船舶国籍证书收存证明；
　　（二）船舶吨位证明。
　　应税船舶因不可抗力在未设立海关地点停泊的，船舶负责人应当立即向附近海关报告，并在不可抗力原因消除后，依照本法规定向海关申报纳税。
　　第八条　吨税纳税义务发生时间为应税船舶进入港口的当日。
　　应税船舶在吨税执照期满后尚未离开港口的，应当申领新的吨税执照，自上一次执照期满的次日起续缴吨税。
　　第九条　下列船舶免征吨税：
　　（一）应纳税额在人民币五十元以下的船舶；
　　（二）自境外以购买、受赠、继承等方式取得船舶所有权的初次进口到港的空载船舶；
　　（三）吨税执照期满后二十四小时内不上下客货的船舶；

（四）非机动船舶（不包括非机动驳船）；
（五）捕捞、养殖渔船；
（六）避难、防疫隔离、修理、改造、终止运营或者拆解，并不上下客货的船舶；
（七）军队、武装警察部队专用或者征用的船舶；
（八）警用船舶；
（九）依照法律规定应当予以免税的外国驻华使领馆、国际组织驻华代表机构及其有关人员的船舶；
（十）国务院规定的其他船舶。

前款第十项免税规定，由国务院报全国人民代表大会常务委员会备案。

第十条 在吨税执照期限内，应税船舶发生下列情形之一的，海关按照实际发生的天数批注延长吨税执照期限：
（一）避难、防疫隔离、修理、改造，并不上下客货；
（二）军队、武装警察部队征用。

第十一条 符合本法第九条第一款第五项至第九项、第十条规定的船舶，应当提供海事部门、渔业船舶管理部门等部门、机构出具的具有法律效力的证明文件或者使用关系证明文件，申明免税或者延长吨税执照期限的依据和理由。

第十二条 应税船舶负责人应当自海关填发吨税缴款凭证之日起十五日内缴清税款。未按期缴清税款的，自滞纳税款之日起至缴清税款之日止，按日加收滞纳税款万分之五的税款滞纳金。

第十三条 应税船舶到达港口前，经海关核准先行申报并办结出入境手续的，应税船舶负责人应当向海关提供与其依法履行吨税缴纳义务相适应的担保；应税船舶到达港口后，依照本法规定向海关申报纳税。

下列财产、权利可以用于担保：
（一）人民币、可自由兑换货币；
（二）汇票、本票、支票、债券、存单；
（三）银行、非银行金融机构的保函；
（四）海关依法认可的其他财产、权利。

第十四条 应税船舶在吨税执照期限内，因修理、改造导致净吨位变化的，吨税执照继续有效。应税船舶办理出入境手续时，应当提供船舶经过修理、改造的证明文件。

第十五条 应税船舶在吨税执照期限内，因税目税率调整或者船籍改变而导致适用税率变化的，吨税执照继续有效。

因船籍改变而导致适用税率变化的，应税船舶在办理出入境手续时，应当提供船籍改变的证明文件。

第十六条 吨税执照在期满前毁损或者遗失的，应当向原发照海关书面申请核发吨税执照副本，不再补税。

第十七条 海关发现少征或者漏征税款的，应当自应税船舶应当缴纳税款之日起一年内，补征税款。但因应税船舶违反规定造成少征或者漏征税款的，海关可以自应当缴纳税款之日起三年内追征税款，并自应当缴纳税款之日起按日加征少征或者漏征税款万分之五的税款滞纳金。

海关发现多征税款的，应当在二十四小时内通知应税船舶办理退还手续，并加算银行同期活期存款利息。

应税船舶发现多缴税款的，可以自缴纳税款之日起三年内以书面形式要求海关退还多缴的税款并加算银行同期活期存款利息；海关应当自受理退税申请之日起三十日内查实并通知应税船舶办理退还手续。

应税船舶应当自收到本条第二款、第三款规定的通知之日起三个月内办理有关退还手续。

第十八条 应税船舶有下列行为之一的,由海关责令限期改正,处二千元以上三万元以下的罚款;不缴或者少缴应纳税款的,处不缴或者少缴税款百分之五十以上五倍以下的罚款,但罚款不得低于二千元:

(一)未按照规定申报纳税、领取吨税执照的;

(二)未按照规定交验吨税执照(或者申请核验吨税执照电子信息)以及提供其他证明文件的。

第十九条 吨税税款、税款滞纳金、罚款以人民币计算。

第二十条 吨税的征收,本法未作规定的,依照有关税收征收管理的法律、行政法规的规定执行。

第二十一条 本法及所附《吨税税目税率表》下列用语的含义:

净吨位,是指由船籍国(地区)政府签发或者授权签发的船舶吨位证明书上标明的净吨位。

非机动船舶,是指自身没有动力装置,依靠外力驱动的船舶。

非机动驳船,是指在船舶登记机关登记为驳船的非机动船舶。

捕捞、养殖渔船,是指在中华人民共和国渔业船舶管理部门登记为捕捞船或者养殖船的船舶。

拖船,是指专门用于拖(推)动运输船舶的专业作业船舶。

吨税执照期限,是指按照公历年、日计算的期间。

第二十二条 本法自2018年7月1日起施行。2011年12月5日国务院公布的《中华人民共和国船舶吨税暂行条例》同时废止。

附:

吨税税目税率表

税目 (按船舶净吨位划分)	税率(元/净吨)						备注
	普通税率 (按执照期限划分)			优惠税率 (按执照期限划分)			
	1年	90日	30日	1年	90日	30日	
不超过2 000净吨	12.6	4.2	2.1	9.0	3.0	1.5	1.拖船按照发动机功率每千瓦折合净吨位0.67吨。 2.无法提供净吨位证明文件的游艇,按照发动机功率每千瓦折合净吨位0.05吨。 3.拖船和非机动驳船分别按相同净吨位船税率的50%计征税款。
超过2 000净吨,但不超过10 000净吨	24.0	8.0	4.0	17.4	5.8	2.9	
超过10 000净吨,但不超过500 00净吨	27.6	9.2	4.6	19.8	6.6	3.3	
超过50 000净吨	31.8	10.6	5.3	22.8	7.6	3.8	

海关总署关于《中华人民共和国船舶吨税法》实施有关事项的公告

(海关总署公告2018年第77号)

《中华人民共和国船舶吨税法》(以下简称《吨税法》)将于2018年7月1日起实施,现将有关事宜公告如下:

一、自2018年7月1日起，自我国境外港口进入境内港口的船舶（以下称"应税船舶"），应当依照《吨税法》缴纳船舶吨税。

二、船舶吨税分1年期缴纳、90天期缴纳与30天期缴纳三种。缴纳期限由应税船舶负责人自行选择。

三、应税船舶在办理出入境手续时，选择是否向海关申请验核船舶吨税执照电子信息。自2018年7月1日起签发的船舶吨税执照电子信息由海关系统进行自动比对。

四、应税船舶负责人应在应税船舶抵港申报纳税时，如实填写《船舶吨税执照申请书》（见附件），同时应当交验如下证明文件：

（一）船舶国籍证书或者海事部门签发的船舶国籍证书收存证明；

（二）船舶吨位证明。

应税船舶为拖船或无法提供净吨位证明文件的游艇的，应税船舶负责人还应提供发动机功率（千瓦）等相关材料。

五、应税船舶负责人应通过"互联网＋海关"、国际贸易"单一窗口"等关企事务平台登录"海关船舶吨税执照申请系统"，录入并向海关发送船舶吨税执照申请信息。

六、应税船舶负责人选择柜台支付方式缴纳船舶吨税的，应将加盖银行已收讫税款业务印章的缴款书第一联交海关。

应税船舶负责人选择电子支付方式缴纳船舶吨税的，应根据海关总署公告2014年第6号的要求完成船舶吨税电子支付备案。

七、对于符合《吨税法》第九条第一款第（二）项至第（四）项免征吨税规定的应税船舶，应税船舶负责人应当向海关提供书面免税申请，申明免税的依据和理由。

对于符合《吨税法》第九条第一款第（五）项至第（九）项免征吨税规定，以及第十条延长吨税执照期限规定的应税船舶，应税船舶负责人应当向海关提供海事、渔业船舶管理等部门、机构出具的具有法律效力的证明文件或者使用关系证明文件，申明免税或者延长吨税执照期限的依据和理由。

八、应税船舶负责人应在延期事项发生地海关办理船舶吨税执照延期的海关手续，同时应提交延期申请。

九、应税船舶负责人在缴纳船舶吨税前申请先行签发船舶吨税执照的，应当向海关提供与其依法履行吨税缴纳义务相适应的担保。

十、应税船舶到达我国境内港口前，应税船舶负责人经海关核准，可凭与应缴税款相适应的担保申请办理先行申报手续。

十一、船舶吨税担保期限一般不超过6个月，特殊情况需要延期的，应当经主管海关核准。应税船舶负责人应当在海关核准的船舶吨税担保期限内履行纳税义务。

本公告自2018年7月1日起施行。海关总署公告2011年第81号同时废止。

特此公告。

附件：船舶吨税执照申请书（略）

海关总署

2018年6月28日

第二部分 关税制度

中华人民共和国海关法

（1987年1月22日第六届全国人民代表大会常务委员会第十九次会议通过 根据2000年7月8日第九届全国人民代表大会常务委员会第十六次会议《关于修改〈中华人民共和国海关法〉的决定》第一次修正 根据2013年6月29日第十二届全国人民代表大会常务委员会第三次会议《关于修改〈中华人民共和国文物保护法〉等十二部法律的决定》第二次修正 根据2013年12月28日第十二届全国人民代表大会常务委员会第六次会议《关于修改〈中华人民共和国海洋环境保护法〉等七部法律的决定》第三次修正 根据2016年11月7日第十二届全国人民代表大会常务委员会第二十四次会议《关于修改〈中华人民共和国对外贸易法〉等十二部法律的决定》第四次修正 根据2017年11月4日第十二届全国人民代表大会常务委员会第三十次会议《关于修改〈中华人民共和国会计法〉等十一部法律的决定》第五次修正 根据2021年4月29日第十三届全国人民代表大会常务委员会第二十八次会议《关于修改〈中华人民共和国道路交通安全法〉等八部法律的决定》第六次修正）

目 录

第一章 总　　则
第二章 进出境运输工具
第三章 进出境货物
第四章 进出境物品
第五章 关　　税
第六章 海关事务担保
第七章 执法监督
第八章 法律责任
第九章 附　　则

第一章 总　　则

第一条 为了维护国家的主权和利益，加强海关监督管理，促进对外经济贸易和科技文化交往，保障社会主义现代化建设，特制定本法。

第二条 中华人民共和国海关是国家的进出关境（以下简称进出境）监督管理机关。海关依照本法和其他有关法律、行政法规，监管进出境的运输工具、货物、行李物品、邮递物品和其他物品（以下简称进出境运输工具、货物、物品），征收关税和其他税、费，查缉走私，并编制海关统计和办理其他海关业务。

第三条 国务院设立海关总署，统一管理全国海关。

国家在对外开放的口岸和海关监管业务集中的地点设立海关。海关的隶属关系，不受行政区划的限制。

海关依法独立行使职权，向海关总署负责。

第四条 国家在海关总署设立专门侦查走私犯罪的公安机构，配备专职缉私警察，负责对其管辖的走私犯罪案件的侦查、拘留、执行逮捕、预审。

海关侦查走私犯罪公安机构履行侦查、拘留、执行逮捕、预审职责，应当按照《中华人民共和国刑事诉讼法》的规定办理。

海关侦查走私犯罪公安机构根据国家有关规定，可以设立分支机构。各分支机构办理其管辖的走私犯罪案件，应当依法向有管辖权的人民检察院移送起诉。

地方各级公安机关应当配合海关侦查走私犯罪公安机构依法履行职责。

第五条 国家实行联合缉私、统一处理、综合治理的缉私体制。海关负责组织、协调、管理查缉走私工作。有关规定由国务院另行制定。

各有关行政执法部门查获的走私案件，应当给予行政处罚的，移送海关依法处理；涉嫌犯罪的，应当移送海关侦查走私犯罪公安机构、地方公安机关依据案件管辖分工和法定程序办理。

第六条 海关可以行使下列权力：

（一）检查进出境运输工具，查验进出境货物、物品；对违反本法或者其他有关法律、行政法规的，可以扣留。

（二）查阅进出境人员的证件；查问违反本法或者其他有关法律、行政法规的嫌疑人，调查其违法行为。

（三）查阅、复制与进出境运输工具、货物、物品有关的合同、发票、账册、单据、记录、文件、业务函电、录音录像制品和其他资料；对其中与违反本法或者其他有关法律、行政法规的进出境运输工具、货物、物品有牵连的，可以扣留。

（四）在海关监管区和海关附近沿海沿边规定地区，检查有走私嫌疑的运输工具和有藏匿走私货物、物品嫌疑的场所，检查走私嫌疑人的身体；对有走私嫌疑的运输工具、货物、物品和走私犯罪嫌疑人，经直属海关关长或者其授权的隶属海关关长批准，可以扣留；对走私犯罪嫌疑人，扣留时间不超过二十四小时，在特殊情况下可以延长至四十八小时。

在海关监管区和海关附近沿海沿边规定地区以外，海关在调查走私案件时，对有走私嫌疑的运输工具和除公民住处以外的有藏匿走私货物、物品嫌疑的场所，经直属海关关长或者其授权的隶属海关关长批准，可以进行检查，有关当事人应当到场；当事人未到场的，在有见证人在场的情况下，可以径行检查；对其中有证据证明有走私嫌疑的运输工具、货物、物品，可以扣留。

海关附近沿海沿边规定地区的范围，由海关总署和国务院公安部门会同有关省级人民政府确定。

（五）在调查走私案件时，经直属海关关长或者其授权的隶属海关关长批准，可以查询案件涉嫌单位和涉嫌人员在金融机构、邮政企业的存款、汇款。

（六）进出境运输工具或者个人违抗海关监管逃逸的，海关可以连续追至海关监管区和海关附近沿海沿边规定地区以外，将其带回处理。

（七）海关为履行职责，可以配备武器。海关工作人员佩带和使用武器的规则，由海关总署会同国务院公安部门制定，报国务院批准。

（八）法律、行政法规规定由海关行使的其他权力。

第七条 各地方、各部门应当支持海关依法行使职权，不得非法干预海关的执法活动。

第八条 进出境运输工具、货物、物品，必须通过设立海关的地点进境或者出境。在特殊情况下，需要经过未设立海关的地点临时进境或者出境的，必须经国务院或者国务院授权的机关批准，并依照本法规定办理海关手续。

第九条 进出口货物，除另有规定的外，可以由进出口货物收发货人自行办理报关纳税手续，也可以由进出口货物收发货人委托报关企业办理报关纳税手续。

进出境物品的所有人可以自行办理报关纳税手续，也可以委托他人办理报关纳税手续。

第十条 报关企业接受进出口货物收发货人的委托，以委托人的名义办理报关手续的，应当向海关提交由委托人签署的授权委托书，遵守本法对委托人的各项规定。

报关企业接受进出口货物收发货人的委托，以自己的名义办理报关手续的，应当承担与收发货人相同的法律责任。

委托人委托报关企业办理报关手续的，应当向报关企业提供所委托报关事项的真实情况；报关企业接受委托人的委托办理报关手续的，应当对委托人所提供情况的真实性进行合理审查。

第十一条 进出口货物收发货人、报关企业办理报关手续，应当依法向海关备案。

报关企业和报关人员不得非法代理他人报关。

第十二条 海关依法执行职务，有关单位和个人应当如实回答询问，并予以配合，任何单位和个人不得阻挠。

海关执行职务受到暴力抗拒时，执行有关任务的公安机关和人民武装警察部队应当予以协助。

第十三条 海关建立对违反本法规定逃避海关监管行为的举报制度。

任何单位和个人均有权对违反本法规定逃避海关监管的行为进行举报。

海关对举报或者协助查获违反本法案件的有功单位和个人，应当给予精神的或者物质的奖励。

海关应当为举报人保密。

第二章 进出境运输工具

第十四条 进出境运输工具到达或者驶离设立海关的地点时，运输工具负责人应当向海关如实申报，交验单证，并接受海关监管和检查。

停留在设立海关的地点的进出境运输工具，未经海关同意，不得擅自驶离。

进出境运输工具从一个设立海关的地点驶往另一个设立海关的地点的，应当符合海关监管要求，办理海关手续，未办结海关手续的，不得改驶境外。

第十五条 进境运输工具在进境以后向海关申报以前，出境运输工具在办结海关手续以后出境以前，应当按照交通主管机关规定的路线行进；交通主管机关没有规定的，由海关指定。

第十六条 进出境船舶、火车、航空器到达和驶离时间、停留地点、停留期间更换地点以及装卸货物、物品时间，运输工具负责人或者有关交通运输部门应当事先通知海关。

第十七条 运输工具装卸进出境货物、物品或者上下进出境旅客，应当接受海关监管。

第五编 进出口税收法律制度

货物、物品装卸完毕，运输工具负责人应当向海关递交反映实际装卸情况的交接单据和记录。

上下进出境运输工具的人员携带物品的，应当向海关如实申报，并接受海关检查。

第十八条 海关检查进出境运输工具时，运输工具负责人应当到场，并根据海关的要求开启舱室、房间、车门；有走私嫌疑的，并应当开拆可能藏匿走私货物、物品的部位，搬移货物、物料。

海关根据工作需要，可以派员随运输工具执行职务，运输工具负责人应当提供方便。

第十九条 进境的境外运输工具和出境的境内运输工具，未向海关办理手续并缴纳关税，不得转让或者移作他用。

第二十条 进出境船舶和航空器兼营境内客、货运输，应当符合海关监管要求。

进出境运输工具改营境内运输，需向海关办理手续。

第二十一条 沿海运输船舶、渔船和从事海上作业的特种船舶，未经海关同意，不得载运或者换取、买卖、转让进出境货物、物品。

第二十二条 进出境船舶和航空器，由于不可抗力的原因，被迫在未设立海关的地点停泊、降落或者抛掷、起卸货物、物品，运输工具负责人应当立即报告附近海关。

第三章 进出境货物

第二十三条 进口货物自进境起到办结海关手续止，出口货物自向海关申报起到出境止，过境、转运和通运货物自进境起到出境止，应当接受海关监管。

第二十四条 进口货物的收货人、出口货物的发货人应当向海关如实申报，交验进出口许可证件和有关单证。国家限制进出口的货物，没有进出口许可证件的，不予放行，具体处理办法由国务院规定。

进口货物的收货人应当自运输工具申报进境之日起十四日内，出口货物的发货人除海关特准的外应当在货物运抵海关监管区后、装货的二十四小时以前，向海关申报。

进口货物的收货人超过前款规定期限向海关申报的，由海关征收滞报金。

第二十五条 办理进出口货物的海关申报手续，应当采用纸质报关单和电子数据报关单的形式。

第二十六条 海关接受申报后，报关单证及其内容不得修改或者撤销，但符合海关规定情形的除外。

第二十七条 进口货物的收货人经海关同意，可以在申报前查看货物或者提取货样。需要依法检疫的货物，应当在检疫合格后提取货样。

第二十八条 进出口货物应当接受海关查验。海关查验货物时，进口货物的收货人、出口货物的发货人应当到场，并负责搬移货物，开拆和重封货物的包装。海关认为必要时，可以径行开验、复验或者提取货样。

海关在特殊情况下对进出口货物予以免验，具体办法由海关总署制定。

第二十九条 除海关特准的外，进出口货物在收发货人缴清税款或者提供担保后，由海关签印放行。

第三十条 进口货物的收货人自运输工具申报进境之日起超过三个月未向海关申报的，其进口货物由海关提取依法变卖处理，所得价款在扣除运输、装卸、储存等费用和税款后，尚有余款的，自货物依法变卖之日起一年内，经收货人申请，予以发还；其中属于国家对进口有限制性规定，应当提交许可证件而不能提供的，不予发还。逾期无人申请或者不予发还的，上缴国库。

确属误卸或者溢卸的进境货物，经海关审定，由原运输工具负责人或者货物的收发货人自该运输工具卸货之日起三个月内，办理退运或者进口手续；必要时，经海关批准，可以延期三个月。逾期未办手续的，由海关按前款规定处理。

前两款所列货物不宜长期保存的，海关可以根据实际情况提前处理。

收货人或者货物所有人声明放弃的进口货物，由海关提取依法变卖处理；所得价款在扣除运输、装卸、储存等费用后，上缴国库。

第三十一条　按照法律、行政法规、国务院或者海关总署规定暂时进口或者暂时出口的货物，应当在六个月内复运出境或者复运进境；需要延长复运出境或者复运进境期限的，应当根据海关总署的规定办理延期手续。

第三十二条　经营保税货物的储存、加工、装配、展示、运输、寄售业务和经营免税商店，应当符合海关监管要求，经海关批准，并办理注册手续。

保税货物的转让、转移以及进出保税场所，应当向海关办理有关手续，接受海关监管和查验。

第三十三条　企业从事加工贸易，应当按照海关总署的规定向海关备案。加工贸易制成品单位耗料量由海关按照有关规定核定。

加工贸易制成品应当在规定的期限内复出口。其中使用的进口料件，属于国家规定准予保税的，应当向海关办理核销手续；属于先征收税款的，依法向海关办理退税手续。

加工贸易保税进口料件或者制成品内销的，海关对保税的进口料件依法征税；属于国家对进口有限制性规定的，还应当向海关提交进口许可证件。

第三十四条　经国务院批准在中华人民共和国境内设立的保税区等海关特殊监管区域，由海关按照国家有关规定实施监管。

第三十五条　进口货物应当由收货人在货物的进境地海关办理海关手续，出口货物应当由发货人在货物的出境地海关办理海关手续。

经收发货人申请，海关同意，进口货物的收货人可以在设有海关的指运地、出口货物的发货人可以在设有海关的启运地办理海关手续。上述货物的转关运输，应当符合海关监管要求；必要时，海关可以派员押运。

经电缆、管道或者其他特殊方式输送进出境的货物，经营单位应当定期向指定的海关申报和办理海关手续。

第三十六条　过境、转运和通运货物，运输工具负责人应当向进境地海关如实申报，并应当在规定期限内运输出境。

海关认为必要时，可以查验过境、转运和通运货物。

第三十七条　海关监管货物，未经海关许可，不得开拆、提取、交付、发运、调换、改装、抵押、质押、留置、转让、更换标记、移作他用或者进行其他处置。

海关加施的封志，任何人不得擅自开启或者损毁。

人民法院判决、裁定或者有关行政执法部门决定处理海关监管货物的，应当责令当事人办结海关手续。

第三十八条　经营海关监管货物仓储业务的企业，应当经海关注册，并按照海关规定，办理收存、交付手续。

在海关监管区外存放海关监管货物，应当经海关同意，并接受海关监管。

违反前两款规定或者在保管海关监管货物期间造成海关监管货物损毁或者灭失的，除不可抗力外，对海关监管货物负有保管义务的人应当承担相应的纳税义务和法律责任。

第三十九条 进出境集装箱的监管办法、打捞进出境货物和沉船的监管办法、边境小额贸易进出口货物的监管办法，以及本法未具体列明的其他进出境货物的监管办法，由海关总署或者由海关总署会同国务院有关部门另行制定。

第四十条 国家对进出境货物、物品有禁止性或者限制性规定的，海关依据法律、行政法规、国务院的规定或者国务院有关部门依据法律、行政法规的授权作出的规定实施监管。具体监管办法由海关总署制定。

第四十一条 进出口货物的原产地按照国家有关原产地规则的规定确定。

第四十二条 进出口货物的商品归类按照国家有关商品归类的规定确定。

海关可以要求进出口货物的收发货人提供确定商品归类所需的有关资料；必要时，海关可以组织化验、检验，并将海关认定的化验、检验结果作为商品归类的依据。

第四十三条 海关可以根据对外贸易经营者提出的书面申请，对拟作进口或者出口的货物预先作出商品归类等行政裁定。

进口或者出口相同货物，应当适用相同的商品归类行政裁定。

海关对所作出的商品归类等行政裁定，应当予以公布。

第四十四条 海关依照法律、行政法规的规定，对与进出境货物有关的知识产权实施保护。

需要向海关申报知识产权状况的，进出口货物收发货人及其代理人应当按照国家规定向海关如实申报有关知识产权状况，并提交合法使用有关知识产权的证明文件。

第四十五条 自进出口货物放行之日起三年内或者在保税货物、减免税进口货物的海关监管期限内及其后的三年内，海关可以对与进出口货物直接有关的企业、单位的会计账簿、会计凭证、报关单证以及其他有关资料和有关进出口货物实施稽查。具体办法由国务院规定。

第四章 进出境物品

第四十六条 个人携带进出境的行李物品、邮寄进出境的物品，应当以自用、合理数量为限，并接受海关监管。

第四十七条 进出境物品的所有人应当向海关如实申报，并接受海关查验。

海关加施的封志，任何人不得擅自开启或者损毁。

第四十八条 进出境邮袋的装卸、转运和过境，应当接受海关监管。邮政企业应当向海关递交邮件路单。

邮政企业应当将开拆及封发国际邮袋的时间事先通知海关，海关应当按时派员到场监管查验。

第四十九条 邮运进出境的物品，经海关查验放行后，有关经营单位方可投递或者交付。

第五十条 经海关登记准予暂时免税进境或者暂时免税出境的物品，应当由本人复带出境或者复带进境。

过境人员未经海关批准，不得将其所带物品留在境内。

第五十一条 进出境物品所有人声明放弃的物品、在海关规定期限内未办理海关手续或者无人认领的物品，以及无法投递又无法退回的进境邮递物品，由海关依照本法第三十条的规定处理。

第五十二条　享有外交特权和豁免的外国机构或者人员的公务用品或者自用物品进出境，依照有关法律、行政法规的规定办理。

第五章　关　税

第五十三条　准许进出口的货物、进出境物品，由海关依法征收关税。

第五十四条　进口货物的收货人、出口货物的发货人、进出境物品的所有人，是关税的纳税义务人。

第五十五条　进出口货物的完税价格，由海关以该货物的成交价格为基础审查确定。成交价格不能确定时，完税价格由海关依法估定。

进口货物的完税价格包括货物的货价、货物运抵中华人民共和国境内输入地点起卸前的运输及其相关费用、保险费；出口货物的完税价格包括货物的货价、货物运至中华人民共和国境内输出地点装载前的运输及其相关费用、保险费，但是其中包含的出口关税税额，应当予以扣除。

进出境物品的完税价格，由海关依法确定。

第五十六条　下列进出口货物、进出境物品，减征或者免征关税：

（一）无商业价值的广告品和货样；

（二）外国政府、国际组织无偿赠送的物资；

（三）在海关放行前遭受损坏或者损失的货物；

（四）规定数额以内的物品；

（五）法律规定减征、免征关税的其他货物、物品；

（六）中华人民共和国缔结或者参加的国际条约规定减征、免征关税的货物、物品。

第五十七条　特定地区、特定企业或者有特定用途的进出口货物，可以减征或者免征关税。特定减税或者免税的范围和办法由国务院规定。

依照前款规定减征或者免征关税进口的货物，只能用于特定地区、特定企业或者特定用途，未经海关核准并补缴关税，不得移作他用。

第五十八条　本法第五十六条、第五十七条第一款规定范围以外的临时减征或者免征关税，由国务院决定。

第五十九条　暂时进口或者暂时出口的货物，以及特准进口的保税货物，在货物收发货人向海关缴纳相当于税款的保证金或者提供担保后，准予暂时免纳关税。

第六十条　进出口货物的纳税义务人，应当自海关填发税款缴款书之日起十五日内缴纳税款；逾期缴纳的，由海关征收滞纳金。纳税义务人、担保人超过三个月仍未缴纳的，经直属海关关长或者其授权的隶属海关关长批准，海关可以采取下列强制措施：

（一）书面通知其开户银行或者其他金融机构从其存款中扣缴税款；

（二）将应税货物依法变卖，以变卖所得抵缴税款；

（三）扣留并依法变卖其价值相当于应纳税款的货物或者其他财产，以变卖所得抵缴税款。

海关采取强制措施时，对前款所列纳税义务人、担保人未缴纳的滞纳金同时强制执行。

进出境物品的纳税义务人，应当在物品放行前缴纳税款。

第六十一条　进出口货物的纳税义务人在规定的纳税期限内有明显的转移、藏匿其应税货物以及其他财产迹象的，海关可以责令纳税义务人提供担保；纳税义务人不能提供纳税担保的，经直属海关关长或者其授权的隶属海关关长批准，海关可以采取下列税收保全措施：

（一）书面通知纳税义务人开户银行或者其他金融机构暂停支付纳税义务人相当于应纳税款的存款；

（二）扣留纳税义务人价值相当于应纳税款的货物或者其他财产。

纳税义务人在规定的纳税期限内缴纳税款的，海关必须立即解除税收保全措施；期限届满仍未缴纳税款的，经直属海关关长或者其授权的隶属海关关长批准，海关可以书面通知纳税义务人开户银行或者其他金融机构从其暂停支付的存款中扣缴税款，或者依法变卖所扣留的货物或者其他财产，以变卖所得抵缴税款。

采取税收保全措施不当，或者纳税义务人在规定期限内已缴纳税款，海关未立即解除税收保全措施，致使纳税义务人的合法权益受到损失的，海关应当依法承担赔偿责任。

第六十二条 进出口货物、进出境物品放行后，海关发现少征或者漏征税款，应当自缴纳税款或者货物、物品放行之日起一年内，向纳税义务人补征。因纳税义务人违反规定而造成的少征或者漏征，海关在三年以内可以追征。

第六十三条 海关多征的税款，海关发现后应当立即退还；纳税义务人自缴纳税款之日起一年内，可以要求海关退还。

第六十四条 纳税义务人同海关发生纳税争议时，应当缴纳税款，并可以依法申请行政复议；对复议决定仍不服的，可以依法向人民法院提起诉讼。

第六十五条 进口环节海关代征税的征收管理，适用关税征收管理的规定。

第六章 海关事务担保

第六十六条 在确定货物的商品归类、估价和提供有效报关单证或者办结其他海关手续前，收发货人要求放行货物的，海关应当在其提供与其依法应当履行的法律义务相适应的担保后放行。法律、行政法规规定可以免除担保的除外。

法律、行政法规对履行海关义务的担保另有规定的，从其规定。

国家对进出境货物、物品有限制性规定，应当提供许可证件而不能提供的，以及法律、行政法规规定不得担保的其他情形，海关不得办理担保放行。

第六十七条 具有履行海关事务担保能力的法人、其他组织或者公民，可以成为担保人。法律规定不得为担保人的除外。

第六十八条 担保人可以以下列财产、权利提供担保：

（一）人民币、可自由兑换货币；

（二）汇票、本票、支票、债券、存单；

（三）银行或者非银行金融机构的保函；

（四）海关依法认可的其他财产、权利。

第六十九条 担保人应当在担保期限内承担担保责任。担保人履行担保责任的，不免除被担保人应当办理有关海关手续的义务。

第七十条 海关事务担保管理办法，由国务院规定。

第七章 执法监督

第七十一条 海关履行职责，必须遵守法律，维护国家利益，依照法定职权和法定程序严格执法，接受监督。

第七十二条 海关工作人员必须秉公执法，廉洁自律，忠于职守，文明服务，不得有下列行为：

（一）包庇、纵容走私或者与他人串通进行走私；

（二）非法限制他人人身自由，非法检查他人身体、住所或者场所，非法检查、扣留进出境运输工具、货物、物品；

（三）利用职权为自己或者他人谋取私利；

（四）索取、收受贿赂；

（五）泄露国家秘密、商业秘密和海关工作秘密；

（六）滥用职权，故意刁难，拖延监管、查验；

（七）购买、私分、占用没收的走私货物、物品；

（八）参与或者变相参与营利性经营活动；

（九）违反法定程序或者超越权限执行职务；

（十）其他违法行为。

第七十三条　海关应当根据依法履行职责的需要，加强队伍建设，使海关工作人员具有良好的政治、业务素质。

海关专业人员应当具有法律和相关专业知识，符合海关规定的专业岗位任职要求。

海关招收工作人员应当按照国家规定，公开考试，严格考核，择优录用。

海关应当有计划地对其工作人员进行政治思想、法制、海关业务培训和考核。海关工作人员必须定期接受培训和考核，经考核不合格的，不得继续上岗执行职务。

第七十四条　海关总署应当实行海关关长定期交流制度。

海关关长定期向上一级海关述职，如实陈述其执行职务情况。海关总署应当定期对直属海关关长进行考核，直属海关应当定期对隶属海关关长进行考核。

第七十五条　海关及其工作人员的行政执法活动，依法接受监察机关的监督；缉私警察进行侦查活动，依法接受人民检察院的监督。

第七十六条　审计机关依法对海关的财政收支进行审计监督，对海关办理的与国家财政收支有关的事项，有权进行专项审计调查。

第七十七条　上级海关应当对下级海关的执法活动依法进行监督。上级海关认为下级海关作出的处理或者决定不适当的，可以依法予以变更或者撤销。

第七十八条　海关应当依照本法和其他有关法律、行政法规的规定，建立健全内部监督制度，对其工作人员执行法律、行政法规和遵守纪律的情况，进行监督检查。

第七十九条　海关内部负责审单、查验、放行、稽查和调查等主要岗位的职责权限应当明确，并相互分离、相互制约。

第八十条　任何单位和个人均有权对海关及其工作人员的违法、违纪行为进行控告、检举。收到控告、检举的机关有权处理的，应当依法按照职责分工及时查处。收到控告、检举的机关和负责查处的机关应当为控告人、检举人保密。

第八十一条　海关工作人员在调查处理违法案件时，遇有下列情形之一的，应当回避：

（一）是本案的当事人或者是当事人的近亲属；

（二）本人或者其近亲属与本案有利害关系；

（三）与本案当事人有其他关系，可能影响案件公正处理的。

第八章　法律责任

第八十二条　违反本法及有关法律、行政法规，逃避海关监管，偷逃应纳税款、逃避国家有关进出境的禁止性或者限制性管理，有下列情形之一的，是走私行为：

（一）运输、携带、邮寄国家禁止或者限制进出境货物、物品或者依法应当缴纳税款的货物、物品进出境的；

（二）未经海关许可并且未缴纳应纳税款、交验有关许可证件，擅自将保税货物、特定减免税货物以及其他海关监管货物、物品、进境的境外运输工具，在境内销售的；

（三）有逃避海关监管，构成走私的其他行为的。

有前款所列行为之一，尚不构成犯罪的，由海关没收走私货物、物品及违法所得，可以并处罚款；专门或者多次用于掩护走私的货物、物品，专门或者多次用于走私的运输工具，予以没收，藏匿走私货物、物品的特制设备，责令拆毁或者没收。

有第一款所列行为之一，构成犯罪的，依法追究刑事责任。

第八十三条　有下列行为之一的，按走私行为论处，依照本法第八十二条的规定处罚：

（一）直接向走私人非法收购走私进口的货物、物品的；

（二）在内海、领海、界河、界湖，船舶及所载人员运输、收购、贩卖国家禁止或者限制进出境的货物、物品，或者运输、收购、贩卖依法应当缴纳税款的货物，没有合法证明的。

第八十四条　伪造、变造、买卖海关单证，与走私人通谋为走私人提供贷款、资金、账号、发票、证明、海关单证，与走私人通谋为走私人提供运输、保管、邮寄或者其他方便，构成犯罪的，依法追究刑事责任；尚不构成犯罪的，由海关没收违法所得，并处罚款。

第八十五条　个人携带、邮寄超过合理数量的自用物品进出境，未依法向海关申报的，责令补缴关税，可以处以罚款。

第八十六条　违反本法规定有下列行为之一的，可以处以罚款，有违法所得的，没收违法所得：

（一）运输工具不经设立海关的地点进出境的；

（二）不将进出境运输工具到达的时间、停留的地点或者更换的地点通知海关的；

（三）进出口货物、物品或者过境、转运、通运货物向海关申报不实的；

（四）不按照规定接受海关对进出境运输工具、货物、物品进行检查、查验的；

（五）进出境运输工具未经海关同意，擅自装卸进出境货物、物品或者上下进出境旅客的；

（六）在设立海关的地点停留的进出境运输工具未经海关同意，擅自驶离的；

（七）进出境运输工具从一个设立海关的地点驶往另一个设立海关的地点，尚未办结海关手续又未经海关批准，中途擅自改驶境外或者境内未设立海关的地点的；

（八）进出境运输工具，不符合海关监管要求或者未向海关办理手续，擅自兼营或者改营境内运输的；

（九）由于不可抗力的原因，进出境船舶和航空器被迫在未设立海关的地点停泊、降落或者在境内抛掷、起卸货物、物品，无正当理由，不向附近海关报告的；

（十）未经海关许可，擅自将海关监管货物开拆、提取、交付、发运、调换、改装、抵押、质押、留置、转让、更换标记、移作他用或者进行其他处置的；

（十一）擅自开启或者损毁海关封志的；

（十二）经营海关监管货物的运输、储存、加工等业务，有关货物灭失或者有关记录不真实，不能提供正当理由的；

（十三）有违反海关监管规定的其他行为的。

第八十七条 海关准予从事有关业务的企业，违反本法有关规定的，由海关责令改正，可以给予警告，暂停其从事有关业务，直至撤销注册。

第八十八条 未向海关备案从事报关业务的，海关可以处以罚款。

第八十九条 报关企业非法代理他人报关的，由海关责令改正，处以罚款；情节严重的，禁止其从事报关活动。

报关人员非法代理他人报关的，由海关责令改正，处以罚款。

第九十条 进出口货物收发货人、报关企业向海关工作人员行贿的，由海关禁止其从事报关活动，并处以罚款；构成犯罪的，依法追究刑事责任。

报关人员向海关工作人员行贿的，处以罚款；构成犯罪的，依法追究刑事责任。

第九十一条 违反本法规定进出口侵犯中华人民共和国法律、行政法规保护的知识产权的货物的，由海关依法没收侵权货物，并处以罚款；构成犯罪的，依法追究刑事责任。

第九十二条 海关依法扣留的货物、物品、运输工具，在人民法院判决或者海关处罚决定作出之前，不得处理。但是，危险品或者鲜活、易腐、易失效等不宜长期保存的货物、物品以及所有人申请先行变卖的货物、物品、运输工具，经直属海关关长或者其授权的隶属海关关长批准，可以先行依法变卖，变卖所得价款由海关保存，并通知其所有人。

人民法院判决没收或者海关决定没收的走私货物、物品、违法所得、走私运输工具、特制设备，由海关依法统一处理，所得价款和海关决定处以的罚款，全部上缴中央国库。

第九十三条 当事人逾期不履行海关的处罚决定又不申请复议或者向人民法院提起诉讼的，作出处罚决定的海关可以将其保证金抵缴或者将其被扣留的货物、物品、运输工具依法变价抵缴，也可以申请人民法院强制执行。

第九十四条 海关在查验进出境货物、物品时，损坏被查验的货物、物品的，应当赔偿实际损失。

第九十五条 海关违法扣留货物、物品、运输工具，致使当事人的合法权益受到损失的，应当依法承担赔偿责任。

第九十六条 海关工作人员有本法第七十二条所列行为之一的，依法给予行政处分；有违法所得的，依法没收违法所得；构成犯罪的，依法追究刑事责任。

第九十七条 海关的财政收支违反法律、行政法规规定的，由审计机关以及有关部门依照法律、行政法规的规定作出处理；对直接负责的主管人员和其他直接责任人员，依法给予行政处分；构成犯罪的，依法追究刑事责任。

第九十八条 未按照本法规定为控告人、检举人、举报人保密的，对直接负责的主管人员和其他直接责任人员，由所在单位或者有关单位依法给予行政处分。

第九十九条 海关工作人员在调查处理违法案件时，未按照本法规定进行回避的，对直接负责的主管人员和其他直接责任人员，依法给予行政处分。

第九章 附 则

第一百条 本法下列用语的含义：

直属海关，是指直接由海关总署领导，负责管理一定区域范围内的海关业务的海关；隶属海关，是指由直属海关领导，负责办理具体海关业务的海关。

进出境运输工具，是指用以载运人员、货物、物品进出境的各种船舶、车辆、航空器和驮畜。

过境、转运和通运货物，是指由境外启运、通过中国境内继续运往境外的货物。其中,通过境内陆路运输的,称过境货物;在境内设立海关的地点换装运输工具,而不通过境内陆路运输的,称转运货物;由船舶、航空器载运进境并由原装运输工具载运出境的,称通运货物。

海关监管货物,是指本法第二十三条所列的进出口货物,过境、转运、通运货物,特定减免税货物,以及暂时进出口货物、保税货物和其他尚未办结海关手续的进出境货物。

保税货物,是指经海关批准未办理纳税手续进境,在境内储存、加工、装配后复运出境的货物。

海关监管区,是指设立海关的港口、车站、机场、国界孔道、国际邮件互换局(交换站)和其他有海关监管业务的场所,以及虽未设立海关,但是经国务院批准的进出境地点。

第一百零一条 经济特区等特定地区同境内其他地区之间往来的运输工具、货物、物品的监管办法,由国务院另行规定。

第一百零二条 本法自1987年7月1日起施行。1951年4月18日中央人民政府公布的《中华人民共和国暂行海关法》同时废止。

中华人民共和国进出口关税条例

(2003年11月23日中华人民共和国国务院令第392号公布 根据2011年1月8日《国务院关于废止和修改部分行政法规的决定》第一次修订 根据2013年12月7日《国务院关于修改部分行政法规的决定》第二次修订 根据2016年2月6日《国务院关于修改部分行政法规的决定》第三次修订 根据2017年3月1日《国务院关于修改和废止部分行政法规的决定》第四次修订)

第一章 总 则

第一条 为了贯彻对外开放政策,促进对外经济贸易和国民经济的发展,根据《中华人民共和国海关法》(以下简称《海关法》)的有关规定,制定本条例。

第二条 中华人民共和国准许进出口的货物、进境物品,除法律、行政法规另有规定外,海关依照本条例规定征收进出口关税。

第三条 国务院制定《中华人民共和国进出口税则》(以下简称《税则》)、《中华人民共和国进境物品进口税税率表》(以下简称《进境物品进口税税率表》),规定关税的税目、税则号列和税率,作为本条例的组成部分。

第四条 国务院设立关税税则委员会,负责《税则》和《进境物品进口税税率表》的税目、税则号列和税率的调整和解释,报国务院批准后执行;决定实行暂定税率的货物、税率和期限;决定关税配额税率;决定征收反倾销税、反补贴税、保障措施关税、报复性关税以及决定实施其他关税措施;决定特殊情况下税率的适用,以及履行国务院规定的其他职责。

第五条 进口货物的收货人、出口货物的发货人、进境物品的所有人,是关税的纳税义务人。

第六条 海关及其工作人员应当依照法定职权和法定程序履行关税征管职责,维护国家利益，保护纳税人合法权益，依法接受监督。

第七条 纳税义务人有权要求海关对其商业秘密予以保密，海关应当依法为纳税义务人保密。

第八条 海关对检举或者协助查获违反本条例行为的单位和个人，应当按照规定给予奖励，并负责保密。

第二章 进出口货物关税税率的设置和适用

第九条 进口关税设置最惠国税率、协定税率、特惠税率、普通税率、关税配额税率等税率。对进口货物在一定期限内可以实行暂定税率。

出口关税设置出口税率。对出口货物在一定期限内可以实行暂定税率。

第十条 原产于共同适用最惠国待遇条款的世界贸易组织成员的进口货物，原产于与中华人民共和国签订含有相互给予最惠国待遇条款的双边贸易协定的国家或者地区的进口货物，以及原产于中华人民共和国境内的进口货物，适用最惠国税率。

原产于与中华人民共和国签订含有关税优惠条款的区域性贸易协定的国家或者地区的进口货物，适用协定税率。

原产于与中华人民共和国签订含有特殊关税优惠条款的贸易协定的国家或者地区的进口货物，适用特惠税率。

原产于本条第一款、第二款和第三款所列以外国家或者地区的进口货物，以及原产地不明的进口货物，适用普通税率。

第十一条 适用最惠国税率的进口货物有暂定税率的，应当适用暂定税率；适用协定税率、特惠税率的进口货物有暂定税率的，应当从低适用税率；适用普通税率的进口货物，不适用暂定税率。

适用出口税率的出口货物有暂定税率的，应当适用暂定税率。

第十二条 按照国家规定实行关税配额管理的进口货物，关税配额内的，适用关税配额税率；关税配额外的，其税率的适用按照本条例第十条、第十一条的规定执行。

第十三条 按照有关法律、行政法规的规定对进口货物采取反倾销、反补贴、保障措施的，其税率的适用按照《中华人民共和国反倾销条例》《中华人民共和国反补贴条例》和《中华人民共和国保障措施条例》的有关规定执行。

第十四条 任何国家或者地区违反与中华人民共和国签订或者共同参加的贸易协定及相关协定，对中华人民共和国在贸易方面采取禁止、限制、加征关税或者其他影响正常贸易的措施的，对原产于该国家或者地区的进口货物可以征收报复性关税，适用报复性关税税率。

征收报复性关税的货物、适用国别、税率、期限和征收办法，由国务院关税税则委员会决定并公布。

第十五条 进出口货物，应当适用海关接受该货物申报进口或者出口之日实施的税率。

进口货物到达前，经海关核准先行申报的，应当适用装载该货物的运输工具申报进境之日实施的税率。

转关运输货物税率的适用日期，由海关总署另行规定。

第十六条 有下列情形之一，需缴纳税款的，应当适用海关接受申报办理纳税手续之日实施的税率：

（一）保税货物经批准不复运出境的；

（二）减免税货物经批准转让或者移作他用的；
（三）暂时进境货物经批准不复运出境，以及暂时出境货物经批准不复运进境的；
（四）租赁进口货物，分期缴纳税款的。

第十七条 补征和退还进出口货物关税，应当按照本条例第十五条或者第十六条的规定确定适用的税率。

因纳税义务人违反规定需要追征税款的，应当适用该行为发生之日实施的税率；行为发生之日不能确定的，适用海关发现该行为之日实施的税率。

第三章 进出口货物完税价格的确定

第十八条 进口货物的完税价格由海关以符合本条第三款所列条件的成交价格以及该货物运抵中华人民共和国境内输入地点起卸前的运输及其相关费用、保险费为基础审查确定。

进口货物的成交价格，是指卖方向中华人民共和国境内销售该货物时买方为进口该货物向卖方实付、应付的，并按照本条例第十九条、第二十条规定调整后的价款总额，包括直接支付的价款和间接支付的价款。

进口货物的成交价格应当符合下列条件：

（一）对买方处置或者使用该货物不予限制，但法律、行政法规规定实施的限制、对货物转售地域的限制和对货物价格无实质性影响的限制除外；
（二）该货物的成交价格没有因搭售或者其他因素的影响而无法确定；
（三）卖方不得从买方直接或者间接获得因该货物进口后转售、处置或者使用而产生的任何收益，或者虽有收益但能够按照本条例第十九条、第二十条的规定进行调整；
（四）买卖双方没有特殊关系，或者虽有特殊关系但未对成交价格产生影响。

第十九条 进口货物的下列费用应当计入完税价格：

（一）由买方负担的购货佣金以外的佣金和经纪费；
（二）由买方负担的在审查确定完税价格时与该货物视为一体的容器的费用；
（三）由买方负担的包装材料费用和包装劳务费用；
（四）与该货物的生产和向中华人民共和国境内销售有关的，由买方以免费或者以低于成本的方式提供并可以按适当比例分摊的料件、工具、模具、消耗材料及类似货物的价款，以及在境外开发、设计等相关服务的费用；
（五）作为该货物向中华人民共和国境内销售的条件，买方必须支付的、与该货物有关的特许权使用费；
（六）卖方直接或者间接从买方获得的该货物进口后转售、处置或者使用的收益。

第二十条 进口时在货物的价款中列明的下列税收、费用，不计入该货物的完税价格：

（一）厂房、机械、设备等货物进口后进行建设、安装、装配、维修和技术服务的费用；
（二）进口货物运抵境内输入地点起卸后的运输及其相关费用、保险费；
（三）进口关税及国内税收。

第二十一条 进口货物的成交价格不符合本条例第十八条第三款规定条件的，或者成交价格不能确定的，海关经了解有关情况，并与纳税义务人进行价格磋商后，依次以下列价格估定该货物的完税价格：

（一）与该货物同时或者大约同时向中华人民共和国境内销售的相同货物的成交价格。

（二）与该货物同时或者大约同时向中华人民共和国境内销售的类似货物的成交价格。

（三）与该货物进口的同时或者大约同时，将该进口货物、相同或者类似进口货物在第一级销售环节销售给无特殊关系买方最大销售总量的单位价格，但应当扣除本条例第二十二条规定的项目。

（四）按照下列各项总和计算的价格：生产该货物所使用的料件成本和加工费用，向中华人民共和国境内销售同等级或者同种类货物通常的利润和一般费用，该货物运抵境内输入地点起卸前的运输及其相关费用、保险费。

（五）以合理方法估定的价格。

纳税义务人向海关提供有关资料后，可以提出申请，颠倒前款第（三）项和第（四）项的适用次序。

第二十二条 按照本条例第二十一条第一款第（三）项规定估定完税价格，应当扣除的项目是指：

（一）同等级或者同种类货物在中华人民共和国境内第一级销售环节销售时通常的利润和一般费用以及通常支付的佣金；

（二）进口货物运抵境内输入地点起卸后的运输及其相关费用、保险费；

（三）进口关税及国内税收。

第二十三条 以租赁方式进口的货物，以海关审查确定的该货物的租金作为完税价格。

纳税义务人要求一次性缴纳税款的，纳税义务人可以选择按照本条例第二十一条的规定估定完税价格，或者按照海关审查确定的租金总额作为完税价格。

第二十四条 运往境外加工的货物，出境时已向海关报明并在海关规定的期限内复运进境的，应当以境外加工费和料件费以及复运进境的运输及其相关费用和保险费审查确定完税价格。

第二十五条 运往境外修理的机械器具、运输工具或者其他货物，出境时已向海关报明并在海关规定的期限内复运进境的，应当以境外修理费和料件费审查确定完税价格。

第二十六条 出口货物的完税价格由海关以该货物的成交价格以及该货物运至中华人民共和国境内输出地点装载前的运输及其相关费用、保险费为基础审查确定。

出口货物的成交价格，是指该货物出口时卖方为出口该货物应当向买方直接收取和间接收取的价款总额。

出口关税不计入完税价格。

第二十七条 出口货物的成交价格不能确定的，海关经了解有关情况，并与纳税义务人进行价格磋商后，依次以下列价格估定该货物的完税价格：

（一）与该货物同时或者大约同时向同一国家或者地区出口的相同货物的成交价格。

（二）与该货物同时或者大约同时向同一国家或者地区出口的类似货物的成交价格。

（三）按照下列各项总和计算的价格：境内生产相同或者类似货物的料件成本、加工费用，通常的利润和一般费用，境内发生的运输及其相关费用、保险费。

（四）以合理方法估定的价格。

第二十八条 按照本条例规定计入或者不计入完税价格的成本、费用、税收，应当以客观、可量化的数据为依据。

第四章　进出口货物关税的征收

第二十九条 进口货物的纳税义务人应当自运输工具申报进境之日起14日内，出口货物的纳税义务人除海关特准的外，应当在货物运抵海关监管区后、装货的 24 小时以前，向货物的进出境地海关申报。进出口货物转关运输的，按照海关总署的规定执行。

进口货物到达前，纳税义务人经海关核准可以先行申报。具体办法由海关总署另行规定。

第三十条 纳税义务人应当依法如实向海关申报，并按照海关的规定提供有关确定完税价格、进行商品归类、确定原产地以及采取反倾销、反补贴或者保障措施等所需的资料；必要时，海关可以要求纳税义务人补充申报。

第三十一条 纳税义务人应当按照《税则》规定的目录条文和归类总规则、类注、章注、子目注释以及其他归类注释，对其申报的进出口货物进行商品归类，并归入相应的税则号列；海关应当依法审核确定该货物的商品归类。

第三十二条 海关可以要求纳税义务人提供确定商品归类所需的有关资料；必要时，海关可以组织化验、检验，并将海关认定的化验、检验结果作为商品归类的依据。

第三十三条 海关为审查申报价格的真实性和准确性，可以查阅、复制与进出口货物有关的合同、发票、账册、结付汇凭证、单据、业务函电、录音录像制品和其他反映买卖双方关系及交易活动的资料。

海关对纳税义务人申报的价格有怀疑并且所涉关税数额较大的，经直属海关关长或者其授权的隶属海关关长批准，凭海关总署统一格式的协助查询账户通知书及有关工作人员的工作证件，可以查询纳税义务人在银行或者其他金融机构开立的单位账户的资金往来情况，并向银行业监督管理机构通报有关情况。

第三十四条 海关对纳税义务人申报的价格有怀疑的，应当将怀疑的理由书面告知纳税义务人，要求其在规定的期限内书面作出说明、提供有关资料。

纳税义务人在规定的期限内未作说明、未提供有关资料的，或者海关仍有理由怀疑申报价格的真实性和准确性的，海关可以不接受纳税义务人申报的价格，并按照本条例第三章的规定估定完税价格。

第三十五条 海关审查确定进出口货物的完税价格后，纳税义务人可以以书面形式要求海关就如何确定其进出口货物的完税价格作出书面说明，海关应当向纳税义务人作出书面说明。

第三十六条 进出口货物关税，以从价计征、从量计征或者国家规定的其他方式征收。

从价计征的计算公式为：应纳税额 = 完税价格 × 关税税率

从量计征的计算公式为：应纳税额 = 货物数量 × 单位税额

第三十七条 纳税义务人应当自海关填发税款缴款书之日起 15 日内向指定银行缴纳税款。纳税义务人未按期缴纳税款的，从滞纳税款之日起，按日加收滞纳税款万分之五的滞纳金。

海关可以对纳税义务人欠缴税款的情况予以公告。

海关征收关税、滞纳金等，应当制发缴款凭证，缴款凭证格式由海关总署规定。

第三十八条 海关征收关税、滞纳金等，应当按人民币计征。

进出口货物的成交价格以及有关费用以外币计价的，以中国人民银行公布的基准汇率折合为人民币计算完税价格；以基准汇率币种以外的外币计价的，按照国家有关规定套算为人民币计算完税价格。适用汇率的日期由海关总署规定。

第三十九条 纳税义务人因不可抗力或者在国家税收政策调整的情形下，不能按期缴纳税款的，经依法提供税款担保后，可以延期缴纳税款，但是最长不得超过 6 个月。

第四十条　进出口货物的纳税义务人在规定的纳税期限内有明显的转移、藏匿其应税货物以及其他财产迹象的，海关可以责令纳税义务人提供担保；纳税义务人不能提供担保的，海关可以按照《海关法》第六十一条的规定采取税收保全措施。

纳税义务人、担保人自缴纳税款期限届满之日起超过3个月仍未缴纳税款的，海关可以按照《海关法》第六十条的规定采取强制措施。

第四十一条　加工贸易的进口料件按照国家规定保税进口的，其制成品或者进口料件未在规定的期限内出口的，海关按照规定征收进口关税。

加工贸易的进口料件进境时按照国家规定征收进口关税的，其制成品或者进口料件在规定的期限内出口的，海关按照有关规定退还进境时已征收的关税税款。

第四十二条　暂时进境或者暂时出境的下列货物，在进境或者出境时纳税义务人向海关缴纳相当于应纳税款的保证金或者提供其他担保的，可以暂不缴纳关税，并应当自进境或者出境之日起6个月内复运出境或者复运进境；需要延长复运出境或者复运进境期限的，纳税义务人应当根据海关总署的规定向海关办理延期手续：

（一）在展览会、交易会、会议及类似活动中展示或者使用的货物；

（二）文化、体育交流活动中使用的表演、比赛用品；

（三）进行新闻报道或者摄制电影、电视节目使用的仪器、设备及用品；

（四）开展科研、教学、医疗活动使用的仪器、设备及用品；

（五）在本款第（一）项至第（四）项所列活动中使用的交通工具及特种车辆；

（六）货样；

（七）供安装、调试、检测设备时使用的仪器、工具；

（八）盛装货物的容器；

（九）其他用于非商业目的的货物。

第一款所列暂时进境货物在规定的期限内未复运出境的，或者暂时出境货物在规定的期限内未复运进境的，海关应当依法征收关税。

第一款所列可以暂时免征关税范围以外的其他暂时进境货物，应当按照该货物的完税价格和其在境内滞留时间与折旧时间的比例计算征收进口关税。具体办法由海关总署规定。

第四十三条　因品质或者规格原因，出口货物自出口之日起1年内原状复运进境的，不征收进口关税。

因品质或者规格原因，进口货物自进口之日起1年内原状复运出境的，不征收出口关税。

第四十四条　因残损、短少、品质不良或者规格不符原因，由进出口货物的发货人、承运人或者保险公司免费补偿或者更换的相同货物，进出口时不征收关税。被免费更换的原进口货物不退运出境或者原出口货物不退运进境的，海关应当对原进出口货物重新按照规定征收关税。

第四十五条　下列进出口货物，免征关税：

（一）关税税额在人民币50元以下的一票货物；

（二）无商业价值的广告品和货样；

（三）外国政府、国际组织无偿赠送的物资；

（四）在海关放行前损失的货物；

（五）进出境运输工具装载的途中必需的燃料、物料和饮食用品。

在海关放行前遭受损坏的货物，可以根据海关认定的受损程度减征关税。

法律规定的其他免征或者减征关税的货物，海关根据规定予以免征或者减征。

第四十六条　特定地区、特定企业或者有特定用途的进出口货物减征或者免征关税，以及临时减征或者免征关税，按照国务院的有关规定执行。

第四十七条　进口货物减征或者免征进口环节海关代征税，按照有关法律、行政法规的规定执行。

第四十八条　纳税义务人进出口减免税货物的，除另有规定外，应当在进出口该货物之前，按照规定持有关文件向海关办理减免税审批手续。经海关审查符合规定的，予以减征或者免征关税。

第四十九条　需由海关监管使用的减免税进口货物，在监管年限内转让或者移作他用需要补税的，海关应当根据该货物进口时间折旧估价，补征进口关税。

特定减免税进口货物的监管年限由海关总署规定。

第五十条　有下列情形之一的，纳税义务人自缴纳税款之日起 1 年内，可以申请退还关税，并应当以书面形式向海关说明理由，提供原缴款凭证及相关资料：

（一）已征进口关税的货物，因品质或者规格原因，原状退货复运出境的；

（二）已征出口关税的货物，因品质或者规格原因，原状退货复运进境，并已重新缴纳因出口而退还的国内环节有关税收的；

（三）已征出口关税的货物，因故未装运出口，申报退关的。

海关应当自受理退税申请之日起 30 日内查实并通知纳税义务人办理退还手续。纳税义务人应当自收到通知之日起 3 个月内办理有关退税手续。

按照其他有关法律、行政法规规定应当退还关税的，海关应当按照有关法律、行政法规的规定退税。

第五十一条　进出口货物放行后，海关发现少征或者漏征税款的，应当自缴纳税款或者货物放行之日起 1 年内，向纳税义务人补征税款。但因纳税义务人违反规定造成少征或者漏征税款的，海关可以自缴纳税款或者货物放行之日起 3 年内追征税款，并从缴纳税款或者货物放行之日起按日加收少征或者漏征税款万分之五的滞纳金。

海关发现海关监管货物因纳税义务人违反规定造成少征或者漏征税款的，应当自纳税义务人应缴纳税款之日起 3 年内追征税款，并从应缴纳税款之日起按日加收少征或者漏征税款万分之五的滞纳金。

第五十二条　海关发现多征税款的，应当立即通知纳税义务人办理退还手续。

纳税义务人发现多缴税款的，自缴纳税款之日起 1 年内，可以以书面形式要求海关退还多缴的税款并加算银行同期活期存款利息；海关应当自受理退税申请之日起 30 日内查实并通知纳税义务人办理退还手续。

纳税义务人应当自收到通知之日起 3 个月内办理有关退税手续。

第五十三条　按照本条例第五十条、第五十二条的规定退还税款、利息涉及从国库中退库的，按照法律、行政法规有关国库管理的规定执行。

第五十四条　报关企业接受纳税义务人的委托，以纳税义务人的名义办理报关纳税手续，因报关企业违反规定而造成海关少征、漏征税款的，报关企业对少征或者漏征的税款、滞纳金与纳税义务人承担纳税的连带责任。

报关企业接受纳税义务人的委托，以报关企业的名义办理报关纳税手续的，报关企业与纳税义务人承担纳税的连带责任。

除不可抗力外，在保管海关监管货物期间，海关监管货物损毁或者灭失的，对海关监管货物负有保管义务的人应当承担相应的纳税责任。

第五十五条 欠税的纳税义务人，有合并、分立情形的，在合并、分立前，应当向海关报告，依法缴清税款。纳税义务人合并时未缴清税款的，由合并后的法人或者其他组织继续履行未履行的纳税义务；纳税义务人分立时未缴清税款的，分立后的法人或者其他组织对未履行的纳税义务承担连带责任。

纳税义务人在减免税货物、保税货物监管期间，有合并、分立或者其他资产重组情形的，应当向海关报告。按照规定需要缴税的，应当依法缴清税款；按照规定可以继续享受减免税、保税待遇的，应当到海关办理变更纳税义务人的手续。

纳税义务人欠税或者在减免税货物、保税货物监管期间，有撤销、解散、破产或者其他依法终止经营情形的，应当在清算前向海关报告。海关应当依法对纳税义务人的应缴税款予以清缴。

第五章 进境物品进口税的征收

第五十六条 进境物品的关税以及进口环节海关代征税合并为进口税，由海关依法征收。

第五十七条 海关总署规定数额以内的个人自用进境物品，免征进口税。

超过海关总署规定数额但仍在合理数量以内的个人自用进境物品，由进境物品的纳税义务人在进境物品放行前按照规定缴纳进口税。

超过合理、自用数量的进境物品应当按照进口货物依法办理相关手续。

国务院关税税则委员会规定按货物征税的进境物品，按照本条例第二章至第四章的规定征收关税。

第五十八条 进境物品的纳税义务人是指，携带物品进境的入境人员、进境邮递物品的收件人以及以其他方式进口物品的收件人。

第五十九条 进境物品的纳税义务人可以自行办理纳税手续，也可以委托他人办理纳税手续。接受委托的人应当遵守本章对纳税义务人的各项规定。

第六十条 进口税从价计征。

进口税的计算公式为：进口税税额 = 完税价格 × 进口税税率

第六十一条 海关应当按照《进境物品进口税税率表》及海关总署制定的《中华人民共和国进境物品归类表》《中华人民共和国进境物品完税价格表》对进境物品进行归类、确定完税价格和确定适用税率。

第六十二条 进境物品，适用海关填发税款缴款书之日实施的税率和完税价格。

第六十三条 进口税的减征、免征、补征、追征、退还以及对暂准进境物品征收进口税参照本条例对货物征收进口关税的有关规定执行。

第六章 附 则

第六十四条 纳税义务人、担保人对海关确定纳税义务人、确定完税价格、商品归类、确定原产地、适用税率或者汇率、减征或者免征税款、补税、退税、征收滞纳金、确定计征方式以及确定纳税地点有异议的，应当缴纳税款，并可以依法向上一级海关申请复议。对复议决定不服的，可以依法向人民法院提起诉讼。

第六十五条 进口环节海关代征税的征收管理，适用关税征收管理的规定。

第六十六条 有违反本条例规定行为的，按照《海关法》《中华人民共和国海关行政处罚实施条例》和其他有关法律、行政法规的规定处罚。

第六十七条 本条例自 2004 年 1 月 1 日起施行。1992 年 3 月 18 日国务院修订发布的《中华人民共和国进出口关税条例》同时废止。

中华人民共和国海关税收保全和强制措施暂行办法

（2009 年 8 月 19 日海关总署令第 184 号公布 自 2009 年 9 月 1 日起施行）

第一条 为了规范海关实施税收保全和强制措施，保障国家税收，维护纳税义务人的合法权益，根据《中华人民共和国海关法》、《中华人民共和国进出口关税条例》，制定本办法。

第二条 海关实施税收保全和强制措施，适用本办法。

第三条 进出口货物的纳税义务人在规定的纳税期限内有明显的转移、藏匿其应税货物以及其他财产迹象的，海关应当制发《中华人民共和国海关责令提供担保通知书》，要求纳税义务人在海关规定的期限内提供海关认可的担保。

纳税义务人不能在海关规定的期限内按照海关要求提供担保的，经直属海关关长或者其授权的隶属海关关长批准，海关应当采取税收保全措施。

第四条 依照本办法第三条规定采取税收保全措施的，海关应当书面通知纳税义务人开户银行或者其他金融机构（以下统称金融机构）暂停支付纳税义务人相当于应纳税款的存款。

因无法查明纳税义务人账户、存款数额等情形不能实施暂停支付措施的，应当扣留纳税义务人价值相当于应纳税款的货物或者其他财产。

纳税义务人的货物或者其他财产本身不可分割，又没有其他财产可以扣留的，被扣留货物或者其他财产的价值可以高于应纳税款。

第五条 海关通知金融机构暂停支付纳税义务人存款的，应当向金融机构制发《中华人民共和国海关暂停支付通知书》，列明暂停支付的款项和期限。

海关确认金融机构已暂停支付相应款项的，应当向纳税义务人制发《中华人民共和国海关暂停支付告知书》。

第六条 纳税义务人在规定的纳税期限内缴纳税款的，海关应当向金融机构制发《中华人民共和国海关暂停支付解除通知书》，解除对纳税义务人相应存款实施的暂停支付措施。

本条第一款规定情形下，海关还应当向纳税义务人制发《中华人民共和国海关暂停支付解除告知书》。

第七条 纳税义务人自海关填发税款缴款书之日起 15 内未缴纳税款的，经直属海关关长或者其授权的隶属海关关长批准，海关应当向金融机构制发《中华人民共和国海关扣缴税款通知书》，通知其从暂停支付的款项中扣缴相应税款。

海关确认金融机构已扣缴税款的，应当向纳税义务人制发《中华人民共和国海关扣缴税款告知书》。

第八条 海关根据本办法第四条规定扣留纳税义务人价值相当于应纳税款的货物或

者其他财产的,应当向纳税义务人制发《中华人民共和国海关扣留通知书》,并随附扣留清单。

扣留清单应当列明被扣留货物或者其他财产的品名、规格、数量、重量等,品名、规格、数量、重量等当场无法确定的,应当尽可能完整地描述其外在特征。扣留清单应当由纳税义务人或者其代理人、保管人确认,并签字或者盖章。

第九条 纳税义务人自海关填发税款缴款书之日起15日内缴纳税款的,海关应当解除扣留措施,并向纳税义务人制发《中华人民共和国海关解除扣留通知书》,随附发还清单,将有关货物、财产发还纳税义务人。

发还清单应当由纳税义务人或者其代理人确认,并签字或者盖章。

第十条 纳税义务人自海关填发税款缴款书之日起15内未缴纳税款的,海关应当向纳税义务人制发《中华人民共和国海关抵缴税款通知书》,依法变卖被扣留的货物或者其他财产,并以变卖所得抵缴税款。

本条第一款规定情形下,变卖所得不足以抵缴税款的,海关应当继续采取强制措施抵缴税款的差额部分;变卖所得抵缴税款及扣除相关费用后仍有余款的,应当发还纳税义务人。

第十一条 进出口货物的纳税义务人、担保人自规定的纳税期限届满之日起超过3个月未缴纳税款的,经直属海关关长或者其授权的隶属海关关长批准,海关可以依次采取下列强制措施:

(一)书面通知金融机构从其存款中扣缴税款;
(二)将应税货物依法变卖,以变卖所得抵缴税款;
(三)扣留并依法变卖其价值相当于应纳税款的货物或者其他财产,以变卖所得抵缴税款。

第十二条 有本办法第十一条规定情形,海关通知金融机构扣缴税款的,应当向金融机构制发《中华人民共和国海关扣缴税款通知书》,通知其从纳税义务人、担保人的存款中扣缴相应税款。

金融机构扣缴税款的,海关应当向纳税义务人、担保人制发《中华人民共和国海关扣缴税款告知书》。

第十三条 有本办法第十一条规定情形的,滞纳金按照自规定的纳税期限届满之日起至扣缴税款之日计征,并同时扣缴。

第十四条 有本办法第十一条规定情形,海关决定以应税货物、被扣留的价值相当于应纳税款的货物或者其他财产变卖并抵缴税款的,应当向纳税义务人、担保人制发《中华人民共和国海关抵缴税款告知书》。

本条第一款规定情形下,变卖所得不足以抵缴税款的,海关应当继续采取强制措施抵缴税款的差额部分;变卖所得抵缴税款及扣除相关费用后仍有余款的,应当发还纳税义务人、担保人。

第十五条 依照本办法第八条、第十四条扣留货物或者其他财产的,海关应当妥善保管被扣留的货物或者其他财产,不得擅自使用或者损毁。

第十六条 无法采取税收保全措施、强制措施,或者依照本办法规定采取税收保全措施、强制措施仍无法足额征收税款的,海关应当依法向人民法院申请强制执行,并按照法院要求提交相关材料。

第十七条 依照本办法第八条、第十四条扣留货物或者其他财产的,实施扣留的海关工作人员不得少于2人，并且应当出示执法证件。

第十八条 纳税义务人、担保人对海关采取税收保全措施、强制措施不服的，可以依法申请行政复议或者提起行政诉讼。

第十九条 纳税义务人在规定的纳税期限内已缴纳税款，海关未解除税收保全措施，或者采取税收保全措施、强制措施不当，致使纳税义务人、担保人的合法权益受到损失的，海关应当承担赔偿责任。

第二十条 送达本办法所列法律文书，应当由纳税义务人或者其代理人、担保人、保管人等签字或者盖章；纳税义务人或者其代理人、担保人、保管人等拒绝签字、盖章的，海关工作人员应当在有关法律文书上注明，并且由见证人签字或者盖章。

第二十一条 海关工作人员未依法采取税收保全措施、强制措施，损害国家利益或者纳税义务人、担保人合法权益，造成严重后果的，依法给予处分。构成犯罪的，依法追究刑事责任。

第二十二条 纳税义务人、担保人抗拒、阻碍海关依法采取税收保全措施、强制措施的，移交地方公安机关依法处理。构成犯罪的，依法追究刑事责任。

第二十三条 本办法所列法律文书由海关总署另行制定并公布。

第二十四条 本办法由海关总署负责解释。

第二十五条 本办法自2009年9月1日起施行。

工业和信息化部等部门关于印发《重大技术装备进口税收政策管理办法实施细则》的通知

（工信部联财〔2020〕118号）

各省、自治区、直辖市及计划单列市、新疆生产建设兵团工业和信息化主管部门、财政厅（局）、海关总署广东分署、各直属海关，国家税务总局各省、自治区、直辖市、计划单列市税务局，财政部各地监管局，国家税务总局驻各地特派员办事处：

为支持我国重大技术装备制造业发展，按照《财政部 工业和信息化部 海关总署 税务总局 能源局关于印发〈重大技术装备进口税收政策管理办法〉的通知》（财关税〔2020〕2号）有关要求，工业和信息化部、财政部、海关总署、税务总局、能源局制定了《重大技术装备进口税收政策管理办法实施细则》，现予印发，自2020年8月1日起实施。

《关于调整重大技术装备进口税收政策受理程序等事项的通知》（工信厅联财〔2016〕40号）同时废止。

工业和信息化部　财政部
海关总署　税务总局　能源局
2020年7月24日

重大技术装备进口税收政策管理办法实施细则

第一章 总 则

第一条 为落实重大技术装备进口税收政策,根据《财政部 工业和信息化部 海关总署 税务总局 能源局关于印发〈重大技术装备进口税收政策管理办法〉的通知》(财关税〔2020〕2号)制定本细则。

第二条 工业和信息化部会同财政部、海关总署、税务总局、能源局制定和修改本细则,省级工业和信息化主管部门(含计划单列市,下同)会同同级财政厅(局)、各直属海关、省级税务机关按照本细则做好相关工作。

第三条 申请享受重大技术装备进口税收政策的企业一般应为生产国家支持发展的重大技术装备或产品的企业,承诺具备较强的设计研发和生产制造能力以及专业比较齐全的技术人员队伍,并应当同时满足以下条件:

(一)独立法人资格;

(二)不存在违法和严重失信行为;

(三)具有核心技术和知识产权;

(四)申请享受政策的重大技术装备和产品应符合《国家支持发展的重大技术装备和产品目录》有关要求。

申请享受重大技术装备进口税收政策的核电项目业主应为核电领域承担重大技术装备依托项目的业主。

第二章 免税资格申请程序

第四条 新申请享受政策的企业和核电项目业主免税资格的认定工作每年组织1次。

第五条 新申请享受政策的企业和核电项目业主,应按照下年1月1日执行有效的重大技术装备进口税收政策有关目录,于当年8月1日至8月31日提交《享受重大技术装备进口税收政策申请报告》(见附件1)。其中,地方企业通过企业所在地省级工业和信息化主管部门向工业和信息化部报送申请报告;中央企业集团下属企业、核电项目业主通过中央企业集团向工业和信息化部报送申请报告。

第六条 省级工业和信息化主管部门、中央企业集团收到申请报告后,应对照附件1有关要求,审核申请报告是否规范、完整,材料是否有效。其中,省级工业和信息化主管部门应会同企业所在地直属海关、省级财政厅(局)、省级税务机关对申请报告进行审核。申请报告不符合规定的,省级工业和信息化主管部门、中央企业集团应当一次性告知企业和核电项目业主需要补正的材料,企业和核电项目业主应在5个工作日内提交补正材料。企业和核电项目业主未按照规定报送申请报告或补正材料的,省级工业和信息化主管部门和中央企业集团不予受理。

第七条 省级工业和信息化主管部门、中央企业集团应于每年9月30日前,将审核后的申请报告报送工业和信息化部。

第八条 工业和信息化部收到申请报告后,应会同财政部、海关总署、税务总局、能源局组织相关行业专家,对照本细则第三条的规定,通过书面审核和答辩等形式,对企业和核电项目业主的免税资格进行认定,形成专家评审意见。

第九条 工业和信息化部会同财政部、海关总署、税务总局、能源局根据专家评审意见,共同研究确定下年度新享受政策的企业和核电项目业主名单及其享受政策时间、免税资格复核时间,由工业和信息化部于每年 11 月 30 日前函告海关总署,抄送税务总局、能源局、省级工业和信息化主管部门、中央企业集团。名单中的企业和核电项目业主自下年度 1 月 1 日起享受政策。

第十条 省级工业和信息化主管部门、中央企业集团应将新享受政策的企业和核电项目业主名单等信息分别告知相关企业和核电项目业主。

第十一条 特殊情况下,新享受政策的企业和核电项目业主名单未能在下年度 1 月 1 日前印发,新申请享受政策的企业和核电项目业主可凭工业和信息化部开具的《申请享受重大技术装备进口税收政策受理通知书》(见附件 2),向主管海关申请办理有关零部件及原材料凭税款担保先予放行手续。

第三章 免税资格复核程序

第十二条 对已享受政策的企业和核电项目业主的免税资格每三年集中进行一次复核。

第十三条 企业和核电项目业主应按照下年 1 月 1 日执行有效的重大技术装备进口税收政策有关目录,于其免税资格复核当年的 8 月 1 日至 8 月 31 日提交《享受重大技术装备进口税收政策复核报告》(见附件 3)。其中,地方企业通过企业所在地省级工业和信息化主管部门向工业和信息化部报送复核报告;中央企业集团下属企业、核电项目业主通过中央企业集团向工业和信息化部报送复核报告。

第十四条 省级工业和信息化主管部门、中央企业集团收到复核报告后,应对照附件 3 有关要求,审核复核报告是否规范、完整,材料是否有效。其中,省级工业和信息化主管部门应会同企业所在地直属海关、省级财政厅(局)、省级税务机关对复核报告进行审核。复核报告不符合规定的,省级工业和信息化主管部门、中央企业集团应当一次性告知企业和核电项目业主需要补正的材料,企业和核电项目业主应在 5 个工作日内提交补正材料。企业和核电项目业主未按照规定提交复核报告或补正材料的,视同放弃免税资格,自下年度 1 月 1 日起停止享受政策。

第十五条 省级工业和信息化主管部门、中央企业集团应于当年 9 月 30 日前,将审核后的复核报告报送工业和信息化部。

第十六条 工业和信息化部收到复核报告后,应会同财政部、海关总署、税务总局、能源局组织相关行业专家,对照本细则第三条的规定,通过书面评审和答辩等形式,对已享受政策的企业和核电项目业主的免税资格进行复核,形成专家评审意见。

第十七条 工业和信息化部会同财政部、海关总署、税务总局、能源局根据专家评审意见,共同研究确定继续享受政策的企业和核电项目业主名单及其继续享受政策时间、下一次免税资格复核时间,以及停止享受政策的企业和核电项目业主名单,由工业和信息化部于当年 11 月 30 日前函告海关总署,并抄送税务总局、能源局、省级工业和信息化主管部门、中央企业集团。继续享受政策名单中的企业和核电项目业主自下年度 1 月 1 日起享受政策。

第十八条 省级工业和信息化主管部门、中央企业集团应将继续享受政策、停止享受政策的企业和核电项目业主名单等信息分别告知相关企业和核电项目业主。

第十九条 已享受政策企业和核电项目业主于每年3月1日前将《享受重大技术装备进口税收政策年度执行情况表》（见附件4）报送省级工业和信息化主管部门或中央企业集团。省级工业和信息化主管部门或中央企业集团汇总后，于每年3月31日前报送工业和信息化部。

第二十条 已享受政策的企业和核电项目业主发生名称、公司类型、经营范围等信息变更，应在完成变更登记之日起一个月内，将有关变更情况说明通过省级工业和信息化部门或中央企业集团报送工业和信息化部。工业和信息化部应会同财政部、海关总署、税务总局、能源局确定变更后的企业和核电项目业主是否继续享受政策；不符合条件的，自变更登记之日起不再享受政策。工业和信息化部将确认结果（对停止享受政策的，应注明停止享受政策时间）函告海关总署，并抄送税务总局。

第四章 目录制修订事项

第二十一条 《国家支持发展的重大技术装备和产品目录》《重大技术装备和产品进口关键零部件、原材料商品目录》和《进口不予免税的重大技术装备和产品目录》应适时调整。调整内容包括：增加或删除国家支持发展的重大技术装备和产品，增加或删除重大技术装备和产品进口关键零部件、原材料，增加或调整进口不予免税的重大技术装备和产品，调整国家支持发展的重大技术装备和产品的技术规格、销售业绩、执行年限等，调整重大技术装备和产品进口关键零部件、原材料的单机用量、执行年限等。

第二十二条 《国家支持发展的重大技术装备和产品目录》增加及保留的重大技术装备和产品，应符合产业发展方向和目录规定的领域。《重大技术装备和产品进口关键零部件、原材料商品目录》增加及保留的关键零部件、原材料，应为生产国家支持发展的重大技术装备和产品而确有必要进口的关键零部件、原材料。《进口不予免税的重大技术装备和产品目录》增加的重大技术装备和产品，应为国内已能生产的重大技术装备和产品。

第二十三条 企业和核电项目业主如对相关目录提出修订建议，可向省级工业和信息化主管部门、有关行业协会或中央企业集团报送《重大技术装备进口税收政策有关目录修订建议报告》（见附件5）。

第二十四条 省级工业和信息化主管部门、有关行业协会、中央企业集团应对企业和核电项目业主提交的目录修订建议进行筛选和汇总，于当年3月31日前将目录修订建议汇总表和修订建议报告报送工业和信息化部。

第二十五条 财政部、海关总署、税务总局、能源局可按职责分工对目录提出修订建议，于当年3月31日前将修订建议函告工业和信息化部。

第二十六条 工业和信息化部会同财政部、海关总署、税务总局、能源局组织相关行业专家，开展目录修订评审，由工业和信息化部网上公示后（公示时间一般不少于10个工作日），按程序发布新修订的目录。

第五章 其他事项

第二十七条 2020年已享受政策的企业和核电项目业主（不含2020年新享受政策企业和核电项目业主）应于2020年8月31日前按规定提交免税资格复核报告。以后的免税资格复核工作每3年开展1次，即2022年对2020年至2022年享受政策企业和核电项目业主的免税资格进行复核，2025年对2023年至2025年享受政策企业和核电项目业主的免税资格进行复核,以此类推。

第二十八条 工业和信息化部会同有关部门适时对企业和核电项目业主执行政策情况进行监督检查和评估。享受政策的企业和核电项目业主如违反规定,将免税进口的零部件、原材料擅自转让、移作他用或者进行其他处置,被依法追究刑事责任的,从违法行为发现之日起停止享受政策。

第二十九条 享受政策的企业和核电项目业主如存在被列入失信联合惩戒名单等失信情况,由工业和信息化部会同相关部门研究企业是否能继续享受免税政策。不能继续享受免税政策的,由工业和信息化部将企业名单及停止享受政策时间等信息函告海关总署,并抄送税务总局、能源局、省级工业和信息化主管部门、中央企业集团。

第三十条 对于企业和核电项目业主存在以虚报情况获得免税资格的,取消免税资格并按有关法律法规和规定处理。

第三十一条 省级工业和信息化主管部门、中央企业集团应做好政策解读和业务辅导;对于政策实施过程中存在的问题,可及时向工业和信息化部、海关总署等相关部门反映。

第三十二条 本细则由工业和信息化部会同财政部、海关总署、税务总局、能源局负责解释。

第三十三条 本细则自2020年8月1日起实施。

附件:1.享受重大技术装备进口税收政策申请报告(略)
2.申请享受重大技术装备进口税收政策受理通知书(略)
3.享受重大技术装备进口税收政策复核报告(略)
4.享受重大技术装备进口税收政策年度执行情况表(略)
5.重大技术装备进口税收政策有关目录修订建议报告(略)

财政部 海关总署 税务总局关于支持集成电路产业和软件产业发展进口税收政策的通知

(财关税〔2021〕4号)

各省、自治区、直辖市、计划单列市财政厅(局),新疆生产建设兵团财政局,海关总署广东分署、各直属海关,国家税务总局各省、自治区、直辖市、计划单列市税务局,财政部各地监管局,国家税务总局驻各地特派员办事处:

为贯彻落实《国务院关于印发新时期促进集成电路产业和软件产业高质量发展若干政策的通知》(国发〔2020〕8号),经国务院同意,现将有关进口税收政策通知如下:

一、对下列情形,免征进口关税:

(一)集成电路线宽小于65纳米(含,下同)的逻辑电路、存储器生产企业,以及线宽小于0.25微米的特色工艺(即模拟、数模混合、高压、射频、功率、光电集成、图像传感、微机电系统、绝缘体上硅工艺)集成电路生产企业,进口国内不能生产或性能不能满足需求的自用生产性(含研发用,下同)原材料、消耗品、净化室专用建筑材料、配套系统和集成电路生产设备(包括进口设备和国产设备)零配件。

（二）集成电路线宽小于0.5微米的化合物集成电路生产企业和先进封装测试企业，进口国内不能生产或性能不能满足需求的自用生产性原材料、消耗品。

（三）集成电路产业的关键原材料、零配件（即靶材、光刻胶、掩模版、封装载板、抛光垫、抛光液、8英寸及以上硅单晶、8英寸及以上硅片）生产企业，进口国内不能生产或性能不能满足需求的自用生产性原材料、消耗品。

（四）集成电路用光刻胶、掩模版、8英寸及以上硅片生产企业，进口国内不能生产或性能不能满足需求的净化室专用建筑材料、配套系统和生产设备（包括进口设备和国产设备）零配件。

（五）国家鼓励的重点集成电路设计企业和软件企业，以及符合本条第（一）、（二）项的企业（集成电路生产企业和先进封装测试企业）进口自用设备，及按照合同随设备进口的技术（含软件）及配套件、备件，但《国内投资项目不予免税的进口商品目录》《外商投资项目不予免税的进口商品目录》和《进口不予免税的重大技术装备和产品目录》所列商品除外。上述进口商品不占用投资总额，相关项目不需出具项目确认书。

二、根据国内产业发展、技术进步等情况，财政部、海关总署、税务总局将会同国家发展改革委、工业和信息化部对本通知第一条中的特色工艺类型和关键原材料、零配件类型适时调整。

三、承建集成电路重大项目的企业自2020年7月27日至2030年12月31日期间进口新设备，除《国内投资项目不予免税的进口商品目录》《外商投资项目不予免税的进口商品目录》和《进口不予免税的重大技术装备和产品目录》所列商品外，对未缴纳的税款提供海关认可的税款担保，准予在首台设备进口之后的6年（连续72个月）期限内分期缴纳进口环节增值税，6年内每年（连续12个月）依次缴纳进口环节增值税总额的0%、20%、20%、20%、20%、20%，自首台设备进口之日起已经缴纳的税款不予退还。在分期纳税期间，海关对准予分期缴纳的税款不予征收滞纳金。

四、支持集成电路产业和软件产业发展进口税收政策管理办法由财政部、海关总署、税务总局会同国家发展改革委、工业和信息化部另行制定印发。

五、本通知自2020年7月27日至2030年12月31日实施。自2020年7月27日，至第一批免税进口企业清单印发之日后30日内，已征的应免关税税款准予退还。

六、自2021年4月1日起，《财政部关于部分集成电路生产企业进口自用生产性原材料消耗品税收政策的通知》（财税〔2002〕136号）、《财政部关于部分集成电路生产企业进口净化室专用建筑材料等物资税收政策问题的通知》（财税〔2002〕152号）、《财政部　海关总署　国家税务总局信息产业部关于线宽小于0.8微米（含）集成电路企业进口自用生产性原材料消耗品享受税收优惠政策的通知》（财关税〔2004〕45号）、《财政部　发展改革委　工业和信息化部　海关总署　国家税务总局关于调整集成电路生产企业进口自用生产性原材料消耗品免税商品清单的通知》（财关税〔2015〕46号）废止。

自2020年7月27日至2021年3月31日，既可享受本条上述4个文件相关政策又可享受本通知第一条第（一）、（二）项相关政策的免税进口企业，对同一张报关单，自主选择适用本条上述4个文件相关政策或本通知第一条第（一）、（二）项相关政策，不得累计享受税收优惠。

财政部　海关总署　税务总局
2021年3月16日

国家税务总局关于优化整合出口退税信息系统 更好服务纳税人有关事项的公告

(国家税务总局公告2021年第15号)

为贯彻党中央、国务院决策部署,持续深化"放管服"改革、优化营商环境,积极落实中办、国办印发的《关于进一步深化税收征管改革的意见》,更好服务市场主体,按照在党史学习教育中开展好"我为群众办实事"实践活动的要求,税务总局将金税三期工程系统和出口退税管理系统进行了整合,在金税三期工程系统中开发了出口退税管理模块。本次系统整合工作,坚持为民便民,以优化执法服务、办好惠民实事为导向,大幅简并优化了出口退(免)税申报、报送资料、办税程序、证明开具和分类管理等措施,增加了便捷服务功能。现将有关事项公告如下:

一、取消部分出口退(免)税申报事项

(一)纳税人因申报出口退(免)税的出口报关单、代理出口货物证明、委托出口货物证明、增值税进货凭证没有电子信息或凭证内容与电子信息不符,无法在规定期限内申报出口退(免)税或者开具《代理出口货物证明》的,取消出口退(免)税凭证无相关电子信息申报,停止报送《出口退(免)税凭证无相关电子信息申报表》。待收齐退(免)税凭证及相关电子信息后,即可申报办理退(免)税。

(二)纳税人因未收齐出口退(免)税相关单证,无法在规定期限内申报出口退(免)税或者开具《代理出口货物证明》的,取消出口退(免)税延期申报,停止报送《出口退(免)税延期申报申请表》及相关举证资料。待收齐退(免)税凭证及相关电子信息后,即可申报办理退(免)税。

二、简化出口退(免)税报送资料

(一)纳税人办理出口退(免)税备案时,停止报送《对外贸易经营者备案登记表》《中华人民共和国外商投资企业批准证书》《中华人民共和国海关报关单位注册登记证书》。

(二)纳税人办理出口退(免)税备案变更时,在《出口退(免)税备案表》中仅需填报变更的内容。该备案表由《国家税务总局关于出口退(免)税申报有关问题的公告》(2018年第16号)发布。

(三)生产企业办理增值税免抵退税申报时,报送简并优化后的《免抵退税申报汇总表》(附件1)和《生产企业出口货物劳务免抵退税申报明细表》(附件2),停止报送《免抵退税申报汇总表附表》《免抵退税申报资料情况表》《生产企业出口货物扣除国内免税原材料申请表》;办理消费税退税申报时,报送简并优化后的《生产企业出口非自产货物消费税退税申报表》(附件3)。

(四)生产企业办理年度进料加工业务核销时,报送简并优化后的《生产企业进料加工业务免抵退税核销表》(附件4)。企业获取的主管税务机关反馈数据与实际业务不一致的,报送简并优化后的《已核销手册(账册)海关数据调整表》(附件5)。主管税务机关确认核销后,生产企业应根据《生产企业进料加工业务免抵退税核销表》确认的应调整不得免征和抵扣税额在首次纳税申报时申报调整。

（五）外贸企业以及横琴、平潭（以下简称区内）购买企业办理出口退（免）税申报时，报送简并优化后的《外贸企业出口退税进货明细申报表》（附件6）和《外贸企业出口退税出口明细申报表》（附件7），停止报送《外贸企业出口退税汇总申报表》《区内企业退税进货明细申报表》《区内企业退税入区货物明细申报表》《区内企业退税汇总申报表》。

（六）纳税人办理已使用过且未计算抵扣进项税额设备的出口退（免）税申报时，报送简并优化后的《出口已使用过的设备退税申报表》（附件8），停止报送《出口已使用过的设备折旧情况确认表》。

（七）纳税人办理购买水电气、采购国产设备退税时，报送简并优化后的《购进自用货物退税申报表》（附件9），停止报送《购进水电气退税申报表》。

（八）纳税人办理跨境应税行为免抵退税申报时，报送简并优化后的《免抵退税申报汇总表》，停止报送《免抵退税申报汇总表附表》。其中，办理国际运输（港澳台运输）免抵退税申报时，报送简并优化后的《国际运输（港澳台运输）免抵退税申报明细表》（附件10）；办理其他跨境应税行为免抵退税申报时，报送简并优化后的《跨境应税行为免抵退税申报明细表》（附件11）和《跨境应税行为收讫营业款明细清单》（附件12）。

（九）纳税人办理航天运输服务或在轨交付空间飞行器及相关货物免退税申报时，报送简并优化后的《航天发射业务免退税申报明细表》（附件13）；办理其他跨境应税行为免退税申报时，报送简并优化后的《跨境应税行为免退税申报明细表》（附件14），停止报送《外贸企业外购应税服务出口明细申报表》《外贸企业出口退税进货明细申报表》《外贸企业出口退税汇总申报表》。

三、优化出口退（免）税办税程序

（一）纳税人办理出口退（免）税申报时，根据现行规定应在申报表中填写业务类型的，按照优化后的《业务类型代码表》（附件15）填写。

（二）纳税人发现已申报、但尚未经主管税务机关核准的出口退（免）税申报数据有误的，应报送《企业撤回退（免）税申报申请表》（附件16），主管税务机关未发现存在不予退税情形的，即可撤回该批次（所属期）申报数据。

纳税人自愿放弃已申报、但尚未经主管税务机关核准的出口退（免）税的，应报送《企业撤回退（免）税申报申请表》，主管税务机关未发现存在不予退税情形或者因涉嫌骗取出口退税被税务机关稽查部门立案查处未结案的，即可撤回该笔申报数据。已撤回申报数据涉及的相关单证，不得重新用于办理出口退（免）税申报。

（三）国家计划内出口的免税卷烟，因指定口岸海关职能变化不办理报关出口业务，而由其下属海关办理卷烟报关出口业务的，自海关职能变化之日起，下属海关视为指定口岸海关。从上述下属海关出口的免税卷烟，可按规定办理免税核销手续。

已实施通关一体化的地区，自本地区通关一体化实施之日起，从任意海关报关出口的免税卷烟，均可按规定办理免税核销手续。

四、简化出口退（免）税证明开具

（一）纳税人申请开具《代理出口货物证明》时，报送简并优化后的《代理出口货物证明申请表》（附件17），停止报送纸质的《委托出口货物证明》。

（二）纳税人发生退运或者需要修改、撤销出口货物报关单时，报送简并优化后的《出口货物已补税/未退税证明》（附件18），停止报送《退运已补税（未退税）证明申请表》。主管税务机关按照下列规定在《出口货物已补税/未退税证明》上填写核实结果并反馈纳税人。

1. 出口货物未申报出口退（免）税的，核实结果填写"未退税"。

2. 已申报但尚未办理退（免）税的出口货物，适用免抵退税方式的，待纳税人撤销免抵退税申报后，或者向纳税人出具《税务事项通知书》，要求其在本月或次月申报免抵退税时以负数冲减原申报数据后，核实结果分别填写"未退税""已补税"；适用免退税方式的，待纳税人撤销出口退（免）税申报后，核实结果填写"未退税"。

3. 已办理退（免）税的出口货物，适用免抵退税方式的，待向纳税人出具《税务事项通知书》，要求其在本月或次月申报免抵退税时以负数冲减原申报数据后，核实结果填写"已补税"；适用免退税方式的，待纳税人补缴已退税款后，核实结果填写"已补税"。

纳税人委托出口货物发生退运或者需要修改、撤销出口货物报关单时，应由委托方向主管税务机关申请开具《出口货物已补税/未退税证明》转交受托方，受托方凭该证明向主管税务机关申请开具《出口货物已补税/未退税证明》。

纳税人未按规定负数冲减原免抵退税申报数据的，在冲减数据前不得再次申报退（免）税。

（三）纳税人需要作废出口退（免）税相关证明的，应向主管税务机关提出申请，并交回原出具的纸质证明。

五、完善出口退（免）税分类管理

（一）将《出口退（免）税企业分类管理办法》（国家税务总局公告2016年第46号发布，2018年第31号修改）第六条中"评定时纳税信用级别为C级，或尚未评价纳税信用级别"调整为"评定时纳税信用级别为C级、M级或尚未评价纳税信用级别"。

（二）年度评定结果于评定完成后的次月1日起生效，动态调整和复评于评定完成后的次日起生效。新的管理类别生效前，已申报的出口退（免）税，仍按原类别办理。

（三）《出口退（免）税企业分类管理办法》中的"外贸综合服务业务"，应符合《国家税务总局关于调整完善外贸综合服务企业办理出口货物退（免）税有关事项的公告》（2017年第35号）中关于代办退税业务的规定。

六、增加出口退（免）税便捷服务

（一）为便于纳税人申报办理出口退（免）税事项，本次系统整合提供了电子税务局、标准版国际贸易"单一窗口"、出口退税离线申报工具三种免费申报渠道，供纳税人选用。

（二）为便于纳税人办理下列出口退（免）税事项，上述三种免费申报渠道中增加了便捷服务功能，纳税人可通过上述申报渠道，提出相关申请。

1. 出口退（免）税备案撤回；
2. 已办结退税的出口货物免退税申报，发现申报数据有误而作申报调整；
3. 将申请出口退税的增值税专用发票、海关进口增值税专用缴款书用途改为申报抵扣；
4. 出口退（免）税相关证明作废；
5. 进料加工计划分配率调整。

七、本公告未明确的其他出口退（免）税事项，按照现行出口退（免）税相关规定执行。

八、施行时间

本公告自发布之日起施行；其中，江苏省、广西壮族自治区、海南省、四川省、贵州省、云南省、西藏自治区自本地区金税三期工程系统出口退税管理模块上线之日起施行。《废止的文件条款目录》（附件19）中列明的条款相应停止施行。

特此公告。

附件：1. 免抵退税申报汇总表（略）
2. 生产企业出口货物劳务免抵退税申报明细表（略）
3. 生产企业出口非自产货物消费税退税申报表（略）
4. 生产企业进料加工业务免抵退税核销表（略）
5. 已核销手册（账册）海关数据调整表（略）
6. 外贸企业出口退税进货明细申报表（略）
7. 外贸企业出口退税出口明细申报表（略）
8. 出口已使用过的设备退税申报表（略）
9. 购进自用货物退税申报表（略）
10. 国际运输（港澳台运输）免抵退税申报明细表（略）
11. 跨境应税行为免抵退税申报明细表（略）
12. 跨境应税行为收讫营业款明细清单（略）
13. 航天发射业务免退税申报明细表（略）
14. 跨境应税行为免退税申报明细表（略）
15. 业务类型代码表（略）
16. 企业撤回退（免）税申报申请表（略）
17. 代理出口货物证明申请表（略）
18. 出口货物已补税未退税证明（略）
19. 废止的文件条款目录（略）

国家税务总局
2021年6月3日

科技部 财政部 海关总署 税务总局关于印发《科研院所等科研机构免税进口科学研究、科技开发和教学用品管理细则》的通知

（国科发政〔2021〕270号）

有关中央和国家机关部委、人民团体，有关单位，各省、自治区、直辖市、计划单列市科技厅、财政厅（局），新疆生产建设兵团科技局、财政局，海关总署广东分署、各直属海关，国家税务总局各省、自治区、直辖市、计划单列市税务局，财政部各地监管局，国家税务总局驻各地特派员办事处：

根据《财政部 海关总署 税务总局关于"十四五"期间支持科技创新进口税收政策的通知》（财关税〔2021〕23号）、《财政部 中央宣传部 国家发展改革委、教育部、科技部、工业和信息化部、民政部、商务部、文化和旅游部、海关总署、税务总局关于"十四五"期间支持科技创新进口税收政策管理办法的通知》（财关税〔2021〕24号）规定，为落实科研院所等科研机构免税进口科学研究、科技开发和教学用品政策，科技部、财政部、海关总署、税务总局研究制定了《科研院所等科研机构免税进口科学研究、科技

开发和教学用品管理细则》。现印发你们，请遵照执行。

科技部　财政部　海关总署　税务总局
2021年9月30日

科研院所等科研机构免税进口科学研究、科技开发和教学用品管理细则

第一章　总　则

第一条　根据《财政部　海关总署　税务总局关于"十四五"期间支持科技创新进口税收政策的通知》（财关税〔2021〕23号）、《财政部　中央宣传部　国家发展改革委　教育部　科技部　工业和信息化部　民政部　商务部　文化和旅游部　海关总署　税务总局关于"十四五"期间支持科技创新进口税收政策管理办法的通知》（财关税〔2021〕24号）要求，为加强和规范对科研院所、国家实验室、国家重点实验室、企业国家重点实验室、国家技术创新中心、国家临床医学研究中心、国家工程技术研究中心、转制为企业或进入企业的主要从事科学研究和技术开发工作的机构、科技类民办非企业单位性质社会研发机构、事业单位性质社会研发机构（以下统称"科研院所等科研机构"）免税进口科学研究、科技开发和教学用品的管理，特制定本细则。

第二章　科研院所

第二条　中央级科研院所是指由中央和国家机关各部委、人民团体、有关单位举办，由中央机构编制部门批复设立，主要从事基础前沿研究、公益性研究、应用技术研发的事业单位。

第三条　符合条件的科研院所应向举办部门（单位）提出免税资格申请，提交中央机构编制部门批复文件、事业单位法人证书以及本院所职责、机构、编制文件、章程等材料。科研院所举办部门（单位）初步审核后，以部门（单位）发函将审核后的名单及上述申报材料提交科技部进行核定。科技部根据相关文件要求核定符合免税资格的科研院所及其所属具有独立法人资格的图书馆、研究生院（以下称"科研院所"）名单，将符合条件的科研院所名单注明批次函告海关总署，并抄送财政部、税务总局。

第四条　符合免税资格条件的名单内科研院所可持事业单位法人证书，按规定向主管海关申请办理进口科学研究、科技开发和教学用品的减免税手续。

第五条　省级（包括省、自治区、直辖市、计划单列市、新疆生产建设兵团，下同）科技主管部门会同省级财政、税务、机构编制部门和科研院所所在地直属海关参照本细则明确享受政策的条件，核定从事科学研究工作的省级、地市级科研院所及其所属具有独立法人资格的图书馆、研究生院名单。核定结果由省级科技主管部门函告上述科研院所所在地直属海关，注明批次，并抄送省级财政、税务部门。

第三章　科研基地

第六条　科技部核定国家实验室、国家重点实验室、企业国家重点实验室、国家技术

创新中心、国家临床医学研究中心、国家工程技术研究中心（以下称"科研基地"）名单，将核定后的名单函告海关总署，注明批次、单位名称（依托单位名称）等，并抄送财政部和税务总局。

第七条 经核定符合免税资格的科研基地可凭本单位（非独立法人机构凭其依托单位）事业单位法人证书等证明材料、依托单位承担减免税货物管理承诺书和其他有关材料，按规定向主管海关申请办理进口科学研究、科技开发和教学用品的减免税手续。

第四章 转制科研院所

第八条 转制为企业和进入企业的主要从事科学研究和技术开发工作的机构指根据《国务院办公厅转发科技部等部门关于深化科研机构管理体制改革实施意见的通知》（国办发〔2000〕38号），国务院部门（单位）所属科研机构已转制为企业或进入企业的主要从事科学研究和技术开发工作的机构（以下称"中央级转制院所"），以及各省、自治区、直辖市、计划单列市所属已转制为企业或进入企业的主要从事科学研究和技术开发工作的机构（以下称"地方转制院所"）。

第九条 科技部核定中央级转制院所名单，函告海关总署，注明批次等，并抄送财政部、税务总局。省级科技主管部门会同省级财政、税务部门和机构所在地直属海关核定地方转制院所名单，核定结果由省级科技主管部门函告机构所在地直属海关，注明批次等，抄送省级财政、税务部门，并报送科技部。

第十条 经核定的转制院所可持企业法人登记证书和其他有关材料，按海关规定办理免税手续；符合免税资格进入企业的转制院所持所属企业法人登记证书、所属企业承担减免税货物管理承诺书和其他有关材料，按规定向主管海关申请办理进口科学研究、科技开发和教学用品的减免税手续。

第五章 社会研发机构

第十一条 科技部会同民政部审核中央和国家机关各部委、人民团体、有关单位作为业务主管单位的科技类民办非企业单位性质社会研发机构（或新型研发机构，下同）名单。符合条件的科技类民办非企业单位性质社会研发机构（以下简称"民办非企业单位社会研发机构"）应向业务主管单位提出免税资格申请，提交民办非企业单位（法人）登记证书、上一年度工作报告等材料。业务主管单位初步审核后，将审核后的名单及上述申报材料提交科技部核定。科技部会同民政部核定名单后，由科技部将名单函告海关总署，注明批次等，并抄送民政部、财政部、税务总局。

第十二条 省级科技主管部门会同省级民政、财政、税务部门和社会研发机构所在地直属海关核定其他符合条件的民办非企业单位社会研发机构名单，核定结果由省级科技主管部门函告社会研发机构所在地直属海关，注明批次等，并抄送省级民政、财政、税务部门；会同省级财政、税务部门和社会研发机构所在地直属海关核定事业单位性质的社会研发机构名单，核定结果由省级科技主管部门函告社会研发机构所在地直属海关，注明批次等，并抄送省级财政、税务部门。

第十三条 经核定的社会研发机构可凭事业单位法人证书或民办非企业单位登记证书，以及其他有关材料，按规定向主管海关办理进口科学研究、科技开发和教学用品的减免税手续。

第六章 科研机构变更

第十四条 科研院所等科研机构发生分立、合并、撤销、更名、业务范围变更等情形的，科技部、省级科技主管部门按照本细则规定的程序重新审核相关单位免税资格。

经审核符合免税资格的机构，自变更登记之日起，继续享受支持科技创新进口税收政策。经审核不符合免税资格的机构，自变更登记之日起停止享受支持科技创新进口税收政策。

重新审核后，科技部将审核结果函告海关总署并抄送财政部、税务总局，省级科技主管部门将审核结果函告科研机构所在地直属海关并抄送所在省级财政、税务部门。对停止享受支持科技创新进口税收政策的机构，在函中注明停止享受政策日期。在停止享受政策之日（含）后，有关机构向海关申报进口科学研究、科技开发和教学用品且已享受支持科技创新进口税收政策的，应补缴税款。

第十五条 省级科技主管部门会同相关部门核定的省级、地市级科研院所、已转制为企业或进入企业的主要从事科学研究和技术开发工作的机构、科技类民办非企业单位性质的社会研发机构、事业单位性质的社会研发机构名单，应在函告相关海关之日起20个工作日内报送科技部。上述进口单位发生名称变更等情形的，省级科技主管部门应于函告相关海关之日起20个工作日内报送科技部。

第十六条 本细则印发后，科技部开展适用"十四五"支持科技创新进口税收政策的第一批中央级科研院所、科研基地、转制科研院所、科技类民办非企业单位性质的社会研发机构名单核定工作，将核定后的第一批名单函告海关总署，抄送财政部、税务总局。

自2022年开始，科技部于每年3月底、9月底前，分两批审核上述科研机构名称、科研领域变更以及新设、合并、分立等情况，将核定后的名单注明批次函告海关总署，抄送财政部、税务总局；并于每年3月底开展上一年度税收政策执行情况评估工作。

对于不具有独立法人资格的科研机构，一并将其依托单位函告海关。上述科研机构适用支持科技创新进口税收政策具有有效期限的，在核定名单中注明其享受政策的有效期限，一并函告海关。

第七章 附 则

第十七条 经核定符合免税资格的上述机构免税进口商品范围，按照支持科技创新进口税收政策项下免税进口商品清单执行。

第十八条 上述机构在免税资格核定过程中有弄虚作假行为的，科技部、省级科技主管部门查实其不宜适用进口免税政策后，分别将有关情况函告海关总署、财政部、税务总局、所在地直属海关及所在省级财政、税务部门，自函告之日起停止享受支持科技创新进口税收政策。在停止享受政策之日（含）以后，有关机构向海关申报进口科学研究、科技开发和教学用品且已享受支持科技创新进口税收政策的，应补缴税款。

第十九条 对于按照本细则核定的第一批名单中的科研院所等科研机构，2021年1月1日前成立的，自2021年1月1日起享受支持科技创新进口税收政策。2021年1月1日之后成立的，科研院所自其事业单位法人证书有效期起始之日起享受政策；科研基地自批准成立之日起享受政策，具体由科技部在第一批名单中注明享受政策起始日期；转制科研院所自取得企业法人登记证书之日或批准进入企业之日起享受支持科技创新进口税收政策，具体由科技部或省级科技主管部门在名单中注明享受政策起始日期；社会研发机构自事业单位法人证书或民办非企业单位登记证书有效期起始之日起享受政策。

第二十条 本细则有效期为 2021 年 1 月 1 日至 2025 年 12 月 31 日。

国务院关税税则委员会关于发布《中华人民共和国进出口税则（2022）》的公告

（税委会公告〔2021〕10 号）

根据《中华人民共和国进出口关税条例》及相关规定，现公布《中华人民共和国进出口税则（2022）》，自 2022 年 1 月 1 日起实施。法律、行政法规等对进出口关税税目、税率调整另有规定的，从其规定。

附件：中华人民共和国进出口税则（2022）（略）

国务院关税税则委员会
2021 年 12 月 30 日

财政部 海关总署 税务总局关于调整海南自由贸易港自用生产设备"零关税"政策的通知

（财关税〔2022〕4 号）

海南省财政厅，海口海关，国家税务总局海南省税务局：

为进一步释放政策效应，支持海南自由贸易港建设，现就海南自由贸易港自用生产设备"零关税"政策调整事项通知如下：

一、对《财政部 海关总署 税务总局关于海南自由贸易港自用生产设备"零关税"政策的通知》（财关税〔2021〕7 号）第二条所指生产设备，增列旋转木马、秋千及其他游乐场娱乐设备等文体旅游业所需的生产设备，按照《中华人民共和国进出口税则（2022）》商品分类，包括：旋转木马、秋千和旋转平台，过山车，水上乘骑游乐设施，水上乐园娱乐设备等 8 项商品。具体范围见附件。

二、全岛封关运作前，对海南自由贸易港注册登记并具有独立法人资格的事业单位进口财关税〔2021〕7 号文件和上述第一条规定范围内的自用生产设备，按照财关税〔2021〕7 号文件规定免征关税、进口环节增值税和消费税。

三、本通知自公布之日起实施。

附件：增列自用生产设备清单（略）

财政部 海关总署 税务总局
2022 年 2 月 11 日

国务院关税税则委员会关于调整煤炭进口关税的公告

(税委会公告〔2022〕6号)

为加强能源供应保障,推进高质量发展,国务院关税税则委员会按程序决定,自2022年5月1日至2023年3月31日,对煤炭实施税率为零的进口暂定税率。

附件:煤炭进口关税调整表(略)

国务院关税税则委员会

2022年4月26日

第六编
税收程序法律制度

第一部分　税收征收管理制度

中华人民共和国税收征收管理法

（1992年9月4日第七届全国人民代表大会常务委员会第二十七次会议通过　根据1995年2月28日第八届全国人民代表大会常务委员会第十二次会议《全国人民代表大会常务委员会关于修改〈中华人民共和国税收征收管理法〉的决定》第一次修正　根据2001年4月28日第九届全国人民代表大会常务委员会第二十一次会议修订　根据2013年6月29日第十二届全国人民代表大会常务委员会第三次会议《全国人民代表大会常务委员会关于修改〈中华人民共和国文物保护法〉等十二部法律的决定》第二次修正　根据2015年4月24日第十二届全国人民代表大会常务委员会第十四次会议《全国人民代表大会常务委员会关于修改〈中华人民共和国港口法〉等七部法律的决定》第三次修正）

目　录

第一章　总　则
第二章　税务管理
　第一节　税务登记
　第二节　账簿、凭证管理
　第三节　纳税申报
第三章　税款征收
第四章　税务检查
第五章　法律责任
第六章　附　则

第一章　总　则

第一条　为了加强税收征收管理，规范税收征收和缴纳行为，保障国家税收收入，保护纳税人的合法权益，促进经济和社会发展，制定本法。

第二条　凡依法由税务机关征收的各种税收的征收管理，均适用本法。

第三条　税收的开征、停征以及减税、免税、退税、补税，依照法律的规定执行；法律授权国务院规定的，依照国务院制定的行政法规的规定执行。

任何机关、单位和个人不得违反法律、行政法规的规定，擅自作出税收开征、停征以及减税、免税、退税、补税和其他同税收法律、行政法规相抵触的决定。

第四条　法律、行政法规规定负有纳税义务的单位和个人为纳税人。

法律、行政法规规定负有代扣代缴、代收代缴税款义务的单位和个人为扣缴义务人。

纳税人、扣缴义务人必须依照法律、行政法规的规定缴纳税款、代扣代缴、代收代缴税款。

第五条 国务院税务主管部门主管全国税收征收管理工作。各地国家税务局和地方税务局应当按照国务院规定的税收征收管理范围分别进行征收管理。

地方各级人民政府应当依法加强对本行政区域内税收征收管理工作的领导或者协调，支持税务机关依法执行职务，依照法定税率计算税额，依法征收税款。

各有关部门和单位应当支持、协助税务机关依法执行职务。

税务机关依法执行职务，任何单位和个人不得阻挠。

第六条 国家有计划地用现代信息技术装备各级税务机关，加强税收征收管理信息系统的现代化建设，建立、健全税务机关与政府其他管理机关的信息共享制度。

纳税人、扣缴义务人和其他有关单位应当按照国家有关规定如实向税务机关提供与纳税和代扣代缴、代收代缴税款有关的信息。

第七条 税务机关应当广泛宣传税收法律、行政法规，普及纳税知识，无偿地为纳税人提供纳税咨询服务。

第八条 纳税人、扣缴义务人有权向税务机关了解国家税收法律、行政法规的规定以及与纳税程序有关的情况。

纳税人、扣缴义务人有权要求税务机关为纳税人、扣缴义务人的情况保密。税务机关应当依法为纳税人、扣缴义务人的情况保密。

纳税人依法享有申请减税、免税、退税的权利。

纳税人、扣缴义务人对税务机关所作出的决定，享有陈述权、申辩权；依法享有申请行政复议、提起行政诉讼、请求国家赔偿等权利。

纳税人、扣缴义务人有权控告和检举税务机关、税务人员的违法违纪行为。

第九条 税务机关应当加强队伍建设，提高税务人员的政治业务素质。

税务机关、税务人员必须秉公执法，忠于职守，清正廉洁，礼貌待人，文明服务，尊重和保护纳税人、扣缴义务人的权利，依法接受监督。

税务人员不得索贿受贿、徇私舞弊、玩忽职守、不征或者少征应征税款；不得滥用职权多征税款或者故意刁难纳税人和扣缴义务人。

第十条 各级税务机关应当建立、健全内部制约和监督管理制度。

上级税务机关应当对下级税务机关的执法活动依法进行监督。

各级税务机关应当对其工作人员执行法律、行政法规和廉洁自律准则的情况进行监督检查。

第十一条 税务机关负责征收、管理、稽查、行政复议的人员的职责应当明确，并相互分离、相互制约。

第十二条 税务人员征收税款和查处税收违法案件，与纳税人、扣缴义务人或者税收违法案件有利害关系的，应当回避。

第十三条 任何单位和个人都有权检举违反税收法律、行政法规的行为。收到检举的机关和负责查处的机关应当为检举人保密。税务机关应当按照规定对检举人给予奖励。

第十四条 本法所称税务机关是指各级税务局、税务分局、税务所和按照国务院规定设立的并向社会公告的税务机构。

第二章 税务管理

第一节 税务登记

第十五条 企业,企业在外地设立的分支机构和从事生产、经营的场所,个体工商户和从事生产、经营的事业单位(以下统称从事生产、经营的纳税人)自领取营业执照之日起三十日内,持有关证件,向税务机关申报办理税务登记。税务机关应当于收到申报的当日办理登记并发给税务登记证件。

工商行政管理机关应当将办理登记注册、核发营业执照的情况,定期向税务机关通报。

本条第一款规定以外的纳税人办理税务登记和扣缴义务人办理扣缴税款登记的范围和办法,由国务院规定。

第十六条 从事生产、经营的纳税人,税务登记内容发生变化的,自工商行政管理机关办理变更登记之日起三十日内或者在向工商行政管理机关申请办理注销登记之前,持有关证件向税务机关申报办理变更或者注销税务登记。

第十七条 从事生产、经营的纳税人应当按照国家有关规定,持税务登记证件,在银行或者其他金融机构开立基本存款账户和其他存款账户,并将其全部账号向税务机关报告。

银行和其他金融机构应当在从事生产、经营的纳税人的账户中登录税务登记证件号码,并在税务登记证件中登录从事生产、经营的纳税人的账户账号。

税务机关依法查询从事生产、经营的纳税人开立账户的情况时,有关银行和其他金融机构应当予以协助。

第十八条 纳税人按照国务院税务主管部门的规定使用税务登记证件。税务登记证件不得转借、涂改、损毁、买卖或者伪造。

第二节 账簿、凭证管理

第十九条 纳税人、扣缴义务人按照有关法律、行政法规和国务院财政、税务主管部门的规定设置账簿,根据合法、有效凭证记账,进行核算。

第二十条 从事生产、经营的纳税人的财务、会计制度或者财务、会计处理办法和会计核算软件,应当报送税务机关备案。

纳税人、扣缴义务人的财务、会计制度或者财务、会计处理办法与国务院或者国务院财政、税务主管部门有关税收的规定抵触的,依照国务院或者国务院财政、税务主管部门有关税收的规定计算应纳税款、代扣代缴和代收代缴税款。

第二十一条 税务机关是发票的主管机关,负责发票印制、领购、开具、取得、保管、缴销的管理和监督。

单位、个人在购销商品、提供或者接受经营服务以及从事其他经营活动中,应当按照规定开具、使用、取得发票。

发票的管理办法由国务院规定。

第二十二条 增值税专用发票由国务院税务主管部门指定的企业印制;其他发票,按照国务院税务主管部门的规定,分别由省、自治区、直辖市国家税务局、地方税务局指定企业印制。

未经前款规定的税务机关指定,不得印制发票。

第二十三条 国家根据税收征收管理的需要,积极推广使用税控装置。纳税人应当按照规定安装、使用税控装置,不得损毁或者擅自改动税控装置。

第二十四条 从事生产、经营的纳税人、扣缴义务人必须按照国务院财政、税务主管部门规定的保管期限保管账簿、记账凭证、完税凭证及其他有关资料。

账簿、记账凭证、完税凭证及其他有关资料不得伪造、变造或者擅自损毁。

第三节 纳税申报

第二十五条 纳税人必须依照法律、行政法规规定或者税务机关依照法律、行政法规的规定确定的申报期限、申报内容如实办理纳税申报,报送纳税申报表、财务会计报表以及税务机关根据实际需要要求纳税人报送的其他纳税资料。

扣缴义务人必须依照法律、行政法规规定或者税务机关依照法律、行政法规的规定确定的申报期限、申报内容如实报送代扣代缴、代收代缴税款报告表以及税务机关根据实际需要要求扣缴义务人报送的其他有关资料。

第二十六条 纳税人、扣缴义务人可以直接到税务机关办理纳税申报或者报送代扣代缴、代收代缴税款报告表,也可以按照规定采取邮寄、数据电文或者其他方式办理上述申报、报送事项。

第二十七条 纳税人、扣缴义务人不能按期办理纳税申报或者报送代扣代缴、代收代缴税款报告表的,经税务机关核准,可以延期申报。

经核准延期办理前款规定的申报、报送事项的,应当在纳税期内按照上期实际缴纳的税额或者税务机关核定的税额预缴税款,并在核准的延期内办理税款结算。

第三章 税款征收

第二十八条 税务机关依照法律、行政法规的规定征收税款,不得违反法律、行政法规的规定开征、停征、多征、少征、提前征收、延缓征收或者摊派税款。

农业税应纳税额按照法律、行政法规的规定核定。

第二十九条 除税务机关、税务人员以及经税务机关依照法律、行政法规委托的单位和人员外,任何单位和个人不得进行税款征收活动。

第三十条 扣缴义务人依照法律、行政法规的规定履行代扣、代收税款的义务。对法律、行政法规没有规定负有代扣、代收税款义务的单位和个人,税务机关不得要求其履行代扣、代收税款义务。

扣缴义务人依法履行代扣、代收税款义务时,纳税人不得拒绝。纳税人拒绝的,扣缴义务人应当及时报告税务机关处理。

税务机关按照规定付给扣缴义务人代扣、代收手续费。

第三十一条 纳税人、扣缴义务人按照法律、行政法规规定或者税务机关依照法律、行政法规的规定确定的期限,缴纳或者解缴税款。

纳税人因有特殊困难,不能按期缴纳税款的,经省、自治区、直辖市国家税务局、地方税务局批准,可以延期缴纳税款,但是最长不得超过三个月。

第三十二条 纳税人未按照规定期限缴纳税款的,扣缴义务人未按照规定期限解缴税款的,税务机关除责令限期缴纳外,从滞纳税款之日起,按日加收滞纳税款万分之五的滞纳金。

第三十三条 纳税人依照法律、行政法规的规定办理减税、免税。

地方各级人民政府、各级人民政府主管部门、单位和个人违反法律、行政法规规定,擅自作出的减税、免税决定无效,税务机关不得执行,并向上级税务机关报告。

第三十四条 税务机关征收税款时,必须给纳税人开具完税凭证。扣缴义务人代扣、代收税款时,纳税人要求扣缴义务人开具代扣、代收税款凭证的,扣缴义务人应当开具。

第三十五条 纳税人有下列情形之一的,税务机关有权核定其应纳税额:

(一)依照法律、行政法规的规定可以不设置账簿的;

(二)依照法律、行政法规的规定应当设置账簿但未设置的;

(三)擅自销毁账簿或者拒不提供纳税资料的;

(四)虽设置账簿,但账目混乱或者成本资料、收入凭证、费用凭证残缺不全,难以查账的;

(五)发生纳税义务,未按照规定的期限办理纳税申报,经税务机关责令限期申报,逾期仍不申报的;

(六)纳税人申报的计税依据明显偏低,又无正当理由的。

税务机关核定应纳税额的具体程序和方法由国务院税务主管部门规定。

第三十六条 企业或者外国企业在中国境内设立的从事生产、经营的机构、场所与其关联企业之间的业务往来,应当按照独立企业之间的业务往来收取或者支付价款、费用;不按照独立企业之间的业务往来收取或者支付价款、费用,而减少其应纳税的收入或者所得额的,税务机关有权进行合理调整。

第三十七条 对未按照规定办理税务登记的从事生产、经营的纳税人以及临时从事经营的纳税人,由税务机关核定其应纳税额,责令缴纳;不缴纳的,税务机关可以扣押其价值相当于应纳税款的商品、货物。扣押后缴纳应纳税款的,税务机关必须立即解除扣押,并归还所扣押的商品、货物;扣押后仍不缴纳应纳税款的,经县以上税务局(分局)局长批准,依法拍卖或者变卖所扣押的商品、货物,以拍卖或者变卖所得抵缴税款。

第三十八条 税务机关有根据认为从事生产、经营的纳税人有逃避纳税义务行为的,可以在规定的纳税期之前,责令限期缴纳应纳税款;在限期内发现纳税人有明显的转移、隐匿其应纳税的商品、货物以及其他财产或者应纳税的收入的迹象的,税务机关可以责成纳税人提供纳税担保。如果纳税人不能提供纳税担保,经县以上税务局(分局)局长批准,税务机关可以采取下列税收保全措施:

(一)书面通知纳税人开户银行或者其他金融机构冻结纳税人的金额相当于应纳税款的存款;

(二)扣押、查封纳税人的价值相当于应纳税款的商品、货物或者其他财产。

纳税人在前款规定的限期内缴纳税款的,税务机关必须立即解除税收保全措施;限期期满仍未缴纳税款的,经县以上税务局(分局)局长批准,税务机关可以书面通知纳税人开户银行或者其他金融机构从其冻结的存款中扣缴税款,或者依法拍卖或者变卖所扣押、查封的商品、货物或者其他财产,以拍卖或者变卖所得抵缴税款。

个人及其所扶养家属维持生活必需的住房和用品,不在税收保全措施的范围之内。

第三十九条 纳税人在限期内已缴纳税款,税务机关未立即解除税收保全措施,使纳税人的合法利益遭受损失的,税务机关应当承担赔偿责任。

第四十条 从事生产、经营的纳税人、扣缴义务人未按照规定的期限缴纳或者解缴税款,纳税担保人未按照规定的期限缴纳所担保的税款,由税务机关责令限期缴纳,逾期仍未缴纳的,经县以上税务局(分局)局长批准,税务机关可以采取下列强制执行措施:

(一)书面通知其开户银行或者其他金融机构从其存款中扣缴税款;

(二)扣押、查封、依法拍卖或者变卖其价值相当于应纳税款的商品、货物或者其他财产,以拍卖或者变卖所得抵缴税款。

税务机关采取强制执行措施时,对前款所列纳税人、扣缴义务人、纳税担保人未缴纳的滞纳金同时强制执行。

个人及其所扶养家属维持生活必需的住房和用品,不在强制执行措施的范围之内。

第四十一条 本法第三十七条、第三十八条、第四十条规定的采取税收保全措施、强制执行措施的权力,不得由法定的税务机关以外的单位和个人行使。

第四十二条 税务机关采取税收保全措施和强制执行措施必须依照法定权限和法定程序,不得查封、扣押纳税人个人及其所扶养家属维持生活必需的住房和用品。

第四十三条 税务机关滥用职权违法采取税收保全措施、强制执行措施,或者采取税收保全措施、强制执行措施不当,使纳税人、扣缴义务人或者纳税担保人的合法权益遭受损失的,应当依法承担赔偿责任。

第四十四条 欠缴税款的纳税人或者他的法定代表人需要出境的,应当在出境前向税务机关结清应纳税款、滞纳金或者提供担保。未结清税款、滞纳金,又不提供担保的,税务机关可以通知出境管理机关阻止其出境。

第四十五条 税务机关征收税款,税收优先于无担保债权,法律另有规定的除外;纳税人欠缴的税款发生在纳税人以其财产设定抵押、质押或者纳税人的财产被留置之前的,税收应当先于抵押权、质权、留置权执行。

纳税人欠缴税款,同时又被行政机关决定处以罚款、没收违法所得的,税收优先于罚款、没收违法所得。

税务机关应当对纳税人欠缴税款的情况定期予以公告。

第四十六条 纳税人有欠税情形而以其财产设定抵押、质押的,应当向抵押权人、质权人说明其欠税情况。抵押权人、质权人可以请求税务机关提供有关的欠税情况。

第四十七条 税务机关扣押商品、货物或者其他财产时,必须开付收据;查封商品、货物或者其他财产时,必须开付清单。

第四十八条 纳税人有合并、分立情形的,应当向税务机关报告,并依法缴清税款。纳税人合并时未缴清税款的,应当由合并后的纳税人继续履行未履行的纳税义务;纳税人分立时未缴清税款的,分立后的纳税人对未履行的纳税义务应当承担连带责任。

第四十九条 欠缴税款数额较大的纳税人在处分其不动产或者大额资产之前,应当向税务机关报告。

第五十条 欠缴税款的纳税人因怠于行使到期债权,或者放弃到期债权,或者无偿转让财产,或者以明显不合理的低价转让财产而受让人知道该情形,对国家税收造成损害的,税务机关可以依照合同法第七十三条、第七十四条的规定行使代位权、撤销权。

税务机关依照前款规定行使代位权、撤销权的,不免除欠缴税款的纳税人尚未履行的纳税义务和应承担的法律责任。

第五十一条 纳税人超过应纳税额缴纳的税款,税务机关发现后应当立即退还;纳税人自结算缴纳税款之日起三年内发现的,可以向税务机关要求退还多缴的税款并加算银行同期存款利息,税务机关及时查实后应当立即退还;涉及从国库中退库的,依照法律、行政法规有关国库管理的规定退还。

第五十二条 因税务机关的责任,致使纳税人、扣缴义务人未缴或者少缴税款的,税务机关在三年内可以要求纳税人、扣缴义务人补缴税款,但是不得加收滞纳金。

因纳税人、扣缴义务人计算错误等失误,未缴或者少缴税款的,税务机关在三年内可以追征税款、滞纳金;有特殊情况的,追征期可以延长到五年。

对偷税、抗税、骗税的,税务机关追征其未缴或者少缴的税款、滞纳金或者所骗取的税款，不受前款规定期限的限制。

第五十三条　国家税务局和地方税务局应当按照国家规定的税收征收管理范围和税款入库预算级次，将征收的税款缴入国库。

对审计机关、财政机关依法查出的税收违法行为，税务机关应当根据有关机关的决定、意见书，依法将应收的税款、滞纳金按照税款入库预算级次缴入国库，并将结果及时回复有关机关。

第四章　税务检查

第五十四条　税务机关有权进行下列税务检查：

（一）检查纳税人的账簿、记账凭证、报表和有关资料，检查扣缴义务人代扣代缴、代收代缴税款账簿、记账凭证和有关资料；

（二）到纳税人的生产、经营场所和货物存放地检查纳税人应纳税的商品、货物或者其他财产，检查扣缴义务人与代扣代缴、代收代缴税款有关的经营情况；

（三）责成纳税人、扣缴义务人提供与纳税或者代扣代缴、代收代缴税款有关的文件、证明材料和有关资料；

（四）询问纳税人、扣缴义务人与纳税或者代扣代缴、代收代缴税款有关的问题和情况；

（五）到车站、码头、机场、邮政企业及其分支机构检查纳税人托运、邮寄应纳税商品、货物或者其他财产的有关单据、凭证和有关资料；

（六）经县以上税务局（分局）局长批准，凭全国统一格式的检查存款账户许可证明，查询从事生产、经营的纳税人、扣缴义务人在银行或者其他金融机构的存款账户。税务机关在调查税收违法案件时，经设区的市、自治州以上税务局（分局）局长批准，可以查询案件涉嫌人员的储蓄存款。税务机关查询所获得的资料，不得用于税收以外的用途。

第五十五条　税务机关对从事生产、经营的纳税人以前纳税期的纳税情况依法进行税务检查时，发现纳税人有逃避纳税义务行为，并有明显的转移、隐匿其应纳税的商品、货物以及其他财产或者应纳税的收入的迹象的，可以按照本法规定的批准权限采取税收保全措施或者强制执行措施。

第五十六条　纳税人、扣缴义务人必须接受税务机关依法进行的税务检查，如实反映情况，提供有关资料，不得拒绝、隐瞒。

第五十七条　税务机关依法进行税务检查时，有权向有关单位和个人调查纳税人、扣缴义务人和其他当事人与纳税或者代扣代缴、代收代缴税款有关的情况，有关单位和个人有义务向税务机关如实提供有关资料及证明材料。

第五十八条　税务机关调查税务违法案件时，对与案件有关的情况和资料，可以记录、录音、录像、照相和复制。

第五十九条　税务机关派出的人员进行税务检查时，应当出示税务检查证和税务检查通知书，并有责任为被检查人保守秘密；未出示税务检查证和税务检查通知书的，被检查人有权拒绝检查。

第六十条　纳税人有下列行为之一的，由税务机关责令限期改正，可以处二千元以下的罚款；情节严重的，处二千元以上一万元以下的罚款：

（一）未按照规定的期限申报办理税务登记、变更或者注销登记的；

（二）未按照规定设置、保管账簿或者保管记账凭证和有关资料的；

（三）未按照规定将财务、会计制度或者财务、会计处理办法和会计核算软件报送税务机关备查的；

（四）未按照规定将其全部银行账号向税务机关报告的；

（五）未按照规定安装、使用税控装置，或者损毁或者擅自改动税控装置的。

纳税人不办理税务登记的，由税务机关责令限期改正；逾期不改正的，经税务机关提请，由工商行政管理机关吊销其营业执照。

纳税人未按照规定使用税务登记证件，或者转借、涂改、损毁、买卖、伪造税务登记证件的，处二千元以上一万元以下的罚款；情节严重的，处一万元以上五万元以下的罚款。

第六十一条 扣缴义务人未按照规定设置、保管代扣代缴、代收代缴税款账簿或者保管代扣代缴、代收代缴税款记账凭证及有关资料的，由税务机关责令限期改正，可以处二千元以下的罚款；情节严重的，处二千元以上五千元以下的罚款。

第六十二条 纳税人未按照规定的期限办理纳税申报和报送纳税资料的，或者扣缴义务人未按照规定的期限向税务机关报送代扣代缴、代收代缴税款报告表和有关资料的，由税务机关责令限期改正，可以处二千元以下的罚款；情节严重的，可以处二千元以上一万元以下的罚款。

第六十三条 纳税人伪造、变造、隐匿、擅自销毁账簿、记账凭证，或者在账簿上多列支出或者不列、少列收入，或者经税务机关通知申报而拒不申报或者进行虚假的纳税申报，不缴或者少缴应纳税款的，是偷税。对纳税人偷税的，由税务机关追缴其不缴或者少缴的税款、滞纳金，并处不缴或者少缴的税款百分之五十以上五倍以下的罚款；构成犯罪的，依法追究刑事责任。

扣缴义务人采取前款所列手段，不缴或者少缴已扣、已收税款，由税务机关追缴其不缴或者少缴的税款、滞纳金，并处不缴或者少缴的税款百分之五十以上五倍以下的罚款；构成犯罪的，依法追究刑事责任。

第六十四条 纳税人、扣缴义务人编造虚假计税依据的，由税务机关责令限期改正，并处五万元以下的罚款。

纳税人不进行纳税申报，不缴或者少缴应纳税款的，由税务机关追缴其不缴或者少缴的税款、滞纳金，并处不缴或者少缴的税款百分之五十以上五倍以下的罚款。

第六十五条 纳税人欠缴应纳税款，采取转移或者隐匿财产的手段，妨碍税务机关追缴欠缴的税款的，由税务机关追缴欠缴的税款、滞纳金，并处欠缴税款百分之五十以上五倍以下的罚款；构成犯罪的，依法追究刑事责任。

第六十六条 以假报出口或者其他欺骗手段，骗取国家出口退税款的，由税务机关追缴其骗取的退税款，并处骗取税款一倍以上五倍以下的罚款；构成犯罪的，依法追究刑事责任。

对骗取国家出口退税款的，税务机关可以在规定期间内停止为其办理出口退税。

第六十七条 以暴力、威胁方法拒不缴纳税款的，是抗税，除由税务机关追缴其拒缴的税款、滞纳金外，依法追究刑事责任。情节轻微，未构成犯罪的，由税务机关追缴其拒缴的税款、滞纳金，并处拒缴税款一倍以上五倍以下的罚款。

第六十八条 纳税人、扣缴义务人在规定期限内不缴或者少缴应纳或者应解缴的税款，经税务机关责令限期缴纳，逾期仍未缴纳的，税务机关除依照本法第四十条的规定采取强制执行措施追缴其不缴或者少缴的税款外，可以处不缴或者少缴的税款百分之五十以上五倍以下的罚款。

第六十九条 扣缴义务人应扣未扣、应收而不收税款的，由税务机关向纳税人追缴税款，对扣缴义务人处应扣未扣、应收未收税款百分之五十以上三倍以下的罚款。

第七十条 纳税人、扣缴义务人逃避、拒绝或者以其他方式阻挠税务机关检查的，由税务机关责令改正，可以处一万元以下的罚款；情节严重的，处一万元以上五万元以下的罚款。

第七十一条 违反本法第二十二条规定，非法印制发票的，由税务机关销毁非法印制的发票，没收违法所得和作案工具，并处一万元以上五万元以下的罚款；构成犯罪的，依法追究刑事责任。

第七十二条 从事生产、经营的纳税人、扣缴义务人有本法规定的税收违法行为，拒不接受税务机关处理的，税务机关可以收缴其发票或者停止向其发售发票。

第七十三条 纳税人、扣缴义务人的开户银行或者其他金融机构拒绝接受税务机关依法检查纳税人、扣缴义务人存款账户，或者拒绝执行税务机关作出的冻结存款或者扣缴税款的决定，或者在接到税务机关的书面通知后帮助纳税人、扣缴义务人转移存款，造成税款流失的，由税务机关处十万元以上五十万元以下的罚款，对直接负责的主管人员和其他直接责任人员处一千元以上一万元以下的罚款。

第七十四条 本法规定的行政处罚，罚款额在二千元以下的，可以由税务所决定。

第七十五条 税务机关和司法机关的涉税罚没收入，应当按照税款入库预算级次上缴国库。

第七十六条 税务机关违反规定擅自改变税收征收管理范围和税款入库预算级次的，责令限期改正，对直接负责的主管人员和其他直接责任人员依法给予降级或者撤职的行政处分。

第七十七条 纳税人、扣缴义务人有本法第六十三条、第六十五条、第六十六条、第六十七条、第七十一条规定的行为涉嫌犯罪的，税务机关应当依法移交司法机关追究刑事责任。

税务人员徇私舞弊，对依法应当移交司法机关追究刑事责任的不移交，情节严重的，依法追究刑事责任。

第七十八条 未经税务机关依法委托征收税款的，责令退还收取的财物，依法给予行政处分或者行政处罚；致使他人合法权益受到损失的，依法承担赔偿责任；构成犯罪的，依法追究刑事责任。

第七十九条 税务机关、税务人员查封、扣押纳税人个人及其所扶养家属维持生活必需的住房和用品的，责令退还，依法给予行政处分；构成犯罪的，依法追究刑事责任。

第八十条 税务人员与纳税人、扣缴义务人勾结，唆使或者协助纳税人、扣缴义务人有本法第六十三条、第六十五条、第六十六条规定的行为，构成犯罪的，依法追究刑事责任；尚不构成犯罪的，依法给予行政处分。

第八十一条 税务人员利用职务上的便利，收受或者索取纳税人、扣缴义务人财物或者谋取其他不正当利益，构成犯罪的，依法追究刑事责任；尚不构成犯罪的，依法给予行政处分。

第八十二条 税务人员徇私舞弊或者玩忽职守，不征或者少征应征税款，致使国家税收遭受重大损失，构成犯罪的，依法追究刑事责任；尚不构成犯罪的，依法给予行政处分。

税务人员滥用职权，故意刁难纳税人、扣缴义务人的，调离税收工作岗位，并依法给予行政处分。

税务人员对控告、检举税收违法违纪行为的纳税人、扣缴义务人以及其他检举人进行打击报复的，依法给予行政处分；构成犯罪的，依法追究刑事责任。

税务人员违反法律、行政法规的规定，故意高估或者低估农业税计税产量，致使多征或者少征税款，侵犯农民合法权益或者损害国家利益，构成犯罪的，依法追究刑事责任；尚不构成犯罪的，依法给予行政处分。

第八十三条　违反法律、行政法规的规定提前征收、延缓征收或者摊派税款的，由其上级机关或者行政监察机关责令改正，对直接负责的主管人员和其他直接责任人员依法给予行政处分。

第八十四条　违反法律、行政法规的规定，擅自作出税收的开征、停征或者减税、免税、退税、补税以及其他同税收法律、行政法规相抵触的决定的，除依照本法规定撤销其擅自作出的决定外，补征应征未征税款，退还不应征收而征收的税款，并由上级机关追究直接负责的主管人员和其他直接责任人员的行政责任；构成犯罪的，依法追究刑事责任。

第八十五条　税务人员在征收税款或者查处税收违法案件时，未按照本法规定进行回避的，对直接负责的主管人员和其他直接责任人员，依法给予行政处分。

第八十六条　违反税收法律、行政法规应当给予行政处罚的行为，在五年内未被发现的，不再给予行政处罚。

第八十七条　未按照本法规定为纳税人、扣缴义务人、检举人保密的，对直接负责的主管人员和其他直接责任人员，由所在单位或者有关单位依法给予行政处分。

第八十八条　纳税人、扣缴义务人、纳税担保人同税务机关在纳税上发生争议时，必须先依照税务机关的纳税决定缴纳或者解缴税款及滞纳金或者提供相应的担保，然后可以依法申请行政复议；对行政复议决定不服的，可以依法向人民法院起诉。

当事人对税务机关的处罚决定、强制执行措施或者税收保全措施不服的，可以依法申请行政复议，也可以依法向人民法院起诉。

当事人对税务机关的处罚决定逾期不申请行政复议也不向人民法院起诉、又不履行的，作出处罚决定的税务机关可以采取本法第四十条规定的强制执行措施，或者申请人民法院强制执行。

第五章　附　　则

第八十九条　纳税人、扣缴义务人可以委托税务代理人代为办理税务事宜。

第九十条　耕地占用税、契税、农业税、牧业税征收管理的具体办法，由国务院另行制定。

关税及海关代征税收的征收管理，依照法律、行政法规的有关规定执行。

第九十一条　中华人民共和国同外国缔结的有关税收的条约、协定同本法有不同规定的，依照条约、协定的规定办理。

第九十二条　本法施行前颁布的税收法律与本法有不同规定的，适用本法规定。

第九十三条　国务院根据本法制定实施细则。

第九十四条　本法自 2001 年 5 月 1 日起施行。

中华人民共和国税收征收管理法实施细则

（2002年9月7日中华人民共和国国务院令第362号公布 根据2012年11月9日《国务院关于修改和废止部分行政法规的决定》第一次修订 根据2013年7月18日《国务院关于废止和修改部分行政法规的决定》第二次修订 根据2016年2月6日《国务院关于修改部分行政法规的决定》第三次修订）

第一章 总 则

第一条 根据《中华人民共和国税收征收管理法》（以下简称税收征管法）的规定，制定本细则。

第二条 凡依法由税务机关征收的各种税收的征收管理，均适用税收征管法及本细则；税收征管法及本细则没有规定的，依照其他有关税收法律、行政法规的规定执行。

第三条 任何部门、单位和个人作出的与税收法律、行政法规相抵触的决定一律无效，税务机关不得执行，并应当向上级税务机关报告。

纳税人应当依照税收法律、行政法规的规定履行纳税义务；其签订的合同、协议等与税收法律、行政法规相抵触的，一律无效。

第四条 国家税务总局负责制定全国税务系统信息化建设的总体规划、技术标准、技术方案与实施办法；各级税务机关应当按照国家税务总局的总体规划、技术标准、技术方案与实施办法，做好本地区税务系统信息化建设的具体工作。

地方各级人民政府应当积极支持税务系统信息化建设，并组织有关部门实现相关信息的共享。

第五条 税收征管法第八条所称为纳税人、扣缴义务人保密的情况，是指纳税人、扣缴义务人的商业秘密及个人隐私。纳税人、扣缴义务人的税收违法行为不属于保密范围。

第六条 国家税务总局应当制定税务人员行为准则和服务规范。

上级税务机关发现下级税务机关的税收违法行为，应当及时予以纠正；下级税务机关应当按照上级税务机关的决定及时改正。

下级税务机关发现上级税务机关的税收违法行为，应当向上级税务机关或者有关部门报告。

第七条 税务机关根据检举人的贡献大小给予相应的奖励，奖励所需资金列入税务部门年度预算，单项核定。奖励资金具体使用办法以及奖励标准，由国家税务总局会同财政部制定。

第八条 税务人员在核定应纳税额、调整税收定额、进行税务检查、实施税务行政处罚、办理税务行政复议时，与纳税人、扣缴义务人或者其法定代表人、直接责任人有下列关系之一的，应当回避：

（一）夫妻关系；

（二）直系血亲关系；

（三）三代以内旁系血亲关系；

（四）近姻亲关系；
（五）可能影响公正执法的其他利害关系。

第九条 税收征管法第十四条所称按照国务院规定设立的并向社会公告的税务机构，是指省以下税务局的稽查局。稽查局专司偷税、逃避追缴欠税、骗税、抗税案件的查处。

国家税务总局应当明确划分税务局和稽查局的职责，避免职责交叉。

第二章 税务登记

第十条 国家税务局、地方税务局对同一纳税人的税务登记应当采用同一代码，信息共享。

税务登记的具体办法由国家税务总局制定。

第十一条 各级工商行政管理机关应当向同级国家税务局和地方税务局定期通报办理开业、变更、注销登记以及吊销营业执照的情况。

通报的具体办法由国家税务总局和国家工商行政管理总局联合制定。

第十二条 从事生产、经营的纳税人应当自领取营业执照之日起30日内，向生产、经营地或者纳税义务发生地的主管税务机关申报办理税务登记，如实填写税务登记表，并按照税务机关的要求提供有关证件、资料。

前款规定以外的纳税人，除国家机关和个人外，应当自纳税义务发生之日起30日内，持有关证件向所在地的主管税务机关申报办理税务登记。

个人所得税的纳税人办理税务登记的办法由国务院另行规定。

税务登记证件的式样，由国家税务总局制定。

第十三条 扣缴义务人应当自扣缴义务发生之日起30日内，向所在地的主管税务机关申报办理扣缴税款登记，领取扣缴税款登记证件；税务机关对已办理税务登记的扣缴义务人，可以只在其税务登记证件上登记扣缴税款事项，不再发给扣缴税款登记证件。

第十四条 纳税人税务登记内容发生变化的，应当自工商行政管理机关或者其他机关办理变更登记之日起30日内，持有关证件向原税务登记机关申报办理变更税务登记。

纳税人税务登记内容发生变化，不需要到工商行政管理机关或者其他机关办理变更登记的，应当自发生变化之日起30日内，持有关证件向原税务登记机关申报办理变更税务登记。

第十五条 纳税人发生解散、破产、撤销以及其他情形，依法终止纳税义务的，应当在向工商行政管理机关或者其他机关办理注销登记前，持有关证件向原税务登记机关申报办理注销税务登记；按照规定不需要在工商行政管理机关或者其他机关办理注册登记的，应当自有关机关批准或者宣告终止之日起15日内，持有关证件向原税务登记机关申报办理注销税务登记。

纳税人因住所、经营地点变动，涉及改变税务登记机关的，应当在向工商行政管理机关或者其他机关申请办理变更或者注销登记前或者住所、经营地点变动前，向原税务登记机关申报办理注销税务登记，并在30日内向迁达地税务机关申报办理税务登记。

纳税人被工商行政管理机关吊销营业执照或者被其他机关予以撤销登记的，应当自营业执照被吊销或者被撤销登记之日起15日内，向原税务登记机关申报办理注销税务登记。

第十六条 纳税人在办理注销税务登记前，应当向税务机关结清应纳税款、滞纳金、罚款，缴销发票、税务登记证件和其他税务证件。

第十七条 从事生产、经营的纳税人应当自开立基本存款账户或者其他存款账户之日起15日内，向主管税务机关书面报告其全部账号；发生变化的，应当自变化之日起15日内，向主管税务机关书面报告。

第十八条　除按照规定不需要发给税务登记证件的外，纳税人办理下列事项时，必须持税务登记证件：

（一）开立银行账户；

（二）申请减税、免税、退税；

（三）申请办理延期申报、延期缴纳税款；

（四）领购发票；

（五）申请开具外出经营活动税收管理证明；

（六）办理停业、歇业；

（七）其他有关税务事项。

第十九条　税务机关对税务登记证件实行定期验证和换证制度。纳税人应当在规定的期限内持有关证件到主管税务机关办理验证或者换证手续。

第二十条　纳税人应当将税务登记证件正本在其生产、经营场所或者办公场所公开悬挂，接受税务机关检查。

纳税人遗失税务登记证件的，应当在15日内书面报告主管税务机关，并登报声明作废。

第二十一条　从事生产、经营的纳税人到外县（市）临时从事生产、经营活动的，应当持税务登记证副本和所在地税务机关填开的外出经营活动税收管理证明，向营业地税务机关报验登记，接受税务管理。

从事生产、经营的纳税人外出经营，在同一地累计超过180天的，应当在营业地办理税务登记手续。

第三章　账簿、凭证管理

第二十二条　从事生产、经营的纳税人应当自领取营业执照或者发生纳税义务之日起15日内，按照国家有关规定设置账簿。

前款所称账簿，是指总账、明细账、日记账以及其他辅助性账簿。总账、日记账应当采用订本式。

第二十三条　生产、经营规模小又确无建账能力的纳税人，可以聘请经批准从事会计代理记账业务的专业机构或者财会人员代为建账和办理账务。

第二十四条　从事生产、经营的纳税人应当自领取税务登记证件之日起15日内，将其财务、会计制度或者财务、会计处理办法报送主管税务机关备案。

纳税人使用计算机记账的，应当在使用前将会计电算化系统的会计核算软件、使用说明书及有关资料报送主管税务机关备案。

纳税人建立的会计电算化系统应当符合国家有关规定，并能正确、完整核算其收入或者所得。

第二十五条　扣缴义务人应当自税收法律、行政法规规定的扣缴义务发生之日起10日内，按照所代扣、代收的税种，分别设置代扣代缴、代收代缴税款账簿。

第二十六条　纳税人、扣缴义务人会计制度健全，能够通过计算机正确、完整计算其收入和所得或者代扣代缴、代收代缴税款情况的，其计算机输出的完整的书面会计记录，可视同会计账簿。

纳税人、扣缴义务人会计制度不健全，不能通过计算机正确、完整计算其收入和所得或者代扣代缴、代收代缴税款情况的，应当建立总账及与纳税或者代扣代缴、代收代缴税款有关的其他账簿。

第二十七条 账簿、会计凭证和报表，应当使用中文。民族自治地方可以同时使用当地通用的一种民族文字。外商投资企业和外国企业可以同时使用一种外国文字。

第二十八条 纳税人应当按照税务机关的要求安装、使用税控装置，并按照税务机关的规定报送有关数据和资料。

税控装置推广应用的管理办法由国家税务总局另行制定，报国务院批准后实施。

第二十九条 账簿、记账凭证、报表、完税凭证、发票、出口凭证以及其他有关涉税资料应当合法、真实、完整。

账簿、记账凭证、报表、完税凭证、发票、出口凭证以及其他有关涉税资料应当保存10年；但是，法律、行政法规另有规定的除外。

第四章 纳税申报

第三十条 税务机关应当建立、健全纳税人自行申报纳税制度。纳税人、扣缴义务人可以采取邮寄、数据电文方式办理纳税申报或者报送代扣代缴、代收代缴税款报告表。

数据电文方式，是指税务机关确定的电话语音、电子数据交换和网络传输等电子方式。

第三十一条 纳税人采取邮寄方式办理纳税申报的，应当使用统一的纳税申报专用信封，并以邮政部门收据作为申报凭据。邮寄申报以寄出的邮戳日期为实际申报日期。

纳税人采取电子方式办理纳税申报的，应当按照税务机关规定的期限和要求保存有关资料，并定期书面报送主管税务机关。

第三十二条 纳税人在纳税期内没有应纳税款的，也应当按照规定办理纳税申报。

纳税人享受减税、免税待遇的，在减税、免税期间应当按照规定办理纳税申报。

第三十三条 纳税人、扣缴义务人的纳税申报或者代扣代缴、代收代缴税款报告表的主要内容包括：税种、税目，应纳税项目或者应代扣代缴、代收代缴税款项目，计税依据，扣除项目及标准，适用税率或者单位税额，应退税项目及税额、应减免项目及税额，应纳税额或者应代扣代缴、代收代缴税额，税款所属期限、延期缴纳税款、欠税、滞纳金等。

第三十四条 纳税人办理纳税申报时，应当如实填写纳税申报表，并根据不同的情况相应报送下列有关证件、资料：

（一）财务会计报表及其说明材料；

（二）与纳税有关的合同、协议书及凭证；

（三）税控装置的电子报税资料；

（四）外出经营活动税收管理证明和异地完税凭证；

（五）境内或者境外公证机构出具的有关证明文件；

（六）税务机关规定应当报送的其他有关证件、资料。

第三十五条 扣缴义务人办理代扣代缴、代收代缴税款报告时，应当如实填写代扣代缴、代收代缴税款报告表，并报送代扣代缴、代收代缴税款的合法凭证以及税务机关规定的其他有关证件、资料。

第三十六条 实行定期定额缴纳税款的纳税人，可以实行简易申报、简并征期等申报纳税方式。

第三十七条　纳税人、扣缴义务人按照规定的期限办理纳税申报或者报送代扣代缴、代收代缴税款报告表确有困难，需要延期的，应当在规定的期限内向税务机关提出书面延期申请，经税务机关核准，在核准的期限内办理。

纳税人、扣缴义务人因不可抗力，不能按期办理纳税申报或者报送代扣代缴、代收代缴税款报告表的，可以延期办理；但是，应当在不可抗力情形消除后立即向税务机关报告。税务机关应当查明事实，予以核准。

第五章　税款征收

第三十八条　税务机关应当加强对税款征收的管理，建立、健全责任制度。

税务机关根据保证国家税款及时足额入库、方便纳税人、降低税收成本的原则，确定税款征收的方式。

税务机关应当加强对纳税人出口退税的管理，具体管理办法由国家税务总局会同国务院有关部门制定。

第三十九条　税务机关应当将各种税收的税款、滞纳金、罚款，按照国家规定的预算科目和预算级次及时缴入国库，税务机关不得占压、挪用、截留，不得缴入国库以外或者国家规定的税款账户以外的任何账户。

已缴入国库的税款、滞纳金、罚款，任何单位和个人不得擅自变更预算科目和预算级次。

第四十条　税务机关应当根据方便、快捷、安全的原则，积极推广使用支票、银行卡、电子结算方式缴纳税款。

第四十一条　纳税人有下列情形之一的，属于税收征管法第三十一条所称特殊困难：

（一）因不可抗力，导致纳税人发生较大损失，正常生产经营活动受到较大影响的；

（二）当期货币资金在扣除应付职工工资、社会保险费后，不足以缴纳税款的。

计划单列市国家税务局、地方税务局可以参照税收征管法第三十一条第二款的批准权限，审批纳税人延期缴纳税款。

第四十二条　纳税人需要延期缴纳税款的，应当在缴纳税款期限届满前提出申请，并报送下列材料：申请延期缴纳税款报告，当期货币资金余额情况及所有银行存款账户的对账单，资产负债表，应付职工工资和社会保险费等税务机关要求提供的支出预算。

税务机关应当自收到申请延期缴纳税款报告之日起20日内作出批准或者不予批准的决定；不予批准的，从缴纳税款期限届满之日起加收滞纳金。

第四十三条　享受减税、免税优惠的纳税人，减税、免税期满，应当自期满次日起恢复纳税；减税、免税条件发生变化的，应当在纳税申报时向税务机关报告；不再符合减税、免税条件的，应当依法履行纳税义务；未依法纳税的，税务机关应当予以追缴。

第四十四条　税务机关根据有利于税收控管和方便纳税的原则，可以按照国家有关规定委托有关单位和人员代征零星分散和异地缴纳的税收，并发给委托代征证书。受托单位和人员按照代征证书的要求，以税务机关的名义依法征收税款，纳税人不得拒绝；纳税人拒绝的，受托代征单位和人员应当及时报告税务机关。

第四十五条　税收征管法第三十四条所称完税凭证，是指各种完税证、缴款书、印花税票、扣（收）税凭证以及其他完税证明。

未经税务机关指定，任何单位、个人不得印制完税凭证。完税凭证不得转借、倒卖、变造或者伪造。

完税凭证的式样及管理办法由国家税务总局制定。

第四十六条 税务机关收到税款后，应当向纳税人开具完税凭证。纳税人通过银行缴纳税款的，税务机关可以委托银行开具完税凭证。

第四十七条 纳税人有税收征管法第三十五条或者第三十七条所列情形之一的，税务机关有权采用下列任何一种方法核定其应纳税额：

（一）参照当地同类行业或者类似行业中经营规模和收入水平相近的纳税人的税负水平核定；

（二）按照营业收入或者成本加合理的费用和利润的方法核定；

（三）按照耗用的原材料、燃料、动力等推算或者测算核定；

（四）按照其他合理方法核定。

采用前款所列一种方法不足以正确核定应纳税额时，可以同时采用两种以上的方法核定。

纳税人对税务机关采取本条规定的方法核定的应纳税额有异议的，应当提供相关证据，经税务机关认定后，调整应纳税额。

第四十八条 税务机关负责纳税人纳税信誉等级评定工作。纳税人纳税信誉等级的评定办法由国家税务总局制定。

第四十九条 承包人或者承租人有独立的生产经营权，在财务上独立核算，并定期向发包人或者出租人上缴承包费或者租金的，承包人或者承租人应当就其生产、经营收入和所得纳税，并接受税务管理；但是，法律、行政法规另有规定的除外。

发包人或者出租人应当自发包或者出租之日起30日内将承包人或者承租人的有关情况向主管税务机关报告。发包人或者出租人不报告的，发包人或者出租人与承包人或者承租人承担纳税连带责任。

第五十条 纳税人有解散、撤销、破产情形的，在清算前应当向其主管税务机关报告；未结清税款的，由其主管税务机关参加清算。

第五十一条 税收征管法第三十六条所称关联企业，是指有下列关系之一的公司、企业和其他经济组织：

（一）在资金、经营、购销等方面，存在直接或者间接的拥有或者控制关系；

（二）直接或者间接地同为第三者所拥有或者控制；

（三）在利益上具有相关联的其他关系。

纳税人有义务就其与关联企业之间的业务往来，向当地税务机关提供有关的价格、费用标准等资料。具体办法由国家税务总局制定。

第五十二条 税收征管法第三十六条所称独立企业之间的业务往来，是指没有关联关系的企业之间按照公平成交价格和营业常规所进行的业务往来。

第五十三条 纳税人可以向主管税务机关提出与其关联企业之间业务往来的定价原则和计算方法，主管税务机关审核、批准后，与纳税人预先约定有关定价事项，监督纳税人执行。

第五十四条 纳税人与其关联企业之间的业务往来有下列情形之一的，税务机关可以调整其应纳税额：

（一）购销业务未按照独立企业之间的业务往来作价；

（二）融通资金所支付或者收取的利息超过或者低于没有关联关系的企业之间所能同意的数额，或者利率超过或者低于同类业务的正常利率；

（三）提供劳务，未按照独立企业之间业务往来收取或者支付劳务费用；

（四）转让财产、提供财产使用权等业务往来，未按照独立企业之间业务往来作价或者收取、支付费用；

（五）未按照独立企业之间业务往来作价的其他情形。

第五十五条　纳税人有本细则第五十四条所列情形之一的，税务机关可以按照下列方法调整计税收入额或者所得额：

（一）按照独立企业之间进行的相同或者类似业务活动的价格；

（二）按照再销售给无关联关系的第三者的价格所应取得的收入和利润水平；

（三）按照成本加合理的费用和利润；

（四）按照其他合理的方法。

第五十六条　纳税人与其关联企业未按照独立企业之间的业务往来支付价款、费用的，税务机关自该业务往来发生的纳税年度起3年内进行调整；有特殊情况的，可以自该业务往来发生的纳税年度起10年内进行调整。

第五十七条　税收征管法第三十七条所称未按照规定办理税务登记从事生产、经营的纳税人，包括到外县（市）从事生产、经营而未向营业地税务机关报验登记的纳税人。

第五十八条　税务机关依照税收征管法第三十七条的规定，扣押纳税人商品、货物的，纳税人应当自扣押之日起15日内缴纳税款。

对扣押的鲜活、易腐烂变质或者易失效的商品、货物，税务机关根据被扣押物品的保质期，可以缩短前款规定的扣押期限。

第五十九条　税收征管法第三十八条、第四十条所称其他财产，包括纳税人的房地产、现金、有价证券等不动产和动产。

机动车辆、金银饰品、古玩字画、豪华住宅或者一处以外的住房不属于税收征管法第三十八条、第四十条、第四十二条所称个人及其所扶养家属维持生活必需的住房和用品。

税务机关对单价5 000元以下的其他生活用品，不采取税收保全措施和强制执行措施。

第六十条　税收征管法第三十八条、第四十条、第四十二条所称个人所扶养家属，是指与纳税人共同居住生活的配偶、直系亲属以及无生活来源并由纳税人扶养的其他亲属。

第六十一条　税收征管法第三十八条、第八十八条所称担保，包括经税务机关认可的纳税保证人为纳税人提供的纳税保证，以及纳税人或者第三人以其未设置或者未全部设置担保物权的财产提供的担保。

纳税保证人，是指在中国境内具有纳税担保能力的自然人、法人或者其他经济组织。

法律、行政法规规定的没有担保资格的单位和个人，不得作为纳税担保人。

第六十二条　纳税担保人同意为纳税人提供纳税担保的，应当填写纳税担保书，写明担保对象、担保范围、担保期限和担保责任以及其他有关事项。担保书须经纳税人、纳税担保人签字盖章并经税务机关同意，方为有效。

纳税人或者第三人以其财产提供纳税担保的，应当填写财产清单，并写明财产价值以及其他有关事项。纳税担保财产清单须经纳税人、第三人签字盖章并经税务机关确认，方为有效。

第六十三条　税务机关执行扣押、查封商品、货物或者其他财产时，应当由两名以上税务人员执行，并通知被执行人。被执行人是自然人的，应当通知被执行人本人或者其成年家属到场；被执行人是法人或者其他组织的，应当通知其法定代表人或者主要负责人到场；拒不到场的，不影响执行。

第六十四条　税务机关执行税收征管法第三十七条、第三十八条、第四十条的规定，扣押、查封价值相当于应纳税款的商品、货物或者其他财产时，参照同类商品的市场价、出厂价或者评估价估算。

税务机关按照前款方法确定应扣押、查封的商品、货物或者其他财产的价值时，还应当包括滞纳金和拍卖、变卖所发生的费用。

第六十五条　对价值超过应纳税额且不可分割的商品、货物或者其他财产，税务机关在纳税人、扣缴义务人或者纳税担保人无其他可供强制执行的财产的情况下，可以整体扣押、查封、拍卖。

第六十六条　税务机关执行税收征管法第三十七条、第三十八条、第四十条的规定，实施扣押、查封时，对有产权证件的动产或者不动产，税务机关可以责令当事人将产权证件交税务机关保管，同时可以向有关机关发出协助执行通知书，有关机关在扣押、查封期间不再办理该动产或者不动产的过户手续。

第六十七条　对查封的商品、货物或者其他财产，税务机关可以指令被执行人负责保管，保管责任由被执行人承担。

继续使用被查封的财产不会减少其价值的，税务机关可以允许被执行人继续使用；因被执行人保管或者使用的过错造成的损失，由被执行人承担。

第六十八条　纳税人在税务机关采取税收保全措施后，按照税务机关规定的期限缴纳税款的，税务机关应当自收到税款或者银行转回的完税凭证之日起 1 日内解除税收保全。

第六十九条　税务机关将扣押、查封的商品、货物或者其他财产变价抵缴税款时，应当交由依法成立的拍卖机构拍卖；无法委托拍卖或者不适于拍卖的，可以交由当地商业企业代为销售，也可以责令纳税人限期处理；无法委托商业企业销售，纳税人也无法处理的，可以由税务机关变价处理，具体办法由国家税务总局规定。国家禁止自由买卖的商品，应当交由有关单位按照国家规定的价格收购。

拍卖或者变卖所得抵缴税款、滞纳金、罚款以及拍卖、变卖等费用后，剩余部分应当在 3 日内退还被执行人。

第七十条　税收征管法第三十九条、第四十三条所称损失，是指因税务机关的责任，使纳税人、扣缴义务人或者纳税担保人的合法利益遭受的直接损失。

第七十一条　税收征管法所称其他金融机构，是指信托投资公司、信用合作社、邮政储蓄机构以及经中国人民银行、中国证券监督管理委员会等批准设立的其他金融机构。

第七十二条　税收征管法所称存款，包括独资企业投资人、合伙企业合伙人、个体工商户的储蓄存款以及股东资金账户中的资金等。

第七十三条　从事生产、经营的纳税人、扣缴义务人未按照规定的期限缴纳或者解缴税款的，纳税担保人未按照规定的期限缴纳所担保的税款的，由税务机关发出限期缴纳税款通知书，责令缴纳或者解缴税款的最长期限不得超过 15 日。

第七十四条　欠缴税款的纳税人或者其法定代表人在出境前未按照规定结清应纳税款、滞纳金或者提供纳税担保的，税务机关可以通知出入境管理机关阻止其出境。阻止出境的具体办法，由国家税务总局会同公安部制定。

第七十五条　税收征管法第三十二条规定的加收滞纳金的起止时间，为法律、行政法规规定或者税务机关依照法律、行政法规的规定确定的税款缴纳期限届满次日起至纳税人、扣缴义务人实际缴纳或者解缴税款之日止。

第七十六条　县级以上各级税务机关应当将纳税人的欠税情况，在办税场所或者广播、电视、报纸、期刊、网络等新闻媒体上定期公告。

对纳税人欠缴税款的情况实行定期公告的办法，由国家税务总局制定。

第七十七条 税收征管法第四十九条所称欠缴税款数额较大，是指欠缴税款 5 万元以上。

第七十八条 税务机关发现纳税人多缴税款的，应当自发现之日起 10 日内办理退还手续；纳税人发现多缴税款，要求退还的，税务机关应当自接到纳税人退还申请之日起 30 日内查实并办理退还手续。

税收征管法第五十一条规定的加算银行同期存款利息的多缴税款退税，不包括依法预缴税款形成的结算退税、出口退税和各种减免退税。

退税利息按照税务机关办理退税手续当天中国人民银行规定的活期存款利率计算。

第七十九条 当纳税人既有应退税款又有欠缴税款的，税务机关可以将应退税款和利息先抵扣欠缴税款；抵扣后有余额的，退还纳税人。

第八十条 税收征管法第五十二条所称税务机关的责任，是指税务机关适用税收法律、行政法规不当或者执法行为违法。

第八十一条 税收征管法第五十二条所称纳税人、扣缴义务人计算错误等失误，是指非主观故意的计算公式运用错误以及明显的笔误。

第八十二条 税收征管法第五十二条所称特殊情况，是指纳税人或者扣缴义务人因计算错误等失误，未缴或者少缴、未扣或者少扣、未收或者少收税款，累计数额在 10 万元以上的。

第八十三条 税收征管法第五十二条规定的补缴和追征税款、滞纳金的期限，自纳税人、扣缴义务人应缴未缴或者少缴税款之日起计算。

第八十四条 审计机关、财政机关依法进行审计、检查时，对税务机关的税收违法行为作出的决定，税务机关应当执行；发现被审计、检查单位有税收违法行为的，向被审计、检查单位下达决定、意见书，责成被审计、检查单位向税务机关缴纳应当缴纳的税款、滞纳金。税务机关应当根据有关机关的决定、意见书，依照税收法律、行政法规的规定，将应收的税款、滞纳金按照国家规定的税收征收管理范围和税款入库预算级次缴入国库。

税务机关应当自收到审计机关、财政机关的决定、意见书之日起 30 日内将执行情况书面回复审计机关、财政机关。

有关机关不得将其履行职责过程中发现的税款、滞纳金自行征收入库或者以其他款项的名义自行处理、占压。

第六章 税务检查

第八十五条 税务机关应当建立科学的检查制度，统筹安排检查工作，严格控制对纳税人、扣缴义务人的检查次数。

税务机关应当制定合理的税务稽查工作规程，负责选案、检查、审理、执行的人员的职责应当明确，并相互分离、相互制约，规范选案程序和检查行为。

税务检查工作的具体办法，由国家税务总局制定。

第八十六条 税务机关行使税收征管法第五十四条第（一）项职权时，可以在纳税人、扣缴义务人的业务场所进行；必要时，经县以上税务局（分局）局长批准，可以将纳税人、扣缴义务人以前会计年度的账簿、记账凭证、报表和其他有关资料调回税务机关检查，但是税务机关必须向纳税人、扣缴义务人开付清单，并在3个月内完整退还；有特殊情况的，经设区的市、自治州以上税务局局长批准，税务机关可以将纳税人、扣缴义务人当年的账簿、记账凭证、报表和其他有关资料调回检查，但是税务机关必须在30日内退还。

第八十七条 税务机关行使税收征管法第五十四条第（六）项职权时，应当指定专人负责，凭全国统一格式的检查存款账户许可证明进行，并有责任为被检查人保守秘密。

检查存款账户许可证明，由国家税务总局制定。

税务机关查询的内容，包括纳税人存款账户余额和资金往来情况。

第八十八条 依照税收征管法第五十五条规定，税务机关采取税收保全措施的期限一般不得超过6个月；重大案件需要延长的，应当报国家税务总局批准。

第八十九条 税务机关和税务人员应当依照税收征管法及本细则的规定行使税务检查职权。

税务人员进行税务检查时，应当出示税务检查证和税务检查通知书；无税务检查证和税务检查通知书的，纳税人、扣缴义务人及其他当事人有权拒绝检查。税务机关对集贸市场及集中经营业户进行检查时，可以使用统一的税务检查通知书。

税务检查证和税务检查通知书的式样、使用和管理的具体办法，由国家税务总局制定。

第七章 法律责任

第九十条 纳税人未按照规定办理税务登记证件验证或者换证手续的，由税务机关责令限期改正，可以处2000元以下的罚款；情节严重的，处2000元以上1万元以下的罚款。

第九十一条 非法印制、转借、倒卖、变造或者伪造完税凭证的，由税务机关责令改正，处2000元以上1万元以下的罚款；情节严重的，处1万元以上5万元以下的罚款；构成犯罪的，依法追究刑事责任。

第九十二条 银行和其他金融机构未依照税收征管法的规定在从事生产、经营的纳税人的账户中登录税务登记证件号码，或者未按规定在税务登记证件中登录从事生产、经营的纳税人的账户账号的，由税务机关责令其限期改正，处2000元以上2万元以下的罚款；情节严重的，处2万元以上5万元以下的罚款。

第九十三条 为纳税人、扣缴义务人非法提供银行账户、发票、证明或者其他方便，导致未缴、少缴税款或者骗取国家出口退税款的，税务机关除没收其违法所得外，可以处未缴、少缴或者骗取的税款1倍以下的罚款。

第九十四条 纳税人拒绝代扣、代收税款的，扣缴义务人应当向税务机关报告，由税务机关直接向纳税人追缴税款、滞纳金；纳税人拒不缴纳的，依照税收征管法第六十八条的规定执行。

第九十五条 税务机关依照税收征管法第五十四条第（五）项的规定，到车站、码头、机场、邮政企业及其分支机构检查纳税人有关情况时，有关单位拒绝的，由税务机关责令改正，可以处1万元以下的罚款；情节严重的，处1万元以上5万元以下的罚款。

第九十六条 纳税人、扣缴义务人有下列情形之一的，依照税收征管法第七十条的规定处罚：

（一）提供虚假资料，不如实反映情况，或者拒绝提供有关资料的；

（二）拒绝或者阻止税务机关记录、录音、录像、照相和复制与案件有关的情况和资料的；

（三）在检查期间，纳税人、扣缴义务人转移、隐匿、销毁有关资料的；

（四）有不依法接受税务检查的其他情形的。

第九十七条 税务人员私分扣押、查封的商品、货物或者其他财产，情节严重，构成犯罪的，依法追究刑事责任；尚不构成犯罪的，依法给予行政处分。

第九十八条 税务代理人违反税收法律、行政法规，造成纳税人未缴或者少缴税款的，除由纳税人缴纳或者补缴应纳税款、滞纳金外，对税务代理人处纳税人未缴或者少缴税款 50% 以上 3 倍以下的罚款。

第九十九条 税务机关对纳税人、扣缴义务人及其他当事人处以罚款或者没收违法所得时，应当开付罚没凭证；未开付罚没凭证的，纳税人、扣缴义务人以及其他当事人有权拒绝给付。

第一百条 税收征管法第八十八条规定的纳税争议，是指纳税人、扣缴义务人、纳税担保人对税务机关确定纳税主体、征税对象、征税范围、减税、免税及退税、适用税率、计税依据、纳税环节、纳税期限、纳税地点以及税款征收方式等具体行政行为有异议而发生的争议。

第八章　文书送达

第一百零一条 税务机关送达税务文书，应当直接送交受送达人。

受送达人是公民的，应当由本人直接签收；本人不在的，交其同住成年家属签收。

受送达人是法人或者其他组织的，应当由法人的法定代表人、其他组织的主要负责人或者该法人、组织的财务负责人、负责收件的人签收。受送达人有代理人的，可以送交其代理人签收。

第一百零二条 送达税务文书应当有送达回证，并由受送达人或者本细则规定的其他签收人在送达回证上记明收到日期，签名或者盖章，即为送达。

第一百零三条 受送达人或者本细则规定的其他签收人拒绝签收税务文书的，送达人应当在送达回证上记明拒收理由和日期，并由送达人和见证人签名或者盖章，将税务文书留在受送达人处，即视为送达。

第一百零四条 直接送达税务文书有困难的，可以委托其他有关机关或者其他单位代为送达，或者邮寄送达。

第一百零五条 直接或者委托送达税务文书的，以签收人或者见证人在送达回证上的签收或者注明的收件日期为送达日期；邮寄送达的，以挂号函件回执上注明的收件日期为送达日期，并视为已送达。

第一百零六条 有下列情形之一的，税务机关可以公告送达税务文书，自公告之日起满 30 日，即视为送达：

（一）同一送达事项的受送达人众多；

（二）采用本章规定的其他送达方式无法送达的。

第一百零七条 税务文书的格式由国家税务总局制定。本细则所称税务文书，包括：

（一）税务事项通知书；

（二）责令限期改正通知书；

（三）税收保全措施决定书；

（四）税收强制执行决定书；

（五）税务检查通知书；

（六）税务处理决定书；

（七）税务行政处罚决定书；
（八）行政复议决定书；
（九）其他税务文书。

第九章 附 则

第一百零八条 税收征管法及本细则所称"以上""以下""日内""届满"均含本数。

第一百零九条 税收征管法及本细则所规定期限的最后一日是法定休假日的，以休假日期满的次日为期限的最后一日；在期限内有连续3日以上法定休假日的，按休假日天数顺延。

第一百一十条 税收征管法第三十条第三款规定的代扣、代收手续费，纳入预算管理，由税务机关依照法律、行政法规的规定付给扣缴义务人。

第一百一十一条 纳税人、扣缴义务人委托税务代理人代为办理税务事宜的办法，由国家税务总局规定。

第一百一十二条 耕地占用税、契税、农业税、牧业税的征收管理，按照国务院的有关规定执行。

第一百一十三条 本细则自2002年10月15日起施行。1993年8月4日国务院发布的《中华人民共和国税收征收管理法实施细则》同时废止。

中华人民共和国发票管理办法

（1993年12月12日国务院批准　1993年12月23日财政部令第6号发布　根据2010年12月20日《国务院关于修改〈中华人民共和国发票管理办法〉的决定》第一次修订　根据2019年3月2日《国务院关于修改部分行政法规的决定》第二次修订）

第一章 总 则

第一条 为了加强发票管理和财务监督，保障国家税收收入，维护经济秩序，根据《中华人民共和国税收征收管理法》，制定本办法。

第二条 在中华人民共和国境内印制、领购、开具、取得、保管、缴销发票的单位和个人（以下称印制、使用发票的单位和个人），必须遵守本办法。

第三条 本办法所称发票，是指在购销商品、提供或者接受服务以及从事其他经营活动中，开具、收取的收付款凭证。

第四条 国务院税务主管部门统一负责全国的发票管理工作。省、自治区、直辖市税务机关依据职责做好本行政区域内的发票管理工作。

财政、审计、市场监督管理、公安等有关部门在各自的职责范围内，配合税务机关做好发票管理工作。

第五条 发票的种类、联次、内容以及使用范围由国务院税务主管部门规定。

第六条 对违反发票管理法规的行为，任何单位和个人可以举报。税务机关应当为检举人保密，并酌情给予奖励。

第二章　发票的印制

第七条　增值税专用发票由国务院税务主管部门确定的企业印制；其他发票，按照国务院税务主管部门的规定，由省、自治区、直辖市税务机关确定的企业印制。禁止私自印制、伪造、变造发票。

第八条　印制发票的企业应当具备下列条件：

（一）取得印刷经营许可证和营业执照；

（二）设备、技术水平能够满足印制发票的需要；

（三）有健全的财务制度和严格的质量监督、安全管理、保密制度。

税务机关应当以招标方式确定印制发票的企业，并发给发票准印证。

第九条　印制发票应当使用国务院税务主管部门确定的全国统一的发票防伪专用品。禁止非法制造发票防伪专用品。

第十条　发票应当套印全国统一发票监制章。全国统一发票监制章的式样和发票版面印刷的要求，由国务院税务主管部门规定。发票监制章由省、自治区、直辖市税务机关制作。禁止伪造发票监制章。

发票实行不定期换版制度。

第十一条　印制发票的企业按照税务机关的统一规定，建立发票印制管理制度和保管措施。

发票监制章和发票防伪专用品的使用和管理实行专人负责制度。

第十二条　印制发票的企业必须按照税务机关批准的式样和数量印制发票。

第十三条　发票应当使用中文印制。民族自治地方的发票，可以加印当地一种通用的民族文字。有实际需要的，也可以同时使用中外两种文字印制。

第十四条　各省、自治区、直辖市内的单位和个人使用的发票，除增值税专用发票外，应当在本省、自治区、直辖市内印制；确有必要到外省、自治区、直辖市印制的，应当由省、自治区、直辖市税务机关商印制地省、自治区、直辖市税务机关同意，由印制地省、自治区、直辖市税务机关确定的企业印制。

禁止在境外印制发票。

第三章　发票的领购

第十五条　需要领购发票的单位和个人，应当持税务登记证件、经办人身份证明、按照国务院税务主管部门规定式样制作的发票专用章的印模，向主管税务机关办理发票领购手续。主管税务机关根据领购单位和个人的经营范围和规模，确认领购发票的种类、数量以及领购方式，在5个工作日内发给发票领购簿。

单位和个人领购发票时，应当按照税务机关的规定报告发票使用情况，税务机关应当按照规定进行查验。

第十六条　需要临时使用发票的单位和个人，可以凭购销商品、提供或者接受服务以及从事其他经营活动的书面证明、经办人身份证明，直接向经营地税务机关申请代开发票。依照税收法律、行政法规规定应当缴纳税款的，税务机关应当先征收税款，再开具发票。税务机关根据发票管理的需要，可以按照国务院税务主管部门的规定委托其他单位代开发票。

禁止非法代开发票。

第十七条 临时到本省、自治区、直辖市以外从事经营活动的单位或者个人，应当凭所在地税务机关的证明，向经营地税务机关领购经营地的发票。

临时在本省、自治区、直辖市以内跨市、县从事经营活动领购发票的办法，由省、自治区、直辖市税务机关规定。

第十八条 税务机关对外省、自治区、直辖市来本辖区从事临时经营活动的单位和个人领购发票的，可以要求其提供保证人或者根据所领购发票的票面限额以及数量交纳不超过 1 万元的保证金，并限期缴销发票。

按期缴销发票的，解除保证人的担保义务或者退还保证金；未按期缴销发票的，由保证人或者以保证金承担法律责任。

税务机关收取保证金应当开具资金往来结算票据。

第四章 发票的开具和保管

第十九条 销售商品、提供服务以及从事其他经营活动的单位和个人，对外发生经营业务收取款项，收款方应当向付款方开具发票；特殊情况下，由付款方向收款方开具发票。

第二十条 所有单位和从事生产、经营活动的个人在购买商品、接受服务以及从事其他经营活动支付款项，应当向收款方取得发票。取得发票时，不得要求变更品名和金额。

第二十一条 不符合规定的发票，不得作为财务报销凭证，任何单位和个人有权拒收。

第二十二条 开具发票应当按照规定的时限、顺序、栏目，全部联次一次性如实开具，并加盖发票专用章。

任何单位和个人不得有下列虚开发票行为：

（一）为他人、为自己开具与实际经营业务情况不符的发票；

（二）让他人为自己开具与实际经营业务情况不符的发票；

（三）介绍他人开具与实际经营业务情况不符的发票。

第二十三条 安装税控装置的单位和个人，应当按照规定使用税控装置开具发票，并按期向主管税务机关报送开具发票的数据。

使用非税控电子器具开具发票的，应当将非税控电子器具使用的软件程序说明资料报主管税务机关备案，并按照规定保存、报送开具发票的数据。

国家推广使用网络发票管理系统开具发票，具体管理办法由国务院税务主管部门制定。

第二十四条 任何单位和个人应当按照发票管理规定使用发票，不得有下列行为：

（一）转借、转让、介绍他人转让发票、发票监制章和发票防伪专用品；

（二）知道或者应当知道是私自印制、伪造、变造、非法取得或者废止的发票而受让、开具、存放、携带、邮寄、运输；

（三）拆本使用发票；

（四）扩大发票使用范围；

（五）以其他凭证代替发票使用。

税务机关应当提供查询发票真伪的便捷渠道。

第二十五条 除国务院税务主管部门规定的特殊情形外，发票限于领购单位和个人在本省、自治区、直辖市内开具。

省、自治区、直辖市税务机关可以规定跨市、县开具发票的办法。

第二十六条 除国务院税务主管部门规定的特殊情形外，任何单位和个人不得跨规定的使用区域携带、邮寄、运输空白发票。

禁止携带、邮寄或者运输空白发票出入境。

第二十七条 开具发票的单位和个人应当建立发票使用登记制度，设置发票登记簿，并定期向主管税务机关报告发票使用情况。

第二十八条 开具发票的单位和个人应当在办理变更或者注销税务登记的同时，办理发票和发票领购簿的变更、缴销手续。

第二十九条 开具发票的单位和个人应当按照税务机关的规定存放和保管发票，不得擅自损毁。已经开具的发票存根联和发票登记簿，应当保存5年。保存期满，报经税务机关查验后销毁。

第五章　发票的检查

第三十条 税务机关在发票管理中有权进行下列检查：

（一）检查印制、领购、开具、取得、保管和缴销发票的情况；

（二）调出发票查验；

（三）查阅、复制与发票有关的凭证、资料；

（四）向当事各方询问与发票有关的问题和情况；

（五）在查处发票案件时，对与案件有关的情况和资料，可以记录、录音、录像、照相和复制。

第三十一条 印制、使用发票的单位和个人，必须接受税务机关依法检查，如实反映情况，提供有关资料，不得拒绝、隐瞒。

税务人员进行检查时，应当出示税务检查证。

第三十二条 税务机关需要将已开具的发票调出查验时，应当向被查验的单位和个人开具发票换票证。发票换票证与所调出查验的发票有同等的效力。被调出查验发票的单位和个人不得拒绝接受。

税务机关需要将空白发票调出查验时，应当开具收据；经查无问题的，应当及时返还。

第三十三条 单位和个人从中国境外取得的与纳税有关的发票或者凭证，税务机关在纳税审查时有疑义的，可以要求其提供境外公证机构或者注册会计师的确认证明，经税务机关审核认可后，方可作为记账核算的凭证。

第三十四条 税务机关在发票检查中需要核对发票存根联与发票联填写情况时，可以向持有发票或者发票存根联的单位发出发票填写情况核对卡，有关单位应当如实填写，按期报回。

第六章　罚则

第三十五条 违反本办法的规定，有下列情形之一的，由税务机关责令改正，可以处1万元以下的罚款；有违法所得的予以没收：

（一）应当开具而未开具发票，或者未按照规定的时限、顺序、栏目，全部联次一次性开具发票，或者未加盖发票专用章的；

（二）使用税控装置开具发票，未按期向主管税务机关报送开具发票的数据的；

（三）使用非税控电子器具开具发票，未将非税控电子器具使用的软件程序说明资料报主管税务机关备案，或者未按照规定保存、报送开具发票的数据的；

（四）拆本使用发票的；

（五）扩大发票使用范围的；

（六）以其他凭证代替发票使用的；
（七）跨规定区域开具发票的；
（八）未按照规定缴销发票的；
（九）未按照规定存放和保管发票的。

第三十六条 跨规定的使用区域携带、邮寄、运输空白发票，以及携带、邮寄或者运输空白发票出入境的，由税务机关责令改正，可以处1万元以下的罚款；情节严重的，处1万元以上3万元以下的罚款；有违法所得的予以没收。

丢失发票或者擅自损毁发票的，依照前款规定处罚。

第三十七条 违反本办法第二十二条第二款的规定虚开发票的，由税务机关没收违法所得；虚开金额在1万元以下的，可以并处5万元以下的罚款；虚开金额超过1万元的，并处5万元以上50万元以下的罚款；构成犯罪的，依法追究刑事责任。

非法代开发票的，依照前款规定处罚。

第三十八条 私自印制、伪造、变造发票，非法制造发票防伪专用品，伪造发票监制章的，由税务机关没收违法所得，没收、销毁作案工具和非法物品，并处1万元以上5万元以下的罚款；情节严重的，并处5万元以上50万元以下的罚款；对印制发票的企业，可以并处吊销发票准印证；构成犯罪的，依法追究刑事责任。

前款规定的处罚，《中华人民共和国税收征收管理法》有规定的，依照其规定执行。

第三十九条 有下列情形之一的，由税务机关处1万元以上5万元以下的罚款；情节严重的，处5万元以上50万元以下的罚款；有违法所得的予以没收：

（一）转借、转让、介绍他人转让发票、发票监制章和发票防伪专用品的；

（二）知道或者应当知道是私自印制、伪造、变造、非法取得或者废止的发票而受让、开具、存放、携带、邮寄、运输的。

第四十条 对违反发票管理规定2次以上或者情节严重的单位和个人，税务机关可以向社会公告。

第四十一条 违反发票管理法规，导致其他单位或者个人未缴、少缴或者骗取税款的，由税务机关没收违法所得，可以并处未缴、少缴或者骗取的税款1倍以下的罚款。

第四十二条 当事人对税务机关的处罚决定不服的，可以依法申请行政复议或者向人民法院提起行政诉讼。

第四十三条 税务人员利用职权之便，故意刁难印制、使用发票的单位和个人，或者有违反发票管理法规行为的，依照国家有关规定给予处分；构成犯罪的，依法追究刑事责任。

第七章 附 则

第四十四条 国务院税务主管部门可以根据有关行业特殊的经营方式和业务需求，会同国务院有关主管部门制定该行业的发票管理办法。

国务院税务主管部门可以根据增值税专用发票管理的特殊需要，制定增值税专用发票的具体管理办法。

第四十五条 本办法自发布之日起施行。财政部1986年发布的《全国发票管理暂行办法》和原国家税务局1991年发布的《关于对外商投资企业和外国企业发票管理的暂行规定》同时废止。

中华人民共和国发票管理办法实施细则

（2011年2月14日国家税务总局令第25号公布 根据2014年12月27日《国家税务总局关于修改〈中华人民共和国发票管理办法实施细则〉的决定》、2018年6月15日《国家税务总局关于修改部分税务部门规章的决定》、2019年7月24日《国家税务总局关于公布取消一批税务证明事项以及废止和修改部分规章规范性文件的决定》修正）

第一章 总 则

第一条 根据《中华人民共和国发票管理办法》（以下简称《办法》）规定，制定本实施细则。

第二条 在全国范围内统一式样的发票，由国家税务总局确定。

在省、自治区、直辖市范围内统一式样的发票，由省、自治区、直辖市税务局（以下简称省税务局）确定。

第三条 发票的基本联次包括存根联、发票联、记账联。存根联由收款方或开票方留存备查；发票联由付款方或受票方作为付款原始凭证；记账联由收款方或开票方作为记账原始凭证。

省以上税务机关可根据发票管理情况以及纳税人经营业务需要，增减除发票联以外的其他联次，并确定其用途。

第四条 发票的基本内容包括：发票的名称、发票代码和号码、联次及用途、客户名称、开户银行及账号、商品名称或经营项目、计量单位、数量、单价、大小写金额、开票人、开票日期、开票单位（个人）名称（章）等。

省以上税务机关可根据经济活动以及发票管理需要，确定发票的具体内容。

第五条 用票单位可以书面向税务机关要求使用印有本单位名称的发票，税务机关依据《办法》第十五条的规定，确认印有该单位名称发票的种类和数量。

第二章 发票的印制

第六条 发票准印证由国家税务总局统一监制，省税务局核发。

税务机关应当对印制发票企业实施监督管理，对不符合条件的，应当取消其印制发票的资格。

第七条 全国统一的发票防伪措施由国家税务总局确定，省税务局可以根据需要增加本地区的发票防伪措施，并向国家税务总局备案。

发票防伪专用品应当按照规定专库保管，不得丢失。次品、废品应当在税务机关监督下集中销毁。

第八条 全国统一发票监制章是税务机关管理发票的法定标志，其形状、规格、内容、印色由国家税务总局规定。

第九条 全国范围内发票换版由国家税务总局确定；省、自治区、直辖市范围内发票换版由省税务局确定。

发票换版时，应当进行公告。

第十条 监制发票的税务机关根据需要下达发票印制通知书，被指定的印制企业必须按照要求印制。

发票印制通知书应当载明印制发票企业名称、用票单位名称、发票名称、发票代码、种类、联次、规格、印色、印制数量、起止号码、交货时间、地点等内容。

第十一条 印制发票企业印制完毕的成品应当按照规定验收后专库保管，不得丢失。废品应当及时销毁。

第三章 发票的领购

第十二条 《办法》第十五条所称经办人身份证明是指经办人的居民身份证、护照或者其他能证明经办人身份的证件。

第十三条 《办法》第十五条所称发票专用章是指用票单位和个人在其开具发票时加盖的有其名称、税务登记号、发票专用章字样的印章。

发票专用章式样由国家税务总局确定。

第十四条 税务机关对领购发票单位和个人提供的发票专用章的印模应当留存备查。

第十五条 《办法》第十五条所称领购方式是指批量供应、交旧购新或者验旧购新等方式。

第十六条 《办法》第十五条所称发票领购簿的内容应当包括用票单位和个人的名称、所属行业、购票方式、核准购票种类、开票限额、发票名称、领购日期、准购数量、起止号码、违章记录、领购人签字（盖章）、核发税务机关（章）等内容。

第十七条 《办法》第十五条所称发票使用情况是指发票领用存情况及相关开票数据。

第十八条 税务机关在发售发票时，应当按照核准的收费标准收取工本管理费，并向购票单位和个人开具收据。发票工本费征缴办法按照国家有关规定执行。

第十九条 《办法》第十六条所称书面证明是指有关业务合同、协议或者税务机关认可的其他资料。

第二十条 税务机关应当与受托代开发票的单位签订协议，明确代开发票的种类、对象、内容和相关责任等内容。

第二十一条 《办法》第十八条所称保证人，是指在中国境内具有担保能力的公民、法人或者其他经济组织。

保证人同意为领购发票的单位和个人提供担保的，应当填写担保书。担保书内容包括：担保对象、范围、期限和责任以及其他有关事项。

担保书须经购票人、保证人和税务机关签字盖章后方为有效。

第二十二条 《办法》第十八条第二款所称由保证人或者以保证金承担法律责任，是指由保证人缴纳罚款或者以保证金缴纳罚款。

第二十三条 提供保证人或者交纳保证金的具体范围由省税务局规定。

第四章 发票的开具和保管

第二十四条 《办法》第十九条所称特殊情况下，由付款方向收款方开具发票，是指下列情况：

（一）收购单位和扣缴义务人支付个人款项时；

（二）国家税务总局认为其他需要由付款方向收款方开具发票的。

第二十五条 向消费者个人零售小额商品或者提供零星服务的,是否可免予逐笔开具发票,由省税务局确定。

第二十六条 填开发票的单位和个人必须在发生经营业务确认营业收入时开具发票。未发生经营业务一律不准开具发票。

第二十七条 开具发票后,如发生销货退回需开红字发票的,必须收回原发票并注明"作废"字样或取得对方有效证明。

开具发票后,如发生销售折让的,必须在收回原发票并注明"作废"字样后重新开具销售发票或取得对方有效证明后开具红字发票。

第二十八条 单位和个人在开具发票时,必须做到按照号码顺序填开,填写项目齐全,内容真实,字迹清楚,全部联次一次打印,内容完全一致,并在发票联和抵扣联加盖发票专用章。

第二十九条 开具发票应当使用中文。民族自治地方可以同时使用当地通用的一种民族文字。

第三十条 《办法》第二十六条所称规定的使用区域是指国家税务总局和省税务局规定的区域。

第三十一条 使用发票的单位和个人应当妥善保管发票。发生发票丢失情形时,应当于发现丢失当日书面报告税务机关。

第五章 发票的检查

第三十二条 《办法》第三十二条所称发票换票证仅限于在本县(市)范围内使用。需要调出外县(市)的发票查验时,应当提请该县(市)税务机关调取发票。

第三十三条 用票单位和个人有权申请税务机关对发票的真伪进行鉴别。收到申请的税务机关应当受理并负责鉴别发票的真伪;鉴别有困难的,可以提请发票监制税务机关协助鉴别。

在伪造、变造现场以及买卖地、存放地查获的发票,由当地税务机关鉴别。

第六章 罚则

第三十四条 税务机关对违反发票管理法规的行为进行处罚,应当将行政处罚决定书面通知当事人;对违反发票管理法规的案件,应当立案查处。

对违反发票管理法规的行政处罚,由县以上税务机关决定;罚款额在 2 000 元以下的,可由税务所决定。

第三十五条 《办法》第四十条所称的公告是指,税务机关应当在办税场所或者广播、电视、报纸、期刊、网络等新闻媒体上公告纳税人发票违法的情况。公告内容包括:纳税人名称、纳税人识别号、经营地点、违反发票管理法规的具体情况。

第三十六条 对违反发票管理法规情节严重构成犯罪的,税务机关应当依法移送司法机关处理。

第七章 附 则

第三十七条 《办法》和本实施细则所称"以上""以下"均含本数。

第三十八条 本实施细则自 2011 年 2 月 1 日起施行。

网络发票管理办法

（2013年2月25日国家税务总局令第30号公布　根据2018年6月15日《国家税务总局关于修改部分税务部门规章的决定》修正）

第一条　为加强普通发票管理，保障国家税收收入，规范网络发票的开具和使用，根据《中华人民共和国发票管理办法》规定，制定本办法。

第二条　在中华人民共和国境内使用网络发票管理系统开具发票的单位和个人办理网络发票管理系统的开户登记、网上领取发票手续、在线开具、传输、查验和缴销等事项，适用本办法。

第三条　本办法所称网络发票是指符合国家税务总局统一标准并通过国家税务总局及省、自治区、直辖市税务局公布的网络发票管理系统开具的发票。

国家积极推广使用网络发票管理系统开具发票。

第四条　税务机关应加强网络发票的管理，确保网络发票的安全、唯一、便利，并提供便捷的网络发票信息查询渠道；应通过应用网络发票数据分析，提高信息管税水平。

第五条　税务机关应根据开具发票的单位和个人的经营情况，核定其在线开具网络发票的种类、行业类别、开票限额等内容。

开具发票的单位和个人需要变更网络发票核定内容的，可向税务机关提出书面申请，经税务机关确认，予以变更。

第六条　开具发票的单位和个人开具网络发票应登录网络发票管理系统，如实完整填写发票的相关内容及数据，确认保存后打印发票。

开具发票的单位和个人在线开具的网络发票，经系统自动保存数据后即完成开票信息的确认、查验。

第七条　单位和个人取得网络发票时，应及时查询验证网络发票信息的真实性、完整性，对不符合规定的发票，不得作为财务报销凭证，任何单位和个人有权拒收。

第八条　开具发票的单位和个人需要开具红字发票的，必须收回原网络发票全部联次或取得受票方出具的有效证明，通过网络发票管理系统开具金额为负数的红字网络发票。

第九条　开具发票的单位和个人作废开具的网络发票，应收回原网络发票全部联次，注明"作废"，并在网络发票管理系统中进行发票作废处理。

第十条　开具发票的单位和个人应当在办理变更或者注销税务登记的同时，办理网络发票管理系统的用户变更、注销手续并缴销空白发票。

第十一条　税务机关根据发票管理的需要，可以按照国家税务总局的规定委托其他单位通过网络发票管理系统代开网络发票。

税务机关应当与受托代开发票的单位签订协议，明确代开网络发票的种类、对象、内容和相关责任等内容。

第十二条　开具发票的单位和个人必须如实在线开具网络发票，不得利用网络发票进行转借、转让、虚开发票及其他违法活动。

第十三条　开具发票的单位和个人在网络出现故障，无法在线开具发票时，可离线开具发票。

开具发票后，不得改动开票信息，并于 48 小时内上传开票信息。

第十四条　开具发票的单位和个人违反本办法规定的，按照《中华人民共和国发票管理办法》有关规定处理。

第十五条　省以上税务机关在确保网络发票电子信息正确生成、可靠存储、查询验证、安全唯一等条件的情况下，可以试行电子发票。

第十六条　本办法自 2013 年 4 月 1 日起施行。

税收票证管理办法

（2013 年 2 月 25 日国家税务总局令第 28 号公布　根据 2019 年 7 月 24 日《国家税务总局关于公布取消一批税务证明事项以及废止和修改部分规章规范性文件的决定》国家税务总局第 48 号令修正）

第一章　总　　则

第一条　为了规范税收票证管理工作，保证国家税收收入的安全完整，维护纳税人合法权益，适应税收信息化发展需要，根据《中华人民共和国税收征收管理法》及其实施细则等法律法规，制定本办法。

第二条　税务机关、税务人员、纳税人、扣缴义务人、代征代售人和税收票证印制企业在中华人民共和国境内印制、使用、管理税收票证，适用本办法。

第三条　本办法所称税收票证，是指税务机关、扣缴义务人依照法律法规，代征代售人按照委托协议，征收税款、基金、费、滞纳金、罚没款等各项收入（以下统称税款）的过程中，开具的收款、退款和缴库凭证。税收票证是纳税人实际缴纳税款或者收取退还税款的法定证明。

税收票证包括纸质形式和数据电文形式。数据电文税收票证是指通过横向联网电子缴税系统办理税款的征收缴库、退库时，向银行、国库发送的电子缴款、退款信息。

第四条　国家积极推广以横向联网电子缴税系统为依托的数据电文税收票证的使用工作。

第五条　税务机关、代征代售人征收税款时应当开具税收票证。通过横向联网电子缴税系统完成税款的缴纳或者退还后，纳税人需要纸质税收票证的，税务机关应当开具。

扣缴义务人代扣代收税款时，纳税人要求扣缴义务人开具税收票证的，扣缴义务人应当开具。

第六条　税收票证的基本要素包括：税收票证号码、征收单位名称、开具日期、纳税人名称、纳税人识别号、税种（费、基金、罚没款）、金额、所属时期等。

第七条　纸质税收票证的基本联次包括收据联、存根联、报查联。收据联交纳税人作完税凭证；存根联由税务机关、扣缴义务人、代征代售人留存；报查联由税务机关做会计凭证或备查。

省、自治区、直辖市和计划单列市（以下简称省）税务机关可以根据税收票证管理情况，确定除收据联以外的税收票证启用联次。

第八条 国家税务总局统一负责全国的税收票证管理工作。其职责包括：

（一）设计和确定税收票证的种类、适用范围、联次、内容、式样及规格；

（二）设计和确定税收票证专用章戳的种类、适用范围、式样及规格；

（三）印制、保管、发运需要全国统一印制的税收票证，刻制需要全国统一制发的税收票证专用章戳；

（四）确定税收票证管理的机构、岗位和职责；

（五）组织、指导和推广税收票证信息化工作；

（六）组织全国税收票证检查工作；

（七）其他全国性的税收票证管理工作。

第九条 省以下税务机关应当依照本办法做好本行政区域内的税收票证管理工作。其职责包括：

（一）负责本级权限范围内的税收票证印制、领发、保管、开具、作废、结报缴销、停用、交回、损失核销、移交、核算、归档、审核、检查、销毁等工作；

（二）指导和监督下级税务机关、扣缴义务人、代征代售人、自行填开税收票证的纳税人税收票证管理工作；

（三）组织、指导、具体实施税收票证信息化工作；

（四）组织税收票证检查工作；

（五）其他税收票证管理工作。

第十条 扣缴义务人和代征代售人在代扣代缴、代收代缴、代征税款以及代售印花税票过程中应当做好税收票证的管理工作。其职责包括：

（一）妥善保管从税务机关领取的税收票证，并按照税务机关要求建立、报送和保管税收票证账簿及有关资料；

（二）为纳税人开具并交付税收票证；

（三）按时解缴税款、结报缴销税收票证；

（四）其他税收票证管理工作。

第十一条 各级税务机关的收入规划核算部门主管税收票证管理工作。

国家税务总局收入规划核算司设立主管税收票证管理工作的机构；省、市（不含县级市，下同）、县税务机关收入规划核算部门应当设置税收票证管理岗位并配备专职税收票证管理人员；直接向税务机关税收票证开具人员、扣缴义务人、代征代售人、自行填开税收票证的纳税人发放税收票证并办理结报缴销等工作的征收分局、税务所、办税服务厅等机构（以下简称基层税务机关）应当设置税收票证管理岗位，由税收会计负责税收票证管理工作。税收票证管理岗位和税收票证开具（含印花税票销售）岗位应当分设，不得一人多岗。

扣缴义务人、代征代售人、自行填开税收票证的纳税人应当由专人负责税收票证管理工作。

第二章 种类和适用范围

第十二条 税收票证包括税收缴款书、税收收入退还书、税收完税证明、出口货物劳务专用税收票证、印花税专用税收票证以及国家税务总局规定的其他税收票证。

第十三条 税收缴款书是纳税人据以缴纳税款，税务机关、扣缴义务人以及代征代售人据以征收、汇总税款的税收票证。具体包括：

（一）《税收缴款书（银行经收专用）》。由纳税人、税务机关、扣缴义务人、代征代售人向银行传递，通过银行划缴税款（出口货物劳务增值税、消费税除外）到国库时使用的纸质税收票证。其适用范围是：

1. 纳税人自行填开或税务机关开具，纳税人据以在银行柜面办理缴税（转账或现金），由银行将税款缴入国库；

2. 税务机关收取现金税款、扣缴义务人扣缴税款、代征代售人代征税款后开具，据以在银行柜面办理税款汇总缴入国库；

3. 税务机关开具，据以办理"待缴库税款"账户款项缴入国库。

（二）《税收缴款书（税务收现专用）》。纳税人以现金、刷卡（未通过横向联网电子缴税系统）方式向税务机关缴纳税款时，由税务机关开具并交付纳税人的纸质税收票证。代征人代征税款时，也应开具本缴款书并交付纳税人。为方便流动性零散税收的征收管理，本缴款书可以在票面印有固定金额，具体面额种类由各省税务机关确定，但是，单种面额不得超过一百元。

（三）《税收缴款书（代扣代收专用）》。扣缴义务人依法履行税款代扣代缴、代收代缴义务时开具并交付纳税人的纸质税收票证。扣缴义务人代扣代收税款后，已经向纳税人开具了税法规定或国家税务总局认可的记载完税情况的其他凭证的，可不再开具本缴款书。

（四）《税收电子缴款书》。税务机关将纳税人、扣缴义务人、代征代售人的电子缴款信息通过横向联网电子缴税系统发送给银行，银行据以划缴税款到国库时，由税收征管系统生成的数据电文形式的税收票证。

第十四条　税收收入退还书是税务机关依法为纳税人从国库办理退税时使用的税收票证。具体包括：

（一）《税收收入退还书》。税务机关向国库传递，依法为纳税人从国库办理退税时使用的纸质税收票证。

（二）《税收收入电子退还书》。税务机关通过横向联网电子缴税系统依法为纳税人从国库办理退税时，由税收征管系统生成的数据电文形式的税收票证。

税收收入退还书应当由县以上税务机关税收会计开具并向国库传递或发送。

第十五条　出口货物劳务专用税收票证是由税务机关开具，专门用于纳税人缴纳出口货物劳务增值税、消费税或者证明该纳税人再销售给其他出口企业的货物已缴纳增值税、消费税的纸质税收票证。具体包括：

（一）《税收缴款书（出口货物劳务专用）》。由税务机关开具，专门用于纳税人缴纳出口货物劳务增值税、消费税时使用的纸质税收票证。纳税人以银行经收方式，税务收现方式，或者通过横向联网电子缴税系统缴纳出口货物劳务增值税、消费税时，均使用本缴款书。纳税人缴纳随出口货物劳务增值税、消费税附征的其他税款时，税务机关应当根据缴款方式，使用其他种类的缴款书，不得使用本缴款书。

（二）《出口货物完税分割单》。已经缴纳出口货物增值税、消费税的纳税人将购进货物再销售给其他出口企业时，为证明所售货物完税情况，便于其他出口企业办理出口退税，到税务机关换开的纸质税收票证。

第十六条　印花税专用税收票证是税务机关或印花税票代售人在征收印花税时向纳税人交付、开具的纸质税收票证。具体包括：

（一）印花税票。印有固定金额，专门用于征收印花税的有价证券。纳税人缴纳印花税，可以购买印花税票贴花缴纳，也可以开具税收缴款书缴纳。采用开具税收缴款书缴纳的，应当将纸质税收缴款书或税收完税证明粘贴在应税凭证上，或者由税务机关在应税凭证上加盖印花税收讫专用章。

（二）《印花税票销售凭证》。税务机关和印花税票代售人销售印花税票时一并开具的专供购买方报销的纸质凭证。

第十七条 税收完税证明是税务机关为证明纳税人已经缴纳税款或者已经退还纳税人税款而开具的纸质税收票证。其适用范围是：

（一）纳税人、扣缴义务人、代征代售人通过横向联网电子缴税系统划缴税款到国库（经收处）后或收到从国库退还的税款后，当场或事后需要取得税收票证的；

（二）扣缴义务人代扣代收税款后，已经向纳税人开具税法规定或国家税务总局认可的记载完税情况的其他凭证，纳税人需要换开正式完税凭证的；

（三）纳税人遗失已完税的各种税收票证（《出口货物完税分割单》、印花税票和《印花税票销售凭证》除外），需要重新开具的；

（四）对纳税人特定期间完税情况出具证明的；

（五）国家税务总局规定的其他需要为纳税人开具完税凭证情形。

税务机关在确保纳税人缴、退税信息全面、准确、完整的条件下，可以开展前款第四项规定的税收完税证明开具工作，具体开具办法由各省税务机关确定。

第十八条 税收票证专用章戳是指税务机关印制税收票证和征、退税款时使用的各种专用章戳，具体包括：

（一）税收票证监制章。套印在税收票证上，用以表明税收票证制定单位和税收票证印制合法性的一种章戳。

（二）征税专用章。税务机关办理税款征收业务，开具税收缴款书、税收完税证明、《印花税销售凭证》等征收凭证时使用的征收业务专用公章。

（三）退库专用章。税务机关办理税款退库业务，开具《税收收入退还书》等退库凭证时使用的，在国库预留印鉴的退库业务专用公章。

（四）印花税收讫专用章。以开具税收缴款书代替贴花缴纳印花税时，加盖在应税凭证上，用以证明应税凭证已完税的专用章戳。

（五）国家税务总局规定的其他税收票证专用章戳。

第十九条 《税收缴款书（税务收现专用）》《税收缴款书（代扣代收专用）》《税收缴款书（出口货物劳务专用）》《出口货物完税分割单》、印花税票和税收完税证明应当视同现金进行严格管理。

第二十条 税收票证应当按规定的适用范围填开，不得混用。

第二十一条 国家税务总局增设或简并税收票证及税收票证专用章戳种类，应当及时向社会公告。

第三章 设计和印制

第二十二条 税收票证及税收票证专用章戳按照税收征收管理和国家预算管理的基本要求设计，具体式样另行制发。

第二十三条 税收票证实行分级印制管理。

《税收缴款书（出口货物劳务专用）》《出口货物完税分割单》、印花税票以及其他需要全国统一印制的税收票证由国家税务总局确定的企业印制；其他税收票证，按照国家税务总局规定的式样和要求，由各省税务机关确定的企业集中统一印制。

禁止私自印制、倒卖、变造、伪造税收票证。

第二十四条 印制税收票证的企业应当具备下列条件：

（一）取得印刷经营许可证和营业执照；

（二）设备、技术水平能够满足印制税收票证的需要；

（三）有健全的财务制度和严格的质量监督、安全管理、保密制度；

（四）有安全、良好的保管场地和设施。

印制税收票证的企业应当按照税务机关提供的式样、数量等要求印制税收票证，建立税收票证印制管理制度。

税收票证印制合同终止后，税收票证的印制企业应当将有关资料交还委托印制的税务机关，不得保留或提供给其他单位及个人。

第二十五条 税收票证应当套印税收票证监制章。

税收票证监制章由国家税务总局统一制发各省税务机关。

第二十六条 除税收票证监制章外，其他税收票证专用章戳的具体刻制权限由各省税务机关确定。刻制的税收票证专用章戳应当在市以上税务机关留底归档。

第二十七条 税收票证应当使用中文印制。民族自治地方的税收票证，可以加印当地一种通用的民族文字。

第二十八条 负责税收票证印制的税务机关应当对印制完成的税收票证质量、数量进行查验。查验无误的，办理税收票证的印制入库手续；查验不合格的，对不合格税收票证监督销毁。

第四章 使用

第二十九条 上、下级税务机关之间，税务机关税收票证开具人员、扣缴义务人、代征代售人、自行填开税收票证的纳税人与税收票证管理人员之间，应当建立税收票证及税收票证专用章戳的领发登记制度，办理领发手续，共同清点、确认领发种类、数量和号码。

税收票证的运输应当确保安全、保密。

数据电文税收票证由税收征管系统自动生成税收票证号码，分配给税收票证开具人员，视同发放。数据电文税收票证不得重复发放、重复开具。

第三十条 税收票证管理人员向税务机关税收票证开具人员、扣缴义务人和代征代售人发放视同现金管理的税收票证时，应当拆包发放，并且一般不得超过一个月的用量。

视同现金管理的税收票证未按照本办法第三十九条规定办理结报的，不得继续发放同一种类的税收票证。

其他种类的税收票证，应当根据领用人的具体使用情况，适度发放。

第三十一条 税务机关、扣缴义务人、代征代售人、自行填开税收票证的纳税人应当妥善保管纸质税收票证及税收票证专用章戳。县以上税务机关应当设置具备安全条件的税收票证专用库房；基层税务机关、扣缴义务人、代征代售人和自行填开税收票证的纳税人应当配备税收票证保险专用箱柜。确有必要外出征收税款的，税收票证及税收票证专用章戳应当随身携带，严防丢失。

第三十二条 税务机关对结存的税收票证应当定期进行盘点，发现结存税收票证实物与账簿记录数量不符的，应当及时查明原因并报告上级或所属税务机关。

第三十三条 税收收入退还书开具人员不得同时从事退库专用章保管或《税收收入电

子退还书》复核授权工作。印花税票销售人员不得同时从事印花税收讫专用章保管工作。外出征收税款的，税收票证开具人员不得同时从事现金收款工作。

第三十四条 税收票证应当分纳税人开具；同一份税收票证上，税种（费、基金、罚没款）、税目、预算科目、预算级次、所属时期不同的，应当分行填列。

第三十五条 税收票证栏目内容应当填写齐全、清晰、真实、规范，不得漏填、简写、省略、涂改、挖补、编造；多联式税收票证应当一次全份开具。

第三十六条 因开具错误作废的纸质税收票证，应当在各联注明"作废"字样、作废原因和重新开具的税收票证字轨及号码。《税收缴款书（税务收现专用）》《税收缴款书（代扣代收专用）》、税收完税证明应当全份保存；其他税收票证的纳税人所持联次或银行流转联次无法收回的，应当注明原因，并将纳税人出具的情况说明或银行文书代替相关联次一并保存。开具作废的税收票证应当按期与已填用的税收票证一起办理结报缴销手续，不得自行销毁。

税务机关开具税收票证后，纳税人向银行办理缴税前丢失的，税务机关参照前款规定处理。

数据电文税收票证作废的，应当在税收征管系统中予以标识；已经作废的数据电文税收票证号码不得再次使用。

第三十七条 纸质税收票证各联次各种章戳应当加盖齐全。

章戳不得套印，国家税务总局另有规定的除外。

第三十八条 税务机关税收票证开具人员、扣缴义务人、代征代售人、自行填开税收票证的纳税人与税收票证管理人员之间，基层税务机关与上级或所属税务机关之间，应当办理税收票款结报缴销手续。

税务机关税收票证开具人员、扣缴义务人、代征代售人向税收票证管理人员结报缴销视同现金管理的税收票证时，应当将已开具税收票证的存根联、报查联等联次，连同作废税收票证、需交回的税收票证及未开具的税收票证（含未销售印花税票）一并办理结报缴销手续；已开具税收票证只设一联的，税收票证管理人员应当查验其开具情况的电子记录。

其他各种税收票证结报缴销手续的具体要求，由各省税务机关确定。

第三十九条 税收票款应当按照规定的时限办理结报缴销。税务机关税收票证开具人员、代征代售人开具税收票证（含销售印花税票）收取现金税款时，办理结报缴销手续的时限要求是：

（一）当地设有国库经收处的，应于收取税款的当日或次日办理税收票款的结报缴销；

（二）当地未设国库经收处和代征代售人收取现金税款的，由各省税务机关确定办理税收票款结报缴销的期限和额度，并以期限或额度条件先满足之日为准。

扣缴义务人代扣代收税款的，应按税法规定的税款解缴期限一并办理结报缴销。

其他各种税收票证的结报缴销时限、基层税务机关向上级或所属税务机关缴销税收票证的时限，由各省税务机关确定。

第四十条 领发、开具税收票证时，发现多出、短少、污损、残破、错号、印刷字迹不清及联数不全等印制质量不合格情况的，应当查明字轨、号码、数量，清点登记，妥善保管。

全包、全本印制质量不合格的，按照本办法第五十一条规定销毁；全份印制质量不合格的，按开具作废处理。

第四十一条 由于税收政策变动或式样改变等原因，国家税务总局规定停用的税收票证及税收票证专用章戳，应由县以上税务机关集中清理，核对字轨、号码和数量，造册登记，按照本办法第五十一条规定销毁。

第四十二条 未开具税收票证（含未销售印花税票）发生毁损或丢失、被盗、被抢等损失的，受损单位应当及时组织清点核查，并由各级税务机关按照权限进行损失核销审批。《税收缴款书（出口货物劳务专用）》《出口货物完税分割单》、印花税票发生损失的，由省税务机关审批核销；《税收缴款书（税务收现专用）》《税收缴款书（代扣代收专用）》、税收完税证明发生损失的，由市税务机关审批核销；其他各种税收票证发生损失的，由县税务机关审批核销。

毁损残票和追回的税收票证按照本办法第五十一条规定销毁。

第四十三条 视同现金管理的未开具税收票证（含未销售印花税票）丢失、被盗、被抢的，受损税务机关应当查明损失税收票证的字轨、号码和数量，立即向当地公安机关报案并报告上级或所属税务机关；经查不能追回的税收票证，除印花税票外，应当及时在办税场所和广播、电视、报纸、期刊、网络等新闻媒体上公告作废。

受损单位为扣缴义务人、代征代售人或税收票证印制企业的，扣缴义务人、代征代售人或税收票证印制企业应当立即报告基层税务机关或委托印制的税务机关，由税务机关按前款规定办理。

对丢失印花税票和印有固定金额的《税收缴款书（税务收现专用）》负有责任的相关人员，税务机关应当要求其按照面额赔偿；对丢失其他视同现金管理的税收票证负有责任的相关人员，税务机关应当要求其适当赔偿。

第四十四条 税收票证专用章戳丢失、被盗、被抢的，受损税务机关应当立即向当地公安机关报案并逐级报告刻制税收票证专用章戳的税务机关；退库专用章丢失、被盗、被抢的，应当同时通知国库部门。重新刻制的税收票证专用章戳应当及时办理留底归档或预留印鉴手续。

毁损和损失追回的税收票证专用章戳按照本办法第五十一条规定销毁。

第四十五条 由于印制质量不合格、停用、毁损、损失追回、领发错误，或者扣缴义务人和代征代售人终止税款征收业务、纳税人停止自行填开税收票证等原因，税收票证及税收票证专用章戳需要交回的，税收票证管理人员应当清点、核对字轨、号码和数量，及时上交至发放或有权销毁税收票证及税收票证专用章戳的税务机关。

第四十六条 纳税人遗失已完税税收票证需要税务机关另行提供的，如税款经核实确已缴纳入库或从国库退还，税务机关应当开具税收完税证明或提供原完税税收票证复印件。

第五章　监督管理

第四十七条 税务机关税收票证开具人员、税收票证管理人员工作变动离岗前，应当办理税收票证、税收票证专用章戳、账簿以及其他税收票证资料的移交。移交时应当有专人监交，监交人、移交人、接管人三方共同签章，票清离岗。

第四十八条 税务机关应当按税收票证种类、领用单位设置税收票证账簿，对各种税收票证的印制、领发、用存、作废、结报缴销、停用、损失、销毁的数量、号码进行及时登记和核算，定期结账。

第四十九条 基层税务机关的税收票证管理人员应当按日对已结报缴销税收票证的完整性、准确性和税收票证管理的规范性进行审核；基层税务机关的上级或所属税务机关税收票证管理人员对基层税务机关缴销的税收票证，应当定期进行复审。

第五十条 税务机关应当及时对已经开具、作废的税收票证、账簿以及其他税收票证资料进行归档保存。

纸质税收票证、账簿以及其他税收票证资料，应当整理装订成册，保存期限五年；作为会计凭证的纸质税收票证保存期限十五年。

数据电文税收票证、账簿以及其他税收票证资料，应当通过光盘等介质进行存储，确保数据电文税收票证信息的安全、完整，保存时间和具体办法另行制定。

第五十一条 未填用的《税收缴款书（出口货物劳务专用）》《出口货物完税分割单》、印花税票需要销毁的，应当由两人以上共同清点，编制销毁清册，逐级上缴省税务机关销毁；未填用的《税收缴款书（税务收现专用）》《税收缴款书（代扣代收专用）》、税收完税证明需要销毁的，应当由两人以上共同清点，编制销毁清册，报经市税务机关批准，指派专人到县税务机关复核并监督销毁；其他各种税收票证、账簿和税收票证资料需要销毁的，由税收票证主管人员清点并编制销毁清册，报经县或市税务机关批准，由两人以上监督销毁；税收票证专用章戳需要销毁的，由刻制税收票证专用章戳的税务机关销毁。

第五十二条 税务机关应当定期对本级及下级税务机关、税收票证印制企业、扣缴义务人、代征代售人、自行填开税收票证的纳税人税收票证及税收票证专用章戳管理工作进行检查。

第五十三条 税务机关工作人员违反本办法的，应当根据情节轻重，给予批评教育、责令做出检查、诫勉谈话或调整工作岗位处理；构成违纪的，依照《中华人民共和国公务员法》《行政机关公务员处分条例》等法律法规给予处分；涉嫌犯罪的，移送司法机关。

第五十四条 扣缴义务人未按照本办法及有关规定保管、报送代扣代缴、代收代缴税收票证及有关资料，按照《中华人民共和国税收征收管理法》及相关规定进行处理。

扣缴义务人未按照本办法开具税收票证的，可以根据情节轻重，处以一千元以下的罚款。

第五十五条 税务机关与代征代售人、税收票证印制企业签订代征代售合同、税收票证印制合同时，应当就违反本办法及相关规定的责任进行约定，并按约定及其他有关规定追究责任；涉嫌犯罪的，移送司法机关。

第五十六条 自行填开税收票证的纳税人违反本办法及相关规定的，税务机关应当停止其税收票证的领用和自行填开，并限期缴销全部税收票证；情节严重的，可以处以一千元以下的罚款。

第五十七条 非法印制、转借、倒卖、变造或者伪造税收票证的，依照《中华人民共和国税收征收管理法实施细则》的规定进行处理；伪造、变造、买卖、盗窃、抢夺、毁灭税收票证专用章戳的，移送司法机关。

第六章 附 则

第五十八条 各级政府部门委托税务机关征收的各种基金、费可以使用税收票证。

第五十九条 本办法第六条、第七条、第二十五条、第三十六条、第三十七条、第四十六条所称税收票证，不包括印花税票。

第六十条 本办法所称银行，是指经收预算收入的银行、信用社。

第六十一条 各省税务机关应当根据本办法制定具体规定，并报国家税务总局备案。

第六十二条 本办法自 2014 年 1 月 1 日起施行。1998 年 3 月 10 日国家税务总局发布的《税收票证管理办法》（国税发〔1998〕32 号）同时废止。

税务登记管理办法

（2003年12月17日国家税务总局令第7号公布 根据2014年12月27日《国家税务总局关于修改〈税务登记管理办法〉的决定》 2018年6月15日《国家税务总局关于修改部分税务部门规章的决定》 2019年7月24日《国家税务总局关于公布取消一批税务证明事项以及废止和修改部分规章规范性文件的决定》修正）

第一章 总 则

第一条 为了规范税务登记管理，加强税源监控，根据《中华人民共和国税收征收管理法》（以下简称《税收征管法》）以及《中华人民共和国税收征收管理法实施细则》（以下简称《实施细则》）的规定，制定本办法。

第二条 企业，企业在外地设立的分支机构和从事生产、经营的场所，个体工商户和从事生产、经营的事业单位，均应当按照《税收征管法》及《实施细则》和本办法的规定办理税务登记。

前款规定以外的纳税人，除国家机关、个人和无固定生产、经营场所的流动性农村小商贩外，也应当按照《税收征管法》及《实施细则》和本办法的规定办理税务登记。

根据税收法律、行政法规的规定负有扣缴税款义务的扣缴义务人（国家机关除外），应当按照《税收征管法》及《实施细则》和本办法的规定办理扣缴税款登记。

第三条 县以上（含本级，下同）税务局（分局）是税务登记的主管税务机关，负责税务登记的设立登记、变更登记、注销登记和税务登记证验证、换证以及非正常户处理、报验登记等有关事项。

第四条 税务登记证件包括税务登记证及其副本、临时税务登记证及其副本。

扣缴税款登记证件包括扣缴税款登记证及其副本。

第五条 县以上税务局（分局）按照国务院规定的税收征收管理范围，实施属地管理。有条件的城市，可以按照"各区分散受理、全市集中处理"的原则办理税务登记。

第六条 税务局（分局）执行统一纳税人识别号。纳税人识别号由省、自治区、直辖市和计划单列市税务局按照纳税人识别号代码行业标准联合编制，统一下发各地执行。

已领取组织机构代码的纳税人，其纳税人识别号共15位，由纳税人登记所在地6位行政区划码＋9位组织机构代码组成。以业主身份证件为有效身份证明的组织，即未取得组织机构代码证书的个体工商户以及持回乡证、通行证、护照办理税务登记的纳税人，其纳税人识别号由身份证件号码＋2位顺序码组成。

纳税人识别号具有唯一性。

第七条 纳税人办理下列事项时，必须提供税务登记证件：

（一）开立银行账户；

（二）领购发票。

纳税人办理其他税务事项时，应当出示税务登记证件，经税务机关核准相关信息后办理手续。

第二章 设立登记

第八条 企业，企业在外地设立的分支机构和从事生产、经营的场所，个体工商户和从事生产、经营的事业单位（以下统称从事生产、经营的纳税人），向生产、经营所在地税务机关申报办理税务登记：

（一）从事生产、经营的纳税人领取工商营业执照的，应当自领取工商营业执照之日起30日内申报办理税务登记，税务机关发放税务登记证及副本；

（二）从事生产、经营的纳税人未办理工商营业执照但经有关部门批准设立的，应当自有关部门批准设立之日起30日内申报办理税务登记，税务机关发放税务登记证及副本；

（三）从事生产、经营的纳税人未办理工商营业执照也未经有关部门批准设立的，应当自纳税义务发生之日起30日内申报办理税务登记，税务机关发放临时税务登记证及副本；

（四）有独立的生产经营权、在财务上独立核算并定期向发包人或者出租人上交承包费或租金的承包承租人，应当自承包承租合同签订之日起30日内，向其承包承租业务发生地税务机关申报办理税务登记，税务机关发放临时税务登记证及副本；

（五）境外企业在中国境内承包建筑、安装、装配、勘探工程和提供劳务的，应当自项目合同或协议签订之日起30日内，向项目所在地税务机关申报办理税务登记，税务机关发放临时税务登记证及副本。

第九条 本办法第八条规定以外的其他纳税人，除国家机关、个人和无固定生产、经营场所的流动性农村小商贩外，均应当自纳税义务发生之日起30日内，向纳税义务发生地税务机关申报办理税务登记，税务机关发放税务登记证及副本。

第十条 税务机关对纳税人税务登记地点发生争议的，由其共同的上级税务机关指定管辖。

第十一条 纳税人在申报办理税务登记时，应当根据不同情况向税务机关如实提供以下证件和资料：

（一）工商营业执照或其他核准执业证件；

（二）有关合同、章程、协议书；

（三）组织机构统一代码证书；

（四）法定代表人或负责人或业主的居民身份证、护照或者其他合法证件。

其他需要提供的有关证件、资料，由省、自治区、直辖市税务机关确定。

第十二条 纳税人在申报办理税务登记时，应当如实填写税务登记表。

税务登记表的主要内容包括：

（一）单位名称、法定代表人或者业主姓名及其居民身份证、护照或者其他合法证件的号码；

（二）住所、经营地点；

（三）登记类型；

（四）核算方式；

（五）生产经营方式；

（六）生产经营范围；

（七）注册资金（资本）、投资总额；

（八）生产经营期限；

（九）财务负责人、联系电话；

（十）国家税务总局确定的其他有关事项。

第十三条 纳税人提交的证件和资料齐全且税务登记表的填写内容符合规定的，税务机关应当日办理并发放税务登记证件。纳税人提交的证件和资料不齐全或税务登记表的填写内容不符合规定的，税务机关应当场通知其补正或重新填报。

第十四条 税务登记证件的主要内容包括：纳税人名称、税务登记代码、法定代表人或负责人、生产经营地址、登记类型、核算方式、生产经营范围（主营、兼营）、发证日期、证件有效期等。

第十五条 已办理税务登记的扣缴义务人应当自扣缴义务发生之日起30日内，向税务登记地税务机关申报办理扣缴税款登记。税务机关在其税务登记证件上登记扣缴税款事项，税务机关不再发放扣缴税款登记证件。

根据税收法律、行政法规的规定可不办理税务登记的扣缴义务人，应当自扣缴义务发生之日起30日内，向机构所在地税务机关申报办理扣缴税款登记。税务机关发放扣缴税款登记证件。

第三章 变更登记

第十六条 纳税人税务登记内容发生变化的，应当向原税务登记机关申报办理变更税务登记。

第十七条 纳税人已在工商行政管理机关办理变更登记的，应当自工商行政管理机关变更登记之日起30日内，向原税务登记机关如实提供下列证件、资料，申报办理变更税务登记：

（一）工商登记变更表；

（二）纳税人变更登记内容的有关证明文件；

（三）税务机关发放的原税务登记证件（登记证正、副本和登记表等）；

（四）其他有关资料。

第十八条 纳税人按照规定不需要在工商行政管理机关办理变更登记，或者其变更登记的内容与工商登记内容无关的，应当自税务登记内容实际发生变化之日起30日内，或者自有关机关批准或者宣布变更之日起30日内，持下列证件到原税务登记机关申报办理变更税务登记：

（一）纳税人变更登记内容的有关证明文件；

（二）税务机关发放的原税务登记证件（登记证正、副本和税务登记表等）；

（三）其他有关资料。

第十九条 纳税人提交的有关变更登记的证件、资料齐全的，应如实填写税务登记变更表，符合规定的，税务机关应当日办理；不符合规定的，税务机关应通知其补正。

第二十条 税务机关应当于受理当日办理变更税务登记。纳税人税务登记表和税务登记证中的内容都发生变更的，税务机关按变更后的内容重新发放税务登记证件；纳税人税务登记表的内容发生变更而税务登记证中的内容未发生变更的，税务机关不重新发放税务登记证件。

第四章 停业、复业登记

第二十一条 实行定期定额征收方式的个体工商户需要停业的，应当在停业前向税务机关申报办理停业登记。纳税人的停业期限不得超过一年。

第二十二条 纳税人在申报办理停业登记时，应如实填写停业复业报告书，说明停业理由、停业期限、停业前的纳税情况和发票的领、用、存情况，并结清应纳税款、滞纳金、罚款。税务机关应收存其税务登记证件及副本、发票领购簿、未使用完的发票和其他税务证件。

第二十三条 纳税人在停业期间发生纳税义务的，应当按照税收法律、行政法规的规定申报缴纳税款。

第二十四条 纳税人应当于恢复生产经营之前，向税务机关申报办理复业登记，如实填写《停业复业报告书》，领回并启用税务登记证件、发票领购簿及其停业前领购的发票。

第二十五条 纳税人停业期满不能及时恢复生产经营的，应当在停业期满前到税务机关办理延长停业登记，并如实填写《停业复业报告书》。

第五章 注销登记

第二十六条 纳税人发生解散、破产、撤销以及其他情形，依法终止纳税义务的，应当在向工商行政管理机关或者其他机关办理注销登记前，持有关证件和资料向原税务登记机关申报办理注销税务登记；按规定不需要在工商行政管理机关或者其他机关办理注册登记的，应当自有关机关批准或者宣告终止之日起 15 日内，持有关证件和资料向原税务登记机关申报办理注销税务登记。

纳税人被工商行政管理机关吊销营业执照或者被其他机关予以撤销登记的，应当自营业执照被吊销或者被撤销登记之日起 15 日内，向原税务登记机关申报办理注销税务登记。

第二十七条 纳税人因住所、经营地点变动，涉及改变税务登记机关的，应当在向工商行政管理机关或者其他机关申请办理变更、注销登记前，或者住所、经营地点变动前，持有关证件和资料，向原税务登记机关申报办理注销税务登记，并自注销税务登记之日起 30 日内向迁达地税务机关申报办理税务登记。

第二十八条 境外企业在中国境内承包建筑、安装、装配、勘探工程和提供劳务的，应当在项目完工、离开中国前 15 日内，持有关证件和资料，向原税务登记机关申报办理注销税务登记。

第二十九条 纳税人办理注销税务登记前，应当向税务机关提交相关证明文件和资料，结清应纳税款、多退（免）税款、滞纳金和罚款，缴销发票、税务登记证件和其他税务证件，经税务机关核准后，办理注销税务登记手续。

第六章 外出经营报验登记

第三十条 纳税人到外县（市）临时从事生产经营活动的，应当在外出生产经营以前，持税务登记证到主管税务机关开具《外出经营活动税收管理证明》（以下简称《外管证》）。

第三十一条 税务机关按照一地一证的原则，发放《外管证》，《外管证》的有效期限一般为 30 日，最长不得超过 180 天。

第三十二条 纳税人应当在《外管证》注明地进行生产经营前向当地税务机关报验登记，并提交下列证件、资料：

（一）税务登记证件副本；

（二）《外管证》。

纳税人在《外管证》注明地销售货物的，除提交以上证件、资料外，应如实填写《外出经营货物报验单》，申报查验货物。

　　第三十三条　纳税人外出经营活动结束，应当向经营地税务机关填报《外出经营活动情况申报表》，并结清税款、缴销发票。

　　第三十四条　纳税人应当在《外管证》有效期届满后10日内，持《外管证》回原税务登记地税务机关办理《外管证》缴销手续。

第七章　证照管理

　　第三十五条　税务机关应当加强税务登记证件的管理，采取实地调查、上门验证等方法进行税务登记证件的管理。

　　第三十六条　税务登记证式样改变，需统一换发税务登记证的，由国家税务总局确定。

　　第三十七条　纳税人、扣缴义务人遗失税务登记证件的，应当自遗失税务登记证件之日起15日内，书面报告主管税务机关，如实填写《税务登记证件遗失报告表》，并将纳税人的名称、税务登记证件名称、税务登记证件号码、税务登记证件有效期、发证机关名称在税务机关认可的报刊上作遗失声明，凭报刊上刊登的遗失声明到主管税务机关补办税务登记证件。

第八章　非正常户处理

　　第三十八条　已办理税务登记的纳税人未按照规定的期限申报纳税，在税务机关责令其限期改正后，逾期不改正的，税务机关应当派员实地检查，查无下落并且无法强制其履行纳税义务的，由检查人员制作非正常户认定书，存入纳税人档案，税务机关暂停其税务登记证件、发票领购簿和发票的使用。

　　第三十九条　纳税人被列入非正常户超过三个月的，税务机关可以宣布其税务登记证件失效，其应纳税款的追征仍按《税收征管法》及其《实施细则》的规定执行。

第九章　法律责任

　　第四十条　纳税人不办理税务登记的，税务机关应当自发现之日起3日内责令其限期改正；逾期不改正的，依照《税收征管法》第六十条第一款的规定处罚。

　　第四十一条　纳税人通过提供虚假的证明资料等手段，骗取税务登记证的，处2 000元以下的罚款；情节严重的，处2 000元以上10 000元以下的罚款。纳税人涉嫌其他违法行为的，按有关法律、行政法规的规定处理。

　　第四十二条　扣缴义务人未按照规定办理扣缴税款登记的，税务机关应当自发现之日起3日内责令其限期改正，并可处以1 000元以下的罚款。

　　第四十三条　纳税人、扣缴义务人违反本办法规定，拒不接受税务机关处理的，税务机关可以收缴其发票或者停止向其发售发票。

　　第四十四条　税务人员徇私舞弊或者玩忽职守，违反本办法规定为纳税人办理税务登记相关手续，或者滥用职权，故意刁难纳税人、扣缴义务人的，调离工作岗位，并依法给予行政处分。

第十章　附　　则

　　第四十五条　本办法涉及的标识、戳记和文书式样，由国家税务总局确定。

　　第四十六条　本办法由国家税务总局负责解释。各省、自治区、直辖市和计划单列市税务局可根据本办法制定具体的实施办法。

第四十七条 本办法自 2004 年 2 月 1 日起施行。

国家税务总局 邮电部
关于印发《邮寄纳税申报办法》的通知

(国税发〔1997〕147 号)

(通知略)

邮寄纳税申报办法[①]

为贯彻《国务院办公厅关于转发国家税务总局深化税收征管改革方案的通知》(国办发〔1997〕1 号),不断深化税收征管改革,完善纳税申报制度,方便纳税人申报纳税,依据《中华人民共和国税收征收管理法》及其有关规定,以及国家邮政局颁布的《国内特快专递邮件处理规则》,制定本办法。

一、适用范围

凡实行查账征收方式的纳税人,均可采用本办法。

二、邮寄内容

邮寄申报的邮件内容包括纳税申报表、财务会计报表以及税务机关要求纳税人报送的其他纳税资料。

三、办理程序

(一)纳税人在法定的纳税申报期内,按税务机关规定的要求填写各类申报表和纳税资料后,使用统一规定的纳税申报特快专递专用信封,可以根据约定时间由邮政人员上门收寄,也可到指定的邮政部门办理交寄手续。

无论是邮政人员上门收寄,还是由纳税人到邮政部门办理交寄,邮政部门均应向纳税人开具收据。该收据作为邮寄申报的凭据,备以查核。

(二)邮政部门办理纳税申报特快专递邮件参照同城特快邮件方式交寄、封发处理,按照与税务机关约定的时限投递,保证传递服务质量。具体投递频次、时限由省、自治区、直辖市邮政、税务部门协商确定。业务量、业务收入统计按照同城特快业务现行规定办理。

(三)各基层税务机关要指定人员统一接收、处理邮政部门送达的纳税申报邮件。

四、邮资

纳税申报特快专递邮件实行按件收费,每件中准价为 8 元,各省、自治区、直辖市邮政管理局可根据各地实际情况,以中准价为基础上下浮动 30%。价格确定后,须报经省物价主管部门备案。

---

① 注:本文根据 2016 年 5 月 29 日《国家税务总局关于公布全文废止和部分条款废止的税务部门规章目录的决定》和 2018 年 6 月 15 日《国家税务总局关于修改部分税务部门规章的决定》修正。

邮件资费的收取方式及相关手续由各省、自治区、直辖市税务和邮政部门协商确定。

五、申报日期确认

邮寄纳税申报的具体日期以邮政部门收寄日戳日期为准。

六、专用信封

邮寄纳税申报专用信封,由各省、自治区、直辖市邮政管理局与同级税务机关共同指定印刷厂承印,并负责监制;由各地(市)、州、盟税务局按照国家邮政局、国家税务总局确定的式样(附后)印制;由纳税人向主管税务机关领购。

七、本办法由国家税务总局、国家邮政局负责解释;各省、自治区、直辖市税务局、邮政管理局可依据本办法制定具体的实施办法。

八、本办法自发布之日起生效。

附件:

邮寄纳税申报特快专递专用信封式样及规格说明

一、信封为白色胶版纸质信封,克重不低于150克。

二、信封正面尺寸比例示意详见后附图。

三、"中国邮政"徽标遵循"中国邮政企业识别系统手册"A—071标准。

四、EMS徽标遵循中华人民共和国通信行业标准"邮政特快专递业务徽标"(YD/T 854—1996)标准,颜色与PMS151(橘黄色)和PMS286(蓝色)色卡一致。

五、税务徽标红、黄两色,红色标准为RGB214,41,33;黄色标准为RGB255,222,8。

六、"纳税申报专用"字样为黑体,16点阵号,红色(RGB214,41,33)。

七、"纳税人识别号:"字样为宋体,26点阵号,红色(RGB214,41,33)。

八、左上角邮政编码框为蓝色(PMS286色卡),正方形。

九、纳税人识别号框为蓝色(PMS286色卡),正方形,粗线,无间隔。

十、右下角"邮政编码:"字样为仿宋体,22点阵号,蓝色(PMS286色卡)。

十一、"收"字样为宋体,36点阵号,红色(RGB214,41,33)。

十二、信封采取右侧封口方式,封舌宽度为20mm。

十三、信封背面可由各局根据当地情况和业务需要印刷用户使用须知。

纳税担保试行办法

(国家税务总局令第11号)

《纳税担保试行办法》已经2005年1月13日第1次局务会议审议通过,现予发布,自2005年7月1日起施行。

国家税务总局局长:谢旭人

二○○五年五月二十四日

纳税担保试行办法

第一章 总　则

第一条　为规范纳税担保行为，保障国家税收收入，保护纳税人和其他当事人的合法权益，根据《中华人民共和国税收征收管理法》（以下简称《税收征管法》）及其实施细则和其他法律、法规的规定，制定本办法。

第二条　本办法所称纳税担保，是指经税务机关同意或确认，纳税人或其他自然人、法人、经济组织以保证、抵押、质押的方式，为纳税人应当缴纳的税款及滞纳金提供担保的行为。

纳税担保人包括以保证方式为纳税人提供纳税担保的纳税保证人和其他以未设置或者未全部设置担保物权的财产为纳税人提供纳税担保的第三人。

第三条　纳税人有下列情况之一的，适用纳税担保：

（一）税务机关有根据认为从事生产、经营的纳税人有逃避纳税义务行为，在规定的纳税期之前经责令其限期缴纳应纳税款，在限期内发现纳税人有明显的转移、隐匿其应纳税的商品、货物以及其他财产或者应纳税收入的迹象，责成纳税人提供纳税担保的；

（二）欠缴税款、滞纳金的纳税人或者其法定代表人需要出境的；

（三）纳税人同税务机关在纳税上发生争议而未缴清税款，需要申请行政复议的；

（四）税收法律、行政法规规定可以提供纳税担保的其他情形。

第四条　扣缴义务人按照《税收征管法》第八十八条规定需要提供纳税担保的，适用本办法的规定。

纳税担保人按照《税收征管法》第八十八条规定需要提供纳税担保的，应当按照本办法规定的抵押、质押方式，以其财产提供纳税担保；纳税担保人已经以其财产为纳税人向税务机关提供担保的，不再需要提供新的担保。

第五条　纳税担保范围包括税款、滞纳金和实现税款、滞纳金的费用。费用包括抵押、质押登记费用，质押保管费用，以及保管、拍卖、变卖担保财产等相关费用支出。

用于纳税担保的财产、权利的价值不得低于应当缴纳的税款、滞纳金，并考虑相关的费用。纳税担保的财产价值不足以抵缴税款、滞纳金的，税务机关应当向提供担保的纳税人或纳税担保人继续追缴。

第六条　用于纳税担保的财产、权利的价格估算，除法律、行政法规另有规定外，由税务机关按照税收征管法实施细则第六十四条规定的方式，参照同类商品的市场价、出厂价或者评估价估算。

第二章　纳税保证

第七条　纳税保证，是指纳税保证人向税务机关保证，当纳税人未按照税收法律、行政法规规定或者税务机关确定的期限缴清税款、滞纳金时，由纳税保证人按照约定履行缴纳税款及滞纳金的行为。税务机关认可的，保证成立；税务机关不认可的，保证不成立。

本办法所称纳税保证为连带责任保证，纳税人和纳税保证人对所担保的税款及滞纳金承担连带责任。当纳税人在税收法律、行政法规或税务机关确定的期限届满未缴清税款及滞纳金的，税务机关即可要求纳税保证人在其担保范围内承担保证责任，缴纳担保的税款及滞纳金。

第八条　纳税保证人，是指在中国境内具有纳税担保能力的自然人、法人或者其他经济组织。法人或其他经济组织财务报表资产净值超过需要担保的税额及滞纳金2倍以上的，自然人、法人或其他经济组织所拥有或者依法可以处分的未设置担保的财产的价值超过需要担保的税额及滞纳金的，为具有纳税担保能力。

第九条　国家机关，学校、幼儿园、医院等事业单位、社会团体不得作为纳税保证人。

企业法人的职能部门不得为纳税保证人。企业法人的分支机构有法人书面授权的，可以在授权范围内提供纳税担保。

有以下情形之一的，不得作为纳税保证人：

（一）有偷税、抗税、骗税、逃避追缴欠税行为被税务机关、司法机关追究过法律责任未满2年的；

（二）因有税收违法行为正在被税务机关立案处理或涉嫌刑事犯罪被司法机关立案侦查的；

（三）纳税信誉等级被评为C级以下的；

（四）在主管税务机关所在地的市（地、州）没有住所的自然人或税务登记不在本市（地、州）的企业；

（五）无民事行为能力或限制民事行为能力的自然人；

（六）与纳税人存在担保关联关系的；

（七）有欠税行为的。

第十条　纳税保证人同意为纳税人提供纳税担保的，应当填写纳税担保书。纳税担保书应当包括以下内容：

（一）纳税人应缴纳的税款及滞纳金数额、所属期间、税种、税目名称；

（二）纳税人应当履行缴纳税款及滞纳金的期限；

（三）保证担保范围及担保责任；

（四）保证期间和履行保证责任的期限；

（五）保证人的存款账号或者开户银行及其账号；

（六）税务机关认为需要说明的其他事项。

第十一条　纳税担保书须经纳税人、纳税保证人签字盖章并经税务机关签字盖章同意方为有效。

纳税担保从税务机关在纳税担保书签字盖章之日起生效。

第十二条　保证期间为纳税人应缴纳税款期限届满之日起60日，即税务机关自纳税人应缴纳税款的期限届满之日起60日内有权要求纳税保证人承担保证责任，缴纳税款、滞纳金。

履行保证责任的期限为15日，即纳税保证人应当自收到税务机关的纳税通知书之日起15日内履行保证责任，缴纳税款及滞纳金。

纳税保证期间内税务机关未通知纳税保证人缴纳税款及滞纳金以承担担保责任的，纳税保证人免除担保责任。

第十三条　纳税人在规定的期限届满未缴清税款及滞纳金，税务机关在保证期限内书面通知纳税保证人的，纳税保证人应按照纳税担保书约定的范围，自收到纳税通知书之日起15日内缴纳税款及滞纳金,履行担保责任。

纳税保证人未按照规定的履行保证责任的期限缴纳税款及滞纳金的,由税务机关发出责令限期缴纳通知书,责令纳税保证人在限期15日内缴纳;逾期仍未缴纳的,经县以上税务局(分局)局长批准,对纳税保证人采取强制执行措施,通知其开户银行或其他金融机构从其存款中扣缴所担保的纳税人应缴纳的税款、滞纳金,或扣押、查封、拍卖、变卖其价值相当于所担保的纳税人应缴纳的税款、滞纳金的商品、货物或者其他财产,以拍卖、变卖所得抵缴担保的税款、滞纳金。

第三章 纳税抵押

第十四条 纳税抵押,是指纳税人或纳税担保人不转移对本办法第十五条所列财产的占有,将该财产作为税款及滞纳金的担保。纳税人逾期未缴清税款及滞纳金的,税务机关有权依法处置该财产以抵缴税款及滞纳金。

前款规定的纳税人或者纳税担保人为抵押人,税务机关为抵押权人,提供担保的财产为抵押物。

第十五条 下列财产可以抵押:
(一)抵押人所有的房屋和其他地上定着物;
(二)抵押人所有的机器、交通运输工具和其他财产;
(三)抵押人依法有权处分的国有的房屋和其他地上定着物;
(四)抵押人依法有权处分的国有的机器、交通运输工具和其他财产;
(五)经设区的市、自治州以上税务机关确认的其他可以抵押的合法财产。

第十六条 以依法取得的国有土地上的房屋抵押的,该房屋占用范围内的国有土地使用权同时抵押。

以乡(镇)、村企业的厂房等建筑物抵押的,其占用范围内的土地使用权同时抵押。

第十七条 下列财产不得抵押:
(一)土地所有权;
(二)土地使用权,但本办法第十六条规定的除外;
(三)学校、幼儿园、医院等以公益为目的的事业单位、社会团体、民办非企业单位的教育设施、医疗卫生设施和其他社会公益设施;
(四)所有权、使用权不明或者有争议的财产;
(五)依法被查封、扣押、监管的财产;
(六)依法定程序确认为违法、违章的建筑物;
(七)法律、行政法规规定禁止流通的财产或者不可转让的财产。
(八)经设区的市、自治州以上税务机关确认的其他不予抵押的财产。

第十八条 学校、幼儿园、医院等以公益为目的事业单位、社会团体,可以其教育设施、医疗卫生设施和其他社会公益设施以外的财产为其应缴纳的税款及滞纳金提供抵押。

第十九条 纳税人提供抵押担保的,应当填写纳税担保书和纳税担保财产清单。纳税担保书应当包括以下内容:
(一)担保的纳税人应缴纳的税款及滞纳金数额、所属期间、税种名称、税目;
(二)纳税人履行应缴纳税款及滞纳金的期限;
(三)抵押物的名称、数量、质量、状况、所在地、所有权权属或者使用权权属;
(四)抵押担保的范围及担保责任;

（五）税务机关认为需要说明的其他事项。

纳税担保财产清单应当写明财产价值以及相关事项。纳税担保书和纳税担保财产清单须经纳税人签字盖章并经税务机关确认。

第二十条 纳税抵押财产应当办理抵押物登记。纳税抵押自抵押物登记之日起生效。纳税人应向税务机关提供由以下部门出具的抵押登记的证明及其复印件（以下简称证明材料）：

（一）以城市房地产或者乡（镇）、村企业的厂房等建筑物抵押的，提供县级以上地方人民政府规定部门出具的证明材料；

（二）以船舶、车辆抵押的，提供运输工具的登记部门出具的证明材料；

（三）以企业的设备和其他动产抵押的，提供财产所在地的工商行政管理部门出具的证明材料或者纳税人所在地的公证部门出具的证明材料。

第二十一条 抵押期间，经税务机关同意，纳税人可以转让已办理登记的抵押物，并告知受让人转让物已经抵押的情况。

纳税人转让抵押物所得的价款，应当向税务机关提前缴纳所担保的税款、滞纳金。超过部分，归纳税人所有，不足部分由纳税人缴纳或提供相应的担保。

第二十二条 在抵押物灭失、毁损或者被征用的情况下，税务机关应该就该抵押物的保险金、赔偿金或者补偿金要求优先受偿，抵缴税款、滞纳金。

抵押物灭失、毁损或者被征用的情况下，抵押权所担保的纳税义务履行期未满的，税务机关可以要求将保险金、赔偿金或补偿金等作为担保财产。

第二十三条 纳税人在规定的期限内未缴清税款、滞纳金的，税务机关应当依法拍卖、变卖抵押物，变价抵缴税款、滞纳金。

第二十四条 纳税担保人以其财产为纳税人提供纳税抵押担保的，按照纳税人提供抵押担保的规定执行；纳税担保书和纳税担保财产清单须经纳税人、纳税担保人签字盖章并经税务机关确认。

纳税人在规定的期限届满未缴清税款、滞纳金的，税务机关应当在期限届满之日起15日内书面通知纳税担保人自收到纳税通知书之日起15日内缴纳担保的税款、滞纳金。

纳税担保人未按照前款规定的期限缴纳所担保的税款、滞纳金的，由税务机关责令限期在15日内缴纳；逾期仍未缴纳的，经县以上税务局（分局）局长批准，税务机关依法拍卖、变卖抵押物，抵缴税款、滞纳金。

第四章 纳税质押

第二十五条 纳税质押，是指经税务机关同意，纳税人或纳税担保人将其动产或权利凭证移交税务机关占有，将该动产或权利凭证作为税款及滞纳金的担保。纳税人逾期未缴清税款及滞纳金的，税务机关有权依法处置该动产或权利凭证以抵缴税款及滞纳金。纳税质押分为动产质押和权利质押。

动产质押包括现金以及其他除不动产以外的财产提供的质押。

汇票、支票、本票、债券、存款单等权利凭证可以质押。

对于实际价值波动很大的动产或权利凭证，经设区的市、自治州以上税务机关确认，税务机关可以不接受其作为纳税质押。

第二十六条 纳税人提供质押担保的，应当填写纳税担保书和纳税担保财产清单并签字盖章。纳税担保书应当包括以下内容：

（一）担保的税款及滞纳金数额、所属期间、税种名称、税目；

（二）纳税人履行应缴纳税款、滞纳金的期限；

（三）质物的名称、数量、质量、价值、状况、移交前所在地、所有权权属或者使用权权属；

（四）质押担保的范围及担保责任；

（五）纳税担保财产价值；

（六）税务机关认为需要说明的其他事项。

纳税担保财产清单应当写明财产价值及相关事项。

纳税质押自纳税担保书和纳税担保财产清单经税务机关确认和质物移交之日起生效。

第二十七条 以汇票、支票、本票、公司债券出质的，税务机关应当与纳税人背书清单记载"质押"字样。以存款单出质的，应由签发的金融机构核押。

第二十八条 以载明兑现或者提货日期的汇票、支票、本票、债券、存款单出质的，汇票、支票、本票、债券、存款单兑现日期先于纳税义务履行期或者担保期的，税务机关与纳税人约定将兑现的价款用于缴纳或者抵缴所担保的税款及滞纳金。

第二十九条 纳税人在规定的期限内缴清税款及滞纳金的，税务机关应当自纳税人缴清税款及滞纳金之日起3个工作日内返还质物，解除质押关系。

纳税人在规定的期限内未缴清税款、滞纳金的，税务机关应当依法拍卖、变卖质物，抵缴税款、滞纳金。

第三十条 纳税担保人以其动产或财产权利为纳税人提供纳税质押担保的，按照纳税人提供质押担保的规定执行；纳税担保书和纳税担保财产清单须经纳税人、纳税担保人签字盖章并经税务机关确认。

纳税人在规定的期限内缴清税款、滞纳金的，税务机关应当在3个工作日内将质物返还给纳税担保人，解除质押关系。

纳税人在规定的期限内未缴清税款、滞纳金的，税务机关应当在期限届满之日起15日内书面通知纳税担保人自收到纳税通知书之日起15日内缴纳担保的税款、滞纳金。

纳税担保人未按照前款规定的期限缴纳所担保的税款、滞纳金，由税务机关责令限期在15日内缴纳；缴清税款、滞纳金的，税务机关自纳税担保人缴清税款及滞纳金之日起3个工作日内返还质物、解除质押关系；逾期仍未缴纳的，经县以上税务局（分局）局长批准，税务机关依法拍卖、变卖质物，抵缴税款、滞纳金。

第五章 法律责任

第三十一条 纳税人、纳税担保人采取欺骗、隐瞒等手段提供担保的，由税务机关处以1 000元以下的罚款；属于经营行为的，处以10 000元以下的罚款。

非法为纳税人、纳税担保人实施虚假纳税担保提供方便的，由税务机关处以1 000元以下的罚款。

第三十二条 纳税人采取欺骗、隐瞒等手段提供担保，造成应缴税款损失的，由税务机关按照《税收征管法》第六十八条规定处以未缴、少缴税款50%以上5倍以下的罚款。

第三十三条 税务机关负有妥善保管质物的义务。因保管不善致使质物灭失或者毁损，或未经纳税人同意擅自使用、出租、处分质物而给纳税人造成损失的，税务机关应当对直接损失承担赔偿责任。

纳税义务期限届满或担保期间，纳税人或者纳税担保人请求税务机关及时行使权利，而税务机关怠于行使权利致使质物价格下跌造成损失的，税务机关应当对直接损失承担赔偿责任。

第三十四条 税务机关工作人员有下列情形之一的，根据情节轻重给予行政处分：

（一）违反本办法规定，对符合担保条件的纳税担保，不予同意或故意刁难的；

（二）违反本办法规定，对不符合担保条件的纳税担保，予以批准，致使国家税款及滞纳金遭受损失的；

（三）私分、挪用、占用、擅自处分担保财物的；

（四）其他违法情形。

第六章 附 则

第三十五条 纳税担保文书由国家税务总局统一制定。

第三十六条 本办法自2005年7月1日起施行。

附件：1. 责成提供纳税担保通知书
  2. 纳税担保财产清单
  3. 纳税担保书
  4. 解除纳税担保通知书

附件1：

_____税务局（稽查局）
责成提供纳税担保通知书
税担〔   〕 号

_____：

根据《中华人民共和国税收征收管理法》第三十八条第一款规定，限你（单位）于_____年__月__日前向我局提供金额为（大写）_____（¥：_____）的纳税担保，逾期不能提供纳税担保，将依法采取税收保全措施。

如对上述具体行政行为不服，可自本通知书送达之日起六十日内依法向_____申请行政复议或者向人民法院起诉。

税务机关（章）
年 月 日

使用说明

1. 本通知书依据《中华人民共和国税收征收管理法》第三十八条第一款、《中华人民共和国行政复议法》第九条设置。
2. 适用范围：税务机关在责成纳税人提供纳税担保时使用。
3. "向"横线处填写有权受理行政复议申请的上一级税务机关的具体名称。
4. 本通知书与《税务文书送达回证》一并使用。
5. 文书字轨设为"担"，稽查局使用设为"稽担"。
6. 本通知书为A4竖式，一式二份，一份送纳税人，一份装入卷宗。

附件2：

纳税担保财产清单

纳税人名称			纳税人识别号		
纳税担保人名称			纳税担保人地址		
纳税担保人证件种类			纳税担保人证件号码		
应纳税款			附担保财产证明的份数		
担保财产名称	担保财产权属	规格	数量	单价	金额
不动产					
不动产合计	（人民币大写）_____				
动产					
动产合计	（人民币大写）_____				
担保财产总价值	（人民币大写）_____				
担保期限及担保责任	担保纳税人于____年__月__日前缴清应纳税款及滞纳金，逾期不缴或少缴的，税务机关依法拍卖或变卖担保财产，以拍卖或变卖所得抵缴税款及滞纳金。				
纳税人签字： （章） 年　月　日	纳税担保人签字： （章） 年　月　日		税务机关经办人签字： 税务机关（章） 年　月　日		

使用说明

1.本清单依据《中华人民共和国税收征收管理法》第三十八条、第四十四条、第八十八条，《中华人民共和国税收征收管理法实施细则》第六十一条、第六十二条第二款设置。

2.适用范围：纳税人或者第三人以其所拥有的未设置或者未全部设置担保物权的财产提供纳税担保时使用。

3.纳税人以其自有财产提供纳税担保的，本清单为担保文书；第三人以其所拥有的未设置或者未全部设置担保物权的财产提供纳税担保的,本清单为《纳税担保书》附件。

4.第三人是指以财产为纳税人提供纳税担保的自然人、法人或者其他经济组织。本清单中的"纳税担保人"含《中华人民共和国税收征收管理法实施细则》第六十一条、第六十二条所称的第三人。

5.本清单中的"附担保财产证明的份数"栏,填写所附担保财产证明的影印件数。担保财产证明,是公证机构、金融机构、国有资产管理机关、其他行政管理机关及司法机关出具或发放的证明财产权属关系的法律文件、文书和凭证,担保财产证明应能证明该财产确系纳税人或者纳税担保人所有,并未设置或者未全部设置担保物权。

6.本清单中的"纳税人签字"栏,纳税人是法人或其他组织的,由法定代表人或主要负责人签字;是自然人的,由自然人签字。

7.纳税人或者纳税担保人以自己拥有的未设置或者未全部设置担保的财产作为纳税担保时,其价值按以下方法计算:

(1)商品、货物按当地当日市场最低价格计算;

(2)金银首饰等贵重物品按照国家专营机构公布的收购价格计算;

(3)不动产按照当地财产评估机构评估的价值计算。

具体计算方法依据相关法律、行政法规和国家税务总局规定执行。

8.纳税人或者纳税担保人提供纳税担保财产的价值,应相当于应纳税款的财产价值。

9.本清单为A4竖式,一式三份,一份由纳税人留存,一份送纳税担保人,一份装入卷宗。

附件3:

纳税担保书

编号:

纳税人	名 称			纳税人识别号	
	地 址				
纳税担保人	名 称			登记注册类型	
	地 址			电话号码	
	开户银行及账号				
担保形式					
担保范围	税款、滞纳金金额(大写)_____元以及实现税款、滞纳金入库的费用,滞纳金起算时间为____年__月__日。				
担保期限和担保责任	纳税人于____年__月__日前未缴清应纳税款的,由纳税担保人自收到税务机关纳税通知之日起15日内缴纳税款、滞纳金。 纳税人以自己财产担保的,于____年__月__日前未缴清应纳税款的,税务机关对担保财产采取税收强制执行措施。				
担保财产	用于纳税担保的财产名称及数量				
	附:用于担保的财产证明及份数				
	不动产价值(估价)	(人民币大写)_____		小写¥	
	动产价值(估价)	(人民币大写)_____		小写¥	
	其他财产价值	(人民币大写)_____		小写¥	
	担保财产总价值(估价)	(人民币大写)_____		小写¥	

续表

纳税担保人签字： 证件名称： 证件号码： 纳税担保人（章） 年　月　日	纳税人签字： 纳税人（章） 年　月　日	税务机关经办人签字： 税务机关（章） 年　月　日

使用说明

1. 本担保书依据《中华人民共和国税收征收管理法》第三十八条、第四十四条、第八十八条和《中华人民共和国税收征收管理法实施细则》第六十一条、第六十二条第一款设置。

2. 适用范围：纳税担保人以信用、财产提供纳税担保时使用。

3. 本担保书中担保人是指在中国境内具有纳税担保能力的自然人、法人或者其他经济组织。法律、行政法规规定的没有担保资格的单位和个人，不得作为纳税担保人。

4. 担保形式填写担保人以何种方式提供担保。包括信用担保、动产担保或者不动产担保等。

5. 用于担保的财产证明是指公证机构、金融机构、国有资产管理机关、其他行政管理机关及司法机关出具或发放的证明财产权属关系的法律文件、文书和凭证。

6. 担保责任包括：（1）担保人担保纳税人在担保期限内履行纳税义务；（2）被担保纳税人超过担保期限未履行纳税义务的，由担保人承担缴纳所担保税款的义务。

7. 本担保书为 A4 竖式，一式三份，经纳税人、纳税担保人、税务机关三方签字盖章后，各留存一份。

附件 4：

＿＿＿＿＿＿＿＿税务局（稽查局）
解除纳税担保通知书
税解担〔　　〕　　号

＿＿＿＿＿＿＿＿＿＿＿：

　　鉴于＿＿＿＿＿＿＿＿＿在限期内缴纳了应纳税款，根据《中华人民共和国税收征收管理法》第三十八条第二款及《中华人民共和国税收征收管理法实施细则》第六十八条规定，决定解除你（单位）提供的纳税担保。

　　请于＿＿年＿＿月＿＿日前＿＿＿＿＿＿，前来办理解除纳税担保手续。

　　（由纳税担保人提供纳税担保的，应当同时由纳税人抄送纳税担保人）

税务机关（章）
年　月　日

使用说明

1. 本通知书依据《中华人民共和国税收征收管理法》第三十八条第二款、《中华人民共和国税收征收管理法实施细则》第六十八条设置。

2. 适用范围：在纳税人、扣缴义务人、纳税担保人提供纳税担保后又缴纳了应纳税款时使用。

3. 本通知书抬头填写纳税人、扣缴义务人的具体名称。

4. "持，前来办理解除纳税担保手续"横线处应根据以下情况分别填写：

（1）对于经税务机关认可的纳税保证人为纳税人提供纳税保证的，应填写《纳税担保书》；

（2）对于纳税人以其所拥有的未设置或者未全部设置担保物权的财产提供纳税担保的，应填写《纳税担保财产清单》；

（3）对于由纳税担保人以其所拥有的未设置或者未全部设置担保物权的财产提供纳税担保的，应填写《纳税担保书》及《纳税担保财产清单》。

5. 纳税人如期缴纳了应纳税款，但滞纳金数额明确又未缴纳的，填写"（滞纳金未缴的，请于年月日前缴清滞纳金。）"部分的内容。

6. 由纳税担保人提供纳税担保的，应当同时抄送纳税担保人。

7. 本通知书与《税务文书送达回证》一并使用。

8. 文书字轨设为"解担"，稽查局使用设为"稽解担"。

9. 本通知书为 A4 竖式，一式三份，一份送担保纳税人，一份送纳税担保人，一份装入卷宗。

税务稽查案件办理程序规定

（国家税务总局令第 52 号）

《税务稽查案件办理程序规定》，已经 2021 年 6 月 18 日国家税务总局 2021 年度第 2 次局务会议审议通过，现予公布，自 2021 年 8 月 11 日起施行。

国家税务总局局长：王军
2021 年 7 月 12 日

税务稽查案件办理程序规定

第一章 总 则

第一条 为了贯彻落实中共中央办公厅、国务院办公厅印发的《关于进一步深化税收征管改革的意见》，保障税收法律、行政法规的贯彻实施，规范税务稽查案件办理程序，强化监督制约机制，保护纳税人、扣缴义务人和其他涉税当事人合法权益，根据《中华人民共和国税收征收管理法》（以下简称税收征管法）、《中华人民共和国税收征收管理法实施细则》（以下简称税收征管法实施细则）等法律、行政法规，制定本规定。

第二条 稽查局办理税务稽查案件适用本规定。

第三条 办理税务稽查案件应当以事实为根据，以法律为准绳，坚持公平、公正、公开、效率的原则。

第四条 税务稽查由稽查局依法实施。稽查局主要职责是依法对纳税人、扣缴义务人和其他涉税当事人履行纳税义务、扣缴义务情况及涉税事项进行检查处理，以及围绕检查处理开展的其他相关工作。稽查局具体职责由国家税务总局依照税收征管法、税收征管法实施细则和国家有关规定确定。

第五条 稽查局办理税务稽查案件时，实行选案、检查、审理、执行分工制约原则。

第六条 稽查局应当在税务局向社会公告的范围内实施税务稽查。上级税务机关可以根据案件办理的需要指定管辖。

税收法律、行政法规和国家税务总局规章对税务稽查管辖另有规定的，从其规定。

第七条 税务稽查管辖有争议的，由争议各方本着有利于案件办理的原则逐级协商解决；不能协商一致的，报请共同的上级税务机关决定。

第八条 税务稽查人员具有税收征管法实施细则规定回避情形的，应当回避。

被查对象申请税务稽查人员回避或者税务稽查人员自行申请回避的，由稽查局局长依法决定是否回避。稽查局局长发现税务稽查人员具有规定回避情形的，应当要求其回避。稽查局局长的回避，由税务局局长依法审查决定。

第九条 税务稽查人员对实施税务稽查过程中知悉的国家秘密、商业秘密或者个人隐私、个人信息，应当依法予以保密。

纳税人、扣缴义务人和其他涉税当事人的税收违法行为不属于保密范围。

第十条 税务稽查人员应当遵守工作纪律，恪守职业道德，不得有下列行为：

（一）违反法定程序、超越权限行使职权；

（二）利用职权为自己或者他人牟取利益；

（三）玩忽职守，不履行法定义务；

（四）泄露国家秘密、工作秘密，向被查对象通风报信、泄露案情；

（五）弄虚作假，故意夸大或者隐瞒案情；

（六）接受被查对象的请客送礼等影响公正执行公务的行为；

（七）其他违法违纪行为。

税务稽查人员在执法办案中滥用职权、玩忽职守、徇私舞弊的，依照有关规定严肃处理；涉嫌犯罪的，依法移送司法机关处理。

第十一条 税务稽查案件办理应当通过文字、音像等形式，对案件办理的启动、调查取证、审核、决定、送达、执行等进行全过程记录。

第二章 选 案

第十二条 稽查局应当加强稽查案源管理，全面收集整理案源信息，合理、准确地选择待查对象。案源管理依照国家税务总局有关规定执行。

第十三条 待查对象确定后，经稽查局局长批准实施立案检查。

必要时，依照法律法规的规定，稽查局可以在立案前进行检查。

第十四条 稽查局应当统筹安排检查工作，严格控制对纳税人、扣缴义务人的检查次数。

第三章 检 查

第十五条 检查前，稽查局应当告知被查对象检查时间、需要准备的资料等，但预先通知有碍检查的除外。

检查应当由两名以上具有执法资格的检查人员共同实施，并向被查对象出示税务检查证件、出示或者送达税务检查通知书，告知其权利和义务。

第十六条 检查应当依照法定权限和程序，采取实地检查、调取账簿资料、询问、查询存款账户或者储蓄存款、异地协查等方法。

对采用电子信息系统进行管理和核算的被查对象，检查人员可以要求其打开该电子信息系统，或者提供与原始电子数据、电子信息系统技术资料一致的复制件。被查对象拒不打开或者拒不提供的，经稽查局局长批准，可以采用适当的技术手段对该电子信息系统进行直接检查，或者提取、复制电子数据进行检查，但所采用的技术手段不得破坏该电子信息系统原始电子数据，或者影响该电子信息系统正常运行。

第十七条 检查应当依照法定权限和程序收集证据材料。收集的证据必须经查证属实，并与证明事项相关联。

不得以下列方式收集、获取证据材料：

（一）严重违反法定程序收集；

（二）以违反法律强制性规定的手段获取且侵害他人合法权益；

（三）以利诱、欺诈、胁迫、暴力等手段获取。

第十八条 调取账簿、记账凭证、报表和其他有关资料时，应当向被查对象出具调取账簿资料通知书，并填写调取账簿资料清单交其核对后签章确认。

调取纳税人、扣缴义务人以前会计年度的账簿、记账凭证、报表和其他有关资料的，应当经县以上税务局局长批准，并在3个月内完整退还；调取纳税人、扣缴义务人当年的账簿、记账凭证、报表和其他有关资料的，应当经设区的市、自治州以上税务局局长批准，并在30日内退还。

退还账簿资料时，应当由被查对象核对调取账簿资料清单，并签章确认。

第十九条 需要提取证据材料原件的，应当向当事人出具提取证据专用收据，由当事人核对后签章确认。对需要退还的证据材料原件，检查结束后应当及时退还，并履行相关签收手续。需要将已开具的纸质发票调出查验时，应当向被查验的单位或者个人开具发票换票证；需要将空白纸质发票调出查验时，应当向被查验的单位或者个人开具调验空白发票收据。经查无问题的，应当及时退还，并履行相关签收手续。

提取证据材料复制件的，应当由当事人或者原件保存单位（个人）在复制件上注明"与原件核对无误"及原件存放地点，并签章。

第二十条 询问应当由两名以上检查人员实施。除在被查对象生产、经营、办公场所询问外，应当向被询问人送达询问通知书。

询问时应当告知被询问人有关权利义务。询问笔录应当交被询问人核对或者向其宣读；询问笔录有修改的，应当由被询问人在改动处捺指印；核对无误后，由被询问人在尾页结束处写明"以上笔录我看过（或者向我宣读过），与我说的相符"，并逐页签章、捺指印。被询问人拒绝在询问笔录上签章、捺指印的，检查人员应当在笔录上注明。

第二十一条 当事人、证人可以采取书面或者口头方式陈述或者提供证言。当事人、证人口头陈述或者提供证言的，检查人员应当以笔录、录音、录像等形式进行记录。笔录可以手写或者使用计算机记录并打印，由当事人或者证人逐页签章、捺指印。

当事人、证人口头提出变更陈述或者证言的，检查人员应当就变更部分重新制作笔录，注明原因，由当事人或者证人逐页签章、捺指印。当事人、证人变更书面陈述或者证言的，变更前的笔录不予退回。

第二十二条 制作录音、录像等视听资料的，应当注明制作方法、制作时间、制作人和证明对象等内容。

调取视听资料时，应当调取有关资料的原始载体；难以调取原始载体的，可以调取复制件，但应当说明复制方法、人员、时间和原件存放处等事项。

对声音资料，应当附有该声音内容的文字记录；对图像资料，应当附有必要的文字说明。

第二十三条 以电子数据的内容证明案件事实的，检查人员可以要求当事人将电子数据打印成纸质资料，在纸质资料上注明数据出处、打印场所、打印时间或者提供时间，注明"与电子数据核对无误"，并由当事人签章。

需要以有形载体形式固定电子数据的，检查人员应当与提供电子数据的个人、单位的法定代表人或者财务负责人或者经单位授权的其他人员一起将电子数据复制到存储介质上并封存，同时在封存包装物上注明制作方法、制作时间、制作人、文件格式及大小等，注明"与原始载体记载的电子数据核对无误"，并由电子数据提供人签章。

收集、提取电子数据，检查人员应当制作现场笔录，注明电子数据的来源、事由、证明目的或者对象，提取时间、地点、方法、过程，原始存储介质的存放地点以及对电子数据存储介质的签封情况等。进行数据压缩的，应当在笔录中注明压缩方法和完整性校验值。

第二十四条 检查人员实地调查取证时，可以制作现场笔录、勘验笔录，对实地调查取证情况予以记录。

制作现场笔录、勘验笔录，应当载明时间、地点和事件等内容，并由检查人员签名和当事人签章。

当事人经通知不到场或者拒绝在现场笔录、勘验笔录上签章的，检查人员应当在笔录上注明原因；如有其他人员在场，可以由其签章证明。

第二十五条 检查人员异地调查取证的，当地税务机关应当予以协助；发函委托相关稽查局调查取证的，必要时可以派人参与受托地稽查局的调查取证，受托地稽查局应当根据协查请求，依照法定权限和程序调查。

需要取得境外资料的，稽查局可以提请国际税收管理部门依照有关规定程序获取。

第二十六条 查询从事生产、经营的纳税人、扣缴义务人存款账户，应当经县以上税务局局长批准，凭检查存款账户许可证明向相关银行或者其他金融机构查询。

查询案件涉嫌人员储蓄存款的，应当经设区的市、自治州以上税务局局长批准，凭检查存款账户许可证明向相关银行或者其他金融机构查询。

第二十七条 被查对象有下列情形之一的，依照税收征管法和税收征管法实施细则有关逃避、拒绝或者以其他方式阻挠税务检查的规定处理：

（一）提供虚假资料，不如实反映情况，或者拒绝提供有关资料的；

（二）拒绝或者阻止税务机关记录、录音、录像、照相和复制与案件有关的情况和资料的；

（三）在检查期间转移、隐匿、销毁有关资料的；

（四）有不依法接受税务检查的其他情形的。

第二十八条 税务机关有根据认为从事生产、经营的纳税人有逃避纳税义务行为，可以在规定的纳税期之前，责令限期缴纳应纳税款；在限期内发现纳税人有明显的转移、隐匿其应纳税的商品、货物以及其他财产或者应纳税收入迹象的,可以责成纳税人提供纳税担保。如果纳税人不能提供纳税担保,经县以上税务局局长批准,可以依法采取税收强制措施。

检查从事生产、经营的纳税人以前纳税期的纳税情况时,发现纳税人有逃避纳税义务行为,并有明显的转移、隐匿其应纳税的商品、货物以及其他财产或者应纳税收入迹象的,经县以上税务局局长批准,可以依法采取税收强制措施。

第二十九条 稽查局采取税收强制措施时,应当向纳税人、扣缴义务人、纳税担保人交付税收强制措施决定书,告知其采取税收强制措施的内容、理由、依据以及依法享有的权利、救济途径,并履行法律、法规规定的其他程序。

采取冻结纳税人在开户银行或者其他金融机构的存款措施时,应当向纳税人开户银行或者其他金融机构交付冻结存款通知书,冻结其相当于应纳税款的存款;并于作出冻结决定之日起3个工作日内,向纳税人交付冻结决定书。

采取查封、扣押商品、货物或者其他财产措施时,应当向纳税人、扣缴义务人、纳税担保人当场交付查封、扣押决定书,填写查封商品、货物或者其他财产清单或者出具扣押商品、货物或者其他财产专用收据,由当事人核对后签章。查封清单、扣押收据一式二份,由当事人和稽查局分别保存。

采取查封、扣押有产权证件的动产或者不动产措施时,应当依法向有关单位送达税务协助执行通知书,通知其在查封、扣押期间不再办理该动产或者不动产的过户手续。

第三十条 按照本规定第二十八条第二款采取查封、扣押措施的,期限一般不得超过6个月;重大案件有下列情形之一,需要延长期限的,应当报国家税务总局批准:

(一)案情复杂,在查封、扣押期限内确实难以查明案件事实的;

(二)被查对象转移、隐匿、销毁账簿、记账凭证或者其他证据材料的;

(三)被查对象拒不提供相关情况或者以其他方式拒绝、阻挠检查的;

(四)解除查封、扣押措施可能使纳税人转移、隐匿、损毁或者违法处置财产,从而导致税款无法追缴的。

除前款规定情形外采取查封、扣押、冻结措施的,期限不得超过30日;情况复杂的,经县以上税务局局长批准,可以延长,但是延长期限不得超过30日。

第三十一条 有下列情形之一的,应当依法及时解除税收强制措施:

(一)纳税人已按履行期限缴纳税款、扣缴义务人已按履行期限解缴税款、纳税担保人已按履行期限缴纳所担保税款的;

(二)税收强制措施被复议机关决定撤销的;

(三)税收强制措施被人民法院判决撤销的;

(四)其他法定应当解除税收强制措施的。

第三十二条 解除税收强制措施时,应当向纳税人、扣缴义务人、纳税担保人送达解除税收强制措施决定书,告知其解除税收强制措施的时间、内容和依据,并通知其在规定时间内办理解除税收强制措施的有关事宜:

(一)采取冻结存款措施的,应当向冻结存款的纳税人开户银行或者其他金融机构送达解除冻结存款通知书,解除冻结;

(二)采取查封商品、货物或者其他财产措施的,应当解除查封并收回查封商品、货物或者其他财产清单;

(三)采取扣押商品、货物或者其他财产措施的,应当予以返还并收回扣押商品、货物或者其他财产专用收据。

税收强制措施涉及协助执行单位的，应当向协助执行单位送达税务协助执行通知书，通知解除税收强制措施相关事项。

第三十三条 有下列情形之一，致使检查暂时无法进行的，经稽查局局长批准后，中止检查：

（一）当事人被有关机关依法限制人身自由的；

（二）账簿、记账凭证及有关资料被其他国家机关依法调取且尚未归还的；

（三）与税收违法行为直接相关的事实需要人民法院或者其他国家机关确认的；

（四）法律、行政法规或者国家税务总局规定的其他可以中止检查的。

中止检查的情形消失，经稽查局局长批准后，恢复检查。

第三十四条 有下列情形之一，致使检查确实无法进行的，经稽查局局长批准后，终结检查：

（一）被查对象死亡或者被依法宣告死亡或者依法注销，且有证据表明无财产可抵缴税款或者无法定税收义务承担主体的；

（二）被查对象税收违法行为均已超过法定追究期限的；

（三）法律、行政法规或者国家税务总局规定的其他可以终结检查的。

第三十五条 检查结束前，检查人员可以将发现的税收违法事实和依据告知被查对象。

被查对象对违法事实和依据有异议的，应当在限期内提供说明及证据材料。被查对象口头说明的，检查人员应当制作笔录，由当事人签章。

第四章 审 理

第三十六条 检查结束后，稽查局应当对案件进行审理。符合重大税务案件标准的，稽查局审理后提请税务局重大税务案件审理委员会审理。

重大税务案件审理依照国家税务总局有关规定执行。

第三十七条 案件审理应当着重审核以下内容：

（一）执法主体是否正确；

（二）被查对象是否准确；

（三）税收违法事实是否清楚，证据是否充分，数据是否准确，资料是否齐全；

（四）适用法律、行政法规、规章及其他规范性文件是否适当，定性是否正确；

（五）是否符合法定程序；

（六）是否超越或者滥用职权；

（七）税务处理、处罚建议是否适当；

（八）其他应当审核确认的事项或者问题。

第三十八条 有下列情形之一的，应当补正或者补充调查：

（一）被查对象认定错误的；

（二）税收违法事实不清、证据不足的；

（三）不符合法定程序的；

（四）税务文书不规范、不完整的；

（五）其他需要补正或者补充调查的。

第三十九条 拟对被查对象或者其他涉税当事人作出税务行政处罚的，应当向其送达税务行政处罚事项告知书，告知其依法享有陈述、申辩及要求听证的权利。税务行政处罚事项告知书应当包括以下内容：

（一）被查对象或者其他涉税当事人姓名或者名称、有效身份证件号码或者统一社会信用代码、地址。没有统一社会信用代码的，以税务机关赋予的纳税人识别号代替；

（二）认定的税收违法事实和性质；

（三）适用的法律、行政法规、规章及其他规范性文件；

（四）拟作出的税务行政处罚；

（五）当事人依法享有的权利；

（六）告知书的文号、制作日期、税务机关名称及印章；

（七）其他相关事项。

第四十条　被查对象或者其他涉税当事人可以书面或者口头提出陈述、申辩意见。对当事人口头提出陈述、申辩意见，应当制作陈述申辩笔录，如实记录，由陈述人、申辩人签章。

应当充分听取当事人的陈述、申辩意见；经复核，当事人提出的事实、理由或者证据成立的，应当采纳。

第四十一条　被查对象或者其他涉税当事人按照法律、法规、规章要求听证的，应当依法组织听证。

听证依照国家税务总局有关规定执行。

第四十二条　经审理，区分下列情形分别作出处理：

（一）有税收违法行为，应当作出税务处理决定的，制作税务处理决定书；

（二）有税收违法行为，应当作出税务行政处罚决定的，制作税务行政处罚决定书；

（三）税收违法行为轻微，依法可以不予税务行政处罚的，制作不予税务行政处罚决定书；

（四）没有税收违法行为的，制作税务稽查结论。

税务处理决定书、税务行政处罚决定书、不予税务行政处罚决定书、税务稽查结论引用的法律、行政法规、规章及其他规范性文件，应当注明文件全称、文号和有关条款。

第四十三条　税务处理决定书应当包括以下主要内容：

（一）被查对象姓名或者名称、有效身份证件号码或者统一社会信用代码、地址。没有统一社会信用代码的，以税务机关赋予的纳税人识别号代替；

（二）检查范围和内容；

（三）税收违法事实及所属期间；

（四）处理决定及依据；

（五）税款金额、缴纳期限及地点；

（六）税款滞纳时间、滞纳金计算方法、缴纳期限及地点；

（七）被查对象不按期履行处理决定应当承担的责任；

（八）申请行政复议或者提起行政诉讼的途径和期限；

（九）处理决定书的文号、制作日期、税务机关名称及印章。

第四十四条　税务行政处罚决定书应当包括以下主要内容：

（一）被查对象或者其他涉税当事人姓名或者名称、有效身份证件号码或者统一社会信用代码、地址。没有统一社会信用代码的，以税务机关赋予的纳税人识别号代替；

（二）检查范围和内容；

（三）税收违法事实、证据及所属期间；

（四）行政处罚种类和依据；
（五）行政处罚履行方式、期限和地点；
（六）当事人不按期履行行政处罚决定应当承担的责任；
（七）申请行政复议或者提起行政诉讼的途径和期限；
（八）行政处罚决定书的文号、制作日期、税务机关名称及印章。

税务行政处罚决定应当依法公开。公开的行政处罚决定被依法变更、撤销、确认违法或者确认无效的，应当在3个工作日内撤回原行政处罚决定信息并公开说明理由。

第四十五条　不予税务行政处罚决定书应当包括以下主要内容：
（一）被查对象或者其他涉税当事人姓名或者名称、有效身份证件号码或者统一社会信用代码、地址。没有统一社会信用代码的，以税务机关赋予的纳税人识别号代替；
（二）检查范围和内容；
（三）税收违法事实及所属期间；
（四）不予税务行政处罚的理由及依据；
（五）申请行政复议或者提起行政诉讼的途径和期限；
（六）不予行政处罚决定书的文号、制作日期、税务机关名称及印章。

第四十六条　税务稽查结论应当包括以下主要内容：
（一）被查对象姓名或者名称、有效身份证件号码或者统一社会信用代码、地址。没有统一社会信用代码的，以税务机关赋予的纳税人识别号代替；
（二）检查范围和内容；
（三）检查时间和检查所属期间；
（四）检查结论；
（五）结论的文号、制作日期、税务机关名称及印章。

第四十七条　稽查局应当自立案之日起90日内作出行政处理、处罚决定或者无税收违法行为结论。案情复杂需要延期的，经税务局局长批准，可以延长不超过90日；特殊情况或者发生不可抗力需要继续延期的，应当经上一级税务局分管副局长批准，并确定合理的延长期限。但下列时间不计算在内：
（一）中止检查的时间；
（二）请示上级机关或者征求有权机关意见的时间；
（三）提请重大税务案件审理的时间；
（四）因其他方式无法送达，公告送达文书的时间；
（五）组织听证的时间；
（六）纳税人、扣缴义务人超期提供资料的时间；
（七）移送司法机关后，税务机关需根据司法文书决定是否处罚的案件，从司法机关接受移送到司法文书生效的时间。

第四十八条　税收违法行为涉嫌犯罪的，填制涉嫌犯罪案件移送书，经税务局局长批准后，依法移送公安机关，并附送以下资料：
（一）涉嫌犯罪案件情况的调查报告；
（二）涉嫌犯罪的主要证据材料复制件；
（三）其他有关涉嫌犯罪的材料。

第五章 执 行

第四十九条 稽查局应当依法及时送达税务处理决定书、税务行政处罚决定书、不予税务行政处罚决定书、税务稽查结论等税务文书。

第五十条 具有下列情形之一的，经县以上税务局局长批准，稽查局可以依法强制执行，或者依法申请人民法院强制执行：

（一）纳税人、扣缴义务人未按照规定的期限缴纳或者解缴税款、滞纳金，责令限期缴纳逾期仍未缴纳的；

（二）经稽查局确认的纳税担保人未按照规定的期限缴纳所担保的税款、滞纳金，责令限期缴纳逾期仍未缴纳的；

（三）当事人对处罚决定逾期不申请行政复议也不向人民法院起诉、又不履行的；

（四）其他可以依法强制执行的。

第五十一条 当事人确有经济困难，需要延期或者分期缴纳罚款的，可向稽查局提出申请，经税务局局长批准后，可以暂缓或者分期缴纳。

第五十二条 作出强制执行决定前，应当制作并送达催告文书，催告当事人履行义务，听取当事人陈述、申辩意见。经催告，当事人逾期仍不履行行政决定，且无正当理由的，经县以上税务局局长批准，实施强制执行。

实施强制执行时，应当向被执行人送达强制执行决定书，告知其实施强制执行的内容、理由及依据，并告知其享有依法申请行政复议或者提起行政诉讼的权利。

催告期间，对有证据证明有转移或者隐匿财物迹象的，可以作出立即强制执行决定。

第五十三条 稽查局采取从被执行人开户银行或者其他金融机构的存款中扣缴税款、滞纳金、罚款措施时，应当向被执行人开户银行或者其他金融机构送达扣缴税收款项通知书，依法扣缴税款、滞纳金、罚款，并及时将有关凭证送达被执行人。

第五十四条 拍卖、变卖被执行人商品、货物或者其他财产，以拍卖、变卖所得抵缴税款、滞纳金、罚款的，在拍卖、变卖前应当依法进行查封、扣押。

稽查局拍卖、变卖被执行人商品、货物或者其他财产前，应当制作拍卖／变卖抵税财物决定书，经县以上税务局局长批准后送达被执行人，予以拍卖或者变卖。

拍卖或者变卖实现后，应当在结算并收取价款后3个工作日内，办理税款、滞纳金、罚款的入库手续，并制作拍卖／变卖结果通知书，附拍卖／变卖查封、扣押的商品、货物或者其他财产清单，经稽查局局长审核后，送达被执行人。

以拍卖或者变卖所得抵缴税款、滞纳金、罚款和拍卖、变卖等费用后，尚有剩余的财产或者无法进行拍卖、变卖的财产的，应当制作返还商品、货物或者其他财产通知书，附返还商品、货物或者其他财产清单，送达被执行人，并自办理税款、滞纳金、罚款入库手续之日起3个工作日内退还被执行人。

第五十五条 执行过程中发现涉嫌犯罪的，依照本规定第四十八条处理。

第五十六条 执行过程中发现有下列情形之一的，经稽查局局长批准后，中止执行：

（一）当事人死亡或者被依法宣告死亡，尚未确定可执行财产的；

（二）当事人进入破产清算程序尚未终结的；

（三）可执行财产被司法机关或者其他国家机关依法查封、扣押、冻结，致使执行暂时无法进行的；

（四）可供执行的标的物需要人民法院或者仲裁机构确定权属的；

（五）法律、行政法规和国家税务总局规定其他可以中止执行的。

中止执行情形消失后，经稽查局局长批准，恢复执行。

第五十七条 当事人确无财产可供抵缴税款、滞纳金、罚款或者依照破产清算程序确实无法清缴税款、滞纳金、罚款，或者有其他法定终结执行情形的，经税务局局长批准后，终结执行。

第五十八条 税务处理决定书、税务行政处罚决定书等决定性文书送达后，有下列情形之一的，稽查局可以依法重新作出：

（一）决定性文书被人民法院判决撤销的；

（二）决定性文书被行政复议机关决定撤销的；

（三）税务机关认为需要变更或者撤销原决定性文书的；

（四）其他依法需要变更或者撤销原决定性文书的。

第六章 附　则

第五十九条 本规定相关税务文书的式样，由国家税务总局规定。

第六十条 本规定所称签章，区分以下情况确定：

（一）属于法人或者其他组织的，由相关人员签名，加盖单位印章并注明日期；

（二）属于个人的，由个人签名并注明日期。

本规定所称"以上""日内"，均含本数。

第六十一条 本规定自2021年8月11日起施行。《税务稽查工作规程》（国税发〔2009〕157号印发，国家税务总局公告2018年第31号修改）同时废止。

国家税务总局关于发布《纳税信用管理办法（试行）》的公告

（国家税务总局公告2014年第40号）

现将《纳税信用管理办法（试行）》予以发布，自2014年10月1日起施行。

特此公告。

国家税务总局

2014年7月4日

纳税信用管理办法（试行）

第一章 总　则

第一条 为规范纳税信用管理，促进纳税人诚信自律，提高税法遵从度，推进社会信用体系建设，根据《中华人民共和国税收征收管理法》及其实施细则、《国务院关于促进市场公平竞争维护市场正常秩序的若干意见》（国发〔2014〕20号）和《国务院关于印发社会信用体系建设规划纲要（2014–2020年）的通知》（国发〔2014〕21号），制定本办法。

第二条　本办法所称纳税信用管理，是指税务机关对纳税人的纳税信用信息开展的采集、评价、确定、发布和应用等活动。

第三条　本办法适用于已办理税务登记，从事生产、经营并适用查账征收的企业纳税人（以下简称纳税人）。

扣缴义务人、自然人纳税信用管理办法由国家税务总局另行规定。

个体工商户和其他类型纳税人的纳税信用管理办法由省税务机关制定。

第四条　国家税务总局主管全国纳税信用管理工作。省以下税务机关负责所辖地区纳税信用管理工作的组织和实施。

第五条　纳税信用管理遵循客观公正、标准统一、分级分类、动态调整的原则。

第六条　国家税务总局推行纳税信用管理工作的信息化，规范统一纳税信用管理。

第七条[①]　国家税务局、地方税务局应联合开展纳税信用评价工作。

第八条　税务机关积极参与社会信用体系建设，与相关部门建立信用信息共建共享机制，推动纳税信用与其他社会信用联动管理。

第二章　纳税信用信息采集

第九条　纳税信用信息采集是指税务机关对纳税人纳税信用信息的记录和收集。

第十条　纳税信用信息包括纳税人信用历史信息、税务内部信息、外部信息。

纳税人信用历史信息包括基本信息和评价年度之前的纳税信用记录，以及相关部门评定的优良信用记录和不良信用记录。

税务内部信息包括经常性指标信息和非经常性指标信息。经常性指标信息是指涉税申报信息、税（费）款缴纳信息、发票与税控器具信息、登记与账簿信息等纳税人在评价年度内经常产生的指标信息；非经常性指标信息是指税务检查信息等纳税人在评价年度内不经常产生的指标信息。

外部信息包括外部参考信息和外部评价信息。外部参考信息包括评价年度相关部门评定的优良信用记录和不良信用记录；外部评价信息是指从相关部门取得的影响纳税人纳税信用评价的指标信息。

第十一条　纳税信用信息采集工作由国家税务总局和省税务机关组织实施，按月采集。

第十二条　本办法第十条第二款纳税人信用历史信息中的基本信息由税务机关从税务管理系统中采集，税务管理系统中暂缺的信息由税务机关通过纳税人申报采集；评价年度之前的纳税信用记录，以及相关部门评定的优良信用记录和不良信用记录，从税收管理记录、国家统一信用信息平台等渠道中采集。

第十三条　本办法第十条第三款税务内部信息从税务管理系统中采集。

第十四条　本办法第十条第四款外部信息主要通过税务管理系统、国家统一信用信息平台、相关部门官方网站、新闻媒体或者媒介等渠道采集。通过新闻媒体或者媒介采集的信息应核实后使用。

---

① 注：第七条废止，参见《国家税务总局关于公布全文失效废止和部分条款失效废止的税收规范性文件目录的公告》（国家税务总局公告2018年第33号）。

第三章 纳税信用评价

第十五条 纳税信用评价采取年度评价指标得分和直接判级方式。评价指标包括税务内部信息和外部评价信息。

年度评价指标得分采取扣分方式。纳税人评价年度内经常性指标和非经常性指标信息齐全的，从 100 分起评；非经常性指标缺失的，从 90 分起评。

直接判级适用于有严重失信行为的纳税人。

纳税信用评价指标由国家税务总局另行规定。

第十六条 外部参考信息在年度纳税信用评价结果中记录，与纳税信用评价信息形成联动机制。

第十七条 纳税信用评价周期为一个纳税年度，有下列情形之一的纳税人，不参加本期的评价：

（一）纳入纳税信用管理时间不满一个评价年度的；

（二）本评价年度内无生产经营业务收入的；①

（三）因涉嫌税收违法被立案查处尚未结案的；

（四）被审计、财政部门依法查出税收违法行为，税务机关正在依法处理，尚未办结的；

（五）已申请税务行政复议、提起行政诉讼尚未结案的；

（六）其他不应参加本期评价的情形。

第十八条 纳税信用级别设 A、B、C、D 四级。A 级纳税信用为年度评价指标得分 90 分以上的；B 级纳税信用为年度评价指标得分 70 分以上不满 90 分的；C 级纳税信用为年度评价指标得分 40 分以上不满 70 分的；D 级纳税信用为年度评价指标得分不满 40 分或者直接判级确定的。

第十九条 有下列情形之一的纳税人，本评价年度不能评为 A 级：

（一）实际生产经营期不满 3 年的；

（二）上一评价年度纳税信用评价结果为 D 级的；

（三）非正常原因一个评价年度内增值税或营业税连续 3 个月或者累计 6 个月零申报、负申报的；

（四）不能按照国家统一的会计制度规定设置账簿，并根据合法、有效凭证核算，向税务机关提供准确税务资料的。

第二十条 有下列情形之一的纳税人，本评价年度直接判为 D 级：

（一）存在逃避缴纳税款、逃避追缴欠税、骗取出口退税、虚开增值税专用发票等行为，经判决构成涉税犯罪的；

（二）存在前项所列行为，未构成犯罪，但偷税（逃避缴纳税款）金额 10 万元以上且占各税种应纳税总额 10% 以上，或者存在逃避追缴欠税、骗取出口退税、虚开增值税专用发票等税收违法行为，已缴纳税款、滞纳金、罚款的；

（三）在规定期限内未按税务机关处理结论缴纳或者足额缴纳税款、滞纳金和罚款的；

（四）以暴力、威胁方法拒不缴纳税款或者拒绝、阻挠税务机关依法实施税务稽查执法行为的；

---

① 注：第十七条第二项废止，参见《国家税务总局关于纳税信用评价有关事项的公告》（国家税务总局公告 2018 年第 8 号）。

（五）存在违反增值税发票管理规定或者违反其他发票管理规定的行为，导致其他单位或者个人未缴、少缴或者骗取税款的；

（六）提供虚假申报材料享受税收优惠政策的；

（七）骗取国家出口退税款，被停止出口退（免）税资格未到期的；

（八）有非正常户记录或者由非正常户直接责任人员注册登记或者负责经营的；

（九）由D级纳税人的直接责任人员注册登记或者负责经营的；

（十）存在税务机关依法认定的其他严重失信情形的。

第二十一条　纳税人有下列情形的，不影响其纳税信用评价：

（一）由于税务机关原因或者不可抗力，造成纳税人未能及时履行纳税义务的；

（二）非主观故意的计算公式运用错误以及明显的笔误造成未缴或者少缴税款的；

（三）国家税务总局认定的其他不影响纳税信用评价的情形。

第四章　纳税信用评价结果的确定和发布

第二十二条　纳税信用评价结果的确定和发布遵循谁评价、谁确定、谁发布的原则。

第二十三条　税务机关每年4月确定上一年度纳税信用评价结果，并为纳税人提供自我查询服务。

第二十四条　纳税人对纳税信用评价结果有异议的，可以书面向作出评价的税务机关申请复评。作出评价的税务机关应按本办法第三章规定进行复核。

第二十五条　税务机关对纳税人的纳税信用级别实行动态调整。

因税务检查等发现纳税人以前评价年度需扣减信用评价指标得分或者直接判级的，税务机关应按本办法第三章规定调整其以前年度纳税信用评价结果和记录。

纳税人因第十七条第三、四、五项所列情形解除而向税务机关申请补充纳税信用评价的，税务机关应按本办法第三章规定处理。

第二十六条　纳税人信用评价状态变化时，税务机关可采取适当方式通知、提醒纳税人。

第二十七条　税务机关对纳税信用评价结果，按分级分类原则，依法有序开放：

（一）主动公开A级纳税人名单及相关信息；

（二）根据社会信用体系建设需要，以及与相关部门信用信息共建共享合作备忘录、协议等规定，逐步开放B、C、D级纳税人名单及相关信息；

（三）定期或者不定期公布重大税收违法案件信息。具体办法由国家税务总局另行规定。

第五章　纳税信用评价结果的应用

第二十八条　税务机关按照守信激励，失信惩戒的原则，对不同信用级别的纳税人实施分类服务和管理。

第二十九条　对纳税信用评价为A级的纳税人，税务机关予以下列激励措施：

（一）主动向社会公告年度A级纳税人名单；

（二）一般纳税人可单次领取3个月的增值税发票用量，需要调整增值税发票用量时即时办理；

（三）普通发票按需领用；

（四）连续3年被评为A级信用级别（简称3连A）的纳税人，除享受以上措施外，还可以由税务机关提供绿色通道或专门人员帮助办理涉税事项；

（五）税务机关与相关部门实施的联合激励措施，以及结合当地实际情况采取的其他激励措施。

第三十条 对纳税信用评价为B级的纳税人，税务机关实施正常管理，适时进行税收政策和管理规定的辅导，并视信用评价状态变化趋势选择性地提供本办法第二十九条的激励措施。

第三十一条 对纳税信用评价为C级的纳税人，税务机关应依法从严管理，并视信用评价状态变化趋势选择性地采取本办法第三十二条的管理措施。

第三十二条 对纳税信用评价为D级的纳税人，税务机关应采取以下措施：

（一）按照本办法第二十七条的规定，公开D级纳税人及其直接责任人员名单，对直接责任人员注册登记或者负责经营的其他纳税人纳税信用直接判为D级；

（二）增值税专用发票领用按辅导期一般纳税人政策办理，普通发票的领用实行交（验）旧供新、严格限量供应；

（三）加强出口退税审核；

（四）加强纳税评估，严格审核其报送的各种资料；

（五）列入重点监控对象，提高监督检查频次，发现税收违法违规行为的，不得适用规定处罚幅度内的最低标准；

（六）将纳税信用评价结果通报相关部门，建议在经营、投融资、取得政府供应土地、进出口、出入境、注册新公司、工程招投标、政府采购、获得荣誉、安全许可、生产许可、从业任职资格、资质审核等方面予以限制或禁止；

（七）D级评价保留2年，第三年纳税信用不得评价为A级；

（八）税务机关与相关部门实施的联合惩戒措施，以及结合实际情况依法采取的其他严格管理措施。

第六章 附 则

第三十三条 省税务机关可以根据本办法制定具体实施办法。

第三十四条 本办法自2014年10月1日起施行。2003年7月17日国家税务总局发布的《纳税信用等级评定管理试行办法》（国税发〔2003〕92号）同时废止。

国家税务总局关于纳税信用管理有关事项的公告

（国家税务总局公告2020年第15号）

为深入贯彻落实国务院"放管服"改革精神，优化税收营商环境，完善纳税信用体系，根据《中华人民共和国税收征收管理法实施细则》和《国务院关于印发社会信用体系建设规划纲要（2014-2020年）的通知》（国发〔2014〕21号），现就纳税信用管理有关事项公告如下：

一、非独立核算分支机构可自愿参与纳税信用评价。本公告所称非独立核算分支机构是指由企业纳税人设立，已在税务机关完成登记信息确认且核算方式为非独立核算的分支机构。

非独立核算分支机构参评后，2019年度之前的纳税信用级别不再评价，在机构存续期间适用国家税务总局纳税信用管理相关规定。

二、自开展 2020 年度评价时起,调整纳税信用评价计分方法中的起评分规则。近三个评价年度内存在非经常性指标信息的,从 100 分起评;近三个评价年度内没有非经常性指标信息的,从 90 分起评。

三、自开展 2019 年度评价时起,调整税务机关对 D 级纳税人采取的信用管理措施。对于因评价指标得分评为 D 级的纳税人,次年由直接保留 D 级评价调整为评价时加扣 11 分;税务机关应按照本条前述规定在 2020 年 11 月 30 日前调整其 2019 年度纳税信用级别,2019 年度以前的纳税信用级别不作追溯调整。对于因直接判级评为 D 级的纳税人,维持 D 级评价保留 2 年、第三年纳税信用不得评价为 A 级。

四、纳税人对指标评价情况有异议的,可在评价年度次年 3 月份填写《纳税信用复评(核)申请表》,向主管税务机关提出复核,主管税务机关在开展年度评价时审核调整,并随评价结果向纳税人提供复核情况的自我查询服务。

五、本公告自 2020 年 11 月 1 日起施行。《纳税信用管理办法(试行)》(国家税务总局公告 2014 年第 40 号发布)第十五条第二款、第三十二条第七项,《国家税务总局关于明确纳税信用管理若干业务口径的公告》(2015 年第 85 号,2018 年第 31 号修改)第三条第一款、第七条第一项,《国家税务总局关于明确纳税信用补评和复评事项的公告》(2015 年第 46 号,2018 年第 31 号修改)所附《纳税信用复评申请表》同时废止。

特此公告。

附件:纳税信用复评(核)申请表

国家税务总局
2020 年 9 月 13 日

附件

纳税信用复评(核)申请表

纳税人识别号			
纳税人名称			
主管税务机关			
经办人		经办人联系电话	
申请复评(核)年度		年度评价结果	(申请复核的不填)
申请原因			
□ 1. 对纳税信用评价得分计算有疑问			
□ 2. 对直接判为 D 级有疑问			
□ 3. 对涉税申报信息评价指标扣分有疑问			
□ 4. 对税(费)缴纳信息评价指标扣分有疑问			
□ 5. 对发票与税控器具信息评价指标扣分有疑问			
□ 6. 对登记与账簿信息评价指标扣分有疑问			
□ 7. 对纳税评估、税务审计、反避税调查信息评价指标扣分有疑问			
□ 8. 对税务稽查信息评价指标扣分有疑问			
□ 9. 对外部评价信息指标扣分有疑问			
□ 10. 其他:			

续表

经办人签章: 年 月 日	纳税人公章: 年 月 日
以下由税务机关填写	
受理人: 受理日期: 年 月 日	主管税务机关(章)

备注:1.税务机关在受理复评申请后15个工作日内完成纳税信用复评,并向纳税人提供复评情况的自我查询服务。

2.税务机关在3月份集中受理复核申请,在开展年度评价时审核调整,并随评价结果向纳税人提供复核情况的自我查询服务。

3.本表一式两份,主管税务机关留存一份,返纳税人一份。

4.主管税务机关(章)指办税服务厅业务专用章。

国家税务总局关于纳税信用评价与修复有关事项的公告

(国家税务总局公告2021年第31号)

为贯彻落实中办、国办印发的《关于进一步深化税收征管改革的意见》,深入开展2021年"我为纳税人缴费人办实事暨便民办税春风行动",推进税务领域"放管服"改革,优化税收营商环境,引导纳税人及时纠正违规失信行为、消除不良影响,根据《国务院办公厅关于进一步完善失信约束制度 构建诚信建设长效机制的指导意见》(国办发〔2020〕49号)等文件要求,现就纳税信用评价与修复有关事项公告如下:

一、符合下列条件之一的纳税人,可向主管税务机关申请纳税信用修复:

(一)破产企业或其管理人在重整或和解程序中,已依法缴纳税款、滞纳金、罚款,并纠正相关纳税信用失信行为的。

(二)因确定为重大税收违法失信主体,纳税信用直接判为D级的纳税人,失信主体信息已按照国家税务总局相关规定不予公布或停止公布,申请前连续12个月没有新增纳税信用失信行为记录的。

(三)由纳税信用D级纳税人的直接责任人员注册登记或者负责经营,纳税信用关联评价为D级的纳税人,申请前连续6个月没有新增纳税信用失信行为记录的。

(四)因其他失信行为纳税信用直接判为D级的纳税人,已纠正纳税信用失信行为、履行税收法律责任,申请前连续12个月没有新增纳税信用失信行为记录的。

(五)因上一年度纳税信用直接判为D级,本年度纳税信用保留为D级的纳税人,已纠正纳税信用失信行为、履行税收法律责任或失信主体信息已按照国家税务总局相关规定不予公布或停止公布,申请前连续12个月没有新增纳税信用失信行为记录的。

二、符合《国家税务总局关于纳税信用修复有关事项的公告》（2019年第37号）所列条件的纳税人，其纳税信用级别及失信行为的修复仍从其规定。

三、符合本公告所列条件的纳税人，可填写《纳税信用修复申请表》（附件1），对当前的纳税信用评价结果向主管税务机关申请纳税信用修复。税务机关核实纳税人纳税信用状况，按照《纳税信用修复范围及标准》（附件2）调整相应纳税信用评价指标状态，根据纳税信用评价相关规定，重新评价纳税人的纳税信用级别。

申请破产重整企业纳税信用修复的，应同步提供人民法院批准的重整计划或认可的和解协议，其破产重整前发生的相关失信行为，可按照《纳税信用修复范围及标准》中破产重整企业适用的修复标准开展修复。

四、自2021年度纳税信用评价起，税务机关按照"首违不罚"相关规定对纳税人不予行政处罚的，相关记录不纳入纳税信用评价。

五、本公告自2022年1月1日起施行。《国家税务总局关于明确纳税信用管理若干业务口径的公告》（2015年第85号，2018年第31号修改）第六条第（十）项、《国家税务总局关于纳税信用修复有关事项的公告》（2019年第37号）所附《纳税信用修复申请表》《纳税信用修复范围及标准》同时废止。

特此公告。

附件：1. 纳税信用修复申请表（略）
   2. 纳税信用修复范围及标准（略）

国家税务总局
2021年11月15日

税收违法行为检举管理办法

（国家税务总局令第49号）

《税收违法行为检举管理办法》，已经2019年11月21日国家税务总局2019年度第4次局务会议审议通过，现予公布，自2020年1月1日起施行。

国家税务总局局长：王军
2019年11月26日

税收违法行为检举管理办法

第一章 总 则

第一条 为了保障单位、个人依法检举纳税人、扣缴义务人违反税收法律、行政法规行为的权利，规范检举秩序，根据《中华人民共和国税收征收管理法》及其实施细则的有关规定，制定本办法。

第二条 本办法所称检举,是指单位、个人采用书信、电话、传真、网络、来访等形式,向税务机关提供纳税人、扣缴义务人税收违法行为线索的行为。

采用前款所述的形式,检举税收违法行为的单位、个人称检举人;被检举的纳税人、扣缴义务人称被检举人。

检举人可以实名检举,也可以匿名检举。

第三条 本办法所称税收违法行为,是指涉嫌偷税(逃避缴纳税款)、逃避追缴欠税、骗税、虚开、伪造、变造发票,以及其他与逃避缴纳税款相关的税收违法行为。

第四条 检举管理工作坚持依法依规、分级分类、属地管理、严格保密的原则。

第五条 市(地、州、盟)以上税务局稽查局设立税收违法案件举报中心。国家税务总局稽查局税收违法案件举报中心负责接收税收违法行为检举,督促、指导、协调处理重要检举事项;省、自治区、直辖市、计划单列市和市(地、州、盟)税务局稽查局税收违法案件举报中心负责税收违法行为检举的接收、受理、处理和管理;各级跨区域稽查局和县税务局应当指定行使税收违法案件举报中心职能的部门,负责税收违法行为检举的接收,并按规定职责处理。

本办法所称举报中心是指前款所称的税收违法案件举报中心和指定行使税收违法案件举报中心职能的部门。举报中心应当对外挂标识牌。

第六条 税务机关应当向社会公布举报中心的电话(传真)号码、通讯地址、邮政编码、网络检举途径,设立检举接待场所和检举箱。

税务机关同时通过 12366 纳税服务热线接收税收违法行为检举。

第七条 税务机关应当与公安、司法、纪检监察和信访等单位加强联系和合作,做好检举管理工作。

第八条 检举税收违法行为是检举人的自愿行为,检举人因检举而产生的支出应当由其自行承担。

第九条 检举人在检举过程中应当遵守法律、行政法规等规定;应当对其所提供检举材料的真实性负责,不得捏造、歪曲事实,不得诬告、陷害他人;不得损害国家、社会、集体的利益和其他公民的合法权益。

第二章 检举事项的接收与受理

第十条 检举人检举税收违法行为应当提供被检举人的名称(姓名)、地址(住所)和税收违法行为线索;尽可能提供被检举人统一社会信用代码(身份证件号码)、法定代表人、实际控制人信息和其他相关证明资料。

鼓励检举人提供书面检举材料。

第十一条 举报中心接收实名检举,应当准确登记实名检举人信息。

检举人以个人名义实名检举应当由其本人提出;以单位名义实名检举应当委托本单位工作人员提出。

多人联名进行实名检举的,应当确定第一联系人;未确定的,以检举材料的第一署名人为第一联系人。

第十二条 12366 纳税服务热线接收电话检举后,应当按照以下分类转交相关部门:

(一)符合本办法第三条规定的检举事项,应当及时转交举报中心;

(二)对应开具而未开具发票、未申报办理税务登记及其他轻微税收违法行为的检举事项,按照有关规定直接转交被检举人主管税务机关相关业务部门处理;

（三）其他检举事项转交有处理权的单位或者部门。

税务机关的其他单位或者部门接到符合本办法第三条规定的检举材料后，应当及时转交举报中心。

第十三条 以来访形式实名检举的，检举人应当提供营业执照、居民身份证等有效身份证件的原件和复印件。

以来信、网络、传真形式实名检举的，检举人应当提供营业执照、居民身份证等有效身份证件的复印件。

以电话形式要求实名检举的，税务机关应当告知检举人采取本条第一款、第二款的形式进行检举。

检举人未采取本条第一款、第二款的形式进行检举的，视同匿名检举。

举报中心可以应来访的实名检举人要求出具接收回执；对多人联名进行实名来访检举的，向其确定的第一联系人或者第一署名人出具接收回执。

第十四条 来访检举应当到税务机关设立的检举接待场所；多人来访提出相同检举事项的，应当推选代表，代表人数应当在3人以内。

第十五条 接收来访口头检举，应当准确记录检举事项，交检举人阅读或者向检举人宣读确认。实名检举的，由检举人签名或者盖章；匿名检举的，应当记录在案。

接收电话检举，应当细心接听、询问清楚、准确记录。

接收电话、来访检举，经告知检举人后可以录音、录像。

接收书信、传真等书面形式检举，应当保持检举材料的完整，及时登记处理。

第十六条 税务机关应当合理设置检举接待场所。检举接待场所应当与办公区域适当分开，配备使用必要的录音、录像等监控设施，保证监控设施对接待场所全覆盖并正常运行。

第十七条 举报中心对接收的检举事项，应当及时审查，有下列情形之一的，不予受理：

（一）无法确定被检举对象，或者不能提供税收违法行为线索的；

（二）检举事项已经或者依法应当通过诉讼、仲裁、行政复议以及其他法定途径解决的；

（三）对已经查结的同一检举事项再次检举，没有提供新的有效线索的。

除前款规定外，举报中心自接收检举事项之日起即为受理。

举报中心可以应实名检举人要求，视情况采取口头或者书面方式解释不予受理原因。

国家税务总局稽查局举报中心对本级收到的检举事项应当进行甄别。对本办法第三条规定以外的检举事项，转送有处理权的单位或者部门；对本办法第三条规定范围内的检举事项，按属地管理原则转送相关举报中心，由该举报中心审查并决定是否受理。国家税务总局稽查局举报中心应当定期向相关举报中心了解所转送检举事项的受理情况，对应受理未受理的应予以督办。

第十八条 未设立稽查局的县税务局受理的检举事项，符合本办法第三条规定的，提交上一级税务局稽查局举报中心统一处理。

各级跨区域稽查局受理的检举事项，符合本办法第三条规定的，提交同级税务局稽查局备案后处理。

第十九条 检举事项管辖有争议的，由争议各方本着有利于案件查处的原则协商解决；不能协商一致的，报请共同的上一级税务机关协调或者决定。

第三章 检举事项的处理

第二十条 检举事项受理后,应当分级分类,按照以下方式处理:

(一)检举内容详细、税收违法行为线索清楚、证明资料充分的,由稽查局立案检查。

(二)检举内容与线索较明确但缺少必要证明资料,有可能存在税收违法行为的,由稽查局调查核实。发现存在税收违法行为的,立案检查;未发现的,作查结处理。

(三)检举对象明确,但其他检举事项不完整或者内容不清、线索不明的,可以暂存待查,待检举人将情况补充完整以后,再进行处理。

(四)已经受理尚未查结的检举事项,再次检举的,可以合并处理。

(五)本办法第三条规定以外的检举事项,转交有处理权的单位或者部门。

第二十一条 举报中心可以税务机关或者以自己的名义向下级税务机关督办、交办检举事项。

第二十二条 举报中心应当在检举事项受理之日起十五个工作日内完成分级分类处理,特殊情况除外。

查处部门应当在收到举报中心转来的检举材料之日起三个月内办理完毕;案情复杂无法在期限内办理完毕的,可以延期。

第二十三条 税务局稽查局对督办案件的处理结果应当认真审查。对于事实不清、处理不当的,应当通知承办机关补充调查或者重新调查,依法处理。

第四章 检举事项的管理

第二十四条 举报中心应当严格管理检举材料,逐件登记已受理检举事项的主要内容、办理情况和检举人、被检举人的基本情况。

第二十五条 已接收的检举材料原则上不予退还。不予受理的检举材料,登记检举事项的基本信息和不予受理原因后,经本级稽查局负责人批准可以销毁。

第二十六条 暂存待查的检举材料,若在受理之日起两年内未收到有价值的补充材料,可以销毁。

第二十七条 督办案件的检举材料应当专门管理,并按照规定办理督办案件材料的转送、报告等具体事项。

第二十八条 检举材料的保管和整理,应当按照档案管理的有关规定办理。

第二十九条 举报中心每年度对检举案件和有关事项的数量、类别及办理情况等进行汇总分析,形成年度分析报告,并按规定报送。

第五章 检举人的答复和奖励

第三十条 实名检举人可以要求答复检举事项的处理情况与查处结果。

实名检举人要求答复处理情况时,应当配合核对身份;要求答复查处结果时,应当出示检举时所提供的有效身份证件。

举报中心可以视具体情况采取口头或者书面方式答复实名检举人。

第三十一条 实名检举事项的处理情况,由作出处理行为的税务机关的举报中心答复。

将检举事项督办、交办、提交或者转交的,应当告知去向;暂存待查的,应当建议检举人补充资料。

第三十二条 实名检举事项的查处结果,由负责查处的税务机关的举报中心答复。

实名检举人要求答复检举事项查处结果的，检举事项查结以后，举报中心可以将与检举线索有关的查处结果简要告知检举人，但不得告知其检举线索以外的税收违法行为的查处情况，不得提供执法文书及有关案情资料。

第三十三条 12366纳税服务热线接收检举事项并转交举报中心或者相关业务部门后，可以应检举人要求将举报中心或者相关业务部门反馈的受理情况告知检举人。

第三十四条 检举事项经查证属实，为国家挽回或者减少损失的，按照财政部和国家税务总局的有关规定对实名检举人给予相应奖励。

第六章 权利保护

第三十五条 检举人不愿提供个人信息或者不愿公开检举行为的，税务机关应当予以尊重和保密。

第三十六条 税务机关应当在职责范围内依法保护检举人、被检举人的合法权益。

第三十七条 税务机关工作人员与检举事项或者检举人、被检举人有直接利害关系的，应当回避。

检举人有正当理由并且有证据证明税务机关工作人员应当回避的，经本级税务机关负责人或者稽查局负责人批准以后，予以回避。

第三十八条 税务机关工作人员必须严格遵守以下保密规定：

（一）检举事项的受理、登记、处理及查处，应当依照国家有关法律、行政法规等规定严格保密，并建立健全工作责任制，不得私自摘抄、复制、扣压、销毁检举材料；

（二）严禁泄露检举人的姓名、身份、单位、地址、联系方式等情况，严禁将检举情况透露给被检举人及与案件查处无关的人员；

（三）调查核实情况和立案检查时不得出示检举信原件或者复印件，不得暴露检举人的有关信息，对匿名的检举书信及材料，除特殊情况以外，不得鉴定笔迹；

（四）宣传报道和奖励检举有功人员，未经检举人书面同意，不得公开检举人的姓名、身份、单位、地址、联系方式等情况。

第七章 法律责任

第三十九条 税务机关工作人员违反本办法规定，将检举人的检举材料或者有关情况提供给被检举人或者与案件查处无关人员的，依法给予行政处分。

第四十条 税务机关工作人员打击报复检举人的，视情节和后果，依法给予行政处分；涉嫌犯罪的，移送司法机关依法处理。

第四十一条 税务机关工作人员不履行职责、玩忽职守、徇私舞弊，给检举工作造成损失的，应当给予批评教育；情节严重的，依法给予行政处分并调离工作岗位；涉嫌犯罪的，移送司法机关依法处理。

第四十二条 税收违法检举案件中涉及税务机关或者税务人员违纪违法问题的，应当按照规定移送有关部门依纪依法处理。

第四十三条 检举人违反本办法第九条规定的，税务机关工作人员应当对检举人进行劝阻、批评和教育；经劝阻、批评和教育无效的，可以联系有关部门依法处理。

第八章 附 则

第四十四条 本办法所称的检举事项查结，是指检举案件的结论性文书生效，或者检举事项经调查核实后未发现税收违法行为。

第四十五条 国家税务总局各省、自治区、直辖市和计划单列市税务局可以根据本办法制定具体的实施办法。

第四十六条 本办法自 2020 年 1 月 1 日起施行。《税收违法行为检举管理办法》（国家税务总局令第 24 号公布）同时废止。

检举纳税人税收违法行为奖励暂行办法

（国家税务总局 财政部令第 18 号 ）

《检举纳税人税收违法行为奖励暂行办法》已经国家税务总局、财政部审议通过，现予公布，自 2007 年 3 月 1 日起施行。

局长：谢旭人
部长：金人庆
二〇〇七年一月十三日

检举纳税人税收违法行为奖励暂行办法

第一条 为了鼓励检举税收违法行为，根据《中华人民共和国税收征收管理法》及其实施细则有关规定，制定本办法。

第二条 本办法所称税收违法行为，是指纳税人、扣缴义务人的税收违法行为以及本办法列举的其他税收违法行为。

检举税收违法行为是单位和个人的自愿行为。

第三条 对单位和个人实名向税务机关检举税收违法行为并经查实的，税务机关根据其贡献大小依照本办法给予奖励。但有下列情形之一的，不予奖励：

（一）匿名检举税收违法行为，或者检举人无法证实其真实身份的；

（二）检举人不能提供税收违法行为线索，或者采取盗窃、欺诈或者法律、行政法规禁止的其他手段获取税收违法行为证据的；

（三）检举内容含糊不清、缺乏事实根据的；

（四）检举人提供的线索与税务机关查处的税收违法行为无关的；

（五）检举的税收违法行为税务机关已经发现或者正在查处的；

（六）有税收违法行为的单位和个人在被检举前已经向税务机关报告其税收违法行为的；

（七）国家机关工作人员利用工作便利获取信息用以检举税收违法行为的；

（八）检举人从国家机关或者国家机关工作人员处获取税收违法行为信息检举的；

（九）国家税务总局规定不予奖励的其他情形。

第四条 国家税务局系统检举奖励资金从财政部向国家税务总局拨付的税务稽查办案

专项经费中据实列支，地方税务局系统检举奖励资金从省、自治区、直辖市和计划单列市财政厅（局）向同级地方税务局拨付的税务稽查办案专项经费中据实列支。

检举奖励资金的拨付，按照财政国库管理制度的有关规定执行。

第五条 检举奖励资金由稽查局、主管税务局财务部门共同负责管理，稽查局使用，主管税务局财务部门负责支付和监督。

省、自治区、直辖市和计划单列市国家税务局、地方税务局应当对检举奖励资金使用情况编写年度报告，于次年3月底前报告国家税务总局。地方税务局检举奖励资金使用情况同时通报同级财政厅（局）。

第六条 检举的税收违法行为经税务机关立案查实处理并依法将税款收缴入库后，根据本案检举时效、检举材料中提供的线索和证据详实程度、检举内容与查实内容相符程度以及收缴入库的税款数额，按照以下标准对本案检举人计发奖金：

（一）收缴入库税款数额在1亿元以上的，给予10万元以下的奖金；

（二）收缴入库税款数额在5 000万元以上不足1亿元的，给予6万元以下的奖金；

（三）收缴入库税款数额在1 000万元以上不足5 000万元的，给予4万元以下的奖金；

（四）收缴入库税款数额在500万元以上不足1 000万元的，给予2万元以下的奖金；

（五）收缴入库税款数额在100万元以上不足500万元的，给予1万元以下的奖金；

（六）收缴入库税款数额在100万元以下的，给予5 000元以下的奖金。

第七条 被检举人以增值税留抵税额或者多缴、应退的其他税款抵缴被查处的应纳税款，视同税款已经收缴入库。

检举的税收违法行为经查实处理后没有应纳税款的，按照收缴入库罚款数额依照本办法第六条规定的标准计发奖金。

因被检举人破产或者存有符合法律、行政法规规定终止执行的条件，致使无法将税款或者罚款全额收缴入库的，按已经收缴入库税款或者罚款数额依照本办法规定的标准计发奖金。

第八条 检举虚开增值税专用发票以及其他可用于骗取出口退税、抵扣税款发票行为的，根据立案查实虚开发票填开的税额按照本办法第六条规定的标准计发奖金。

第九条 检举伪造、变造、倒卖、盗窃、骗取增值税专用发票以及可用于骗取出口退税、抵扣税款的其他发票行为的，按照以下标准对检举人计发奖金：

（一）查获伪造、变造、倒卖、盗窃、骗取上述发票10 000份以上的，给予10万元以下的奖金；

（二）查获伪造、变造、倒卖、盗窃、骗取上述发票6 000份以上不足10 000份的，给予6万元以下的奖金；

（三）查获伪造、变造、倒卖、盗窃、骗取上述发票3 000份以上不足6 000份的，给予4万元以下的奖金；

（四）查获伪造、变造、倒卖、盗窃、骗取上述发票1 000份以上不足3 000份的，给予2万元以下的奖金；

（五）查获伪造、变造、倒卖、盗窃、骗取上述发票100份以上不足1 000份的，给予1万元以下的奖金；

（六）查获伪造、变造、倒卖、盗窃、骗取上述发票不足100份的，给予5 000元以下的奖金；

查获伪造、变造、倒卖、盗窃、骗取前款所述以外其他发票的，最高给予5万元以下的奖金；检举奖金具体数额标准及批准权限，由各省、自治区、直辖市和计划单列市税务局根据本办法规定并结合本地实际情况确定。

第十条 检举非法印制、转借、倒卖、变造或者伪造完税凭证行为的，按照以下标准对检举人计发奖金：

（一）查获非法印制、转借、倒卖、变造或者伪造完税凭证100份以上或者票面填开税款金额50万元以上的，给予1万元以下的奖金；

（二）查获非法印制、转借、倒卖、变造或者伪造完税凭证50份以上不足100份或者票面填开税款金额20万元以上不足50万元的，给予5 000元以下的奖金；

（三）查获非法印制、转借、倒卖、变造或者伪造完税凭证不足50份或者票面填开税款金额20万元以下的，给予2 000元以下的奖金。

第十一条 被检举人的税收违法行为被国家税务局、地方税务局查处的，合计国家税务局、地方税务局收缴入库的税款数额，按照本办法第六条规定的标准计算检举奖金总额，由国家税务局、地方税务局根据各自收缴入库的税款数额比例分担奖金数额，分别兑付；国家税务局、地方税务局计发的检举奖金合计数额不得超过10万元。

第十二条 同一案件具有适用本办法第六条、第七条、第八条、第九条、第十条规定的两种或者两种以上奖励标准情形的，分别计算检举奖金数额，但检举奖金合计数额不得超过10万元。

第十三条 同一税收违法行为被两个或者两个以上检举人分别检举的，奖励符合本办法规定的最先检举人。检举次序以负责查处的税务机关受理检举的登记时间为准。

最先检举人以外的其他检举人提供的证据对查明税收违法行为有直接作用的，可以酌情给予奖励。

对前两款规定的检举人计发的奖金合计数额不得超过10万元。

第十四条 检举税收违法行为的检举人，可以向税务机关申请检举奖金。

检举奖金由负责查处税收违法行为的税务机关支付。

第十五条 税务机关对检举的税收违法行为经立案查实处理并依法将税款或者罚款收缴入库后，由税收违法案件举报中心根据检举人书面申请及其贡献大小，制作《检举纳税人税收违法行为奖励审批表》，提出奖励对象和奖励金额建议，按照规定权限和程序审批后，向检举人发出《检举纳税人税收违法行为领奖通知书》，通知检举人到指定地点办理领奖手续。《检举纳税人税收违法行为奖励审批表》由税收违法案件举报中心作为密件存档。

税收违法案件举报中心填写《检举纳税人税收违法行为奖金领款财务凭证》，向财务机构领取检举奖金。财务凭证只注明案件编号、案件名称、被检举人名称、检举奖金数额及审批人、领款人的签名，不填写检举内容和检举人身份、名称。

第十六条 检举人应当在接到领奖通知书之日起90日内，持本人身份证或者其他有效证件，到指定地点领取奖金。检举人逾期不领取奖金，视同放弃奖金。

联名检举同一税收违法行为的，奖金由第一署名人领取，并与其他署名人协商分配。

第十七条 检举人或者联名检举的第一署名人不能亲自到税务机关指定的地点领取奖金的，可以委托他人代行领取；代领人应当持委托人的授权委托书、身份证或者其他有效证件以及代领人的身份证或者其他有效证件，办理领取奖金手续。

检举人是单位的，可以委托本单位工作人员代行领取奖金，代领人应当持委托人的授权委托书和代领人的身份证、工作证到税务机关指定的地点办理领取奖金手续。

第十八条 检举人或者代领人领取奖金时,应当在《检举纳税人税收违法行为奖金付款专用凭证》上签名,并注明身份证或者其他有效证件的号码及填发单位。

《检举纳税人税收违法行为奖金付款专用凭证》和委托人的授权委托书由税收违法案件举报中心作为密件存档。

第十九条 税收违法案件举报中心发放检举奖金时,可应检举人的要求,简要告知其所检举的税收违法行为的查处情况,但不得告知其检举线索以外的税收违法行为查处情况,不得提供税务处理(处罚)决定书及有关案情材料。

检举的税收违法行为查结前,税务机关不得将具体查处情况告知检举人。

第二十条 税务机关支付检举奖金时应当严格审核。对玩忽职守、徇私舞弊致使奖金被骗取的,除追缴奖金外,依法追究有关人员责任。

第二十一条 对有特别突出贡献的检举人,税务机关除给予物质奖励外,可以给予相应的精神奖励,但公开表彰宣传应当事先征得检举人的书面同意。

第二十二条 各省、自治区、直辖市和计划单列市国家税务局根据本办法制定具体规定。

各省、自治区、直辖市和计划单列市地方税务局会同同级财政厅(局)根据本办法制定具体规定。

第二十三条 《检举纳税人税收违法行为奖励审批表》《检举纳税人税收违法行为领奖通知书》《检举纳税人税收违法行为奖金领款财务凭证》《检举纳税人税收违法行为奖金付款专用凭证》的格式,由国家税务总局制定。

第二十四条 本办法所称"以上""以下"均含本数。

第二十五条 本办法由国家税务总局和财政部负责解释。

第二十六条 本办法自2007年3月1日起施行。国家税务总局1998年12月15日印发的《税务违法案件举报奖励办法》同时废止。

欠税公告办法(试行)

(2004年10月10日国家税务总局令第9号公布 根据2018年6月15日《国家税务总局关于修改部分税务部门规章的决定》国家税务总局令第44号修正)

第一条 为了规范税务机关的欠税公告行为,督促纳税人自觉缴纳欠税,防止新的欠税的发生,保证国家税款的及时足额入库,根据《中华人民共和国税收征收管理法》(以下简称《税收征管法》)及其实施细则的规定,制定本办法。

第二条 本办法所称公告机关为县以上(含县)税务局。

第三条 本办法所称欠税是指纳税人超过税收法律、行政法规规定的期限或者纳税人超过税务机关依照税收法律、行政法规规定确定的纳税期限(以下简称税款缴纳期限)未缴纳的税款,包括:

(一)办理纳税申报后,纳税人未在税款缴纳期限内缴纳的税款;

(二)经批准延期缴纳的税款期限已满,纳税人未在税款缴纳期限内缴纳的税款;

(三)税务检查已查定纳税人的应补税额,纳税人未在税款缴纳期限内缴纳的税款;

（四）税务机关根据《税收征管法》第二十七条、第三十五条核定纳税人的应纳税额，纳税人未在税款缴纳期限内缴纳的税款；

（五）纳税人的其他未在税款缴纳期限内缴纳的税款。

税务机关对前款规定的欠税数额应当及时核实。

本办法公告的欠税不包括滞纳金和罚款。

第四条 公告机关应当按期在办税场所或者广播、电视、报纸、期刊、网络等新闻媒体上公告纳税人的欠缴税款情况。

（一）企业或单位欠税的，每季公告一次；

（二）个体工商户和其他个人欠税的，每半年公告一次；

（三）走逃、失踪的纳税户以及其他经税务机关查无下落的非正常户欠税的，随时公告。

第五条 欠税公告内容如下：

（一）企业或单位欠税的，公告企业或单位的名称、纳税人识别号、法定代表人或负责人姓名、居民身份证或其他有效身份证件号码、经营地点、欠税税种、欠税余额和当期新发生的欠税金额；

（二）个体工商户欠税的，公告业户名称、业主姓名、纳税人识别号、居民身份证或其他有效身份证件号码、经营地点、欠税税种、欠税余额和当期新发生的欠税金额；

（三）个人（不含个体工商户）欠税的，公告其姓名、居民身份证或其他有效身份证件号码、欠税税种、欠税余额和当期新发生的欠税金额。

第六条 企业、单位纳税人欠缴税款200万元以下（不含200万元），个体工商户和其他个人欠缴税款10万元以下（不含10万元）的，由县级税务局（分局）在办税服务厅公告。

企业、单位纳税人欠缴税款200万元以上（含200万元），个体工商户和其他个人欠缴税款10万元以上（含10万元）的，由地（市）级税务局（分局）公告。

对走逃、失踪的纳税户以及其他经税务机关查无下落的纳税人欠税的，由各省、自治区、直辖市和计划单列市税务局公告。

第七条 对按本办法规定需要由上级公告机关公告的纳税人欠税信息，下级公告机关应及时上报。具体的时间和要求由各省、自治区、直辖市和计划单列市税务局确定。

第八条 公告机关在欠税公告前，应当深入细致地对纳税人欠税情况进行确认，重点要就欠税统计清单数据与纳税人分户台账记载数据、账簿记载书面数据与信息系统记录电子数据逐一进行核对，确保公告数据的真实、准确。

第九条 欠税一经确定，公告机关应当以正式文书的形式签发公告决定，向社会公告。

欠税公告的数额实行欠税余额和新增欠税相结合的办法，对纳税人的以下欠税，税务机关可不公告：

（一）已宣告破产，经法定清算后，依法注销其法人资格的企业欠税；

（二）被责令撤销、关闭，经法定清算后，被依法注销或吊销其法人资格的企业欠税；

（三）已经连续停止生产经营一年（按日历日期计算）以上的企业欠税；

（四）失踪两年以上的纳税人的欠税。

公告决定应当列为税收征管资料档案，妥善保存。

第十条 公告机关公告纳税人欠税情况不得超出本办法规定的范围，并应依照《税收征管法》及其实施细则的规定对纳税人的有关情况进行保密。

第十一条　欠税发生后，除依照本办法公告外，税务机关应当依法催缴并严格按日计算加收滞纳金，直至采取税收保全、税收强制执行措施清缴欠税。任何单位和个人不得以欠税公告代替税收保全、税收强制执行等法定措施的实施，干扰清缴欠税。各级公告机关应指定部门负责欠税公告工作，并明确其他有关职能部门的相关责任，加强欠税管理。

第十二条　公告机关应公告不公告或者应上报不上报，给国家税款造成损失的，上级税务机关除责令其改正外，应按《中华人民共和国公务员法》规定，对直接责任人员予以处理。

第十三条　扣缴义务人、纳税担保人的欠税公告参照本办法的规定执行。

第十四条　各省、自治区、直辖市和计划单列市税务局可以根据本办法制定具体实施细则。

第十五条　本办法由国家税务总局负责解释。

第十六条　本办法自 2005 年 1 月 1 日起施行。

税务违法案件公告办法

（1998 年 9 月 28 日国税发〔1998〕156 号文件印发　根据 2018 年 6 月 15 日《国家税务总局关于修改部分税务部门规章的决定》修正）

第一条　为了规范和监督税务稽查执法行为，根据《中华人民共和国行政处罚法》和《中华人民共和国税收征收管理法》及有关规定，制定本办法。

第二条　税务机关以公告文体或者其他形式将已经生效的税务违法案件行政处理决定进行公告，接受社会监督。

税务违法案件一般由省、地、县三级稽查局或者其主管税务局在办公场所设立的专栏内张贴公告；重大或者其他具有典型意义的税务违法案件，可以印发新闻通稿或者召开新闻发布会进行公告。

第三条　公告应当实事求是，扼要介绍税务违法事实，写明税务行政处理决定的主要内容及其适用的法律、法规依据，与此不相关联的其他情节和调查审理过程，不应写入公告。公告不得泄露国家秘密、商业秘密和个人隐私。

第四条　公告字句要通达简练，正确引用法律、法规规定的税务违法行为名称及相关条文，不得以税务行政处理决定书代替公告。

第五条　公告须经发布机关负责人严格审批。

第六条　各省、自治区、直辖市和计划单列市税务局根据本办法，制定具体规定，报国家税务总局备案。

第七条　本办法自 1998 年 10 月 1 日起施行。

张贴式公告格式

税务违法案件公告
×税告字〔××〕第×号

……（写明税务违法行为名称及当事人的姓名、职业、职务、单位、地址；曾有税务违法行为的，可以略加介绍）。

……（简要叙述违法的事实、性质、情节、态度和危害后果）。本局依照《××》第×条的规定，作出××的处理决定，并将于××××年×月×日（前）依法执行（写明执行方式）。（如已经行政复议、行政诉讼程序，可以适当说明）。

特此公告

发布机关印章
××××年×月×日

注：本公告格式适用于已经生效的税务行政处理决定。

重大税收违法失信主体信息公布管理办法

（2021年12月31日国家税务总局令第54号公布　自2022年2月1日起施行）

第一章　总　　则

第一条　为了贯彻落实中共中央办公厅、国务院办公厅印发的《关于进一步深化税收征管改革的意见》，维护正常税收征收管理秩序，惩戒重大税收违法失信行为，保障税务行政相对人合法权益，促进依法诚信纳税，推进社会信用体系建设，根据《中华人民共和国税收征收管理法》、《优化营商环境条例》等相关法律法规，制定本办法。

第二条　税务机关依照本办法的规定，确定重大税收违法失信主体，向社会公布失信信息，并将信息通报相关部门实施监管和联合惩戒。

第三条　重大税收违法失信主体信息公布管理应当遵循依法行政、公平公正、统一规范、审慎适当的原则。

第四条　各级税务机关应当依法保护税务行政相对人合法权益，对重大税收违法失信主体信息公布管理工作中知悉的国家秘密、商业秘密或者个人隐私、个人信息，应当依法予以保密。

第五条　税务机关工作人员在重大税收违法失信主体信息公布管理工作中，滥用职权、玩忽职守、徇私舞弊的，依照有关规定严肃处理；涉嫌犯罪的，依法移送司法机关。

第二章　失信主体的确定

第六条　本办法所称"重大税收违法失信主体"（以下简称失信主体）是指有下列情形之一的纳税人、扣缴义务人或者其他涉税当事人（以下简称当事人）：

（一）伪造、变造、隐匿、擅自销毁账簿、记账凭证，或者在账簿上多列支出或者不列、少列收入，或者经税务机关通知申报而拒不申报或者进行虚假的纳税申报，不缴或者少缴应纳税款100万元以上，且任一年度不缴或者少缴应纳税款占当年各税种应纳税总额10%以上的，或者采取前述手段，不缴或者少缴已扣、已收税款，数额在100万元以上的；

（二）欠缴应纳税款，采取转移或者隐匿财产的手段，妨碍税务机关追缴欠缴的税款，欠缴税款金额 100 万元以上的；

（三）骗取国家出口退税款的；

（四）以暴力、威胁方法拒不缴纳税款的；

（五）虚开增值税专用发票或者虚开用于骗取出口退税、抵扣税款的其他发票的；

（六）虚开增值税普通发票 100 份以上或者金额 400 万元以上的；

（七）私自印制、伪造、变造发票，非法制造发票防伪专用品，伪造发票监制章的；

（八）具有偷税、逃避追缴欠税、骗取出口退税、抗税、虚开发票等行为，在稽查案件执行完毕前，不履行税收义务并脱离税务机关监管，经税务机关检查确认走逃（失联）的；

（九）为纳税人、扣缴义务人非法提供银行账户、发票、证明或者其他方便，导致未缴、少缴税款 100 万元以上或者骗取国家出口退税款的；

（十）税务代理人违反税收法律、行政法规造成纳税人未缴或者少缴税款 100 万元以上的；

（十一）其他性质恶劣、情节严重、社会危害性较大的税收违法行为。

第七条 税务机关对当事人依法作出《税务行政处罚决定书》，当事人在法定期限内未申请行政复议、未提起行政诉讼，或者申请行政复议，行政复议机关作出行政复议决定后，在法定期限内未提起行政诉讼，或者人民法院对税务行政处罚决定或行政复议决定作出生效判决、裁定后，有本办法第六条规定情形之一的，税务机关确定其为失信主体。

对移送公安机关的当事人，税务机关在移送时已依法作出《税务处理决定书》，未作出《税务行政处罚决定书》的，当事人在法定期限内未申请行政复议、未提起行政诉讼，或者申请行政复议，行政复议机关作出行政复议决定后，在法定期限内未提起行政诉讼，或者人民法院对税务处理决定或行政复议决定作出生效判决、裁定后，有本办法第六条规定情形之一的，税务机关确定其为失信主体。

第八条 税务机关应当在作出确定失信主体决定前向当事人送达告知文书，告知其依法享有陈述、申辩的权利。告知文书应当包括以下内容：

（一）当事人姓名或者名称、有效身份证件号码或者统一社会信用代码、地址。没有统一社会信用代码的，以税务机关赋予的纳税人识别号代替。

（二）拟确定为失信主体的事由、依据。

（三）拟向社会公布的失信信息。

（四）拟通知相关部门采取失信惩戒措施提示。

（五）当事人依法享有的相关权利。

（六）其他相关事项。

对纳入纳税信用评价范围的当事人，还应当告知其拟适用 D 级纳税人管理措施。

第九条 当事人在税务机关告知后 5 日内，可以书面或者口头提出陈述、申辩意见。当事人口头提出陈述、申辩意见的，税务机关应当制作陈述申辩笔录，并由当事人签章。

税务机关应当充分听取当事人陈述、申辩意见，对当事人提出的事实、理由和证据进行复核。当事人提出的事实、理由或者证据成立的，应当采纳。

第十条 经设区的市、自治州以上税务局局长或者其授权的税务局领导批准，税务机关在本办法第七条规定的申请行政复议或提起行政诉讼期限届满，或者行政复议决定、人民法院判决或裁定生效后，于 30 日内制作失信主体确定文书，并依法送达当事人。失信主体确定文书应当包括以下内容：

（一）当事人姓名或者名称、有效身份证件号码或者统一社会信用代码、地址。没有统一社会信用代码的，以税务机关赋予的纳税人识别号代替；

（二）确定为失信主体的事由、依据；

（三）向社会公布的失信信息提示；

（四）相关部门采取失信惩戒措施提示；

（五）当事人依法享有的相关权利；

（六）其他相关事项。

对纳入纳税信用评价范围的当事人，还应当包括适用 D 级纳税人管理措施提示。

本条第一款规定的时限不包括因其他方式无法送达，公告送达告知文书和确定文书的时间。

第三章 信息公布

第十一条 税务机关应当在失信主体确定文书送达后的次月 15 日内，向社会公布下列信息：

（一）失信主体基本情况；

（二）失信主体的主要税收违法事实；

（三）税务处理、税务行政处罚决定及法律依据；

（四）确定失信主体的税务机关；

（五）法律、行政法规规定应当公布的其他信息。

对依法确定为国家秘密的信息，法律、行政法规禁止公开的信息，以及公开后可能危及国家安全、公共安全、经济安全、社会稳定的信息，税务机关不予公开。

第十二条 税务机关按照本办法第十一条第一款第一项规定向社会公布失信主体基本情况。失信主体为法人或者其他组织的，公布其名称、统一社会信用代码（纳税人识别号）、注册地址以及违法行为发生时的法定代表人、负责人或者经人民法院生效裁判确定的实际责任人的姓名、性别及身份证件号码（隐去出生年、月、日号码段）；失信主体为自然人的，公布其姓名、性别、身份证件号码（隐去出生年、月、日号码段）。

经人民法院生效裁判确定的实际责任人，与违法行为发生时的法定代表人或者负责人不一致的，除有证据证明法定代表人或者负责人有涉案行为外，税务机关只向社会公布实际责任人信息。

第十三条 税务机关应当通过国家税务总局各省、自治区、直辖市、计划单列市税务局网站向社会公布失信主体信息，根据本地区实际情况，也可以通过税务机关公告栏、报纸、广播、电视、网络媒体等途径以及新闻发布会等形式向社会公布。

国家税务总局归集各地税务机关确定的失信主体信息，并提供至"信用中国"网站进行公开。

第十四条 属于本办法第六条第一项、第二项规定情形的失信主体，在失信信息公布前按照《税务处理决定书》《税务行政处罚决定书》缴清税款、滞纳金和罚款的，经税务机关确认，不向社会公布其相关信息。

属于本办法第六条第八项规定情形的失信主体，具有偷税、逃避追缴欠税行为的，按照前款规定处理。

第十五条 税务机关对按本办法规定确定的失信主体，纳入纳税信用评价范围的，按照纳税信用管理规定，将其纳税信用级别判为 D 级，适用相应的 D 级纳税人管理措施。

第十六条 对按本办法第十一条第一款规定向社会公布信息的失信主体,税务机关将失信信息提供给相关部门,由相关部门依法依规采取失信惩戒措施。

第十七条 失信主体信息自公布之日起满3年的,税务机关在5日内停止信息公布。

第四章 提前停止公布

第十八条 失信信息公布期间,符合下列条件之一的,失信主体或者其破产管理人可以向作出确定失信主体决定的税务机关申请提前停止公布失信信息:

(一)按照《税务处理决定书》《税务行政处罚决定书》缴清(退)税款、滞纳金、罚款,且失信主体失信信息公布满六个月的;

(二)失信主体破产,人民法院出具批准重整计划或认可和解协议的裁定书,税务机关依法受偿的;

(三)在发生重大自然灾害、公共卫生、社会安全等突发事件期间,因参与应急抢险救灾、疫情防控、重大项目建设或者履行社会责任作出突出贡献的。

第十九条 按本办法第十八条第一项规定申请提前停止公布的,申请人应当提交停止公布失信信息申请表、诚信纳税承诺书。

按本办法第十八条第二项规定申请提前停止公布的,申请人应当提交停止公布失信信息申请表,人民法院出具的批准重整计划或认可和解协议的裁定书。

按本办法第十八条第三项规定申请提前停止公布的,申请人应当提交停止公布失信信息申请表、诚信纳税承诺书以及省、自治区、直辖市、计划单列市人民政府出具的有关材料。

第二十条 税务机关应当自收到申请之日起2日内作出是否受理的决定。申请材料齐全、符合法定形式的,应当予以受理,并告知申请人。不予受理的,应当告知申请人,并说明理由。

第二十一条 受理申请后,税务机关应当及时审核。符合本办法第十八条第一项规定条件的,经设区的市、自治州以上税务局局长或者其授权的税务局领导批准,准予提前停止公布;符合本办法第十八条第二项、第三项规定条件的,经省、自治区、直辖市、计划单列市税务局局长或者其授权的税务局领导批准,准予提前停止公布。

税务机关应当自受理之日起15日内作出是否予以提前停止公布的决定,并告知申请人。对不予提前停止公布的,应当说明理由。

第二十二条 失信主体有下列情形之一的,不予提前停止公布:

(一)被确定为失信主体后,因发生偷税、逃避追缴欠税、骗取出口退税、抗税、虚开发票等税收违法行为受到税务处理或者行政处罚的;

(二)五年内被确定为失信主体两次以上的。

申请人按本办法第十八条第二项规定申请提前停止公布的,不受前款规定限制。

第二十三条 税务机关作出准予提前停止公布决定的,应当在5日内停止信息公布。

第二十四条 税务机关可以组织申请提前停止公布的失信主体法定代表人、财务负责人等参加信用培训,开展依法诚信纳税教育。信用培训不得收取任何费用。

第五章 附 则

第二十五条 本办法规定的期间以日计算的,是指工作日,不含法定休假日;期间以年、月计算的,到期月的对应日为期间的最后一日;没有对应日的,月末日为期间的最后一日。期间开始的当日不计算在期间内。

本办法所称"以上、日内",包含本数(级)。

第二十六条 国家税务总局各省、自治区、直辖市、计划单列市税务局可以依照本办法制定具体实施办法。

第二十七条 本办法自2022年2月1日起施行。《国家税务总局关于发布〈重大税收违法失信案件信息公布办法〉的公告》(2018年第54号)同时废止。

税收执法督察规则

(2013年1月25日国家税务总局令第29号公布 根据2018年6月15日《国家税务总局关于修改部分税务部门规章的决定》国家税务总局第44号令修正)

第一章 总 则

第一条 为了规范税收执法督察工作,促进税务机关依法行政,保证税收法律、行政法规和税收政策的贯彻实施,保护纳税人的合法权益,防范和化解税收执法风险,根据《中华人民共和国税收征收管理法》及其实施细则的有关规定,制定本规则。

第二条 各级税务机关开展税收执法督察工作,适用本规则。

第三条 本规则所称税收执法督察(以下简称执法督察),是指县以上(含县)各级税务机关对本级税务机关内设机构、直属机构、派出机构或者下级税务机关的税收执法行为实施检查和处理的行政监督。

第四条 执法督察应当服从和服务于税收中心工作,坚持依法督察,客观公正,实事求是。

第五条 被督察单位及其工作人员应当自觉接受和配合执法督察。

第二章 执法督察的组织管理

第六条 各级税务机关督察内审部门或者承担税收执法监督检查职责的部门(以下简称督察内审部门),代表本级税务机关组织开展执法督察工作,履行以下职责:

(一)依据上级税务机关执法督察工作制度和计划,制定本级税务机关执法督察工作制度和计划;

(二)组织实施执法督察,向本级税务机关提交税收执法督察报告,并制作《税收执法督察处理决定书》《税收执法督察处理意见书》或者《税收执法督察结论书》;

(三)组织实施税务系统税收执法责任制工作,牵头推行税收执法责任制考核信息系统,实施执法疑点信息分析监控;

(四)督办执法督察所发现问题的整改和责任追究;

(五)配合外部监督部门对税务机关开展监督检查工作;

(六)向本级和上级税务机关报告执法督察工作情况;

(七)通报执法督察工作情况和执法督察结果;

(八)指导、监督和考核下级税务机关执法督察工作;

(九)其他相关工作。

第七条 执法督察实行统筹规划，归口管理。督察内审部门负责执法督察工作的具体组织、协调和落实。税务机关内部相关部门应当树立全局观念，积极参与、支持和配合执法督察工作。

各级税务机关根据工作需要，可以将执法督察与其他具有监督性质的工作协同开展。

第八条 各级税务机关应当统一安排专门的执法督察工作经费，根据年度执法督察工作计划和具体执法督察工作的开展情况，做好经费预算，并保障经费的正确合理使用。

第九条 上级税务机关对执法督察事项可以直接进行督察，也可以授权或者指定下级税务机关进行督察。

第十条 上级税务机关认为下级税务机关作出的执法督察结论不适当的，可以责成下级税务机关予以变更或者撤销，必要时也可以直接作出变更或者撤销的决定。

第十一条 各级税务机关可以采取复查、抽查等方式，对执法督察人员在执法督察工作中履行职责、遵守纪律、廉洁自律等情况进行监督检查。

第十二条 各级税务机关应当建立税收执法督察人才库，为执法督察储备人才。根据执法督察工作需要，确定执法督察人才库人员基数，实行动态管理，定期组织业务培训。下级税务机关应当向上级税务机关执法督察人才库输送人才。

第十三条 执法督察可以由督察内审部门人员独立完成，也可以抽调本级和下级税务机关税务人员实施，优先抽调执法督察人才库成员参加。相关单位和部门应当予以配合。

第三章 执法督察的内容和形式

第十四条 执法督察的内容包括：

（一）税收法律、行政法规、规章和规范性文件的执行情况；

（二）国务院和上级税务机关有关税收工作重要决策、部署的贯彻落实情况；

（三）税务机关制定或者与其他部门联合制定的涉税文件，以及税务机关以外的单位制定的涉税文件的合法性；

（四）外部监督部门依法查处或者督查、督办的税收执法事项；

（五）上级机关交办、有关部门转办的税收执法事项；

（六）执法督察所发现问题的整改和责任追究情况；

（七）其他需要实施执法督察的税收执法事项。

第十五条 执法督察可以通过全面执法督察、重点执法督察、专项执法督察和专案执法督察等形式开展。

第十六条 全面执法督察是指税务机关对本级和下级税务机关的税收执法行为进行的广泛、系统的监督检查。

第十七条 重点执法督察是指税务机关对本级和下级税务机关某些重点方面、重点环节、重点行业的税收执法行为所进行的监督检查。

第十八条 专项执法督察是指税务机关对本级和下级税务机关某项特定内容涉及的税收执法行为进行的监督检查。

第十九条 专案执法督察是指税务机关对上级机关交办、有关部门转办的特定税收执法事项，以及通过信访、举报、媒体等途径反映的重大税收执法问题所涉及的本级和下级税务机关的税收执法行为进行的监督检查。

第二十条 各级税务机关应当积极运用信息化手段，对与税收执法活动有关的各类信息系统执法数据进行分析、筛选、监控和提示，为各种形式的执法督察提供线索。

第四章 执法督察实施程序

第二十一条 执法督察工作要有计划、有组织、有步骤地开展,主要包括准备、实施、处理、整改、总结等阶段,根据工作需要可以进行复查。

第二十二条 督察内审部门应当科学、合理制定年度执法督察工作计划,报本级税务机关批准后统一部署实施。

未纳入年度执法督察工作计划的专案执法督察和其他特殊情况下需要启动的执法督察,应当在实施前报本级税务机关批准。

第二十三条 实施执法督察前,督察内审部门应当根据执法督察的对象和内容,制定包括组织领导、工作要求和执法督察的时限、重点、方法、步骤等内容的执法督察方案。

第二十四条 实施执法督察的税务机关应当成立执法督察组,负责具体实施执法督察。执法督察组人员不得少于2人,并实行组长负责制。

执法督察组组长应当对执法督察的总体质量负责。当执法督察组组长对被督察单位有关税收执法事项的意见与其他组员的意见不一致时,应当在税收执法督察报告中进行说明。

第二十五条 实施执法督察的税务机关应当根据执法督察的对象和内容对执法督察组人员进行查前培训,保证执法督察效率和质量。

第二十六条 实施执法督察,应当提前3个工作日向被督察单位下发税收执法督察通知,告知执法督察的时间、内容、方式,需要准备的资料,配合工作的要求等。被督察单位应当将税收执法督察通知在本单位范围内予以公布。

专案执法督察和其他特殊情况下,可以不予提前通知和公布。

第二十七条 执法督察可以采取下列工作方式:

(一)听取被督察单位税收执法情况汇报;

(二)调阅被督察单位收发文簿、会议纪要、涉税文件、税收执法卷宗和文书,以及其他相关资料;

(三)查阅、调取与税收执法活动有关的各类信息系统电子文档和数据;

(四)与被督察单位有关人员谈话,了解有关情况;

(五)特殊情况下需要到相关纳税人和有关单位了解情况或者取证时,应当按照法律规定的权限进行,并商请主管税务机关予以配合;

(六)其他方式。

第二十八条 执法督察中,被督察单位应当及时提供相关资料,以及与税收执法活动有关的各类信息系统所有数据查询权限。被督察单位主要负责人对本单位所提供的税收执法资料的真实性和完整性负责。

第二十九条 实施执法督察应当制作《税收执法督察工作底稿》。

发现税收执法行为存在违法、违规问题的,应当收集相关证据材料,在工作底稿上写明行为的内容、时间、情节、证据的名称和出处,以及违法、违规的文件依据等,由被督察单位盖章或者由有关人员签字。拒不盖章或者拒不签字的,应当说明理由,记录在案。

收集证据材料时无法取得原件的,应当通过复印、照相、摄像、扫描、录音等手段提取或者复制有关资料,由原件保存单位或者个人在复制件上注明"与原件核对无误,原件存于我处",并由有关人员签字。原件由单位保存的,还应当由该单位盖章。

第三十条 执法督察组实施执法督察后,应当及时将发现的问题汇总,并向被督察单位反馈情况。

被督察单位或者个人可以对反馈的情况进行陈述和申辩，并提供陈述申辩的书面材料。

第三十一条　执法督察组实施执法督察后，应当起草税收执法督察报告，内容包括：

（一）执法督察的时间、内容、方法、步骤；

（二）被督察单位税收执法的基本情况；

（三）执法督察发现的具体问题，认定被督察单位存在违法、违规问题的基本事实和法律依据；

（四）对发现问题的拟处理意见；

（五）加强税收执法监督管理的建议；

（六）执法督察组认为应当报告的其他事项。

第三十二条　执法督察组实施执法督察后，应当将税收执法督察报告、工作底稿、证据材料、陈述申辩资料以及与执法督察情况有关的其他资料进行整理，提交督察内审部门。

第三十三条　督察内审部门收到税收执法督察报告和其他证据材料后，应当对以下内容进行审理：

（一）执法督察程序是否符合规定；

（二）事实是否清楚，证据是否确实充分，资料是否齐全；

（三）适用的法律、行政法规、规章、规范性文件和有关政策等是否正确；

（四）对被督察单位的评价是否准确，拟定的意见、建议等是否适当。

第三十四条　督察内审部门在审理中发现事实不清、证据不足、资料不全的，应当通知执法督察组对证据予以补正，也可以重新组织人员进行核实、检查。

第三十五条　督察内审部门在审理中对适用税收法律、行政法规和税收政策有疑义的问题，以及涉嫌违规的涉税文件，应当书面征求本级税务机关法规部门和业务主管部门意见，也可以提交本级税务机关集体研究，并做好会议记录；本级税务机关无法或者无权确定的，应当请示上级税务机关或者请有权机关解释或者确定。

第三十六条　督察内审部门根据审理结果修订税收执法督察报告，送被督察单位征求意见。被督察单位应当在15个工作日内提出书面反馈意见。在限期内未提出书面意见的，视同无异议。

督察内审部门应当对被督察单位提出的意见进行研究，对税收执法督察报告作必要修订，连同被督察单位的书面反馈意见一并报送本级税务机关审定。

第三十七条　督察内审部门根据本级税务机关审定的税收执法督察报告制作《税收执法督察处理决定书》《税收执法督察处理意见书》或者《税收执法督察结论书》，经本级税务机关审批后下达被督察单位。

《税收执法督察处理决定书》适用于对被督察单位违反税收法律、行政法规和税收政策的行为进行处理。

《税收执法督察处理意见书》适用于对被督察单位提出自行纠正的事项和改进工作的建议。

《税收执法督察结论书》适用于对未发现违法、违规问题的被督察单位作出评价。

受本级税务机关委托，执法督察组组长可以就执法督察结果与被督察单位主要负责人或者有关人员进行谈话。

第三十八条　对违反税收法律、行政法规、规章和上级税收规范性文件的涉税文件，按下列原则作出执法督察决定：

（一）对下级税务机关制定，或者下级税务机关与其他部门联合制定的，责令停止执行，并予以纠正；

（二）对本级税务机关制定的，应当停止执行并提出修改建议；

（三）对地方政府和其他部门制定的，同级税务机关应当停止执行，向发文单位提出修改建议，并报告上级税务机关。

第三十九条 除第三十八条规定外，对其他不符合税收法律、行政法规、规章和上级税收规范性文件的税收执法行为，按下列原则作出执法督察处理决定：

（一）执法主体资格不合法的，依法予以撤销；

（二）未履行法定职责的，责令限期履行法定职责；

（三）事实不清、证据不足的，依法予以撤销，并可以责令重新作出执法行为；

（四）未正确适用法律依据的，依法予以变更或者撤销，并可以责令重新作出执法行为；

（五）严重违反法定程序的，依法予以变更或者撤销，并可以责令重新作出执法行为；

（六）超越职权或者滥用职权的，依法予以撤销；

（七）其他不符合税收法律、行政法规、规章和上级税收规范性文件的，依法予以变更或者撤销，并可以责令重新作出执法行为。

第四十条 被督察单位收到《税收执法督察处理决定书》和《税收执法督察处理意见书》后，应当在规定的期限内执行，并以书面形式向实施执法督察的税务机关报告下列执行结果：

（一）对违法、违规涉税文件的清理情况和清理结果；

（二）对违法、违规的税收执法行为予以变更、撤销和重新作出执法行为的情况；

（三）对有关责任人的责任追究情况；

（四）要求报送的其他文件和资料。

第四十一条 被督察单位对执法督察处理决定有异议的，可以在规定的期限内向实施执法督察的税务机关提出复核申请。实施执法督察的税务机关应当进行复核，并作出答复。

第四十二条 实施执法督察的税务机关应当在本单位范围内对执法督察结果和执法督察工作情况予以通报。

执法督察事项应当保密的，可以不予通报。

第四十三条 各级税务机关应当建立执法督察结果报告制度。

督察内审部门应当对执法督察所发现的问题进行归纳和分析，提出完善制度、加强管理等工作建议，向本级税务机关专题报告，并作为有关业务部门的工作参考。

发现税收政策或者税收征管制度存在问题的，各级税务机关应当及时向上级税务机关报告。

第四十四条 各级税务机关每年应当在规定时间内，向上级税务机关报送年度执法督察工作总结和报表等相关材料。

第四十五条 督察内审部门应当按照有关规定做好执法督察工作资料的立卷和归档工作。

执法督察档案应当做到资料齐全、分类清楚，便于质证和查阅。

第五章 责任追究及奖惩

第四十六条 执法督察中发现税收执法行为存在违法、违规问题的，应当按照有关规定和管理权限，对有关负责人和直接责任人予以责任追究。

第四十七条 执法督察中发现纳税人的税收违法行为,实施执法督察的税务机关应当责令主管税务机关调查处理;情节严重的,移交稽查部门处理。

第四十八条 执法督察中,被督察单位不如实提供相关资料和查询权限,或者无正当理由拒绝、拖延、阻挠执法督察的,由实施执法督察的税务机关责令限期改正;拒不改正的,对有关负责人和直接责任人予以责任追究。

第四十九条 被督察单位未按照《税收执法督察处理决定书》和《税收执法督察处理意见书》的要求执行,由实施执法督察的税务机关责令限期改正,并对其主要负责人和有关责任人予以责任追究。

第五十条 执法督察结果及其整改落实情况应当作为各级税务机关考核的重要内容。

各级税务机关应当对执法规范、成绩突出的单位和个人给予表彰和奖励,并予以通报,同时将其先进经验进行推广。存在重大执法问题的单位、部门及其主要负责人和有关责任人,不得参加先进评选。

第五十一条 对执法督察人员在执法督察中滥用职权、徇私舞弊、玩忽职守或者违反廉政建设有关规定的,应当按照有关规定追究其责任。

第五十二条 对在执法督察工作中业绩突出的执法督察人员,各级税务机关应当给予表扬和奖励,并将其业绩作为在优秀公务员等先进评选活动中的重要依据。

第六章 附 则

第五十三条 本规则相关文书式样,由国家税务总局另行规定。

第五十四条 各省、自治区、直辖市和计划单列市税务局可以依据本规则,结合本地区的具体情况制定具体实施办法。

第五十五条 本规则自2013年4月1日起施行,《国家税务总局关于印发〈税收执法检查规则〉的通知》(国税发〔2004〕126号)同时废止。

一般反避税管理办法(试行)

(2014年12月2日国家税务总局令第32号公布 自2015年2月1日起施行)

第一章 总 则

第一条 为规范一般反避税管理,根据《中华人民共和国企业所得税法》(以下简称企业所得税法)及其实施条例、《中华人民共和国税收征收管理法》(以下简称税收征管法)及其实施细则,制定本办法。

第二条 本办法适用于税务机关按照企业所得税法第四十七条、企业所得税法实施条例第一百二十条的规定,对企业实施的不具有合理商业目的而获取税收利益的避税安排,实施的特别纳税调整。

下列情况不适用本办法:

(一)与跨境交易或者支付无关的安排;

(二)涉嫌逃避缴纳税款、逃避追缴欠税、骗税、抗税以及虚开发票等税收违法行为。

第三条　税收利益是指减少、免除或者推迟缴纳企业所得税应纳税额。

第四条　避税安排具有以下特征：

（一）以获取税收利益为唯一目的或者主要目的；

（二）以形式符合税法规定、但与其经济实质不符的方式获取税收利益。

第五条　税务机关应当以具有合理商业目的和经济实质的类似安排为基准，按照实质重于形式的原则实施特别纳税调整。调整方法包括：

（一）对安排的全部或者部分交易重新定性；

（二）在税收上否定交易方的存在，或者将该交易方与其他交易方视为同一实体；

（三）对相关所得、扣除、税收优惠、境外税收抵免等重新定性或者在交易各方间重新分配；

（四）其他合理方法。

第六条　企业的安排属于转让定价、成本分摊、受控外国企业、资本弱化等其他特别纳税调整范围的，应当首先适用其他特别纳税调整相关规定。

企业的安排属于受益所有人、利益限制等税收协定执行范围的，应当首先适用税收协定执行的相关规定。

第二章　立　　案

第七条　各级税务机关应当结合工作实际，应用各种数据资源，如企业所得税汇算清缴、纳税评估、同期资料管理、对外支付税务管理、股权转让交易管理、税收协定执行等，及时发现一般反避税案源。

第八条　主管税务机关发现企业存在避税嫌疑的，层报省、自治区、直辖市和计划单列市（以下简称省）税务机关复核同意后，报税务总局申请立案。

第九条　省税务机关应当将税务总局形成的立案申请审核意见转发主管税务机关。税务总局同意立案的，主管税务机关实施一般反避税调查。

第三章　调　　查

第十条　主管税务机关实施一般反避税调查时，应当向被调查企业送达《税务检查通知书》。

第十一条　被调查企业认为其安排不属于本办法所称避税安排的，应当自收到《税务检查通知书》之日起 60 日内提供下列资料：

（一）安排的背景资料；

（二）安排的商业目的等说明文件；

（三）安排的内部决策和管理资料，如董事会决议、备忘录、电子邮件等；

（四）安排涉及的详细交易资料，如合同、补充协议、收付款凭证等；

（五）与其他交易方的沟通信息；

（六）可以证明其安排不属于避税安排的其他资料；

（七）税务机关认为有必要提供的其他资料。

企业因特殊情况不能按期提供的，可以向主管税务机关提交书面延期申请，经批准可以延期提供，但是最长不得超过 30 日。主管税务机关应当自收到企业延期申请之日起 15 日内书面回复。逾期未回复的，视同税务机关同意企业的延期申请。

第十二条　企业拒绝提供资料的，主管税务机关可以按照税收征管法第三十五条的规定进行核定。

第十三条　主管税务机关实施一般反避税调查时，可以要求为企业筹划安排的单位或者个人（以下简称筹划方）提供有关资料及证明材料。

第十四条　一般反避税调查涉及向筹划方、关联方以及与关联业务调查有关的其他企业调查取证的，主管税务机关应当送达《税务事项通知书》。

第十五条　主管税务机关审核企业、筹划方、关联方以及与关联业务调查有关的其他企业提供的资料，可以采用现场调查、发函协查和查阅公开信息等方式核实。需取得境外有关资料的，可以按有关规定启动税收情报交换程序，或者通过我驻外机构调查收集有关信息。涉及境外关联方相关资料的，主管税务机关也可以要求企业提供公证机构的证明。

第四章　结　案

第十六条　主管税务机关根据调查过程中获得的相关资料，自税务总局同意立案之日起9个月内进行审核，综合判断企业是否存在避税安排，形成案件不予调整或者初步调整方案的意见和理由，层报省税务机关复核同意后，报税务总局申请结案。

第十七条　主管税务机关应当根据税务总局形成的结案申请审核意见，分别以下情况进行处理：

（一）同意不予调整的，向被调查企业下发《特别纳税调查结论通知书》；

（二）同意初步调整方案的，向被调查企业下发《特别纳税调查初步调整通知书》；

（三）税务总局有不同意见的，按照税务总局的意见修改后再次层报审核。

被调查企业在收到《特别纳税调查初步调整通知书》之日起7日内未提出异议的，主管税务机关应当下发《特别纳税调查调整通知书》。

被调查企业在收到《特别纳税调查初步调整通知书》之日起7日内提出异议，但是主管税务机关经审核后认为不应采纳的，应将被调查企业的异议及不应采纳的意见和理由层报省税务机关复核同意后，报税务总局再次申请结案。

被调查企业在收到《特别纳税调查初步调整通知书》之日起7日内提出异议，主管税务机关经审核后认为确需对调整方案进行修改的，应当将被调查企业的异议及修改后的调整方案层报省税务机关复核同意后，报税务总局再次申请结案。

第十八条　主管税务机关应当根据税务总局考虑企业异议形成的结案申请审核意见，分别以下情况进行处理：

（一）同意不应采纳企业所提异议的，向被调查企业下发《特别纳税调查调整通知书》；

（二）同意修改后调整方案的，向被调查企业下发《特别纳税调查调整通知书》；

（三）税务总局有不同意见的，按照税务总局的意见修改后再次层报审核。

第五章　争议处理

第十九条　被调查企业对主管税务机关作出的一般反避税调整决定不服的，可以按照有关法律法规的规定申请法律救济。

第二十条　主管税务机关作出的一般反避税调整方案导致国内双重征税的，由税务总局统一组织协调解决。

第二十一条　被调查企业认为我国税务机关作出的一般反避税调整，导致国际双重征税或者不符合税收协定规定征税的，可以按照税收协定及其相关规定申请启动相互协商程序。

第六章 附 则

第二十二条 本办法自 2015 年 2 月 1 日起施行。2015 年 2 月 1 日前税务机关尚未结案处理的避税安排适用本办法。

税收会计制度

（1998 年 10 月 27 日国税发〔1998〕186 号文件印发　根据 2018 年 6 月 15 日《国家税务总局关于修改部分税务部门规章的决定》修正）

第一章 总 则

第一条 为了规范和加强税收会计工作，保证税收会计资料真实、准确、完整，充分发挥税收会计在加强税收管理中的作用，特制定本制度。

第二条 凡是直接负责税款征收或入库业务的税务机关，都必须严格按本制度的规定，组织税收会计核算工作。

第三条 税收会计的核算对象是税收资金及其运动，即税务部门组织征收的各项收入的应征、征收、减免、欠缴、上解、入库和提退等运动的全过程。

第四条 税收会计核算单位，按其对税收资金管理任务的不同，分为直接管理税收资金上解的单位（简称上解单位）、直接管理税收资金入库的单位（简称入库单位）、管理税收资金上解和入库双重业务的单位（简称双重业务单位）及管理部分税款上解和部分税款入库的混合业务单位（简称混合业务单位）四种。

上解单位，指直接负责税款的征收、上解业务，而不负责与金库核对入库税款和从金库办理税款退库业务的税务机关。它是入库单位的基层核算单位，核算税收资金从应征到上解的过程，为了满足上解单位考核税收收入任务的需要，它还必须将税款的提退也纳入其核算范围，以便提供税款上解净额指标。

入库单位，指直接负责与金库核对入库税款和从金库办理税款退库业务，而不直接负责税款的征收和上解业务的税务机关。它是上解单位和混合业务单位的上级核算单位，它核算税收资金从应征到入库（提退）的全过程。

双重业务单位，指既直接负责税款的征收、上解业务，又直接负责与金库核对入库税款和从金库办理税款退库业务的税务机关。它核算税收资金从应征到入库（提退）的全过程。

混合业务单位，指与乡（镇）金库的设置及其职责相对应，对规定在乡（镇）金库入库的税款，除负责征收业务外，还负责办理在乡（镇）金库的入库和退库业务；对规定在支金库入库的税款，只负责征收和上解业务，而不负责入库和退库业务的税务机关。它是入库单位的基层核算单位，核算税收资金从应征到上解过程及部分税收资金的入库和提退过程。

设置乡金库的地区，可以按混合业务单位组织会计核算，也可以按上解单位组织会计核算，具体按哪种单位组织核算，由各地税务机关自定。

第五条 入库单位和双重业务单位以上各级税务机关均为会计核算汇总单位。

第六条 各核算单位和汇总单位都必须在有关机构中设置税收会计人员并指定会计主管人员。

各单位配备的会计人员应当具备会计从业资格、持有会计证,担任会计机构负责人和会计主管人员必须具有国家规定的相应会计任职资格。

会计机构负责人和会计主管人员调动工作或离职,必须事先征得上级税务机关会计机构负责人的同意,并且必须与接管人员办清交接手续。

第七条 本制度第三条规定的会计核算对象所涉及的税收业务,都必须在税收业务发生时填制或取得合法的会计原始凭证,并由核算单位各凭证受理部门于填制或收到凭证的次日送交会计机构或会计人员。

第八条 各核算单位对所有实际发生的并引起税收资金运动的税收业务,都必须如实、及时地进行会计核算。不得伪造、变造会计凭证、会计账簿、报送虚假的会计报表。

任何部门、单位和个人不得指使、强令税收会计篡改会计资料和提供虚假的会计资料。

第九条 各核算单位和汇总单位向上级税务机关或对外报送的会计核算资料,应有核算单位或汇总单位负责人、会计机构负责人、会计主管人员的签章。签章人员对会计资料的合法性、真实性承担法律责任。

第十条 会计年度自公历一月一日至十二月三十一日止。

第十一条 会计核算以人民币"元"为记账单位,元以下记至分。

第二章 记账方法

第十二条 税收会计采用"借贷记账法"。

第十三条 税收会计"借贷记账法",以税务机关为会计实体,以税收资金活动为记账主体,采用"借""贷"为记账符号,运用复式记账原理,反映税收资金的运动变化情况。其会计科目划分为资金来源和资金占用两大类。它的所有账户分为"借方"和"贷方",左"借"右"贷","借方"记录资金占用的增加和资金来源的减少,"贷方"记录资金占用的减少和资金来源的增加。它的记账规则是,对每项税收业务,都必须按照相等的金额同时记入一个账户的借方和另一账户的贷方,或一个账户的借方(或贷方)和几个账户的贷方(或借方),即"有借必有贷,借贷必相等"。

第十四条 借贷记账法的平衡公式是:

所有账户的借方余额(或发生额)合计 = 所有账户的贷方余额(或发生额)合计

或:

所有资金占用账户余额合计 = 所有资金来源账户余额合计

第三章 会计科目

第十五条 税收会计科目是对税收会计核算对象的具体内容,按照税收资金运动过程和税收管理需要,进行科学分类的项目。它是设置账户、组织会计核算的依据。

第十六条 国家税务总局统一规定的总账科目名称、编号、核算内容及其使用方法,各地不得自行变更。如有特殊情况,需要在国家税务总局统一规定的总账科目之外增设其他总账科目,可由省级税务机关统一作出规定。

各地必须按照国家税务总局统一规定的明细科目内容进行明细核算;需要在国家税务总局统一规定的明细科目之外增设其他明细科目,及二级、三级等各层明细科目的具体名称、编号和使用方法由各省级税务机关自行制定。

省级以下各级税务机关必须严格按照国家税务总局和省级税务机关的规定设置和使用会计科目，不需要的会计科目可以不用，不得随意增减会计科目或改变科目名称、编号、核算内容和使用方法。

第十七条 根据现行税收制度和税收管理需要，以及国家预算收入科目和国家金库制度，税收会计科目按四种核算单位的业务情况综合设置如下：

顺序号	编号	总账科目	明细科目
一、		来源类科目	
1	101	应征税收	按税种设。
2	109	应征其他收入	按收入种类设。
3	121	多缴税金	
4	191	暂收款	按暂收款性质设二级明细，按户设三级明细。
二、		占用类科目	
5	201	待征税收	上解单位、双重业务单位和混合业务单位按户、按税种设；入库单位按上解单位和混合业务单位、按税种设。
6	209	待征其他收入	上解单位、双重业务单位和混合业务单位按户、按收入种类设；入库单位按上解单位和混合业务单位、按收入种类设。
7	211	减免税金	上解单位和混合业务单位按税种和其他收入种类设；双重业务单位和入库单位按税种和其他收入种类、按减免性质设。
8	221	上解税收	按税种设。
9	229	上解其他收入	按收入种类设。
10	231	待解税金	入库单位按各上解单位和混合业务单位设；其他核算单位不设。
11	241	在途税金	入库单位按上解单位和混合业务单位、按税收和其他收入大类设；双重业务单位和混合业务单位按税收和其他收入大类设。
12	251	入库税收	按预算收入科目有关款项和级次设。
13	259	入库其他收入	按收入种类和级次设。
14	261	提退税金	上解单位和混合业务单位按税种和其他收入种类设；双重业务单位和入库单位按税种和其他收入种类、按提退性质设。
15	271	待清理呆账税金	上解单位、双重业务单位和混合业务单位按户、按税种和其他收入种类设；入库单位按上解单位和混合业务单位、按税种和其他收入种类设。
16	279	待处理损失税金	按税种和其他收入种类设。
17	281	损失税金核销	按税种和收入种类设。
18	291	保管款	

第十八条 会计科目核算内容和使用方法如下：

1."应征税收""应征其他收入"，是上解单位、入库单位、双重业务单位和混合业务单位的共用科目。

本类科目核算纳税人发生纳税义务后，税务机关应征的税金。包括：①纳税人和扣缴义务人及代征代售单位（人）向税务机关申报、预缴或由税务机关直接核定的应纳税金；②按定期定额方式征收的应纳税金；③不须缴纳，但须向税务机关申请的已发生的征前减免税金；④查补的各种税金、滞纳金和罚款；⑤税务机关征收的临时性零散税金等。当增值税纳税申报进项税额大于销项税额，应征税金为零时，不作账务处理，但以留抵税额抵顶欠税时，应作账务处理。

本类科目"贷方"记实际发生的应征税金数和申报无误缴款有误的应退多缴税金数，

"借方"记应退还的多缴税金数和抵减应征税金数。即实际发生各项应征税金时,借记"待征"类科目,贷记本类科目;发生应退还的多缴税金时,借记本类科目,贷记"多缴税金"科目;若应退多缴税金属于申报无误缴款有误的多缴税金,还应借记"待征"类科目,贷记本科目;以留抵税额抵顶欠税、定期定额户停业抵减当期定额税款、调低定额抵减当期原定额税款及申报发生错误而多报税款需要抵减原申报数(税款未缴)时,借记本类科目,贷记"待征"类科目。平时余额在"贷方",表示累计实现的应征税金总量。年终与"上解"类科目、"入库"类科目、"减免税金""提退税金"和"损失税金核销"科目的"借方"余额进行对冲,冲账后的余额与"多缴税金"科目余额之和,表示年终欠缴税金、在途税金、待解税金、待处理损失税金和待清理呆账税金的来源合计数。年终余额应结转下年度继续处理。

2."多缴税金",是上解单位、入库单位、双重业务单位和混合业务单位的共用科目。

本科目是"应征"类科目的抵减科目,核算应退还纳税人、扣缴义务人及代征代售单位(人)的多缴税金。包括:①纳税人、扣缴义务人及代征代售单位(人)自行申报或申请并经税务机关核定应退还的多缴税金;②税务机关、审计机关和财政监督机关在税务检查中发现的多缴税金;③税务机关在行政复议中确定的多缴税金;④法院在审理税务案件中判定的多缴税金。本科目不核算减免退税、出口退税。

本科目"贷方"记多缴税金发生数,"借方"记实际抵缴或退还的多缴税金数。即发生应退还的多缴税金时,借记"应征"类科目,贷记本科目;以多缴税金抵减欠税或抵减本期应纳税款时,借记本科目,贷记"待征"类科目;以现金或退库方式退还多缴税金时,借记本科目,贷记"提退税金"科目。余额在"贷方",表示未抵缴或未退还的多缴税金数。年终余额应结转下年度继续处理。

3."暂收款",是上解单位、双重业务单位和混合业务单位的共用科目。

本科目核算按照规定向纳税人收取的预缴纳税保证金、发票保证金和拍卖款。

本科目"贷方"记实际收到的保证金和拍卖款,"借方"记保证金和拍卖款抵缴应纳税款数和退还数。即实际收到保证金和拍卖款时,借记"保管款"科目,贷记本科目;以保证金和拍卖款抵缴应缴税款、退还保证金时,借记本科目,贷记"保管款"科目。余额在"贷方",表示暂收款未处理数。年终余额应结转下年度继续处理。

4."待征税收""待征其他收入",是上解单位、入库单位、双重业务单位和混合业务单位的共用科目。

本类科目核算应征而未征的税金。

本类科目"借方"记所有应征税金发生数和申报无误缴款有误的应退多缴税金数及呆账税金收回数,"贷方"记实征税款数和征前减免税金数、实际抵缴的多缴税金数和各种抵减待征税金数以及结转到"待处理损失税金"科目的损失税金数和结转到"待清理呆账税金"科目的欠税数。即发生应征税金时,借记本类科目,贷记"应征"类科目;发生申报无误缴款有误的应退税金时,借记本类科目,贷记"应征"类科目;纳税人、扣缴义务人和代征代售单位(人)直接向银行缴纳税款及税务征收人员自行将自收税款汇缴银行时,借记"上解"类科目(入库单位和双重业务单位借记"在途税金"科目;混合业务单位属于在乡金库入库的税款,也借记"在途税金"科目),贷记本类科目;扣缴义务人、代征代售单位(人)和税务征收人员向会计结报现金税款或以纳税保证金、发票保证金和拍卖款抵缴税款时,借记"待解税金"科目,贷记本类科目;发生征前减免时,借记"减免税金"科目,贷记本类科目;以多缴税金抵减欠税或抵减本期应纳税款时,借记"多缴税金"科目，贷记本类科目；以留抵税额抵顶欠税、定期定额户停业抵减当期定额税款、调低定额抵减当期原定额税款及申报发生错误而多报税款需要抵减原申报数（税款未缴）时，借记"应征"类科目，贷记本类科目；结报前发生损失税金时，借记"待处理损失税金"科目，贷记本类科目；呆账欠税结转时，借记"待清理呆账税金"科目，贷记本类科目；呆账税金收回时，借记本类科目，贷记"待清理呆账税金"科目。余额在"借方"，表示实际欠缴数。年终余额应结转下年度继续处理。

5. "减免税金"，是上解单位、入库单位、双重业务单位和混合业务单位的共用科目。

本科目核算应纳税金发生后减征和免征（包括通过退库方式实施减征和免征）的税金，即实际发生的减免税金。已批准但未发生的减免税金不核算；出口退税不作为减免税金核算；非生产、经营性单位（个人）的征前免征税金不核算；纳税人解散、破产、撤销，经过法定清算仍未收回而依法注销的欠税和按国家规定经批准依法注销的欠税不在本科目核算。

本科目"借方"记实际发生的各种减免税金数（包括各种退库减免），"贷方"平时无发生额。即发生征前减免和以欠税抵顶减免时，借记本科目，贷记"待征"类科目；通过退库减免时，借记本科目，贷记"提退税金"科目。平时余额在"借方"，表示累计减免数。年终按税收和其他收入分类，与相应的"应征"类科目的"贷方"余额结转冲销后无余额。

6. "上解税收""上解其他收入"，是上解单位和混合业务单位的共用科目。

本类科目核算纳税人、扣缴义务人、代征代售单位（人）直接缴入和税务机关自行征收后汇总缴入银行的税金。混合业务单位属于在乡金库入库的税款缴入银行时，不在本类科目核算，应在"在途税金"科目核算。

本类科目"借方"记已经缴入银行的税金，"贷方"记接到入库单位提退清单的退库税金数。即纳税人、扣缴义务人和代征代售单位（人）直接向银行缴纳税款及税务征收人员自行将自收税款汇缴银行时，借记本类科目，贷记"待征"类科目；税收会计将结报的税款现金或存款汇缴银行时，借记本类科目，贷记"待解税金"科目；收到入库单位转来的提退清单时，借记"提退税金"科目，贷记本类科目。平时余额在"借方"，表示扣除退库数后的累计净上解税金数。年终与相应的"应征"类科目的"贷方"余额进行冲销后无余额。

7. "待解税金"，是上解单位、入库单位、双重业务单位和混合业务单位的共用科目。

本科目核算扣缴义务人、代征代售单位（人）和税务征收人员向会计结报的税款现金或存款。小额退税和损失税款追回及赔偿一律经过本科目进行核算，即小额退税必须由税收会计办理，从库存税款现金中退付；损失税款追回及赔偿也都必须交给税收会计，由税收会计汇总缴库。

本科目"借方"记税款现金和存款增加数，"贷方"记减少数。即会计收到扣缴义务人、代征代售单位（人）和税务征收人员结报现金税款或以纳税保证金、发票保证金和拍卖款抵缴税款时，借记本科目，贷记"待征"类科目；责任人赔偿损失税款和追回损失税款时，借记本科目，贷记"待处理损失税金"科目；税收会计将库存现金或存款汇缴银行时，借记"上解"类科目（入库单位和双重业务单位借记"在途税金"科目；混合业务单位属于在乡金库入库的税款，也借记"在途税金"科目），贷记本科目；从库存现金中办理小额退税时，借记"提退税金"科目，贷记本科目；库存税款现金或存款发生损失时，借记"待处理损失税金"科目，贷记本科目。余额在"借方"，表示税款现金和存款实有数。年终余额应结转下年度继续处理。

8."在途税金",是入库单位、双重业务单位和混合业务单位的共用科目。

本科目核算已经缴入银行上解,但尚未到达国库的税金。对于混合业务单位,不管对应多少个乡金库或多少个银行,凡是在乡金库入库的税款,只要税款缴入银行,都得通过"在途税金"科目核算;凡是在支金库入库的税款,缴入银行上解时,不在本科目核算,应在"上解"类科目核算。

本科目"借方"记缴入银行的税款数,"贷方"记已到达国库的税款数。即纳税人、扣缴义务人和代征代售单位(人)直接向银行缴纳税款及税务征收人员自行将自收税款汇缴银行时,借记本科目,贷记"待征"类科目;将库存税款现金或存款汇缴银行时,借记本科目,贷记"待解税金"科目;税款到达国库时,借记"入库"类科目,贷记本科目。平时余额在"借方",表示在途税金实有数,如果出现"贷方"余额,则表示已入库但尚未收到缴款书报查联或上解凭证汇总单和待解凭证汇总单等征解凭证的税款数。年终决算前,在年度清理期内,应将其余额处理完毕,决算一般无余额,如有余额应结转下年度继续处理。

9."入库税收""入库其他收入",是入库单位、双重业务单位和混合业务单位的共用科目。

本类科目核算已入库的税金。

本类科目"借方"记已入库的税金数,"贷方"记从国库办理的提退税金数。即税款入库时,借记本类科目,贷记"在途税金"科目;从国库提退税款时,借记"提退税金"科目,贷记本类科目。平时余额在"借方",表示累计入库数。年终与相应的"应征"类科目的"贷方"余额冲销后无余额。

10."提退税金",是上解单位、入库单位、双重业务单位和混合业务单位的共用科目。

本科目核算在自收税款中支付的小额退税和通过退库方式提退的各项税金。包括:①汇算清缴和申报结算的多缴税款退税(含税收政策调整结算退税);②出口退税;③因误收、误缴而多缴税款的小额退税和退库退税;④减免退税;⑤提退代扣代收手续费和代征手续费。

本科目"借方"记实际退库和小额退税数,"贷方"记退库减免结转到"减免税金"科目数和多缴税款退税冲转"多缴税金"科目数。即发生退库退税时,借记本科目,贷记"入库"类科目(上解单位及混合业务单位在支金库入库的税款贷记"上解"类科目);若退库税金属于减免退税,还应借记"减免税金"科目,贷记本科目;若退库税金属于多缴退税,还应借记"多缴税金"科目,贷记本科目。发生小额退税时,先借记本科目,贷记"待解税金"科目;然后借记"多缴税金"科目,贷记本科目。平时余额在"借方",表示累计出口退税数、手续费提退数和其他退税数。年终按税收和其他收入分类,与相应的"应征"类科目"贷方"余额结转冲销后无余额。

11."待清理呆账税金",是上解单位、入库单位、双重业务单位和混合业务单位的共用科目。

本科目核算超过三年仍然没有收回的欠税,以及纳税人发生解散、破产、撤销经法定清算后仍未收回准备核销的欠税。其中欠税按日历日期计算,从滞纳之日起,超过三年仍然没有收回时,经基层税务机关核实,并报地(市)级税务机关审批确认为呆账后,根据呆账审批确认书将欠税由"待征"类科目转入本科目核算。

本科目"借方"记批准确认的呆账税金数和纳税人发生解散、破产、撤销经法定清算后仍未收回准备核销的欠税数。"贷方"记纳税人发生解散、破产、撤销并经法定清算后仍未收回而依法注销的欠税数和按国家规定经批准依法注销的欠税数及确认呆账税金后又清理收回的欠税数。即批准确认呆账税金或经法定清算后仍未收回欠税时,借记本科目,贷记"待征"类科目;依法注销欠税时,借记"损失税金核销"科目,贷记本科目;确认的呆账税金以后又清理收回时,借记"待征"类科目,贷记本科目。余额在"借方",表示尚未清理的呆账税金数。年终余额应结转下年度继续处理。

12."待处理损失税金",是上解单位、入库单位、双重业务单位和混合业务单位的共用科目。

本科目核算税款征收后,由于各种原因造成损失,需要上报审批等待处理的损失税金。

本科目"借方"记上报审批等待处理的损失税金数,"贷方"记经批准予以核销或追回的损失税金及责任人赔偿的税金数。即税款在结报前发生损失时,借记本科目,贷记"待征"类科目;库存税款现金或存款发生损失时,借记本科目,贷记"待解税金"科目;批准核销损失税金时,借记"损失税金核销"科目,贷记本科目;损失税金追回或赔偿时,借记"待解税金"科目,贷记本科目。余额在"借方",表示尚未处理的损失税金数。年终余额应结转下年度继续处理。

13."损失税金核销",是上解单位、入库单位、双重业务单位和混合业务单位的共用科目。

本科目核算按规定审批权限报经批准同意核销的损失税金和纳税人发生解散、破产、撤销经法定清算仍未收回而依法注销的欠税及按国家规定经批准依法注销的欠税。

本科目"借方"记损失税金批准核销数和欠税依法注销数,"贷方"平时无发生额。即批准核销损失税金时,借记本科目,贷记"待处理损失税金"科目;依法注销欠税时,借记本科目,贷记"待清理呆账税金"科目。平时余额在"借方",表示累计批准税款核销数和依法注销欠税数。年终按税收和其他收入分类,与相应的"应征"类科目"贷方"余额结转冲销后无余额。

14."保管款",是上解单位、双重业务单位和混合业务单位的共用科目。

本科目核算存放在税务机关或金融单位的纳税保证金、发票保证金和拍卖款现金和存款。

本科目"借方"记保管款现金和存款增加数,"贷方"记减少数。即收到保证金和拍卖款时,借记本科目,贷记"暂收款"科目;以保证金和拍卖款抵缴应缴税款、退还保证金时,借记"暂收款"科目,贷记本科目。余额在"借方",表示保管款现金和存款实有数。年终余额应结转下年度继续处理。

第四章 会计凭证

第十九条 税收会计凭证是说明税收业务发生情况,明确经济责任,具有法律效力,并据以登记账簿的书面证明文件。

各项税收业务的会计处理,都必须有原始凭证,并据审核无误的原始凭证归类整理填制记账凭证,然后才能根据原始凭证和记账凭证记账。税收会计凭证按其填制程序和用途分为原始凭证和记账凭证两种。

第二十条 税收会计原始凭证是记录税收业务发生的最初书面证明,它是进行会计核算的原始资料,是填制记账凭证和登记明细账的依据。原始凭证必须是证明税收业务已经发生或已经完成的文件,凡是不能证明税收业务已经实际发生或完成的文件,都不能单独作为会计的原始凭证。

第二十一条 税收会计原始凭证按其反映的税收业务内容的不同，分为应征凭证、减免凭证、征解凭证、入库凭证、提退凭证和其他凭证等六大类。各类凭证的具体内容如下：

1. 应征凭证。是指税务机关用以确定纳税人、扣缴义务人及代征代售单位（人）应缴税金发生情况的证明，是核算应征税金的原始凭证。具体有以下几种：

（1）纳税申报表（当纳税申报表中有减免税款时，该纳税申报表同时也是一种减免凭证）；

（2）代扣代收税款报告；

（3）预缴税款通知单；

（4）企业纳税定额申请核定表或应纳税款核定书；

（5）年（季度）纳税营业额申报核定表或定税清册；

（6）调整定额税款通知书；

（7）核准停业通知书；

（8）申报（缴款）错误更正通知书；

（9）税务处理决定书；

（10）税务行政处罚决定书；

（11）税务行政复议决定书；

（12）审计决定书；

（13）财政监督检查处理（处罚）决定书；

（14）法院判决书；

（15）海关（代征税款）专用缴款书。

（16）各种临时征收凭证（指税务机关在纳税人发生纳税义务的当时，就当即确定其应纳税额，并当即予以征收而填开的各种税收票证，包括临时征收的税收缴款书、税收完税证和印花税票销售结报单等）。

为便于会计记账和票证保管，对此类凭证可要求征收人员或代征单位（人）在结报税款时汇总填制一份"票款结报单"，附上述原始凭证一起报送会计，会计以"票款结报单"作为应征凭证。

2. 减免凭证。指按税法规定享受减税、免税的纳税人，在减税、免税期间发生纳税义务后，按税务机关确定的纳税申报期限向税务机关填报的，用以确定其实际享受的减征、免征税额的一种凭证。它是记录减免税金实际发生情况的证明，是减免税金核算的依据。具体种类如下：

（1）征前减免的，其减免凭证即为纳税申报表。凡是某个税种全部免征的纳税人，都应按期单独填报纳税申报表；同一税种部分项目免征，部分项目应纳税款的，可以分别单独填报纳税申报表，也可以合填一份纳税申报表，全额申报应纳税款，应当减免的税款填列在纳税申报表的有关专栏中，作为应纳税款的抵减数；属于减征税款的纳税人，必须全额填报纳税申报表，减征税款部分填列在有关专栏中，作为应纳税款的抵减数。所有减免税款都必须在纳税申报表中注明减免性质。

（2）退库减免的，其减免凭证为办理退库的收入退还书。签发收入退还书时，必须在收入退还书的备注栏注明减免性质。

3. 征解凭证。是纳税人、扣缴义务人和代征代售单位（人）缴纳税款或办理税款结报和上解时使用的一种凭证。它是核算上解税金、在途税金和待解税金的依据。征解凭证种类如下：

（1）各种税收缴款书报查联及汇总专用缴款书收据联；
（2）各种税收完税证存根联；
（3）税收转账专用完税证存根联或汇总划解税款清单；
（4）罚款收据存根联；
（5）代扣代收税款凭证报查联；
（6）票款结报单；
（7）印花税票销售结报单；
（8）邮寄汇款收款凭证。

上述八种征解凭证中，票款结报单、印花税票销售结报单和用于征收临时税款的各种税收缴款书、税收完税证同时也是核算应征税金的原始凭证。对于征收呆账税金的，应在上述各种征解凭证的备注栏注明"征收呆账税金"字样。

4. 入库凭证。是证明税款已经缴入国库的一种凭证。它是核算入库税金的原始凭证。具体有三种：

（1）各种税收缴款书回执联；
（2）预算收入日报表；
（3）更正通知书。

5. 提退凭证。是税务机关从已征收或已入库的税款中，办理退税和提成或证明退税和提成时使用的一种凭证。它是记录提退税金发生情况的证明，是核算提退税金的原始凭证。具体有三种：

（1）收入退还书报查联和付账通知联；
（2）小额税款退税凭证存根联；
（3）提退清单。入库单位办理退库后，应及时向上解单位和混合业务单位填发"提退清单"，通知提退情况。

上述提退凭证中，如果所退税款属于减免退税，则该凭证同时也是减免税金核算的原始凭证。

6. 其他凭证。是指除以上各种凭证外，可以证明税收业务发生或完成的其他各种凭证。主要有纳税保证金收据、发票保证金收据、票款损失报告单、票款损失处理批准文件、损失税金追回及赔偿收据、扣押商品货物财产专用收据、退税（抵税）申请审批确认书、呆账税金审批确认书、法定清算报告、注销欠税批准文件、注销税务登记通知书、拍卖品收购发票、拍卖款汇款收款凭证、拍卖款转账退款凭证、拍卖款现金退款凭证、异地完税凭证、核准延期纳税通知书、催缴税款通知书以及其他各种可以证明税收业务发生的凭证。

上述各种原始凭证，如联数不够，可以用复印件或自制凭证作为会计原始凭证。

第二十二条 为满足入库单位会计核算需要，各上解单位和混合业务单位必须将原始凭证归类整理、按期（最长不得超过十天）编制以下各种原始凭证汇总单（其式样见附件）一式两份，一份留存；一份及时上报入库单位作为会计核算的原始凭证。

1. 应征凭证汇总单。是上解单位和混合业务单位根据应征凭证等原始凭证汇总编制的，向入库单位上报应征税金等发生情况的一种原始凭证汇总单，它是入库单位核算应征税金等有关税金的原始凭证。

2. 征前减免凭证汇总单。是上解单位和混合业务单位根据征前减免凭证汇总编制的，向入库单位上报征前减免税金情况的一种原始凭证汇总单。它是入库单位核算减免税金的原始凭证。

3. 上解凭证汇总单。是上解单位和混合业务单位根据纳税人、扣缴义务人、代征代售单位（人）和自收现金税款的税务征收人员自行向银行缴纳税款的税收缴款书报查联及汇总专用缴款书收据联等原始凭证汇总编制的，向入库单位上报税款上解等情况的一种原始凭证汇总单。是入库单位核算在途税金等有关税金的原始凭证。

4. 待解凭证汇总单。是上解单位和混合业务单位根据反映待解税金变化情况的所有原始凭证汇总填制的，用以向入库单位上报待解税金变化情况的一种原始凭证汇总单。它是入库单位核算待解税金的原始凭证。

5. 入库凭证汇总单。是混合业务单位根据乡（镇）金库直接办理税款入库的各种税收缴款书回执联汇总编制的，向入库单位上报其入库税款情况的一种原始凭证汇总单。是入库单位核算入库税金的一种原始凭证。

6. 退库凭证汇总单。是混合业务单位根据从乡（镇）金库办理税款退库的收入退还书报查联汇总编制的，向入库单位上报其税款退库情况的一种原始凭证汇总单。它是入库单位核算提退税金的一种原始凭证，如有减免退税，它还是核算减免税金的一种原始凭证。

第二十三条　税收会计记账凭证是根据审核无误的原始凭证或原始凭证汇总单加以归类整理编制，确定会计分录作为登记会计总账及其明细账的依据（其式样见附件）。记账凭证的编制要求如下：

1. 必须以审核无误的原始凭证或原始凭证汇总单为依据，按每一项税收业务或同类税收业务汇总填制，不得把不同类型的税收业务合并填在一张记账凭证上。

2. 编制要及时，要按税收业务发生日期及时填制，不得无顺序地编制。

3. 总账科目和二级明细科目必须填写全称，不得只填代码不填名称或简化科目名称。

4. 科目对应关系要清楚，会计分录只能一借一贷或一借多贷、一贷多借，不得编制多借多贷的会计分录。

5. 记账凭证应按业务发生日期的顺序按月连续编号。

6. 每份记账凭证要注明所附原始凭证的张数，并连同原始凭证及时整理，装订整齐。如果原始凭证需要另外保管或几种不同业务共用一张原始凭证的，必须在摘要栏加注说明，以备查找。

第二十四条　会计凭证于记账后，应按会计档案要求及时装订，加具封面，并注明年度、月份、编号和签章，于年度终了后归档保管。

第五章　会计账簿

第二十五条　会计账簿是以会计凭证为依据，按照会计科目，运用会计账户形式，全面、系统和连续地记录税收资金活动情况的簿籍。它是编制会计报表的主要依据。

第二十六条　税收会计设置以下几种账簿：

1. 总分类账。又称总账，它是按总账科目设置，考核税金活动总括情况，平衡账务，控制和核对各明细账的簿籍。

2. 明细分类账。又称明细账，它是按明细科目设置，具体核算总账科目有关明细项目的簿籍。

3. 日记账。它是按照税收业务发生时间的先后顺序逐笔进行登记的簿籍。

4. 辅助账。又称备查账簿，它是对在总账、明细账和日记账中未能记载的事项或记载不够详细的税收业务进行补充登记的簿籍。

第二十七条 税收会计账簿的设置和登记方法如下:

1. 总分类账的设置和登记。税收会计各核算单位对其所用的总账科目都必须分别设置账页,开设账户。总分类账簿必须将账页固定在一起装订成册,其账页格式采用"借、贷、余"三栏式。可以按记账凭证直接登记,也可以将记账凭证按相同科目加以汇总,编制科目汇总表,然后根据科目汇总表登记(其账簿格式见附件)。

2. 明细分类账的设置和登记。税收会计各核算单位都必须按照会计科目中规定的明细核算内容设置明细账。明细账必须根据记账凭证并参考原始凭证或原始凭证汇总单进行登记。它一般使用活页式账簿,其账页格式可采用三栏式和多栏式(可以是发生额分析多栏、借方发生额多栏、贷方发生额多栏)两种。三栏式明细账结构同总分类账相同。多栏式明细账是将某明细科目所属的一级明细科目或二级明细科目,作为该明细科目的发生额,合并在一张账页上进行登记的一种账页(其账簿格式见附件)。

发生额分析多栏的登记方法是:资金来源类科目的贷方发生额用蓝字登记,借方发生额用红字登记;资金占用类科目的借方发生额用蓝字登记,贷方发生额用红字登记。期末结账时,各栏红蓝数字相抵后的差额即为该栏目的余额。

会计科目中规定的分户明细科目,原则上应按每个纳税人、扣缴义务人和代征代售单位(人)设置账户,对每户纳税情况进行序时、逐笔登记,以反映每个纳税人、扣缴义务人和代征代售单位(人)的纳税全貌。但对临时性税收和代征代售、代扣税收可以集中设置账户。其账页格式一般采用三栏式或多栏式。

3. 日记账的设置和登记。为了加强对税款和保管款库存现金、存款的监督管理,各上解单位、双重业务单位和混合业务单位都必须在"待解税金""保管款"总账科目下设置现金、存款日记账,以便序时、逐笔记录库存现金和存款的收入、付出和结存。日记账必须使用订本式账簿,由负责现金出纳的税收会计人员根据记账凭证按日逐笔登记,其账页格式采用三栏式(格式见附件)。

4. 辅助账的设置和登记。

(1) 各入库单位和双重业务单位必须设置"应征和入库查补税金登记簿"。登记方法为:根据税务处理决定书、税务行政处罚决定书、税务行政复议决定书、法院判决书、审计决定书、财政监督检查处理(处罚)决定书或应征凭证汇总单的应征查补税金记"应征查补税金"增加数,根据查补税金的税收缴款书回执联和入库凭证汇总单的入库查补税金记"入库查补税金"增加数。

(2) 为便于税收收入分析和组织收入工作,各上解单位、双重业务单位和混合业务单位必须在"待征"类科目下设置"欠缴税金登记簿",分设"缓征"和"往年陈欠"二类,每类按税种设明细,反映欠缴税金构成情况。分上述类别核算时,凡是属于经批准缓征的税款,不管是上年批准缓征,还是当年批准缓征,都记入"缓征"中;除缓征税款外,凡是本年以前各年度的欠税都记入"往年陈欠"中。

其账簿格式可采用"借、贷、余发生额分析"多栏式,按欠缴税金类别设账页,按税种设多栏。登记方法为:批准缓征时,根据批准文件将缓征税款记入"缓征"借方,缓征税款到期或征收时,根据到期或征收的缓征税款记入"缓征"的贷方;发生往年欠税时,将往年欠税记入"往年陈欠"的借方,往年欠税征收或转为呆账税金时,将征收或确认呆账的往年欠税记入"往年陈欠"的贷方。

(3) 为满足税收收入分析需要,各上解单位、双重业务单位和混合业务单位必须设置"留抵税额登记簿",用以核算反映增值税留抵税额情况。

使用计算机核算的单位,其账簿格式可采用"借、贷、余"三栏式,"贷方"登记本期进项抵扣税额和本期动用期初进项抵扣税额,"借方"登记本期实际抵扣税额和本期留抵税额抵顶欠税数,余额在"贷方",反映期末尚未抵扣完的留抵税额;采用手工核算的单位,其账簿格式由各地根据当地核算条件自定。该登记簿的登记依据是一般纳税人报送的增值税纳税申报表中的相关数据。

(4)其他辅助账应根据各核算单位的具体情况设置,主要有查封(扣押)物品登记簿、入库税金明细登记簿、出口产品退税明细登记簿和提取手续费登记簿等。一般根据原始凭证和有关的征管资料进行登记。

辅助账的具体格式由各核算单位自定。

第二十八条　账簿的使用和登记要求如下:

1.使用账簿时,应在"账簿启用表"上将各栏内容填写清楚,经办人员更换交接时,应填明交接日期,互相签章。年度终了,必须将活页账簿装订成册归档保存。

2.各种账簿的记录,必须做到登记及时、内容完整、数字正确、摘要清楚,不得乱擦乱补、涂改或用褪色药水消除字迹。

3.账簿记录发生错误,应根据错误性质和具体情况,采用划线更正法、红字冲销法和补充登记法加以更正。

4.税收会计以月为结算期,以年度为决算期。"入库"类账户应按旬小结。月份、年度终了时,各种账户必须办理结账。"提退税金"账户每月结账时,应结出本月借方发生额合计和本年借方累计发生额。每次结账时,应先进行试算平衡,总账与明细账必须核对无误,有关账户必须办理年度结转冲销工作。

第六章　税收会计核算程序

第二十九条　税收会计可采用记账凭证和科目汇总表两种核算程序。但一个核算单位在一个会计年度内,只能采用其中的一种程序,而不能交叉使用两种程序。

1.记账凭证核算程序如下:

(1)根据原始凭证或原始凭证汇总单填制记账凭证;

(2)根据记账凭证登记日记账;

(3)根据原始凭证或原始凭证汇总单和记账凭证,登记明细账和有关的辅助账;

(4)根据记账凭证登记总账;

(5)总账和有关的明细账、日记账核对,明细账与有关的辅助账核对;

(6)根据总账、明细账和有关的辅助账编制会计报表。

其程序图如下:

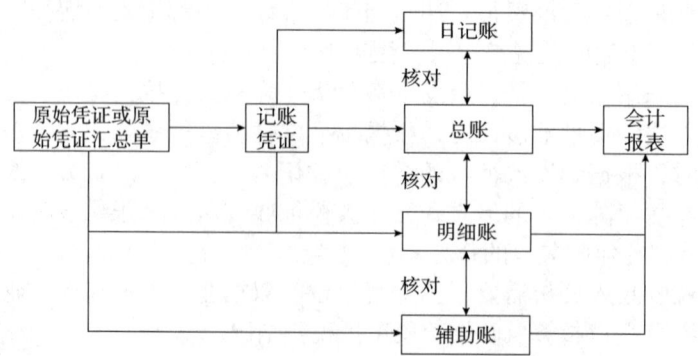

2.科目汇总表核算程序如下:
(1)根据原始凭证或原始凭证汇总单填制记账凭证;
(2)根据记账凭证登记日记账;
(3)根据原始凭证或原始凭证汇总单和记账凭证,登记明细账和有关的辅助账;
(4)根据记账凭证定期按科目借方和贷方发生额汇总编制科目汇总表;
(5)根据科目汇总表登记总账;
(6)总账和有关的明细账、日记账核对,明细账与有关的辅助账核对;
(7)根据总账、明细账和有关的辅助账编制会计报表。

其程序图如下:

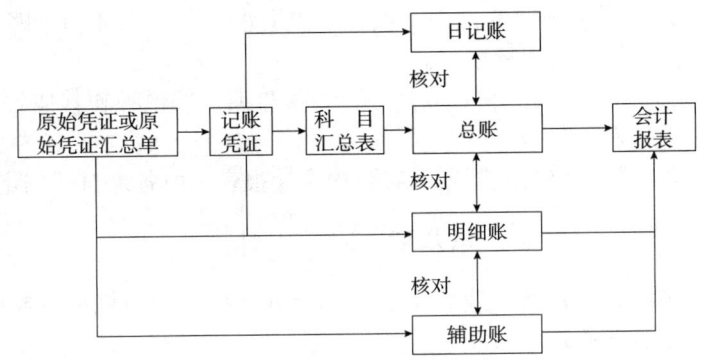

第七章 会计报表

第三十条 税收会计报表是用特定的表式,以会计账簿资料为主要依据,以货币为计量单位,通过一系列的税收指标,集中反映会计报告期内税收资金运动情况的书面报告。

各核算单位必须严格按照规定的时间向其上级税务机关编报各种会计报表。汇总单位应及时对下属核算单位上报的报表进行审核,并将同类报表加以汇总,编报汇总报表。

第三十一条 各核算单位和汇总单位应按期向上级税务机关编报如下报表(格式见附件):

1.税收电旬报(格式略)。它是以旬为报告期,向其上级税务机关报告本旬内税务机关组织各项税金入库情况的报表。

2.税收电月报(格式略)。它是以月为报告期,向其上级税务机关报告各税种、其他收入种类和有关重点品目税款入库和欠税情况的报表。

3.税收资金平衡表。它是以月、年为报告期,总括反映税收资金运动情况的报表。其中入库单位税收资金平衡表中的"暂收款"和"保管款"科目的余额,按各下属上解单位和混合业务单位编报的税收资金平衡表所列数据汇总填列。

4.应征税金明细报表。它是以月、年为报告期,按税种及其他收入种类反映本月和期末累计应征税金情况的报表。其中"查补税金"按"应征和入库查补税金登记簿"中的"应征查补税金"累计余额填列。

5.入库税金明细报表。它是以月、年为报告期,按预算收入科目有关类款项和预算级次详细反映本月和期末入库税金情况的报表。其中"查补税金"按"应征和入库查补税金登记簿"中的"入库查补税金"累计余额填列。

6.在途税金余额明细报表。它是以月、年为报告期,按税收和其他收入大类反映期末实有在途税金的报表。

7. 欠缴税金明细报表。它是以月、年为报告期,按税种、其他收入种类和欠缴税金类别反映期末实有欠缴税金情况的报表。其中"缓征""往年陈欠"根据"欠缴税金登记簿"相应类别的余额填列,"本年新欠"按"待征"类各税种明细账余额减相应税种的缓征、往年陈欠后的差额填列;入库单位的各类欠缴税金数根据下属上解单位和混合业务单位上报的各类欠缴税金数汇总填列。"增值税留抵税额"按"留抵税额登记簿"的余额填列,入库单位按下属上解单位和混合业务单位上报的增值税留抵税额数汇总填列。

8. 减免税金明细报表。它是以月、年为报告期,按税种及其他收入种类和减免性质反映本月和期末累计减免税金情况的报表。

9. 提退税金明细报表。它是以月、年为报告期,按税种及其他收入种类和提退性质反映本月和期末累计提退税金情况的报表。根据"提退税金"总账和明细账的本月"借方"发生额及本年"借方"累计发生额填列。

10. 呆账税金余额明细报表。它是以月、年为报告期,按税种和其他收入种类反映期末实有呆账税金情况的报表。

第三十二条 各核算单位内部管理所需要的会计报表,由各地自行制定。

第八章 附 则

第三十三条 各省、自治区、直辖市、计划单列市税务局应根据本制度制定本地区的具体实施办法,并报国家税务总局备案。

第三十四条 税收会计档案管理按国家有关规定执行。会计电算化管理办法另行制定。

第三十五条 本制度由国家税务总局解释。

第三十六条 本制度自一九九九年一月一日起施行。一九九五年八月二十一日国家税务总局颁发的《税收会计核算办法》及有关规定同时废止。

附件：一、有关凭证格式（略）
二、账簿格式（略）

中共中央办公厅 国务院办公厅印发《关于进一步深化税收征管改革的意见》

（2021 年 3 月 24 日）

近年来,我国税收制度改革不断深化,税收征管体制持续优化,纳税服务和税务执法的规范性、便捷性、精准性不断提升。为深入推进税务领域"放管服"改革,完善税务监管体系,打造市场化法治化国际化营商环境,更好服务市场主体发展,现就进一步深化税收征管改革提出如下意见。

一、总体要求

（一）指导思想。以习近平新时代中国特色社会主义思想为指导,全面贯彻党的十九大和十九届二中、三中、四中、五中全会精神,围绕把握新发展阶段、贯彻新发展理念、构建新发展格局,深化税收征管制度改革,着力建设以服务纳税人缴费人为中心、以发票电子化改革为突破口、以税收大数据为驱动力的具有高集成功能、高安全性能、高应用效能的智慧税务，深入推进精确执法、精细服务、精准监管、精诚共治，大幅提高税法遵从度和社会满意度，明显降低征纳成本，充分发挥税收在国家治理中的基础性、支柱性、保障性作用，为推动高质量发展提供有力支撑。

（二）工作原则。坚持党的全面领导，确保党中央、国务院决策部署不折不扣落实到位；坚持依法治税，善于运用法治思维和法治方式深化改革，不断优化税务执法方式，着力提升税收法治化水平；坚持为民便民，进一步完善利企便民服务措施，更好满足纳税人缴费人合理需求；坚持问题导向，着力补短板强弱项，切实解决税收征管中的突出问题；坚持改革创新，深化税务领域"放管服"改革，推动税务执法、服务、监管的理念和方式手段等全方位变革；坚持系统观念，统筹推进各项改革措施，整体性集成式提升税收治理效能。

（三）主要目标。到 2022 年，在税务执法规范性、税费服务便捷性、税务监管精准性上取得重要进展。到 2023 年，基本建成"无风险不打扰、有违法要追究、全过程强智控"的税务执法新体系，实现从经验式执法向科学精确执法转变；基本建成"线下服务无死角、线上服务不打烊、定制服务广覆盖"的税费服务新体系，实现从无差别服务向精细化、智能化、个性化服务转变；基本建成以"双随机、一公开"监管和"互联网＋监管"为基本手段、以重点监管为补充、以"信用＋风险"监管为基础的税务监管新体系，实现从"以票管税"向"以数治税"分类精准监管转变。到 2025 年，深化税收征管制度改革取得显著成效，基本建成功能强大的智慧税务，形成国内一流的智能化行政应用系统，全方位提高税务执法、服务、监管能力。

二、全面推进税收征管数字化升级和智能化改造

（四）加快推进智慧税务建设。充分运用大数据、云计算、人工智能、移动互联网等现代信息技术，着力推进内外部涉税数据汇聚联通、线上线下有机贯通，驱动税务执法、服务、监管制度创新和业务变革，进一步优化组织体系和资源配置。2022 年基本实现法人税费信息"一户式"、自然人税费信息"一人式"智能归集，2023 年基本实现税务机关信息"一局式"、税务人员信息"一员式"智能归集，深入推进对纳税人缴费人行为的自动分析管理、对税务人员履责的全过程自控考核考评、对税务决策信息和任务的自主分类推送。2025 年实现税务执法、服务、监管与大数据智能化应用深度融合、高效联动、全面升级。

（五）稳步实施发票电子化改革。2021 年建成全国统一的电子发票服务平台，24 小时在线免费为纳税人提供电子发票申领、开具、交付、查验等服务。制定出台电子发票国家标准，有序推进铁路、民航等领域发票电子化，2025 年基本实现发票全领域、全环节、全要素电子化，着力降低制度性交易成本。

（六）深化税收大数据共享应用。探索区块链技术在社会保险费征收、房地产交易和不动产登记等方面的应用，并持续拓展在促进涉税涉费信息共享等领域的应用。不断完善税收大数据云平台，加强数据资源开发利用，持续推进与国家及有关部门信息系统互联互通。2025 年建成税务部门与相关部门常态化、制度化数据共享协调机制，依法保障涉税涉费必要信息获取；健全涉税涉费信息对外提供机制，打造规模大、类型多、价值高、颗粒度细的税收大数据，高效发挥数据要素驱动作用。完善税收大数据安全治理体系和管理制度，加强安全态势感知平台建设，常态化开展数据安全风险评估和检查，健全监测预警和应急处置机制，确保数据全生命周期安全。加强智能化税收大数据分析，不断强化税收大数据在经济运行研判和社会管理等领域的深层次应用。

三、不断完善税务执法制度和机制

（七）健全税费法律法规制度。全面落实税收法定原则，加快推进将现行税收暂行条例上升为法律。完善现代税收制度，更好发挥税收作用，促进建立现代财税体制。推动修订税收征收管理法、反洗钱法、发票管理办法等法律法规和规章。加强非税收入管理法制化建设。

（八）严格规范税务执法行为。坚持依法依规征税收费，做到应收尽收。同时，坚决防止落实税费优惠政策不到位、征收"过头税费"及对税收工作进行不当行政干预等行为。全面落实行政执法公示、执法全过程记录、重大执法决定法制审核制度，推进执法信息网上录入、执法程序网上流转、执法活动网上监督、执法结果网上查询，2023年基本建成税务执法质量智能控制体系。不断完善税务执法及税费服务相关工作规范，持续健全行政处罚裁量基准制度。

（九）不断提升税务执法精确度。创新行政执法方式，有效运用说服教育、约谈警示等非强制性执法方式，让执法既有力度又有温度，做到宽严相济、法理相融。坚决防止粗放式、选择性、"一刀切"执法。准确把握一般涉税违法与涉税犯罪的界限，做到依法处置、罚当其责。在税务执法领域研究推广"首违不罚"清单制度。坚持包容审慎原则，积极支持新产业、新业态、新模式健康发展，以问题为导向完善税务执法，促进依法纳税和公平竞争。

（十）加强税务执法区域协同。推进区域间税务执法标准统一，实现执法信息互通、执法结果互认，更好服务国家区域协调发展战略。简化企业涉税涉费事项跨省迁移办理程序，2022年基本实现资质异地共认。持续扩大跨省经营企业全国通办涉税涉费事项范围，2025年基本实现全国通办。

（十一）强化税务执法内部控制和监督。2022年基本构建起全面覆盖、全程防控、全员有责的税务执法风险信息化内控监督体系，将税务执法风险防范措施嵌入信息系统，实现事前预警、事中阻断、事后追责。强化内外部审计监督和重大税务违法案件"一案双查"，不断完善对税务执法行为的常态化、精准化、机制化监督。

四、大力推行优质高效智能税费服务

（十二）确保税费优惠政策直达快享。2021年实现征管操作办法与税费优惠政策同步发布、同步解读，增强政策落实的及时性、确定性、一致性。进一步精简享受优惠政策办理流程和手续，持续扩大"自行判别、自行申报、事后监管"范围，确保便利操作、快速享受、有效监管。2022年实现依法运用大数据精准推送优惠政策信息，促进市场主体充分享受政策红利。

（十三）切实减轻办税缴费负担。积极通过信息系统采集数据，加强部门间数据共享，着力减少纳税人缴费人重复报送。全面推行税务证明事项告知承诺制，拓展容缺办理事项，持续扩大涉税资料由事前报送改为留存备查的范围。

（十四）全面改进办税缴费方式。2021年基本实现企业税费事项能网上办理，个人税费事项能掌上办理。2022年建成全国统一规范的电子税务局，不断拓展"非接触式""不见面"办税缴费服务。逐步改变以表单为载体的传统申报模式，2023年基本实现信息系统自动提取数据、自动计算税额、自动预填申报，纳税人缴费人确认或补正后即可线上提交。

（十五）持续压减纳税缴费次数和时间。落实《优化营商环境条例》，对标国际先进水平，大力推进税（费）种综合申报，依法简并部分税种征期，减少申报次数和时间。扩大部门间数据共享范围，加快企业出口退税事项全环节办理速度，2022年税务部门办理正常出口退税的平均时间压缩至6个工作日以内，对高信用级别企业进一步缩短办理时间。

（十六）积极推行智能型个性化服务。全面改造提升12366税费服务平台，加快推动向以24小时智能咨询为主转变，2022年基本实现全国咨询"一线通答"。运用税收大数据智能分析识别纳税人缴费人的实际体验、个性需求等，精准提供线上服务。持续优化线下服务，更好满足特殊人员、特殊事项的服务需求。

（十七）维护纳税人缴费人合法权益。完善纳税人缴费人权利救济和税费争议解决机制，畅通诉求有效收集、快速响应和及时反馈渠道。探索实施大企业税收事先裁定并建立健全相关制度。健全纳税人缴费人个人信息保护等制度，依法加强税费数据查询权限和留痕等管理，严格保护纳税人缴费人及扣缴义务人的商业秘密、个人隐私等，严防个人信息泄露和滥用等。税务机关和税务人员违反有关法律法规规定、因疏于监管造成重大损失的，依法严肃追究责任。

五、精准实施税务监管

（十八）建立健全以"信用+风险"为基础的新型监管机制。健全守信激励和失信惩戒制度，充分发挥纳税信用在社会信用体系中的基础性作用。建立健全纳税缴费信用评价制度，对纳税缴费信用高的市场主体给予更多便利。在全面推行实名办税缴费制度基础上，实行纳税人缴费人动态信用等级分类和智能化风险监管，既以最严格的标准防范逃避税，又避免影响企业正常生产经营。健全以"数据集成+优质服务+提醒纠错+依法查处"为主要内容的自然人税费服务与监管体系。依法加强对高收入高净值人员的税费服务与监管。

（十九）加强重点领域风险防控和监管。对逃避税问题多发的行业、地区和人群，根据税收风险适当提高"双随机、一公开"抽查比例。对隐瞒收入、虚列成本、转移利润以及利用"税收洼地""阴阳合同"和关联交易等逃避税行为，加强预防性制度建设，加大依法防控和监督检查力度。

（二十）依法严厉打击涉税违法犯罪行为。充分发挥税收大数据作用，依托税务网络可信身份体系对发票开具、使用等进行全环节即时验证和监控，实现对虚开骗税等违法犯罪行为惩处从事后打击向事前事中精准防范转变。健全违法查处体系，充分依托国家"互联网+监管"系统多元数据汇聚功能，精准有效打击"假企业"虚开发票、"假出口"骗取退税、"假申报"骗取税费优惠等行为，保障国家税收安全。对重大涉税违法犯罪案件，依法从严查处曝光并按照有关规定纳入企业和个人信用记录，共享至全国信用信息平台。

六、持续深化拓展税收共治格局

（二十一）加强部门协作。大力推进会计核算和财务管理信息化，通过电子发票与财政支付、金融支付和各类单位财务核算系统、电子档案管理信息系统的衔接，加快推进电子发票无纸化报销、入账、归档、存储。持续深化"银税互动"，助力解决小微企业融资难融资贵问题。加强情报交换、信息通报和执法联动，积极推进跨部门协同监管。

（二十二）加强社会协同。积极发挥行业协会和社会中介组织作用，支持第三方按市场化原则为纳税人提供个性化服务，加强对涉税中介组织的执业监管和行业监管。大力开展税费法律法规的普及宣传，持续深化青少年税收法治教育，发挥税法宣传教育的预防和引导作用，在全社会营造诚信纳税的浓厚氛围。

（二十三）强化税收司法保障。公安部门要强化涉税犯罪案件查办工作力量，做实健全公安派驻税务联络机制。实行警税双方制度化、信息化、常态化联合办案，进一步畅通行政执法与刑事执法衔接工作机制。检察机关发现负有税务监管相关职责的行政机关不依法履责的，应依法提出检察建议。完善涉税司法解释，明晰司法裁判标准。

（二十四）强化国际税收合作。深度参与数字经济等领域的国际税收规则和标准制定，持续推动全球税收治理体系建设。落实防止税基侵蚀和利润转移行动计划，严厉打击国际逃避税，保护外资企业合法权益，维护我国税收利益。不断完善"一带一路"税收征管合作机制，支持发展中国家提高税收征管能力。进一步扩大和完善税收协定网络，加大跨境涉税争议案件协商力度，实施好对所得避免双重征税的双边协定，为高质量引进来和高水平走出去提供支撑。

七、强化税务组织保障

（二十五）优化征管职责和力量。强化市县税务机构在日常性服务、涉税涉费事项办理和风险应对等方面的职责，适当上移全局性、复杂性税费服务和管理职责。不断优化业务流程，合理划分业务边界，科学界定岗位职责，建立健全闭环管理机制。加大人力资源向风险管理、税费分析、大数据应用等领域倾斜力度，增强税务稽查执法力量。

（二十六）加强征管能力建设。坚持更高标准、更高要求，着力建设德才兼备的高素质税务执法队伍，加大税务领军人才和各层次骨干人才培养力度。高质量建设和应用学习兴税平台，促进学习日常化、工作学习化。

（二十七）改进提升绩效考评。在实现税务执法、税费服务、税务监管行为全过程记录和数字化智能归集基础上，推动绩效管理渗入业务流程、融入岗责体系、嵌入信息系统，对税务执法等实施自动化考评，将法治素养和依法履职情况作为考核评价干部的重要内容，促进工作质效持续提升。

八、认真抓好贯彻实施

（二十八）加强组织领导。各地区各有关部门要增强"四个意识"、坚定"四个自信"、做到"两个维护"，切实履行职责，密切协调配合，确保各项任务落地见效。税务总局要牵头组织实施，积极研究解决工作推进中遇到的重大问题，加强协调沟通，抓好贯彻落实。地方各级党委和政府要按照税务系统实行双重领导管理体制的要求，在依法依规征税收费、落实减税降费、推进税收共治、强化司法保障、深化信息共享、加强税法普及、强化经费保障等方面提供支持。

（二十九）加强跟踪问效。在税务领域深入推行"好差评"制度，适时开展监督检查和评估总结，减轻基层负担，促进执法方式持续优化、征管效能持续提升。

（三十）加强宣传引导。税务总局要会同有关部门认真做好宣传工作，准确解读便民利企政策措施，及时回应社会关切，正确引导社会预期，营造良好舆论氛围。

国家税务总局关于全面实行
税务行政许可事项清单管理的公告

（国家税务总局公告 2022 年第 19 号）

为进一步落实党中央、国务院关于优化营商环境的决策部署，深入开展"我为纳税人缴费人办实事暨便民办税春风行动"，根据《国务院办公厅关于全面实行行政许可事项清单管理的通知》（国办发〔2022〕2号，以下简称《通知》）精神和要求，现就全面实行税务行政许可事项清单管理有关工作公告如下：

一、依法编制行政许可事项清单

（一）统一编制清单。税务总局根据国务院审定的行政许可事项清单，发布全国统一实施的税务行政许可事项清单（以下简称清单），纳入全国行政许可管理系统管理。省及省以下税务机关一律不得在清单外实施税务行政许可。

2022年，税务总局根据《通知》附件《法律、行政法规、国务院决定设定的行政许可事项清单（2022年版）》，发布《税务行政许可事项清单（2022年版）》，编列"增值税防伪税控系统最高开票限额审批"1项税务行政许可事项。《国家税务总局关于进一步简化税务行政许可事项办理程序的公告》（2019年第34号）发布的"对纳税人延期缴纳税款的核准""对纳税人延期申报的核准""对纳税人变更纳税定额的核准""对采取实际利润额预缴以外的其他企业所得税预缴方式的核定""企业印制发票审批"等5个事项不再作为行政许可事项管理，依照有关法律、行政法规规定实施，具体办理程序另行公告。

（二）及时动态调整清单。税务总局起草的法律、行政法规拟新设或者调整税务行政许可的，承办司局应当充分研究论证并在起草说明中专门作出说明，按规定报送审查。税务行政许可正式实施前，税务总局向国务院审改办提出调整清单的申请，并部署税务行政许可实施机关做好实施前准备。因深化行政审批制度改革需要动态调整清单的，参照上述程序办理。

（三）做好有关清单衔接。市场准入负面清单、政务服务事项基本目录、"互联网+监管"事项清单等涉及的税务行政许可事项，要严格与清单保持一致并做好衔接。清单调整的，要适时调整有关清单或者及时向有关清单编制牵头部门提出调整意见。

二、严格依照清单实施税务行政许可

（一）科学制定行政许可实施规范。税务总局对税务行政许可事项制定全国统一的实施规范，明确许可条件、申请材料、审批程序、审批时限等内容，并向社会公布。同时按照税务行政许可标准化、规范化、便利化要求，持续推动减环节、减材料、减时限，适时优化调整实施规范。

（二）依法依规实施税务行政许可。税务总局根据清单和实施规范编写统一格式的办事指南。各省、自治区、直辖市和计划单列市税务局（以下简称各省税务局）根据审批工作的需要，可以在统一格式办事指南基础上细化编制符合本省实际的办事指南，但须在本省范围内保持统一和规范。办事指南通过办税服务厅、税务网站等向社会公布，一经公布必须严格遵照执行，不得增加许可条件、申请材料、中介服务、审批环节、收费、数量限制等。各省税务局可以在实施规范基础上进一步压缩税务行政许可事项承诺办结时限，并确保税务行政许可事项办结"零超时"。

（三）严肃清查整治变相许可。各级税务机关要严格落实清单之外一律不得违法实施行政许可的要求，大力清理整治变相许可。在清单之外，以备案、证明、目录、计划、规划、指定、认证、年检等名义，要求税务行政相对人经申请获批后方可从事特定活动的，应当认定为变相许可，要通过停止实施、调整实施方式、完善设定依据等予以纠正。

三、加强事前事中事后全链条监管

（一）明确监管主体和监管重点。税务行政许可实施机关是税务行政许可事项监管主体，要充分评估税务行政许可事项实际情况和风险隐患，科学划分风险等级，明确监管重点环节，实施有针对性、差异化的监管政策，提升监管的精准性和有效性。与税务行政许可事项对应的监管事项，要纳入"互联网+监管"平台监管事项动态管理系统。

（二）结合清单完善监管规则标准。税务总局制定并公布全国统一、简明易行、科学合理的税务行政许可事项监管规则和标准,各省税务局可以结合本地实际,进一步细化监管规则和标准。对取消下放的税务行政许可事项,要进一步明确监管层级、监管部门、监管规则和标准,对履职不到位的要问责,坚决杜绝一放了之、只批不管等问题。

四、做好清单实施保障

(一)加强组织领导。各级税务机关要高度重视行政许可事项清单管理工作,加强统筹协调,及时研究解决清单管理和行政许可实施中的重大问题,推动工作落地落实。

(二)主动接受监督。加强对清单实施情况的动态评估和全面监督,畅通投诉举报渠道,依托"12366纳税缴费服务热线""12345政务服务便民热线"、政务服务"好差评"系统、税务网站等接受社会监督。

(三)探索清单多元化应用。依托全国行政许可管理系统,公布税务行政许可事项的线上线下办理渠道,逐步完善清单事项检索、办事指南查询、网上办理导流、疑难问题咨询、投诉举报留言等服务功能,方便企业群众办理行政许可和开展监督。鼓励各地税务机关创新清单应用场景,提升纳税人缴费人获得感和满意度。

本公告自2022年11月1日起施行,《国家税务总局关于公开行政审批事项等相关工作的公告》(2014年第10号)、《国家税务总局关于公布税务行政许可事项目录的公告》(2015年第87号)、《国家税务总局关于规范行政审批行为改进行政审批有关工作的意见》(税总发〔2015〕142号)、《国家税务总局关于更新税务行政许可事项目录的公告》(2016年第10号发布,2018年第31号修改)、《国家税务总局关于税务行政许可若干问题的公告》(2016年第11号)、《国家税务总局关于简化税务行政许可事项办理程序的公告》(2017年第21号发布,2018年第31号、第67号修改)、《国家税务总局关于进一步简化税务行政许可事项办理程序的公告》(2019年第34号)同时废止。

特此公告。

附件:1.税务行政许可事项清单(2022年版)(略)
　　　2.税务行政许可文书样式(略)
　　　3.增值税防伪税控系统最高开票限额审批实施规定(略)

国家税务总局
2022年9月28日

第二部分 行政处罚制度

中华人民共和国行政处罚法

（1996年3月17日第八届全国人民代表大会第四次会议通过 根据2009年8月27日第十一届全国人民代表大会常务委员会第十次会议《关于修改部分法律的决定》第一次修正 根据2017年9月1日第十二届全国人民代表大会常务委员会第二十九次会议《关于修改〈中华人民共和国法官法〉等八部法律的决定》第二次修正 2021年1月22日第十三届全国人民代表大会常务委员会第二十五次会议修订）

目 录

第一章 总 则
第二章 行政处罚的种类和设定
第三章 行政处罚的实施机关
第四章 行政处罚的管辖和适用
第五章 行政处罚的决定
　第一节 一般规定
　第二节 简易程序
　第三节 普通程序
　第四节 听证程序
第六章 行政处罚的执行
第七章 法律责任
第八章 附 则

第一章 总 则

第一条 为了规范行政处罚的设定和实施，保障和监督行政机关有效实施行政管理，维护公共利益和社会秩序，保护公民、法人或者其他组织的合法权益，根据宪法，制定本法。

第二条 行政处罚是指行政机关依法对违反行政管理秩序的公民、法人或者其他组织，以减损权益或者增加义务的方式予以惩戒的行为。

第三条 行政处罚的设定和实施，适用本法。

第四条 公民、法人或者其他组织违反行政管理秩序的行为，应当给予行政处罚的，依照本法由法律、法规、规章规定，并由行政机关依照本法规定的程序实施。

第五条 行政处罚遵循公正、公开的原则。

设定和实施行政处罚必须以事实为依据，与违法行为的事实、性质、情节以及社会危害程度相当。

对违法行为给予行政处罚的规定必须公布；未经公布的，不得作为行政处罚的依据。

第六条 实施行政处罚，纠正违法行为，应当坚持处罚与教育相结合，教育公民、法人或者其他组织自觉守法。

第七条 公民、法人或者其他组织对行政机关所给予的行政处罚，享有陈述权、申辩权；对行政处罚不服的，有权依法申请行政复议或者提起行政诉讼。

公民、法人或者其他组织因行政机关违法给予行政处罚受到损害的，有权依法提出赔偿要求。

第八条 公民、法人或者其他组织因违法行为受到行政处罚，其违法行为对他人造成损害的，应当依法承担民事责任。

违法行为构成犯罪，应当依法追究刑事责任的，不得以行政处罚代替刑事处罚。

第二章 行政处罚的种类和设定

第九条 行政处罚的种类：

（一）警告、通报批评；

（二）罚款、没收违法所得、没收非法财物；

（三）暂扣许可证件、降低资质等级、吊销许可证件；

（四）限制开展生产经营活动、责令停产停业、责令关闭、限制从业；

（五）行政拘留；（六）法律、行政法规规定的其他行政处罚。

第十条 法律可以设定各种行政处罚。

限制人身自由的行政处罚，只能由法律设定。

第十一条 行政法规可以设定除限制人身自由以外的行政处罚。

法律对违法行为已经作出行政处罚规定，行政法规需要作出具体规定的，必须在法律规定的给予行政处罚的行为、种类和幅度的范围内规定。

法律对违法行为未作出行政处罚规定，行政法规为实施法律，可以补充设定行政处罚。拟补充设定行政处罚的，应当通过听证会、论证会等形式广泛听取意见，并向制定机关作出书面说明。行政法规报送备案时，应当说明补充设定行政处罚的情况。

第十二条 地方性法规可以设定除限制人身自由、吊销营业执照以外的行政处罚。

法律、行政法规对违法行为已经作出行政处罚规定，地方性法规需要作出具体规定的，必须在法律、行政法规规定的给予行政处罚的行为、种类和幅度的范围内规定。

法律、行政法规对违法行为未作出行政处罚规定，地方性法规为实施法律、行政法规，可以补充设定行政处罚。拟补充设定行政处罚的，应当通过听证会、论证会等形式广泛听取意见，并向制定机关作出书面说明。地方性法规报送备案时，应当说明补充设定行政处罚的情况。

第十三条 国务院部门规章可以在法律、行政法规规定的给予行政处罚的行为、种类和幅度的范围内作出具体规定。

尚未制定法律、行政法规的，国务院部门规章对违反行政管理秩序的行为，可以设定警告、通报批评或者一定数额罚款的行政处罚。罚款的限额由国务院规定。

第十四条 地方政府规章可以在法律、法规规定的给予行政处罚的行为、种类和幅度的范围内作出具体规定。

尚未制定法律、法规的，地方政府规章对违反行政管理秩序的行为，可以设定警告、通报批评或者一定数额罚款的行政处罚。罚款的限额由省、自治区、直辖市人民代表大会常务委员会规定。

第十五条 国务院部门和省、自治区、直辖市人民政府及其有关部门应当定期组织评估行政处罚的实施情况和必要性，对不适当的行政处罚事项及种类、罚款数额等，应当提出修改或者废止的建议。

第十六条 除法律、法规、规章外，其他规范性文件不得设定行政处罚。

第三章 行政处罚的实施机关

第十七条 行政处罚由具有行政处罚权的行政机关在法定职权范围内实施。

第十八条 国家在城市管理、市场监管、生态环境、文化市场、交通运输、应急管理、农业等领域推行建立综合行政执法制度，相对集中行政处罚权。

国务院或者省、自治区、直辖市人民政府可以决定一个行政机关行使有关行政机关的行政处罚权。

限制人身自由的行政处罚权只能由公安机关和法律规定的其他机关行使。

第十九条 法律、法规授权的具有管理公共事务职能的组织可以在法定授权范围内实施行政处罚。

第二十条 行政机关依照法律、法规、规章的规定，可以在其法定权限内书面委托符合本法第二十一条规定条件的组织实施行政处罚。行政机关不得委托其他组织或者个人实施行政处罚。

委托书应当载明委托的具体事项、权限、期限等内容。委托行政机关和受委托组织应当将委托书向社会公布。

委托行政机关对受委托组织实施行政处罚的行为应当负责监督，并对该行为的后果承担法律责任。

受委托组织在委托范围内，以委托行政机关名义实施行政处罚；不得再委托其他组织或者个人实施行政处罚。

第二十一条 受委托组织必须符合以下条件：

（一）依法成立并具有管理公共事务职能；

（二）有熟悉有关法律、法规、规章和业务并取得行政执法资格的工作人员；

（三）需要进行技术检查或者技术鉴定的，应当有条件组织进行相应的技术检查或者技术鉴定。

第四章 行政处罚的管辖和适用

第二十二条 行政处罚由违法行为发生地的行政机关管辖。法律、行政法规、部门规章另有规定的，从其规定。

第二十三条 行政处罚由县级以上地方人民政府具有行政处罚权的行政机关管辖。法律、行政法规另有规定的，从其规定。

第二十四条 省、自治区、直辖市根据当地实际情况，可以决定将基层管理迫切需要的县级人民政府部门的行政处罚权交由能够有效承接的乡镇人民政府、街道办事处行使，并定期组织评估。决定应当公布。

承接行政处罚权的乡镇人民政府、街道办事处应当加强执法能力建设，按照规定范围、依照法定程序实施行政处罚。

有关地方人民政府及其部门应当加强组织协调、业务指导、执法监督,建立健全行政处罚协调配合机制,完善评议、考核制度。

第二十五条　两个以上行政机关都有管辖权的,由最先立案的行政机关管辖。

对管辖发生争议的,应当协商解决,协商不成的,报请共同的上一级行政机关指定管辖;也可以直接由共同的上一级行政机关指定管辖。

第二十六条　行政机关因实施行政处罚的需要,可以向有关机关提出协助请求。协助事项属于被请求机关职权范围内的,应当依法予以协助。

第二十七条　违法行为涉嫌犯罪的,行政机关应当及时将案件移送司法机关,依法追究刑事责任。对依法不需要追究刑事责任或者免予刑事处罚,但应当给予行政处罚的,司法机关应当及时将案件移送有关行政机关。

行政处罚实施机关与司法机关之间应当加强协调配合,建立健全案件移送制度,加强证据材料移交、接收衔接,完善案件处理信息通报机制。

第二十八条　行政机关实施行政处罚时,应当责令当事人改正或者限期改正违法行为。

当事人有违法所得,除依法应当退赔的外,应当予以没收。违法所得是指实施违法行为所取得的款项。法律、行政法规、部门规章对违法所得的计算另有规定的,从其规定。

第二十九条　对当事人的同一个违法行为,不得给予两次以上罚款的行政处罚。同一个违法行为违反多个法律规范应当给予罚款处罚的,按照罚款数额高的规定处罚。

第三十条　不满十四周岁的未成年人有违法行为的,不予行政处罚,责令监护人加以管教;已满十四周岁不满十八周岁的未成年人有违法行为的,应当从轻或者减轻行政处罚。

第三十一条　精神病人、智力残疾人在不能辨认或者不能控制自己行为时有违法行为的,不予行政处罚,但应当责令其监护人严加看管和治疗。间歇性精神病人在精神正常时有违法行为的,应当给予行政处罚。尚未完全丧失辨认或者控制自己行为能力的精神病人、智力残疾人有违法行为的,可以从轻或者减轻行政处罚。

第三十二条　当事人有下列情形之一,应当从轻或者减轻行政处罚:

(一)主动消除或者减轻违法行为危害后果的;

(二)受他人胁迫或者诱骗实施违法行为的;

(三)主动供述行政机关尚未掌握的违法行为的;

(四)配合行政机关查处违法行为有立功表现的;

(五)法律、法规、规章规定其他应当从轻或者减轻行政处罚的。

第三十三条　违法行为轻微并及时改正,没有造成危害后果的,不予行政处罚。初次违法且危害后果轻微并及时改正的,可以不予行政处罚。

当事人有证据足以证明没有主观过错的,不予行政处罚。法律、行政法规另有规定的,从其规定。

对当事人的违法行为依法不予行政处罚的,行政机关应当对当事人进行教育。

第三十四条　行政机关可以依法制定行政处罚裁量基准,规范行使行政处罚裁量权。行政处罚裁量基准应当向社会公布。

第三十五条　违法行为构成犯罪,人民法院判处拘役或者有期徒刑时,行政机关已经给予当事人行政拘留的,应当依法折抵相应刑期。

违法行为构成犯罪,人民法院判处罚金时,行政机关已经给予当事人罚款的,应当折抵相应罚金;行政机关尚未给予当事人罚款的,不再给予罚款。

第三十六条　违法行为在二年内未被发现的,不再给予行政处罚;涉及公民生命健康安全、金融安全且有危害后果的，上述期限延长至五年。法律另有规定的除外。

前款规定的期限，从违法行为发生之日起计算；违法行为有连续或者继续状态的，从行为终了之日起计算。

第三十七条 实施行政处罚，适用违法行为发生时的法律、法规、规章的规定。但是，作出行政处罚决定时，法律、法规、规章已被修改或者废止，且新的规定处罚较轻或者不认为是违法的，适用新的规定。

第三十八条 行政处罚没有依据或者实施主体不具有行政主体资格的，行政处罚无效。

违反法定程序构成重大且明显违法的，行政处罚无效。

第五章　行政处罚的决定

第一节　一般规定

第三十九条 行政处罚的实施机关、立案依据、实施程序和救济渠道等信息应当公示。

第四十条 公民、法人或者其他组织违反行政管理秩序的行为，依法应当给予行政处罚的，行政机关必须查明事实；违法事实不清、证据不足的，不得给予行政处罚。

第四十一条 行政机关依照法律、行政法规规定利用电子技术监控设备收集、固定违法事实的，应当经过法制和技术审核，确保电子技术监控设备符合标准、设置合理、标志明显，设置地点应当向社会公布。

电子技术监控设备记录违法事实应当真实、清晰、完整、准确。行政机关应当审核记录内容是否符合要求；未经审核或者经审核不符合要求的，不得作为行政处罚的证据。

行政机关应当及时告知当事人违法事实，并采取信息化手段或者其他措施，为当事人查询、陈述和申辩提供便利。不得限制或者变相限制当事人享有的陈述权、申辩权。

第四十二条 行政处罚应当由具有行政执法资格的执法人员实施。执法人员不得少于两人，法律另有规定的除外。

执法人员应当文明执法，尊重和保护当事人合法权益。

第四十三条 执法人员与案件有直接利害关系或者有其他关系可能影响公正执法的，应当回避。

当事人认为执法人员与案件有直接利害关系或者有其他关系可能影响公正执法的，有权申请回避。

当事人提出回避申请的，行政机关应当依法审查，由行政机关负责人决定。决定作出之前，不停止调查。

第四十四条 行政机关在作出行政处罚决定之前，应当告知当事人拟作出的行政处罚内容及事实、理由、依据，并告知当事人依法享有的陈述、申辩、要求听证等权利。

第四十五条 当事人有权进行陈述和申辩。行政机关必须充分听取当事人的意见，对当事人提出的事实、理由和证据，应当进行复核；当事人提出的事实、理由或者证据成立的，行政机关应当采纳。

行政机关不得因当事人陈述、申辩而给予更重的处罚。

第四十六条 证据包括：

（一）书证；

（二）物证；

（三）视听资料；

（四）电子数据；

（五）证人证言；

（六）当事人的陈述；

（七）鉴定意见；

（八）勘验笔录、现场笔录。

证据必须经查证属实，方可作为认定案件事实的根据。

以非法手段取得的证据，不得作为认定案件事实的根据。

第四十七条 行政机关应当依法以文字、音像等形式，对行政处罚的启动、调查取证、审核、决定、送达、执行等进行全过程记录，归档保存。

第四十八条 具有一定社会影响的行政处罚决定应当依法公开。

公开的行政处罚决定被依法变更、撤销、确认违法或者确认无效的，行政机关应当在三日内撤回行政处罚决定信息并公开说明理由。

第四十九条 发生重大传染病疫情等突发事件，为了控制、减轻和消除突发事件引起的社会危害，行政机关对违反突发事件应对措施的行为，依法快速、从重处罚。

第五十条 行政机关及其工作人员对实施行政处罚过程中知悉的国家秘密、商业秘密或者个人隐私，应当依法予以保密。

第二节　简易程序

第五十一条 违法事实确凿并有法定依据，对公民处以二百元以下、对法人或者其他组织处以三千元以下罚款或者警告的行政处罚的，可以当场作出行政处罚决定。法律另有规定的，从其规定。

第五十二条 执法人员当场作出行政处罚决定的，应当向当事人出示执法证件，填写预定格式、编有号码的行政处罚决定书，并当场交付当事人。当事人拒绝签收的，应当在行政处罚决定书上注明。

前款规定的行政处罚决定书应当载明当事人的违法行为，行政处罚的种类和依据、罚款数额、时间、地点，申请行政复议、提起行政诉讼的途径和期限以及行政机关名称，并由执法人员签名或者盖章。

执法人员当场作出的行政处罚决定，应当报所属行政机关备案。

第五十三条 对当场作出的行政处罚决定，当事人应当依照本法第六十七条至第六十九条的规定履行。

第三节　普通程序

第五十四条 除本法第五十一条规定的可以当场作出的行政处罚外，行政机关发现公民、法人或者其他组织有依法应当给予行政处罚的行为的，必须全面、客观、公正地调查，收集有关证据；必要时，依照法律、法规的规定，可以进行检查。

符合立案标准的，行政机关应当及时立案。

第五十五条 执法人员在调查或者进行检查时，应当主动向当事人或者有关人员出示执法证件。当事人或者有关人员有权要求执法人员出示执法证件。执法人员不出示执法证件的，当事人或者有关人员有权拒绝接受调查或者检查。

当事人或者有关人员应当如实回答询问，并协助调查或者检查，不得拒绝或者阻挠。询问或者检查应当制作笔录。

第五十六条 行政机关在收集证据时，可以采取抽样取证的方法；在证据可能灭失或者以后难以取得的情况下，经行政机关负责人批准，可以先行登记保存，并应当在七日内及时作出处理决定，在此期间，当事人或者有关人员不得销毁或者转移证据。

第五十七条 调查终结，行政机关负责人应当对调查结果进行审查，根据不同情况，分别作出如下决定：

（一）确有应受行政处罚的违法行为的，根据情节轻重及具体情况，作出行政处罚决定；

（二）违法行为轻微，依法可以不予行政处罚的，不予行政处罚；

（三）违法事实不能成立的，不予行政处罚；

（四）违法行为涉嫌犯罪的，移送司法机关。

对情节复杂或者重大违法行为给予行政处罚，行政机关负责人应当集体讨论决定。

第五十八条 有下列情形之一，在行政机关负责人作出行政处罚的决定之前，应当由从事行政处罚决定法制审核的人员进行法制审核；未经法制审核或者审核未通过的，不得作出决定：

（一）涉及重大公共利益的；

（二）直接关系当事人或者第三人重大权益，经过听证程序的；

（三）案件情况疑难复杂、涉及多个法律关系的；

（四）法律、法规规定应当进行法制审核的其他情形。

行政机关中初次从事行政处罚决定法制审核的人员，应当通过国家统一法律职业资格考试取得法律职业资格。

第五十九条 行政机关依照本法第五十七条的规定给予行政处罚，应当制作行政处罚决定书。行政处罚决定书应当载明下列事项：

（一）当事人的姓名或者名称、地址；

（二）违反法律、法规、规章的事实和证据；

（三）行政处罚的种类和依据；

（四）行政处罚的履行方式和期限；

（五）申请行政复议、提起行政诉讼的途径和期限；

（六）作出行政处罚决定的行政机关名称和作出决定的日期。

行政处罚决定书必须盖有作出行政处罚决定的行政机关的印章。

第六十条 行政机关应当自行政处罚案件立案之日起九十日内作出行政处罚决定。法律、法规、规章另有规定的，从其规定。

第六十一条 行政处罚决定书应当在宣告后当场交付当事人；当事人不在场的，行政机关应当在七日内依照《中华人民共和国民事诉讼法》的有关规定，将行政处罚决定书送达当事人。

当事人同意并签订确认书的，行政机关可以采用传真、电子邮件等方式，将行政处罚决定书等送达当事人。

第六十二条 行政机关及其执法人员在作出行政处罚决定之前，未依照本法第四十四条、第四十五条的规定向当事人告知拟作出的行政处罚内容及事实、理由、依据，或者拒绝听取当事人的陈述、申辩，不得作出行政处罚决定；当事人明确放弃陈述或者申辩权利的除外。

第四节 听证程序

第六十三条 行政机关拟作出下列行政处罚决定，应当告知当事人有要求听证的权利，当事人要求听证的，行政机关应当组织听证：

（一）较大数额罚款；

（二）没收较大数额违法所得、没收较大价值非法财物；

（三）降低资质等级、吊销许可证件；

（四）责令停产停业、责令关闭、限制从业；
（五）其他较重的行政处罚；
（六）法律、法规、规章规定的其他情形。
当事人不承担行政机关组织听证的费用。

第六十四条 听证应当依照以下程序组织：
（一）当事人要求听证的，应当在行政机关告知后五日内提出；
（二）行政机关应当在举行听证的七日前，通知当事人及有关人员听证的时间、地点；
（三）除涉及国家秘密、商业秘密或者个人隐私依法予以保密外，听证公开举行；
（四）听证由行政机关指定的非本案调查人员主持；当事人认为主持人与本案有直接利害关系的，有权申请回避；
（五）当事人可以亲自参加听证，也可以委托一至二人代理；
（六）当事人及其代理人无正当理由拒不出席听证或者未经许可中途退出听证的，视为放弃听证权利，行政机关终止听证；
（七）举行听证时，调查人员提出当事人违法的事实、证据和行政处罚建议，当事人进行申辩和质证；
（八）听证应当制作笔录。笔录应当交当事人或者其代理人核对无误后签字或者盖章。当事人或者其代理人拒绝签字或者盖章的，由听证主持人在笔录中注明。

第六十五条 听证结束后，行政机关应当根据听证笔录，依照本法第五十七条的规定，作出决定。

第六章 行政处罚的执行

第六十六条 行政处罚决定依法作出后，当事人应当在行政处罚决定书载明的期限内，予以履行。

当事人确有经济困难，需要延期或者分期缴纳罚款的，经当事人申请和行政机关批准，可以暂缓或者分期缴纳。

第六十七条 作出罚款决定的行政机关应当与收缴罚款的机构分离。

除依照本法第六十八条、第六十九条的规定当场收缴的罚款外，作出行政处罚决定的行政机关及其执法人员不得自行收缴罚款。

当事人应当自收到行政处罚决定书之日起十五日内，到指定的银行或者通过电子支付系统缴纳罚款。银行应当收受罚款，并将罚款直接上缴国库。

第六十八条 依照本法第五十一条的规定当场作出行政处罚决定，有下列情形之一，执法人员可以当场收缴罚款：
（一）依法给予一百元以下罚款的；
（二）不当场收缴事后难以执行的。

第六十九条 在边远、水上、交通不便地区，行政机关及其执法人员依照本法第五十一条、第五十七条的规定作出罚款决定后，当事人到指定的银行或者通过电子支付系统缴纳罚款确有困难，经当事人提出，行政机关及其执法人员可以当场收缴罚款。

第七十条 行政机关及其执法人员当场收缴罚款的，必须向当事人出具国务院财政部门或者省、自治区、直辖市人民政府财政部门统一制发的专用票据；不出具财政部门统一制发的专用票据的，当事人有权拒绝缴纳罚款。

第七十一条 执法人员当场收缴的罚款，应当自收缴罚款之日起二日内，交至行政机关；在水上当场收缴的罚款，应当自抵岸之日起二日内交至行政机关；行政机关应当在二日内将罚款缴付指定的银行。

第七十二条 当事人逾期不履行行政处罚决定的，作出行政处罚决定的行政机关可以采取下列措施：

（一）到期不缴纳罚款的，每日按罚款数额的百分之三加处罚款，加处罚款的数额不得超出罚款的数额；

（二）根据法律规定，将查封、扣押的财物拍卖、依法处理或者将冻结的存款、汇款划拨抵缴罚款；

（三）根据法律规定，采取其他行政强制执行方式；

（四）依照《中华人民共和国行政强制法》的规定申请人民法院强制执行。

行政机关批准延期、分期缴纳罚款的，申请人民法院强制执行的期限，自暂缓或者分期缴纳罚款期限结束之日起计算。

第七十三条 当事人对行政处罚决定不服，申请行政复议或者提起行政诉讼的，行政处罚不停止执行，法律另有规定的除外。

当事人对限制人身自由的行政处罚决定不服，申请行政复议或者提起行政诉讼的，可以向作出决定的机关提出暂缓执行申请。符合法律规定情形的，应当暂缓执行。

当事人申请行政复议或者提起行政诉讼的，加处罚款的数额在行政复议或者行政诉讼期间不予计算。

第七十四条 除依法应当予以销毁的物品外，依法没收的非法财物必须按照国家规定公开拍卖或者按照国家有关规定处理。

罚款、没收的违法所得或者没收非法财物拍卖的款项，必须全部上缴国库，任何行政机关或者个人不得以任何形式截留、私分或者变相私分。

罚款、没收的违法所得或者没收非法财物拍卖的款项，不得同作出行政处罚决定的行政机关及其工作人员的考核、考评直接或者变相挂钩。除依法应当退还、退赔的外，财政部门不得以任何形式向作出行政处罚决定的行政机关返还罚款、没收的违法所得或者没收非法财物拍卖的款项。

第七十五条 行政机关应当建立健全对行政处罚的监督制度。县级以上人民政府应当定期组织开展行政执法评议、考核，加强对行政处罚的监督检查，规范和保障行政处罚的实施。

行政机关实施行政处罚应当接受社会监督。公民、法人或者其他组织对行政机关实施行政处罚的行为，有权申诉或者检举；行政机关应当认真审查，发现有错误的，应当主动改正。

第七章 法律责任

第七十六条 行政机关实施行政处罚，有下列情形之一，由上级行政机关或者有关机关责令改正，对直接负责的主管人员和其他直接责任人员依法给予处分：

（一）没有法定的行政处罚依据的；

（二）擅自改变行政处罚种类、幅度的；

（三）违反法定的行政处罚程序的；

（四）违反本法第二十条关于委托处罚的规定的；

（五）执法人员未取得执法证件的。

行政机关对符合立案标准的案件不及时立案的，依照前款规定予以处理。

第七十七条 行政机关对当事人进行处罚不使用罚款、没收财物单据或者使用非法定部门制发的罚款、没收财物单据的,当事人有权拒绝,并有权予以检举,由上级行政机关或者有关机关对使用的非法单据予以收缴销毁,对直接负责的主管人员和其他直接责任人员依法给予处分。

第七十八条 行政机关违反本法第六十七条的规定自行收缴罚款的,财政部门违反本法第七十四条的规定向行政机关返还罚款、没收的违法所得或者拍卖款项的,由上级行政机关或者有关机关责令改正,对直接负责的主管人员和其他直接责任人员依法给予处分。

第七十九条 行政机关截留、私分或者变相私分罚款、没收的违法所得或者财物的,由财政部门或者有关机关予以追缴,对直接负责的主管人员和其他直接责任人员依法给予处分;情节严重构成犯罪的,依法追究刑事责任。

执法人员利用职务上的便利,索取或者收受他人财物、将收缴罚款据为己有,构成犯罪的,依法追究刑事责任;情节轻微不构成犯罪的,依法给予处分。

第八十条 行政机关使用或者损毁查封、扣押的财物,对当事人造成损失的,应当依法予以赔偿,对直接负责的主管人员和其他直接责任人员依法给予处分。

第八十一条 行政机关违法实施检查措施或者执行措施,给公民人身或者财产造成损害、给法人或者其他组织造成损失的,应当依法予以赔偿,对直接负责的主管人员和其他直接责任人员依法给予处分;情节严重构成犯罪的,依法追究刑事责任。

第八十二条 行政机关对应当依法移交司法机关追究刑事责任的案件不移交,以行政处罚代替刑事处罚,由上级行政机关或者有关机关责令改正,对直接负责的主管人员和其他直接责任人员依法给予处分;情节严重构成犯罪的,依法追究刑事责任。

第八十三条 行政机关对应当予以制止和处罚的违法行为不予制止、处罚,致使公民、法人或者其他组织的合法权益、公共利益和社会秩序遭受损害的,对直接负责的主管人员和其他直接责任人员依法给予处分;情节严重构成犯罪的,依法追究刑事责任。

第八章 附 则

第八十四条 外国人、无国籍人、外国组织在中华人民共和国领域内有违法行为,应当给予行政处罚的,适用本法,法律另有规定的除外。

第八十五条 本法中"二日""三日""五日""七日"的规定是指工作日,不含法定节假日。

第八十六条 本法自2021年7月15日起施行。

国家税务总局关于印发《税务行政处罚听证程序实施办法(试行)》《税务案件调查取证与处罚决定分开制度实施办法(试行)》的通知[①]

(国税发〔1996〕190号)

(通知略)

---

① 注:《税务案件调查取证与处罚决定分开制度实施办法(试行)》废止,参见《国家税务总局关于公布全文和部分条款失效废止的税收规范性文件目录的公告》(国家税务总局公告2021年第22号)。

税务行政处罚听证程序实施办法（试行）

第一条 为了规范税务行政处罚听证程序的实施，保护公民、法人和其他组织的合法权益，根据《中华人民共和国行政处罚法》，制定本实施办法。

第二条 税务行政处罚的听证，遵循合法、公正、公开、及时和便民的原则。

第三条 税务机关对公民作出 2 000 元以上（含本数）罚款或者对法人或者其他组织作出 1 万元以上（含本数）罚款或者对法人或者其他组织作出 1 万元以上（含本数）罚款的行政处罚之前，告知当事人送达《税务行政处罚事项告知书》，告知当事人已经查明的违法事实、证据、行政处罚的法律依据和拟将给予的行政处罚，并告知有要求举行听证的权利。

第四条 要求听证的当事人，应当在《税务行政处罚事项告知书》送达后三日内务税务机关书面提出听证；逾期不提出的，视为放弃听证权利。

当事人要求听证的，税务机关应当组织听证。

第五条 税务机关应当在收到当事人听证要求后 15 日内举行听证，并在举行听证的 7 日前将《税务行政处罚听证通知书》送达当事人，通知当事人举行听证的时间、地点，听证主持人的姓名及有关事项。

当事人由于不可抗力或者其他特殊情况而耽误提出听证期限的，在障碍消除后五日以内，可以申请延长期限。申请是否准许，由组织听证的税务机关决定。

第六条 当事人提出听证后，税务机关发现自己拟作的行政处罚决定对事实认定有错误或者偏差，应当予以改变，并及时向当事人说明。

第七条 税务行政处罚的听证，由税务机关负责人指定的非本案调查机构的人员主持，当事人、本案调查人员及其他有关人员参加。

听证主持人应当依法行使职权，不受任何组织和个人的干涉。

第八条 当事人可以亲自参加听证，也可以委托一至二人代理。当事人委托代理人参加听证的，应当向其代理人出具代理委托书。代理委托书应当注明有关事项，并经税务机关或者听证主持人审核确认。

第九条 当事人认为听证主持人与本案有直接利害关系的，有权申请回避。回避申请，应当在举行听证的 3 日前向税务机关提出，并说明理由。

听证主持人是本案当事人的近亲属，或者认为自己与本案有直接利害关系或其他关系可能影响公正听证的，应当自行提出回避。

第十条 听证主持人的回避，由组织听证的税务机关负责人决定。

对驳回的申请回避的决定，当事人可以申请复核一次。

第十一条 税务行政处罚听证应当公开进行。但是涉及国家秘密、商业秘密或者个人隐私的，听证不公开进行。

对公开听证的案件，应当先期公告当事人和本案调查人员的姓名、案由和听证的时间、地点。

公开进行的听证，应当允许群众旁听。经听证主持人许可，旁听群众可以发表意见。

对不公开听证的案件，应当宣布不公开听证的理由。

第十二条 当事人或者其代理人应当按照税务机关的通知参加听证，无正当理由不参加的，视为放弃听证权利。听证应当予以终止。

本案调查人员有前款规定情形的，不影响听证的进行。

第十三条 听证开始时，听证主持人应当首先声明并出示税务机关负责人授权主持听证的决定，然后查明当事人或者其代理人、本案调查人员、证人及其他有关人员是否到场，宣布案由；宣布听证会的组成人员名单；告知当事人有关的权利义务。记录员宣读听证会场纪律。

第十四条 听证过程中，由本案调查人员就当事人的违法行为予以指控，并出示事实证据材料，提出行政处罚建议。当事人或者其代理人可以就所指控的事实及相关问题进行申辩和质证。

听证主持人可以对本案所及事实进行询问，保障控辩双方充分陈述事实，发表意见，并就各自出示的证件的合法性、真实性进行辩论。辩论先由本案调查人员发言，再由当事人或者其代理人答辩，然后双方相互辩论。

辩论终结，听证主持人可以再就本案的事实、证据及有关问题向当事人或者其代理人、本案调查人员征求意见。当事人或者其代理人有最后陈述的权利。

第十五条 听证主持人认为证据有疑问无法听证辨明，可能影响税务行政处罚的准确公正的，可以宣布终止听证，由本案调查人员对证据进行调查核实后再行听证。

当事人或者其代理人可以申请对有关证据进行重新核实，或者提出延期听证；是否准许，由听证主持人或者税务机关作出决定。

第十六条 听证过程中，当事人或者其代理人放弃申辩和质证权利，声明退出听证会；或者不经听证主持人许可擅自退出听证会的，听证主持人可以宣布听证终止。

第十七条 听证过程中，当事人或者其代理人、本案调查人员、证人及其他人员违反听证秩序，听证主持人应当警告制止；对不听制止的，可以责令其退出听证会场。

当事人或者其代理人有前款规定严重行为致使听证无法进行的，听证主持人或者税务机关可以终止听证。

第十八条 听证的全部活动，应当由记录员写成笔录，经听证主持人审阅并由听证主持人和记录员签名后，封卷上交税务机关负责人审阅。

听证笔录应当事人或者其代理人、本案调查人员、证人及其他有关人员阅读或者向他们宣读，他们认为有遗漏或者有差错的，可以请求或者改正。他们在承认没有错误后，应当签字或者盖章。拒绝签字或者盖章的，记明情况附卷。

第十九条 听证结束后，听证主持人应当将听证情况和处理意见报告税务机关负责人。

第二十条 对应当进行听证的案件，税务机关不组织听证，行政处罚决定不能成立；当事人放弃听证权利或者被正当取消听证权利的除外。

第二十一条 听证费用由组织听证的税务机关支付，不得由要求听证的当事人承担或者变相承担。

第二十二条 本实施办法由国家税务总局负责解释。

第二十三条 本实施办法自1996年10月1日起施行。

国家税务总局关于推行税收执法权力清单制度的指导意见

(税总发〔2014〕162号)

各省、自治区、直辖市和计划单列市国家税务局、地方税务局，局内各单位：

为贯彻落实党的十八大和十八届三中、四中全会精神，加快职能转变，强化权力运行制约和监督体系，促进严格规范公正文明执法，税务总局决定推行税收执法权力清单制度，现提出如下指导意见。

一、指导思想、基本原则和目标任务

（一）指导思想

深入贯彻落实党的十八大和十八届三中、四中全会精神，坚持用制度管权管事管人，推进依法行政，保障纳税人权益，自觉接受社会监督，确保法律赋予税务机关的权力更好地为纳税人服务。

（二）基本原则

1. 依法实施。严格按照法律、法规和规章规定对税收执法权力事项进行全面梳理，依法予以公开。

2. 公开透明。将税收执法权力事项及权力运行流程向社会公开，完善权力公开运行监督管理机制，防止权力暗箱操作。

3. 高效便民。优化权力运行流程，简化办事手续，便民办税，方便遵从，提高服务效率和纳税人满意度。

4. 科学民主。广泛听取社会各界意见建议，坚持集思广益、科学施策，努力把好事办好。

5. 积极稳妥。坚持从实际出发，整体设计，分步实施，循序渐进，务求实效。

（三）目标任务

界定税收执法权力，清理税收执法依据，厘清税收执法权力事项，摸清税收执法权力底数，编制税收执法权力运行流程图，依法公开税收执法权力清单，让税收执法权力在阳光下运行，打造阳光税务。

二、工作内容

税收执法权力清单制度，是指将税务机关行使的对纳税人、扣缴义务人、纳税担保人以及其他税务行政相对人的权利义务产生直接影响的税收执法权力事项，以目录方式列举，并编制权力运行流程图，向社会公开，主动接受监督的执法管理制度。

税收执法权力事项，一般可分为税务行政许可、税务行政处罚、税务行政征收、税务行政强制、税务行政检查和其他税收执法权力。

税收执法权力事项目录一般应包括序号、权力类型、权力名称、设定依据、实施主体等内容。违法设定的税收执法权力事项应予清理并依法处理，不得进入税收执法权力事项目录。权力运行流程图是指权力外部运行的基本程序，不包括权力在税务机关内部运行的过程和环节。各级税务机关应当严格按照权力事项目录和权力运行流程图行使权力，不得随意设定税收执法权力。

推行税收执法权力清单制度主要包括三项工作内容：一是清理税收执法权力事项；二是编制税收执法权力运行流程图；三是公开税收执法权力事项目录和权力运行流程图。

三、工作方法和责任分工

（一）工作方法

按照统一部署、上下联动、同步开展、分级清理、分级公开、逐步实施的原则，以税务总局和各省税务局为主体，同时清理和公开税收执法权力事项。其中，税务总局负责清理和公开法律、行政法规、部门规章和税务总局等部门规范性文件设定的税收执法权力事项；各省税务局负责清理和公开地方性法规、自治条例、单行条例、地方政府规章和省税务局及省以下（不含本级，下同）税务局规范性文件设定的税收执法权力事项，对税务总局权力事项目录中属于各省税务局及省以下税务局实施的税收执法权力事项，各省税务局应当在税务总局权力事项目录公开之日起1个月内，一并公开。清理结束后，税务总局和各省税务局应当对违法设定税收执法权力事项的税务部门规章和税收规范性文件依法进行处理。

权力运行流程图由税务总局和各省税务局按照法律、法规、规章和有关规定，结合税收征管工作实际进行编制，并与税收执法权力事项目录一同公开。其中，税务总局负责编制本级实施权力事项的权力运行流程图，各省税务局负责编制本级及省以下税务局实施权力事项的权力运行流程图。

各省国家税务局和地方税务局应当加强沟通协作，有条件的地方可以共同开展此项工作。省以下税务局需要在省税务局公开的权力事项目录和权力运行流程图以外公开其他权力事项目录和权力运行流程图的，应当报经省税务局批准。

（二）责任分工

税务总局和各省税务局依法行政工作领导小组统筹、协调、组织、实施和督促推行税收执法权力清单制度。政策法规部门牵头负责相关推行工作，并负责组织清理和审核税收执法权力事项，相关业务部门负责税收执法权力事项的具体清理工作；征管和科技发展部门负责牵头组织编制权力运行流程图，相关业务部门负责税收执法权力运行流程图的具体编制工作，政策法规部门负责权力运行流程图的合法性审核；办公厅（办公室）负责公开税收执法权力事项目录和权力运行流程图。

四、推行时间和工作步骤

（一）推行时间

从2014年12月起逐步推行税收执法权力清单制度。税务总局先期推行税务行政处罚权力清单制度，并根据工作进展适时推行税务行政许可、税务行政征收、税务行政强制、税务行政检查和其他税收执法权力清单制度。各省税务局可以结合本地工作实际，按照积极稳妥有序的原则，主动探索推行税务行政许可、税务行政征收、税务行政强制、税务行政检查和其他税收执法权力清单制度。

（二）工作步骤

每一类税收执法权力清单原则上应在启动该类税收执法权力事项清理之日起3个月内完成推行工作。具体步骤如下：

1. 清理审核阶段。税务总局和各省税务局按照职责分工，对税收执法权力事项进行清理、审核，并编制权力运行流程图。

2. 征求意见和专家论证阶段。税务总局完成税收执法权力事项清理、审核和权力运行流程图编制工作后,应当征求各省税务局、相关行业协会和中介机构以及纳税人代表的意见,并组织专家论证。各省税务局完成税收执法权力事项清理、审核和权力运行流程图编制工作后,应当征求基层税务机关、相关行业协会、中介机构以及纳税人代表的意见,有条件的地方应当组织专家论证。各省税务局没有在税务总局公布的税收执法权力事项目录和权力运行流程图之外新增其他内容的,可以不组织专家论证。

3. 集体审议阶段。税务总局和各省税务局应当将拟公布的税收执法权力事项目录和权力运行流程图提交本级税务局依法行政工作领导小组审议决定。

4. 社会公开阶段。经本级税务局依法行政工作领导小组审议通过后,税务总局和各省税务局通过门户网站以及其他途径向社会公开税收执法权力事项目录和权力运行流程图。此前各省税务局公开的税收执法权力清单与之不一致的,以本次公开的为准。

五、建立动态管理机制

推行税收执法权力清单制度应当加强动态管理,建立长效机制。公开税收执法权力事项目录和权力运行流程图后,当相关权力事项、权力依据、权力运行流程发生变化或者机构职能调整时,税务总局或各省税务局应当在权力事项、权力依据、权力运行流程变化之日起或者机构职能调整确定后2个月内,对相关权力事项目录或权力运行流程图进行相应调整。

六、工作要求

(一)加强组织领导。税务总局各司局和各省税务局应当把思想和行动统一到中央决策部署上来,按照税务总局的统一要求实施税收执法权力清单制度。要切实发挥依法行政工作领导小组统筹协调作用,主要领导亲自部署,分管领导具体组织,法规部门牵头负责,参与部门积极配合,共同做好税收执法权力清单制度推行工作。

(二)落实工作责任。税务总局各司局和各省税务局应当按照本意见的要求明确税收执法权力清单制度推行工作的责任分工,做到部门职责明确、责任分解到人、措施执行到位,确保任务、措施、部门、人员和时间"五落实"。

(三)强化督办考核。适时将推行税收执法权力清单制度纳入绩效管理。税务总局各司局和各省税务局应当牢固树立绩效意识,加强督促检查,提高工作质效,确保推行税收执法权力清单制度工作顺利进行。

各省税务局应当按照本意见和地方政府的要求推行税收执法权力清单制度。推行过程中遇到的困难和问题,请及时报告税务总局。

国家税务总局
2014年12月31日

国家税务总局关于发布第一批 税务行政处罚权力清单的公告

(国家税务总局公告2015年第10号)

为深入贯彻落实党的十八届三中全会、四中全会精神,持续推进依法治税和"便民办税春风行动",根据《国家税务总局关于推行税收执法权力清单制度的指导意见》(税总发

〔2014〕162号）和《国家税务总局关于印发〈推行税务行政处罚权力清单制度工作方案〉的通知》（税总函〔2014〕652号）要求，税务总局对法律、行政法规和部门规章设定的税务行政处罚权力事项进行了梳理和确认，现将《第一批税务行政处罚权力清单》予以发布。

各级税务机关应当严格按照权力清单行使权力，自觉接受社会监督。

特此公告。

附件：第一批税务行政处罚权力清单

国家税务总局
2015年2月16日

附件

第一批税务行政处罚权力清单

类型	违法行为	处罚依据	处罚内容	处罚主体	备注
一、账簿凭证管理类	1. 未按规定设置、保管账簿资料，报送财务、会计制度办法核算软件，安装使用税控装置。	纳税人未按照规定设置、保管账簿或者保管记账凭证和有关资料。	责令限期改正，可以处2000元以下的罚款；情节严重的，处2000元以上1万元以下的罚款。	税务机关	
		纳税人未按照规定将财务、会计制度或者财务、会计处理办法和会计核算软件报送税务机关备查。	责令限期改正，可以处2000元以下的罚款；情节严重的，处2000元以上1万元以下的罚款。	税务机关	
		《中华人民共和国税收征收管理法》第六十条			
		纳税人未按照规定安装、使用税控装置，或者损毁或者擅自改动税控装置。	责令限期改正，可以处2000元以下的罚款；情节严重的，处2000元以上1万元以下的罚款。	税务机关	
	2. 扣缴义务人未按照规定设置、保管代扣代缴、代收代缴税款账簿或者保管代扣代缴、代收代缴税款记账凭证及有关资料。	《中华人民共和国税收征收管理法》第六十一条	责令限期改正，可以处2000元以下的罚款；情节严重的，处2000元以上5000元以下的罚款。	税务机关	
	3. 非法印制、转借、倒卖、变造或者伪造完税凭证。	《中华人民共和国税收征收管理法实施细则》第九十一条	责令改正，处2000元以上1万元以下的罚款；情节严重的，处1万元以上5万元以下的罚款。	税务机关	构成犯罪的，依法追究刑事责任。
二、纳税申报类	4. 未按规定期限办理纳税申报和报送纳税资料。	纳税人未按照规定的期限办理纳税申报和报送纳税资料。	责令限期改正，可以处2000元以下的罚款；情节严重的，可以处2000元以上1万元以下的罚款。	税务机关	
		《中华人民共和国税收征收管理法》第六十二条			
		扣缴义务人未按照规定的期限向税务机关报送代扣代缴、代收代缴税款报告表和有关资料。	责令限期改正，可以处2000元以下的罚款；情节严重的，处2000元以上1万元以下的罚款。	税务机关	
	5. 纳税人、扣缴义务人编造虚假计税依据。	《中华人民共和国税收征收管理法》第六十四条	责令限期改正，并处5万元以下的罚款。	税务机关	

续表

类型	违法行为	处罚依据	处罚内容	处罚主体	备注
三、税务检查类	6.纳税人、扣缴义务人逃避、拒绝或者以其他方式阻挠税务机关检查（包括提供虚假资料，不如实反映情况，或者拒绝提供有关资料的；拒绝或者阻止税务机关记录、录音、录像、照相和复制与案件有关的情况和资料的；在检查期间，纳税人、扣缴义务人转移、隐匿、销毁有关资料的；有不依法接受税务检查的其他情形的）。	《中华人民共和国税收征收管理法》第七十条、《中华人民共和国税收征收管理法实施细则》第九十六条	责令改正，可以处1万元以下的罚款；情节严重的，处1万元以上5万元以下的罚款。	税务机关	
	7.纳税人、扣缴义务人的开户银行或者其他金融机构拒绝接受税务机关依法检查纳税人、扣缴义务人存款账户，或者拒绝执行税务机关作出的冻结存款或者扣缴税款的决定，或者在接到税务机关的书面通知后帮助纳税人、扣缴义务人转移存款，造成税款流失。	《中华人民共和国税收征收管理法》第七十三条	处10万元以上50万元以下的罚款，对直接负责的主管人员和其他直接责任人员处1000元以上1万元以下的罚款。	税务机关	
	8.税务机关依照税收征管法第五十四条第（五）项的规定到车站、码头、机场、邮政企业及其分支机构检查纳税人有关情况时，有关单位拒绝的。	《中华人民共和国税收征收管理法实施细则》第九十五条	责令改正，可以处1万元以下的罚款；情节严重的，处1万元以上5万元以下的罚款。	税务机关	

注：根据《中华人民共和国行政处罚法》第二十条的规定，税务行政处罚由违法行为发生地具有行政处罚权的主管税务机关管辖。法律、行政法规另有规定的除外。

国家税务总局关于发布《税务行政处罚裁量权行使规则》的公告

（国家税务总局公告2016年第78号）

为全面贯彻《中华人民共和国行政处罚法》《中华人民共和国税收征收管理法》及其实施细则等有关法律法规及《法治政府建设实施纲要（2015—2020年）》精神，按照《国家税务总局关于规范税务行政裁量权工作的指导意见》（国税发〔2012〕65号）要求，国家税务总局制定了《税务行政处罚裁量权行使规则》，现予以发布，自2017年1月1日起施行。

特此公告。

国家税务总局
2016年11月30日

税务行政处罚裁量权行使规则[①]

第一章 总 则

第一条 为了规范税务行政处罚裁量权行使,保护纳税人、扣缴义务人及其他涉税当事人(以下简称当事人)合法权益,根据《中华人民共和国行政处罚法》《中华人民共和国税收征收管理法》及其实施细则等法律、法规有关规定,以及《法治政府建设实施纲要(2015—2020年)》《国家税务总局关于规范税务行政裁量权工作的指导意见》要求,制定本规则。

第二条 税务机关行使行政处罚裁量权,适用本规则。

第三条 本规则所称税务行政处罚裁量权,是指税务机关根据法律、法规和规章的规定,综合考虑税收违法行为的事实、性质、情节及社会危害程度,选择处罚种类和幅度并作出处罚决定的权力。

第四条 税务行政处罚的种类包括:

(一)罚款;

(二)没收违法所得、没收非法财物;

(三)停止出口退税权;

(四)法律、法规和规章规定的其他行政处罚。

第五条 行使税务行政处罚裁量权,应当遵循以下原则:

(一)合法原则。在法律、法规、规章规定的种类和幅度内,依照法定权限,遵守法定程序,保障当事人合法权益。

(二)合理原则。符合立法目的,考虑相关事实因素和法律因素,作出的行政处罚决定与违法行为的事实、性质、情节、社会危害程度相当,与本地的经济社会发展水平相适应。

(三)公平公正原则。对事实、性质、情节及社会危害程度等因素基本相同的税收违法行为,所适用的行政处罚种类和幅度应当基本相同。

(四)公开原则。按规定公开行政处罚依据和行政处罚信息。

(五)程序正当原则。依法保障当事人的知情权、参与权和救济权等各项法定权利。

(六)信赖保护原则。非因法定事由并经法定程序,不得随意改变已经生效的行政行为。

(七)处罚与教育相结合原则。预防和纠正涉税违法行为,引导当事人自觉守法。

第二章 行政处罚裁量基准制定

第六条 税务行政处罚裁量基准,是税务机关为规范行使行政处罚裁量权而制定的细化量化标准。

税务行政处罚裁量基准,应当包括违法行为、处罚依据、裁量阶次、适用条件和具体标准等内容。

第七条 税务行政处罚裁量基准应当在法定范围内制定,并符合以下要求:

[①] 注:《国家税务总局关于修改部分税收规范性文件的公告》(国家税务总局公告2018年第31号)对本文进行了修改。

（一）法律、法规、规章规定可予以行政处罚的，应当明确是否予以行政处罚的适用条件和具体标准；

（二）法律、法规、规章规定可以选择行政处罚种类的，应当明确不同种类行政处罚的适用条件和具体标准；

（三）法律、法规、规章规定行政处罚幅度的，应当根据违法事实、性质、情节、社会危害程度等因素确定适用条件和具体标准；

（四）法律、法规、规章规定可以单处也可以并处行政处罚的，应当明确单处或者并处行政处罚的适用条件和具体标准。

第八条　制定税务行政处罚裁量基准，参照下列程序进行：

（一）确认行政处罚裁量依据；

（二）整理、分析行政处罚典型案例，为细化量化税务行政处罚裁量权提供参考；

（三）细化量化税务行政处罚裁量权，拟定税务行政处罚裁量基准。

税务行政处罚裁量基准应当以规范性文件形式发布，并结合税收行政执法实际及时修订。

第九条　省税务机关应当制定本地区统一适用的税务行政处罚裁量基准。

第十条　税务机关在实施行政处罚时，应当以法律、法规、规章为依据，并在裁量基准范围内作出相应的行政处罚决定，不得单独引用税务行政处罚裁量基准作为依据。

第三章　行政处罚裁量规则适用

第十一条　法律、法规、规章规定可以给予行政处罚，当事人首次违反且情节轻微，并在税务机关发现前主动改正的或者在税务机关责令限期改正的期限内改正的，不予行政处罚。

第十二条　税务机关应当责令当事人改正或者限期改正违法行为的，除法律、法规、规章另有规定外，责令限期改正的期限一般不超过三十日。

第十三条　对当事人的同一个税收违法行为不得给予两次以上罚款的行政处罚。

当事人同一个税收违法行为违反不同行政处罚规定且均应处以罚款的，应当选择适用处罚较重的条款。

第十四条　当事人有下列情形之一的，不予行政处罚：

（一）违法行为轻微并及时纠正，没有造成危害后果的；

（二）不满十四周岁的人有违法行为的；

（三）精神病人在不能辨认或者不能控制自己行为时有违法行为的；

（四）其他法律规定不予行政处罚的。

第十五条　当事人有下列情形之一的，应当依法从轻或者减轻行政处罚：

（一）主动消除或者减轻违法行为危害后果的；

（二）受他人胁迫有违法行为的；

（三）配合税务机关查处违法行为有立功表现的；

（四）其他依法应当从轻或者减轻行政处罚的。

第十六条　违反税收法律、行政法规应当给予行政处罚的行为在五年内未被发现的，不再给予行政处罚。

第十七条　行使税务行政处罚裁量权应当依法履行告知义务。在作出行政处罚决定前，应当告知当事人作出行政处罚决定的事实、理由、依据及拟处理结果，并告知当事人依法享有的权利。

第十八条 税务机关行使税务行政处罚裁量权涉及法定回避情形的,应当依法告知当事人享有申请回避的权利。税务人员存在法定回避情形的,应当自行回避或者由税务机关决定回避。

第十九条 当事人有权进行陈述和申辩。税务机关应当充分听取当事人的意见,对其提出的事实、理由或者证据进行复核,陈述申辩事由成立的,税务机关应当采纳;不采纳的,应予说明理由。

税务机关不得因当事人的申辩而加重处罚。

第二十条 税务机关对公民作出 2 000 元以上罚款或者对法人或者其他组织作出 1 万元以上罚款的行政处罚决定之前,应当告知当事人有要求举行听证的权利;当事人要求听证的,税务机关应当组织听证。

第二十一条 对情节复杂、争议较大、处罚较重、影响较广或者拟减轻处罚等税务行政处罚案件,应当经过集体审议决定。

第二十二条 税务机关按照一般程序实施行政处罚,应当在执法文书中对事实认定、法律适用、基准适用等说明理由。

第二十三条 省税务机关应当积极探索建立案例指导制度,通过案例指导规范税务行政处罚裁量权。

第四章 附 则

第二十四条 各级税务机关依法行政工作领导小组应当加强规范税务行政处罚裁量权工作的组织领导。

第二十五条 各级税务机关应当积极运用信息化手段加强税务行政处罚裁量权的管理,实现流程控制,规范裁量行为。

第二十六条 各级税务机关应当通过执法督察、案卷评查等方式,对规范行政处罚裁量权工作进行监督。

第二十七条 本规则自 2017 年 1 月 1 日起施行。

国家税务总局关于发布
《税务行政处罚"首违不罚"事项清单》的公告

(国家税务总局公告 2021 年第 6 号)

为贯彻落实中共中央办公厅、国务院办公厅《关于进一步深化税收征管改革的意见》、国务院常务会有关部署,深入开展 2021 年"我为纳税人缴费人办实事暨便民办税春风行动",推进税务领域"放管服"改革,更好服务市场主体,根据《中华人民共和国行政处罚法》《中华人民共和国税收征收管理法》及其实施细则等法律法规,国家税务总局制定了《税务行政处罚"首违不罚"事项清单》。对于首次发生清单中所列事项且危害后果轻微,在税务机关发现前主动改正或者在税务机关责令限期改正的期限内改正的,不予行政处罚。税务机关应当对当事人加强税法宣传和辅导。

现将《税务行政处罚"首违不罚"事项清单》予以发布,自 2021 年 4 月 1 日起施行。特此公告。

国家税务总局
2021 年 3 月 31 日

税务行政处罚"首违不罚"事项清单

对于首次发生下列清单中所列事项且危害后果轻微,在税务机关发现前主动改正或者在税务机关责令限期改正的期限内改正的,不予行政处罚。

序号	事项
1	纳税人未按照税收征收管理法及实施细则等有关规定将其全部银行账号向税务机关报送
2	纳税人未按照税收征收管理法及实施细则等有关规定设置、保管账簿或者保管记账凭证和有关资料
3	纳税人未按照税收征收管理法及实施细则等有关规定的期限办理纳税申报和报送纳税资料
4	纳税人使用税控装置开具发票,未按照税收征收管理法及实施细则、发票管理办法等有关规定的期限向主管税务机关报送开具发票的数据且没有违法所得
5	纳税人未按照税收征收管理法及实施细则、发票管理办法等有关规定取得发票,以其他凭证代替发票使用且没有违法所得
6	纳税人未按照税收征收管理法及实施细则、发票管理办法等有关规定缴销发票且没有违法所得
7	扣缴义务人未按照税收征收管理法及实施细则等有关规定设置、保管代扣代缴、代收代缴税款账簿或者保管代扣代缴、代收代缴税款记账凭证及有关资料
8	扣缴义务人未按照税收征收管理法及实施细则等有关规定的期限报送代扣代缴、代收代缴税款有关资料
9	扣缴义务人未按照《税收票证管理办法》的规定开具税收票证
10	境内机构或个人向非居民发包工程作业或劳务项目,未按照《非居民承包工程作业和提供劳务税收管理暂行办法》的规定向主管税务机关报告有关事项

国家税务总局关于发布
《第二批税务行政处罚"首违不罚"事项清单》的公告

(国家税务总局公告 2021 年第 33 号)

为进一步贯彻落实中共中央办公厅、国务院办公厅《关于进一步深化税收征管改革的意见》,持续推进税务领域"放管服"改革,根据《中华人民共和国行政处罚法》《中华人民共和国税收征收管理法》及其实施细则等法律法规,国家税务总局制定《第二批税务行政处罚"首违不罚"事项清单》,现予以发布。同时,对执行中的若干问题明确如下:

一、对当事人首次发生清单中所列事项且危害后果轻微,在税务机关发现前主动改正或者在税务机关责令限期改正的期限内改正的,不予行政处罚。

税务违法行为造成不可挽回的税费损失或者较大社会影响的，不能认定为"危害后果轻微"。

二、适用税务行政处罚"首违不罚"的，主管税务机关应及时作出不予行政处罚决定，充分保障当事人合法权益。

三、各级税务机关应加强税务行政处罚"首违不罚"管理，准确把握适用"首违不罚"的条件，不得变相扩大或者缩小"首违不罚"范围，既彰显税收执法温度，又不放松税收管理。

四、对适用税务行政处罚"首违不罚"的当事人，主管税务机关应采取签订承诺书等方式教育、引导、督促其自觉守法，对再次违反的当事人应严格按照规定予以行政处罚。

五、税务机关应明确和完善税务行政处罚"首违不罚"相关岗责流程，构建权责一致、边界清晰、协调配合、运转高效的职能体系。

六、税务机关应将税务行政处罚"首违不罚"风险防范措施嵌入信息系统，依托信息系统开展"首违不罚"预警提醒、违法阻止和分析评估，定期对"首违不罚"施行情况进行总结，取得"事前放、事中管、事后评"效果。

本公告自 2022 年 1 月 1 日起施行。

特此公告。

国家税务总局
2021 年 12 月 30 日

第二批税务行政处罚"首违不罚"事项清单

对于首次发生下列清单中所列事项且危害后果轻微，在税务机关发现前主动改正或者在税务机关责令限期改正的期限内改正的，不予行政处罚。

序号	事项
1	纳税人使用非税控电子器具开具发票，未按照税收征收管理法及实施细则、发票管理办法等有关规定将非税控电子器具使用的软件程序说明资料报主管税务机关备案且没有违法所得
2	纳税人未按照税收征收管理法及实施细则、税务登记管理办法等有关规定办理税务登记证件验证或者换证手续
3	纳税人未按照税收征收管理法及实施细则、发票管理办法等有关规定加盖发票专用章且没有违法所得
4	纳税人未按照税收征收管理法及实施细则等有关规定将财务、会计制度或者财务、会计处理办法和会计核算软件报送税务机关备查

第三部分 行政复议制度

中华人民共和国行政复议法

（1999年4月29日第九届全国人民代表大会常务委员会第九次会议通过 根据2009年8月27日第十一届全国人民代表大会常务委员会第十次会议《关于修改部分法律的决定》第一次修正 根据2017年9月1日第十二届全国人民代表大会常务委员会第二十九次会议《关于修改〈中华人民共和国法官法〉等八部法律的决定》第二次修正）

目 录

第一章 总 则
第二章 行政复议范围
第三章 行政复议申请
第四章 行政复议受理
第五章 行政复议决定
第六章 法律责任
第七章 附 则

第一章 总 则

第一条 为了防止和纠正违法的或者不当的具体行政行为，保护公民、法人和其他组织的合法权益，保障和监督行政机关依法行使职权，根据宪法，制定本法。

第二条 公民、法人或者其他组织认为具体行政行为侵犯其合法权益，向行政机关提出行政复议申请，行政机关受理行政复议申请、作出行政复议决定，适用本法。

第三条 依照本法履行行政复议职责的行政机关是行政复议机关。行政复议机关负责法制工作的机构具体办理行政复议事项，履行下列职责：

（一）受理行政复议申请；
（二）向有关组织和人员调查取证，查阅文件和资料；
（三）审查申请行政复议的具体行政行为是否合法与适当，拟订行政复议决定；
（四）处理或者转送对本法第七条所列有关规定的审查申请；
（五）对行政机关违反本法规定的行为依照规定的权限和程序提出处理建议；
（六）办理因不服行政复议决定提起行政诉讼的应诉事项；
（七）法律、法规规定的其他职责。

行政机关中初次从事行政复议的人员，应当通过国家统一法律职业资格考试取得法律职业资格。

第四条 行政复议机关履行行政复议职责，应当遵循合法、公正、公开、及时、便民的原则，坚持有错必纠，保障法律、法规的正确实施。

第五条 公民、法人或者其他组织对行政复议决定不服的，可以依照行政诉讼法的规定向人民法院提起行政诉讼，但是法律规定行政复议决定为最终裁决的除外。

第二章 行政复议范围

第六条 有下列情形之一的，公民、法人或者其他组织可以依照本法申请行政复议：

（一）对行政机关作出的警告、罚款、没收违法所得、没收非法财物、责令停产停业、暂扣或者吊销许可证、暂扣或者吊销执照、行政拘留等行政处罚决定不服的；

（二）对行政机关作出的限制人身自由或者查封、扣押、冻结财产等行政强制措施决定不服的；

（三）对行政机关作出的有关许可证、执照、资质证、资格证等证书变更、中止、撤销的决定不服的；

（四）对行政机关作出的关于确认土地、矿藏、水流、森林、山岭、草原、荒地、滩涂、海域等自然资源的所有权或者使用权的决定不服的；

（五）认为行政机关侵犯合法的经营自主权的；

（六）认为行政机关变更或者废止农业承包合同，侵犯其合法权益的；

（七）认为行政机关违法集资、征收财物、摊派费用或者违法要求履行其他义务的；

（八）认为符合法定条件，申请行政机关颁发许可证、执照、资质证、资格证等证书，或者申请行政机关审批、登记有关事项，行政机关没有依法办理的；

（九）申请行政机关履行保护人身权利、财产权利、受教育权利的法定职责，行政机关没有依法履行的；

（十）申请行政机关依法发放抚恤金、社会保险金或者最低生活保障费，行政机关没有依法发放的；

（十一）认为行政机关的其他具体行政行为侵犯其合法权益的。

第七条 公民、法人或者其他组织认为行政机关的具体行政行为所依据的下列规定不合法，在对具体行政行为申请行政复议时，可以一并向行政复议机关提出对该规定的审查申请：

（一）国务院部门的规定；

（二）县级以上地方各级人民政府及其工作部门的规定；

（三）乡、镇人民政府的规定。

前款所列规定不含国务院部、委员会规章和地方人民政府规章。规章的审查依照法律、行政法规办理。

第八条 不服行政机关作出的行政处分或者其他人事处理决定的，依照有关法律、行政法规的规定提出申诉。

不服行政机关对民事纠纷作出的调解或者其他处理，依法申请仲裁或者向人民法院提起诉讼。

第三章 行政复议申请

第九条 公民、法人或者其他组织认为具体行政行为侵犯其合法权益的，可以自知道该具体行政行为之日起六十日内提出行政复议申请；但是法律规定的申请期限超过六十日的除外。

因不可抗力或者其他正当理由耽误法定申请期限的，申请期限自障碍消除之日起继续计算。

第十条 依照本法申请行政复议的公民、法人或者其他组织是申请人。

有权申请行政复议的公民死亡的，其近亲属可以申请行政复议。有权申请行政复议的公民为无民事行为能力人或者限制民事行为能力人的，其法定代理人可以代为申请行政复议。有权申请行政复议的法人或者其他组织终止的，承受其权利的法人或者其他组织可以申请行政复议。

同申请行政复议的具体行政行为有利害关系的其他公民、法人或者其他组织，可以作为第三人参加行政复议。

公民、法人或者其他组织对行政机关的具体行政行为不服申请行政复议的，作出具体行政行为的行政机关是被申请人。

申请人、第三人可以委托代理人代为参加行政复议。

第十一条 申请人申请行政复议，可以书面申请，也可以口头申请；口头申请的，行政复议机关应当当场记录申请人的基本情况、行政复议请求、申请行政复议的主要事实、理由和时间。

第十二条 对县级以上地方各级人民政府工作部门的具体行政行为不服的，由申请人选择，可以向该部门的本级人民政府申请行政复议，也可以向上一级主管部门申请行政复议。

对海关、金融、国税、外汇管理等实行垂直领导的行政机关和国家安全机关的具体行政行为不服的，向上一级主管部门申请行政复议。

第十三条 对地方各级人民政府的具体行政行为不服的，向上一级地方人民政府申请行政复议。

对省、自治区人民政府依法设立的派出机关所属的县级地方人民政府的具体行政行为不服的，向该派出机关申请行政复议。

第十四条 对国务院部门或者省、自治区、直辖市人民政府的具体行政行为不服的，向作出该具体行政行为的国务院部门或者省、自治区、直辖市人民政府申请行政复议。对行政复议决定不服的，可以向人民法院提起行政诉讼；也可以向国务院申请裁决，国务院依照本法的规定作出最终裁决。

第十五条 对本法第十二条、第十三条、第十四条规定以外的其他行政机关、组织的具体行政行为不服的，按照下列规定申请行政复议：

（一）对县级以上地方人民政府依法设立的派出机关的具体行政行为不服的，向设立该派出机关的人民政府申请行政复议；

（二）对政府工作部门依法设立的派出机构依照法律、法规或者规章规定，以自己的名义作出的具体行政行为不服的，向设立该派出机构的部门或者该部门的本级地方人民政府申请行政复议；

（三）对法律、法规授权的组织的具体行政行为不服的，分别向直接管理该组织的地方人民政府、地方人民政府工作部门或者国务院部门申请行政复议；

（四）对两个或者两个以上行政机关以共同的名义作出的具体行政行为不服的，向其共同上一级行政机关申请行政复议；

（五）对被撤销的行政机关在撤销前所作出的具体行政行为不服的，向继续行使其职权的行政机关的上一级行政机关申请行政复议。

有前款所列情形之一的，申请人也可以向具体行政行为发生地的县级地方人民政府提出行政复议申请，由接受申请的县级地方人民政府依照本法第十八条的规定办理。

第十六条 公民、法人或者其他组织申请行政复议，行政复议机关已经依法受理的，或者法律、法规规定应当先向行政复议机关申请行政复议、对行政复议决定不服再向人民法院提起行政诉讼的，在法定行政复议期限内不得向人民法院提起行政诉讼。

公民、法人或者其他组织向人民法院提起行政诉讼，人民法院已经依法受理的，不得申请行政复议。

第四章　行政复议受理

第十七条 行政复议机关收到行政复议申请后，应当在五日内进行审查，对不符合本法规定的行政复议申请，决定不予受理，并书面告知申请人；对符合本法规定，但是不属于本机关受理的行政复议申请，应当告知申请人向有关行政复议机关提出。

除前款规定外，行政复议申请自行政复议机关负责法制工作的机构收到之日起即为受理。

第十八条 依照本法第十五条第二款的规定接受行政复议申请的县级地方人民政府，对依照本法第十五条第一款的规定属于其他行政复议机关受理的行政复议申请，应当自接到该行政复议申请之日起七日内，转送有关行政复议机关，并告知申请人。接受转送的行政复议机关应当依照本法第十七条的规定办理。

第十九条 法律、法规规定应当先向行政复议机关申请行政复议、对行政复议决定不服再向人民法院提起行政诉讼的，行政复议机关决定不予受理或者受理后超过行政复议期限不作答复的，公民、法人或者其他组织可以自收到不予受理决定书之日起或者行政复议期满之日起十五日内，依法向人民法院提起行政诉讼。

第二十条 公民、法人或者其他组织依法提出行政复议申请，行政复议机关无正当理由不予受理的，上级行政机关应当责令其受理；必要时，上级行政机关也可以直接受理。

第二十一条 行政复议期间具体行政行为不停止执行；但是，有下列情形之一的，可以停止执行：

（一）被申请人认为需要停止执行的；

（二）行政复议机关认为需要停止执行的；

（三）申请人申请停止执行，行政复议机关认为其要求合理，决定停止执行的；

（四）法律规定停止执行的。

第五章　行政复议决定

第二十二条 行政复议原则上采取书面审查的办法，但是申请人提出要求或者行政复议机关负责法制工作的机构认为有必要时，可以向有关组织和人员调查情况，听取申请人、被申请人和第三人的意见。

第二十三条 行政复议机关负责法制工作的机构应当自行政复议申请受理之日起七日内，将行政复议申请书副本或者行政复议申请笔录复印件发送被申请人。被申请人应当自收到申请书副本或者申请笔录复印件之日起十日内，提出书面答复，并提交当初作出具体行政行为的证据、依据和其他有关材料。

申请人、第三人可以查阅被申请人提出的书面答复、作出具体行政行为的证据、依据和其他有关材料,除涉及国家秘密、商业秘密或者个人隐私外,行政复议机关不得拒绝。

第二十四条　在行政复议过程中,被申请人不得自行向申请人和其他有关组织或者个人收集证据。

第二十五条　行政复议决定作出前,申请人要求撤回行政复议申请的,经说明理由,可以撤回;撤回行政复议申请的,行政复议终止。

第二十六条　申请人在申请行政复议时,一并提出对本法第七条所列有关规定的审查申请的,行政复议机关对该规定有权处理的,应当在三十日内依法处理;无权处理的,应当在七日内按照法定程序转送有权处理的行政机关依法处理,有权处理的行政机关应当在六十日内依法处理。处理期间,中止对具体行政行为的审查。

第二十七条　行政复议机关在对被申请人作出的具体行政行为进行审查时,认为其依据不合法,本机关有权处理的,应当在三十日内依法处理;无权处理的,应当在七日内按照法定程序转送有权处理的国家机关依法处理。处理期间,中止对具体行政行为的审查。

第二十八条　行政复议机关负责法制工作的机构应当对被申请人作出的具体行政行为进行审查,提出意见,经行政复议机关的负责人同意或者集体讨论通过后,按照下列规定作出行政复议决定:

(一)具体行政行为认定事实清楚,证据确凿,适用依据正确,程序合法,内容适当的,决定维持;

(二)被申请人不履行法定职责的,决定其在一定期限内履行;

(三)具体行政行为有下列情形之一的,决定撤销、变更或者确认该具体行政行为违法;决定撤销或者确认该具体行政行为违法的,可以责令被申请人在一定期限内重新作出具体行政行为:

1. 主要事实不清、证据不足的;
2. 适用依据错误的;
3. 违反法定程序的;
4. 超越或者滥用职权的;
5. 具体行政行为明显不当的。

(四)被申请人不按照本法第二十三条的规定提出书面答复、提交当初作出具体行政行为的证据、依据和其他有关材料的,视为该具体行政行为没有证据、依据,决定撤销该具体行政行为。

行政复议机关责令被申请人重新作出具体行政行为的,被申请人不得以同一的事实和理由作出与原具体行政行为相同或者基本相同的具体行政行为。

第二十九条　申请人在申请行政复议时可以一并提出行政赔偿请求,行政复议机关对符合国家赔偿法的有关规定应当给予赔偿的,在决定撤销、变更具体行政行为或者确认具体行政行为违法时,应当同时决定被申请人依法给予赔偿。

申请人在申请行政复议时没有提出行政赔偿请求的,行政复议机关在依法决定撤销或者变更罚款,撤销违法集资、没收财物、征收财物、摊派费用以及对财产的查封、扣押、冻结等具体行政行为时,应当同时责令被申请人返还财产,解除对财产的查封、扣押、冻结措施,或者赔偿相应的价款。

第三十条　公民、法人或者其他组织认为行政机关的具体行政行为侵犯其已经依法取得的土地、矿藏、水流、森林、山岭、草原、荒地、滩涂、海域等自然资源的所有权或者使用权的,应当先申请行政复议;对行政复议决定不服的,可以依法向人民法院提起行政诉讼。

根据国务院或者省、自治区、直辖市人民政府对行政区划的勘定、调整或者征收土地的决定，省、自治区、直辖市人民政府确认土地、矿藏、水流、森林、山岭、草原、荒地、滩涂、海域等自然资源的所有权或者使用权的行政复议决定为最终裁决。

第三十一条 行政复议机关应当自受理申请之日起六十日内作出行政复议决定；但是法律规定的行政复议期限少于六十日的除外。情况复杂，不能在规定期限内作出行政复议决定的，经行政复议机关的负责人批准，可以适当延长，并告知申请人和被申请人；但是延长期限最多不超过三十日。

行政复议机关作出行政复议决定，应当制作行政复议决定书，并加盖印章。

行政复议决定书一经送达，即发生法律效力。

第三十二条 被申请人应当履行行政复议决定。

被申请人不履行或者无正当理由拖延履行行政复议决定的，行政复议机关或者有关上级行政机关应当责令其限期履行。

第三十三条 申请人逾期不起诉又不履行行政复议决定的，或者不履行最终裁决的行政复议决定的，按照下列规定分别处理：

（一）维持具体行政行为的行政复议决定，由作出具体行政行为的行政机关依法强制执行，或者申请人民法院强制执行；

（二）变更具体行政行为的行政复议决定，由行政复议机关依法强制执行，或者申请人民法院强制执行。

第六章　法律责任

第三十四条 行政复议机关违反本法规定，无正当理由不予受理依法提出的行政复议申请或者不按照规定转送行政复议申请的，或者在法定期限内不作出行政复议决定的，对直接负责的主管人员和其他直接责任人员依法给予警告、记过、记大过的行政处分；经责令受理仍不受理或者不按照规定转送行政复议申请，造成严重后果的，依法给予降级、撤职、开除的行政处分。

第三十五条 行政复议机关工作人员在行政复议活动中，徇私舞弊或者有其他渎职、失职行为的，依法给予警告、记过、记大过的行政处分；情节严重的，依法给予降级、撤职、开除的行政处分；构成犯罪的，依法追究刑事责任。

第三十六条 被申请人违反本法规定，不提出书面答复或者不提交作出具体行政行为的证据、依据和其他有关材料，或者阻挠、变相阻挠公民、法人或者其他组织依法申请行政复议的，对直接负责的主管人员和其他直接责任人员依法给予警告、记过、记大过的行政处分；进行报复陷害的，依法给予降级、撤职、开除的行政处分；构成犯罪的，依法追究刑事责任。

第三十七条 被申请人不履行或者无正当理由拖延履行行政复议决定的，对直接负责的主管人员和其他直接责任人员依法给予警告、记过、记大过的行政处分；经责令履行仍拒不履行的，依法给予降级、撤职、开除的行政处分。

第三十八条 行政复议机关负责法制工作的机构发现有无正当理由不予受理行政复议申请、不按照规定期限作出行政复议决定、徇私舞弊、对申请人打击报复或者不履行行政复议决定等情形的，应当向有关行政机关提出建议，有关行政机关应当依照本法和有关法律、行政法规的规定作出处理。

第七章 附 则

第三十九条 行政复议机关受理行政复议申请,不得向申请人收取任何费用。行政复议活动所需经费,应当列入本机关的行政经费,由本级财政予以保障。

第四十条 行政复议期间的计算和行政复议文书的送达,依照民事诉讼法关于期间、送达的规定执行。

本法关于行政复议期间有关"五日""七日"的规定是指工作日,不含节假日。

第四十一条 外国人、无国籍人、外国组织在中华人民共和国境内申请行政复议,适用本法。

第四十二条 本法施行前公布的法律有关行政复议的规定与本法的规定不一致的,以本法的规定为准。

第四十三条 本法自1999年10月1日起施行。1990年12月24日国务院发布、1994年10月9日国务院修订发布的《行政复议条例》同时废止。

中华人民共和国行政复议法实施条例

(2007年5月23日国务院第177次常务会议通过 2007年5月29日中华人民共和国国务院令第499号公布 自2007年8月1日起施行)

第一章 总 则

第一条 为了进一步发挥行政复议制度在解决行政争议、建设法治政府、构建社会主义和谐社会中的作用,根据《中华人民共和国行政复议法》(以下简称行政复议法),制定本条例。

第二条 各级行政复议机关应当认真履行行政复议职责,领导并支持本机关负责法制工作的机构(以下简称行政复议机构)依法办理行政复议事项,并依照有关规定配备、充实、调剂专职行政复议人员,保证行政复议机构的办案能力与工作任务相适应。

第三条 行政复议机构除应当依照行政复议法第三条的规定履行职责外,还应当履行下列职责:

(一)依照行政复议法第十八条的规定转送有关行政复议申请;

(二)办理行政复议法第二十九条规定的行政赔偿等事项;

(三)按照职责权限,督促行政复议申请的受理和行政复议决定的履行;

(四)办理行政复议、行政应诉案件统计和重大行政复议决定备案事项;

(五)办理或者组织办理未经行政复议直接提起行政诉讼的行政应诉事项;

(六)研究行政复议工作中发现的问题,及时向有关机关提出改进建议,重大问题及时向行政复议机关报告。

第四条 专职行政复议人员应当具备与履行行政复议职责相适应的品行、专业知识和业务能力,并取得相应资格。具体办法由国务院法制机构会同国务院有关部门规定。

第二章　行政复议申请

第一节　申请人

第五条　依照行政复议法和本条例的规定申请行政复议的公民、法人或者其他组织为申请人。

第六条　合伙企业申请行政复议的，应当以核准登记的企业为申请人，由执行合伙事务的合伙人代表该企业参加行政复议；其他合伙组织申请行政复议的，由合伙人共同申请行政复议。

前款规定以外的不具备法人资格的其他组织申请行政复议的，由该组织的主要负责人代表该组织参加行政复议；没有主要负责人的，由共同推选的其他成员代表该组织参加行政复议。

第七条　股份制企业的股东大会、股东代表大会、董事会认为行政机关作出的具体行政行为侵犯企业合法权益的，可以以企业的名义申请行政复议。

第八条　同一行政复议案件申请人超过5人的，推选1至5名代表参加行政复议。

第九条　行政复议期间，行政复议机构认为申请人以外的公民、法人或者其他组织与被审查的具体行政行为有利害关系的，可以通知其作为第三人参加行政复议。

行政复议期间，申请人以外的公民、法人或者其他组织与被审查的具体行政行为有利害关系的，可以向行政复议机构申请作为第三人参加行政复议。

第三人不参加行政复议，不影响行政复议案件的审理。

第十条　申请人、第三人可以委托1至2名代理人参加行政复议。申请人、第三人委托代理人的，应当向行政复议机构提交授权委托书。授权委托书应当载明委托事项、权限和期限。公民在特殊情况下无法书面委托的，可以口头委托。口头委托的，行政复议机构应当核实并记录在卷。申请人、第三人解除或者变更委托的，应当书面报告行政复议机构。

第二节　被申请人

第十一条　公民、法人或者其他组织对行政机关的具体行政行为不服，依照行政复议法和本条例的规定申请行政复议的，作出该具体行政行为的行政机关为被申请人。

第十二条　行政机关与法律、法规授权的组织以共同的名义作出具体行政行为的，行政机关和法律、法规授权的组织为共同被申请人。

行政机关与其他组织以共同名义作出具体行政行为的，行政机关为被申请人。

第十三条　下级行政机关依照法律、法规、规章规定，经上级行政机关批准作出具体行政行为的，批准机关为被申请人。

第十四条　行政机关设立的派出机构、内设机构或者其他组织，未经法律、法规授权，对外以自己名义作出具体行政行为的，该行政机关为被申请人。

第三节　行政复议申请期限

第十五条　行政复议法第九条第一款规定的行政复议申请期限的计算，依照下列规定办理：

（一）当场作出具体行政行为的，自具体行政行为作出之日起计算；

（二）载明具体行政行为的法律文书直接送达的，自受送达人签收之日起计算；

（三）载明具体行政行为的法律文书邮寄送达的，自受送达人在邮件签收单上签收之日起计算；没有邮件签收单的，自受送达人在送达回执上签名之日起计算；

（四）具体行政行为依法通过公告形式告知受送达人的，自公告规定的期限届满之日起计算；

（五）行政机关作出具体行政行为时未告知公民、法人或者其他组织，事后补充告知的，自该公民、法人或者其他组织收到行政机关补充告知的通知之日起计算；

（六）被申请人能够证明公民、法人或者其他组织知道具体行政行为的，自证据材料证明其知道具体行政行为之日起计算。

行政机关作出具体行政行为，依法应当向有关公民、法人或者其他组织送达法律文书而未送达的，视为该公民、法人或者其他组织不知道该具体行政行为。

第十六条 公民、法人或者其他组织依照行政复议法第六条第（八）项、第（九）项、第（十）项的规定申请行政机关履行法定职责，行政机关未履行的，行政复议申请期限依照下列规定计算：

（一）有履行期限规定的，自履行期限届满之日起计算；

（二）没有履行期限规定的，自行政机关收到申请满60日起计算。

公民、法人或者其他组织在紧急情况下请求行政机关履行保护人身权、财产权的法定职责，行政机关不履行的，行政复议申请期限不受前款规定的限制。

第十七条 行政机关作出的具体行政行为对公民、法人或者其他组织的权利、义务可能产生不利影响的，应当告知其申请行政复议的权利、行政复议机关和行政复议申请期限。

第四节 行政复议申请的提出

第十八条 申请人书面申请行政复议的，可以采取当面递交、邮寄或者传真等方式提出行政复议申请。

有条件的行政复议机构可以接受以电子邮件形式提出的行政复议申请。

第十九条 申请人书面申请行政复议的，应当在行政复议申请书中载明下列事项：

（一）申请人的基本情况，包括：公民的姓名、性别、年龄、身份证号码、工作单位、住所、邮政编码；法人或者其他组织的名称、住所、邮政编码和法定代表人或者主要负责人的姓名、职务；

（二）被申请人的名称；

（三）行政复议请求、申请行政复议的主要事实和理由；

（四）申请人的签名或者盖章；

（五）申请行政复议的日期。

第二十条 申请人口头申请行政复议的，行政复议机构应当依照本条例第十九条规定的事项，当场制作行政复议申请笔录交申请人核对或者向申请人宣读，并由申请人签字确认。

第二十一条 有下列情形之一的，申请人应当提供证明材料：

（一）认为被申请人不履行法定职责的，提供曾经要求被申请人履行法定职责而被申请人未履行的证明材料；

（二）申请行政复议时一并提出行政赔偿请求的，提供受具体行政行为侵害而造成损害的证明材料；

（三）法律、法规规定需要申请人提供证据材料的其他情形。

第二十二条 申请人提出行政复议申请时错列被申请人的，行政复议机构应当告知申请人变更被申请人。

第二十三条 申请人对两个以上国务院部门共同作出的具体行政行为不服的，依照行政复议法第十四条的规定，可以向其中任何一个国务院部门提出行政复议申请，由作出具体行政行为的国务院部门共同作出行政复议决定。

第二十四条 申请人对经国务院批准实行省以下垂直领导的部门作出的具体行政行为不服的，可以选择向该部门的本级人民政府或者上一级主管部门申请行政复议；省、自治区、直辖市另有规定的，依照省、自治区、直辖市的规定办理。

第二十五条 申请人依照行政复议法第三十条第二款的规定申请行政复议的，应当向省、自治区、直辖市人民政府提出行政复议申请。

第二十六条 依照行政复议法第七条的规定，申请人认为具体行政行为所依据的规定不合法的，可以在对具体行政行为申请行政复议的同时一并提出对该规定的审查申请；申请人在对具体行政行为提出行政复议申请时尚不知道该具体行政行为所依据的规定的，可以在行政复议机关作出行政复议决定前向行政复议机关提出对该规定的审查申请。

第三章 行政复议受理

第二十七条 公民、法人或者其他组织认为行政机关的具体行政行为侵犯其合法权益提出行政复议申请，除不符合行政复议法和本条例规定的申请条件的，行政复议机关必须受理。

第二十八条 行政复议申请符合下列规定的，应当予以受理：

（一）有明确的申请人和符合规定的被申请人；

（二）申请人与具体行政行为有利害关系；

（三）有具体的行政复议请求和理由；

（四）在法定申请期限内提出；

（五）属于行政复议法规定的行政复议范围；

（六）属于收到行政复议申请的行政复议机构的职责范围；

（七）其他行政复议机关尚未受理同一行政复议申请，人民法院尚未受理同一主体就同一事实提起的行政诉讼。

第二十九条 行政复议申请材料不齐全或者表述不清楚的，行政复议机构可以自收到该行政复议申请之日起5日内书面通知申请人补正。补正通知应当载明需要补正的事项和合理的补正期限。无正当理由逾期不补正的，视为申请人放弃行政复议申请。补正申请材料所用时间不计入行政复议审理期限。

第三十条 申请人就同一事项向两个或者两个以上有权受理的行政机关申请行政复议的，由最先收到行政复议申请的行政机关受理；同时收到行政复议申请的，由收到行政复议申请的行政机关在10日内协商确定；协商不成的，由其共同上一级行政机关在10日内指定受理机关。协商确定或者指定受理机关所用时间不计入行政复议审理期限。

第三十一条 依照行政复议法第二十条的规定，上级行政机关认为行政复议机关不予受理行政复议申请的理由不成立的，可以先行督促其受理；经督促仍不受理的，应当责令其限期受理，必要时也可以直接受理；认为行政复议申请不符合法定受理条件的，应当告知申请人。

第四章 行政复议决定

第三十二条 行政复议机构审理行政复议案件，应当由2名以上行政复议人员参加。

第三十三条 行政复议机构认为必要时，可以实地调查核实证据；对重大、复杂的案件，申请人提出要求或者行政复议机构认为必要时，可以采取听证的方式审理。

第三十四条 行政复议人员向有关组织和人员调查取证时，可以查阅、复制、调取有关文件和资料，向有关人员进行询问。

调查取证时，行政复议人员不得少于2人，并应当向当事人或者有关人员出示证件。被调查单位和人员应当配合行政复议人员的工作，不得拒绝或者阻挠。

需要现场勘验的，现场勘验所用时间不计入行政复议审理期限。

第三十五条 行政复议机关应当为申请人、第三人查阅有关材料提供必要条件。

第三十六条 依照行政复议法第十四条的规定申请原级行政复议的案件，由原承办具体行政行为有关事项的部门或者机构提出书面答复，并提交作出具体行政行为的证据、依据和其他有关材料。

第三十七条 行政复议期间涉及专门事项需要鉴定的，当事人可以自行委托鉴定机构进行鉴定，也可以申请行政复议机构委托鉴定机构进行鉴定。鉴定费用由当事人承担。鉴定所用时间不计入行政复议审理期限。

第三十八条 申请人在行政复议决定作出前自愿撤回行政复议申请的，经行政复议机构同意，可以撤回。

申请人撤回行政复议申请的，不得再以同一事实和理由提出行政复议申请。但是，申请人能够证明撤回行政复议申请违背其真实意思表示的除外。

第三十九条 行政复议期间被申请人改变原具体行政行为的，不影响行政复议案件的审理。但是，申请人依法撤回行政复议申请的除外。

第四十条 公民、法人或者其他组织对行政机关行使法律、法规规定的自由裁量权作出的具体行政行为不服申请行政复议，申请人与被申请人在行政复议决定作出前自愿达成和解的，应当向行政复议机构提交书面和解协议；和解内容不损害社会公共利益和他人合法权益的，行政复议机构应当准许。

第四十一条 行政复议期间有下列情形之一，影响行政复议案件审理的，行政复议中止：

（一）作为申请人的自然人死亡，其近亲属尚未确定是否参加行政复议的；

（二）作为申请人的自然人丧失参加行政复议的能力，尚未确定法定代理人参加行政复议的；

（三）作为申请人的法人或者其他组织终止，尚未确定权利义务承受人的；

（四）作为申请人的自然人下落不明或者被宣告失踪的；

（五）申请人、被申请人因不可抗力，不能参加行政复议的；

（六）案件涉及法律适用问题，需要有权机关作出解释或者确认的；

（七）案件审理需要以其他案件的审理结果为依据，而其他案件尚未审结的；

（八）其他需要中止行政复议的情形。

行政复议中止的原因消除后，应当及时恢复行政复议案件的审理。

行政复议机构中止、恢复行政复议案件的审理，应当告知有关当事人。

第四十二条 行政复议期间有下列情形之一的，行政复议终止：

（一）申请人要求撤回行政复议申请，行政复议机构准予撤回的；

（二）作为申请人的自然人死亡，没有近亲属或者其近亲属放弃行政复议权利的；

（三）作为申请人的法人或者其他组织终止，其权利义务的承受人放弃行政复议权利的；

（四）申请人与被申请人依照本条例第四十条的规定，经行政复议机构准许达成和解的；

（五）申请人对行政拘留或者限制人身自由的行政强制措施不服申请行政复议后，因申请人同一违法行为涉嫌犯罪，该行政拘留或者限制人身自由的行政强制措施变更为刑事拘留的。

依照本条例第四十一条第一款第（一）项、第（二）项、第（三）项规定中止行政复议，满60日行政复议中止的原因仍未消除的，行政复议终止。

第四十三条 依照行政复议法第二十八条第一款第（一）项规定，具体行政行为认定事实清楚，证据确凿，适用依据正确，程序合法，内容适当的，行政复议机关应当决定维持。

第四十四条 依照行政复议法第二十八条第一款第（二）项规定，被申请人不履行法定职责的，行政复议机关应当决定其在一定期限内履行法定职责。

第四十五条 具体行政行为有行政复议法第二十八条第一款第（三）项规定情形之一的，行政复议机关应当决定撤销、变更该具体行政行为或者确认该具体行政行为违法；决定撤销该具体行政行为或者确认该具体行政行为违法的，可以责令被申请人在一定期限内重新作出具体行政行为。

第四十六条 被申请人未依照行政复议法第二十三条的规定提出书面答复、提交当初作出具体行政行为的证据、依据和其他有关材料的，视为该具体行政行为没有证据、依据，行政复议机关应当决定撤销该具体行政行为。

第四十七条 具体行政行为有下列情形之一，行政复议机关可以决定变更：

（一）认定事实清楚，证据确凿，程序合法，但是明显不当或者适用依据错误的；

（二）认定事实不清，证据不足，但是经行政复议机关审理查明事实清楚，证据确凿的。

第四十八条 有下列情形之一的，行政复议机关应当决定驳回行政复议申请：

（一）申请人认为行政机关不履行法定职责申请行政复议，行政复议机关受理后发现该行政机关没有相应法定职责或者在受理前已经履行法定职责的；

（二）受理行政复议申请后，发现该行政复议申请不符合行政复议法和本条例规定的受理条件的。

上级行政机关认为行政复议机关驳回行政复议申请的理由不成立的，应当责令其恢复审理。

第四十九条 行政复议机关依照行政复议法第二十八条的规定责令被申请人重新作出具体行政行为的，被申请人应当在法律、法规、规章规定的期限内重新作出具体行政行为；法律、法规、规章未规定期限的，重新作出具体行政行为的期限为60日。

公民、法人或者其他组织对被申请人重新作出的具体行政行为不服，可以依法申请行政复议或者提起行政诉讼。

第五十条 有下列情形之一的，行政复议机关可以按照自愿、合法的原则进行调解：

（一）公民、法人或者其他组织对行政机关行使法律、法规规定的自由裁量权作出的具体行政行为不服申请行政复议的；

（二）当事人之间的行政赔偿或者行政补偿纠纷。

当事人经调解达成协议的，行政复议机关应当制作行政复议调解书。调解书应当载明行政复议请求、事实、理由和调解结果，并加盖行政复议机关印章。行政复议调解书经双方当事人签字，即具有法律效力。

调解未达成协议或者调解书生效前一方反悔的，行政复议机关应当及时作出行政复议决定。

第五十一条 行政复议机关在申请人的行政复议请求范围内，不得作出对申请人更为不利的行政复议决定。

第五十二条 第三人逾期不起诉又不履行行政复议决定的，依照行政复议法第三十三条的规定处理。

第五章 行政复议指导和监督

第五十三条 行政复议机关应当加强对行政复议工作的领导。

行政复议机构在本级行政复议机关的领导下，按照职责权限对行政复议工作进行督促、指导。

第五十四条 县级以上各级人民政府应当加强对所属工作部门和下级人民政府履行行政复议职责的监督。

行政复议机关应当加强对其行政复议机构履行行政复议职责的监督。

第五十五条 县级以上地方各级人民政府应当建立健全行政复议工作责任制，将行政复议工作纳入本级政府目标责任制。

第五十六条 县级以上地方各级人民政府应当按照职责权限，通过定期组织检查、抽查等方式，对所属工作部门和下级人民政府行政复议工作进行检查，并及时向有关方面反馈检查结果。

第五十七条 行政复议期间行政复议机关发现被申请人或者其他下级行政机关的相关行政行为违法或者需要做好善后工作的，可以制作行政复议意见书。有关机关应当自收到行政复议意见书之日起 60 日内将纠正相关行政违法行为或者做好善后工作的情况通报行政复议机构。

行政复议期间行政复议机构发现法律、法规、规章实施中带有普遍性的问题，可以制作行政复议建议书，向有关机关提出完善制度和改进行政执法的建议。

第五十八条 县级以上各级人民政府行政复议机构应当定期向本级人民政府提交行政复议工作状况分析报告。

第五十九条 下级行政复议机关应当及时将重大行政复议决定报上级行政复议机关备案。

第六十条 各级行政复议机构应当定期组织对行政复议人员进行业务培训，提高行政复议人员的专业素质。

第六十一条 各级行政复议机关应当定期总结行政复议工作，对在行政复议工作中做出显著成绩的单位和个人，依照有关规定给予表彰和奖励。

第六章 法律责任

第六十二条 被申请人在规定期限内未按照行政复议决定的要求重新作出具体行政行为，或者违反规定重新作出具体行政行为的，依照行政复议法第三十七条的规定追究法律责任。

第六十三条 拒绝或者阻挠行政复议人员调查取证、查阅、复制、调取有关文件和资料的，对有关责任人员依法给予处分或者治安处罚；构成犯罪的，依法追究刑事责任。

第六十四条 行政复议机关或者行政复议机构不履行行政复议法和本条例规定的行政

复议职责，经有权监督的行政机关督促仍不改正的，对直接负责的主管人员和其他直接责任人员依法给予警告、记过、记大过的处分；造成严重后果的，依法给予降级、撤职、开除的处分。

第六十五条 行政机关及其工作人员违反行政复议法和本条例规定的，行政复议机构可以向人事、监察部门提出对有关责任人员的处分建议，也可以将有关人员违法的事实材料直接转送人事、监察部门处理；接受转送的人事、监察部门应当依法处理，并将处理结果通报转送的行政复议机构。

第七章 附 则

第六十六条 本条例自2007年8月1日起施行。

税务行政复议规则

（2010年2月10日国家税务总局令第21号公布 根据2015年12月28日《国家税务总局关于修改〈税务行政复议规则〉的决定》和2018年6月15日《国家税务总局关于修改部分税务部门规章的决定》修正）

第一章 总 则

第一条 为了进一步发挥行政复议解决税务行政争议的作用，保护公民、法人和其他组织的合法权益，监督和保障税务机关依法行使职权，根据《中华人民共和国行政复议法》（以下简称行政复议法）、《中华人民共和国税收征收管理法》和《中华人民共和国行政复议法实施条例》（以下简称行政复议法实施条例），结合税收工作实际，制定本规则。

第二条 公民、法人和其他组织（以下简称申请人）认为税务机关的具体行政行为侵犯其合法权益，向税务行政复议机关申请行政复议，税务行政复议机关办理行政复议事项，适用本规则。

第三条 本规则所称税务行政复议机关（以下简称行政复议机关），指依法受理行政复议申请、对具体行政行为进行审查并作出行政复议决定的税务机关。

第四条 行政复议应当遵循合法、公正、公开、及时和便民的原则。

行政复议机关应当树立依法行政观念，强化责任意识和服务意识，认真履行行政复议职责，坚持有错必纠，确保法律正确实施。

第五条 行政复议机关在申请人的行政复议请求范围内，不得作出对申请人更为不利的行政复议决定。

第六条 申请人对行政复议决定不服的，可以依法向人民法院提起行政诉讼。

第七条 行政复议机关受理行政复议申请，不得向申请人收取任何费用。

第八条 各级税务机关行政首长是行政复议工作第一责任人，应当切实履行职责，加强对行政复议工作的组织领导。

第九条 行政复议机关应当为申请人、第三人查阅案卷资料、接受询问、调解、听证等提供专门场所和其他必要条件。

第十条 各级税务机关应当加大对行政复议工作的基础投入，推进行政复议工作信息化建设，配备调查取证所需的照相、录音、录像和办案所需的电脑、扫描、投影、传真、复印等设备，保障办案交通工具和相应经费。

第二章 税务行政复议机构和人员

第十一条 各级行政复议机关负责法制工作的机构（以下简称行政复议机构）依法办理行政复议事项，履行下列职责：

（一）受理行政复议申请。

（二）向有关组织和人员调查取证，查阅文件和资料。

（三）审查申请行政复议的具体行政行为是否合法和适当，起草行政复议决定。

（四）处理或者转送对本规则第十五条所列有关规定的审查申请。

（五）对被申请人违反行政复议法及其实施条例和本规则规定的行为，依照规定的权限和程序向相关部门提出处理建议。

（六）研究行政复议工作中发现的问题，及时向有关机关或者部门提出改进建议，重大问题及时向行政复议机关报告。

（七）指导和监督下级税务机关的行政复议工作。

（八）办理或者组织办理行政诉讼案件应诉事项。

（九）办理行政复议案件的赔偿事项。

（十）办理行政复议、诉讼、赔偿等案件的统计、报告、归档工作和重大行政复议决定备案事项。

（十一）其他与行政复议工作有关的事项。

第十二条 各级行政复议机关可以成立行政复议委员会，研究重大、疑难案件，提出处理建议。

行政复议委员会可以邀请本机关以外的具有相关专业知识的人员参加。

第十三条 行政复议工作人员应当具备与履行行政复议职责相适应的品行、专业知识和业务能力。

税务机关中初次从事行政复议的人员，应当通过国家统一法律职业资格考试取得法律职业资格。

第三章 税务行政复议范围

第十四条 行政复议机关受理申请人对税务机关下列具体行政行为不服提出的行政复议申请：

（一）征税行为，包括确认纳税主体、征税对象、征税范围、减税、免税、退税、抵扣税款、适用税率、计税依据、纳税环节、纳税期限、纳税地点和税款征收方式等具体行政行为，征收税款、加收滞纳金，扣缴义务人、受税务机关委托的单位和个人作出的代扣代缴、代收代缴、代征行为等。

（二）行政许可、行政审批行为。

（三）发票管理行为，包括发售、收缴、代开发票等。

（四）税收保全措施、强制执行措施。

（五）行政处罚行为：

1.罚款；

2.没收财物和违法所得；

3. 停止出口退税权。

（六）不依法履行下列职责的行为：

1. 颁发税务登记；

2. 开具、出具完税凭证、外出经营活动税收管理证明；

3. 行政赔偿；

4. 行政奖励；

5. 其他不依法履行职责的行为。

（七）资格认定行为。

（八）不依法确认纳税担保行为。

（九）政府信息公开工作中的具体行政行为。

（十）纳税信用等级评定行为。

（十一）通知出入境管理机关阻止出境行为。

（十二）其他具体行政行为。

第十五条 申请人认为税务机关的具体行政行为所依据的下列规定不合法，对具体行政行为申请行政复议时，可以一并向行政复议机关提出对有关规定的审查申请；申请人对具体行政行为提出行政复议申请时不知道该具体行政行为所依据的规定的，可以在行政复议机关作出行政复议决定以前提出对该规定的审查申请：

（一）国家税务总局和国务院其他部门的规定。

（二）其他各级税务机关的规定。

（三）地方各级人民政府的规定。

（四）地方人民政府工作部门的规定。

前款中的规定不包括规章。

第四章　税务行政复议管辖

第十六条 对各级税务局的具体行政行为不服的，向其上一级税务局申请行政复议。

对计划单列市税务局的具体行政行为不服的，向国家税务总局申请行政复议。

第十七条 对税务所（分局）、各级税务局的稽查局的具体行政行为不服的，向其所属税务局申请行政复议。

第十八条 对国家税务总局的具体行政行为不服的，向国家税务总局申请行政复议。对行政复议决定不服，申请人可以向人民法院提起行政诉讼，也可以向国务院申请裁决。国务院的裁决为最终裁决。

第十九条 对下列税务机关的具体行政行为不服的，按照下列规定申请行政复议：

（一）对两个以上税务机关以共同的名义作出的具体行政行为不服的，向共同上一级税务机关申请行政复议；对税务机关与其他行政机关以共同的名义作出的具体行政行为不服的，向其共同上一级行政机关申请行政复议。

（二）对被撤销的税务机关在撤销以前所作出的具体行政行为不服的，向继续行使其职权的税务机关的上一级税务机关申请行政复议。

（三）对税务机关作出逾期不缴纳罚款加处罚款的决定不服的，向作出行政处罚决定的税务机关申请行政复议。但是对已处罚款和加处罚款都不服的，一并向作出行政处罚决定的税务机关的上一级税务机关申请行政复议。

申请人向具体行政行为发生地的县级地方人民政府提交行政复议申请的，由接受申请的县级地方人民政府依照行政复议法第十五条、第十八条的规定予以转送。

第五章 税务行政复议申请人和被申请人

第二十条 合伙企业申请行政复议的，应当以核准登记的企业为申请人，由执行合伙事务的合伙人代表该企业参加行政复议；其他合伙组织申请行政复议的，由合伙人共同申请行政复议。

前款规定以外的不具备法人资格的其他组织申请行政复议的，由该组织的主要负责人代表该组织参加行政复议；没有主要负责人的，由共同推选的其他成员代表该组织参加行政复议。

第二十一条 股份制企业的股东大会、股东代表大会、董事会认为税务具体行政行为侵犯企业合法权益的，可以以企业的名义申请行政复议。

第二十二条 有权申请行政复议的公民死亡的，其近亲属可以申请行政复议；有权申请行政复议的公民为无行为能力人或者限制行为能力人，其法定代理人可以代理申请行政复议。

有权申请行政复议的法人或者其他组织发生合并、分立或终止的，承受其权利义务的法人或者其他组织可以申请行政复议。

第二十三条 行政复议期间，行政复议机关认为申请人以外的公民、法人或者其他组织与被审查的具体行政行为有利害关系的，可以通知其作为第三人参加行政复议。

行政复议期间，申请人以外的公民、法人或者其他组织与被审查的税务具体行政行为有利害关系的，可以向行政复议机关申请作为第三人参加行政复议。

第三人不参加行政复议，不影响行政复议案件的审理。

第二十四条 非具体行政行为的行政管理相对人，但其权利直接被该具体行政行为所剥夺、限制或者被赋予义务的公民、法人或其他组织，在行政管理相对人没有申请行政复议时，可以单独申请行政复议。

第二十五条 同一行政复议案件申请人超过5人的，应当推选1至5名代表参加行政复议。

第二十六条 申请人对具体行政行为不服申请行政复议的，作出该具体行政行为的税务机关为被申请人。

第二十七条 申请人对扣缴义务人的扣缴税款行为不服的，主管该扣缴义务人的税务机关为被申请人；对税务机关委托的单位和个人的代征行为不服的，委托税务机关为被申请人。

第二十八条 税务机关与法律、法规授权的组织以共同的名义作出具体行政行为的，税务机关和法律、法规授权的组织为共同被申请人。

税务机关与其他组织以共同名义作出具体行政行为的，税务机关为被申请人。

第二十九条 税务机关依照法律、法规和规章规定，经上级税务机关批准作出具体行政行为的，批准机关为被申请人。

申请人对经重大税务案件审理程序作出的决定不服的，审理委员会所在税务机关为被申请人。

第三十条 税务机关设立的派出机构、内设机构或者其他组织，未经法律、法规授权，以自己名义对外作出具体行政行为的，税务机关为被申请人。

第三十一条 申请人、第三人可以委托1至2名代理人参加行政复议。申请人、第三人委托代理人的，应当向行政复议机构提交授权委托书。授权委托书应当载明委托事项、权限和期限。公民在特殊情况下无法书面委托的，可以口头委托。口头委托的，行政复议机构应当核实并记录在卷。申请人、第三人解除或者变更委托的，应当书面告知行政复议机构。

被申请人不得委托本机关以外人员参加行政复议。

第六章 税务行政复议申请

第三十二条 申请人可以在知道税务机关作出具体行政行为之日起60日内提出行政复议申请。

因不可抗力或者被申请人设置障碍等原因耽误法定申请期限的，申请期限的计算应当扣除被耽误时间。

第三十三条 申请人对本规则第十四条第（一）项规定的行为不服的，应当先向行政复议机关申请行政复议；对行政复议决定不服的，可以向人民法院提起行政诉讼。

申请人按照前款规定申请行政复议的，必须依照税务机关根据法律、法规确定的税额、期限，先行缴纳或者解缴税款和滞纳金，或者提供相应的担保，才可以在缴清税款和滞纳金以后或者所提供的担保得到作出具体行政行为的税务机关确认之日起60日内提出行政复议申请。

申请人提供担保的方式包括保证、抵押和质押。作出具体行政行为的税务机关应当对保证人的资格、资信进行审查，对不具备法律规定资格或者没有能力保证的，有权拒绝。作出具体行政行为的税务机关应当对抵押人、出质人提供的抵押担保、质押担保进行审查，对不符合法律规定的抵押担保、质押担保，不予确认。

第三十四条 申请人对本规则第十四条第（一）项规定以外的其他具体行政行为不服，可以申请行政复议，也可以直接向人民法院提起行政诉讼。

申请人对税务机关作出逾期不缴纳罚款加处罚款的决定不服的，应当先缴纳罚款和加处罚款，再申请行政复议。

第三十五条 本规则第三十二条第一款规定的行政复议申请期限的计算，依照下列规定办理：

（一）当场作出具体行政行为的，自具体行政行为作出之日起计算。

（二）载明具体行政行为的法律文书直接送达的，自受送达人签收之日起计算。

（三）载明具体行政行为的法律文书邮寄送达的，自受送达人在邮件签收单上签收之日起计算；没有邮件签收单的，自受送达人在送达回执上签名之日起计算。

（四）具体行政行为依法通过公告形式告知受送达人的，自公告规定的期限届满之日起计算。

（五）税务机关作出具体行政行为时未告知申请人，事后补充告知的，自该申请人收到税务机关补充告知的通知之日起计算。

（六）被申请人能够证明申请人知道具体行政行为的，自证据材料证明其知道具体行政行为之日起计算。

税务机关作出具体行政行为，依法应当向申请人送达法律文书而未送达的，视为该申请人不知道该具体行政行为。

第三十六条 申请人依照行政复议法第六条第（八）项、第（九）项、第（十）项的规定申请税务机关履行法定职责，税务机关未履行的，行政复议申请期限依照下列规定计算：

（一）有履行期限规定的，自履行期限届满之日起计算。

（二）没有履行期限规定的，自税务机关收到申请满60日起计算。

第三十七条 税务机关作出的具体行政行为对申请人的权利、义务可能产生不利影响的，应当告知其申请行政复议的权利、行政复议机关和行政复议申请期限。

第三十八条 申请人书面申请行政复议的，可以采取当面递交、邮寄或者传真等方式提出行政复议申请。

有条件的行政复议机关可以接受以电子邮件形式提出的行政复议申请。

对以传真、电子邮件形式提出行政复议申请的，行政复议机关应当审核确认申请人的身份、复议事项。

第三十九条 申请人书面申请行政复议的，应当在行政复议申请书中载明下列事项：

（一）申请人的基本情况，包括公民的姓名、性别、出生年月、身份证件号码、工作单位、住所、邮政编码、联系电话；法人或者其他组织的名称、住所、邮政编码、联系电话和法定代表人或者主要负责人的姓名、职务。

（二）被申请人的名称。

（三）行政复议请求、申请行政复议的主要事实和理由。

（四）申请人的签名或者盖章。

（五）申请行政复议的日期。

第四十条 申请人口头申请行政复议的，行政复议机构应当依照本规则第三十九条规定的事项，当场制作行政复议申请笔录，交申请人核对或者向申请人宣读，并由申请人确认。

第四十一条 有下列情形之一的，申请人应当提供证明材料：

（一）认为被申请人不履行法定职责的，提供要求被申请人履行法定职责而被申请人未履行的证明材料。

（二）申请行政复议时一并提出行政赔偿请求的，提供受具体行政行为侵害而造成损害的证明材料。

（三）法律、法规规定需要申请人提供证据材料的其他情形。

第四十二条 申请人提出行政复议申请时错列被申请人的，行政复议机关应当告知申请人变更被申请人。申请人不变更被申请人的，行政复议机关不予受理，或者驳回行政复议申请。

第四十三条 申请人向行政复议机关申请行政复议，行政复议机关已经受理的，在法定行政复议期限内申请人不得向人民法院提起行政诉讼；申请人向人民法院提起行政诉讼，人民法院已经依法受理的，不得申请行政复议。

第七章 税务行政复议受理

第四十四条 行政复议申请符合下列规定的，行政复议机关应当受理：

（一）属于本规则规定的行政复议范围。

（二）在法定申请期限内提出。

（三）有明确的申请人和符合规定的被申请人。

（四）申请人与具体行政行为有利害关系。

（五）有具体的行政复议请求和理由。

（六）符合本规则第三十三条和第三十四条规定的条件。

（七）属于收到行政复议申请的行政复议机关的职责范围。

（八）其他行政复议机关尚未受理同一行政复议申请，人民法院尚未受理同一主体就同一事实提起的行政诉讼。

第四十五条 行政复议机关收到行政复议申请以后，应当在5日内审查，决定是否受理。对不符合本规则规定的行政复议申请，决定不予受理，并书面告知申请人。

对不属于本机关受理的行政复议申请，应当告知申请人向有关行政复议机关提出。

行政复议机关收到行政复议申请以后未按照前款规定期限审查并作出不予受理决定的，视为受理。

第四十六条 对符合规定的行政复议申请，自行政复议机构收到之日起即为受理；受理行政复议申请，应当书面告知申请人。

第四十七条 行政复议申请材料不齐全、表述不清楚的，行政复议机构可以自收到该行政复议申请之日起5日内书面通知申请人补正。补正通知应当载明需要补正的事项和合理的补正期限。无正当理由逾期不补正的，视为申请人放弃行政复议申请。

补正申请材料所用时间不计入行政复议审理期限。

第四十八条 上级税务机关认为行政复议机关不予受理行政复议申请的理由不成立的，可以督促其受理；经督促仍然不受理的，责令其限期受理。

上级税务机关认为行政复议申请不符合法定受理条件的，应当告知申请人。

第四十九条 上级税务机关认为有必要的，可以直接受理或者提审由下级税务机关管辖的行政复议案件。

第五十条 对应当先向行政复议机关申请行政复议，对行政复议决定不服再向人民法院提起行政诉讼的具体行政行为，行政复议机关决定不予受理或者受理以后超过行政复议期限不作答复的，申请人可以自收到不予受理决定书之日起或者行政复议期满之日起15日内，依法向人民法院提起行政诉讼。

依照本规则第八十三条规定延长行政复议期限的，以延长以后的时间为行政复议期满时间。

第五十一条 行政复议期间具体行政行为不停止执行；但是有下列情形之一的，可以停止执行：

（一）被申请人认为需要停止执行的。

（二）行政复议机关认为需要停止执行的。

（三）申请人申请停止执行，行政复议机关认为其要求合理，决定停止执行的。

（四）法律规定停止执行的。

第八章 税务行政复议证据

第五十二条 行政复议证据包括以下类别：

（一）书证；

（二）物证；

（三）视听资料；

（四）电子数据；

（五）证人证言；

（六）当事人的陈述；

（七）鉴定意见；

（八）勘验笔录、现场笔录。

第五十三条 在行政复议中，被申请人对其作出的具体行政行为负有举证责任。

第五十四条 行政复议机关应当依法全面审查相关证据。行政复议机关审查行政复议案件，应当以证据证明的案件事实为依据。定案证据应当具有合法性、真实性和关联性。

第五十五条 行政复议机关应当根据案件的具体情况，从以下方面审查证据的合法性：

（一）证据是否符合法定形式。

（二）证据的取得是否符合法律、法规、规章和司法解释的规定。

（三）是否有影响证据效力的其他违法情形。

第五十六条 行政复议机关应当根据案件的具体情况，从以下方面审查证据的真实性：

（一）证据形成的原因。

（二）发现证据时的环境。

（三）证据是否为原件、原物，复制件、复制品与原件、原物是否相符。

（四）提供证据的人或者证人与行政复议参加人是否具有利害关系。

（五）影响证据真实性的其他因素。

第五十七条 行政复议机关应当根据案件的具体情况，从以下方面审查证据的关联性：

（一）证据与待证事实是否具有证明关系。

（二）证据与待证事实的关联程度。

（三）影响证据关联性的其他因素。

第五十八条 下列证据材料不得作为定案依据：

（一）违反法定程序收集的证据材料。

（二）以偷拍、偷录和窃听等手段获取侵害他人合法权益的证据材料。

（三）以利诱、欺诈、胁迫和暴力等不正当手段获取的证据材料。

（四）无正当事由超出举证期限提供的证据材料。

（五）无正当理由拒不提供原件、原物，又无其他证据印证，且对方不予认可的证据的复制件、复制品。

（六）无法辨明真伪的证据材料。

（七）不能正确表达意志的证人提供的证言。

（八）不具备合法性、真实性的其他证据材料。

行政复议机构依据本规则第十一条第（二）项规定的职责所取得的有关材料，不得作为支持被申请人具体行政行为的证据。

第五十九条 在行政复议过程中，被申请人不得自行向申请人和其他有关组织或者个人收集证据。

第六十条 行政复议机构认为必要时，可以调查取证。

行政复议工作人员向有关组织和人员调查取证时，可以查阅、复制和调取有关文件和资料，向有关人员询问。调查取证时，行政复议工作人员不得少于2人，并应当向当事人和有关人员出示证件。被调查单位和人员应当配合行政复议工作人员的工作，不得拒绝、阻挠。

需要现场勘验的，现场勘验所用时间不计入行政复议审理期限。

第六十一条 申请人和第三人可以查阅被申请人提出的书面答复、作出具体行政行为的证据、依据和其他有关材料，除涉及国家秘密、商业秘密或者个人隐私外，行政复议机关不得拒绝。

第九章 税务行政复议审查和决定

第六十二条 行政复议机构应当自受理行政复议申请之日起 7 日内，将行政复议申请书副本或者行政复议申请笔录复印件发送被申请人。被申请人应当自收到申请书副本或者申请笔录复印件之日起 10 日内提出书面答复，并提交当初作出具体行政行为的证据、依据和其他有关材料。

对国家税务总局的具体行政行为不服申请行政复议的案件，由原承办具体行政行为的相关机构向行政复议机构提出书面答复，并提交当初作出具体行政行为的证据、依据和其他有关材料。

第六十三条 行政复议机构审理行政复议案件，应当由 2 名以上行政复议工作人员参加。

第六十四条 行政复议原则上采用书面审查的办法，但是申请人提出要求或者行政复议机构认为有必要时，应当听取申请人、被申请人和第三人的意见，并可以向有关组织和人员调查了解情况。

第六十五条 对重大、复杂的案件，申请人提出要求或者行政复议机构认为必要时，可以采取听证的方式审理。

第六十六条 行政复议机构决定举行听证的，应当将举行听证的时间、地点和具体要求等事项通知申请人、被申请人和第三人。

第三人不参加听证的，不影响听证的举行。

第六十七条 听证应当公开举行，但是涉及国家秘密、商业秘密或者个人隐私的除外。

第六十八条 行政复议听证人员不得少于 2 人，听证主持人由行政复议机构指定。

第六十九条 听证应当制作笔录。申请人、被申请人和第三人应当确认听证笔录内容。
行政复议听证笔录应当附卷，作为行政复议机构审理案件的依据之一。

第七十条 行政复议机关应当全面审查被申请人的具体行政行为所依据的事实证据、法律程序、法律依据和设定的权利义务内容的合法性、适当性。

第七十一条 申请人在行政复议决定作出以前撤回行政复议申请的，经行政复议机构同意，可以撤回。

申请人撤回行政复议申请的，不得再以同一事实和理由提出行政复议申请。但是，申请人能够证明撤回行政复议申请违背其真实意思表示的除外。

第七十二条 行政复议期间被申请人改变原具体行政行为的，不影响行政复议案件的审理。但是，申请人依法撤回行政复议申请的除外。

第七十三条 申请人在申请行政复议时，依据本规则第十五条规定一并提出对有关规定的审查申请的，行政复议机关对该规定有权处理的，应当在 30 日内依法处理；无权处理的，应当在 7 日内按照法定程序逐级转送有权处理的行政机关依法处理，有权处理的行政机关应当在 60 日内依法处理。处理期间，中止对具体行政行为的审查。

第七十四条 行政复议机关审查被申请人的具体行政行为时，认为其依据不合法，本机关有权处理的，应当在 30 日内依法处理；无权处理的，应当在 7 日内按照法定程序逐级转送有权处理的国家机关依法处理。处理期间，中止对具体行政行为的审查。

第七十五条 行政复议机构应当对被申请人的具体行政行为提出审查意见，经行政复议机关负责人批准，按照下列规定作出行政复议决定：

（一）具体行政行为认定事实清楚，证据确凿，适用依据正确，程序合法，内容适当的，决定维持。

（二）被申请人不履行法定职责的，决定其在一定期限内履行。

（三）具体行政行为有下列情形之一的，决定撤销、变更或者确认该具体行政行为违法；决定撤销或者确认该具体行政行为违法的，可以责令被申请人在一定期限内重新作出具体行政行为：

1. 主要事实不清、证据不足的；
2. 适用依据错误的；
3. 违反法定程序的；
4. 超越职权或者滥用职权的；
5. 具体行政行为明显不当的。

（四）被申请人不按照本规则第六十二条的规定提出书面答复，提交当初作出具体行政行为的证据、依据和其他有关材料的，视为该具体行政行为没有证据、依据，决定撤销该具体行政行为。

第七十六条 行政复议机关责令被申请人重新作出具体行政行为的，被申请人不得以同一事实和理由作出与原具体行政行为相同或者基本相同的具体行政行为；但是行政复议机关以原具体行政行为违反法定程序决定撤销的，被申请人重新作出具体行政行为的除外。

行政复议机关责令被申请人重新作出具体行政行为的，被申请人不得作出对申请人更为不利的决定；但是行政复议机关以原具体行政行为主要事实不清、证据不足或适用依据错误决定撤销的，被申请人重新作出具体行政行为的除外。

第七十七条 有下列情形之一的，行政复议机关可以决定变更：

（一）认定事实清楚，证据确凿，程序合法，但是明显不当或者适用依据错误的。

（二）认定事实不清，证据不足，但是经行政复议机关审理查明事实清楚，证据确凿的。

第七十八条 有下列情形之一的，行政复议机关应当决定驳回行政复议申请：

（一）申请人认为税务机关不履行法定职责申请行政复议，行政复议机关受理以后发现该税务机关没有相应法定职责或者在受理以前已经履行法定职责的。

（二）受理行政复议申请后，发现该行政复议申请不符合行政复议法及其实施条例和本规则规定的受理条件的。

上级税务机关认为行政复议机关驳回行政复议申请的理由不成立的，应当责令限期恢复受理。行政复议机关审理行政复议申请期限的计算应当扣除因驳回耽误的时间。

第七十九条 行政复议期间，有下列情形之一的，行政复议中止：

（一）作为申请人的公民死亡，其近亲属尚未确定是否参加行政复议的。

（二）作为申请人的公民丧失参加行政复议的能力，尚未确定法定代理人参加行政复议的。

（三）作为申请人的法人或者其他组织终止，尚未确定权利义务承受人的。

（四）作为申请人的公民下落不明或者被宣告失踪的。

（五）申请人、被申请人因不可抗力，不能参加行政复议的。

（六）行政复议机关因不可抗力原因暂时不能履行工作职责的。

（七）案件涉及法律适用问题，需要有权机关作出解释或者确认的。

（八）案件审理需要以其他案件的审理结果为依据，而其他案件尚未审结的。

（九）其他需要中止行政复议的情形。

行政复议中止的原因消除以后，应当及时恢复行政复议案件的审理。

行政复议机构中止、恢复行政复议案件的审理，应当告知申请人、被申请人、第三人。

第八十条 行政复议期间，有下列情形之一的，行政复议终止：

（一）申请人要求撤回行政复议申请，行政复议机构准予撤回的。

（二）作为申请人的公民死亡，没有近亲属，或者其近亲属放弃行政复议权利的。

（三）作为申请人的法人或者其他组织终止，其权利义务的承受人放弃行政复议权利的。

（四）申请人与被申请人依照本规则第八十七条的规定，经行政复议机构准许达成和解的。

（五）行政复议申请受理以后，发现其他行政复议机关已经先于本机关受理，或者人民法院已经受理的。

依照本规则第七十九条第一款第（一）项、第（二）项、第（三）项规定中止行政复议，满60日行政复议中止的原因未消除的，行政复议终止。

第八十一条 行政复议机关责令被申请人重新作出具体行政行为的，被申请人应当在60日内重新作出具体行政行为；情况复杂，不能在规定期限内重新作出具体行政行为的，经行政复议机关批准，可以适当延期，但是延期不得超过30日。

公民、法人或者其他组织对被申请人重新作出的具体行政行为不服，可以依法申请行政复议，或者提起行政诉讼。

第八十二条 申请人在申请行政复议时可以一并提出行政赔偿请求，行政复议机关对符合国家赔偿法的规定应当赔偿的，在决定撤销、变更具体行政行为或者确认具体行政行为违法时，应当同时决定被申请人依法赔偿。

申请人在申请行政复议时没有提出行政赔偿请求的，行政复议机关在依法决定撤销、变更原具体行政行为确定的税款、滞纳金、罚款和对财产的扣押、查封等强制措施时，应当同时责令被申请人退还税款、滞纳金和罚款，解除对财产的扣押、查封等强制措施，或者赔偿相应的价款。

第八十三条 行政复议机关应当自受理申请之日起60日内作出行政复议决定。情况复杂，不能在规定期限内作出行政复议决定的，经行政复议机关负责人批准，可以适当延期，并告知申请人和被申请人；但是延期不得超过30日。

行政复议机关作出行政复议决定，应当制作行政复议决定书，并加盖行政复议机关印章。

行政复议决定书一经送达，即发生法律效力。

第八十四条 被申请人应当履行行政复议决定。

被申请人不履行、无正当理由拖延履行行政复议决定的，行政复议机关或者有关上级税务机关应当责令其限期履行。

第八十五条 申请人、第三人逾期不起诉又不履行行政复议决定的，或者不履行最终裁决的行政复议决定的，按照下列规定分别处理：

（一）维持具体行政行为的行政复议决定，由作出具体行政行为的税务机关依法强制执行，或者申请人民法院强制执行。

（二）变更具体行政行为的行政复议决定，由行政复议机关依法强制执行，或者申请人民法院强制执行。

第十章 税务行政复议和解与调解

第八十六条 对下列行政复议事项，按照自愿、合法的原则，申请人和被申请人在行政复议机关作出行政复议决定以前可以达成和解，行政复议机关也可以调解：

（一）行使自由裁量权作出的具体行政行为，如行政处罚、核定税额、确定应税所得率等。

（二）行政赔偿。

（三）行政奖励。

（四）存在其他合理性问题的具体行政行为。

行政复议审理期限在和解、调解期间中止计算。

第八十七条 申请人和被申请人达成和解的，应当向行政复议机构提交书面和解协议。和解内容不损害社会公共利益和他人合法权益的，行政复议机构应当准许。

第八十八条 经行政复议机构准许和解终止行政复议的，申请人不得以同一事实和理由再次申请行政复议。

第八十九条 调解应当符合下列要求：

（一）尊重申请人和被申请人的意愿。

（二）在查明案件事实的基础上进行。

（三）遵循客观、公正和合理原则。

（四）不得损害社会公共利益和他人合法权益。

第九十条 行政复议机关按照下列程序调解：

（一）征得申请人和被申请人同意。

（二）听取申请人和被申请人的意见。

（三）提出调解方案。

（四）达成调解协议。

（五）制作行政复议调解书。

第九十一条 行政复议调解书应当载明行政复议请求、事实、理由和调解结果，并加盖行政复议机关印章。行政复议调解书经双方当事人签字，即具有法律效力。

调解未达成协议，或者行政复议调解书不生效的，行政复议机关应当及时作出行政复议决定。

第九十二条 申请人不履行行政复议调解书的，由被申请人依法强制执行，或者申请人民法院强制执行。

第十一章 税务行政复议指导和监督

第九十三条 各级税务复议机关应当加强对履行行政复议职责的监督。行政复议机构负责对行政复议工作进行系统督促、指导。

第九十四条 各级税务机关应当建立健全行政复议工作责任制，将行政复议工作纳入本单位目标责任制。

第九十五条 各级税务机关应当按照职责权限，通过定期组织检查、抽查等方式，检查下级税务机关的行政复议工作，并及时向有关方面反馈检查结果。

第九十六条 行政复议期间行政复议机关发现被申请人和其他下级税务机关的相关行政行为违法或者需要做好善后工作的，可以制作行政复议意见书。有关机关应当自收到行政复议意见书之日起 60 日内将纠正相关行政违法行为或者做好善后工作的情况报告行政复议机关。

行政复议期间行政复议机构发现法律、法规和规章实施中带有普遍性的问题，可以制作行政复议建议书，向有关机关提出完善制度和改进行政执法的建议。

第九十七条　省以下各级税务机关应当定期向上一级税务机关提交行政复议、应诉、赔偿统计表和分析报告，及时将重大行政复议决定报上一级行政复议机关备案。

第九十八条　行政复议机构应当按照规定将行政复议案件资料立卷归档。

行政复议案卷应当按照行政复议申请分别装订立卷，一案一卷，统一编号，做到目录清晰、资料齐全、分类规范、装订整齐。

第九十九条　行政复议机构应当定期组织行政复议工作人员业务培训和工作交流，提高行政复议工作人员的专业素质。

第一百条　行政复议机关应当定期总结行政复议工作。对行政复议工作中做出显著成绩的单位和个人，依照有关规定表彰和奖励。

第十二章　附　　则

第一百零一条　行政复议机关、行政复议机关工作人员和被申请人在税务行政复议活动中，违反行政复议法及其实施条例和本规则规定的，应当依法处理。

第一百零二条　外国人、无国籍人、外国组织在中华人民共和国境内向税务机关申请行政复议，适用本规则。

第一百零三条　行政复议机关在行政复议工作中可以使用行政复议专用章。行政复议专用章与行政复议机关印章在行政复议中具有同等效力。

第一百零四条　行政复议期间的计算和行政复议文书的送达，依照民事诉讼法关于期间、送达的规定执行。

本规则关于行政复议期间有关"5日""7日"的规定指工作日，不包括法定节假日。

第一百零五条　本规则自 2010 年 4 月 1 日起施行，2004 年 2 月 24 日国家税务总局公布的《税务行政复议规则（暂行）》（国家税务总局令第 8 号）同时废止。

中华人民共和国海关行政复议办法

（2007 年 9 月 25 日海关总署令第 166 号公布　根据 2014 年 3 月 13 日海关总署令第 218 号《海关总署关于修改部分规章的决定》修改）

第一章　总　　则

第一条　为了规范海关行政复议，发挥行政复议制度在解决行政争议、建设法治海关、构建社会主义和谐社会中的作用，根据《中华人民共和国行政复议法》（以下简称行政复议法）、《中华人民共和国海关法》（以下简称海关法）和《中华人民共和国行政复议法实施条例》（以下简称行政复议法实施条例）的规定，制定本办法。

第二条　公民、法人或者其他组织认为海关具体行政行为侵犯其合法权益向海关提出行政复议申请，海关办理行政复议事项，适用本办法。

第三条 各级海关行政复议机关应当认真履行行政复议职责，领导并且支持本海关负责法制工作的机构（以下简称海关行政复议机构）依法办理行政复议事项，依照有关规定配备、充实、调剂专职行政复议人员，为行政复议工作提供财政保障，保证海关行政复议机构的办案能力与工作任务相适应。

第四条 海关行政复议机构履行下列职责：

（一）受理行政复议申请；

（二）向有关组织和人员调查取证，查阅文件和资料，组织行政复议听证；

（三）审查被申请行政复议的具体行政行为是否合法与适当，拟定行政复议决定，主持行政复议调解，审查和准许行政复议和解；

（四）办理海关行政赔偿事项；

（五）依照行政复议法第三十三条的规定，办理海关行政复议决定的依法强制执行或者申请人民法院强制执行事项；

（六）处理或者转送申请人依照本办法第三十一条提出的对有关规定的审查申请；

（七）指导、监督下级海关的行政复议工作，依照规定提出复议意见；

（八）对下级海关及其部门和工作人员违反行政复议法、行政复议法实施条例和本办法规定的行为依照规定的权限和程序提出处理建议；

（九）办理或者组织办理不服海关具体行政行为提起行政诉讼的应诉事项；

（十）办理行政复议、行政应诉、行政赔偿案件统计和备案事项；

（十一）研究行政复议过程中发现的问题，及时向有关机关和部门提出建议，重大问题及时向行政复议机关报告；

（十二）其他与行政复议工作有关的事项。

第五条 专职从事海关行政复议工作的人员（以下简称行政复议人员）应当具备下列条件：

（一）具有国家公务员身份；

（二）有良好的政治、业务素质；

（三）高等院校法律专业毕业或者高等院校非法律专业毕业具有法律专业知识；

（四）从事海关工作2年以上；

（五）经考试考核合格取得海关总署颁发的调查证。

各级海关行政复议机关应当支持并且鼓励行政复议人员参加国家司法考试；取得律师资格或者法律职业资格的海关工作人员可以优先成为行政复议人员。

第六条 行政复议人员享有下列权利：

（一）依法履行行政复议职责的行为受法律保护；

（二）获得履行职责应当具有的工作条件；

（三）对行政复议工作提出建议；

（四）参加培训；

（五）法律、行政法规和海关规章规定的其他权利。

行政复议人员应当履行下列义务：

（一）严格遵守宪法和法律；

（二）以事实为根据，以法律为准绳审理行政复议案件；

（三）忠于职守，尽职尽责，清正廉洁，秉公执法；

（四）依法保障行政复议参加人的合法权益；

（五）保守国家秘密、商业秘密、海关工作秘密和个人隐私；

（六）维护国家利益、社会公共利益，维护公民、法人或者其他组织的合法权益；

（七）法律、行政法规和海关规章规定的其他义务。

第七条 海关行政复议机关履行行政复议职责，应当遵循合法、公正、公开、及时、便民的原则，坚持依法行政、有错必纠，保障法律、行政法规和海关规章的正确实施。

第八条 海关行政复议机关应当通过宣传栏、公告栏、海关门户网站等方便查阅的形式，公布本海关管辖的行政复议案件受案范围、受理条件、行政复议申请书样式、行政复议案件审理程序和行政复议决定执行程序等事项。

海关行政复议机关应当建立和公布行政复议案件办理情况查询机制，方便申请人、第三人及时了解与其行政复议权利、义务相关的信息。

海关行政复议机构应当对申请人、第三人就有关行政复议受理条件、审理方式和期限、作出行政复议处理决定的理由和依据、行政复议决定的执行等行政复议事项提出的疑问予以解释说明。

第二章　海关行政复议范围

第九条 有下列情形之一的，公民、法人或者其他组织可以向海关申请行政复议：

（一）对海关作出的警告，罚款，没收货物、物品、运输工具和特制设备，追缴无法没收的货物、物品、运输工具的等值价款，没收违法所得，暂停从事有关业务，撤销注册登记及其他行政处罚决定不服的；

（二）对海关作出的收缴有关货物、物品、违法所得、运输工具、特制设备决定不服的；

（三）对海关作出的限制人身自由的行政强制措施不服的；

（四）对海关作出的扣留有关货物、物品、运输工具、账册、单证或者其他财产，封存有关进出口货物、账簿、单证等行政强制措施不服的；

（五）对海关收取担保的具体行政行为不服的；

（六）对海关采取的强制执行措施不服的；

（七）对海关确定纳税义务人、确定完税价格、商品归类、确定原产地、适用税率或者汇率、减征或者免征税款、补税、退税、征收滞纳金、确定计征方式以及确定纳税地点等其他涉及税款征收的具体行政行为有异议的（以下简称纳税争议）；

（八）认为符合法定条件，申请海关办理行政许可事项或者行政审批事项，海关未依法办理的；

（九）对海关检查运输工具和场所，查验货物、物品或者采取其他监管措施不服的；

（十）对海关作出的责令退运、不予放行、责令改正、责令拆毁和变卖等行政决定不服的；

（十一）对海关稽查决定或者其他稽查具体行政行为不服的；

（十二）对海关作出的企业分类决定以及按照该分类决定进行管理的措施不服的；

（十三）认为海关未依法采取知识产权保护措施，或者对海关采取的知识产权保护措施不服的；

（十四）认为海关未依法办理接受报关、放行等海关手续的；

（十五）认为海关违法收取滞报金或者其他费用，违法要求履行其他义务的；

（十六）认为海关没有依法履行保护人身权利、财产权利的法定职责的；

（十七）认为海关在政府信息公开工作中的具体行政行为侵犯其合法权益的；

（十八）认为海关的其他具体行政行为侵犯其合法权益的。

前款第（七）项规定的纳税争议事项，公民、法人或者其他组织应当依据海关法的规定先向海关行政复议机关申请行政复议，对海关行政复议决定不服的，再向人民法院提起行政诉讼。

第十条 海关工作人员不服海关作出的处分或者其他人事处理决定，依照有关法律、行政法规的规定提出申诉的，不适用本办法。

第三章 海关行政复议申请

第一节 申请人和第三人

第十一条 依照本办法规定申请行政复议的公民、法人或者其他组织是海关行政复议申请人。

第十二条 有权申请行政复议的公民死亡的，其近亲属可以申请行政复议。

第十三条 有权申请行政复议的法人或者其他组织终止的，承受其权利的公民、法人或者其他组织可以申请行政复议。

法人或者其他组织实施违反海关法的行为后，有合并、分立或者其他资产重组情形，海关以原法人、组织作为当事人予以行政处罚并且以承受其权利义务的法人、组织作为被执行人的，被执行人可以以自己的名义申请行政复议。

第十四条 行政复议期间，海关行政复议机构认为申请人以外的公民、法人或者其他组织与被审查的具体行政行为有利害关系的，应当通知其作为第三人参加行政复议。

行政复议期间，申请人以外的公民、法人或者其他组织认为与被审查的海关具体行政行为有利害关系的，可以向海关行政复议机构申请作为第三人参加行政复议。申请作为第三人参加行政复议的，应当对其与被审查的海关具体行政行为有利害关系负举证责任。

通知或者同意第三人参加行政复议的，应当制作《第三人参加行政复议通知书》，送达第三人。

第三人不参加行政复议，不影响行政复议案件的审理。

第十五条 申请人、第三人可以委托1至2名代理人参加行政复议。

委托代理人参加行政复议的，应当向海关行政复议机构提交授权委托书。授权委托书应当载明下列事项：

（一）委托人姓名或者名称，委托人为法人或者其他组织的，还应当载明法定代表人或者主要负责人的姓名、职务；

（二）代理人姓名、性别、年龄、职业、地址及邮政编码；

（三）委托事项和代理期间；

（四）代理人代为提起、变更、撤回行政复议申请、参加行政复议调解、达成行政复议和解、参加行政复议听证、递交证据材料、收受行政复议法律文书等代理权限；

（五）委托日期及委托人签章。

公民在特殊情况下无法书面委托的，可以口头委托。公民口头委托的，海关行政复议机构应当核实并且记录在卷。

申请人、第三人解除或者变更委托的，应当书面报告海关行政复议机构。

第二节 被申请人和行政复议机关

第十六条 公民、法人或者其他组织对海关作出的具体行政行为不服，依照本办法规定申请行政复议的，作出该具体行政行为的海关是被申请人。

第十七条 对海关具体行政行为不服的，向作出该具体行政行为的海关的上一级海关提出行政复议申请。

对海关总署作出的具体行政行为不服的，向海关总署提出行政复议申请。

第十八条 两个以上海关以共同的名义作出具体行政行为的，以作出具体行政行为的海关为共同被申请人，向其共同的上一级海关申请行政复议。

第十九条 海关与其他行政机关以共同的名义作出具体行政行为的，海关和其他行政机关为共同被申请人，向海关和其他行政机关的共同上一级行政机关申请行政复议。

申请人对海关总署与国务院其他部门共同作出的具体行政行为不服，向海关总署或者国务院其他部门提出行政复议申请，由海关总署、国务院其他部门共同作出处理决定。

第二十条 依照法律、行政法规或者海关规章的规定，下级海关经上级海关批准后以自己的名义作出具体行政行为的，以作出批准的上级海关为被申请人。

根据海关法和有关行政法规、海关规章的规定，经直属海关关长或者其授权的隶属海关关长批准后作出的具体行政行为，以直属海关为被申请人。

第二十一条 海关设立的派出机构、内设机构或者其他组织，未经法律、行政法规授权，对外以自己名义作出具体行政行为的，以该海关为被申请人，向该海关的上一级海关申请行政复议。

第三节 行政复议申请期限

第二十二条 海关对公民、法人或者其他组织作出具体行政行为，应当告知其申请行政复议的权利、行政复议机关和行政复议申请期限。

对于依照法律、行政法规或者海关规章的规定，下级海关经上级海关批准后以自己的名义作出的具体行政行为，应当告知以作出批准的上级海关为被申请人以及相应的行政复议机关。

第二十三条 公民、法人或者其他组织认为海关具体行政行为侵犯其合法权益的，可以自知道该具体行政行为之日起 60 日内提出行政复议申请。

前款规定的行政复议申请期限依照下列规定计算：

（一）当场作出具体行政行为的，自具体行政行为作出之日起计算；

（二）载明具体行政行为的法律文书直接送达的，自受送达人签收之日起计算；

（三）载明具体行政行为的法律文书依法留置送达的，自送达人和见证人在送达回证上签注的留置送达之日起计算；

（四）载明具体行政行为的法律文书邮寄送达的，自受送达人在邮政签收单上签收之日起计算；没有邮政签收单的，自受送达人在送达回执上签名之日起计算；

（五）具体行政行为依法通过公告形式告知受送达人的，自公告规定的期限届满之日起计算；

（六）被申请人作出具体行政行为时未告知有关公民、法人或者其他组织，事后补充告知的，自公民、法人或者其他组织收到补充告知的通知之日起计算；

（七）被申请人作出具体行政行为时未告知有关公民、法人或者其他组织，但是有证据材料能够证明有关公民、法人或者其他组织知道该具体行政行为的，自证据材料证明其知道具体行政行为之日起计算。

具体行政行为具有持续状态的，自该具体行政行为终了之日起计算。

海关作出具体行政行为，依法应当向有关公民、法人或者其他组织送达法律文书而未送达的，视为该有关公民、法人或者其他组织不知道该具体行政行为。

申请人因不可抗力或者其他正当理由耽误法定申请期限的，申请期限自障碍消除之日起继续计算。

第二十四条 公民、法人或者其他组织认为海关未依法履行法定职责，依照本办法第九条第一款第（八）项、第（十六）项的规定申请行政复议的，行政复议申请期限依照下列规定计算：

（一）履行职责的期限有法律、行政法规或者海关规章的明确规定的，自规定的履行期限届满之日起计算；

（二）履行职责的期限没有明确规定的，自海关收到公民、法人或者其他组织要求履行职责的申请满60日起计算。

公民、法人或者其他组织在紧急情况下请求海关履行保护人身权、财产权的法定职责，海关不及时履行的，行政复议申请期限不受前款规定的限制。

第二十五条 本办法第九条第一款第（七）项规定的纳税争议事项，申请人未经行政复议直接向人民法院提起行政诉讼的，人民法院依法驳回后申请人再向海关申请行政复议的，从申请人起诉之日起至人民法院驳回的法律文书生效之日止的期间不计算在申请行政复议的期限内，但是海关作出有关具体行政行为时已经告知申请人应当先经海关行政复议的除外。

第四节 行政复议申请的提出

第二十六条 申请人书面申请行政复议的，可以采取当面递交、邮寄、传真、电子邮件等方式递交行政复议申请书。

海关行政复议机关应当通过海关公告栏、互联网门户网站公开接受行政复议申请书的地址、传真号码、互联网邮箱地址等，方便申请人选择不同的书面申请方式。

第二十七条 申请人书面申请行政复议的，应当在行政复议申请书中载明下列内容：

（一）申请人基本情况，包括：公民的姓名、性别、年龄、工作单位、住所、身份证号码、邮政编码；法人或者其他组织的名称、住所、邮政编码和法定代表人或者主要负责人的姓名、职务；

（二）被申请人的名称；

（三）行政复议请求、申请行政复议的主要事实和理由；

（四）申请人签名或者盖章；

（五）申请行政复议的日期。

第二十八条 申请人口头申请行政复议的，海关行政复议机构应当依照本办法第二十七条规定的内容，当场制作《行政复议申请笔录》交申请人核对或者向申请人宣读，并且由其签字确认。

第二十九条 有下列情形之一的，申请人应当提供相应的证明材料：

（一）认为被申请人不履行法定职责的，提供曾经申请被申请人履行法定职责的证明材料；

（二）申请行政复议时一并提出行政赔偿申请的，提供受具体行政行为侵害而造成损害的证明材料；

（三）属于本办法第二十三条第五款情形的，提供发生不可抗力或者有其他正当理由的证明材料；

（四）法律、行政法规规定需要申请人提供证据材料的其他情形。

第三十条 申请人提出行政复议申请时错列被申请人的，海关行政复议机构应当告知申请人变更被申请人。

申请人变更被申请人的期间不计入行政复议审理期限。

第三十一条 申请人认为海关的具体行政行为所依据的规定不合法,可以依据行政复议法第七条的规定,在对具体行政行为申请行政复议时一并提出对该规定的审查申请。

申请人在对具体行政行为提起行政复议申请时尚不知道该具体行政行为所依据的规定的,可以在海关行政复议机关作出行政复议决定前提出。

第四章 海关行政复议受理

第三十二条 海关行政复议机关收到行政复议申请后,应当在5日内进行审查。行政复议申请符合下列规定的,应当予以受理:

(一)有明确的申请人和符合规定的被申请人;
(二)申请人与具体行政行为有利害关系;
(三)有具体的行政复议请求和理由;
(四)在法定申请期限内提出;
(五)属于本办法第九条第一款规定的行政复议范围;
(六)属于收到行政复议申请的海关行政复议机构的职责范围;
(七)其他行政复议机关尚未受理同一行政复议申请,人民法院尚未受理同一主体就同一事实提起的行政诉讼。

对符合前款规定决定受理行政复议申请的,应当制作《行政复议申请受理通知书》和《行政复议答复通知书》分别送达申请人和被申请人。《行政复议申请受理通知书》应当载明受理日期、合议人员或者案件审理人员,告知申请人申请回避和申请举行听证的权利。《行政复议答复通知书》应当载明受理日期、提交答复的要求和合议人员或者案件审理人员,告知被申请人申请回避的权利。

对不符合本条第一款规定决定不予受理的,应当制作《行政复议申请不予受理决定书》,并且送达申请人。《行政复议申请不予受理决定书》应当载明不予受理的理由和法律依据,告知申请人主张权利的其他途径。

第三十三条 行政复议申请材料不齐全或者表述不清楚的,海关行政复议机构可以自收到该行政复议申请之日起5日内书面通知申请人补正。补正通知应当载明以下事项:

(一)行政复议申请书中需要修改、补充的具体内容;
(二)需要补正的有关证明材料的具体类型及其证明对象;
(三)补正期限。

申请人应当在收到补正通知之日起10日内向海关行政复议机构提交需要补正的材料。补正申请材料所用时间不计入行政复议审理期限。

申请人无正当理由逾期不补正的,视为其放弃行政复议申请。申请人有权在本办法第二十三条规定的期限内重新提出行政复议申请。

第三十四条 申请人以传真、电子邮件方式递交行政复议申请书、证明材料的,海关行政复议机构不得以其未递交原件为由拒绝受理。

海关行政复议机构受理申请人以传真、电子邮件方式提出的行政复议申请后,应当告知申请人自收到《行政复议申请受理通知书》之日起10日内提交有关材料的原件。

第三十五条 对符合本办法规定,且属于本海关受理的行政复议申请,自海关行政复议机构收到之日起即为受理。

海关行政复议机构收到行政复议申请的日期,属于申请人当面递交的,由海关行政复议机构经办人在申请书上注明收到日期，并且由递交人签字确认；属于直接从邮递渠道收取或者其他单位、部门转来的，由海关行政复议机构签收确认；属于申请人以传真或者电子邮件方式提交的，以海关行政复议机构接收传真之日或者海关互联网电子邮件系统记载的收件日期为准。

第三十六条 对符合本办法规定，但是不属于本海关管辖的行政复议申请，应当在审查期限内转送有管辖权的海关行政复议机关，并且告知申请人。口头告知的，应当记录告知的有关内容，并且当场交由申请人签字或者盖章确认；书面告知的，应当制作《行政复议告知书》，并且送达申请人。

第三十七条 申请人就同一事项向两个或者两个以上有权受理的海关申请行政复议的，由最先收到行政复议申请的海关受理；同时收到行政复议申请的，由收到行政复议申请的海关在10日内协商确定；协商不成的，由其共同上一级海关在10日内指定受理海关。协商确定或者指定受理海关所用时间不计入行政复议审理期限。

第三十八条 申请人依法提出行政复议申请，海关行政复议机关无正当理由不予受理的，上一级海关可以根据申请人的申请或者依职权先行督促其受理；经督促仍不受理的，应当责令其限期受理，并且制作《责令受理行政复议申请通知书》；必要时，上一级海关也可以直接受理，并且制作《直接受理行政复议申请通知书》，送达申请人和原海关行政复议机关。上一级海关经审查认为海关行政复议机关不予受理行政复议申请的决定符合本办法规定的，应当向申请人做好说明解释工作。

第三十九条 下列情形不视为申请行政复议，海关行政复议机关应当给予答复，或者转由其他机关处理并且告知申请人：

（一）对海关工作人员的个人违法违纪行为进行举报、控告或者对海关工作人员的态度作风提出异议的；

（二）对海关的业务政策、作业制度、作业方式和程序提出异议的；

（三）对海关工作效率提出异议的；

（四）对行政处罚认定的事实、适用的法律及处罚决定没有异议，仅因经济上不能承受而请求减免处罚的；

（五）不涉及海关具体行政行为，只对海关规章或者其他规范性文件有异议的；

（六）请求解答法律、行政法规、规章的。

第四十条 行政复议期间海关具体行政行为不停止执行；但是有行政复议法第二十一条规定情形之一的，可以停止执行。决定停止执行的，应当制作《具体行政行为停止执行决定书》，并且送达申请人、被申请人和第三人。

第四十一条 有下列情形之一的，海关行政复议机关可以决定合并审理，并且以后一个申请行政复议的日期为正式受理的日期：

（一）两个以上的申请人对同一海关具体行政行为分别向海关行政复议机关申请行政复议的；

（二）同一申请人对同一海关的数个相同类型或者具有关联性的具体行政行为分别向海关行政复议机关申请行政复议的。

第五章 海关行政复议审理与决定

第一节 行政复议答复

第四十二条 海关行政复议机构应当自受理行政复议申请之日起7日内，将行政复议申请书副本或者行政复议申请笔录复印件以及申请人提交的证据、有关材料的副本发送被申请人。

第四十三条 被申请人应当自收到申请书副本或者行政复议申请笔录复印件之日起10日内，向海关行政复议机构提交《行政复议答复书》，并且提交当初作出具体行政行为的证据、依据和其他有关材料。

《行政复议答复书》应当载明下列内容：

（一）被申请人名称、地址、法定代表人姓名及职务；

（二）被申请人作出具体行政行为的事实、证据、理由及法律依据；

（三）对申请人的行政复议申请要求、事实、理由逐条进行答辩和必要的举证；

（四）对有关具体行政行为建议维持、变更、撤销或者确认违法，建议驳回行政复议申请，进行行政复议调解等答复意见；

（五）作出答复的时间。

《行政复议答复书》应当加盖被申请人印章。

被申请人提交的有关证据、依据和其他有关材料应当按照规定装订成卷。

第四十四条 海关行政复议机构应当在收到被申请人提交的《行政复议答复书》之日起7日内，将《行政复议答复书》副本发送申请人。

第四十五条 行政复议案件的答复工作由被申请人负责法制工作的机构具体负责。

对海关总署作出的具体行政行为不服向海关总署申请行政复议的，由原承办具体行政行为有关事项的部门或者机构具体负责提出书面答复，并且提交当初作出具体行政行为的证据、依据和其他有关材料。

第二节 行政复议审理

第四十六条 海关行政复议案件实行合议制审理。合议人员为不得少于3人的单数。合议人员由海关行政复议机构负责人指定的行政复议人员或者海关行政复议机构聘任或者特邀的其他具有专业知识的人员担任。

被申请人所属人员不得担任合议人员。对海关总署作出的具体行政行为不服向海关总署申请行政复议的，原具体行政行为经办部门的人员不得担任合议人员。

对于事实清楚、案情简单、争议不大的海关行政复议案件，也可以不适用合议制，但是应当由2名以上行政复议人员参加审理。

第四十七条 海关行政复议机构负责人应当指定一名行政复议人员担任主审，具体负责对行政复议案件事实的审查，并且对所认定案件事实的真实性和适用法律的准确性承担主要责任。

合议人员应当根据复议查明的事实，依据有关法律、行政法规和海关规章的规定，提出合议意见，并且对提出的合议意见的正确性负责。

第四十八条 申请人、被申请人或者第三人认为合议人员或者案件审理人员与本案有利害关系或者有其他关系可能影响公正审理行政复议案件的，可以申请合议人员或者案件审理人员回避，同时应当说明理由。

合议人员或者案件审理人员认为自己与本案有利害关系或者有其他关系的，应当主动申请回避。海关行政复议机构负责人也可以指令合议人员或者案件审理人员回避。

行政复议人员的回避由海关行政复议机构负责人决定。海关行政复议机构负责人的回避由海关行政复议机关负责人决定。

第四十九条 海关行政复议机构审理行政复议案件应当向有关组织和人员调查情况，

听取申请人、被申请人和第三人的意见；海关行政复议机构认为必要时可以实地调查核实证据；对于事实清楚、案情简单、争议不大的案件，可以采取书面审查的方式进行审理。

第五十条 海关行政复议机构向有关组织和人员调查取证时，可以查阅、复制、调取有关文件和资料，向有关人员进行询问。

调查取证时，行政复议人员不得少于2人，并且应当主动向有关人员出示调查证。被调查单位和人员应当配合行政复议人员的工作，不得拒绝或者阻挠。

调查情况、听取意见应当制作笔录，由被调查人员和行政复议人员共同签字确认。

第五十一条 行政复议期间涉及专门事项需要鉴定的，申请人、第三人可以自行委托鉴定机构进行鉴定，也可以申请行政复议机构委托鉴定机构进行鉴定。鉴定费用由申请人、第三人承担。鉴定所用时间不计入行政复议审理期限。

海关行政复议机构认为必要时也可以委托鉴定机构进行鉴定。

鉴定应当委托国家认可的鉴定机构进行。

第五十二条 需要现场勘验的，现场勘验所用时间不计入行政复议审理期限。

第五十三条 申请人、第三人可以查阅被申请人提出的书面答复、提交的作出具体行政行为的证据、依据和其他有关材料，除涉及国家秘密、商业秘密、海关工作秘密或者个人隐私外，海关行政复议机关不得拒绝，并且应当为申请人、第三人查阅有关材料提供必要条件。

有条件的海关行政复议机关应当设立专门的行政复议接待室或者案卷查阅室，配备相应的监控设备。

第五十四条 申请人、第三人查阅有关材料依照下列规定办理：

（一）申请人、第三人向海关行政复议机构提出阅卷要求；

（二）海关行政复议机构确定查阅时间后提前通知申请人或者第三人；

（三）查阅时，申请人、第三人应当出示身份证件；

（四）查阅时，海关行政复议机构工作人员应当在场；

（五）申请人、第三人可以摘抄查阅材料的内容；

（六）申请人、第三人不得涂改、毁损、拆换、取走、增添查阅的材料。

第五十五条 行政复议期间有下列情形之一，影响行政复议案件审理的，行政复议中止，海关行政复议机构应当制作《行政复议中止决定书》，并且送达申请人、被申请人和第三人：

（一）作为申请人的自然人死亡，其近亲属尚未确定是否参加行政复议的；

（二）作为申请人的自然人丧失参加行政复议的能力，尚未确定法定代理人参加行政复议的；

（三）作为申请人的法人或者其他组织终止，尚未确定权利义务承受人的；

（四）作为申请人的自然人下落不明或者被宣告失踪的；

（五）申请人、被申请人因不可抗力，不能参加行政复议的；

（六）案件涉及法律适用问题，需要有权机关作出解释或者确认的；

（七）案件审理需要以其他案件的审理结果为依据，而其他案件尚未审结的；

（八）申请人依照本办法第三十一条提出对有关规定的审查申请，有权处理的海关、行政机关正在依法处理期间的；

（九）其他需要中止行政复议的情形。

行政复议中止的原因消除后，海关行政复议机构应当及时恢复行政复议案件的审理，制作《行政复议恢复审理通知书》，并且送达申请人、被申请人和第三人。

第三节 行政复议听证

第五十六条 有下列情形之一的，海关行政复议机构可以采取听证的方式审理：

（一）申请人提出听证要求的；

（二）申请人、被申请人对事实争议较大的；

（三）申请人对具体行政行为适用依据有异议的；

（四）案件重大、复杂或者争议的标的价值较大的；

（五）海关行政复议机构认为有必要听证的其他情形。

第五十七条 海关行政复议机构决定举行听证的，应当制发《行政复议听证通知书》，将举行听证的时间、地点、具体要求等事项事先通知申请人、被申请人和第三人。

第三人不参加听证的，不影响听证的举行。

第五十八条 听证可以在海关行政复议机构所在地举行，也可以在被申请人或者申请人所在地举行。

第五十九条 行政复议听证应当公开举行，涉及国家秘密、商业秘密、海关工作秘密或者个人隐私的除外。

公开举行的行政复议听证，因听证场所等原因需要限制旁听人员数量的，海关行政复议机构应当作出说明。

对人民群众广泛关注、有较大社会影响或者有利于法制宣传教育的行政复议案件的公开听证，海关行政复议机构可以有计划地组织群众旁听，也可以邀请有关立法机关、司法机关、监察部门、审计部门、新闻单位以及其他有关单位的人员参加旁听。

第六十条 行政复议听证人员为不得少于3人的单数，由海关行政复议机构负责人确定，并且指定其中一人为听证主持人。听证可以另指定专人为记录员。

第六十一条 行政复议听证应当按照以下程序进行：

（一）由主持人宣布听证开始、核对听证参加人身份、告知听证参加人的权利和义务；

（二）询问听证参加人是否申请听证人员以及记录员回避，申请回避的，按照本办法第四十八条的规定办理；

（三）申请人宣读复议申请并且阐述主要理由；

（四）被申请人针对行政复议申请进行答辩，就作出原具体行政行为依据的事实、理由和法律依据进行阐述，并且进行举证；

（五）第三人可以阐述意见；

（六）申请人、第三人对被申请人的举证可以进行质证或者举证反驳，被申请人对申请人、第三人的反证也可以进行质证和举证反驳；

（七）要求证人到场作证的，应当事先经海关行政复议机构同意并且提供证人身份等基本情况；

（八）听证主持人和其他听证人员进行询问；

（九）申请人、被申请人和第三人没有异议的证据和证明的事实，由主持人当场予以认定；有异议的并且与案件处理结果有关的事实和证据，由主持人当场或者事后经合议予以认定；

（十）申请人、被申请人和第三人可以对案件事实、证据、适用法律等进行辩论；

（十一）申请人、被申请人和第三人进行最后陈述；

（十二）由申请人、被申请人和第三人对听证笔录内容进行确认，并且当场签名或者盖章;对听证笔录内容有异议的,可以当场更正并且签名或者盖章。

行政复议听证笔录和听证认定的事实应当作为海关行政复议机关作出行政复议决定的依据。

第六十二条 行政复议参加人无法在举行听证时当场提交有关证据的,由主持人根据具体情况限定时间事后提交并且另行进行调查、质证或者再次进行听证;行政复议参加人提出的证据无法当场质证的,由主持人当场宣布事后进行调查、质证或者再次进行听证。

行政复议参加人在听证后的举证未经质证或者未经海关行政复议机构重新调查认可的,不得作为作出行政复议决定的证据。

第四节 行政复议附带抽象行政行为审查

第六十三条 申请人依照本办法第三十一条提出对有关规定的审查申请的,海关行政复议机关对该规定有权处理的,应当在30日内依照下列程序处理:

(一)依法确认该规定是否与法律、行政法规、规章相抵触;

(二)依法确认该规定能否作为被申请人作出具体行政行为的依据;

(三)书面告知申请人对该规定的审查结果。

海关行政复议机关应当制作《抽象行政行为审查告知书》,并且送达申请人、被申请人。

第六十四条 海关行政复议机关对申请人申请审查的有关规定无权处理的,应当在7日内按照下列程序转送有权处理的上级海关或者其他行政机关依法处理:

(一)转送有权处理的上级海关的,应当报告行政复议有关情况、执行该规定的有关情况、对该规定适用的意见;

(二)转送有权处理的其他行政机关的,在转送函中应当说明行政复议的有关情况、请求确认该规定是否合法。

第六十五条 有权处理的上级海关应当在60日内依照下列程序处理:

(一)依法确认该规定是否合法、有效;

(二)依法确认该规定能否作为被申请人作出具体行政行为的依据;

(三)制作《抽象行政行为审查告知书》,并且送达海关行政复议机关、申请人和被申请人。

第六十六条 海关行政复议机关在对被申请人作出的具体行政行为进行审查时,认为需对该具体行政行为所依据的有关规定进行审查的,依照本办法第六十三条、第六十四条、第六十五条的规定办理。

第五节 行政复议决定

第六十七条 海关行政复议机构提出案件处理意见,经海关行政复议机关负责人审查批准后,作出行政复议决定。

第六十八条 海关行政复议机关应当自受理申请之日起60日内作出行政复议决定。但是有下列情况之一的,经海关行政复议机关负责人批准,可以延长30日:

(一)行政复议案件案情重大、复杂、疑难的;

(二)决定举行行政复议听证的;

(三)经申请人同意的;

(四)有第三人参加行政复议的;

(五)申请人、第三人提出新的事实或者证据需进一步调查的。

海关行政复议机关延长复议期限,应当制作《延长行政复议审查期限通知书》,并且送达申请人、被申请人和第三人。

第六十九条 具体行政行为认定事实清楚,证据确凿,适用依据正确,程序合法,内容适当的,海关行政复议机关应当决定维持。

第七十条 被申请人不履行法定职责的,海关行政复议机关应当决定其在一定期限内履行法定职责。

第七十一条 具体行政行为有下列情形之一的,海关行政复议机关应当决定撤销、变更或者确认该具体行政行为违法:

(一)主要事实不清、证据不足的;

(二)适用依据错误的;

(三)违反法定程序的;

(四)超越或者滥用职权的;

(五)具体行政行为明显不当的。

第七十二条 海关行政复议机关决定撤销或者确认具体行政行为违法的,可以责令被申请人在一定期限内重新作出具体行政行为。

被申请人应当在法律、行政法规、海关规章规定的期限内重新作出具体行政行为;法律、行政法规、海关规章未规定期限的,重新作出具体行政行为的期限为60日。

公民、法人或者其他组织对被申请人重新作出的具体行政行为不服,可以依法申请行政复议或者提起行政诉讼。

第七十三条 被申请人未按照本办法第四十三条的规定提出书面答复、提交当初作出具体行政行为的证据、依据和其他有关材料的,视为该具体行政行为没有证据、依据,海关行政复议机关应当决定撤销该具体行政行为。

第七十四条 具体行政行为有下列情形之一,海关行政复议机关可以决定变更:

(一)认定事实清楚,证据确凿,程序合法,但是明显不当或者适用依据错误的;

(二)认定事实不清,证据不足,但是经海关行政复议机关审理查明事实清楚,证据确凿的。

第七十五条 海关行政复议机关在申请人的行政复议请求范围内,不得作出对申请人更为不利的行政复议决定。

第七十六条 海关行政复议机关依据本办法第七十二条规定责令被申请人重新作出具体行政行为的,除以下情形外,被申请人不得作出对申请人更为不利的具体行政行为:

(一)不作出对申请人更为不利的具体行政行为将损害国家利益、社会公共利益或者他人合法权益的;

(二)原具体行政行为适用法律依据错误,适用正确的法律依据需要依法作出对申请人更为不利的具体行政行为的;

(三)被申请人查明新的事实,根据新的事实和有关法律、行政法规、海关规章的强制性规定,需要作出对申请人更为不利的具体行政行为的;

(四)其他依照法律、行政法规或者海关规章规定应当作出对申请人更为不利的具体行政行为的。

第七十七条 海关行政复议机关作出行政复议决定,应当制作《行政复议决定书》,送达申请人、被申请人和第三人。

《行政复议决定书》应当载明下列内容:

(一)申请人姓名、性别、年龄、职业、住址(法人或者其他组织的名称、地址、法定代表人或者主要负责人的姓名、职务）；

（二）第三人姓名、性别、年龄、职业、住址（法人或者其他组织的名称、地址、法定代表人或者主要负责人的姓名、职务）；

（三）被申请人名称、地址、法定代表人姓名；

（四）申请人申请复议的请求、事实和理由；

（五）被申请人答复的事实、理由、证据和依据；

（六）行政复议认定的事实和相应的证据；

（七）作出行政复议决定的具体理由和法律依据；

（八）行政复议决定的具体内容；

（九）不服行政复议决定向人民法院起诉的期限和具体管辖法院；

（十）作出行政复议决定的日期。

《行政复议决定书》应当加盖海关行政复议机关的印章。

《行政复议决定书》一经送达，即发生法律效力。

《行政复议决定书》直接送达的，行政复议人员应当就行政复议认定的事实、证据、作出行政复议决定的理由、依据向申请人、被申请人和第三人作出说明；申请人、被申请人和第三人对《行政复议决定书》提出异议的，除告知其向人民法院起诉的权利外，应当就有关异议作出解答。《行政复议决定书》以其他方式送达的，申请人、被申请人和第三人就《行政复议决定书》有关内容向海关行政复议机构提出异议的，行政复议人员应当向申请人、被申请人和第三人作出说明。

经申请人和第三人同意，海关行政复议机关可以通过出版物、海关门户网站、海关公告栏等方式公布生效的行政复议法律文书。

第七十八条　《行政复议决定书》送达申请人、被申请人和第三人后，海关行政复议机关发现《行政复议决定书》有需要补充、更正的内容，但是不影响行政复议决定的实质内容的，应当制发《行政复议决定补正通知书》，并且送达申请人、被申请人和第三人。

第七十九条　有下列情形之一的，海关行政复议机关应当决定驳回行政复议申请：

（一）申请人认为海关不履行法定职责申请行政复议，海关行政复议机关受理后发现被申请人没有相应法定职责或者被申请人在海关行政复议机关受理该行政复议申请之前已经履行法定职责的；

（二）海关行政复议机关受理行政复议申请后，发现该行政复议申请不符合受理条件的。

海关行政复议机关的上一级海关认为该行政复议机关驳回行政复议申请的理由不成立的，应当责令其恢复审理。

第八十条　申请人在行政复议决定作出前自愿撤回行政复议申请的，经海关行政复议机构同意，可以撤回。

申请人撤回行政复议申请的，不得再以同一事实和理由提出行政复议申请。但是，申请人能够证明撤回行政复议申请违背其真实意思表示的除外。

第八十一条　行政复议期间被申请人改变原具体行政行为，但是申请人未依法撤回行政复议申请的，不影响行政复议案件的审理。

第八十二条　行政复议期间有下列情形之一的，行政复议终止：

（一）申请人要求撤回行政复议申请，海关行政复议机构准予撤回的；

（二）作为申请人的自然人死亡，没有近亲属或者其近亲属放弃行政复议权利的；

（三）作为申请人的法人或者其他组织终止，其权利义务的承受人放弃行政复议权利的；

（四）申请人与被申请人达成和解，并且经海关行政复议机构准许的；

（五）申请人对海关限制人身自由的行政强制措施不服申请行政复议后，因申请人同一违法行为涉嫌犯罪，该限制人身自由的行政强制措施变更为刑事拘留的，或者申请人对海关扣留财产的行政强制措施不服申请行政复议后，因申请人同一违法行为涉嫌犯罪，该扣留财产的行政强制措施变更为刑事扣押的；

（六）依照本办法第五十五条第一款第（一）项、第（二）项、第（三）项规定中止行政复议，满60日行政复议中止的原因仍未消除的；

（七）申请人以传真、电子邮件形式递交行政复议申请书后未在规定期限内提交有关材料的原件的。

行政复议终止，海关行政复议机关应当制作《行政复议终止决定书》，并且送达申请人、被申请人和第三人。

第六节 行政复议和解和调解

第八十三条 公民、法人或者其他组织对海关行使法律、行政法规或者海关规章规定的自由裁量权作出的具体行政行为不服申请行政复议，在海关行政复议机关作出行政复议决定之前，申请人和被申请人可以在自愿、合法基础上达成和解。

第八十四条 申请人和被申请人达成和解的，应当向海关行政复议机构提交书面和解协议。和解协议应当载明行政复议请求、事实、理由和达成和解的结果，并且由申请人和被申请人签字或者盖章。

第八十五条 海关行政复议机构应当对申请人和被申请人提交的和解协议进行审查，和解确属申请人和被申请人的真实意思表示，和解内容不违反法律、行政法规或者海关规章的强制性规定，不损害国家利益、社会公共利益和他人合法权益的，应当准许和解，并且终止行政复议案件的审理。

准许和解并且终止行政复议的，应当在《行政复议终止决定书》中载明和解的内容。

第八十六条 经海关行政复议机关准许和解的，申请人和被申请人应当履行和解协议。

第八十七条 经海关行政复议机关准许和解并且终止行政复议的，申请人以同一事实和理由再次申请行政复议的，不予受理。但是，申请人提出证据证明和解违反自愿原则或者和解内容违反法律、行政法规或者海关规章的强制性规定的除外。

第八十八条 有下列情形之一的，海关行政复议机关可以按照自愿、合法的原则进行调解：

（一）公民、法人或者其他组织对海关行使法律、行政法规或者海关规章规定的自由裁量权作出的具体行政行为不服申请行政复议的；

（二）行政赔偿、查验赔偿或者行政补偿纠纷。

第八十九条 海关行政复议机关主持调解应当符合以下要求：

（一）调解应当在查明案件事实的基础上进行；

（二）海关行政复议机关应当充分尊重申请人和被申请人的意愿；

（三）组织调解应当遵循公正、合理原则；

（四）调解结果应当符合有关法律、行政法规和海关规章的规定，不得违背法律精神和原则；

（五）调解结果不得损害国家利益、社会公共利益或者他人合法权益。

第九十条 海关行政复议机关主持调解应当按照下列程序进行：

（一）征求申请人和被申请人是否同意进行调解的意愿；

（二）经申请人和被申请人同意后开始调解；

（三）听取申请人和被申请人的意见；

（四）提出调解方案；

（五）达成调解协议。

调解期间申请人或者被申请人明确提出不进行调解的，应当终止调解。终止调解后，申请人、被申请人再次请求海关行政复议机关主持调解的，应当准许。

第九十一条 申请人和被申请人经调解达成协议的，海关行政复议机关应当制作《行政复议调解书》。《行政复议调解书》应当载明下列内容：

（一）申请人姓名、性别、年龄、职业、住址（法人或者其他组织的名称、地址、法定代表人或者主要负责人的姓名、职务）；

（二）被申请人名称、地址、法定代表人姓名；

（三）申请人申请行政复议的请求、事实和理由；

（四）被申请人答复的事实、理由、证据和依据；

（五）行政复议认定的事实和相应的证据；

（六）进行调解的基本情况；

（七）调解结果；

（八）申请人、被申请人履行调解书的义务；

（九）日期。

《行政复议调解书》应当加盖海关行政复议机关的印章。《行政复议调解书》经申请人、被申请人签字或者盖章，即具有法律效力。

第九十二条 申请人和被申请人提交书面和解协议，并且要求海关行政复议机关按照和解协议内容制作《行政复议调解书》的，行政复议机关应当进行审查，申请人和被申请人达成的和解协议符合本办法第八十九条第（四）项、第（五）项规定的，海关行政复议机关可以根据和解协议的内容按照本办法第九十一条的规定制作《行政复议调解书》。

第九十三条 调解未达成协议或者行政复议调解书生效前一方反悔的，海关行政复议机关应当及时作出行政复议决定。

第七节 行政复议决定的执行

第九十四条 申请人认为被申请人不履行或者无正当理由拖延履行行政复议决定书、行政复议调解书的，可以申请海关行政复议机关责令被申请人履行。

海关行政复议机关发现被申请人不履行或者无正当理由拖延履行行政复议决定书、行政复议调解书的，应当责令其限期履行，并且制作《责令限期履行行政复议决定通知书》，送达被申请人。

第九十五条 申请人在法定期限内未提起行政诉讼又不履行海关行政复议决定的，按照下列规定分别处理：

（一）维持具体行政行为的海关行政复议决定，由作出具体行政行为的海关依法强制执行或者申请人民法院强制执行；

（二）变更具体行政行为的海关行政复议决定，由海关行政复议机关依法强制执行或者申请人民法院强制执行。海关行政复议机关也可以指定作出具体行政行为的海关依法强制执行，被指定的海关应当及时将执行情况上报海关行政复议机关。

第九十六条 申请人不履行行政复议调解书的，由作出具体行政行为的海关依法强制执行或者申请人民法院强制执行。

第六章 海关行政复议指导和监督

第九十七条 海关行政复议机关应当加强对行政复议工作的领导。

海关行政复议机构按照职责权限对行政复议工作进行督促、指导。

第九十八条 上级海关应当加强对下级海关履行行政复议职责的监督，通过定期检查、抽查等方式，对下级海关的行政复议工作进行检查，并且及时反馈检查结果。

海关发现本海关或者下级海关作出的行政复议决定有错误的，应当予以纠正。

第九十九条 海关行政复议机关在行政复议期间发现被申请人的具体行政行为违法或者需要做好善后工作的，可以制作《行政复议意见书》，对被申请人纠正执法行为、改进执法工作提出具体意见。

被申请人应当自收到《行政复议意见书》之日起60日内将纠正相关行政违法行为或者做好善后工作的情况报告海关行政复议机构。

第一百条 海关行政复议机构在行政复议期间发现法律、行政法规、规章的实施中带有普遍性的问题，可以向有关机关提出完善立法的建议。

海关行政复议机构在行政复议期间发现海关执法中存在的普遍性问题，可以制作《行政复议建议书》，向本海关有关业务部门提出改进执法的建议；对于可能对本海关行政决策产生重大影响的问题，海关行政复议机构应当将《行政复议建议书》报送本级海关行政首长；属于上一级海关处理权限的问题，海关行政复议机关可以向上一级海关提出完善制度和改进执法的建议。

第一百零一条 各级海关行政复议机关办理的行政复议案件中，申请人与被申请人达成和解协议后海关行政复议机关终止行政复议，或者申请人与被申请人经调解达成协议，海关行政复议机关制作行政复议调解书的，应当向海关总署行政复议机构报告，并且将有关法律文书报该部门备案。

第一百零二条 海关行政复议机构在办理行政复议案件的过程中，应当及时将制发的有关法律文书在海关行政复议信息系统中备案。

第一百零三条 海关行政复议机构应当每半年向本海关和上一级海关行政复议机构提交行政复议工作状况分析报告。

第一百零四条 海关总署行政复议机构应当每半年组织一次对行政复议人员的业务培训，提高行政复议人员的专业素质。

其他海关行政复议机构可以根据工作需要定期组织对本海关行政复议人员的培训。

第一百零五条 海关行政复议机关对于在办理行政复议案件中依法保障国家利益、维护公民、法人或者其他组织的合法权益、促进海关依法行政和社会和谐、成绩显著的单位和人员，应当依照《海关系统奖励规定》给予表彰和奖励。

海关行政复议机关应当定期总结行政复议工作，对在行政复议工作中做出显著成绩的单位和个人，应当依照《海关系统奖励规定》给予表彰和奖励。

第七章 法律责任

第一百零六条 海关行政复议机关、海关行政复议机构、行政复议人员有行政复议法第三十四条、第三十五条、行政复议法实施条例第六十四条规定情形的，依照行政复议法、行政复议法实施条例的有关规定处理。

第一百零七条 被申请人有行政复议法第三十六条、第三十七条、行政复议法实施条例第六十二条规定情形的，依照行政复议法、行政复议法实施条例的有关规定处理。

第一百零八条 上级海关发现下级海关及有关工作人员有违反行政复议法、行政复议法实施条例和本办法规定的，应当制作《处理违法行为建议书》，向有关海关提出建议，该海关应当依照行政复议法和有关法律、行政法规的规定作出处理，并且将处理结果报告上级海关。

海关行政复议机构发现有关海关及其工作人员有违反行政复议法、行政复议法实施条例和本办法规定的，应当制作《处理违法行为建议书》，向人事、监察部门提出对有关责任人员的处分建议，也可以将有关人员违法的事实材料直接转送人事、监察部门处理；接受转送的人事、监察部门应当依法处理，并且将处理结果通报转送的海关行政复议机构。

第八章 附 则

第一百零九条 海关行政复议期间的计算和行政复议法律文书的送达，依照民事诉讼法关于期间、送达的规定执行。

本办法关于行政复议期间有关"5日""7日"的规定是指工作日，不含节假日。

第一百一十条 海关行政复议机关受理行政复议申请，不得向申请人收取任何费、用。

海关行政复议活动所需经费、办公用房以及交通、通讯、监控等设备由各级海关予以保障。

第一百一十一条 外国人、无国籍人、外国组织在中华人民共和国境内向海关申请行政复议，适用本办法。

第一百一十二条 海关行政复议机关可以使用行政复议专用章。在海关行政复议活动中，行政复议专用章和行政复议机关的印章具有同等法律效力。

第一百一十三条 海关行政复议机关办理行政复议案件、海关作为被申请人参加行政复议活动，该海关行政复议机构应当对有关案件材料进行整理，按照规定立卷归档。

第一百一十四条 本办法由海关总署负责解释。

第一百一十五条 本办法自2007年11月1日起施行。1999年8月30日海关总署令第78号发布的《中华人民共和国海关实施〈行政复议法〉办法》同时废止。

国务院办公厅关于国务院行政复议案件处理程序若干问题的通知

（2001年5月14日 国办发〔2001〕38号）

各省、自治区、直辖市人民政府，国务院各部委、各直属机构：

根据《中华人民共和国行政复议法》（以下简称行政复议法）第十四条的规定，对国务院部门或者省、自治区、直辖市人民政府（以下简称省部级行政机关）的具体行政行为不服的，向作出该具体行政行为的省部级行政机关申请行政复议；对行政复议决定不服的，可以申请国务院最终裁决。行政复议法第三条规定，行政复议机关负责法制工作的机构具体办理行政复议事项。为了保障行政复议法全面贯彻实施，促进各省部级行政机关依法行政，从严治政，进一步规范行政复议案件的有关处理程序，经国务院同意，现将有关事项通知如下：

一、向国务院提出的行政复议申请，不符合法定条件，依法不应当受理的，授权国务院法制办公室依法处理。

二、向国务院提出的行政复议申请，符合法定条件，依法应当受理的，授权国务院法制办公室按照下列程序办理：

经国务院法制办公室审查，依法应当维持省部级行政机关原级行政复议决定以及认定抽象行政行为合法的，一般不再报请国务院审批，由国务院法制办公室依法办理；但是，影响重大的，应当报请国务院审批。

经国务院法制办公室审查，依法应当撤销、变更省部级行政机关原级行政复议决定或者认定抽象行政行为不合法的，由国务院法制办公室与有关行政机关协商。经协商达成一致意见，有关行政同意自行改正的，一般不再报请国务院审批；意见不一致，有关行政机关不同意改正的，由国务院法制办公室报请国务院审批。

对只涉及行政复议案件程序的事项，一般由国务院法制办公室依法处理；但是，涉及重大、敏感案件的程序问题，应当及时请示国务院。

三、启用"中华人民共和国国务院行政复议专用章"。国务院法制办公室具体办理行政复议案件，出具有关法律文书时，应当加盖"中华人民共和国国务院行政复议专用章"。

四、对国务院受理的行政复议案件和审查的抽象行政行为，有关省部级行政机关应当严格按照行政复议法的规定，及时提出书面答复，并提供证据、依据和其他有关材料，配合国务院法制办公室办理行政复议事项。

各地方、各部门要结合本地方、本部门的实际情况，认真研究落实，严格依法开展行政复议的各项工作，进一步加强政府法制建设，提高依法行政水平。

国务院办公厅
二〇〇一年五月十四日